中国冷弯30年

（1985～2015）

中国钢结构协会冷弯型钢分会 编
Chinese Confederation of Roll Forming Industry(CCRFI)

北 京
冶 金 工 业 出 版 社
2015

内 容 简 介

本书全面总结和反映了中国冷弯型钢行业30年来的发展历程和重要成果，内容丰富，图文并茂，是了解中国冷弯型钢行业发展状况的一部权威参考书。

全书共分7篇：第1篇 回顾与展望，第2篇 冷弯型钢行业发展概况，第3篇 冷弯型钢行业企业风采，第4篇 冷弯型钢行业大事记，第5篇 冷弯型钢行业重点企业产量统计及分析，第6篇 冷弯型钢产品主要应用行业现状与分析，第7篇 附录。

本书可供政府部门、行业组织、学术团体以及冷弯型钢行业内外有关管理人员、研究人员、生产与工程技术人员和广大用户阅读，也可供大专院校有关专业师生参考。

图书在版编目（CIP）数据

中国冷弯30年：1985~2015 / 中国钢结构协会冷弯型钢分会编. —北京：冶金工业出版社，2015.10

ISBN 978-7-5024-7071-5

Ⅰ. ①中… Ⅱ. ①中… Ⅲ. ①冷弯—型钢—钢铁工业—工业发展—研究—中国—1985~2015 Ⅳ. ①F426.31

中国版本图书馆CIP数据核字（2015）第223029号

出 版 人 谭学余
地　　址 北京市东城区嵩祝院北巷39号 邮编 100009 电话（010）64027926
网　　址 www.cnmip.com.cn 电子信箱 yjcbs@cnmip.com.cn
责任编辑 张登科 美术编辑 彭子赫 版式设计 孙跃红
责任校对 石 静 责任印制 牛晓波
ISBN 978-7-5024-7071-5
冶金工业出版社出版发行；各地新华书店经销；三河市双峰印刷装订有限公司印刷
2015年10月第1版，2015年10月第1次印刷
787mm×1092mm 1/16；40.75 印张；24 彩页；1008 千字；641 页
298.00 元

冶金工业出版社 投稿电话（010）64027932 投稿信箱 tougao@cnmip.com.cn
冶金工业出版社营销中心 电话（010）64044283 传真（010）64027893
冶金书店 地址 北京市东四西大街46号（100010） 电话（010）65289081（兼传真）
冶金工业出版社天猫旗舰店 yjgycbs.tmall.com

（本书如有印装质量问题，本社营销中心负责退换）

编 辑 委 员 会

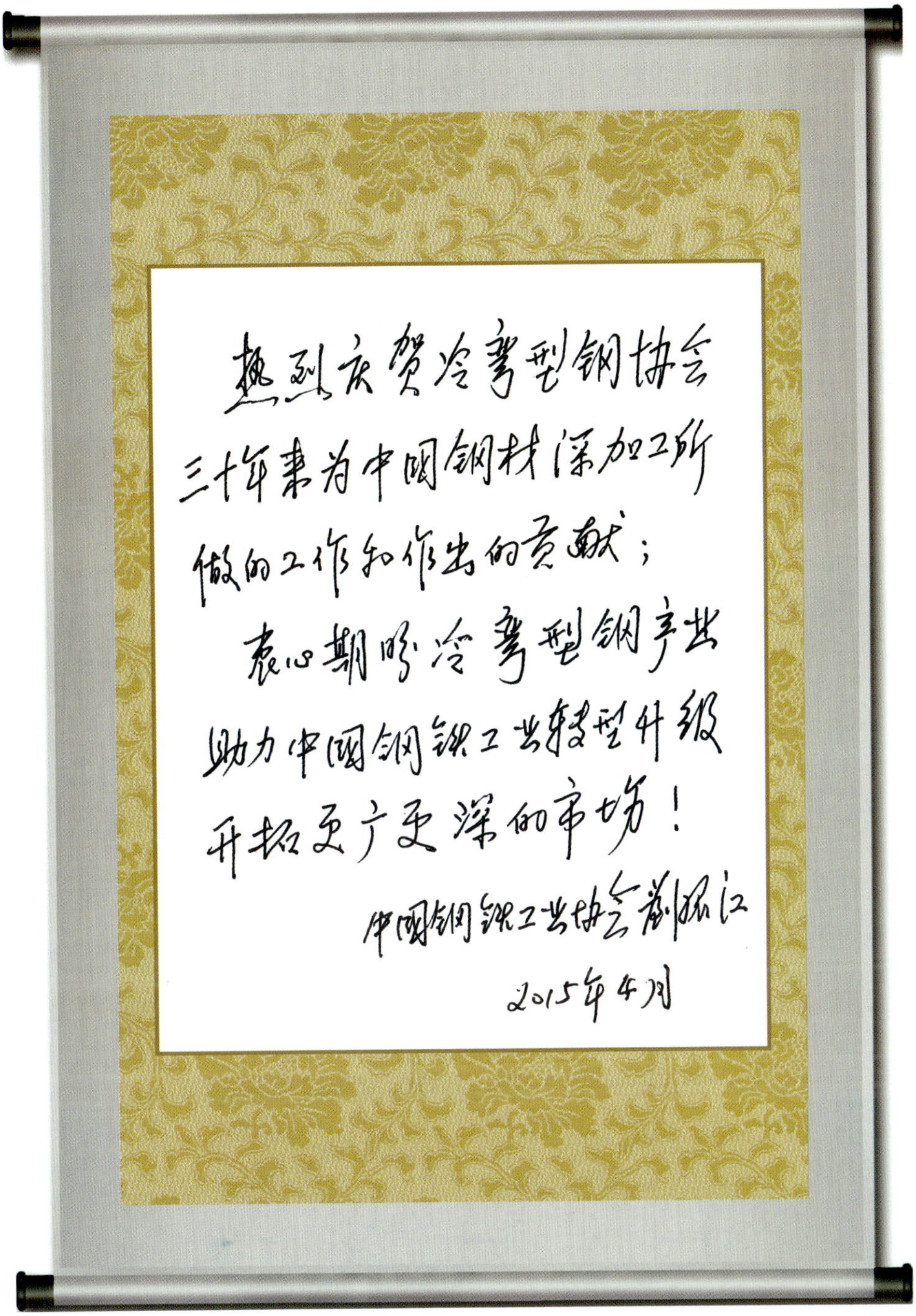

中国钢铁工业协会党委书记兼秘书长　刘振江　题词

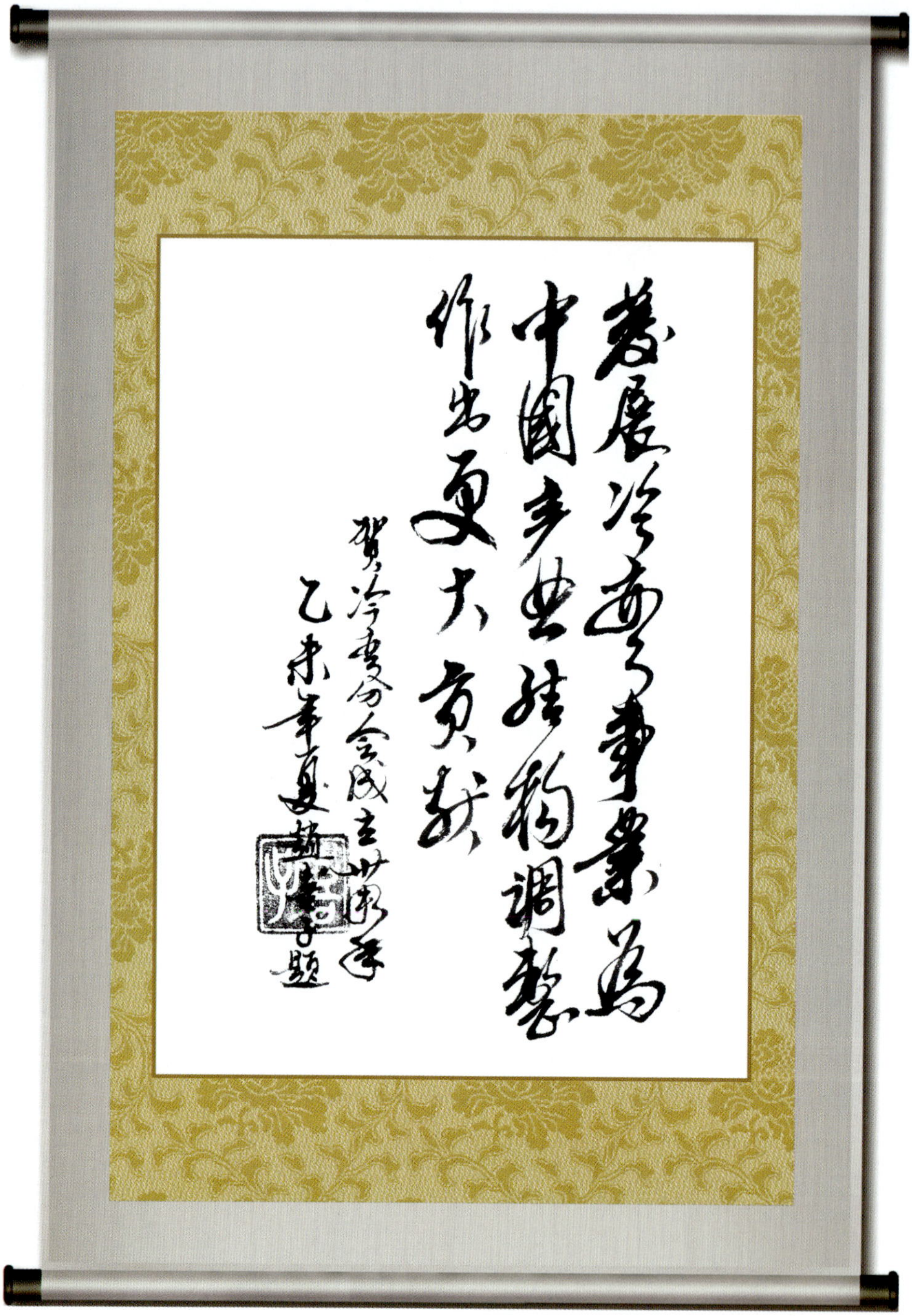

原国家冶金工业局副局长、国务院国资委监事会原主席、
中国钢结构协会原首席顾问 赵喜子 题词

▲ 中国钢铁工业协会党委书记兼秘书长刘振江听取冷弯型钢分会理事长韩静涛等汇报工作
（左 1 韩静涛，左 2 刘振江，左 3 南振卿）

▲ 原国家冶金工业局副局长、国务院国资委监事会原主席、中国钢结构协会
原首席顾问赵喜子（左）与韩静涛理事长交谈行业情况

▲ 中国钢结构协会常务副会长刘毅（右）听取韩静涛理事长汇报冷弯型钢分会工作

▲ 韩静涛理事长在冷弯型钢企业考察

▲ 中国钢结构协会冷弯型钢协（分）会成立大会

▲ 中国钢结构协会冷弯型钢协（分）会第一届理事会成员合影

▲ 中国钢结构协会冷弯型钢协（分）会二届一次理事会

▲ 中国钢结构协会冷弯型钢协（分）会第二届理事会成员合影

▲ 国际技术交流会上原理事长丁国良与德国阿尔贝特主席和日本木内学会长交流

▲ 原理事长丁国良与日本木内学、木贞男等领导和专家合影

▲ 中国钢协冷弯型钢协（分）会五届四次全体理事会员大会有关领导合影

▲ 中国钢结构协会冷弯型钢分会二十五周年庆典大会暨五届六次全体会员大会

▲ 2011 年 4 月中国冷弯型钢行业“十二五”发展规划会议在北京召开

▲ 2012 年 6 月冷弯型钢与汽车制造高峰论坛在厦门召开

▲ 2012 年 6 月《冷弯型钢》杂志创刊首发式在厦门举行
韩静涛理事长（左）与中国钢结构协会原秘书长刘万忠（右）共同揭牌

▲ 2012 年中国钢管产业战略发展高峰论坛及中国钢结构协会冷弯型钢分会年会在邯郸召开

▲ 2013 年 6 月冷弯型钢与轨道交通高峰论坛在北京举行

▲ 2013 年 7 月冷弯钢板桩生产、应用协调会在北京召开

▲ 2013 年 8 月冷弯波纹钢生产与应用技术研讨会在北京香山召开

▲ 2013 年 9 月冷弯型钢分会代表团参加“欧洲金属加工展”合影

▲ 2013 冷弯型钢行业继续工程教育培训班（初级）在北京科技大学举办

▲ 2014 年 4 月冷弯型钢分会金属波纹钢板管涵专业委员会成立大会在江苏无锡召开

▲ 2014 年 8 月冷弯型钢分会代表团在美国大西洋工业公司交流合影

▲ 2014 年 9 月冷弯型钢分会代表团在韩国菲森公司考察金属波纹管涵生产合影

▲ 2014 年 10 月冷弯型钢分会代表团在德国卡特巴赫公司参观交流合影

► 2014 年 10 月冷弯型钢分会代表团一行在西班牙法格公司参观交流

◄ 2014 国际先进冷弯成型技术与汽车轻量化高峰论坛在上海举行

▲ 2014 冷弯型钢生产技术中级培训班在济南市举办

▲ 2014 年 10 月中国冷弯型钢行业首批次生产企业资质评审专家组
在武钢江北冷弯型钢公司现场考察

◀ 2014 年 11 月中国冷弯型钢行业年会在湖南长沙召开

◄ 2015 年 3 月《冷弯金属波纹管》标准编制第一次工作会议在北京召开

► 2015 年 4 月冷弯型钢分会冷弯钢板桩专业委员会成立大会在江苏召开

◄ 在日本召开的“2015 国际管材会议”上韩静涛理事长与国际管材协会（ITA）主席中田勉先生和塑性加工学会顾问木内学先生交流

► 在“2015 国际管材会议”上韩静涛理事长与日本塑性加工学会顾问木内学先生和辊压分科会主席伊丹美昭先生合影

中国钢结构协会冷弯型钢分会

Chinese Confederation of Roll Forming Industry(CCRFI)

中国钢结构协会冷弯型钢分会（英译名：Chinese Confederation of Roll Forming Industry，简写为 CCRFI），是中国冷弯型钢行业唯一的国家级行业组织，是经国家主管机关批准并核准登记注册的全国性、非营利性、行业性的社会组织，是依法成立的社会团体法人；分会成立于 1985 年 10 月，行政隶属于中国钢结构协会，业务隶属于中国钢铁工业协会。分会由我国冷弯行业的企业、事业单位、社团组织以及海外团体会员自愿组成。本会以党的路线、方针、政策为指导，坚持科学发展观，以为企业服务、行业服务、政府服务、社会服务为宗旨，坚持依靠会员单位办协会的工作方针，坚持市场导向，积极提供服务、反映诉求，规范运作，建立和完善行业协调和自律机制，维护行业整体利益和会员单位的合法权益。在国家宏观调控政策指导下，逐步实现行业自我管理，充分发挥政府参谋助手作用，发挥在政府与企业之间的桥梁纽带作用，开展国际合作与交流，推动我国冷弯行业持续、稳定、健康发展。

业务范围：

一、根据国家有关政策法规，结合行业特点，制定行业的行规行约，建立行业自律机制，不断规范行业行为。淘汰落后，推进技术进步，加强节能环保，开拓市场，在维护市场秩序，促进公平竞争，在行业科学发展、提高行业运行质量等方面，发挥行业组织和纽带作用。

二、开展行业调查研究，参与拟定行业发展规划、产业政策法规的相关工作，为政府加强宏观调控和管理提出咨询建议，向政府反映企业要求和争取政策支持。

三、参与制订、修订行业有关技术、经济、管理等标准、规范、规程，组织推进会员单位贯彻实施，开展行检、行评工作。对不符合国家标准、行业标准和其他标准的产品和企业，配合政府部门进行督促整改。

四、受政府相关部门授权和委托，依法开展冷弯行业统计、调查、分析和上报等项工作。代表或协调企业反倾销、反补贴、保障措施的相关工作，协调冷弯产品进出口工作。行使国家授予的部分外事权，承担引进国外智力有关工作，组织国际国内展览。

五、参与行业内重大投资、改造、开发项目的先进性、经济性和可行性的前期论证。推动科技创新、管理创新与产品开发，组织行业共性技术开发和科技成果的推广应用。组织开展创新成果等评审奖励工作及对有关奖的推荐工作。

六、组织有关业务培训，研究制订有关技能、职称评定标准与考核办法，组织开展冷弯行业职业技能竞赛，提高职工的专业和技术素质。

七、代表中国冷弯行业和组织国内有关企事业单位开展与国际同业组织、境外企业的交流与合作，保持与国际有关冷弯同业组织的联系，互通信息，进行协商对话，促进对外经济技术交流与合作。

八、组织收集、整理、分级发布国内外冷弯行业市场状况和经营管理、经济技术等信息。监测行业经济运行态势，开展专题研究。对会员单位的经营管理、发展战略及经济技术指标进行分析、评价，提供咨询服务。通过杂志、网站、微信平台等总结、宣传、推广先进典型经验，加强社会宣传，为会员服务。

九、做好本会自身建设和管理工作；受主管部门委托，管理各有关代管单位。

十、承担政府交办的其他事项，接受会员和社会的委托，提供专项服务。

《冷弯型钢》杂志

主 管：中国钢铁工业协会、中国钢结构协会
主 办：中国钢结构协会冷弯型钢分会

《冷弯型钢》杂志是由中国钢结构协会冷弯型钢分会主办的一本全面反映冷弯型钢行业发展的综合性刊物，作为中国钢结构协会冷弯型钢分会会刊，《冷弯型钢》杂志将及时跟踪和全面反映冷弯型钢行业产业政策、发展动态、技术前沿、行业信息、企业经营、市场应用、统计分析、上下游资讯等方面的内容；面向全国冷弯型钢行业生产企业、设备制造企业及建筑、机械、铁道、汽车、电力、公路、桥梁、集装箱等用户行业从业人员发行；为各级政府、相关机构、企业全方位提供冷弯型钢行业资讯。

《冷弯型钢》杂志将以其权威性、导向性、准确性，综合报道国内外冷弯型钢行业现状、发展态势、新产品研发和技术前沿等，以向全国冷弯型钢行业从业人士提供信息服务和加强沟通交流为目的，成为中国冷弯型钢行业权威的资讯交流平台，成为生产、经营、管理、研究、使用者的信息指南。

《冷弯型钢》杂志将与“中国冷弯型钢网”深度互动，以其独有的传播功能和影响力助推中国冷弯型钢生产企业产品推广，树立品牌效应，加强冷弯型钢企业与上、下游企业的联系与交流，为中国冷弯型钢行业不断壮大做出积极贡献。

中国冷弯型钢网

http://www.china-cri.org

中国冷弯型钢网（http://www.china-cri.org）创建于2011年3月，是冷弯型钢行业的门户网站，是中国钢结构协会冷弯型钢分会发布权威信息的主要窗口之一。中国冷弯型钢网以提供行业信息为主要服务宗旨，是冷弯型钢分会各常务理事、理事、会员单位获取各类信息的主要渠道，是会员单位交流信息的平台，是国内企业了解世界的窗口，是世界了解中国冷弯行业最权威的媒体之一。以信息的权威、准确、快捷、独特为原则，服务于冷弯型钢分会会员单位和国家各政府机构以及各类团体、机构及个人。

▲“中国冷弯型钢网”首页

理事长致辞

光阴荏苒，岁月如流。转眼间，中国钢结构协会冷弯型钢分会已走过30个春秋，2015年金秋时节迎来中国钢结构协会冷弯型钢分会成立30周年。30年在历史的长河中仅是弹指一瞬，但对于一个行业的发展却是艰辛与成长相伴，困难与辉煌并存。30年来，中国冷弯型钢行业在冷弯型钢分会的引领下，经过不懈奋斗，勇立潮头，取得了引人注目的成就，为国家的建设和发展做出了重要贡献。

冷弯型钢属于高效的钢材延伸加工产品，是一种绿色、环保的钢铁材料，在国家产业政策中，是属于鼓励发展的钢材深加工产业，在钢铁生产的产业链中，占有重要地位，它广泛应用于钢结构、汽车制造、集装箱、铁道车辆、公路建设等涉及国民经济的许多领域。

冷弯型钢在国外已有上百年的发展历史，在我国虽然起步较晚，但发展势头强劲，发展潜力巨大。据不完全统计，目前，我国共有12000多家各类冷弯型钢生产企业，冷弯型钢产量由最初的600多万吨发展到现今包括焊管、压型板、异型材等约1.5亿吨，品种6000多种，材料已从单一的普碳钢向不锈钢、高强钢、耐火钢、耐候钢、复合钢、铝、铜、钛等方面发展。

近十年来，我国冷弯型钢产量以近30%的年均速度增长。近五年来，随着国家产业政策的变化，冷弯行业进入产业升级和结构调整阶段，普通圆焊管的低端产品如水煤气管的生产增速减缓，但方矩形钢管、钢板桩、波纹钢管等增速持续上升，高端冷弯型钢产品，如高强钢、轻量化汽车冷弯型钢产品、电梯型材、电控柜型材等发展迅速。目前，冷弯型钢行业已经发展成为产值近万亿元，从业人员数百万的国民经济重要产业之一。

忆往昔，感慨万千，回顾中国冷弯型钢行业30年的发展历程和取得的成就，无不包含着上级部门和领导的关心与支持，无不包含着冷弯型钢行业广大从业人员的辛勤工作与努力奋斗，无不包含着用户行业、国内外有关组织和友人及上下游行业的协作和大力支持。在中国钢结构协会冷弯型钢分会成立30周年之际，我谨代表中国钢结构协会冷弯型钢分会在此向大家致以崇高的敬意和衷心的感谢！

30年来，中国钢结构协会冷弯型钢分会在会员单位和广大从业人员的积极努力和支持下，虽然取得了一定的成绩和进步，但离大家的期待和要求还有差距，理事会及秘书处工作人员将总结经验，再接再厉，继续竭诚努力，坚持为企业服务、为行业服务、为政府服务、为社会服务的宗旨，坚持依靠集体办会的工作方针，坚持市场导向，积极提供服务、反映诉求，规范运作，建立和完善行业协调和自律机制，维护行业整体利益和会员的合法权益。充分发挥政府参谋助手作用，发挥党和政府与企业之间的桥梁纽带作用，积极开展国际合作与交流，努力推动我国冷弯型钢行业持续、稳定、健康发展，向冷弯型钢强国迈进。

中国钢结构协会冷弯型钢分会理事长

2015年8月18日

序

钢铁工业是国民经济重要的基础原材料产业和技术进步的先导产业。近30年来，我国钢铁工业取得了迅猛发展，钢产量已连续多年位居世界第一，产品品种不断增加，产业结构不断调整，装备水平不断提高，我国已经成为名符其实的世界钢铁大国。

冷弯型钢作为钢材重要的延伸加工产品，随着我国钢铁工业的发展，近30年来，也取得了长足的进步，特别是在近十几年来，我国冷弯型钢产业，在国家“抓机遇，保稳定，促发展”的方针指引下，在中国钢结构协会冷弯型钢分会的引领下，经过冷弯行业广大科技人员和从业人员的积极努力，在产量、品种、质量、效益和技术研发及在国民经济各个领域中推广应用等方面，取得了显著成效，为国家建设作出了重要贡献。

中国钢结构协会冷弯型钢分会成立于1985年，是中国钢结构协会所属分会之一。冷弯分会自成立以来，在国家相关部委的关爱和全国冷弯型钢生产企业支持下，积极发挥行业引领和桥梁纽带作用，对行业的发展始终发挥了重要的组织、协调和推动作用。分会历届领导及其工作人员与全体行业同仁一道，共同努力、广泛调查、大力宣传，抓科研、上品种、促发展，积极开拓市场，各项工作有条不紊，使冷弯型钢行业迈上一个个新台阶，由弱小走向成熟，得到社会各界广泛关注。

2015年是中国钢结构协会冷弯型钢分会成立30周年，经过30年的不懈努力和发展，中国冷弯型钢产量由成立初期的600多万吨发展到现今包括焊管、压型板、异型材等约1.5亿吨。产品广泛应用于建筑钢结构、汽车制造、铁道车辆、公路建设、集装箱、钢模板与脚手架、桥梁、电器柜、悬挂输送机、电缆桥架、货架、电梯导轨、龙骨钢、农业机械、防火设备、家具、谷物仓储及蔬菜大棚等各方面，涉及国民经济95个行业的绝大部分领域。品种开发在广泛应用普碳钢的基础上，向合金钢、低合金钢方向发展，特别是向高强钢和耐候钢、双相钢、不锈钢、专用钢等多元化发展。目前，我国冷弯型钢在世界上产量、生产能力均名列前茅，已成为冷弯型钢生产大国，并正在努力向强国迈进。

今年在冷弯型钢分会成立30周年之际，由分会组织编写出版《中国冷弯30年》（1985～2015）纪念册，对中国冷弯型钢行业30年来的发展历程和取得的成就进行全面总结，向国内外全方位展示中国冷弯型钢企业的辉煌成就和风采以及先进技术、装备和产品等，对进一步推动中国冷弯型钢行业稳步、快速和健康发展具有重要的历史意义，对此值得推赞。

在此，我谨代表中国钢结构协会，对冷弯型钢分会成立30周年以及所取得的成就表示热烈祝贺，同时对《中国冷弯30年》（1985～2015）纪念册的出版和公开发行表示热烈祝贺。希望该书的出版，在全面总结中国冷弯型钢行业30年来的发展历程和取得成就的同时，激励全行业再接再厉，在中国钢结构协会冷弯型钢分会的引领下，在前30年发展的基础上，继续努力，积极开拓，适应新常态，顺势发展，为早日成为世界冷弯强国而奋斗，为国家和民族复兴多做贡献。

中国钢结构协会常务副会长 刘毅

2015年5月25日

前　言

2015年是中国钢结构协会冷弯型钢分会成立30周年，经过30年的不懈努力和发展，中国冷弯型钢行业取得了引人注目的成就，冷弯型钢产量由600多万吨发展到现今包括焊管、压型板、异型材等约1.5亿吨。产品广泛应用于建筑、汽车、铁道、桥梁、港口、输电、石化、集装箱、工程机械、农机、电器设备、钢板桩、钢模板、脚手架、钣金行业等。品种开发在广泛应用普碳钢的基础上，向合金钢、低合金钢、有色金属材料方向发展，特别是向高强钢和耐候钢、双相钢、不锈钢、专用钢等多元化发展。目前，我国生产的冷弯型钢产量已达1.5亿吨，品种规格已达6000多个，在世界上产量、生产能力均名列前茅，已成为冷弯型钢生产大国，并正在努力向强国迈进。

因此，在冷弯分会成立30周年之际，对中国冷弯型钢行业30年来的发展历程和取得的成就进行全面总结，向国内外全方位展示中国冷弯型钢企业的辉煌成就和风采以及国际先进技术、装备和产品等，对进一步推动中国冷弯型钢行业稳步、快速和健康发展具有重要的历史意义。

为此，中国钢结构协会冷弯型钢分会决定编辑《中国冷弯30年》(1985~2015)，作为庆祝中国钢结构协会冷弯型钢分会成立30周年重要的纪念册和宣传媒介，公开出版，国内外发行。该书从多角度、立体式和全方位展示了我国冷弯型钢行业30年来的发展历程和重要成果，可供政府部门、行业组织、学术团体以及行业内外有关人员和广大用户阅读，也可供研究冷弯型钢行业有关人员和希望了解冷弯型钢行业的人员参考。

本书共分7篇。第1篇 回顾与展望，主要包括有关领导专家、分会专业委员会以及有代表性的大型企业和特色企业的回顾与展望文章；第2篇 冷弯型钢行业发展概况，主要包括中国冷弯型钢行业发展30年综述以及冷弯型钢行业部分企业参与或承担的重大标志性工程概览两部分内容；第3篇 冷弯型钢行业企业风采，主要从企业技术、企业装备、企业产品、企业成长历程、企业承担或参与的重大项目和工程实例等方面，全面展示了冷弯型钢行业大型骨干企业、特色企业和会员单位企业的综合实力、现状和特色；第4篇 冷弯型钢行业大事记，按10年一个时间段，分别记载了冷弯型钢行业30年来分会和会员企业发生和经历的一些重要的、有影响的、需要记录的事件；第5篇 冷弯型钢行业重点企业产量统计及分析，主要介绍了2012年、2013年、2014年近三年来冷弯型钢行业重点企业产量统计及分析情况；第6篇 冷弯型钢产品主要应用行业现状与分析，主要介绍了建筑及房地产行业、汽车行业、铁路行业、机械行业、船舶行业、集装箱行业、家电行业、油气管线行业、输电铁塔行业等主要用户行业的运行情况及发展趋势；第7篇 附录，主要包括中国钢铁工业“十二五”发展规划、中国冷弯型钢行业“十二五”发展规划、中国钢结构协会冷弯型钢分会有关规章制度、中国钢结构协会冷弯型钢分会第一届至第六届理事会、中国钢结构协会冷弯型钢分会各专业委员会简介、中国钢结构协会冷弯型钢分会第六届团体会员名录等内容。

本书从2014年下半年开始筹划组织，提出框架性建议和编写大纲，并经第六届理事会通过，从2015年1月开始正式组织收集资料和编撰工作。

本书在编写过程中，首先得到了上级领导的关心与支持，中国钢铁工业协会党委书记兼秘书长刘振江和原国家冶金工业局副局长、国务院国资委监事会原主席、中国钢结构协会原首席顾问赵喜子为本书题词，中国钢结构协会常务副会长刘毅为本书作序。其次有关老领导、专家和学者在百忙之中为本书撰写回顾与展望文章，在此，我们一并表示衷心的感谢！

另外，本书在编撰过程中，得到了广大会员单位，特别是常务理事和理事单位的大力支持，大家安排专人撰稿并与协会联系，积极提供资料参与组织编写工作，各专业委员会也积极响应撰写有关文章，使本书编辑工作得以顺利进行。本书的编写涉及面广，原始资料积累较少，因此，资料查询、收集和核对难度相当大，分会工作人员一方面督促会员企业按时、按要求提供资料或补充不合格资料，一方面不辞辛苦，多方查询、搜集和核对其他有关信息，付出了极大努力。在此，对广大会员单位、协会工作人员和参与本书编辑或为本书提供资料的其他所有关联人员表示真诚的谢意！

由于本书内容面广、涉及时间跨度长，资料收集、核对、编辑难度大，加之编撰时间紧，所以书中不妥之处在所难免，恳请广大读者批评指正。

编辑委员会

2015年8月10日

目　录

第7篇 附 录

第1篇

回顾与展望

HUIGU YU ZHANWANG

中国冷弯型钢行业30年回顾

南振卿

（中国钢结构协会冷弯型钢分会顾问，原冶金工业部科技司副处长）

作为钢铁产品重要品类之一的冷弯型钢，凭其卓越的成型优势和性能特点已在各行业得到广泛应用。中国的冷弯型钢在多年钢铁工业迅猛发展的带动下，经历了由小到大、由弱变强，不断壮大的发展历程。2015年恰逢中国钢结构协会冷弯型钢分会成立30周年，作为冷弯行业发展的经历者，回顾一下冷弯型钢30年的历史以及我国冷弯型钢行业的发展历程，与全行业同仁共同分享创业的艰辛和不凡的业绩，可谓困难与机遇相依，发展与辉煌永存。

冷弯型钢是一种可进行多变形的高效经济型钢材，最主要的优势是在保证各种性能要求的前提下，节省材料。国外资料显示，冷弯型钢与热轧型钢相比可节约材料30%～50%。虽然冷弯型钢的发展已有上百年的历史，但是快速发展只有50余年。20世纪初，苏联的工厂已用弯折方法制造冷弯型钢，但由于板带产量少而贵，冷弯型钢的生产几乎没有发展。到20世纪初，美国生产了第一台辊式冷弯机组，从此冷弯型钢进入工业化生产阶段。60年代，冷弯型钢进入了快速的发展期。

我国的冷弯型钢起步较晚。1949年前，上海的一些弄堂小厂用拉拔方法生产一些冷弯型钢，主要用于装潢；到了20世纪50年代中期，第一汽车厂用自备机组生产汽车专用的封窗和车身冷弯型钢，上钢十厂建设了我国冶金行业的第一台小型冷弯机组，由于钢带质量不好，所产的冷弯型钢不能满足用户要求，不久就停产了；到了60年代中期，为改变我国援外工程中“肥梁胖柱大屋顶”的落后面貌，冶金工业部在北京、天津、重庆、上海等地布点生产冷弯型钢，为我国第二汽车制造厂提供了建设20余万平方米厂房的冷弯型钢。当时，由于带钢供应不足，价格偏高，冷弯型钢没有得到推广应用。80年代初，改革开放的春风吹遍了神州大地，国外的设备、汽车进入中国市场，看到国外的汽车和设备都用上了冷弯型钢，美观又轻巧，我国其他行业纷纷对冶金行业提出了新的需求，要求提供冷弯型钢产品，这为冷弯型钢的发展提供了广阔空间。建筑领域采用冷弯型钢稍晚一些，首先是在大型体育场中少量使用冷弯型钢，如上海体育馆、上海游泳馆；90年代又在上海东方明珠电视塔钢结构球体、宝钢三期工程中大量使用了冷弯型钢；目前，冷弯型钢的优点已被人们所认识和接受，已经在建筑、汽车制造、轨道交通及铁路车辆制造、交通公路建设、工程机械等国民经济各个领域得到广泛应用。

中国冷弯行业协会成立前夕，我国国民经济正处在大发展时期，各行各业对钢材的需求日益激增，供不应求的矛盾十分突出，而因国家外汇紧张又不能大量进口，资金短缺又不能对钢铁工业进行大量基本建设投资。为了促进钢铁工业的发展，国家决定冶金工业部实行全行业的“投入产出包干”。当时冶金工业部党组向全社会提出了要努力挖潜，改造扩建增产钢材，发展连铸，狠抓提高成材率，大力发展高效钢材的措施。

冷弯型材是一种大有发展前途的高效钢材。当时我们已经知道，国外工业发达国家发展冷弯型钢已有上百年的历史，产量已占钢材总产量的4%～5%，品种规格上万个，广泛用于各个领域，平均可节约钢材15%～30%，经济效益和社会效益非常可观。

在我国，尽管冷弯型钢从20世纪50年代末就已经开始生产，但因种种原因几经起伏，一直没有发展起来。党的十一届三中全会后，新的形势为我国冷弯型钢的大发展提供了很好的机遇，并被有关领导部门提上重要议事日程。由于当时我国冷弯型钢行业自身基础较差，实力不强，产量、品种、规格、质量都满足不了用户要求，特别是生产冷弯型钢的原料又十分紧张，尤其是许多人对冷弯型钢的优点还不了解，缺乏认识，在应用上还有许多阻力，致使加快发展冷弯型钢遇到诸多困难，各企业迫切希望得到有关部门的重视和支持，要求组织起来，发挥集体的优势，使冷弯型钢事业打开一个新局面。

当时，冶金工业部几位老部长和有关司局的领导都非常重视和支持“组织起来发展冷弯型钢”的倡议，并根据当时情况，建议组建协会。经过较长时间的酝酿准备，考虑到冷弯型钢的生产、使用是跨行业产品，最后决定将酝酿的冷弯协会挂靠在中国钢结构协会下，作为中国钢结构协会下的一个分会，于是中国钢结构协会冷弯型钢分会于1985年10月正式成立。从此，我国冷弯型钢行业开始有了自己的行业组织，冷弯型钢分会的成立标志着我国冷弯型钢行业进入了一个新的有组织、有计划、有目标的发展时期。

冷弯型钢分会自成立开始，积极争取各方支持。当时，国家流通体制还是以计划经济为主，市场经济为辅，特别是钢材和坯料，都是按计划分配和调拨，冷弯型钢分会努力争取国家有关主管部门的支持。1986年，经冶金工业部提出，在国家计委和物资部的支持下，将冷弯型钢从15个统配钢材品种中的型材中划出，单列为一个大品种。在产品计划、指标分配、原料平衡调拨等方面，均按一个独立品种进行安排，取得了与其他钢材品种的同等地位。在具体落实中，冷弯型钢分会每年都积极争取参加由冶金工业部和物资部组织的两次调坯轧材会和全国钢材订货会。会上、会下做了各方面的协调工作，争取有关部门的支持，使生产任务和坯料的调拨量每年都有所增加。即使在坯料最紧张的情况下，宁肯压缩一般焊管和带钢，也不减或少减冷弯型钢的指标。对计划外增产和新产品试制用料，也积极向冶金工业部有关部门申请特批。

1987年，冷弯型钢分会得到国家计委的支持，在“全国节约钢材经验交流会”上，介绍了冷弯型钢的生产和应用情况，得到了与会者的好评。1991年，国家计委综合利用司根据冶金工业部科技司和冷弯型钢分会的积极建议以及机械工业部科技司的支持，批准拨款2万元，作为开发农机和工程机械用冷弯型钢调研工作的启动费用。1991年，冶金工业部科技司根据冷弯型钢分会的建议，同意将冷弯型钢作为继续开发的新品种，列入科技发展规划，并拨款10万元，设立6个科研项目。1993年，国家取消了对冷弯型钢企业的调坯轧材任务，生产用料、产品销售都完全放开，过去依靠调坯轧材的企业遇到了新的问题，除几个重点冷弯型钢厂并入宝钢、鞍钢、武钢集团，原料可以得到基本保证外，大多数冷弯型钢厂都要靠自筹去开辟自己的供料渠道。为此，冷弯型钢分会一方面通过有关部门在计划内调剂解决一些，同时也从其他渠道帮助解决一些，从而缓解了一些企业生产用料的困难，保证了冷弯型钢产品的稳定发展。

冷弯型钢分会为了做到对冷弯型钢的生产和应用情况心中有数，把调查研究当成重要工作来抓。多年来，冷弯型钢分会配合有关部门，多次组织力量，对全国各行业生产建设需要的冷弯型钢，展开了点面结合的调查研究工作。

1986 年 7 月，在北京召开了部分理事和有关冷弯型钢厂厂长参加的调研工作会议，专题研究了全国各大区生产和应用冷弯型钢的情况。1991 年上半年，国家计委根据冷弯型钢分会的汇报和建议，拨款 2 万元，作为对工程机械和农机行业开发应用冷弯型钢的启动费用，由中国农科院与冷弯型钢分会配合，联合组成调研小组，通过函调和走访，历时半年，向全国 30 多个农业机械和工程机械厂家进行了全面调查，摸清了农机和机械行业重点产品对冷弯型钢的需求情况。1992 年，冷弯型钢分会又组织力量，对铁路造车采用冷弯型钢情况进行了调研。调查小组先后走访了铁道部有关部门及华北、东北的三个主要造车厂。通过与设计部门、技术部门、物资供应部门的座谈讨论和现场考察并借鉴前苏联在造车中大量使用冷弯型钢的经验。

除了几次大的调研行动外，冷弯型钢分会还对市场调研工作坚持常抓不懈，对汽车、集装箱、煤炭、水电、公路交通、船舶、轻工、纺织、建筑以及市政建设和设计部门都做了大量的调研和走访，特别对中央有关部委，每年都要走访、汇报、宣传并及时向冷弯型钢分会成员单位提供调研信息。通过调研，还配合冷弯型钢生产厂家开发一些新品种，这对冷弯型钢行业进行产品结构调整、产品开发和推广应用起到了重要作用。

冷弯型钢分会自成立以来，风雨兼程 30 载，在原冶金工业部以及现在的中国钢铁工业协会、中国钢结构协会的领导下，在历届理事长吴路菁、吕日升、丁国良、韩静涛的不懈努力下，在冷弯型钢生产企业、科研院所和用户的相互支持和共同努力下，始终秉承服务政府、服务社会、服务会员、服务行业的宗旨，充分发挥了沟通政府、企业和市场间的桥梁和纽带作用。冷弯型钢分会自成立以来还得到了各界领导和专家的广泛支持和关注，原冶金工业部副部长周传典，原冶金工业部副部长吴溪淳等领导十分关注与支持冷弯型钢行业的发展；冷弯型钢分会的各届理事长、副理事长、理事单位以及冷弯型钢行业专家、学者，如王先进、赵林春、白光润、王丽敏、徐淑卿、梁爱玉、王大齐、姜复生、陈禄如、刘继英、冯光宏等都积极参与分会各项工作，为冷弯型钢分会建设和发展做出了巨大努力。

冷弯型钢分会最初由全国 33 家从事冷弯型钢制造的企业和研究单位组成。近 30 年来，在冷弯型钢分会的协调和组织下，行业影响不断提升，行业队伍不断壮大，目前已发展了 196 家团体会员单位，理事成员 87 家；成员单位中，有国企 19 家，民营企业 158 家，外企及中外合资企业 7 家，科研院所 5 家，高校 7 所，国家行政管理部门和较大的行业用户 7 家，国外会员单位 5 家。这些单位在协会的组织下，为我国冷弯型钢事业的发展作出了积极贡献。冷弯型钢分会通过组织协调，协助国家标准管理部门制定颁发了《冷弯型钢国家标准》，编印了《冷弯型钢产品目录》（2003 版、2005 版），编辑出版了《冷弯型钢通讯》、《冷弯型钢》杂志（季刊），建立了“中国冷弯型钢网”、“中国冷弯”微信平台，通过这些平台对冷弯型钢分会和冷弯行业进行全方位宣传。先后于 2012 年 5 ~ 7 月成立了统计工作委员会、标准工作委员会、资质评审工作委员会，先后建立了金属波纹钢板管涵专业委员会、金属围护产品委员会、建筑结构委员会等专业委员会，冷弯型钢分会的结构得到进一步完善，以便更好地发挥作用、履行职责，促进冷弯型钢行业健康发展。2013年5月，冷弯型钢分会发布了“中国冷弯型钢行业‘十二五’发展规划”，该“规划”为行业发展提供了重要的指导性意见，为政府支持冷弯型钢企业的发展提供了依据，也为社会和用户行业认知冷弯型钢行业提供了渠道。为了学习先进和缩小同发达国家和地区的技术、管理差距，冷弯型钢分会多年来多次组织分会会员赴美、欧、俄、日等国家和地区的冷弯型钢企业进行考察，帮助企业了解和打入国际市场，为冷弯型钢行业的发展起到了引导、协调作用。

由于冷弯型钢的优点和特点逐渐被人们所认识，因而市场需求不断增加，促进了资金投入向冷弯行业倾斜，行业企业迅猛增加。据不完全统计，目前我国从事冷弯型钢产业的企业已达12000家，生产得到了长足发展；冷弯型钢分会多年来十分注重市场的发展，以产品为龙头，在产品、产量、标准方面尽量满足用户需求，装备和工艺技术水平明显改观。冷弯型钢分会成立初期，生产线不足20条，而目前仅会员单位的生产线就达到了1000多条，机组大、中、小基本配套；品种从过去的三四百种发展到现在的6000多种，其中包括冷弯焊管、压型板和异型材，年均总产量达1.5亿吨，而且为满足用户需求，品种仍在不断增加，质量也有很大提升。尤其在车厢钢结构、高速护栏板、汽车、货架、电力塔桅、水利钢板桩、农用大棚、耐大气腐蚀用钢、地铁车厢的应用等方面做了大量的工作。

为了进一步开拓冷弯型钢市场，冷弯型钢分会根据实际需要积极进行市场需求调研，如通过调研获知，金属波纹管涵目前发展迅速并且潜力巨大，可应用于城市管网工程、林业排水、生物通道、涵洞、公路桥涵等以及雨水收集的排管水库，也可应用于贮藏仓、水泥仓、厂房等建筑工程；未来20年环境治理的力度必将加大，将带动排水、供水系统的建设，同样将有力带动新型环保管材的发展，金属波纹管将成为雨水排放和收集设施的生力军，在大口径或超大口径排水管道中具有突出价值，并且城市地下综合管廊的建设中有诸多优势，必将成为首选。

“十一五”、“十二五”期间，我国冷弯型钢产量以近30%的年均速度增长。近两年受到国内外经济行情的影响，增长速度有所趋缓。我国冷弯型钢生产企业集中分布在长三角、珠三角和环渤海地区。产品主要应用于公路建设、钢结构、汽车制造、集装箱、铁道车辆、钢模板与脚手架、桥梁、电器柜、悬挂输送机、电缆桥架、货架、电梯导轨、龙骨钢等方面，涵盖了国民经济95个行业的绝大多数。冷弯型钢行业目前已经发展成为产值数千亿元，从业人员数百万人的国民经济重要行业。

纵观我国冷弯型钢30年的风雨历程，在改革开放，建设创新型国家的大好形势推动下，已经取得了很大成绩，积累了一定经验，为我国冷弯型钢事业的进一步壮大奠定了良好基础，但和国外工业发达国家相比，无论是装备水平、工艺技术水平还是品种质量、应用领域等方面都存在很大差距，仍需全行业共同努力，认真解决。

因此，在推进冷弯型钢行业的发展中，我们一定要抓住有利时机，转变观念，积极创造条件，采取有效措施，发挥现有优势，解决存在的问题，使冷弯型钢在新时期继续保持长足、稳定的发展。我们应该努力做到：

第一，坚持优化品种结构、提高产品质量的原则。要坚持以市场为导向，增加国民经济发展需要的关键品种；树立质量第一、品种优先的理念，充分发掘已有的先进工艺装备的潜力，优化品种、提升质量，确保产品的生产稳定、可靠。同时，加快冷弯型钢新材料、新工艺、新产品、新技术的研发，满足市场和用户对产品的高强度、高韧性、耐腐蚀、轻量化、个性化、差异化等新的需求，拓宽产业发展空间；积极同上、下游相关企业建立战略合作伙伴关系，延长产业链。

第二，坚持技术进步、自主创新的原则。依靠科技进步，提高工艺技术装备的现代化水平，推动新技术、新工艺、新品种的研发，把加强研发和加快技术改造和产业化紧密结合起来，要大力实施技术进步和自主创新；要重视生产工艺的优化，缩短工艺流程，提高生产效率。

第三，要进一步增强和提高企业参与国内外市场竞争的能力，使行业的整体素质和市场应变能力提升到国际化水平。

第四，继续加快冷弯型钢标准体系建设，全面实现与国际接轨。加大对冷弯型钢有关设计标准规范修订工作的投入，如启动和推进“冷弯金属波纹管”等标准的编写工作，提高我国房屋建筑、桥梁、塔桅等用钢标准，提高设计使用寿命和符合环保绿色、低碳排放及循环经济要求，促进自主创新和我国的现代化建设更加科学、合理的发展。

第五，要加大宣传和推广力度，抓住机遇，利用不同形式的典型示范，使冷弯型钢产品应用越来越广泛。

第六，要进一步发展壮大行业队伍，通过培训，提高职工技术水平和队伍素质，培养一批专业技术人才，从事科研设计和产品开发，同时也造就一大批优秀的生产、经营工作者和企业家，为冷弯型钢事业作出贡献。

总之，在国家改革开放政策的指引下，只要进一步加强冷弯型钢分会自身建设，发挥好桥梁和纽带作用，搞好服务并紧紧依靠各有关领导部门的支持和各方面的合作，发挥全行业广大职工、科技人员的积极性和创新性，努力开拓，为国家多做贡献，为企业的发展提供导向和动力，这样，就一定会把全行业的工作推动起来，把中国冷弯型钢行业做大做强，真正成为战略型新兴产业。

回顾过去，展望未来，让我们团结起来，肩负起历史的重任，共同奋斗，在我国经济发展的“新常态”下，以创新驱动发展，科学转型升级，推进冷弯型钢行业持续、健康、稳定发展，不断壮大，勇攀新高峰！

钢管在建筑工程的应用与发展

陈禄如

（中国钢结构协会专家委员会）

从目前建筑工程中应用钢管状况出发，归纳我国在工程中钢管存在的问题，提出大力发展热成型方矩管的生产和应用，有利于节约钢材和推进建筑工业化，建议钢厂能尽快生产适合冷成型专用钢材，应用部门和单位编制有关标准规范，以推广热成型方矩管在工程中大量应用。

一、建筑工程中应用钢管概况

圆管形状在受压、受扭以及多方向受弯下的卓越的结构性能，正是人们从风中芦苇、雨中翠竹和支撑人体重量的大腿骨得到启发，将管结构优越的结构性能与极具魅力的建筑外形相结合，形成了钢管结构。

钢管结构凭借其自身优越的性能，近年来得到了飞速发展，应用范围几乎涉及所有结构领域，包括房屋建筑、桥梁、堤坝、海洋平台结构和塔桅等。建筑工程用材如表1所示。

表1　建筑工程用主要钢材品种

序 号	结构类型	主要钢材品种
1	重型、高层	中、厚板（超厚），H型钢，大型方矩管，圆管，镀锌板，彩涂板等
2	大跨、空间	圆管（无缝、焊接），大型方矩管，H型钢，中、厚板，镀锌板，彩涂板，钢绞线，高速线材等
3	轻钢结构	中板，H型钢（中、小），圆管，方矩管，镀锌板，彩涂板，冷弯型钢等
4	组合结构	大型圆管（焊接），方矩管，H型钢，镀锌板，彩涂板等
5	钢结构住宅	H型钢，方矩管，圆管（焊接），中板，镀锌板，彩涂板，冷弯型钢等

（一）建筑钢结构用钢材的特点和需求

（1）规格、品种多，单一品种数量差别大，总用量多，供货期短，价格定位不能太高。

（2）钢结构建筑和构筑物不断向大跨度、超高层、高速、受重荷载发展。要承受强烈地震和各种恶劣环境（火、风、重腐蚀等）考验，因此对钢材性能提出了许多新的要求。

（二）钢管结构的分类

目前工程中使用的钢管结构可按截面形状、结构形式和制作方法进行分类。

（1）按构件的截面形式可将钢管结构分为三大类：圆管结构（CHS）、方（矩）形管结构（RHS）以及其他形状，如图1所示 。圆管结构和方管结构最为常见，外表和受力性能最为优越。

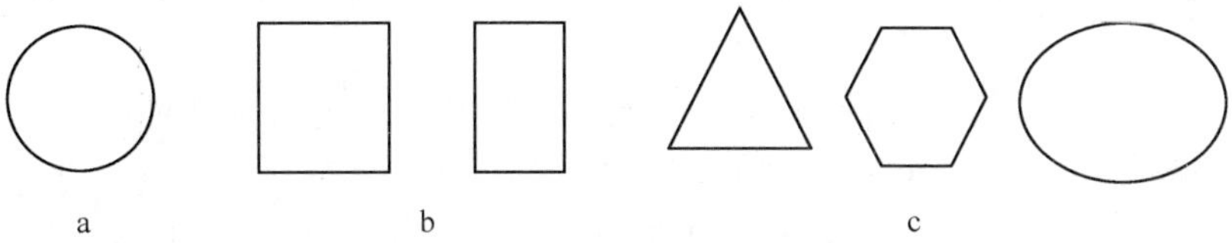

图1　各种截面的钢管

a—圆管截面；b—方（矩）管截面；c—其他形式的截面

（2）管结构按结构应用可分为网架（网壳）、桁架、框架和钢管混凝土结构四种，管结构是指采用圆管和方管作构件，管与管之间通过相贯焊接连接的结构。

（3）按制作方法来分，管结构可分为热轧钢管结构、冷轧钢管结构以及焊接钢管结构。热轧钢管壁厚较大，制作成本高，冷轧钢管壁厚相对较薄。

（三）钢结构工程应用钢管概况

（1）与开口截面相比，圆管和方（矩）形截面具有表面平整、无死角以及外表面积小等特点，这样有利于节省防腐和防火涂料，也便于除尘。

（2）钢管截面的风阻力系数小，应用在暴露在流体（如风、水流）中时，有显著的优点。

（3）钢管结构的内部空间可利用。填充混凝土（钢管混凝土结构）不仅能提高构件的承载力，而且还能延长构件的耐火极限（平均可达2h）。

（4）管内注水，可利用内部水循环进行防火；传输液体，如输油管桥、排雨水管等；管内还可以放预应力索，施加体内预应力。

（5）钢管结构的材料单价比普通开口截面形式的型钢高。

（6）方钢管与圆钢管的风阻体形系数远小于开口型钢构件，适宜暴露于室外及流体中的结构。

（7）方（矩）形钢管与圆钢管的性能也略有差异。在力学性能方面，方钢管的抗弯性能好于圆钢管，抗扭性能略逊于圆钢管。方（矩）形截面构件表面平整，连接线是直线或平面，更便于制作安装 。

（四）钢管结构应用的前景

（1）近五年，欧洲的钢管用量增加了25% 。

（2）随着美国的钢铁工业以底层商业建筑市场为开发目标，钢管结构的需求也呈上升之势，1999年的交货量约为225万吨，有成为露天结构材料的替代用材料的趋势。在最近五年，美国结构管材的消耗量每年以5%～10%速度增长。

（3）日本是一个多地震国家，在建筑业采用H型钢结构比较多，所以，H型钢的产量占型钢总产量的50%～60%。最近几年也在大力开发和应用钢管结构，且规格大型化，断面复杂化，现已生产边长为700mm、壁厚16～32mm的大型方矩管钢管结构，用作建筑结构柱。

（4）2011年我国钢结构用钢管量仅240万吨（作为承重构件），其中方矩管仅50万吨。与H型钢年产量约500万吨相比，为1：0.1，在发达国家该比值一般为1：1，尚未包括输变电塔、广播电视通塔、风力发电塔、海洋平台导管架、道路桥梁等所用钢管。

（5）根据中国钢结构协会特级和一级钢结构制作厂消耗钢材品种统计，钢管消耗量为钢结构产量的10%左右。用于工程中结构用钢管约为300万吨，远少于热轧H型钢，也远低于日本、欧洲、美国等国用量，表明钢管在我国有着较大的发展空间。

（6）另据中国模板工程协会初步统计，脚手架钢管（48mm×3.5mm、42mm×2.5mm、51mm×3.0mm焊接钢管）用约1000万吨，按每年15%的更新量，每年需新增150万吨钢管，总共每年用量约450万吨。

（7）我国发展钢管结构晚于西欧、北美、日本等国家和地区。将近十年的时间里，钢管结构在我国也得到快速发展，各类钢管（包括方矩形管，见图2）已大量用于工程中，按建筑结构对钢管性能的要求选用不同规格、性能的钢管。如长春体育馆、上海体育馆、虹口体育馆、广州体育馆、首都机场新航站楼、成都双流机场新航站楼、广州新白云机场航站楼、济南遥墙国际机场等。其中，长春体育馆是首次使用大截面方钢管的国内最大跨度的方钢管网壳工程；广州新白云国际机场航站楼屋盖是国内大型的方管结构建筑，它的高架连廊等则采用方管结构。

图2　方矩形管

二、钢管材质和工程设计应用标准

（一）钢管采用的主要标准

（1）《碳素结构钢》（GB 700—2006）；

（2）《低合金高强度结构钢》（GB/T 1591—2008）；

（3）《建筑结构钢板》（GB 19879—2005）；

（4）《厚度方向性能钢板》（GB/T 5313）；

（5）《结构有无缝钢管》（GB/T 8162—1999）；

(6)《直缝电焊钢管》(GB/T 13793—1992);

(7)《低压流体输送用焊接钢管》(GB/T 3092—1993);

(8)《结构用冷弯空心型钢尺寸、外形、重量及允许偏差 》(GB/T 6728—2002);

(9)《双焊缝冷弯方矩钢管》(LW/T 02—2004);

(10)《建筑结构用冷弯矩形钢管》(JG/T 178—2005)。

(二) 钢管结构设计选用主要标准

(1) 钢管用钢强度级别应满足《钢结构设计规范》(GB 50017—2003) 的要求，一般分 Q235、Q345、Q380、Q420 四级。

(2) 对承重结构的钢材应有抗拉强度、伸长率、屈服强度和硫、磷含量的合格保证，对焊接结构尚应具有碳含量的合格保证。对焊接承重结构以及重要的非焊接承重结构还应应有冷弯试验的合格保证。钢材的强度设计值应按设计规范规定采用。

(3) 设计者根据钢管在结构中的功能和重要性选用无缝钢管、直缝焊接管、螺旋形缝焊接管、冷弯方矩管、双焊缝冷弯方矩钢管、低压流体输送用焊接钢管等各类钢管。

设计中采用大直径、厚壁钢管，一般由钢结构加工厂专门制作，各类结构也规定了最小截面尺寸及技术要求。

建筑结构设计中选用钢管的规范、规程：

(1) 钢结构设计规范 (GB 50017—2003);

(2) 空间网格结构技术规程 (JGJ 7—2010);

(3) 钢-混凝土组合结构设计规程 (DL/T 5058—1999);

(4) 矩形钢管混凝土结构技术规程 (CECS 159：2004);

(5) 钢管混凝土叠合柱结构技术规程 (CECS 188：2008);

(6) 塔桅钢结构工程施工质量验收规程 (CECS 80：2006);

(7) 钢管混凝土结构技术规程 (DBJ 13-51—2003);

(8) 钢管结构技术规程 (CECS 280：2010);

(9) 钢结构工程施工质量验收规范 (GB 50205—2001);

(10) 钢结构工程施工规范 (GB 50755—2012);

(11) 建筑施工门式钢管脚手架安全技术规范 (JGJ 128—2000);

(12) 建筑施工扣件式钢管脚手架安全技术规范 (JGJ 130—2001);

(13) 建筑施工碗扣式钢管脚手架安全技术规范 (JGJ 166—2008)。

另外，《冷成型矩形钢管结构技术规程》(CECS)、《建筑结构用冷成型直缝焊接圆钢管》、《建筑结构用冷弯型钢》产品标准正在组织编制。

(三)《钢管结构技术规程》(CECS 280：2010)

(1) 主要内容：总则、术语与符号、材料、基本设计规定、结构及构件设计、节点强度计算、节点构造、疲劳计算、施工。

(2) 基本设计规定：

1) 相贯焊接节点的钢管结构，其成品钢管的性能应满足设计要求。受力钢管的壁厚不得小于 2mm；壁厚大于 25mm 时，对承受支管较大拉应力的主管部位，应有防止层状撕裂的措施。

2）圆钢管径厚比（钢管外径与厚度之比）：

①作为桁架构件和其他两端铰接的轴心受力构件时，径厚比应不超过 100（235/fy）；

②作为受弯构件和压弯构件时，如无抗震设防要求且按弹性设计，径厚比应不超过 100（235/fy）；

③如考虑塑性发展，应不超过 90（235/fy）；

④如有抗震设防要求且结构仅按小震烈度进行抗震计算，或对结构进行塑性设计时，受弯构件的径厚比应不超过 40（235/fy）；

⑤压弯构件的径厚比应不超过 60（235/fy）。

（四）《冷成型矩形钢管结构技术规程》（CECS XXX）

主要内容：总则；术语与符号；基本设计规定；材料与设计；结构与构件设计；节点设计与构造；制作、安装与防腐、防火；附录 。

三、热成型方矩钢管的产品与性能

目前我国尚无热成型方矩钢管产品，前述首都新博物馆等工程所用热成型钢管，均由国外进口，价格也较高。在国外，欧洲最早制定了热成型钢管标准 EN 10210《非合金和细晶粒结构钢的热加工管材》（Hot finished structure hollow sections of non-alloy and fine grain steels）。该产品多用于钢结构工程。目前我国方管最大规格为 500×16，矩管最大规格为 500×300×16。

方矩钢管在热成型过程中进行了管材热处理，可使钢管晶粒细化，并消除残余应力，提高延性与焊接性能，显著改善了材质与材性。热成型钢管与冷成型钢管的性能特点比较见表 2。

表 2　热成型钢管与冷成型钢管的性能特点比较

项　目	热成型钢管	冷成型钢管
制造方法	在超过 840℃正火温度范围内成型	常温下成型，无任何热处理工序
晶粒度	整个钢管具有一致的细晶粒结构	整个钢管具有不一致的粒度大小与结构
均质性	整个截面具有一致的硬度和拉伸性能	截面各处硬度和拉伸性能不一致
塑　性	出色的塑性，可保持不低于原板的断后伸长率	伸长率降低明显
抗断裂性	整个钢管具有一致的冲击性能	钢管（包括方矩形管转角部位）及焊接区域具有不一致的冲击韧性
残余应力	基本上没有残余应力	不同部位有较高残余应力
截面特性	转角半径小，具有更优的截面特性；易于焊接且外观好	钢管转角半径大，截面特性较差，角部焊接性差
抗压强度	抗压稳定设计中可用 a 曲线	因高残余应力只能用 c 曲线
形状稳定性	在加热或机械作用下，不易扭曲或变形	由于残余应力的存在，进一步加工时，会产生附加变形
耐火性能	在受热情况下，强度缓慢而一致地降低	由于冷加工和残余应力，强度的降幅大小很不均匀
测试代表值	试样测试结果可代表整体特性	试样测试结果难以代表整体特性

设计注意事项：

（1）20 层以下的高（多）层混合框架的框架柱宜选用方矩钢管混凝土柱，其框架梁为 H 钢梁，且梁翼缘的惯性矩应不小于全梁惯性矩的 70%。

（2）框架梁柱的节点宜采用梁（隔板）贯通构造，矩形钢管混凝土柱的设计与构造应符合《矩形钢管混凝土结构技术规程》CECS 159 的规定。

（3）设计时应进行钢管为空管状态时的施工工况验算，高层框架的使用阶段应考虑钢管内初应力的影响。

（4）轻型屋面的方矩钢管桁架，宜考虑弦杆承受节间荷载，不再设再分节间。当符合使用条件时，宜直接选用标准图构件。

（5）方矩钢管桁架节点一般可按铰接假定进行杆件的内力分析，但当杆件截面高度大于杆长的 1/12（主管）或 1/24（支管）时，应考虑节点次弯矩附加内力的影响。

（6）承受动力荷载或低温环境工作等重要桁架构件对钢管材质、性能有更高要求时，可选用最终热成型方矩钢管。热成型方矩钢管可细化晶粒，消除残余应力，改善焊接性能，见图 3。

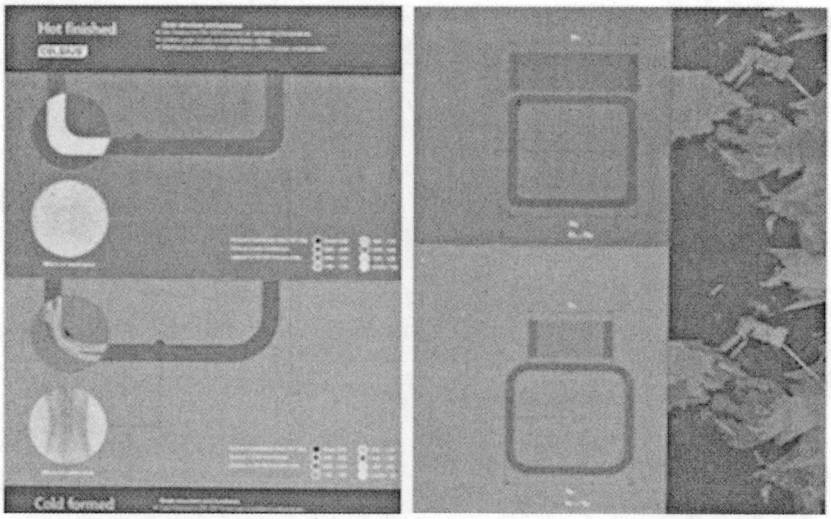

图 3　热成型方矩钢管可细化晶粒、消除残余应力、改善焊接性能

四、问题与建议

（1）钢管用量不大，远未达到热轧 H 型钢（652 万吨）的数量。

（2）钢管产品质量有时不够稳定，低压流体输送用焊接钢管，壁厚负公差超标，最近技术规范要求达到 +0.25mm。无缝钢管壁厚公差较大，满足不了结构计算要求。

（3）现行的钢管尺寸、规格（直径、厚壁及外形）满足不了大型工程的需要，缺少热成型焊接方矩管品种。

（4）需研发冷弯方矩管专用钢材系列钢材（如日本 SN 系列），以提高冷弯钢管力学性能。

（5）尽早制定冷成型方矩管结构的设计施工规程、规范。

（6）加大科研开发投入，如需要对焊接钢管的力学性能、新型管节点进行研究，开展冷成型方管中截面圆角效应对节点承载力，残余应力、疲劳破坏和节点的刚度影响等研究试验。

（7）冷轧或焊接管材生产成本低，价格较合理，且冷弯加工后冷作硬化后可提高钢材强度，建议大力推广应用冷弯方矩管。

（8）建议大型钢厂建立建筑钢材研发中心，为用户解决方便使用钢材问题（如开展工程试点，编制产品标准、设计规程、应用手册和研发建筑结构体系等）；在需要的城市设立钢材配送中心，急用户所急，为用户排忧解难。

我国冷弯型钢产业发展与行业分会30年

刘万忠

（中国钢结构协会顾问 、原秘书长、教授级高工）

中国自改革开放以来，国民经济各个行业都得到快速发展。而在20世纪90年代初期，钢铁产品的品种、质量、数量都不能满足现代化建设的需要。在国家推行节约、合理使用钢材，大力推广以低合金钢、合金钢为主的高效钢材等政策引导下，冷弯型钢作为经济断面的高效钢材之一，得到国家有关部委高度重视。通过科技开发、引进吸收、促进产业发展及成立行业协会等，使该行业得到快速发展。30年来，几代人的奋斗努力，硕果累累，前景光明，值此中国钢结构协会冷弯型钢分会成立30周年之际，谨以此文回顾、扼要归纳和展望作为纪念。

冷弯型钢是将钢板通过辊压、机械折压、液压、模压，卷曲，以及数字化精确控制成型的各种各样的型钢产品，可以满足许多工业化产品、结构、装备及系统配套的使用，品种规格多达上万种。随着钢铁材料科学和制造工艺技术的不断发展，冷弯型钢的应用越来越广泛，需要创新的技术及产品层出不穷。目前，我国作为占全球粗钢产量约一半的发展中国家，不少产品低端、落后，附加值低，效益不佳，而且诸如钢铁、金属制品、造船、机车车辆等制造业的产能利用率严重过剩。多年来，冷弯型钢产业及产品基本上是无序发展，科技开发、标准规范编制及产品系列配套等十分滞后。所以，30年来，政府、协会、企业等各个方面尽管都做了大量的工作，取得的成绩有目共睹。但像我们这样的钢铁大国，制造业大国，在钢铁产品的应用和消费领域，仍然存在较大差距，更需要全国从事冷弯型钢的专家、学者、企业家、工程技术人员、行业协会来共同推动事业健康稳定发展。

一、成立冷弯型钢行业组织

1984年6月在国家计委、国家经委、冶金工业部等部委领导支持下，中国钢结构协会宣告正式成立。其宗旨是“遵循中国社会主义经济建设的总方针，以促进我国钢结构的发展和高效钢材的应用为目的，组织与钢结构行业有关的科研、设计院校、制造、施工、使用和钢材生产等部门进行跨部门、跨行业、跨学科的协调工作，使生产和使用密切结合，依靠科学技术进步，充分发挥结构钢材的使用性能，延长钢结构的使用寿命，节约钢材用量，提高社会综合效益”。时任冶金工业部副部长周传典担任第一届协会会长。在成立大会上针对钢铁的产需矛盾，钢材进口增加，矿石资源贫瘠且运能受制约，投资紧张等因素，强调我国要走发展低合金钢、合金钢为主的高效钢材道路，以少胜多，以质胜量，这是国家确定的技术方针政策。同时在成立大会上明确了在协会下成立

8个专业委员会及挂靠单位，全面开展推动有关高效钢材，钢材使用和钢铁生产衔接的有关工作。冷弯型钢作为高效钢材之一，也是将钢材进行深加工，获得更好的性能和取得更好的附加值。所以发起成立专业委员会的工作得到了钢铁系统和企业有关领导高度重视，当时的冶金部钢铁生产司、钢材加工公司、中国金属学会、钢铁研究总院、钢铁学院、武汉钢铁设计院及首钢薄板厂、武钢汉口轧钢厂、上海钢铁工艺所、南京轧钢厂等单位，于1985年10月成立并组建了第一届中国钢结构协会冷弯型钢委员会，推荐中国金属学会副秘书长吴路菁担任理事长，钢铁研究总院压力加工研究室主任赵林春担任秘书长，秘书处挂靠在钢铁研究总院。30年来，在吴路菁、吕日升、丁国良、韩静涛历届理事长带领下，采取挂靠单位专业人员兼职或聘任部分离退休老同志承担秘书处日常工作，为推动和发展冷弯型钢事业做了大量有益的工作。

全国各个行业协会工作，包括冷弯型钢分会工作坚持了30年十分不容易，到现在国家法律还没有社团或社会组织法，与政府部门及行政管理脱钩是目前焦点。当时背景是改革和按照发达国家模式探讨市场经济，行业自律管理的新鲜事物，高层是比较支持鼓励的。根据规范、清理整顿、登记注册，加强分支机构设置及管理等政策要求，冷弯型钢这个行业组织先后被命名为委员会、协会、分会，秘书处从北京到南京，又回到北京。其中的甘苦冷暖历历在目，许多老同志无私奉献，老当益壮，不辞辛苦地为企业发展出谋划策，为拓展市场劳顿奔波。所以说冷弯型钢的事业发展牵动着几代人的心愿，也是行业组织不断完善和持续改革的过程。分会开展用户调查、组织编写产品标准、产品目录、国内外先进技术资料汇编；联合钢铁生产企业、用户共同开发公路护栏、钢板桩、汽车吊臂、输电塔桅、车辆、建筑、桥梁、隧涵洞等专用冷弯型钢；开展经济、技术、产品交流展示，国际交流合作，以及行业经济技术指标调查统计等等，取得的成绩获得社会各方面的高度认可。政府有关部门、中国钢铁工业协会及中国钢结构协会等多次在有关会议及总结中给以肯定和表彰。

笔者作为从事行业协会工作的老同志，见证和直接参与了冷弯型钢分会的许多重要活动，深深感觉到行业协会工作的重要性，需要不断开拓创新，特别是钢铁深加工产品，发展潜力巨大和市场十分广阔，希望从事冷弯型钢事业的全体同仁继续努力奋斗，向办成国际一流专业协会的目标迈进。

二、开拓冷弯型钢应用市场，促进上、下游产业链的协调发展

冷弯型钢分会是中国钢结构协会最早成立的分支机构之一，是产学研、产品与用户相结合，面对市场经济开展活动十分活跃的分会。多年来，分会与政府部门、物资供应单位、有关协会、学会，以及国际同行业组织等开展了许多开拓市场和沟通交流的活动。在1993年之前，为发展和推广应用冷弯型钢，冶金部在计划分配钢铁资源，通过调坯轧材、开发低合金钢板材等方面都给予了大力支持。分会积极组织企业、专家、学者与车辆行业共同开发大梁、车窗框、车体、吊臂等专用型钢；与建筑行业开发应用大型方矩管、圆变异形钢管、C型、Z型、楼层板等；与电力系统开发耐候钢冷弯型钢，并成功建设了试验输电塔在线路中应用；还有最近与交通、市政管网部门开发波纹钢管成套设计、应用技术等。目前从事冷弯型钢的企业达数百家，据不完全统计其年产量超过

2000 万吨，成为正在蓬勃发展的钢材深加工、新型型钢制造产业。

冷弯型钢是按照用户需要，从孔形设计到成套机组的开发供应，比较灵活机动，有些是消化引进技术装备，有的已经形成了具有市场竞争优势的部分产品。如在输电线路采用的多边形锥形桅杆，城镇公路照明圆锥形灯柱，基本上取代了传统的木材、预应力混凝土电线杆及灯柱，而且改变了以往飞线、单调、杂乱的现象，凸显了现代城市风光，容易根据规划要求变动，直至淘汰后还可回收利用。粮食系统引进消化德国螺旋钢板仓，在许多领域得到推广采用。如能源系统中的风电塔筒、光伏发电支架、电缆构架、支架。建筑系统中的管结构、装饰装修轻钢龙骨、金属幕墙、通风管道等。还有现代仓储、物流、超市大量使用的货架，以及家居储柜、挂吊、滑轨、家具均采用许多精密加工的冷弯型钢。充分说明冷弯型钢应用的广泛性和多样化。随着钢铁工业结构调整和转型升级发展，将钢材的深加工作为重要的发展战略，以产品优异的品质取胜，从而获得更大的社会经济效益，这应当是未来的发展方向。

三、建筑及工程建设用冷弯型钢

冷弯型钢最大的用户和未来消费增长潜力巨大的市场是房屋建筑和工程建设领域。长期以来，由于我国实行部门管理，存在闭门造车、闭关自守。按照市场配置资源的指导原则，加强产业链的创新开发十分有必要，尤其是钢铁新材料日新月异的变化及发展，更需要实施加强联合或组建产业联盟来共同开发。目前科技部已经批准了 30 余个产业技术创新联盟，如宝钢牵头的“装配式钢结构民用建筑产业技术创新战略联盟”，钢铁研究总院牵头的“粉末冶金产业技术创新战略联盟”，北京市批准的“装配式住宅产业技术联盟”等。表明以产业技术创新的联合体得到国家的认可和重视，许多创新课题得到经费和政策方面的支持。近来钢结构作为绿色建筑的主要组成部分已经得到国内外广泛认可，其在使用寿命期结束后，钢材可以全部回收利用，这是人类开发最具有可持续发展的、重要基础性的原材料，也是 150 余年来其他材料不可替代的工业食粮。以前我国由于钢材短缺，长期处于限用和节约使用，而如今不仅是钢铁大国，而且出现产能严重过剩的局面。钢结构作为化解钢铁产能过剩主要任务之一已经得到国家高度重视，国务院国发［2013］46 号文件明确提出“推广钢结构在建设领域的应用，提高公共建筑和政府投资建设领域钢结构比例，在地震等自然灾害高发地区推广轻钢集成房屋等抗震建筑”。同时《绿色建筑行动方案》在建设部、财政部等部委推动下，工厂化、装配化、产业化建筑正在全国各地示范和推广，有关产业政策及财政补贴等措施将会对钢筋混凝土、钢结构装配式建筑的发展起到有力推动作用。

中国钢结构协会及行业有关的重点企业几十年来一直在跟踪和研究钢结构技术的发展，从 20 世纪 50 年代引进苏联的规范标准以来，国家标准《钢结构设计规范》一直在不断修订完善。还有根据冷弯型钢的开发应用，专门组织了国家标准《冷弯薄壁型钢技术规范》编制修订工作。从 1978 年改革开放以来，许多国家重点工程建设在设计上就坚持与发达国家接轨，同时也满足了建设工期和质量要求。如武钢一米七轧机工程，从热轧、冷轧到硅钢生产线全部采用钢结构，屋面首次采用彩色涂层压型钢板；宝钢建设时钢结构用量达到 40 多万吨，其中由于采购的彩色涂层钢板不能满足工程建设需要，而选择了部分压型铝板作为屋面结构；第二汽车制造厂厂房建设设计采用了大量冷弯型钢屋架、檩条等。对开发应用冷弯型钢起到了重要推动作用，也为推广采用钢结构打下了良好基础。

我国钢铁产量巨大，应努力开发和扩大钢材消费市场。尤其是在建设领域由于过去比较落后，钢筋混凝土对水泥、砂石、水资源的耗费及建筑垃圾对人类的危害日益严重的情况下，拓展钢结构市场是国家战略发展目标，只要我国钢材的存有量达到一定水平，完全可以减少对铁矿石、焦炭、石灰等矿产资源的依赖，多用钢结构就相当于多储存钢。目前建设领域采用冷弯型钢的品种、规格越来越多，促进了企业不断地开发新产品、新技术，以及相关的配品、配件，可以明显地节约钢材和降低工程成本。国内外比较成熟的轻型房屋，从结构到维护系统，基本上都是冷弯型钢产品。厂房结构及多层、高层建筑檩条、梁柱、墙体、楼层板、维护系统采用冷弯型钢很普遍，近期开发的大型厚壁钢管（圆、方、矩、变断面、曲线及弯扭钢管）更能体现在建筑艺术造型和发挥节约钢材的效能上。在建筑和桥梁建设中开发使用的波形、梯形腹板H型钢、箱型组合梁，代替热轧或焊接H型钢，可以节约钢材10%～30%。若更多采用高性能钢材，如Q460～Q980级别的高强钢、耐候钢、耐火钢、不锈钢等，钢材表面采用长效镀、渗、涂层，不仅可以节约钢材，而且能大大够延长建筑物、构筑物、装备的使用寿命。

四、结语

冷弯型钢分会如今已经进入“而立之年”，作为中国钢结构协会的分支机构之一，要大力配合推动钢结构的持续发展，冷弯型钢行业要承担起国家赋予的历史使命。当今中国既要成为钢铁大国、强国，也要成为冷弯型钢开发、应用的强国。目前冷弯型钢还有许多领域亟待开发，也存在不能满足用户要求而被淘汰的产品（建筑门窗、护栏、家具等），需要分会与企业共同在产品的精细化、人性化和文化艺术方面深入研究，从而使冷弯型钢产业有新的、更大的发展。

冷弯型钢产品部分标准有关问题的回顾与探讨

姜复生

（中国钢结构协会冷弯型钢分会第四届副理事长）

我国第一批冷弯型钢产品的国家标准是在 20 世纪 80 年代编制的，并于 1986 年发布执行，当时只有 7 个标准。随着国内的冷弯型钢生产行业的快速发展，相关的冷弯型钢产品标准数量不断增加，涵盖的品种不断扩大。迄今已经发布实施的各类冷弯型钢产品的标准大约有 25 个（包括国家标准和冶金、建筑、铁道及煤炭等行业标准）。由于这些新的各类产品标准的及时发布，对促进冷弯型钢生产技术发展、推广产品应用，发挥了巨大的推动作用。

30 年来，冷弯型钢分会一直关注并参与相关产品标准的编制，积极宣传、推动标准的贯彻执行，也是不断提高行业内企业产品质量和技术水平的有效措施之一。

一段时间以来，有机会学习了部分近年来发布实施的相关产品标准，主要有国家标准《结构用冷弯空心型钢尺寸、外形、重量及允许偏差》（GB/T 6728—2002）、冶金行业标准《双焊缝冷弯方形及矩形钢管》（YB/T 4181—2008）、国家标准《冷弯钢板桩》（GB/T 29654—2013）、冶金行业标准《冷弯钢板桩》（YB/T 4180—2008）及建筑行业标准《冷弯钢板桩》（JG/T 196—2007）等，上述标准中多数为首次发布。通过学习，对于我国冷弯型钢行业的发展和技术水平的进步有了一个新的认识，也学到了不少新的知识。此外，在学习中也提出了一些问题，值得研究和探讨。

一、有关引用资料数据的探讨

在国家标准《结构用冷弯空心型钢尺寸、外形、重量及允许偏差》（GB/T 6728—2002）（以下简称 GB/T 6728）的前言中，提到了该标准与欧洲标准《非合金及细晶粒钢的冷成型焊接结构型材　第 2 部分：尺寸、偏差和截面特性》（EN 10219-2—1997）（以下简称 EN 10219-2）的主要差异，其中的一条是“圆形空心型钢增加外径为 610mm 的规格”。

经过查阅上述 EN 10219-2 标准的原文，发现在其中第 13 页的表 6 所列的圆形空心型钢的外径尺寸，包含有“610. 0”，且壁厚尺寸包括从 6. 0 ~ 30. 0mm，共计 10 个规格。该欧洲标准中的圆形空心型钢规格不仅包括外径为 610mm 的规格，而且其壁厚尺寸也比 GB/T 6728 的壁厚尺寸为 8 ~ 16mm 的 4 个规格的尺寸范围宽、数量多。确切地说，GB/T 6728 标准只是与 EN 10219 标准的部分产品规格相同。

二、有关标准规定的探讨

在GB/T 6728标准的条文“3.8　冷弯型钢的弯角外圆弧半径R或（C_1、C_2）值应符合表4的规定”，表4中，外圆弧半径R或（C_1、C_2）规定的部分数值不尽合理，如对于碳钢（$\sigma_S \leqslant 320$MPa），当壁厚不大于3mm时，外圆弧R或（C_1、C_2）值为$(1.0 \sim 2.5)t$。然而在方矩形空心冷弯型钢产品中，外圆弧R或（C_1、C_2）值为$1.0t$时，其内半径尺寸则为“0”。这种条件是很难实现的，因为在国家标准《碳素结构钢》（GB 700—1988）中，对于钢材的弯曲试验应符合该标准表3的规定，其中规定钢材厚度在60mm以下的、牌号为Q195～Q275的弯心直径d，除了Q195的试样方向为纵的$d=0$之外，其余均为$d=0.5a \sim 3a$（a为钢材厚度）。看来对于规定的个别数值尚有研究的必要。

三、有关用户利益条款的探讨

在GB/T 6728标准的条文“4.3　冷弯型钢允许交付不小于2000mm的短尺和非定尺产品，也可以接口管形式交货，但需方在使用时应将接口管切除”中，明确允许生产厂家可以“接口管形式”交货。一般来说，“接口管”应该在冷弯型钢制造厂家切除后方可交货，因为该部分是不能够使用的。当然，标准中也说明“但需方在使用时应将接口管切除”，就是说标准也认为使用时也应将“接口管”切除。那么这部分“接口管”应该属于不合格产品交货，这实际上是生产厂家将处理不合格产品的麻烦和损失转嫁给了用户，这种不合理的内容列入标准是否有失公允。

四、有关图形表示、标注内容的探讨

国家标准《冷弯钢板桩》（GB/T 29654—2013）（以下简称GB/T 29654），其附图中存在部分瑕疵，例如：

在条文“4　分类、代号”中，其图5沟道板（CRP-G）的图形，所标注的“B”尺寸，并非其“公称宽度”，又不太像是单根沟道板“外形宽度”的尺寸。作为标准的沟道板结构产品的尺寸，应该标注公称尺寸为宜。

在条文“8　试验方法”的图6（侧向弯曲值S的测量方法）和图7（平面弯曲值C的测量方法）中，两图的右侧视图所标注S、C尺寸上侧箭头位置（未标注在图形的外轮廓线处）似不妥。

冶金行业标准《冷弯钢板桩》（YB/T 4180—2008）（以下简称YB/T 4180）中，条文“7.2　侧向弯曲度、上下弯曲度和扭曲度、切斜度的测量方法见图4、图5和图6”的下面，附有图4、图5和图6，分别表示了侧向弯曲值S测量方法、上下弯曲值C测量方法和扭曲值V测量方法，该条文至此结束。是否将有关切斜度测量方法的图形遗漏了。

此外，在GB/T 29654标准条文中，有关产品的“标记示例”内容，是不需要还是遗漏了。

五、有关标准的个别规定的探讨

在冶金行业标准《双焊缝冷弯方形及矩形钢管》（YB/T 4181—2008）（以下简称

YB/T 4181）中，条文“5.1.4　钢管的公称壁厚、直角度、对角线、端部垂直度、弯角处外圆弧半径、平直度、弯曲度、扭转度和定尺长度应符合表3的规定”对弯角处外圆弧半径的数值在表3中具体规定的数据如下：

弯角处外圆弧半径（R 或 C_1，C_2 的值）	公称壁厚 t	>8 ~ 16mm	$2.75t \pm 0.75t$
		>16 ~ 25mm	$3.25t \pm 0.75t$
		>25mm	$3.75t \pm 0.75t$

其第1组公称壁厚范围为大于8 ~ 16mm，但是该标准规定其适应产品的公称壁厚尺寸范围为8 ~ 40mm，那么公称壁厚为8mm的弯角处外圆弧半径数据未能涵盖其中，是否是此规定数据的一个疏忽。

六、有关产品断面面积计算的探讨

如上所述，YB/T 4181的条文“5.1.4”规定“弯角处外圆弧半径 ”“应符合表3的规定”。也就是说，应该是不同公称壁厚规格产品计算“截面面积”的唯一依据。

但是，在该标准中的表A.1和表A.2中“截面面积”项目数值计算结果，有相当部分的“弯角处外圆弧半径”数值是不符合5.1.4条文的表3中数值规定的。

经过对于表A.1中部分规格25个（包括10种公称边长、11种壁厚尺寸）产品的截面面积的核算，其中：符合按照该标准表3中的规定“弯角处外圆弧半径”数值计算的截面面积数值的有2个；其余23个不同规格产品的截面面积数值，实际采用弯角处外圆弧半径数值均与该标准表3中的规定“弯角处外圆弧半径 ”数值不符（详细核算的产品规格和数据具体对照见附件1）。

此外，上述的一些在计算中改变表3规定的弯角处外圆弧半径值，其中有些改变也似乎是没有统一的考虑。例如在表A.1的全部产品规格中，壁厚 t 为22mm的产品有5个规格，按照表3的规定其弯角处外圆弧半径公称尺寸数值应为 $3.25t$，但仅有公称边长为350和400的方管是按照 $3.25t$ 计算的截面面积，而公称边长为380和450的方管是采用弯角处外圆弧半径数值为 $3.0t$，公称边长为500的方管是采用弯角处外圆弧半径数值为 $3.5t$，对于同一尺寸的壁厚，出现了三种弯角处外圆弧半径的数值，似不妥。

还有是同一壁厚尺寸的产品，在该标准的表A.1和表A.2中，虽然是方形与矩形形状的差别，但有些是相对应的产品，其理论断面尺寸应该是相同的，例如500mm × 500mm × 16mm的方管与600mm × 400mm × 16mm矩形管，如果计算时采用相同的弯角处外圆弧半径的数值，那么两者的截面面积也应该是相同的。可是，在表A.1和表A.2中所列出的截面面积却分别是“299cm^2”和“297cm^2”，其原因就是前者计算中采用的弯角处外圆弧半径为 $3.0t$，后者计算中采用的弯角处外圆弧半径数值为 $3.5t$，所以两者的截面面积数值不同，相应地，两者的理论重量也不相同，分别为“235kg/m”和“233kg/m”。还应该说明的是，按照该标准5.1.4条中表3的规定，公称壁厚16mm的产品，弯角处外圆弧半径的数值应为“$2.75t$”，是否可以这样认为：这两个规格产品的截面面积数据的计算，也都是不符合该标准5.1.4条中表3的规定。

七、有关部分冷弯型钢产品技术性能参数中的弹性截面模数（截面模量）数据计算的探讨

近年来发布的一些冷弯型钢的产品标准中，多有涉及技术特性参数计算内容，在这部分出现了一些个别的瑕疵。

在2014年5月1日实施的GB/T 29654标准中，包括有3类冷弯钢板桩产品，共计286个规格，其特性参数数量之多仅次于GB/T 6728。由于该标准中所列的所有规格产品的特性参数均无对应的带有详细尺寸断面图形附图，这对于了解、实施该标准会带来比较大的困难。当然，从该标准附录中的表A.1 CRP-U型冷弯钢板桩特性参数和表A.2 CRP-Z型冷弯钢板桩特性参数中，也发现部分项目“弹性截面模数”的数据有些瑕疵。

在表A.1 CRP-U型冷弯钢板桩特性参数中，如果该表中所列的“高度”和“惯性矩”的数值是正确的话，经过初步核对，表A.1 CRP-U型冷弯钢板桩中有27个产品的弹性截面模数数值与表A.1中所列的不相符（具体的表A.1中经核对产品规格的弹性截面模数差异见附件2）。

在表A.2 CRP-Z型冷弯钢板桩特性参数中，如果该表中所列的“高度”和“惯性矩”的数值是正确的话，经过初步核对，表A.2 CRP-Z型冷弯钢板桩中有33个产品的弹性截面模数数值与表A.2中所列的不相符（具体的表A.2中经核对产品规格的弹性截面模数差异见附件3）。

以上提到的数据数值误差，有的虽然只有“1”，可能有的是小数点误差的处理问题，但是多数的数据计算都能做到个位数的准确；此外，一些数据的尾数为“0”，其误差可能是个别数据计算将数值精确到“10”位数，但是多数数值都是以精确到个位数标注，如果制定标准时没有统一的规定，这样就影响到该标准内容的统一性。

在表A.3 CRP-M型冷弯钢板桩特性参数中，由于“CRP-M型”冷弯钢板桩桩墙的结构有别于前两类冷弯钢板桩桩墙的形式不同，弹性截面模数计算方法也略有差异。该标准没有附有需要的图形资料，一般是难以使用表列的已有数据判断其弹性截面模数的准确性。但是表A.3中的型号为CRP-M-944的产品，如果其表列的“高度”和“惯性矩”的数据是准确的话，那么弹性截面模数的数值可能就不是一般的简单误差了。此问题需要该项产品的提供者（或单位）提供原始资料核对为好。

2008年发布的YB/T 4180标准中，附录B的表B.2 Z型冷弯钢板桩特性参数所列出的惯性矩和弹性截面模数，均为按产品断面的主轴坐标的计算数值，这也是冷弯钢板桩产品标准中很少见到的表示方式，而且该标准的特性参数数据都是单根桩的参数（包括U型产品），缺少每米桩墙的相关数据。由于标准的技术参数的计算方法有别于通常采用的计算方法，加之数据不完整，这将会给执行该标准的可操作性带来新的麻烦。

在YB/T 4181标准中，也存在部分规格产品的弹性截面模数（该标准中称其为“截面模量”）计算数值的一些瑕疵是：

该标准的附录A（规范性附录）中，表A.1方形钢管理论重量及截面面积等物理特性值中，通过对30个规格产品的截面模量数值的核对，核算的前提条件是：以该项的惯性矩（I_x）数值为依据进行核算，结果其中有29个截面模量的数值有误差，其中的

500mm×500mm×32mm 方形钢管，相差值最大为 805cm^3/m，超过了该标准原列截面模量数值（7470cm^3/m）的10%（有关经核对的数值内容详见附件4）。

在同一附录中，表 A. 2 矩形钢管理论重量及截面面积等物理特性值中，通过对 18 个规格产品的截面模量数值的核对，核算的前提条件是以该项的惯性矩（I_x 和 I_y）为依据进行核算，结果 18 个截面模量的数值均有不同程度的误差，其中的 800mm×600mm×40mm 矩形钢管，相差值：W_x 最大为 2306cm^3/m、W_y 最大为 2306cm^3/m，超过了该标准原列截面模量数值 W_x（20037cm^3/m）的 11.5%、W_y（17255cm^3/m）的 16.9%（有关经核对的数值内容详见附件5）。

此外，YB/T 4181 标准附录 A 的表 A. 1 和表 A. 2 中，所有的惯性矩和截面模量数据的多位数的尾数处理方法不够统一。在表 A. 1 中对于不同规格产品的尾数处理规则不统一；在表 A. 2 中，所有的两项数据全部都是精确的个位数，与表 A. 1 的处理方法也不一致，这不像是出自同一标准的规定。

八、有关 GB/T 29654 标准中的产品规格的探讨

在该标准的表 A. 1 CRP-U 型冷弯钢板桩特性参数和表 A. 2 CRP-Z 型冷弯钢板桩特性参数中，有一些产品规格中其外形尺寸（有效宽度、高度和壁厚）完全相同或个别产品基本相同，但其他的技术参数却有差别，由于标准中缺少相应图形资料或说明，给标准的实施带来了难以解决的困难。

表 A. 1 CRP-U 型冷弯钢板桩特性参数中 有部分产品外形尺寸（公称宽度 B、高度 H 和厚度 t）完全相同，但其他的技术参数却有差别。属于此种类型的产品计有 11 组，含 25 个产品（2 个产品外形尺寸完全相同的有 8 组，3 个产品外形尺寸完全相同的有 3 组）。每组相同外形尺寸的产品参数差别有以下特点：

产品每米桩墙的重量大的，其弹性截面模数也大；

产品每米桩墙的重量大的，其弹性截面模数却小；

产品每米桩墙的重量接近，其弹性截面模数差别较大；

产品每米桩墙的重量接近，其弹性截面模数也相差不大。

以上相关数据的比较详见附件6。

表 A. 2 CRP-Z 型冷弯钢板桩特性参数中有部分产品外形尺寸（公称宽度 B、高度 H 和厚度 t）完全相同或个别产品基本相同，但其他的技术参数却有差别。属于此种类型的产品计有 6 组，含 12 个产品。每组相同外形尺寸的产品参数差别有以下特点：

产品每米桩墙的重量大的，其弹性截面模数也大；

产品每米桩墙的重量大的，其弹性截面模数却小；

产品每米桩墙的重量相差大，其弹性截面模数接近；

产品每米桩墙的重量接近，其弹性截面模数相同或接近。

以上相关数据的比较详见附件7。

作为用户如何选择，作为标准的内容是否应该考虑予以优化。

九、有关标准未附相应产品详细断面尺寸图形的探讨

国内迄今已有 4 个标准《冷弯钢板桩》发布实施，包括：

冷弯型钢分会行业标准《冷弯钢板桩》(LW/T 01—2003)，2003 年 11 月首次发布实施（该标准的编制说明称“本标准供行业内使用”）；

建筑行业标准《冷弯钢板桩》(JG/T 196—2007)(以下简称 JG/T 196)，2007-01-17 发布，2007-08-01 实施；

冶金行业标准《冷弯钢板桩》(YB/T 4180—2008)，2008-03-12 发布，2008-09-01 实施；

国家标准《冷弯钢板桩》(GB/T 29654—2013) 2013-09-18 发布，2008-05-01 实施。

在 10 年的时间内，相继有不同行业和不同的层次发布、实施了同一名称的《冷弯钢板桩》4 个标准，这也说明大家对于冷弯钢板桩产品发展的关注。

这 4 个标准各有其特点，由于发布的时间不同，都有其特定的条件。总的来说，《冷弯钢板桩》标准是在不断地补充和完善中。

现仅就标准中的产品规格、技术特性和产品断面附图等方面，提一点建议：

在这 4 个标准中，其共同点是：都列出了产品规格、技术特性的数据，且在前 3 个标准中也都附有与上述数据相应的断面图形资料（标注的图形尺寸的详细程度有所不同)。其差别是：唯有 GB/T 29654 标准只有产品规格、技术特性的数据，而没有附有相应的断面图形资料。

在标准中附有产品的断面图形，以 LW/T 01 标准标注的尺寸最为详细，使该标准的使用者不仅了解有关的各项技术参数，也可以了解各项技术参数的来源和依据。虽然该标准的有关技术数据和图形也存在部分瑕疵，但是通过产品断面图形资料可以分析研究，找出问题的所在。对于标准 YB/T 4180，其内容也包括有相关的技术数据和图形，可是图形的标注不够完整，且标准正文中有部分的图形与附录的相应图形尺寸标注方式不统一。而标准 JG/T 196 虽然附有图形，但是缺少的尺寸太多。

十、有关提高产品标准水平的一些建议

产品标准是产品设计、制造、服务的技术依据。可见这三方面技术依据重要性，产品标准的制定工作肩负重任。

如上所述，在有些标准中存在一些瑕疵，应该引起重视，不要以为数字误差不大，但是大多数的数据都是准确的，像计算断面面积采用的弯曲圆角半径的取值为什么不能统一按照标准自身的规定执行；断面面积有误，则重量就不准确，同时也直接和间接影响惯性矩和弹性截面模数的准确，产品的理论重量也受到影响。这些都不是复杂的技术问题，以现在的各种计算技术手段，完全可以得到标准规定的准确结果。

2001 年在修订两个冷弯型钢国家标准的工作讨论会确定了修订标准的原则，其中提到了积极采用国际和国外先进标准，与国际标准接轨。这一点在 GB/T 6728 标准中有着诸多的体现。例如：该标准的表 1 中列入的截面特性项目，不仅有通常都包括的“弹性截面模数”，而且新增加了“塑性截面模数”项目，这是非常可喜的开端。其实在国外用于结构型材的相关标准中早已列入该项数据（例如 EN 10219-2、ISO 4019 等)，可惜在修订的 GB/T 6728 中，未能同时将方管和矩形管的“塑性截面模数”项目列入，实在

是一个缺憾。

国内有文献介绍钢板桩工程设计时提到，通常的钢板桩的设计选型是“由结构计算求得钢板桩结构的最大弯矩后，可根据强度要求确定钢板桩的截面模数和钢板桩的材质，最终选择确定钢板桩型号。”在相关的计算公式中的截面模数均为弹性截面模数，其“属于弹性分析计算的范畴”。同时，该文献还介绍了“在欧洲钢板桩设计规范《EN 1993-5：2003：Design of steel structures：Piling》中给出了塑性设计方法，此前主要应用于丹麦，塑性设计方法可大大节约钢板桩材料（最大可达35%），塑性设计方法是引入塑性截面模数代替弹性截面模数；即允许钢板桩大弯矩处形成塑性铰，而不是以钢板桩最外层纤维应力控制。”

除了前述EN 10219、ISO 4019标准中的空心冷弯型钢（包括圆管、方管和矩形管）中，产品截面特性都包含了“塑性截面模数”项目外，在欧洲的一些著名的热轧钢板桩生产厂家的产品手册中（欧洲的热轧钢板桩标准EN 10249的内容是没有钢板桩产品的尺寸规格、技术特性参数和带有详细尺寸的断面图形），附有的U型、Z型及H型钢桩产品的截面特性数据资料中，也都列入了“塑性截面模数”的技术参数数值。

在结构设计中如果能够采用塑性设计方法，会对降低钢材耗用量、节约成本，带来明显的经济效益。建议在广泛征求各方面用户的意见之后，可否考虑将“塑性截面模数”项目列入相关的钢材产品标准之中。

附件1　部分产品截面面积计算采用弯角处外圆弧半径数据的标准规定与实际计算应用数值对照表

公称边长 /mm × mm	壁厚 t/mm	弯角处外圆弧半径 R	
		标准规定	实际计算采用值
300 × 300	8	—	2.5t
	10	2.75t	2.5t
	12	2.75t	3.0t
	14	2.75t	3.0t
	16	2.75t	3.0t
	19	3.25t	3.0t
350 × 350	19	3.25t	3.0t
	22	3.25t	3.25t
380 × 380	19	3.25	3.0
	22	3.25	3.0
400 × 400	19	3.25t	3.0t
	22	3.25t	3.25t
450 × 450	19	3.25	3.0
	22	3.25	3.0
500 × 500	19	3.25	3.0
	22	3.25	3.5
550 × 550	19	3.25	3.5
	25	3.25t	3.5t
	32	3.75t	3.5t

续附件1

公称边长 /mm×mm	壁厚 t/mm	弯角处外圆弧半径 R	
		标准规定	实际计算采用值
600×600	25	3.25t	3.5t
	32	3.75t	3.5t
800×800	36	3.75t	3.5t
	40	3.75t	3.5t
1000×1000	36	3.75t	3.5t
	40	3.75t	3.5t

附件2 表A.1 CRP-U型冷弯钢板桩特性参数中“弹性截面模数”计算中的问题

型 号	公称宽度 B /mm	高度 H /mm	厚度 t /mm	惯性矩 I_x /$cm^4 \cdot m^{-1}$	弹性截面模数 Z_x /$cm^3 \cdot m^{-1}$	按照标准中所示的“惯性矩”和“高度”数据计算的“弹性截面模数”数值 /$cm^3 \cdot m^{-1}$
CRP-U-323	350	145.0	9.0	2263	323	312
CRP-U-351	350	150.0	10.0	2460	351	328
CRP-U-880	400	240.0	9.2	10600	880	883
CRP-U-804	500	240.0	9.0	9640	804	803
CRP-U-894	500	240.0	10.0	10710	894	893
CRP-U-1150	575	360.0	9.0	20340	1150	1130
CRP-U-1160	600	360.0	8.0	20765	1160	1154
CRP-U-1220	600	360.0	8.5	21978	1220	1221
CRP-U-1290	600	360.0	9.0	23182	1290	1288
CRP-U-1360	600	360.0	9.5	24375	1360	1354
CRP-U-1790	600	487.0	8.0	43422	1790	1783
CRP-U-1890	600	487.0	8.5	45988	1890	1889
CRP-U-2000	600	487.0	9.0	48537	2000	1993
CRP-U-2100	600	487.0	9.5	51069	2100	2097
CRP-U-2200	600	487.0	10.0	53584	2200	2201
CRP-U-2390	610	490.0	11.0	58583	2390	2391
CRP-U-2490	610	490.0	11.5	61051	2490	2492
CRP-U-2590	610	490.0	12.0	63503	2590	2592
CRP-U-2030	650	536.0	8.0	54494	2030	2033
CRP-U-2165	650	537.0	8.5	58048	2165	2162
CRP-U-2320	650	538.0	9.0	61621	2320	2291
CRP-U-2550	650	540.0	10.0	68820	2550	2549
CRP-U-3330	700	596.0	12.0	99298	3330	3332
CRP-U-3540	700	597.0	12.7	105634	3540	3539
CRP-U-3650	700	598.0	13.0	108656	3650	3634
CRP-U-3750	700	599.0	13.5	112252	3750	3748
CRP-U-953	750	320.0	7.0	15256	953	954

附件3 表 A.2 CRP-Z 型冷弯钢板桩特性参数中“弹性截面模数”计算中的问题

型 号	公称宽度 B /mm	高度 H /mm	厚度 t /mm	惯性矩 I_x /$cm^4 \cdot m^{-1}$	弹性截面模数 Z_x /$cm^3 \cdot m^{-1}$	按照标准中所示的“惯性矩”和“高度”数据计算的“弹性截面模数”数值 /$cm^3 \cdot m^{-1}$
CRP-Z-2239	630	380.0	10.0	42531	2239	2238
CRP-Z-1980	650	437.0	8.0	43293	1980	1981
CRP-Z-2100	650	438.0	8.5	45912	2100	2096
CRP-Z-2220	650	438.0	9.0	48521	2220	2216
CRP-Z-2330	650	439.0	9.5	51120	2330	2329
CRP-Z-2450	650	439.0	10.0	53709	2450	2447
CRP-Z-1370	675	399.0	6.5	27251	1370	1366
CRP-Z-1470	675	399.0	7.0	29281	1470	1468
CRP-Z-1570	675	400.0	7.5	31325	1570	1566
CRP-Z-1670	675	400.0	8.0	33350	1670	1668
CRP-Z-2620	675	440.0	10.5	57410	2620	2610
CRP-Z-2730	675	440.0	11.0	60043	2730	2729
CRP-Z-2850	675	441.0	11.5	62667	2850	2842
CRP-Z-2960	675	441.0	12.0	65281	2960	2961
CRP-Z-3120	675	442.0	12.7	68927	3120	3119
CRP-Z-3180	675	487.0	11.0	77367	3180	3177
CRP-Z-3320	675	488.0	11.5	80750	3320	3309
CRP-Z-3450	675	488.0	12.0	84121	3450	3448
CRP-Z-3580	675	489.0	12.5	87473	3580	3578
CRP-Z-3720	675	489.0	13.0	90830	3720	3715
CRP-Z-3850	675	490.0	13.5	94167	3850	3844
CRP-Z-3980	675	490.0	14.0	97493	3980	3979
CRP-Z-1780	685	401.0	8.5	35558	1780	1773
CRP-Z-1880	685	401.0	9.0	37580	1880	1874
CRP-Z-1756	700	418.5	8.5	36793	1756	1758
CRP-Z-2847	700	560.0	9.0	80408	2847	2872
CRP-Z-3136	700	560.0	10.0	88719	3136	3169
CRP-Z-3405	700	560.0	11.0	96535	3405	3448
CRP-Z-3694	700	560.0	12.0	104846	3694	3745
CRP-Z-1916	750	420.5	10.5	40296	1916	1917
CRP-Z-2496	750	451.0	11.5	56360	2496	2499
CRP-Z-507	850	253.0	5.0	6420	507	508
CRP-Z-1635	900	400.0	8.0	32711	1635	1636

附件4　表A.1方形钢管理论重量及截面面积等物理特性值中，存在的部分截面模量计算瑕疵问题

公称边长 /mm	公称壁厚 /mm	惯性矩 /cm^4	截面模量 /cm^3	截面模量 /cm^3
B	t	$I_x = I_y$	$W_x = W_y$	$W_x = W_y$
320	16	27276	1740	1705
350	22	46699	2690	2669
400	22	70430	3650	3522
400	25	79228	3890	3961
400	28	92072	4170	4604
450	25	113800	5110	5058
450	28	127400	5520	5662
450	32	150700	6000	6698
500	22	160521	5800	6421
500	25	179114	6360	7165
500	32	219696	7470	8788
550	9	95030	3362	3456
550	10	105012	3703	3819
550	12	124638	4340	4532
550	14	143822	4969	5230
550	16	162570	5572	5912
550	19	176000	6390	6400
550	25	217000	7900	7891
550	32	258000	9380	9382
550	36	277000	10100	10073
550	40	294000	10700	10691
600	9	123883	4028	4129
600	10	136958	4440	4565
600	12	162705	5214	5424
600	14	187921	5980	6264
600	16	212614	6717	7087
600	19	232000	7730	7733
600	36	372000	12400	12400
600	40	397000	13200	13233
850	32	1070000	25300	25176

注：“截面模量”表列数据是按照表中相对应的“惯性矩”数值的实际计算值。

附件 5　表 A.2 矩形钢管理论重量及截面面积等物理特性值中，存在的部分截面模量计算瑕疵问题

公称边长 /mm		公称壁厚 /mm	惯性矩 /cm^4		截面模量 /cm^3		截面模量 /cm^3	
H	B	t	I_x	I_y	W_x	W_x*1	W_y	W_y*2
600	400	9	92446	49646	2980	3082	2415	2482
600	400	10	102145	54785	3279	3405	2656	2739
600	400	12	121210	64844	3831	4040	3103	3242
600	400	14	139837	74617	4377	4661	3543	3731
600	400	16	158032	84109	4897	5268	3961	4205
800	600	19	462290	300316	11397	11557	9831	10011
800	600	25	587497	383824	14278	14687	12307	12794
800	600	32	728720	482062	117211	18218	14827	16069
800	600	36	809942	541441	18695	20249	16101	18048
800	600	40	893714	605338	20037	22343	17255	20178
800	700	19	520248	425837	12846	13006	11999	12167
800	700	25	662601	543444	16156	16565	15086	15527
800	700	32	823146	678160	17211	20579	14827	19376
800	700	36	915085	756799	21323	22877	19905	21623
900	700	19	685576	469906	15079	15235	13258	13426
900	700	25	873377	600423	19020	19408	16714	17155
900	800	19	759323	636163	16717	16874	15744	15904
900	800	25	969107	812809	21148	21536	19911	20320

注：1. “截面模量 W_x*1” 表列数据是按照表中相对应的 “惯性矩 I_x” 数值的实际计算值。
2. “截面模量 W_y*2” 表列数据是按照表中相对应的 “惯性矩 I_y” 数值的实际计算值。

附件 6　GB/T 29654 表 A.1　CRP-U 型冷弯钢板桩特性参数中外形尺寸完全（或基本）相同情况

型　号	公称宽度 B /mm	高度 H /mm	厚度 t /mm	截面面积 S_a/cm^2	重量 W/kg		惯性矩 I_x /$cm^4\cdot m^{-1}$	弹性截面模数 Z_x /$cm^3\cdot m^{-1}$
				每延米	单根 kg/m	每延米 kg/m		
“质量系数” 是指产品的截面系数与质量之比，该系数是衡量钢板桩经济性的一个重要指标								
CRP-U-714	500	240.0	8.0	121.0	47.5	95.0	8570	714
CRP-U-772	500	240.0	8.0	127.6	50.1	100.2	9266	772
前者质量系数/后者质量系数　7.52/7.71　每米桩墙重量大，弹性截面模数也大								
CRP-U-894	500	240.0	10.0	151.8	59.6	119.0	10710	894
CRP-U-863	500	240.0	10.0	160.5	63.0	126.0	10352	863

续附件6

型号	公称宽度 B /mm	高度 H /mm	厚度 t /mm	截面面积 S_a/cm^2 每延米	重量 W/kg 单根 kg/m	重量 W/kg 每延米 kg/m	惯性矩 I_x /$cm^4 \cdot m^{-1}$	弹性截面模数 Z_x /$cm^3 \cdot m^{-1}$
前者质量系数/后者质量系数 7.51/6.85 每米桩墙重量大，而弹性截面模数低								
CRP-U-1150	575	360.0	9.0	140	63.3	110.0	20340	1150
CRP-U-1221	575	360.0	9.0	149.9	67.6	117.6	21979	1221
前者质量系数/后者质量系数 10.46/10.38 每米桩墙重量大，而弹性截面模数相对偏低								
CRP-U-1250	575	360.0	10.0	155	70.2	122.0	22500	1250
CRP-U-1346	575	360.0	10.0	165.6	74.8	130.0	24223	1346
CRP-U-1375	575	360.0	10.0	165.7	74.8	130.1	24746	1375
三者质量系数比较 10.25/10.35/1057 每米桩墙重量大，而弹性截面模数之比大于重量之比								
CRP-U-1105	600	360.0	8.0	131.7	62.0	103.4	19897	1105
CRP-U-1160	600	360.0	8.0	131.8	62.1	103.5	20765	1160
前者质量系数/后者质量系数 10.69/11.21 每米桩墙重量相当，而弹性截面模数差别大								
CRP-U-1234	600	360.0	9.0	147.4	69.4	115.7	22219	1234
CRP-U-1290	600	360.0	9.0	148.3	69.9	116.4	23182	1290
前者质量系数/后者质量系数 10.67/11.08 每米桩墙重量相当，而弹性截面模数差别大								
CRP-U-1361	600	360.0	10.0	162.9	76.7	127.9	24491	1361
CRP-U-1420	600	360.0	10.0	164.8	77.6	129.4	25559	1420
CRP-U-1435	600	360.0	10.0	160.5	75.6	126.0	25822	1435
三者质量系数比较 10.64/10.97/11.39 每米桩墙重量相当，而弹性截面模数差别大								
CRP-U-2296	650	540.0	9.0	168.1	85.8	131.9	62003	2296
CRP-U-2318	650	540.0	9.0	172.1	87.8	135.1	62588	2318
前者质量系数/后者质量系数 17.41/17.16 每米桩墙重量大，而弹性截面模数增大值相对较低								
CRP-U-2541	650	540.0	10.0	186.7	95.3	146.6	68603	2541
CRP-U-2550	650	540.0	10.0	188.4	96.2	147.9	68820	2550
CRP-U-2559	650	540.0	10.0	187.4	95.6	147.1	69093	2559
三者质量系数比较 17.33/17.24/17.40 各项数据相近，是否必要全部纳入								
CRP-U-2783	650	540.0	11.0	205.4	104.8	161.3	75146	2783
CRP-U-2416	650	542.0	11.0	207.4	105.8	162.8	65470	2416
前者质量系数/后者质量系数 17.25/14.84 每米桩墙重量相当，而弹性截面模数差别大								
CRP-U-3021	650	540.0	12.0	224.7	114.7	176.4	81570	3021
CRP-U-2610	650	544.0	12.0	230.0	117.3	180.5	70979	2610
前者质量系数/后者质量系数 17.13/14.46 每米桩墙重量大，而弹性截面模数相对偏低								

附件 7　GB/T 29654 表 A. 2　CRP-Z 型冷弯钢板桩特性参数中外形尺寸弯曲（或基本）相同情况

型　号	公称宽度 B /mm	高度 H /mm	厚度 t /mm	截面面积 S_a/cm^2	重量 W/kg		惯性矩 I_x /cm^4 · m^{-1}	弹性截面模数 Z_x /cm^3 · m^{-1}
				每延米	单根 kg/m	每延米 kg/m		
“质量系数”是指产品的截面系数与质量之比，该系数是衡量钢板桩经济性的一个重要指标								
CRP-Z-3450	675	488. 0	12. 0	222. 4	117. 8	174. 6	84121	3450
CRP-Z-3455	675	490. 0	12. 0	224. 4	118. 9	176. 1	84657	3455
前者质量系数/后者质量系数　19. 76/19. 62　后者断面高度和重量增大，与弹性截面模数增大比值偏低								
CRP-Z-3720	675	489. 0	13. 0	240. 1	127. 3	188. 5	90830	3720
CRP-Z-3720	675	491. 0	13. 0	242. 3	128. 4	190. 2	91327	3720
前者质量系数/后者质量系数　19. 74/19. 56　两者弹性截面模数相等，后者高度和重量皆大								
CRP-Z-3850	675	490. 0	13. 5	249. 0	132. 0	195. 5	94167	3850
CRP-Z-3853	675	491. 5	13. 5	251. 3	133. 1	197. 2	94699	3853
前者质量系数/后者质量系数　19. 69/19. 54　两者弹性截面模数基本相当，后者高度和重量皆大								
CRP-Z-1862	685	401. 0	9. 0	144. 0	77. 4	113. 0	37335	1862
CRP-Z-1880	685	401. 0	9. 0	142. 4	76. 6	111. 8	37580	1880
前者质量系数/后者质量系数　16. 48/16. 82　每米桩墙重量大，而弹性截面模数相对偏低								
CRP-Z-2055	685	402. 0	10. 0	159. 4	85. 7	125. 2	41304	2055
CRP-Z-2070	685	402. 0	10. 0	158. 2	85. 1	124. 2	41601	2070
前者质量系数/后者质量系数　16. 41/16. 67　每米桩墙重量大，而弹性截面模数相对偏低								
CRP-Z-1805	630	380. 0	8. 0	127. 2	62. 9	99. 8	34293	1805
CRP-Z-1827	635	380. 0	8. 0	140. 6	70. 1	110. 3	34717	1827
前者质量系数/后者质量系数　18. 09/16. 56　弹性截面模数相近每米桩墙重量相差较大								

冷弯型钢在轨道交通领域的应用

贾国平

（中国铁道学会）

一、冷弯型钢在轨道交通车辆上的应用

（一）铁路货车用冷弯型钢

自20世纪80年代我国冶金部门推广铜磷系耐大气腐蚀钢起，冷弯型钢的研发生产就开始了。中国钢结构协会冷弯型钢分会对协调组织生产和推广使用作出很大的贡献。耐大气腐蚀钢和冷弯型钢逐渐被各钢铁用户所接受并迅速发展起来。

对铁路部门来说，当时铁路车辆用钢的问题，一是腐蚀严重，造成车辆段修和厂修频繁，成本增大，车辆使用寿命短；二是热轧钢材笨重，造成车辆自重大，运输效率降低。例如，货车最主要承载件底架中梁，是用热轧槽钢或工字钢加焊上、下盖板组合而成（图1），组对、焊接和调整的工作量很大。

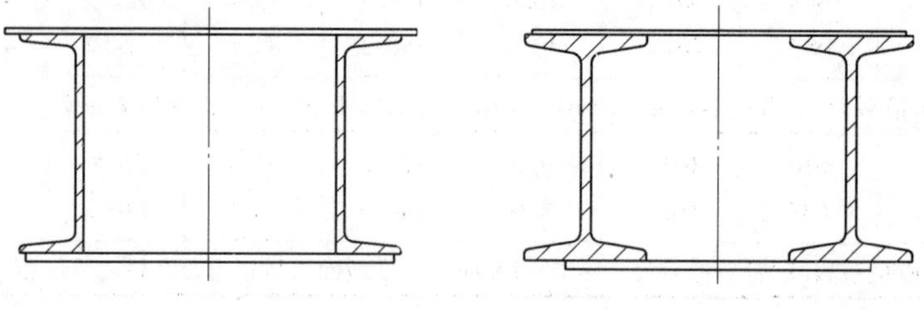

图1　早期货车主要承载件底架中梁

后来攀钢试制成功热轧310乙字钢通用货车中梁，将制造焊缝减少到一条。乙字钢中梁材质也由屈服强度为295MPa的09V，发展到屈服强度为345MPa的09CuPCrNi-A和屈服强度为450MPa的Q450NQR1。对比原来的材料，乙字钢减轻重量，简化制造工艺，这种热轧钢材在当时还能适应铁路车辆制造的要求。

又如，60t铁路敞车的上侧梁采用14号槽钢。由于其强度偏低，经常被大件货物损坏或被翻车机夹伤。为增加强度，改成14号槽钢对焊制成矩形上侧梁。由于有长大焊缝造成制造工艺复杂且增加车辆自重。在冶金部门和铁路部门的团结协作下，武钢汉口冷弯型钢厂研制成功的尖角矩形管专利产品很好地解决了这个问题。

陆续开发应用的60t级铁路货车用冷弯型钢品种还有敞车的端墙横带帽型钢、侧柱帽型钢、敞车中梁斜腿槽钢、敞车门板波纹钢，以及棚车冷弯车顶侧梁、粮食漏斗车侧板和下侧梁等。

随着我国铁路客运高速和货运重载技术的发展，铁路货车载重量发展到70～100t。重载货车的技术进步，进一步要求车辆用型钢断面的多样化。冷弯型钢自重轻，刚度大，可以适应结构需要设计成特殊断面，更有利于实现车体轻量化。

在70t级各种货车中，较多地采用了Q450NQR1高强度耐大气腐蚀钢的冷弯型钢。例如，其下侧梁采用8mm×240mm的冷弯槽钢、双曲面冷弯型钢、等边和不等边角钢、槽型和乙型钢等。这些冷弯型钢的开发应用，在铁路货车减轻自重、美化外形、增强刚度、减少厂修、延长使用寿命、简化制造工艺等方面起到更新换代的作用，其社会效益显著，经济效益巨大。

部分铁路货车制造用的冷弯型钢断面如图2所示。

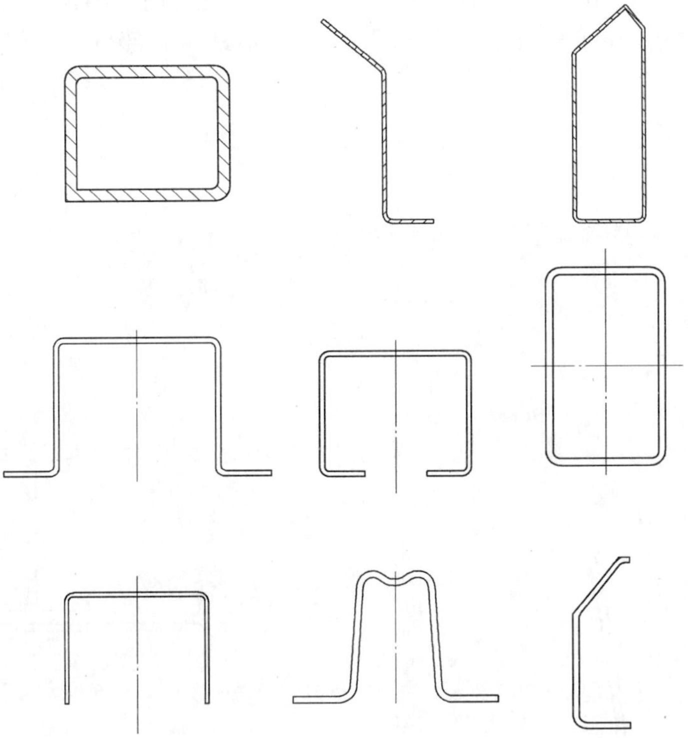

图2　铁路货车用冷弯型钢断面

（二）铁路客车用冷弯型钢

对铁路客车同样有减轻自重和增加耐蚀性的要求。相对来说，铁路客车比货车生产量少，用钢中板材较多，型材相对轻薄一些。铁路客车采用冷压成型梁柱构件和耐候钢梁板件（图3），如上侧梁、下侧梁、波纹地板等。

（三）地铁车辆用冷弯型钢

随着我国城镇化进程加快，城市轨道交通建设近年来也得到飞速发展。地铁车辆制造的任务也是以原铁道部所属的机车车辆制造厂为主完成的。地铁车辆用钢，早期也是Q235碳素钢，现在已普遍采用耐大气腐蚀钢、不锈钢和铝合金，车辆品质得以大幅

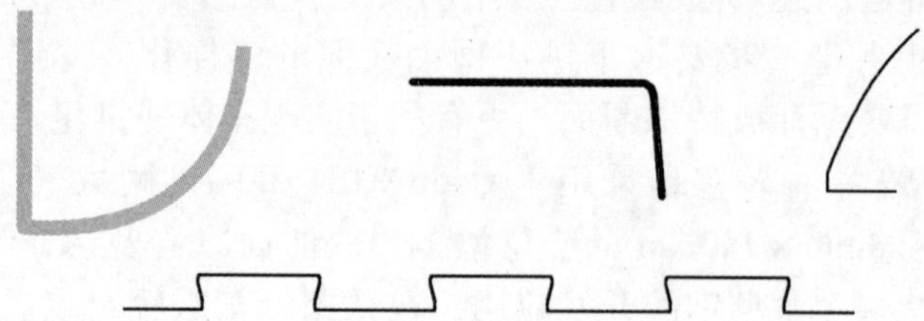

图3 铁路客车用边梁钢

提高。

例如，地铁车辆底架侧梁为SUS301L-HT高强度不锈钢，侧顶板采用SUS301L-DLT不锈钢板，侧墙立柱和车顶弯梁采用SUS301L-ST不锈钢。部分地铁车辆采用的冷弯型钢断面如图4所示。

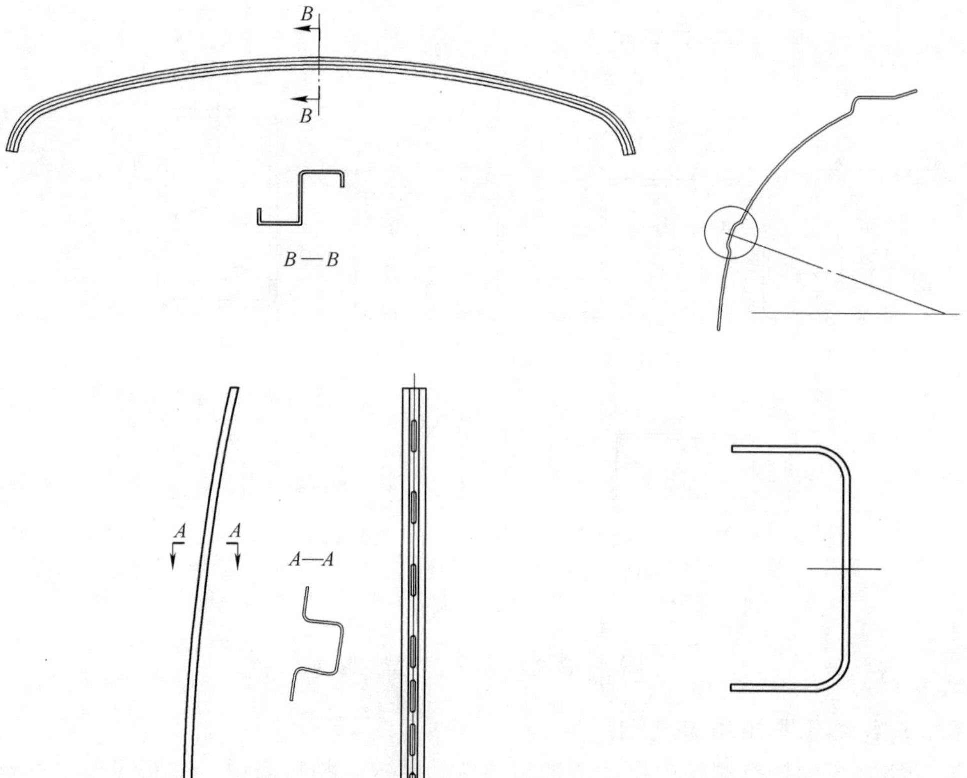

图4 地铁车辆用冷弯型钢断面

（四）我国冷弯型钢的品质

近年来，轨道交通车辆用冷弯型钢无论是数量、品种还是产品质量都上了一个新台阶。但是随着我国轨道交通车辆制造技术的提升，对原料钢材的要求越来越严格。按照中国铁道学会车辆委员会的技术分析，我国现有车辆制造用冷弯型钢的品质还有待提高。

1. 冷弯型钢轧制工艺有待改进

冷弯型钢成品的弯角半径相对较大。导致与相应梁板连接的焊角过大，工艺性较差，有的钢材弯角处还存在微裂纹，影响其在重要受力构件上的推广应用。对称断面的冷弯型钢，存在对称度难以保证的问题。这可能与冷弯型钢生产工艺有关，应针对不同的钢材材质，研究相应的生产设备、工艺手段和工艺参数，以期改善断面弯角。武钢汉口冷弯型钢厂根据用户要求，改进轧制工艺，研制尖角矩形管产品是解决这一问题的范例。

2. 冷弯型钢的时效效应亟待克服

冷弯型钢属于机械强制变形产品，存在很大的内应力。成品存放一段时间后，内应力逐步释放，产生回弹，产生弯曲和扭转变形，开口不对称问题，导致外形尺寸公差无法保证。这给车辆组装带来困难。应加强研究，从技术上解决轧后内应力问题，消除时效效应。

3. 冷弯型钢的产品质量有待提高

（1）冷弯型钢产品表面存在凹坑、凸起、压痕、擦伤和压入氧化铁皮等表面缺陷，以及弯曲度、扭转、两翼边高度差和锯切斜度超差的问题。

（2）冷弯槽型钢弯曲度、扭转和两翼边高度差超差。

（3）冷弯焊接空心型钢焊缝存在开焊、搭焊、烧穿和错位等缺陷。

（4）波纹板表面存在裂纹、气泡、结疤和折叠等缺陷。

（5）存在断面公差超限，梁件有旁弯、挠度过大和内侧高度不规则，影响与其他梁件的配合组对问题。板件（如地铁车辆侧顶板）翘曲，造成与上侧梁或车顶弯梁配合组对间隙过大。柱件弯曲度或平直度不规整，影响与墙板组对，进而影响墙面平整。

4. 冷弯型钢品种研制有待加强

热轧310乙字钢中梁的断面尺寸精确，下翼缘的开口比较对称，组焊后的直线度容易保证。同时由于其外弯角部位均为直角，与各梁件的连接比较方便，焊后基本没有变形。冷弯型钢“帽型”中梁已轧制成功。其优点是重量较轻，无须组合并接。其缺点是四个外弯角的圆角较大，焊后变形，工艺性较差，钢材下翼缘处两个开口的对称度及中梁的直线度无法保证，因此目前仍未能取代热轧型钢。

铁路车辆车体底架的其他梁件，如枕梁、主横梁和端梁等，目前为热轧钢板焊接，尚未有合适的冷弯型钢可以取代。它们连接的中梁与侧梁有70mm高度差，为长度方向的变断面。如果冷弯型钢能研制成功，将进一步扩大冷弯型钢的应用比例。

高速铁路动车组、部分专用货车和地铁车辆目前较多采用不锈钢和铝合金，和耐大气腐蚀钢的力学性能有很大区别。应加强冷弯型钢厂与轨道车辆的设计研制单位的交流沟通，加强对成型技术研究，研制更多适合结构需要的复杂断面的冷弯型钢，使轨道交通车辆产品迈上一个新的台阶。

除了在轨道交通车辆上的应用外，冷弯型钢在轨道交通领域的其他方面也大有可为，应加强品种研发，例如在桥梁、隧道、涵洞、车站、地下工程等方面。

二、我国轨道交通发展前景

（一）我国国铁干线的发展

截至2014年年底，全国铁路运营总里程已突破11万公里，原规划于2020年中国铁路营业里程将达到12万公里以上的目标有可能提前实现。国务院总理李克强在政府工作报告中指出，今年铁路投资要保持在8000亿元以上，新投产里程8000公里以上。

计划和正在建设中的高速铁路有上海至南通、上海经江阴至南京、连云港经扬州至镇江、徐州经淮安至盐城、杭州经长沙至昆明、杭州至黄山、商丘经合肥至杭州、郑州至合肥、合肥至九江、南昌至赣州、赣州至深圳、九江至武汉、武汉至西安、怀化经邵阳至衡阳、重庆至郑州、重庆至贵阳、重庆至昆明、成都至重庆、汉中经巴中至重庆、成都至贵阳、贵阳至南宁等。

计划和正在建设中的普速铁路有衢州至昭通、攀枝花至丽江，上海至乍浦，南通至启东，庐江至铜陵，六安至景德镇，鹰潭至梅州，成都至康定，内蒙古西部至华中煤炭运输通道等。实施皖赣、渝怀、成昆等铁路的扩能改造。

（二）我国城市轨道交通的发展

地铁和轻轨具有大运量的特点，是解决大城市交通拥堵的首选方式。当前，我国城市地铁和轻轨建设进入了一个快速发展期。轨道交通系统的发展，不仅为改善群众出行作出重大贡献，同时也是拉动内需的重要举措。据统计，每投资1亿元的轨道交通项目，可带动GDP增长2.63亿元，增加8000个以上的就业岗位。

2014年，有38个城市在建设地铁，包括北京、上海、天津和重庆4个直辖市，哈尔滨、长春、沈阳、石家庄、济南、郑州、西安、合肥、武汉、长沙、南昌、南京、杭州、福州、广州、成都、贵阳、昆明、南宁和兰州20个省会城市，以及深圳、佛山、大连、青岛、南昌、苏州、常州、南通、徐州、无锡、宁波、厦门、东莞和温州14个大中城市。城市轨道交通在建项目约3300公里，共完成投资2857亿元，比上一年增长33%。城市轨道交通成为交通基础设施建设领域仅次于公路和铁路的第三大基建项目。

我国城市轨道交通行业高速发展缘于城镇化步伐加快。在稳增长仍需要投资主打的情况下，城市轨道交通是与供给需求契合度最高的领域。目前工业产能严重过剩，房地产需求不旺，只有交通基础设施建设仍有较大的投资空间。

（三）我国新时期的三大国家战略计划

在中央经济工作会议的决议中，将京津冀一体化协同发展、长江经济带建设和“一带一路”计划（即新丝绸之路经济带和21世纪海上丝绸之路）称为我国新时期经济发展的三大战略。这将是年内和未来数年经济工作的重中之重。目前推进实施“三大战略”，一是将推进“三大战略”作为一项长期工作，狠抓落实，逐项推进。二是统筹“三大战略”在交通运输领域的推进实施。三是集中力量推动可在近期迅速形成能力、阶段性成效显著的重大项目建设，实现率先突破。四是“一带一路”战略规划要做好与国内交通发展规划的衔接。

经济发展，交通先行。在各种交通方式中，轨道交通又以其全天候、大运量、快速准时、安全舒适、节能环保、运输效率高等优势占有首要地位。因此在实施我国三大战略的交通建设进程中，轨道交通建设是优先发展的潜力项目。

京津冀一体化协同发展、长江经济带建设、新丝绸之路经济带和 21 世纪海上丝绸之路计划可分别用示意图简略地表示出来（见图 5～图 7）。

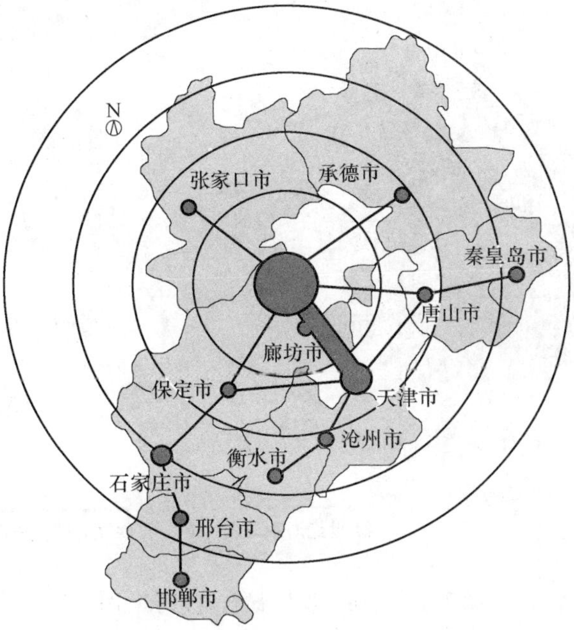

图 5　京津冀一体化协同发展示意图

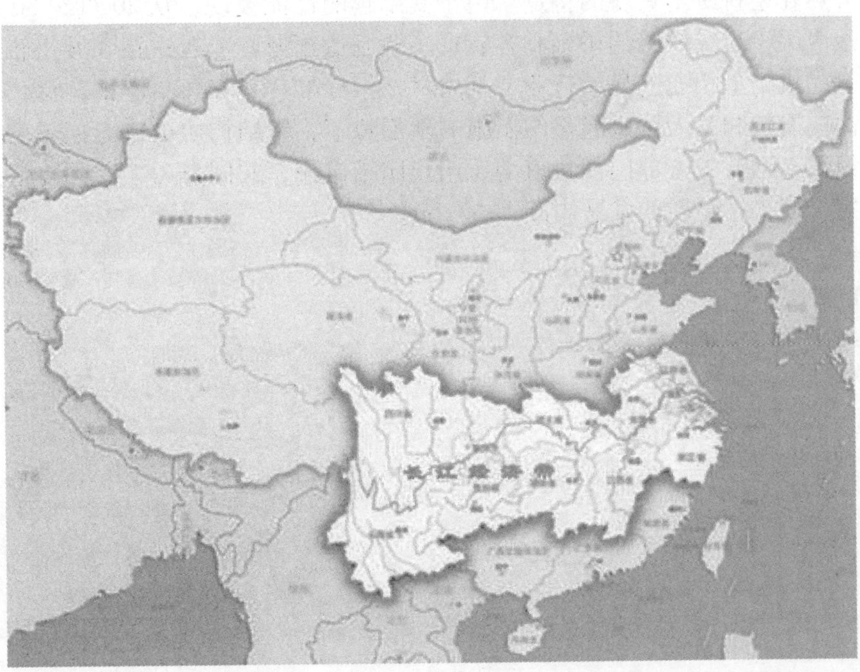

图 6　长江经济带地理位置示意图

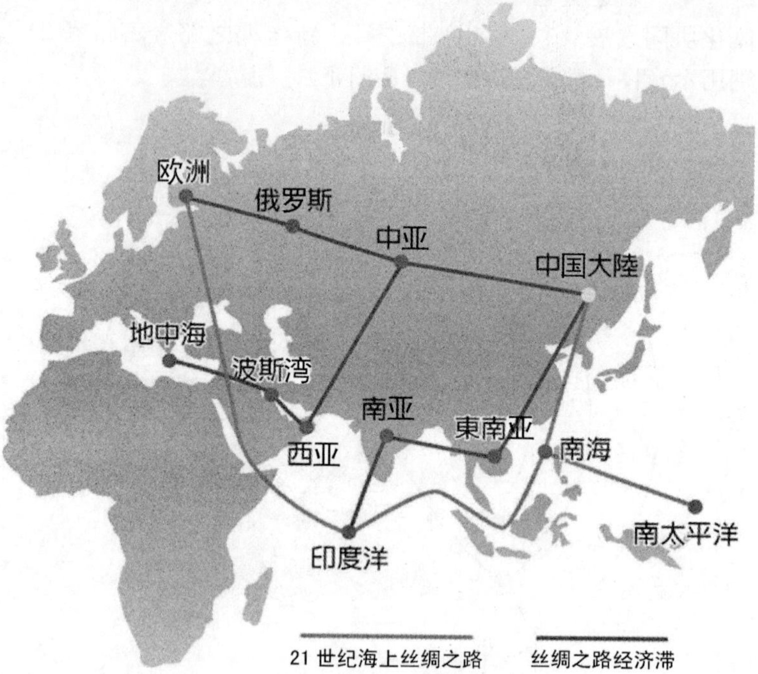

图7 “一带一路”最新规划示意图

冷弯型钢是新型的高效钢材，具有强度高、自重轻、耐腐蚀、生产节能方便、断面形状多样等热轧型材所不具备的特点。由于其卓越的性能表现，从20世纪80年代开始就已广泛地应用于干线铁路的桥梁和客、货车辆制造领域。干线铁路和城市轨道交通是技术上相近、机构上相通的兄弟行业，其用材技术标准也是互相借鉴的。深信，在我国轨道交通高速发展和三大国家战略的实施的新形势下，钢结构协会冷弯型钢分会进一步加强协调组织，钢铁生产部门和轨道交通用户团结协作，共同努力，我国冷弯型钢的生产应用一定会迎来一轮新的发展高潮。

冷弯型材生产与发展

贺毓辛

（北京科技大学 教授）

冷弯成型属板材深加工技术范畴，广义地说，冷弯成型是将冷、热带材在常温下进行拉弯、折弯、压弯、辊弯生产各种断面的型材，狭义地说，是指冷弯成型，即板、带材在各种类型的冷弯成型机组上，经一系列异型成型辊孔型连续弯曲成所需断面的型材。

冷弯型材是一种轻型、薄壁的经济断面型材，用途广泛，可用于各个经济部门，其优点如下：

（1）冷弯成型可生产一般轧制方法难以生产的断面形状复杂、断面分配形式合理、厚度薄、精度高的各种异型材，从而在金属消耗最小的情况下获取最大的强度和刚度。例如，建筑业采用冷弯型材比用热轧型材或钢板焊接结构节约金属30%，并减轻结构自重、便于施工和降低费用，用于汽车业可节约金属10%～25%，降低车体自重。

（2）冷弯型材尺寸精度高，保证构件的互换性，且表面质量好，美观抗蚀。

（3）冷弯成型设备简单，易于维护，且成型型材的速度可达200m/min或更高，因而生产率高，并且可与后步工序——涂层、剪切、冲压、穿孔、压花、切槽等结合在一起，提高生产率、材料利用率，降低消耗。如采用组合式轧辊结构，一套轧辊可生产多种产品，产品变换方便。

（4）可生产各种金属和合金等不同材质的冷弯型材，使产品品种规格及用途不断扩大。

冷弯成型技术已有百年历史，近半个世纪获得迅速发展，20世纪50年代上钢十厂建设了冷弯成型机组，80年代迎来了快速发展期，如表1所示[1]。

表1 20世纪80年代初期我国冷弯型钢生产情况（冶金系统）

年 份	全国钢材产量/万吨	冷弯型钢产量/万吨	占钢材比例	每年递增速度/%
1981	3560.31	2.51	0.094	
1982	3715.85	3.85	0.131	51.79
1983	4002.11	7.18	0.234	88.45
1984	4336.15	12.12	0.359	55.18
1985	4650	15.00	0.405	23.79
1986	4839	20.00	0.517	33.33

近年来冷弯型材生产获得快速发展，年产量已达300万吨，品种及规格多达2000个以上。

20世纪80年代，我们对国内外冷弯型材生产状况进行了调研，并建立了实验机组(图1)，在分析冷弯成型过程特点的基础上，以实验数据为依据❶，为天津冷弯厂建立了冷弯型材生产的CAD系统，可进行槽钢、角钢、圆管、方矩管等多种开口、闭口型材的辊型设计，图2为30×30×1.6槽钢孔型图。与此同时，对横向变形、弯曲回弹、变形区厚度减薄，中性层内移、纵向变形、力能参数等进行了详尽研究与分析[1,2]。以钢窗为例对复杂断面的冷弯过程进行详尽分析与研究[3,4]，并进行车间设计，图3为一变形过程示意图[3]。与此同时，还进行了系统调研，考察了国内塑钢门窗厂，并向有关部门提出了建议。

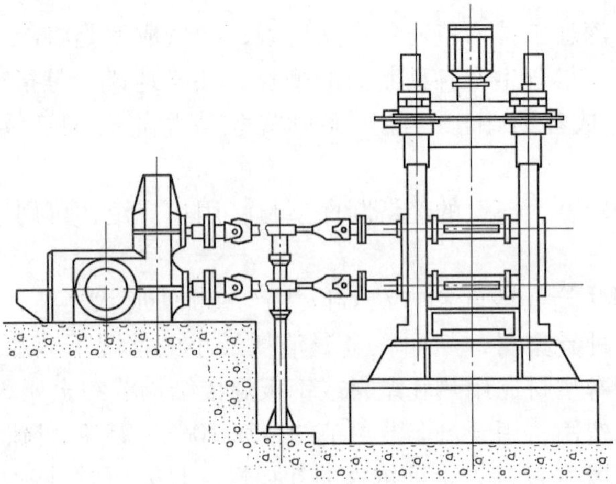

图1　冷弯实验机组

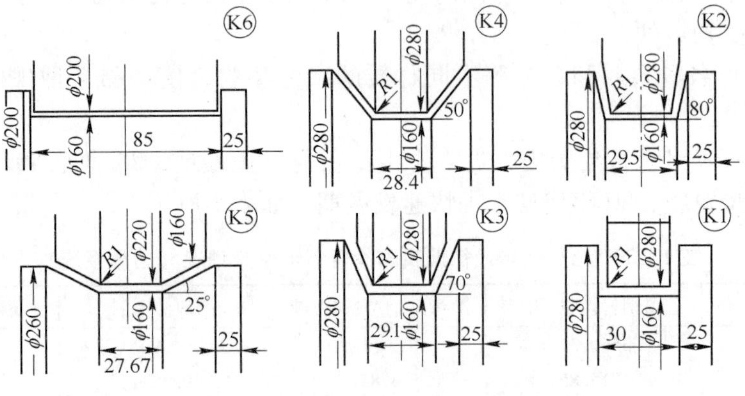

图2　槽钢孔型图

近年来我国冷弯型材生产在生产、理论研究诸方面获得很大进展，在冷弯协会的组织、指导下，出版了冷弯型钢杂志，编写了教材，并对产品标准进行了详尽的分析，有

❶　除在实验机组上进行实验外，还在南京轧钢厂240冷弯机组上进行了实验。

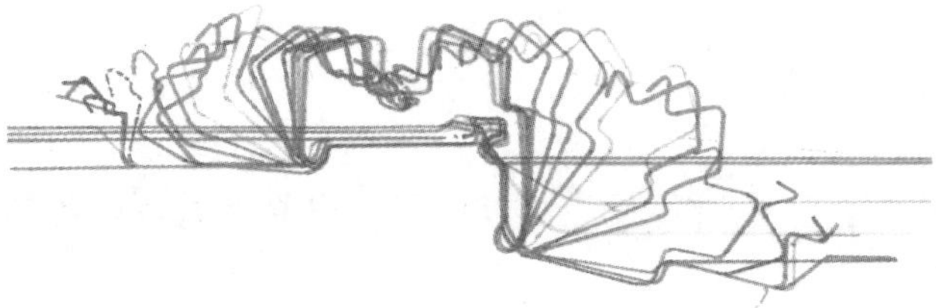

图3　变形过程示意图

力地促进了冷弯型材生产的发展。下面仅对冷弯型材今后如何发展的问题，提出一些建议。

一、面向建筑行业，大力发展轻型结构冷弯型钢

虽然我国冷弯型材生产出现产量过剩，但究其原因，乃是生产大量低级产品造成的，相反，一些高端产品尚属空白。对未来如何发展，科学决策至关重要，要想做到这一点，必须注意社会发展的新的增长点和技术发展的趋势。亦即对于今后发展，应当用创造性思维，结合我国发展远景，瞄准广阔的市场，运用先进技术，作出科学决策，以追求高的效益和社会效益。轻型结构冷弯建筑型钢即为一典型实例。

随着技术进步，农村劳动力富余，如果从事农业的人口为5%（美国为2%～3%），则将有数亿农村人口涌入城市，因此“快速城镇化时期”已经到来。

2014年3月5日李克强总理在政府报告中指出：“城镇化是现代化必由之路，是破除城乡二元结构的重要依托。要健全城乡发展一体化机制，坚持走以人为本、四化同步、生态文明、传承文化的新型城镇化道路，遵循发展规律，积极稳妥推进，着力提升质量。今后一个时期要着重解决三个1亿人问题：1亿农村人口转城镇，1亿棚户区改造，1亿西部人口就近城镇化。”而城镇化后遇到第一个问题就是住所及活动场所，因为安居才能乐业。据统计，城镇建设，其中住宅约占70%，公共建筑约占15%，生产建筑约占15%。

目前建筑多用混合结构，甚至还有用砖木结构的。这些房屋不仅居住条件差，而且带来诸多问题，所用建材黏土砖，造砖要破坏大量农田，其他建材如水泥会造成严重污染，难以可持续发展。我国黏土砖年产量6000多亿块，耗用100万亩土地，其中毁田2万亩，耗能6000万吨标煤。我国年用水泥量约5亿吨，每生产1t水泥要排放1t二氧化碳、0.74kg二氧化硫、130kg粉尘，造成严重污染，亟待解决。

预计到2020年底，我国新增的房屋面积将近300亿平方米，因此，建筑节能已成为一个不能忽视的重大问题。为此，国家要求研究开发绿色建筑技术，建筑节能技术与设备，可再生能源装置与建筑一体化应用技术，节能建材与绿色建材，以及有关的建筑施工技术与装备。要广泛地利用建筑智能技术，改善生产、生活和公共活动场所的环境质量，节约建筑的使用能耗。

我们曾对美国轻型钢框架房屋进行考察[5]，它在美国得到大力发展是因为它有许多优点：

（1）质量高。钢框架有高的强度，重量轻，仅为一般建筑的1/3，有高的抗震能力，

材料在工厂标准制造，性能均一，质量好。

（2）易安装。工厂制造，现场安装，一个200m^2的两层楼，4名工人3～4天即可安装完毕，省很多工时。

（3）柔性化生产。由于是组装式，可以根据用户要求做各式各样的设计，不是千篇一律，极适合农村需求。

（4）可回收。不像混凝土那样，钢材可以回收。

（5）其他。耐火，抗风，采光性好，密封性好，节能等。此外，造价也便宜。可以说在我国发展轻型钢框架房屋是大势所趋。

独栋式轻型钢框架房屋见图4，六层轻型钢结构公寓见图5。

图4　独栋式轻型钢结构房屋

图5　六层轻型钢结构公寓

我国也曾建有钢结构房屋（如宝钢所建），但一直未能推广，究其原因，乃是所用的不是轻型钢材，不仅提高了房屋的重量，也使造价昂贵。国外所用轻型钢结构材料，钢板厚度仅为1mm，单重仅4.5kg/m。

国内在这方面尚属空白，如果予以发展，不仅对国家发展有利，冷弯行业也必将有一个极大的发展空间。

二、积极提高产品质量

以汽车用材为例说明提高产品质量的巨大经济意义。我国汽车拥有量已超1000万辆，而且与日俱增，已成为耗能及污染大户，据统计，车身自重每减少10%，油耗降低

8%，排放减少4%[6]。现在汽车一般自重在1.5t左右，而我国生产的车自重比国外高约20%，离汽车极限最小重量550kg尚有很大空间，汽车自重降低10%是完全可能的，汽车构件用材很多为冷弯型材，据报道[7]在国外辊压成型的零部件已占60%，因此开发汽车专用更轻型的高质量钢的冷弯型材，具有重大经济意义和巨大社会效益。

现在，又出现了一种新概念车——Roll Formed Car（辊弯成型车）[7]，如图6所示，其所用冷弯型材就更多了，现已有诸多文献资料，这里不再赘述。

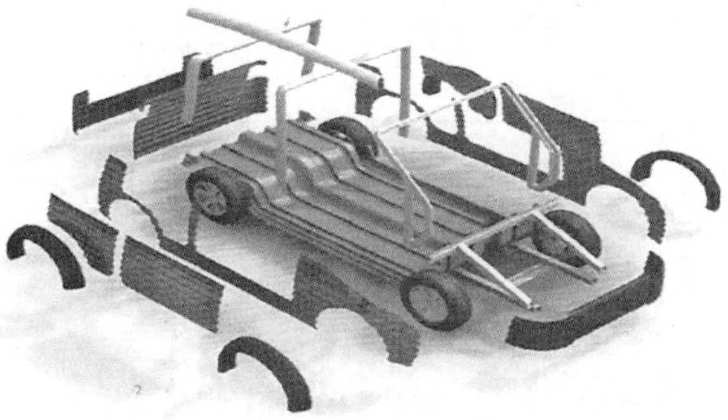

图6　辊弯成型车的概念

三、柔性生产

柔性生产概念起源于20世纪80年代，由于用户要求产品的种类日益增多，而且每次订货的数量趋向减少，减少积压资金以追求更高效益，而生产线又趋向高速化、连续化，以大批量生产为其特征，这就产生了供求之间不协调的矛盾，为解决这一矛盾就要求生产具有更大的灵活性，也就是具有柔性，不仅能大批量生产，而且能按照订货的批号组织生产，以满足用户的要求[8]。

对于冷弯型材生产来说，更易组织和实现柔性生产，例如采用组合式轧辊等即可实现。现在设备制造商已可提供可生产多品种的柔性生产线，限于篇幅，就不再多加讨论了。

四、未来虚拟实验室

对于一个现代化的冷弯型材生产企业，如何了解市场动态，如何了解发展趋势，如何让工程人员迅速加深了解生产过程实质，提高认识，并能有效地驾驭生产和改进生产等，就成为迫切需要解决的问题了。解决问题的有效途径就是利用虚拟制造技术，建立未来实验室。

信息化、大数据时代开启了一次重大时代转型，正在改变我们理解世界的方式，我们认为现在进入了一个新时代，这个时代的特点就是理论超前时代。在过去，一般是在实践的基础上，逐步积累经验而后上升到理论，反过来再指导实践，而现在则完全是在理论指导下进行生产了，这并不与实践论的观点相矛盾，而现在只不过是在虚拟条件下进行实践了。该系统可将现实生产在模拟系统上复现，既可用于分析生产，也可用于操作培训；对生产中的重点及国际上发展趋势的课题进行预开发和虚拟研究；它也具备完善的教学功能，甚至设定异常工况，从而获得事故处理的能力；它还具有全（大）数据分析能力，等等。

未来虚拟实验室建设的核心，就是建立生产、研究、培训仿真器。

虚拟实验的一般过程如图7所示[9]。

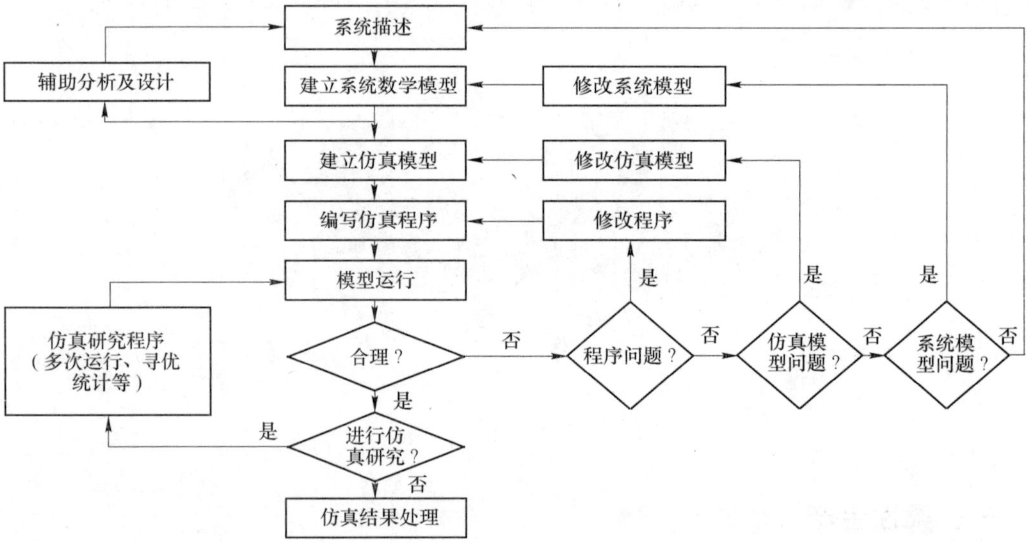

图7 虚拟实验的一般过程

仿真器有多种类型，最有代表性的是控制室复制型仿真器，它有一个非常完整的和实际工厂全等的控制室，与生产车间的操作台完全一样。这类仿真器已完全逼真现场，能满足操作人员所有训练任务。不仅如此，仿真器与现场连接，利用网络技术，具有市场分析、研究营销策略等多种功能，以实现现代化的企业管理。

总之，运用现代技术和现代管理理念，在我国“新常态”的大好形势下，冷弯型材生产必将迎来繁盛的春天。

参考文献

[1] 贺毓辛，李国忠，等．对发展我国冷弯型钢的意见．我国钢铁工业发展战略研究文集，1988.

[2] 贺毓辛，李国忠，等．多品种冷弯型钢、焊管辊型CAD的建立与研究．第一届全国深加工学术会议文集，1986.

[3] 符积源，等．窗用冷弯型钢的变形分析及车间设计[D]．北京：北京科技大学，1987.

[4] 林勇．冷弯闭口钢窗计算机辅助设计及辅助制造[D]．北京：北京科技大学，1988.

[5] 贺毓辛．大力推广绿色环保轻型钢结构房屋．北京科技大学压加系（内部资料），2000.

[6] 马鸣图．先进汽车用钢[M]．北京：冶金工业出版社，2009.

[7] 何健．世界轿车冷弯型钢应用进展[J]．冷弯型钢，2012，1.

[8] 贺毓辛．冷轧板带生产[M]．北京：冶金工业出版社，1992.

[9] 贺毓辛．提高人才素质与培训、研究仿真．仿真技术在冶金系统的应用研讨会，1994.

我国冷弯成型技术研究的发展

冯光宏　张宏亮

（钢铁研究总院、中国钢结构协会冷弯型钢分会副理事长单位）

冷弯型钢作为一种绿色、环保的钢铁材料，被广泛应用于建筑、桥梁、车辆制造、集装箱生产、机械制造等诸多行业。冷弯成型技术能够通过改变型钢产品的截面形状，提高产品的综合力学性能，还能通过复杂的辊系变形生产各种开闭口规律断面的结构件，大大提高生产效率，节约社会资源。

在钢铁生产的产业链中，冷弯型钢属于高效的钢材深加工产品，在国家的产业政策中，是鼓励发展的钢材深加工产品。目前，在我国的冷弯型钢技术研究领域，是以企业为主体，进行冷弯成型技术和新产品的开发；冷弯型钢协会进行引导，并对企业的技术和产品开发提供技术支持。

一、国家相关政策

目前冷弯型钢行业尚无具体法规，只存在技术标准，但是钢铁行业和钢结构领域的相关产业政策会直接影响到冷弯型钢行业的发展。

首先是钢铁行业，2015 年 3 月 20 日，工业和信息化部公开征求《钢铁产业调整政策（2015 年修订）（征求意见稿）》的意见，将取代 2005 年发布的《钢铁产业发展政策》，成为未来十年中国钢铁产业的规划蓝图。根据修订的《钢铁产业调整政策》要求，结构调整是今后十年我国钢铁产业的发展主线，要重视产品结构、布局结构、技术结构和组织结构调整对我国钢铁工业发展的引领作用。届时，环境保护、资源综合利用、供应装备都将成为行业准入的硬性门槛。

2015 年 1 月 1 日起实施新的《环境保护法》，钢材生产企业超标排放等环境违法行为将受到“按日计罚、上不封顶”、“治安拘留、刑事责任”等处罚。

其次是钢结构领域，积极发展钢结构体系，开发钢结构制造和安装施工新技术，使钢结构作为绿色环保产品得到公认和发展。《建筑钢结构行业发展“十二五”规划》中指出，“十二五”期间，我国逐步实现建筑钢结构用材约占全国钢材总产量的 10%，钢结构住宅建设占房屋总建筑面积的 15% 左右。不过从实际情况看，钢结构的占比仍然远未达到预定目标。

钢铁工业“十二五”规划明确指出：要加强钢铁产业链延伸和协同，转变服务理念、增强服务意识，建立钢铁企业与下游用户战略合作机制，发展钢材深加工；要进一步提高国际化水平，在钢材产品深加工领域投资设立企业和研发中心，提升我国钢铁企业的创新能力和管理水平。

工信部组织的“钢铁工业转型发展行动计划（2015～2017年）”提出，要着力发展智能制造，打造智能工厂，满足客户多品种小批量的个性化、柔性化产品定制需求；发挥大数据优势，积极发展电子商务，以大数据为基础，提升企业生产经营、研发创新和全产业链战略合作水平。这为冷弯型钢的发展指明了一个方向。

冷弯型钢行业是一种节能、环保的环境友好型产业，符合国家长期发展的钢铁产业政策。目前我国钢结构住宅尚不足1%，远远低于日本、美国、法国等国家的40%的比例。冷弯型钢行业的健康发展，能够有效地消化过剩钢铁产能，帮助上游钢铁企业升级转型、延伸产业链，冷弯行业还存在国家产业政策的直接鼓励和扶持的预期。

二、冷弯成型领域的研究发展

对于辊弯成型理论，国内外学者在探索成型理论领域做了大量的工作，也取得了很大的成就，并且已经清楚了简单断面型钢的成型机理。对辊弯成型最初的研究方法主要以简单解析法为主，其基本思想是单独计算板带在成型中的横向弯曲变形和纵向弯曲变形。简单解析法无法合理地求解带材三维变形问题，随着计算技术的发展，逐渐被其他方法所代替。目前对辊弯成型的主要分析方法有3种：半解析法、有限条法和有限元法。

（一）半解析法

半解析法的中心思想是将板带在相邻两个轧辊间的变形构形预先以含有待定参数的某种函数来描述，通过使板材在轧辊间的变形能或塑性功达到最小值，反求出板形函数中的选定参数，进而计算板材的变形以及应力、应变分布。

例如，东京大学木内学[1]在利用半解析法分析辊弯成型方面做了开拓性的工作，基于能量最小原理提出了分析两两机架之间板材变形的方法。在该方法中，首先利用一个含有待定系数的三角函数构造出带材变形后的曲面，然后根据能量最小原理反求出待定系数，再根据得到的变形构形计算板带的应变和应力。G. Neffusi等[2]以用参数方程表示的孔斯曲面片来描述轧辊间板材的构形并由此定义速度场，同时假定板材为刚塑性材料，得到板材的塑性功率，通过对塑性功率取极小值确定孔斯曲面片的待定参数。

（二）有限条法

有限条法是一种特殊形式的有限元法，它不像标准有限元法那样沿各个方向均采用多项式位移函数，而是在某些方向采用简单多项式，沿其他方向则为连续光滑的可微级数，并规定此级数预先满足给定的端部边界条件。

例如：燕山大学轧机研究所的刘才、周瑛等[3,4]采用B3样条函数代替连续级数，并将该方法拓展到弹塑性大变形范围，对焊管辊弯成型进行了模拟。张乐乐、刘才等[5]采用基于更新拉格朗日法的弹塑性大变形样条有限条法，结合流动模型，分析并模拟了普通槽钢成形过程中变形带材的位移场、应变场和应力场。西安建筑科技大学的谢文智等[6]从三条经典假设出发，采用加权残值法分析均匀受压冷弯薄壁槽形截面柱的局部相关屈曲问题。

（三）有限元法

有限元法在早期是以变分原理为基础发展起来的，在科学计算领域，常常需要求解各类微分方程，而许多微分方程的解析解一般很难得到，使用有限元法将微分方程离散化后，可以编制程序，使用计算机辅助求解。随着计算机技术的普及发展，有限元方法成为科学领域一种高效能、常用的数值计算方法。

例如：R. S. Senanayake 等[7]设计了 U 型件辊弯成型的轧辊花型与数目后，利用 MSC-Marc 对板带进入轧辊前的边缘应变进行了计算以分析失稳问题。M. Brunet 等[8]采用基于平面应变壳单元的二维弹塑性有限元方法计算板材在轧辊处的截面弯曲变形，然后以计算后得到的轧辊处的板带截面形状作为三维有限元分析的边界条件，计算两个轧辊之间的板形以及应变分布。岳崇锋等[9]采用非线性有限元对 Q450 高强钢冷弯成型过程的板材应力、应变规律进行分析，模拟结果中回弹角随着成型角增加时的变化规律与实测结果一致。

三、冷弯技术发展趋势

随着各个行业的快速进步，对冷弯型钢的要求也越来越高：不再满足于使用粗糙的冷弯型钢，而需要更加精密的冷弯型钢，不需要二次加工直接投入使用；不再满足于简单断面的冷弯型钢产品，而对复杂的断面需求更多；对冷弯型钢的力学性能要求更高。这就要求冷弯型钢的生产技术必须持续发展才能适应市场的需求，因此，冷弯成型生产过程采用了需要新的技术和方法[10,11]。

（一）局部加热

局部加热技术是将冷弯成型过程中受力最大，金属变形最剧烈的变形区域加热到指定温度，从而降低材料的强度，提高金属的塑性。适用于强度比较高、伸长率低的高强度钢的成型，同时能够得到弯曲半径较小的型钢产品。典型的例子是瑞典学者 Lindgren M 设计的旋转式局部加热装置。

其特点是以比较经济的方法加热冷弯成型中厚板料的变形区域，降低了因板材强度对冷弯成型设备的要求，提高了板材的塑性，使冷弯型钢产品的截面形状更加多样。

（二）热辊压成型技术

热辊压冷弯成型技术，是指将冷弯成型和淬火工艺集成在同一工序的成型技术，即将板带材原料在进入到轧辊之前加热到奥氏体状态，经过轧辊冷弯成型以后，直接淬火处理得到均匀马氏体组织。

其特点是：提高了生产效率；被加工产品的长度可以不受限制，成材率非常高，这种方法节省了材料，从而降低了成本。此项技术具有很大的优势，高强度钢的冷弯成型技术将广泛应用于汽车冷弯型钢件的生产，引领汽车行业新的变革。

（三）变截面的柔性冷弯成型技术

近年来，冷弯型钢产品应用于汽车行业越来越多，只是等截面型钢已不能满足汽车行业对型钢产品的需求，人们越来越关注变截面冷弯成型技术及变截面型钢的适用性，因此柔性冷弯成型技术应运而生。

柔性冷弯成型技术是近年来发展迅速的一门尖端技术。解决了冷弯型钢产品纵向截面单一的问题。在变截面冷弯成型生产线中，每个机架都是独立的单元，分别由不同的电机驱动，通过计算机控制电机驱动轧辊纵向移动或者横向移动，通过改变轧辊的移动来实现型钢的截面变化。其生产出的冷弯型钢在纵向的宽度是不断变化的型钢。这种纵向变截面冷弯型钢的受力比较合理，截面模数高，同时节约了型材，降低了成本。

随着冷弯成型使用的原材料生产的技术发展，钢铁企业已经能够提供横向和纵向变截面的钢板，其直接冷弯成型是一个技术发展方向。

(四) 高强钢板的冷弯成型技术

常规带钢生产流程已经能够批量生产1400MPa热轧带钢和1500MPa的冷轧带钢，并已经应用到汽车的防撞梁上。这种高强度的钢板的冷弯成型方面还缺少系统的变形理论，需要“产、学、研”联合开发，拓展其在冷弯型钢领域的应用。

(五) 冷弯型钢的在线热处理技术

在线热处理可以使冷弯成型后的钢材改变内应力状态或者改变金相组织，进而改变冷弯型钢的局部或者整体力学性能。现在常用的是焊缝退火技术，对于高强、厚壁、高合金的冷弯型钢，需要发展的是变形区加工硬化后的去应力回火、退火、冷弯型钢整体正火、淬火、调质处理等相关技术。

(六) 不锈钢领域

随着目前铬、镍合金价格的降低，含锰氮低成本不锈钢的开发，适合做结构的不锈钢的价格也逐渐降低，用这种不锈钢生产的冷弯型钢与经过表面防腐处理的冷弯型钢相比，就具有明显的优势，在结构领域具有明显的优势。需要发展的是耐氯离子腐蚀、耐硫化氢腐蚀、耐二氧化碳腐蚀的冷弯不锈钢产品。

(七) 冷弯型钢专用钢材的开发

冷弯型钢协会韩静涛理事长在“中国冷弯型钢工业发展的现状与未来”一文中指出，我国冷弯型钢使用的专业化钢种开发还不能满足冷弯企业的要求。在这个方面，日本冷弯型钢使用的专用钢材标准已经相对规范，我国需要尽快制定冷弯专用钢材标准，在化学成分、金相组织、力学性能、尺寸公差等方面精确控制，以满足高附加值冷弯型钢的要求。

四、结语

随着下游各行业的快速发展，用户对冷弯型钢产品的要求越来越高。冷弯成型工艺的快速发展使生产自动化程度也越来越高。在未来的发展中，冷弯成型技术必定以产品的多样、精密、高强、耐腐蚀为发展方向。冷弯成型的技术研究依然有很大的发展空间。

冷弯成型新技术的推广应用，使得该行业的生产可以进一步向下游产品延伸，增加产品附加值，提高企业经济效益，同时满足市场需求。

参考文献

[1] Kiuchi M. Analytical Study on Cold Forming Process[R]. Report of the Ints, of Ind. Sci. No. 23, University of Tokyo, 1973.

[2] Neffusi G, Prosilier L, Gilormini P. Simulation of cold roll forming[J]. Int., J. Mech. Sci. 1993, 35(10): 867 ~ 878.

[3] Liu C, Zhou Y, Lu W. Numerical simulation of roll - forming by B-spline finite strip method[J]. Journal of material Processing Technology, 1996, 60: 215 ~ 218.

[4] 周瑛，姜文光，刘才. 辊式成型过程的样条有限元分析[J]. 机械工程学报，1997，33(2)：82 ~ 87.

[5] 张乐乐，刘才，张华弟，等. 基于样条有限条法的冷弯成形全流程模拟[J]. 钢铁研究学报，2002.

[6] 谢文智，郝际平，何保康. 用样条配点加权残值法分析冷弯薄壁型钢截面柱的局部相关屈曲[J]. 钢结构，2000.

[7] Senanayake R S, Cole I M, Thiruvarudchelvan S. The application of computational and experimental techniques to metal deformation in cold roll forming[J]. Journal of Material Processing Technology, 1994, 45: 155 ~ 160.

[8] Heisliz F, Livatyali H. Simulation of roll forming process with 3-D FEM code PAM-STAMP[J]. Journal of Material Processing Technology, 1996, 59: 59 ~ 67.

[9] 岳崇锋，冯光宏，余万华，等. Q450 冷弯成型角钢有限元数值模拟[J]. 武汉科技大学学报，2010.

[10] 张雪松，彭玉龙. 冷弯成型理论与工艺技术的发展[J]. 金属世界，2014 (3)：27 ~ 29.

[11] 晏培杰，韩静涛，王会凤. 开发中的冷弯成型新技术[J]. 锻压技术，2012，37(1)：6 ~ 9.

冷弯成型的 CAD/CAE/CAM 技术及应用

刘继英　艾正青

（北方工业大学 教授）

冷弯成型的 CAD/CAE/CAM 是冷弯型钢行业的核心技术之一，在我国的冷弯型钢发展中起到重要的推动作用。本文回顾了冷弯成型的 CAD/CAE/CAM 的发展历程，介绍了该技术的关键技术和工程应用实例，对冷弯成型新技术的发展趋势做了述评。

一、冷弯成型的 CAD/CAE/CAM 的发展历程

冷弯成型（cold roll forming），又可称辊压成型、辊弯成型，是通过顺序配置的多道次成型轧辊，把卷材、带材等金属板带不断地进行横向弯曲，以制成特定断面的型材。冷弯成型是一种节材、节能、高效、先进适用的板金属成型工艺技术。

目前，这一工艺名称有多种叫法：一种是从俄文翻译过来的，称为冷弯成型（冶金行业多用）；一种是从英文等外文译过来的，称为滚轧成型、辊轧成型、辊弯成型、滚压成型；还有一种是台湾地区的叫法：滚轮成型、冷轧成型等。英文名称比较确定，有 Rollforming、Roll-forming、Roll Forming。日文采用从英文直译的方式，称为“冷间ロ-ル成型”。

冷弯成型的历史可以追溯到20世纪初，最早的专利出现在1906年。美国 American Roll Form 公司的 President 告诉笔者，说是她的爷爷最早用驴子在机器上拉出 U 型槽钢来。图1所示为冷弯成型的发展历史[1]。

我国冷弯行业历史起源于20世纪50年代，引进了第一条焊管生产线。70年代改革开放后引进较多冷弯生产线，先后有广州、武汉、长春、南京等地从奥钢联、日本、德国等进口了一批大中型冷弯设备。压型板生产线最早出现于宝钢初期的建设工程。80年代后期潍坊和北京等地从意大利引进了复杂截面的彩板门窗生产线，河北凌云从德国三星公司引进了汽车部件的辊压生产线。80~90年代我国的冷弯技术主要以学习、消化引进技术为主。冷弯行业的发展十分迅速，到2001年我国的焊管产量超过日本，居世界首位。目前我国已经成为名副其实的冷弯产品生产和出口大国。

经过几十年的发展，特别是近20年的快速发展，我国的冷弯成型技术的发展已从引进、消化、模仿到技术创新阶段。焊管及冷弯型钢的设备制造能力基本满足国内需求，并大量出口，正在实现冷弯产品制造大国向冷弯产品制造强国的转变。

20世纪八九十年代以来冷弯成型的工艺技术在我国得到广泛应用。但在国内外，由于缺乏技术资料，工程技术人员经常需要进行探索和利用试错法解决工程问题。冷弯成型工艺仍被普遍认为是一种“未掌握的艺术”，还未上升为科学。其主要原因是冷弯成

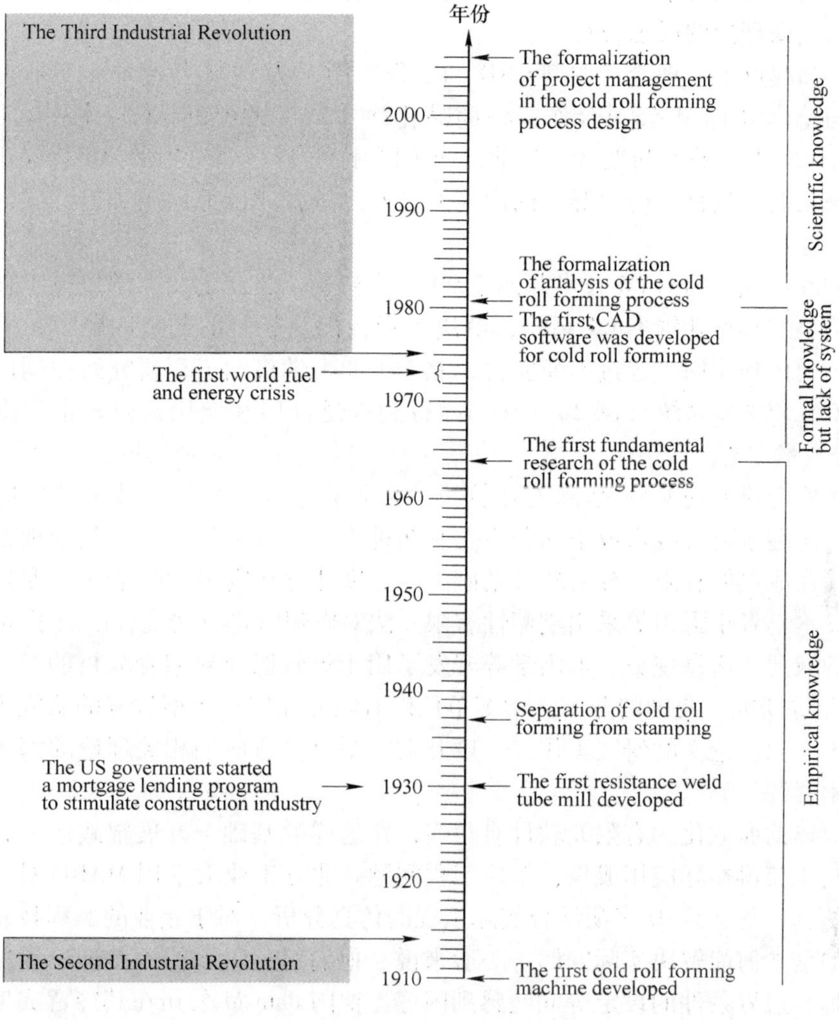

图 1　冷弯成型工艺技术的发展历史

型本身具有的特点和规律尚未被人们完全掌握和认识。

北方工业大学机电工程研究所将冷弯成型的 CAD/CAE/CAM 一体化技术作为研究方向，加强国际交流与合作，加强与企业科研院所的合作，努力为国内外合作伙伴提供所需的技术服务。通过技术交流，使专家经验变为共同经验，技术诀窍上升为理论，避免重复的探索，促进全行业的发展和繁荣，这是我们的奋斗目标。

我国的冷弯成型的 CAD 技术起源于 20 世纪 80 年代末、90 年代初。北京科技大学与国内多家企业合作开发了国内最早的 CARD 系统[2]，北京冶金设备研究院开发了彩板门窗型材设计的 CAD。这些 CAD 技术的应用大多局限于将人工计算实现程序化，尚未实现 CAD 面向工程的系统化和商品化。由于 CAD 的工程应用涉及到复杂的技术基础理论体系和千变万化的工艺设备条件，因而是一项庞大的工程技术的开发和应用。这样的工作在我国现有的高校和研究所的技术体系中是很难实现的。在消化引进技术过程中，我国的技术人员也经历了艰难的探索过程，例如为解决引进轧辊磨损后的修复问题，采用过复杂的模糊理论的反求设计[3]。

为了在高起点上实现冷弯成型CAD的工程应用，从1993年起北方工业大学机电工程研究所与德国data M公司合作，将商品化冷弯成型的COPRA技术引入国内企业。COPRA经过20多年的不断发展，目前已成为国际上同行业事实上的CAD应用标准，在六七十个国家拥有数百个用户群。国内绝大多数冷弯企业也都采用了这一软件作为设计工具。

我国的冷弯成型的CAM技术起源于90年代初期，北方工业大学机电工程研究所开发了国内最早的异型轧辊CAM系统，解决了彩板门窗轧辊的制造问题[4]，并首先在宜兴卡特姆公司得到应用。经过不断完善，北方工业大学机电工程研究所在国内首创了冷弯成型的CAD/CAM系统（图2），在国内得到广泛推广和应用，被确定为冷弯协会的CAD/CAM技术中心。

我国的冷弯成型的CAE是随着计算机特别是有限元（FEA）技术的发展获得应用的。有限元法用于解决冷弯成型问题主要有两种方式：一种是侧重于基础理论的原始研发，一种是在成熟的有限元分析软件基础上的二度开发和应用。原始（一度）研发的例子包括：日本学者小野田等采用刚塑性有限元法对电焊管进行研究，解决了W弯曲法中管坯边部的减薄或增厚现象。木内学等开发了用于焊管以及异型管分析的专用软件，用于FFX成型等研究。我国的燕山大学等单位以有限元在辊式成型领域的研究为题，完成了一批博士、硕士论文的研究工作。一度开发需要对冷弯成型相关理论的深入研究以及大量的技术资源。

目前成熟的商业化的有限元软件有很多，在这样的基础上开展辊式成型有限元的仿真研究有利于获得实际应用成果，解决工程问题。北方工业大学用MARC对冷弯成型过程进行了仿真，完成了10多项结合实际工程的仿真分析。对于企业的工程技术人员，他们更关注的是如何能解决实际问题。一般来说，他们对有限元的深奥理论和复杂的前处理、后处理、边界条件的设定等问题感到困惑。德国data M公司在其冷弯成型设计软件COPRA中增加有限元仿真模块COPRA FEA RF的接口，对MSC MARC进行了二度开发，用户能方便地进行前、后处理和自动完成设计数据的建模，降低了使用的难度，具有较好的通用性。我国冷弯行业的领先企业，例如宝钢研究院、南车四方、大连三高、大连富地、宁波敏实等，很多都采用了这一仿真系统。

北方工业大学机电工程研究所与山东新合源热传输科技有限公司合作建立了国内首个CAD/CAE/CAT的研发平台（图3），成为高精度冷弯成型产品研发核心技术全面解决方案。利用这一平台，实现了新产品开发过程中的轧辊设计、制造精度检测，成型工艺过程仿真，产品形状精度检测等环节的关键技术突破和创新。2009年获得了中国机械工业科学技术进步一等奖。2010年在北方工业大学举办了ITA的国际管材会议。

在冷弯型钢协会成立30周年之际，回顾行业发展历史很有意义。北方工业大学机电工程研究所走过的道路，从一个侧面反映了我国冷弯成型技术发展的路径。表1为技术创新大事记年表。

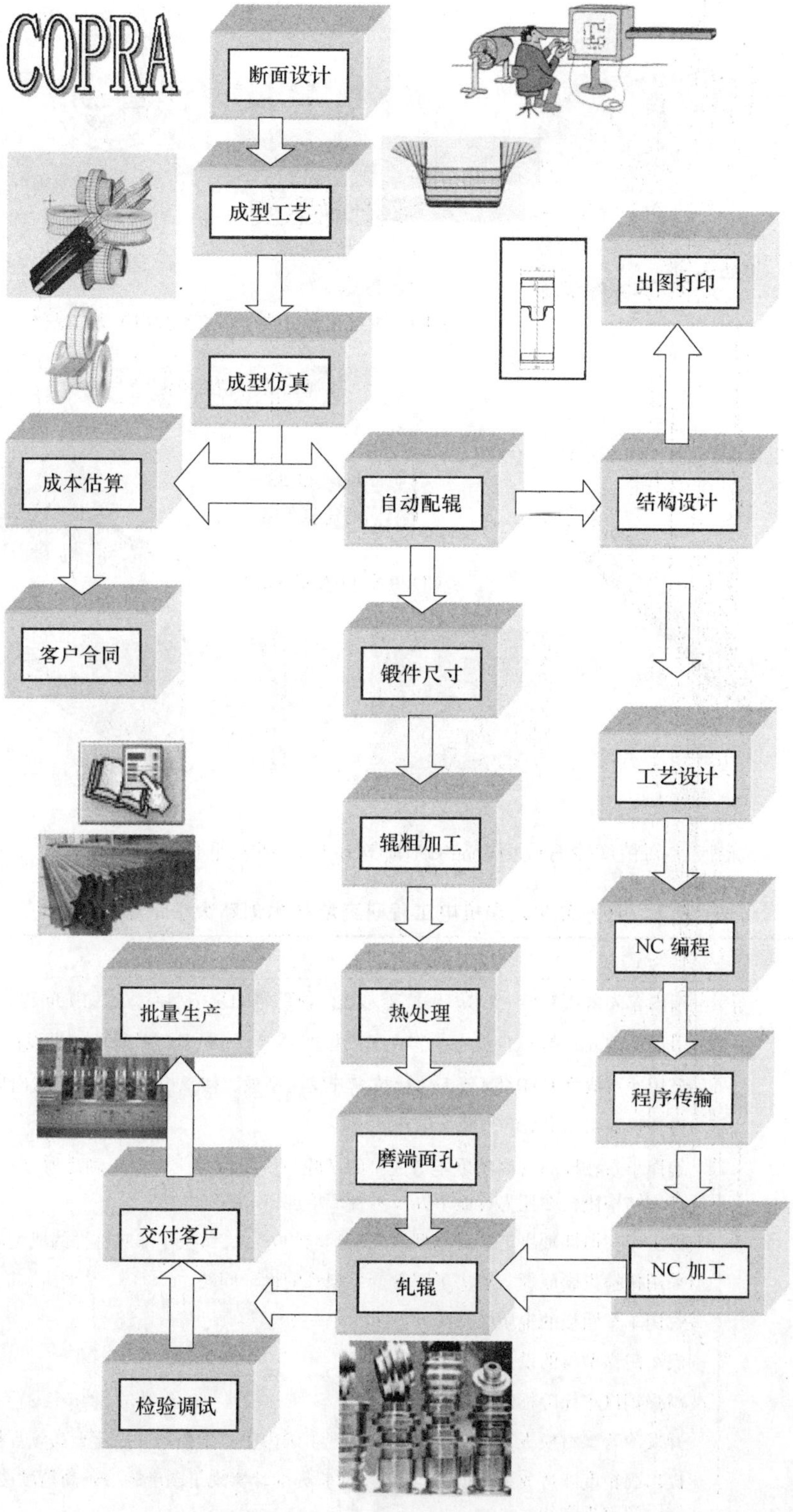

图2　北方工业大学冷弯成型的 CAD/CAM 系统

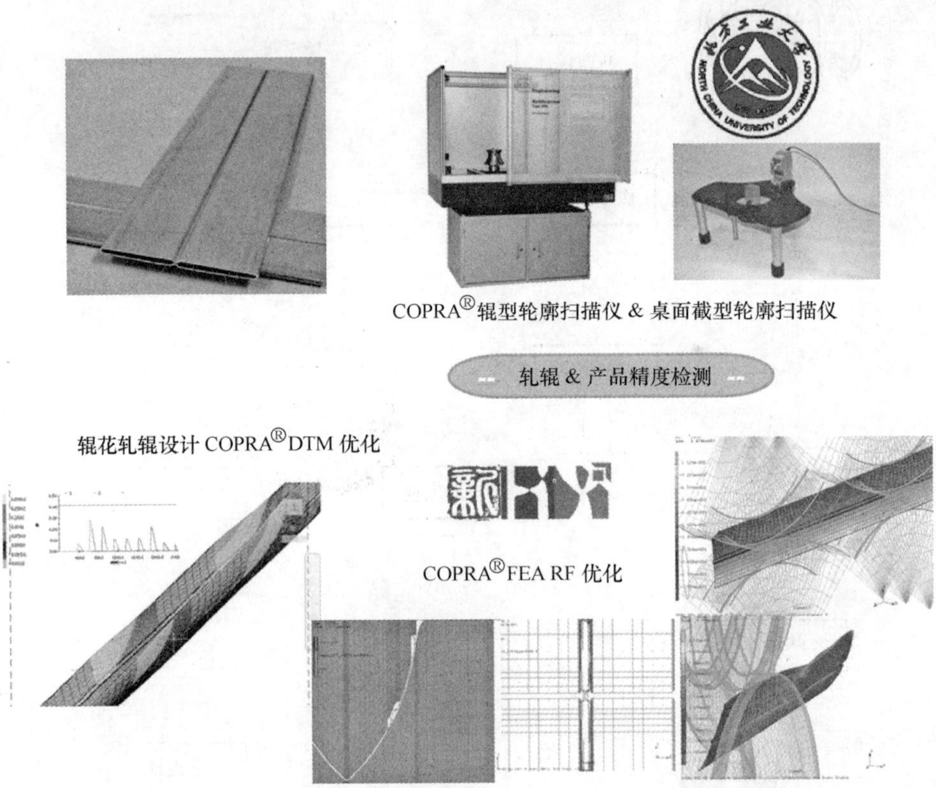

图 3 高精度冷弯成型产品 CAD/CAE/CAT 研发平台与解决方案

表 1 北方工业大学机电工程研究所技术创新大事记年表

年 份	大 事 记
1992	国内首先采用 CAM 技术，解决了彩板门窗轧辊的复杂型面数控加工问题
1993	引进德国 data M 软件技术，实现了高精度复杂型面的轧辊计算机辅助设计
1994	采用冷弯成型 CAD/CAM 一体化技术开发压型板、楼承板，多条生产线出口
1995	焊管行业采用 CAD/CAM 一体化技术
1996	编译小奈教授的《高精度辊弯成型的试验与研究》一书，受中国冷弯型钢协会、中国建筑金属结构协会委托为行业举办技术骨干培训班
1997	提出用主惯性轴决定非对称型材成型基准的方法，解决了非对称件的成型问题
1998	采用拓扑投影原理，解决了圆管变异型管的设计问题
1999	农用车车厢板的辊压生产线开发
2000	汽车门窗型材的设计
2001	高强钢汽车保险杠的开发
2002	开发冷弯型材模板专用边框型材，实现了国内第一条高精度冷弯—高频焊接生产线
2003	提出高精度冷弯成型机的 10 项精度检验标准，实现了国产第一条高精度冷弯—缝焊的复杂轿车门窗生产线
2004	实现了有限元仿真，解决了预冲孔孔型畸变误差控制问题，进行货架等生产线的开发

续表1

年　份	大　事　记
2005	高强钢汽车防撞杆的开发，实现高精度机组的快速成组更换 钢板桩产品开发
2006	完成了韩国工业科学院（KITECH Korea Institute of Industrial Technology）委托的科研项目 Development of forming roll in cold roll forming process for the partition part
2007	冷弯成型有限元仿真（FEA）技术研究，和小奈教授合著出版《冷弯成型技术》一书
2008	复杂封闭截型的成型与焊接工艺设计研究与开发，出版译著《冷弯成型技术手册》
2009	第三代高强钢汽车保险杠的开发
2010	变截面冷弯成型技术研究
2011	超高精度薄壁汽车散热器管成型技术研究
2012	超高强度钢汽车安全件辊压性能试验研究
2013	高精度冷弯成型机组研制
2014	超高强度钢辊压性能试验研究

二、冷弯成型的CAD/CAE/CAM的关键技术及工程应用

在板金属加工中，冷弯成型得到广泛应用是由于其具有以下工艺特点：生产率高，一般成型速度达到5～30m/min，焊管可达到70～200m/min；材料利用率高，一般可达到90%以上；可以生产非常复杂的横截面形状，可以实现30～50个尺寸的型材；适合于大批量生产，而且批量越大，越能显示其优越性；设备投入较低；可以换模具更换产品；适合于高强钢材料的成型，回弹控制和补偿比其他工艺更方便；尺寸的稳定性和一致性好，单件制造成本低，等等。因此被称为高生产率的冷弯成型。

（一）冷弯成型的CAD技术

我们采用COPRA作为设计的基本工具。为国内外企业完成了数百项冷弯产品的设计工程。一些工程实例如下。

1. 轿车门窗复杂截面的成型设计

汽车行业是冷弯成型工艺重要的应用领域。轿车门窗的成型不但截面复杂，而且精度要求高（图4）。随着我国汽车工业的迅速发展，不断推出新车型并快速降低成本已成为一个竞争趋势。近年来我们把汽车行业作为一个重要的服务领域，帮助企业开发了很多新产品。

一个中等复杂的轿车门窗截面成型需要20～30道次的成型（图5），一些关键尺寸的控制公差只有0.1～0.2mm。从设计到调试样件的开发周期，一般只有一个月时间。没有高效的CAD计算机辅助设计手段，是根本不可能实现的。采用CAD中的优化技术，可以用最经济的道次获得最好的成型质量。我们曾经用40多道次就完成了国外用60道次成型的一个复杂截型，为用户节省了大量投资。

2. 彩板及不锈钢门窗

门窗要满足隔热隔声、保温防水等功能，型材的截面比较复杂，要求较高。彩色钢

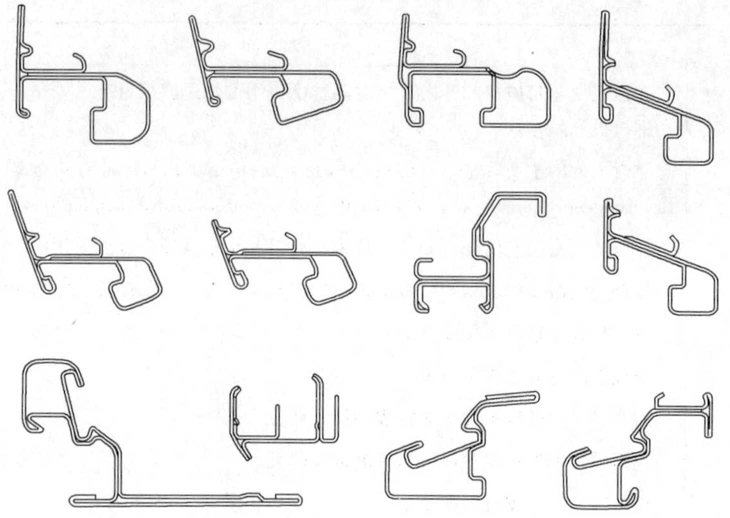

图4　轿车门窗的复杂截型

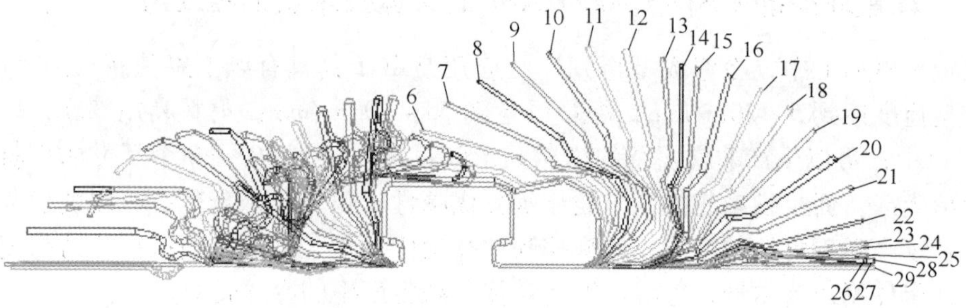

图5　轿车门窗的冷弯成型工艺

板的防腐性能较好，不锈钢的外观比较豪华，是制作钢窗的理想材料。为获得较高的抗风压等级，多数型材截面为封闭截面。为保护彩色钢板的表面，冷弯成型封闭截面采用了咬口（锁缝）工艺。这在设计过程中必须要考虑边部咬口变形工艺的准确性，既不能发生边部干涉，又要保证咬口处的准确叠合。轧辊的设计制造必须考虑型材表面的保护，除了满足较低的表面粗糙度要求外，还需要在局部设计游动辊，以保证整体线速度的一致性。图6为一个彩板门窗截面的辊花成型工艺图。不锈钢门窗截面，需要在成型中考虑其较大的回弹和采用氩弧焊等方式。

3. 异型管的拓扑成型设计

异型管广泛用于工程机械和特种行业，其附加值远远高于普通焊管。以焊接圆管为母管，经过挤压拉拔变形为异型管（图7），生产效率高，焊接质量好。COPRA采用的是线性拓扑迭代的方法，确定对应体素的圆弧角和实体长度。输入最终的异型截面轮廓，就可以自动计算出母管尺寸和各个中间工步的孔型数据。我们成功地为多个企业设计制造了异型管，替代了多种进口产品。

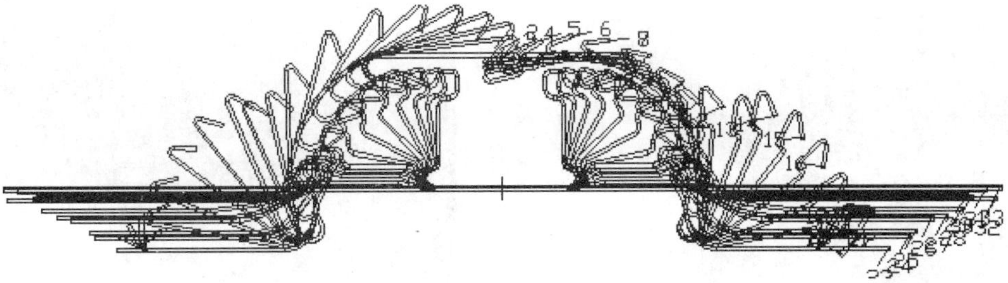

图6　彩色钢板门窗的咬口成型工艺

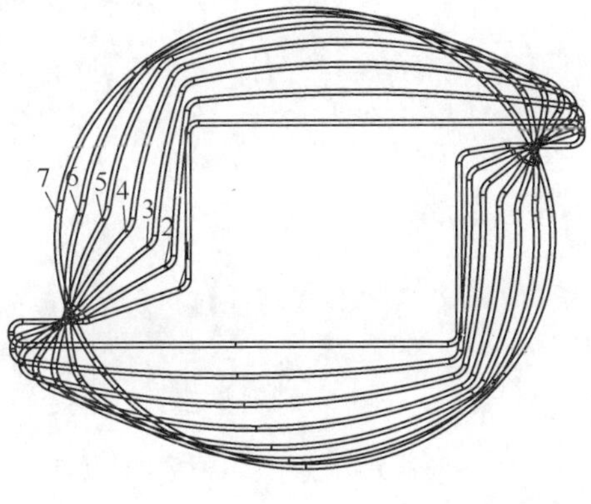

图7　异型管的线性拓扑成型

（二）冷弯成型的FEA仿真

CAE即计算机辅助工程（computer aided engineering），该技术在冷弯成型中的应用主要体现在FEA即有限单元分析（finite element analysis）的方法。将这一技术应用于生产实践，解决具体的工程问题，可以减少企业的新产品开发风险，减少调试过程，优化成型工艺。CAE可以解决冷弯成型中的冷弯成型工艺特征分析，应变和应力分布，扭曲、边波、袋形波、空弯缺陷，弯曲及弯圆分析，载荷计算等问题。

1. 散热器管的成型FEA仿真

汽车散热器管的精度高（尺寸精度一般要求0.03 ~ 0.05mm），管壁薄（0.15 ~ 0.3mm），成型速度快（100 ~ 200m/min），材料软（一般为铝材，屈服强度 $Y_s \approx$ 150MPa，弹性模量 $E \approx 70$GPa），成型机架少。这对于冷弯设计技术是一个挑战，采用有限元仿真技术可以很好地实现成型过程的优化和缺陷预防，把问题解决在设计过程中。图8所示为一个散热器管的优化过程，边波不断减少直至消除，最终获得优良的产品。

2. 超高强度钢门槛件的成型FEA仿真（图9）

门槛件是汽车上可以用辊压工艺生产的典型零件之一，为适应轻量化的要求，采用越来越高的材料强度（抗拉强度不小于1200MPa）和较薄的材料（$t = 0.8 \sim 1.6$mm）。为满足与其他部件的装配关系，要求很高的平面度以及预冲孔畸变的控制。

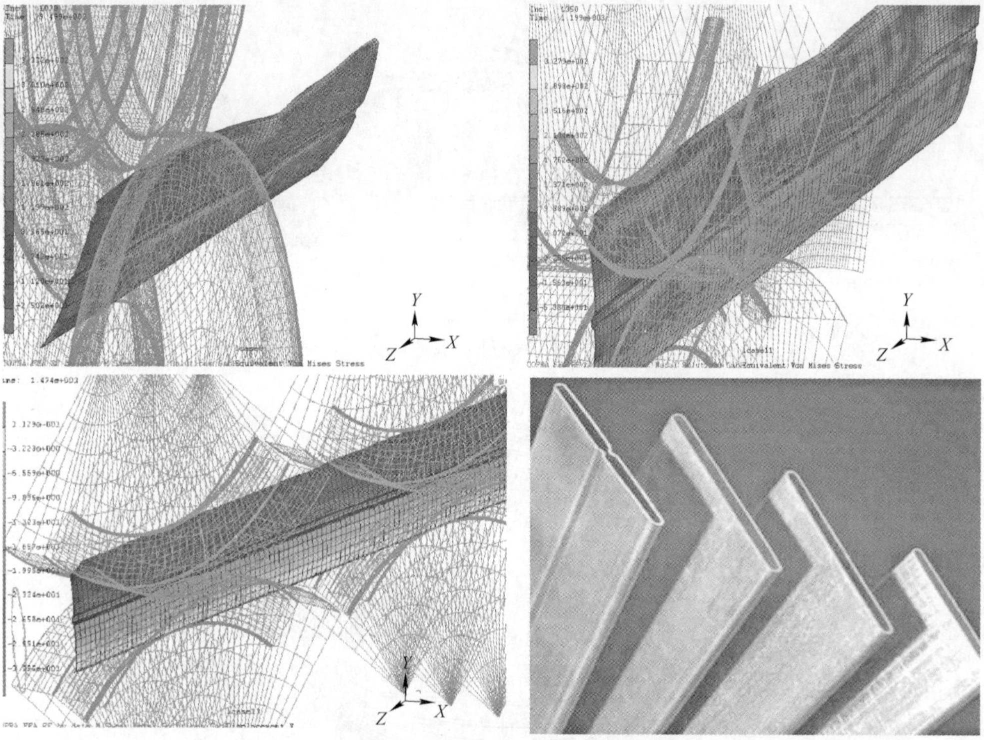

图 8 散热器管成型过程仿真与优化

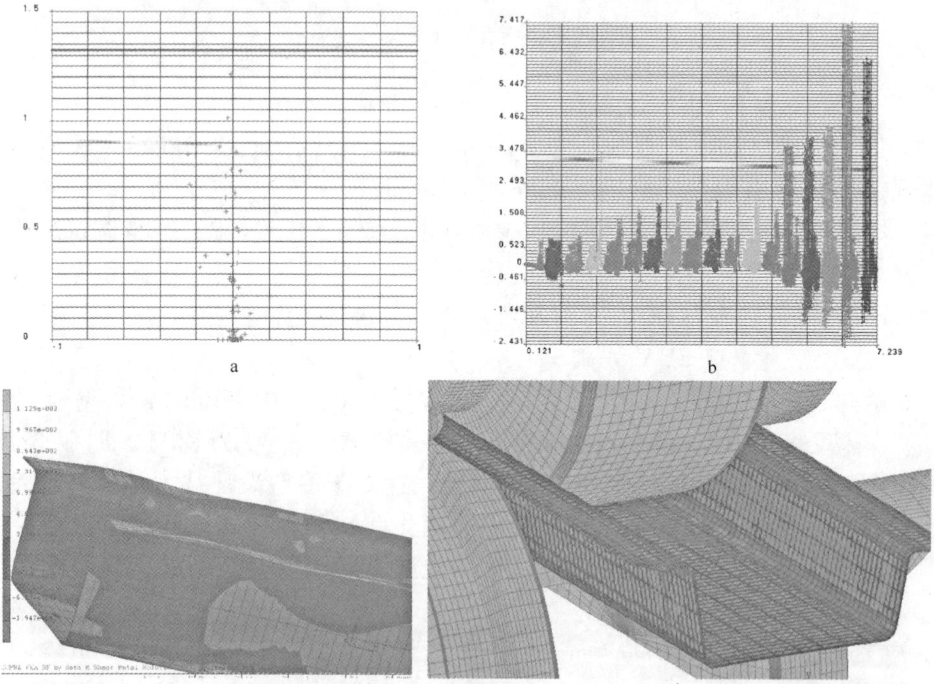

图 9 门槛件成型过程仿真与分析

a—成型极限分析；b—纵向应变分析；c—边波分析；d—最终成型

3. 超高强度钢保险杠的仿真分析（图10）

保险杠是汽车上的重要安全部件。为适应轻量化和碰撞安全的要求，采用越来越高的材料强度（抗拉强度不小于1500MPa）和封闭的型材截面。同时还要满足在线焊接、弯圆（辊弧）的要求。

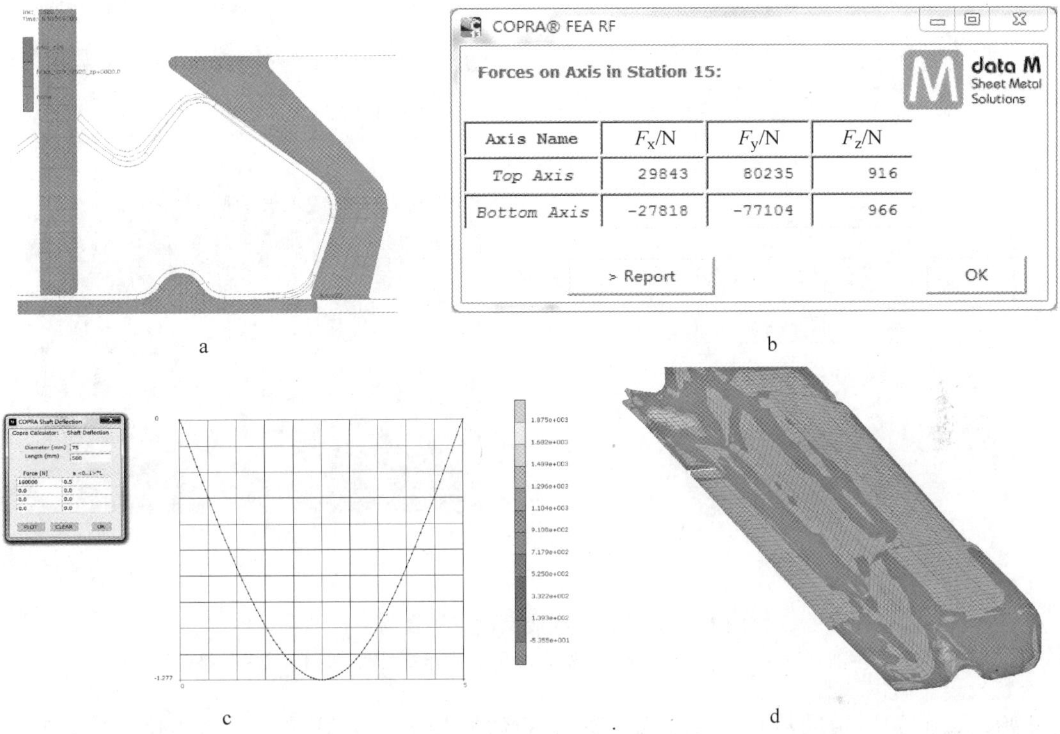

图10　保险杠成型过程仿真与分析

a—仿真截型与设计截型对照；b—载荷计算；c—轴的挠曲分析；d—切断分析

4. 异型管一次成型的仿真分析（图11）

工程机械广泛使用的异型管既可以采用如图7所示的拓扑变形方法，即从圆管变为异型管，也可以采用先成型后焊接的一次成型（直接成型）方法。一次成型可以获得更高的产品精度，但同时对设备和轧辊设计的要求也更高。

（三）轧辊的CAM制造与高精度机组

一套复杂的轧辊有数百件，且其轮廓各不相同。在冷弯成型过程中，辊型的轴向精度要求远远大于径向，外轮廓几何形状要符合板的变形规律。采用计算机数控技术（computer numerical control，CNC）及CAM技术是解决这一问题最好的方法。

1. CNC加工轧辊

使用CNC机术对淬火后的轧辊进行精加工（图12），消除热处理残余变形可以获得高硬度、高精度的复杂截面轧辊。将CAD设计的辊型轮廓直接转换为数控加工的G代码，并通过计算机的通信接口导入数控机床，不但减少了编程时间、输入时间，更主要的是保证了数据转换和传输的准确性，实现了CAD/CAM一体化技术。从20世纪90年

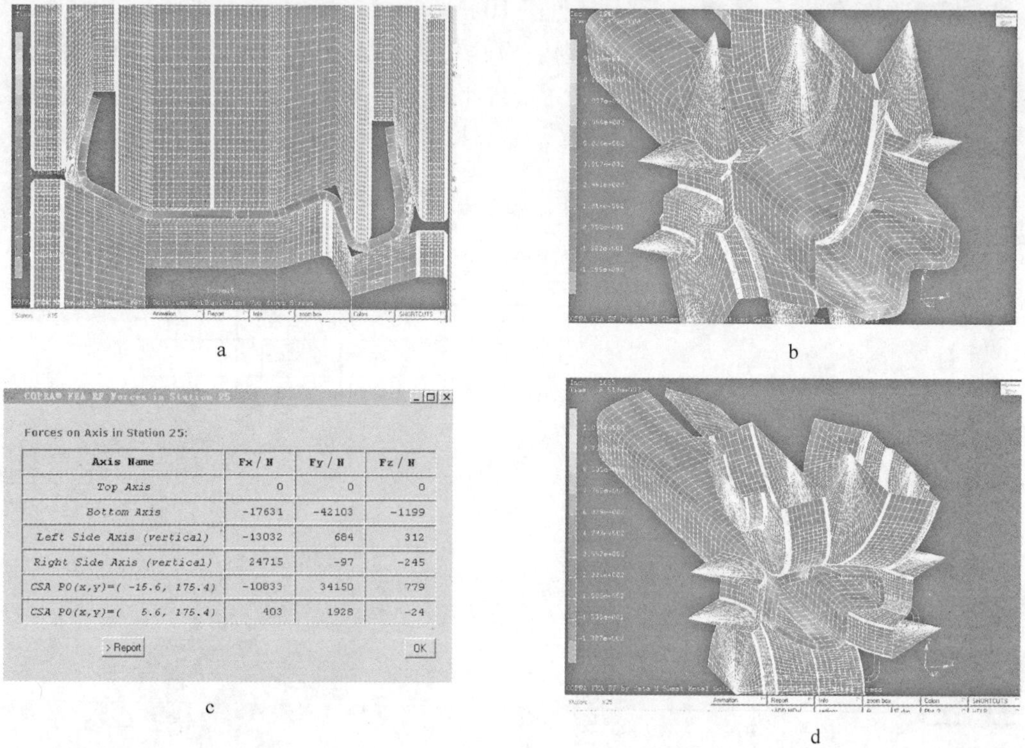

COPRA® FEA RF Forces in Station 25

Forces on Axis in Station 25:

Axis Name	Fx / N	Fy / N	Fz / N
Top Axis	0	0	0
Bottom Axis	-17631	-42103	-1199
Left Side Axis (vertical)	-13032	684	312
Right Side Axis (vertical)	24715	-97	-245
CSA P0(x,y)=(-15.6, 175.4)	-10833	34150	779
CSA P0(x,y)=(5.6, 175.4)	403	1928	-24

> Report　　OK

图11　异型管一次成型过程仿真与分析

a—仿真的主剖面分析；b—焊接前导向机架分析；c—焊接机架载荷计算；d—焊接机架分析

代开始，我们先后帮助数个企业实现了轧辊的数控加工及CAD/CAM一体化技术，在国内广泛推广轧辊的数控加工技术，促进了行业的进步。

图12　CNC技术加工的异型轧辊

（上海乐孚明提供）

2. 高精度冷弯成型机组

机组对于冷弯产品生产的重要性是不言而喻的。生产高精度的产品，需要有高精度的轧辊和高精度的机组。我们制定了高精度机组的10项标准，采用激光和光学检测手段保证关键的精度指标。高精度的生产线已经成功用于轿车部件的几条生产线，基本指标达到了进口机组的水平，部分指标还超过了进口机组。图13所示为我们和北京博瑞孚曼机械科技有限公司合作开发的高精度机组。

图13　高精度的冷弯成型机组

只有对工艺规律的深入把握和准确认知，才能设计制造出性能好、精度高、经济性好的生产线。北方工业大学机电工程研究所10多年来集中力量进行冷弯成型核心技术的研究与开发。研究的内容全部来自于工程实践的需求，坚持理论联系实际，坚持崇尚实践的原则。与国内外企业有着广泛的合作，帮助国内一些企业解决了辊压成型实际工程关键技术问题，并为企业创造重大经济效益。北方工业大学机电工程研究所的冷弯成型研究成果已为国内外提供了63条生产线，开发了300多种高难度或有特色的产品。图14所示为北方工业大学机电工程研究所开发的部分冷弯成型的产品。

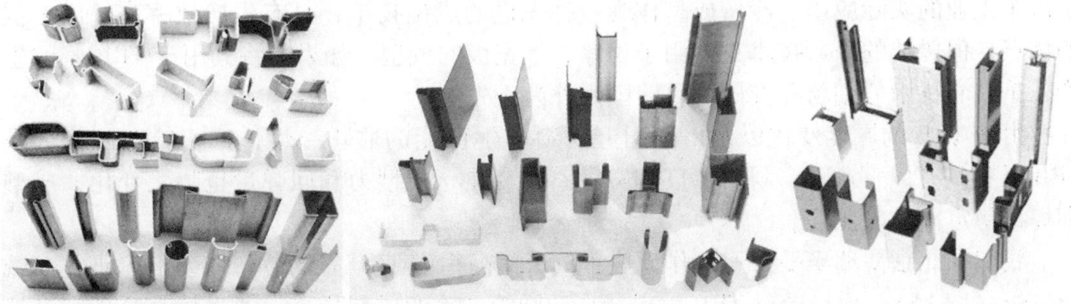

图14　北方工业大学机电工程研究所开发的部分冷弯成型产品

三、冷弯成型新技术的发展趋势

冷弯行业面临着企业技术升级和产品转型的新形势。为适应形势的需要，我们和国内外企业合作，开发了以下新技术并应用于实际产品生产。

（一）柔性辊型系统设计关键技术

很多冷弯产品形状以U型为基础，包括各种规格的方矩形管，占很大比例。这类产品规格众多，除了采用不同的材料强度外，还要满足不同的板厚、边腿高度、腹板宽度的要求。如果按照常规的冷弯成型轧辊设计方法，需要每变换一个尺寸规格就需要一套对应的轧辊。这不但造成轧辊费用的大量投入，而且每更换一个产品规格就需要进行一次轧辊的更换。对于采用常规的设计方法的辊压装置，其轧辊投入是设备投入的数倍，而且规格种类越多，轧辊的成本就越高。

为克服常规冷弯轧辊设计的局限性，如何寻求一套柔性的辊型系统，能用一套轧辊实现各种不同板厚、不同规格参数产品的生产，成为本行业需要突破的关键技术。我们通过研究汽车纵梁冷弯成型工艺，并进行工艺研究和数据分析，掌握柔性辊型系统的关键设计技术，为构建柔性辊型的数据库提供技术支持，也为伺服控制系统提供控制参数。

我们提出了一种以外直线轮廓为固定交汇点、辊型完全共用、高精度、便于伺服调整的柔性辊型系统设计方法。这一方法的主要技术特点如下：

（1）采用“弯角两侧的直线交汇点于一个固定的点”成型方法，解决了一套轧辊能实现各种纵梁以及方矩形管直接成型产品的精确成型问题，极大地降低了轧辊成本，以及为今后生产中缩短因为产品变换而轧辊更换与调整的时间和降低成本创造条件。

（2）总结了柔性辊型系统在板厚变化时的规律，得出了几何关系，为今后实现伺服精确调整要求的数据库奠定了基础。

（3）采用FEA技术，得出了纵梁以及方矩形管直接成型的力能参数，以及设计机组最重要的轴径、刚度、计算功率等参数，为机组设计提供了科学的计算依据。

（二）TRB板焊管的关键技术

随着汽车轻量化技术的不断发展和应用，由轧制工艺生产的变厚度薄板（tailor rolled blanks，TRB）作为一种节材环保的新工艺材料，由于具有更好的减重性能而得到了汽车工业的实际应用。冷弯成型作为一种先进的成型技术，具有生产效率高、成本低的优点，但传统的冷弯技术只能用于等厚、等宽板的成型。如果能将其用于TRB管的生产，是核心技术的创新和突破，目前国内外尚无先例。

由于TRB的厚度变化以及由此引起材料力学性能的非均一性，采用冷弯工艺成型TRB材料具有以下难点：材料厚度和宽度不断变化，成型力和回弹量也随之变化，成型和焊接稳定性难以保证。

我们和北京博瑞孚曼公司合作完成了汽车用高精度TRB管的冷弯成型工艺研究与试验工作（图15）。项目针对TRB材料特点和圆管的冷弯成型特点，通过仿真分析，设计并优化了TRB管的冷弯成型工艺；开发制造了冷弯成型轧辊并完成了变厚度板产品的调试；解决了辊缝调整问题，制订了边波缺陷解决方案。为实现TRB管的冷弯批量生产提供了关键的技术支撑。

（三）高精度截面型材的检测技术

为实现冷弯产品截型的检测，德国data M公司推出了COPRA桌上型截面扫描仪

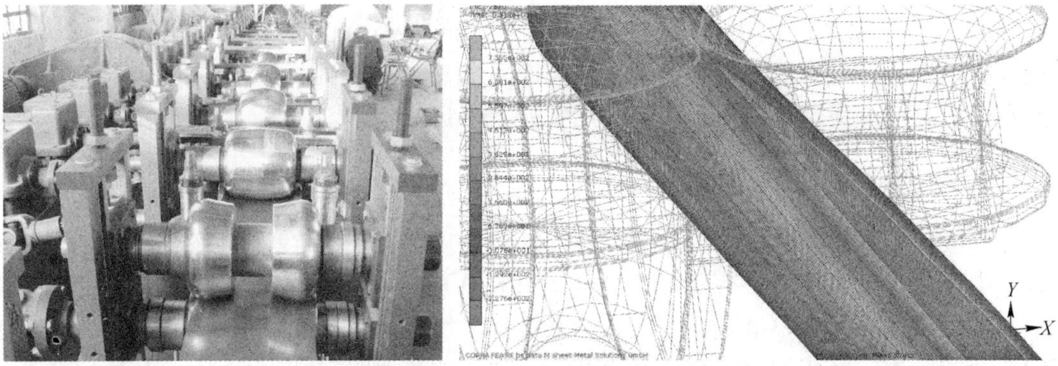

图 15　TRB 管冷弯成型工艺试验与仿真

（图 16）。该扫描仪通过传感器和旋转台实现型材截面和样件的无接触测量，将全部可见的截型图形化。测量系统具有很高的精度和最大的灵活性。以往的检测需要在测量环上围绕型材布置很多传感器。COPRA 截面扫描仪现在采用单激光传感器原理。

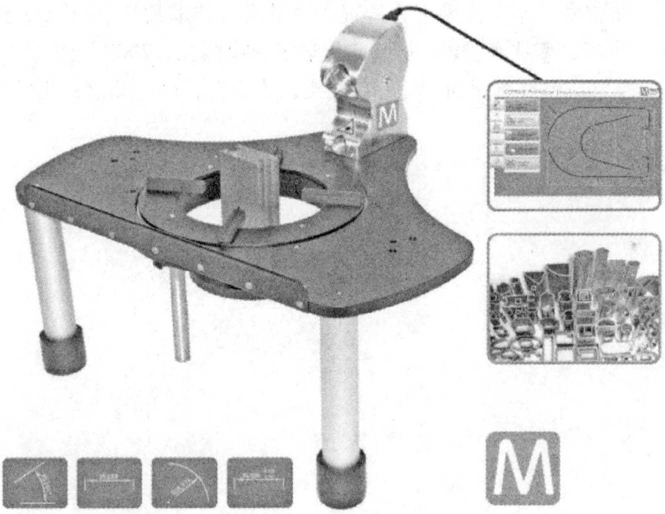

图 16　data M 公司的截面轮廓扫描仪

采用 360°的专利测量方法，只需在被测截型上简单地做一个基准标记，旋转台面即可以实现。集成的软件，实现了截型轮廓全方位的扫描图。通过简单的固定，这个方法提供了型材截面扫描的新的应用。例如带槽截面的槽内大面积扫描。这种情况下，只需将型材转到正确的位置，传感器就能从不同视角进入槽内扫描。

COPRA 桌上型截面扫描仪可以扫描开口和闭口截型，材料可以是钢铁、铝或塑料。具有高动态范围（HDR）的摄像头，可以测量不同的表面质量。截型的最大宽度为 80 ~ 200mm，长度为 310 ~ 500mm。特殊的尺寸要求可以定做。结构紧凑，运输时可以实现快速拆分与安装。直接与笔记本电脑或台式机连接，无单独电源需求，无分离的控制器，即插即用，易于操作。

COPRA 桌上型截面扫描仪可以通过截面的 AutoCAD 图形与扫描的点云数据对照，精确分析出形位误差和轮廓数据，为开发高精度的冷弯产品提供了检测手段。该扫描仪已经在国内高精度焊管企业得到实际应用，并获得良好效果。

四、结束语

冷弯成型的 CAD/CAE/CAM 是冷弯型钢行业的核心技术，在推动我国冷弯行业的发展过程中起到了重要作用。有限元仿真分析（FEA）技术和计算机检测技术（CAT）已经成为继冷弯成型 CAD/CAM 技术之后的关键技术，在冷弯成型工程实践中得到越来越多的普及和应用，已成为企业技术升级和产品换代的重要手段和工具。

参考文献

[1] Alexander S. Galakhar, William J. T. Daniel and Paul A. Meehan. Review of Contact and Dynamic Phenomena in Cold Roll Forming . ARC Linkage Project Report（LP0560270）Research Report No：2006/16. The University of Queensland. August，2006.
[2] 王先进．冷弯型钢生产及应用[M]．北京：冶金工业出版社，1994.
[3] 王爱玲，王俊元，张吉堂．基于模糊理论的辊弯模具反求技术及其应用[J]．兵工学报，2002(3).
[4] 小奈弘，刘继英．冷弯成型技术[M]．北京：化学工业出版社，2008.
[5] George T. Halmos. 冷弯成型技术手册[M]．刘继英，艾正青，译．北京：化学工业出版社，2009.

争做国内中厚壁冷弯产品品牌的引领者

——佳冷公司发展与展望

朱继昌

（中国钢结构协会冷弯型钢分会原副理事长、上海佳冷型钢有限公司）

上海佳艺冷弯型钢厂、上海佳冷型钢有限公司成立至今已有30年历史。通过多届董事会的努力工作和员工们的辛勤劳动，跟随着改革开放与中国经济的发展而发展生存至今。特别是2001年企业转制后，发展速度相对较快。

一、回顾

回顾企业的成长经历，我们可以看到从1998年至今：

（1）产量平均年增长18.9%；

（2）销量平均年增长20.28%；

（3）销售收入平均年增长22.07%；

（4）税收上缴平均年增长27.5%；

（5）利润平均年增长22.21%；

（6）员工收入平均年增长12.55%。

二、“佳艺梦”

目标：实现我们在中国冷弯界“中厚壁”冷弯产品品牌的引领者。实现产销100万吨，营业收入50亿元，利税3亿元的梦想。

核心：以“爱企业如家”为核心的大家庭精神，技术、工艺创新，管理创新和再创新为核心的时代精神。

内涵：完成粗放型向集约型经营转化，把企业“做精、做专、做好、做长”，员工幸福，企业和谐。

追求：经济腾飞，收入增长，公平正义，科技创新，绿色安全，组织培训，文化先行。

三、展望

如今处于梦时代，我们佳艺人又有了新的梦想。2012年公司提出的“佳艺梦”，必将激励我们坚定科学发展道路，用真抓实干共同托起宏伟的“佳艺梦”！

我们要建立一支有“德、才、勤、绩、体”全面优秀的高效管理人才的专业队伍，建立一套始终能保持管理队伍与时俱进的科学制度。着力推进改革，细化各项管理，提升运营质量，为新一轮发展夯实基础。

我们要紧紧围绕“通用产品优质化、规模化；特殊产品专业化、批量化”为企业长远战略目标，做国内中厚壁冷弯产品品牌的引领者。

我们要坚持以科学发展为导向，创新发展为重点，经济效益为中心，机制创新为动力，对标国际先进，扎实推进产品精品化、标准化建设，稳步推进“贰贰贰”质量工程和完善客户化服务体系，为实现“佳艺梦”打下扎实基础。

我们要抓住机遇，统筹规划，产品升级，持续投入，与时俱进，稳步发展。

在当前经济新常态下，我们要认清新形势，把握新机遇。我们要认清自我，依托社会，依托知识型员工，客观、务实修订目标。组织知识型员工创新管理、技术、工艺，利用品牌、服务，走智能、互联、绿色、安全发展之路。把落脚点集中在“人才升级、思想升级、文化升级”上来。

中国经济面临下行压力，传统制造业正面临着第三次工业革命的冲击，信息技术革命将会让传统制造业变得智能、智慧和生态。将会把传统制造业做成平台型企业。而平台型的企业不仅要做好产品生产，提升制造能力，还要加上你的服务能力，我把它简单概括为把原来的生产型企业和贸易型企业的功能，利用云计算、互联网搭建成智能客户服务平台，彻底颠覆老的商业模式，我们将会发生巨大变化。

看到这些变化，而要做的就是企业内部的变革，也就是我们昨天建立的规章制度和运作管理体系已不能满足搭建后的智慧型平台。

大家都在谈论转型升级。其实，转型不重要，而在于升级。升级我们往往理解为产品升级，其实，还有更重要的是人才升级、思想升级和文化升级。三个升级是企业转型升级中的系统工程，缺一不可。

对企业而言：有知识、有文化、有能力就是人才。我讲的思想升级，就是对企业发展的一些想法，要从实际出发，理论联系实际，实事求是的开展各项工作，至于文化升级，社会文化在升级，企业文化能不升级吗？企业向社会提供产品＋员工精神状态＝企业文化。

在当前经济运营新常态下，企业仍面临许多困难和挑战，我们只有不断提升驾驭市场的能力，才能立于不败之地。

加强研判，未雨绸缪。当前，世界经济增长动力不足，主权债务危机反复冲击市场信心，大环境下，势必冲击国内的经济市场，大家一致看好的十八大后国内经济形势好转，实际上没有如期而至，面对当前经济新常态，我们更要未雨绸缪，加强对国际、国内形势的研判，提升决策水平和能力。既要关注国家宏观层面，又要关切我们上海本地区的微观政策调整，回顾公司十几年连年持续发展的经历和经验，我们只有准确把握市场脉络，以变应变，才能有针对性适应国际、国内市场需求。为此，坚持以提高经济发展质量和效率为抓手，才能促进公司持续健康发展。

管理转型，稳中求进。我们佳冷地处改革开放的前沿，在当前国内外经济环境错综复杂，积极因素和隐忧并存的关键时期，我们在思想上要有清醒的认识，国内经济一段时间内不可能大起大落，主基调将是平稳运行，而我们公司在此大环境下，必须把握机会，实施稳中求进的发展策略。所以，抓住当前这个机遇，坚定不移加快转型是我们公司发展的必由之路。以搭建技术研发中心平台为抓手，加大研发力度，使我们的产品更具有竞争力。坚持不断创新，客观、冷静地把握机遇，切实有效地应对挑战，站在新的起点上，迈出跨越的坚实步伐。

公司在发展壮大，产销在连年提升，优化公司的资源结构是摆在我们面前的一项重要工作。立足“佳艺梦”的实现，要做好公司的资源配置工作。

人才招聘为先，优化员工结构。在公司成立研发平台的基础上，每年招聘2~3名专业技术人才，逐步培养和建立起一支专业的冷弯型钢研发队伍，形成产、学、研于一体的国内领先的研发团队，使公司的研发力量与公司的发展保持同步，5年后，专业的冷弯型钢研发人才不少于30人。知识性员工占比大于50%。

在拓展市场做好客户化服务的同时，加强与钢厂的协作，共同开发国内中高端市场。

促新材料开发，实现互利共赢。巨大的年采购量，这就为我们在市场开发高强钢、铁路用钢、特殊钢、品种钢有了基础，要用我们的智慧去创造财富，要做百年老企，就要领先一步，要与钢厂合作共赢，这是我们的一贯追求。随着国家城市化建设的推进，普钢市场烂而不衰，特钢一块分而食之，高强钢一块要占得先机。

把握原料匹配，降低采购成本。巨大的年采购量，为我们降低采购成本提供了空间，新产品的开发和延伸为我们带来了机遇，我们要用创新的思维，对原料价格要捕捉信息，掌握走势，把握波动，以最低的原料折率，合理的规格套裁，支持销售、满足生产。

扬长避短，发挥我们的优势。国企资金实力浓厚，而且他们有品牌优势，而我们是混合所有制企业，经营灵活，对市场的反应灵敏，决策过程短，实施果断、坚决。在市场竞争中，我们要扬长避短，以优克劣，充分发挥自身优势，“佳艺梦”实现之时，我们完全有把握全方位出击，因为，到那时，我们有实力、有规模，更有核心竞争力。

全面出击，彰显我们的特色。国内新的冷弯型钢企业和新投项目在不断涌现。有实力的不少，盲目投资的也大有人在，他们的涌入，肯定会打破原有的平衡。我们要以静制动，用我们的特色去共同竞争，我们有研发平台和人才优势，有团结进取的销售队伍，有一批熟练的技术员工和忠实于佳艺的员工队伍，发挥我们的优势，全面出击。

攻坚克难，用好跟进策略。国外冷弯型钢企业已陆续登陆国内，他们拥有国际先进的工艺技术和装备，有顶级的研发团队，在战略上，我们一定要重视他们的存在，尽管有时外企会水土不服。在战术上，我们要用好跟进策略，我们承认与他们之间存在差距。这就需要我们的销售和研发积极捕捉信息，收集他们产品所占领的前沿和高地，寻找自身存在的差距，攻坚克难，追赶和超越他们。

产品的规模化、优质化，是我们企业一项常抓不懈的基础工作，也是实现“佳艺梦”的保证。我们必须坚持不懈地努力和追求优质化。产品的优质化除硬件外，更重要的是管理优质，员工的优质，技术工艺的优质。首先要有高素质的人来完成优质管理，通过引进先进的管理方法，发挥“贰贰贰”质量工程的作用，不断培训提高，优质的产品我们一定能制造出来。

我们企业已拥有20条生产作业流水线。但与对标企业相比，我们还有较大的差距。但要看到我们自身的进步。工艺从落后到先进，从单一到多样化，工装精度逐步恢复，自动化程度从低到高，总体工艺流程从不全到全，环保节能从高到低，手动焊到自动焊等所有的进步，离不开投入，离不开技术进步。十年以内匹配市场需求，完成50条生产线的布局。

我们要对原有老设备生产线技术改造或淘汰。立足降低劳动强度，提高自动化程度，科学合理。要从经验操作调整加快向“量化、科学调整”转变。逐步建立起一套调整要领作业指导书提升作业效率。

量身定做可以使普通产品转化为特殊产品，形成拳头产品，增加竞争力，达到产品升级，满足顾客需求和降低成本的目的。量身定做更是考验我们的研发能力，我们要紧跟国际先进，从“模仿”到“优质”到“超越”，达到国际水平才能立于不败。

随着全球化市场形成和技术更新的加快，传统相对稳定的市场环境逐步向动态的方向发展，同行业竞争日趋激烈。传统的大规模制造已无法适应不同客户群体的需求，大规模定制作为新的生产制造方式为企业在不牺牲经济效益的前提下，快速持续的维护提供多样化、定制化产品开辟了一条新路。为此，我们要不断改进产品质量，提升客户满意度。提质增效，运稳致远。

作为国际化大都市的上海，长期以来都是国际人才聚集之地，以有智慧、有技术、能发明、会创造为特点的上海人，历来是高技能人才的代表。我们公司地处上海，创新驱动发展，经济转型升级，离不开高素质的研发人才和研发团队。为此，我们要加快技术中心的建立和实质性运行，是做国内中厚壁冷弯产品品牌引领者的必要条件。

第一阶段：

（1）按区级技术中心标准，要求成立；

（2）科技投入占销售额3%；

（3）从事研发科技人员30人以上；

（4）管理模式：企业一个部门，统一考核，研发费用由财务统一核算；

（5）时间：2013年底前。

第二阶段：

（1）按市级技术中心标准、要求成立和管理；

（2）科技投入占销售额3%；

（3）作用：30%为生产经营、技术服务，以技术研发和新品开发为主，成果转化为产销；

（4）从事研发科技人员40人以上，招聘引进研究生1～2名；

（5）管理模式：企业一个部门，研发经费统计设专人统一核算、管理。有一定的独立性；

（6）时间：2017年起申报。

企业的不断发展和壮大，离不开管理升级。我们要重点推行ERP管理系统，进一步规范内部业务流程，但公司管理需要持续升级，才能立于不败之地。公司内部要加快信息传递、沟通，加速对市场快速反应能力，目前的管理模式已不适应现代企业制度的建立，必须提升管理能力和完善企业内部软硬件建设。目前，我们要大力抓思想升级和管理升级，重点围绕物流资源管理（物流）、人力资源管理（人流）、财务资源管理（财流）、信息资源管理（信息流）以及品质和过程运作管理等方面展开，不断完善业务流程和各类规章制度，为企业发展壮大打下基础。

拓展新品开发，实施产品创新。新的十年规划提出百万吨的目标，实现此目标唯有不断满足市场需求，满足客户需要，开发更多适销对路的产品。因此，制定企业未来十年的产品创新战略是实现百万吨目标的客观需要，也是必不可少的基础。

实施创新战略，实现企业转型升级。创新策略是为实现创新目标的方法方案的集合，也可理解为在创新过程中根据外部形势及企业内部环境变化、发展，有针对性制定有效的行动方针，因此创新策略也要滚动变化和调整。

（1）以企业发展基本策略“通用产品优质化、规模化；特殊产品专业化、批量化”为纲，来制定创新战略的基本策略。

（2）重视创新人才，包括各部门有创新能力的每一个人。

（3）在培养人才方面，以老带新，在课题项目实践中壮大成长。

（4）新品研发过程以研发部（技术中心）为主的项目负责制，课题组包括技术、销售、计划、生产。

（5）为缩短新品研发时间抢占市场先机，必须在计划中按比例保证新品试制时间。

（6）研发、开发费用，按“技术中心”标准，列入公司年度预算。

（7）在高附加值产品研发方面着重复杂断面闭口产品，同时要建立对应的激励政策。

（8）制造部门对新产品试制、试生产的考核必须单独计算，保证生产一线员工的积极性。

（9）通过深加工将产品增值，同时把握好深加工程度及投入和增值的关系。通过深加工给服务质量增值，从而稳定市场，增加的成本，企业通过内部管理创新和技术创新降本。

（10）继续通过新建项目投入实现“批量化”和“专业化”生产，从而扩大市场占有率。为了减小投资创新风险，作好“可研”编制、审定和风险评估，缩短投资回收期小于5年。

（11）创新无处不在，做好管理和宣传，鼓励创新提案，每个部门每个人都参与创新，出台提案被采纳有奖制度，形成企业的创新文化。

（12）利用好政府的创新政策，推动加快企业创新发展。

（13）企业要推出合适的激励创新奖励政策。

未来几年，我们要加快推进成为公众公司的步伐，其必将使我们的发展进入一个新的阶段，并翻开佳冷发展新的篇章。我们要完善公司经营管理，提升持续盈利能力，创造内在投资价值。我们要学习和应用金融、沟通、市场营销等方法来管理公司，加强和其他投资者之间的信息交流，以实现价值最大化。

展望未来，我们将紧紧依靠上级公司和董事会领导的支持，围绕企业发展新目标、新任务，把握好互联网时代新技术革命带来的巨大挑战与机遇，充分利用好企业现有资源，实现企业“做精、做专、做好、做长”和做国内中厚壁冷弯产品品牌的引领者的长远目标，保持企业的和谐与稳定，努力实现“佳艺梦”！

冷弯行业回顾

钱占绪

（中国钢结构协会冷弯型钢分会原副理事长、山东科诺型钢公司董事长）

中国钢结构协会冷弯型钢分会成立于1985年10月，2015年10月冷弯型钢分会进入而立之年，30年的风风雨雨，冷弯型钢作为高效、节能、环保的新型结构材料已被人们所广泛接受，冷弯行业发展迅速，已从钢铁深加工的一个小门类，发展成为钢铁深加工产品升级换代的重要阶梯。

一、冷弯型钢的特点

冷弯型钢是指用钢板或带钢在冷状态下弯曲成的各种断面形状的成品钢材。用冷弯型钢制作的钢结构具有自重轻、抗震性好、基础造价低、施工速度快、结构形式灵活、工业化程度高、资源可再生利用等优点，因而愈来愈多地应用于建筑、交通运载装备、通信、机械制造、造船、家电等行业。

二、冷弯型钢的发展

冷弯型钢的应用已有百余年历史，1838年，俄、美、英等国先后采用压力机或冷拔机生产单件冷弯型钢；1910年，美国发明了连续辊弯成型工艺，建造了世界上第一套冷弯型钢机组，从此进入了大规模工业化生产冷弯型钢的阶段。

我国的冷弯型钢生产始于20世纪30年代，上海的小作坊开始采用冲压和拉拔方式生产装潢用冷弯型钢，品种虽多但数量少。1958年10月，我国第一台专业化冷弯型钢机组在上钢十厂投产，主要服务于农机制造业。1960年初，因援外工程需要，冶金工业部在北京、上海、天津、鞍山及重庆等地，部署建设了5个冷弯型钢生产车间，生产出了一批冷弯型钢产品。由于受“文革”的干扰，原有的部署被打乱，天津、鞍山及重庆3台机组先后停产或转产，北京和上海两家也处于半停产状态，年生产量不足万吨。

20世纪80年代，随着改革开放的不断深入，我国冷弯型钢产量稳步增长，设备生产能力不断扩大，品种日益增多，冷弯型钢生产从鞍山、上海、重庆扩大到华东、华北、东北等地区，服务范围也扩大到货车、客车、建筑门窗、公路护栏、货架、电器等行业，但都限于中小型机组，品种规格较少，产品达3000多种，钢种已从单一的普通碳钢向不锈钢、高强钢、耐火钢、耐候钢、复合钢发展。1985年10月中国冷弯型钢分会成立，1986年我国制定了冷弯型钢产品的国家标准，1987年7月1日起实施。这一标准奠定了我国冷弯型钢产品标准形成体系的初步基础，为促进冷弯型钢生产的发展起到了积极的作用。但标准的综合水平与国外同类标准比较，还有一些差距，其品种规格的内容还不能反映当前的现状，尚需不断完善。我国已于2002年颁布实施了《冷弯薄壁型钢钢结构技术规范》（GB 50018），该规范对我国冷弯型钢行业的发展也起到了很大的促进作用。

20世纪90年代的中国冷弯型钢算是新兴行业，国内的冷弯型钢行业开始起步，人们逐步意识到冷弯型钢的广阔前景。到了21世纪初，冷弯型钢行业随着国家经济的腾飞而开始了新一轮跨越式发展。

近十年来，我国冷弯型钢产量的年增长速度接近30%，这两年受到国内外经济行情的影响，增长速度有所放缓。我国冷弯型钢生产企业集中分布在长三角、珠三角和环渤海地区。产品主要应用于公路建设、钢结构、汽车制造、集装箱、铁道车辆、钢模板与脚手架、桥梁、电器柜、悬挂输送机、电缆桥架、货架、电梯导轨、龙骨钢、蔬菜大棚、农业机械、谷物仓储、家具及防火设备等方面，涉及国民经济95个行业的许多领域。

三、展望

综观冷弯型钢30多年来的发展，在国家改革开放的大好形势推动下，已取得了很大成绩，积累了很多经验，为我国冷弯型钢事业的发展壮大，奠定了良好的基础。但和国外工业发达国家比较，不论是装备水平、工艺技术水平还是品种质量以及应用领域，都还有很大差距，还需下功夫认真解决。因此，在推进冷弯型钢行业的发展中，我们一定要抓住有利时机，转变观念，积极创造条件，采取有效措施，发挥现有优势，解决存在的问题，使冷弯型钢能在新的历史时期，有一个长足和稳定的增长。

（1）要把冷弯型钢发展的重点放在品种、质量上，增加国民经济发展需要的关键品种，努力使冷弯型钢产品品种、规格系列化、配套化，以适应用户对冷弯型钢“高、精、新”的要求。

（2）要依靠科技进步，提高工艺、技术装备和备品备件的现代化水平，推动新技术、新工艺、新品种的研发，把加强研发和加快技术改造和产业化紧密结合起来。

（3）要增强和提高企业参与国内外市场竞争的能力，使行业的整体素质和市场应变能力提高到一个新水平。

（4）要加大宣传和推广力度，利用各种不同形式和典型示范，使冷弯型钢产品的应用领域越来越宽广。

总之，在国家改革开放政策的指引下，只要进一步加强分会自身建设，发挥好桥梁和纽带作用，搞好服务并紧紧依靠各有关领导部门的支持和各方面的合作，发挥全行业广大职工、科技人员的积极性和创造性，努力开拓，为国家多作贡献，为企业的发展提供导向和动力，这样，就一定会把全行业的工作推动起来，把中国冷弯型钢行业做大做强。回顾过去，展望未来，大家团结起来，肩负起历史的重任，共同奋斗，再创新的辉煌。

冷弯型钢轧辊的现状和发展

袁厚之

（山东省四方技术开发有限公司董事长）

轧辊是轧钢生产的一项重要的大宗消耗工具，是制约一个国家轧钢技术发展水平的先决条件。轧辊制造业是为轧钢行业服务的，轧辊制造业总是伴随着轧钢技术的进步和轧钢设备的更新换代而发展和进步的。本文介绍了国内外冷弯型钢轧辊的现状，锻造各种材质冷弯型钢轧辊的性能，铸造高铬合金冷弯型钢轧辊的性能，几种常用轧辊的对比。说明了冷弯型钢轧辊选用的原则和要素。对冷型钢轧辊的发展做了初步探讨。

人类文明和科学技术的飞速发展，带来了人们物质生活水平的快速提高。同时，自然资源的贫化和枯竭，环境污染的加剧又制约着这种进步。冷弯型钢作为环保、节能的新型结构材料已被人们所广泛接受。据中国钢结构协会冷弯型钢分会统计，我国冷弯型钢产量从30年前的十几万吨，发展到现今包括焊管、压型板、异型材等约1.2亿吨。

轧钢是钢材成型的支柱技术，对经济发展起着基础性作用。进入21世纪以后，历经百年的轧钢工业和技术，由于高新技术的介入而迅速发展。在可预见的未来，以辊轧为特征的连续变形轧钢技术仍将是钢铁工业钢材成型的支柱技术，地位不会动摇，辊轧技术的本质不会改变。轧辊直接接触轧件进行轧制，完成钢材成型的全过程——金属塑性变形。轧辊是轧钢生产中最主要的工艺件，工作机座的其他部件，都是为了安装、支承、调整和更换轧辊以及引导轧件正确进出轧辊而设置的。

辊弯成型生产冷弯型钢是用一定宽度的带钢，在常温条件下经过一组纵向排列的轧辊，逐步变形，成为符合形状尺寸要求的型钢。辊弯成型方法适合于大批量的工业化生产，其产品质量、加工成本和生产效率，是冲压、折弯或拉拔等其他变形方法不可比拟的，是当前冷弯型钢的主要生产工艺。

轧辊是辊弯成型冷弯型钢生产中最重要、消耗量最大的工艺备件之一。轧辊是轧钢生产的一项重要的大宗消耗工具，是制约一个国家轧钢技术发展水平的先决条件。从某种意义上说，没有好的轧辊，就生产不出好的钢材。

冷弯型钢轧辊服役条件恶劣，冷而硬的料坯靠轧辊转动的摩擦力带动前进，轧辊失效形式以磨损为主，同时剧烈摩擦产生热应力，因此，要求轧辊有抗热裂性能；冷弯变形过程轧辊工作面承受很大接触应力和承受管坯头部和尾部的反复冲击，容易出现疲劳裂纹和剥落现象，因此要求轧辊有良好的强度、韧性和耐磨性。闭口型冷弯型钢挤压轧辊还要受到焊接高温和冷却水的激冷激热作用。轧辊工作层要满足磨损后加工修复的要求。

一、冷弯型钢轧辊的回顾与现状

（一）冷弯型钢轧辊的异型轧辊特性

冷弯型钢轧辊（包括焊管轧辊）属非圆柱形的变直径异型轧辊，主要特征是规格、品种繁多，同规格品种批量少，多数一张图纸只制造1~2件。成品轧辊单重大的可达每件十几吨，小的单重每件不足1kg。同时一般订货工期要求较短。

这种特性是由辊弯成型冷弯型钢（包括焊管）生产线的逐步变形特性决定的。

这种特性使得冷弯型钢轧辊的生产组织难度大。

图1为一种典型的成组焊管粗、精轧辊设计示意图，异型轧辊的特性表现得非常明显。

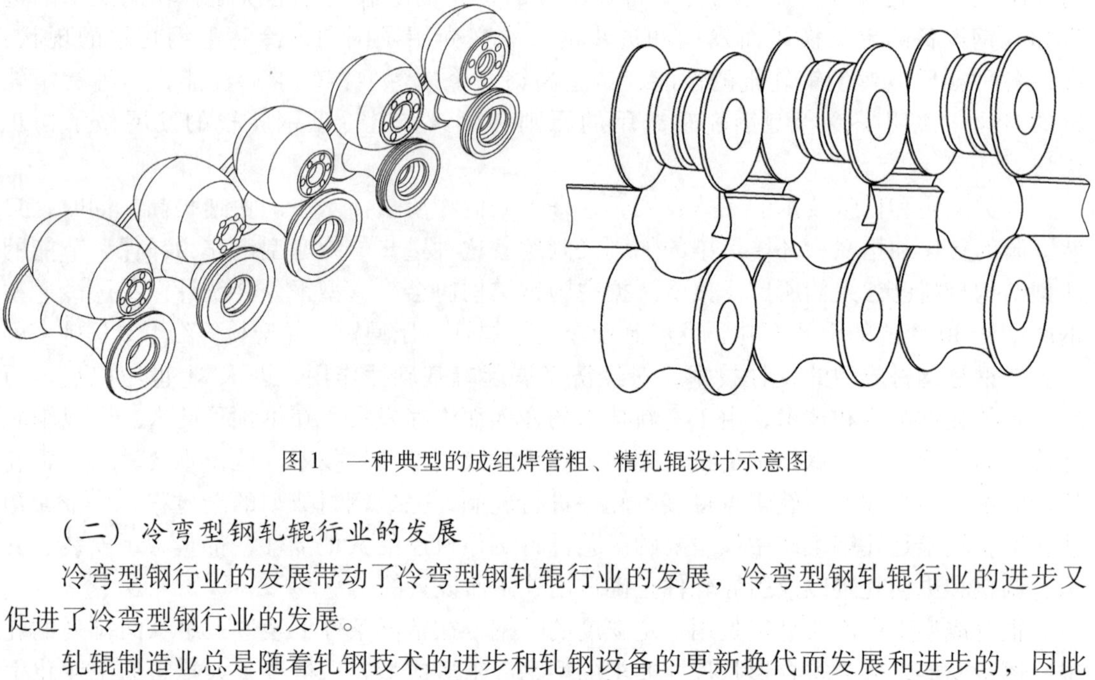

图1　一种典型的成组焊管粗、精轧辊设计示意图

（二）冷弯型钢轧辊行业的发展

冷弯型钢行业的发展带动了冷弯型钢轧辊行业的发展，冷弯型钢轧辊行业的进步又促进了冷弯型钢行业的发展。

轧辊制造业总是随着轧钢技术的进步和轧钢设备的更新换代而发展和进步的，因此必须密切关注和深入了解钢铁、轧钢行业的发展趋势，才能为自身的发展和技术进步确定方向。只有不断坚持技术进步，适应和引领市场，才能在激烈的竞争中站稳脚跟。

冷弯型钢行业经历了从传统、小型、粗放型机组生产到先进、大型、精密型机组生产的发展过程，从普碳钢材质产品发展到合金钢、高强钢、不锈钢等多种材质产品，30年来不断取得进步和发展。

冷弯型钢轧辊行业30年来从生产传统的锻造40Cr、GCr15等轧辊，发展到生产锻造9Cr2Mo、9Cr2MoV轧辊，从生产锻造Cr12、3Cr2W8V轧辊，发展到生产锻造Cr12MoV、4Cr5MoSiV1轧辊；从跟踪国外工艺，生产锻造工具钢轧辊，发展到自主创新达到国际先进水平的铸造高铬轧辊，不但成功替代了美国锻造D2、德国锻造X155CrVMo12-1和日本锻造SKD11轧辊，推广应用于国内几十家大中型冷弯型钢及焊管企业，而且出口到德国、美国、以色列、俄罗斯、印度、阿曼等十几个国家。

冷弯型钢轧辊行业在不断地适应冷弯型钢行业的进步和发展的同时，也在不断地促进冷弯型钢行业的发展。如国内最大的方矩管冷弯型钢机组在生产 500mm × 500mm × 20mm 方管时，使用锻造 GCr15 轧辊仅一个月就磨出多处凹陷，造成方管表面划伤，而使用铸造高铬轧辊的结果是轧辊表面越磨越光亮，显著地提高了方管表面质量，已近 8 年仍在服役。又如：国内最大的不锈钢焊管生产厂引进国际先进水平机组，使用传统国产锻钢轧辊，易“黏钢”，易“擦伤”钢管表面，无法正常生产，而使用铸造高铬轧辊就解决了这些问题，满足了生产需求，保证了产品质量，不需要花大钱进口轧辊。

（三）轧辊结构、形状设计的改进

设计轧机首先要设计轧辊，轧辊设计的两大因素是轧辊结构、形状和轧辊材质，两者缺一不可。两者相结合，便可以提高生产效率，保证产品质量，延长轧辊使用寿命，降低轧辊消耗。

一方面，轧辊结构的改进要满足大型化机组的需求，尤其是当大型轧辊的锻造难度时，主要基于轧辊制造尤其是锻造工艺上的考虑，出现了组合轧辊的设计，如大型焊管机组的粗成型轧辊的组合式设计，见图 2。又如直接成型方管的成型轧辊组合，见图 3。

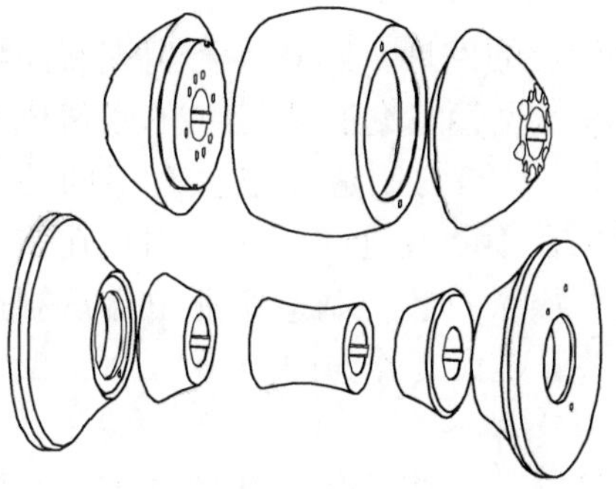

图 2　组合式焊管粗成型上、下轧辊

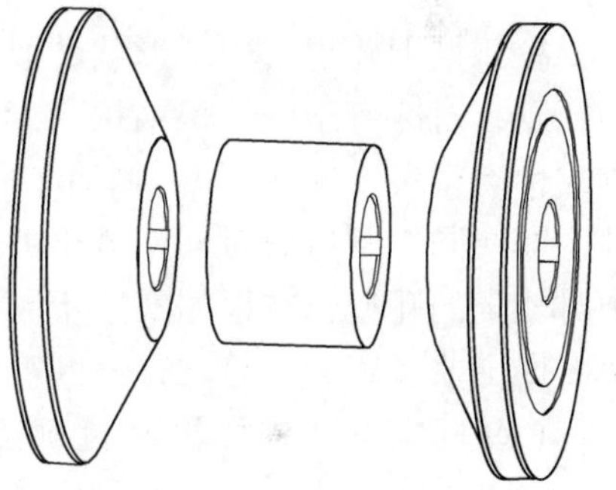

图 3　组合式冷弯型钢成型轧辊

另一方面，轧辊结构的改进，由于在实际轧制中轧辊局部磨损严重，尤其是大型轧辊若因局部磨损进行修复或报废是不合理的，如焊管及闭口型冷弯型钢使用的挤压轧辊，主要磨损及承受激冷激热的工况就在焊缝附近，因此大型焊管机组挤压轧辊都设计成组合式，焊缝附近设计成两只小的上挤压轧辊，修复或报废引起的消耗都较小，是合理的，见图 4。

也有的焊管机组精成型轧辊设计成组合式轧辊，如图 5 所示。这样设计的好处是在实际使用时，可只更换磨损严重的部分。七件组合孔型最大部分件设计为被动转动，这样可以解决在实际轧制中，由于轧辊各部位与轧材相对运动线速度不一样引起磨损不均匀的问题。

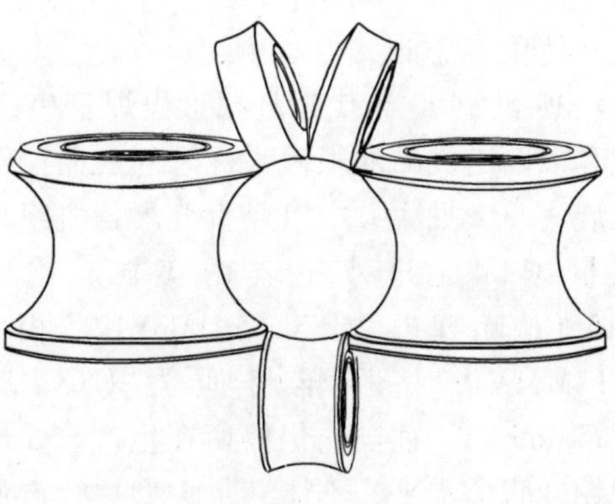

图 4　组合式焊管挤压轧辊

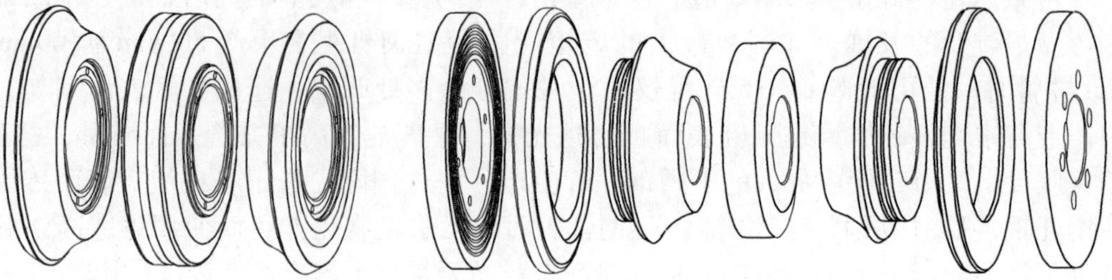

图5　焊管三件组合式和七件组合式精成型轧辊

但是这种设计无疑大大增加了轧辊的制造难度和成本，首先是加大了毛坯的重量，无论是采用锻造方法还是采用铸造方法，组合式毛坯总重量都要比整体式毛坯重量增加20%～40%。其次是增加了机械加工量和难度，这种难度的增加来自于组合式轧辊硬度为57～62HRC的各片之间高精度配合要求，以及为满足组合要求而增加设计的大量孔和丝孔的加工。尤其是应用于不大于M12丝扣加工的手动丝锥，价格昂贵而使用寿命不高。

冷弯型钢轧辊结构、形状的改进来自于冷弯型钢行业的发展，随着冷弯型钢新品种的开发，对冷弯型钢轧辊结构、形状提出新的要求。冷弯型钢（包括焊管）的辊弯成型方式种类很多，即便同一规格的冷弯型钢生产机组对于不同的制造商也会有不同的设计，即便同一制造商对同一规格的冷弯型钢生产机组也在不断改进和变化。用户在使用中对轧辊的孔型也在根据实践不断地修正，以提高轧材质量。轧辊制造企业也会从制造角度提出改进意见。总之，不断变化、创新是必然趋势，是大有作为的。

（四）冷弯型钢轧辊的材质设计的改进

20世纪50～60年代的轧材多为碳素结构钢，口径小、壁薄，强度和硬度不高，所以轧辊一般采用铬含量为1.5%～2%的锻钢，如40Cr、GCr15。从70年代开始，由于高强度低合金结构钢（HSLA）的广泛应用，对轧辊的强度和硬度也提出了更高的要求，国际上普遍开始采用铬含量约2%的Cr-Mo型或Cr-Mo-V型锻钢工作辊，如9Cr2Mo、9Cr2Mov、86CrMoV7等。这类材质的合金化程度较低，在经过最终热处理后，其淬硬层深度一般为12～15mm（半径），仅能满足一般要求，而且使用中剥落和裂纹倾向严重，轧辊使用寿命低。

20世纪90年代为赶超世界焊管生产先进水平，以西气东输工程为标志的天然气管线和以西南成品油工程为标志的成品油管线建设，推进了我国冶金行业和钢管行业的新发展，一大批大、中口径直缝焊管机组相继从国外引进。焊管行业发展初期随机引进了大量国际先进水平（由美国、德国、日本生产）的锻钢轧辊，材质为D2、X155CrVMo12-1（或X165CrMoV12，相当于锻造Cr12MoV）、SKD11，相当于国内的锻造Cr12Mo1V1；挤压辊材质为H13、X40CrMoV5-1、SKD61，相当于国内的锻造4Cr5MoSiV1。而国内仍停留在生产合金含量较低的GCr15、Cr12、9Cr2Mo、9Cr2MoV等锻钢轧辊的水平，不能满足大型焊管行业快速发展的需求。

20世纪末及21世纪初国内出现了冷弯型钢生产用铸造高铬合金轧辊，经使用证明完全达到了从美、德、日进口的高档次锻钢轧辊的水平[1]。

D2、X155CrVMo12-1、SKD11、Cr12Mo1V1钢，是国际上广泛应用的冷作模具钢。H13、X40CrMoV5-1、SKD61、4Cr5MoSiV1钢，是广泛应用的热作模具钢。

21世纪初国内就有研制应用于冷轧板带的锻造Cr12Mo1V1轧辊（ϕ63.5mm×1444mm、ϕ73.5mm×1444mm）替代进口的报道，不但使用效果达到进口产品的水平，而且显著提高了钢板的光亮度[2]，但目前国内尚未见生产锻造Cr12Mo1V1冷弯型钢轧辊的报道。

美国、德国、日本锻造冷弯型钢轧辊选用的材料牌号及化学成分见表1。

表1　美国、德国、日本锻造冷弯型钢轧辊的材料牌号及化学成分[3]

国别	牌　号	化学成分（质量分数）/%								备　注
		C	Si	Mn	Cr	Ni	Mo	V	Co	
美国	D2	1.40~1.60	0.30~0.50	0.30~0.50	11.00~13.00	—	0.70~1.20	(0.8)	(0.6)	
德国	X155CrVMo12-1	1.50~1.60	0.10~0.40	0.15~0.45	11.00~12.00	—	0.60~0.80	0.90~1.10	—	相当于中国的Cr12Mo1V1
日本	SKD-11	1.40~1.60	<0.40	≤0.60	11.00~13.00	—	0.80~1.20	0.20~0.50	—	
德国	X165CrMoV12	1.55~1.75	0.25~0.40	0.20~0.40	11.00~12.00	—	0.50~0.70	0.10~0.50	—	相当于中国的Cr12MoV
美国	H13	0.32~0.42	0.80~1.00	≤0.40	4.50~5.50	—	1.10~1.75	0.60~1.00	W：1.0~2.4	
德国	X40CrMoV5-1	0.37~0.43	0.90~1.20	0.30~0.50	4.80~5.50	—	1.20~1.50	0.90~1.10	W：0.4~0.6	相当于中国的4Cr5MoSiV1，用于闭口型冷弯型钢挤压轧辊
日本	SKD-61	0.32~0.42	0.80~1.20	≤0.50	4.50~5.50	—	1.00~1.50	0.80~1.20	—	

目前国内冷弯型钢行业对冷弯型钢轧辊的需求呈现高档次轧辊和低档次轧辊需求并存的局面。

目前国内主要采用的冷弯型钢锻钢轧辊牌号化学成分见表2。

表2　国内锻造冷弯型钢轧辊的牌号和化学成分

牌　号	化学成分（质量分数）/%										备　注
	C	Si	Mn	P	S	Cr	Ni	Mo	W	V	
40Cr	0.37~0.44	0.17~0.37	0.50~0.80	≤0.035	≤0.035	0.80~1.10	≤0.30	—	—	—	GB/T 699
GCr15	0.95~1.05	0.15~0.35	0.25~0.45	≤0.025	≤0.025	1.40~1.65	≤0.30	—	—	—	GB/T 18254

续表 2

牌 号	化学成分（质量分数）/%										备 注
	C	Si	Mn	P	S	Cr	Ni	Mo	W	V	
9Cr2Mo	0.85～0.95	0.25～0.45	0.20～0.35	≤0.25	≤0.25	1.70～2.10	≤0.025	0.20～0.40	—	—	GB/T 13314
9Cr2MoV								0.20～0.30	—	0.10～0.20	
Cr12	2.00～2.30	≤0.40	≤0.40	0.030	0.030	11.50～13.00	≤0.25	—	—	—	GB/T 1299
Cr12MoV	1.45～1.70	≤0.40	≤0.40	≤0.030	≤0.030	11.00～12.50	≤0.25	0.40～0.60	—	0.15～0.30	
Cr12Mo1V1	1.40～1.60	≤0.60	≤0.60	≤0.030	≤0.030	11.00～13.00	—	0.70～1.20	—	0.50～1.10	
3Cr2W8V	0.30～0.40	≤0.40	≤0.40	≤0.030	≤0.030	2.20～2.70	≤0.25	—	7.50～9.00	0.20～0.50	
4Cr5MoSiV1	0.32～0.45	0.80～1.20	0.20～0.50	0.030	0.030	4.75～5.50	≤0.25	1.10～1.75		0.80～1.20	

注：目前虽然在冷弯型轧辊中没有生产 Cr12Mo1V1 材质的，但是为了对比而在本表中列入。

（五）对各牌号钢材的简要说明

1. 40Cr 钢

40Cr 钢是应用最广泛的调质钢之一，具有良好的综合性能。锻造加工温度：始锻温度 1100～1150℃，终锻温度高于 800℃。淬火温度为 830～860℃，淬火介质一般为油，淬火硬度大于 55HRC，在不同温度回火后的硬度值：150℃时为 55HRC、200℃时为 53HRC、300℃时为 51HRC、400℃时为 43HRC。

40Cr 钢淬透性较低，油淬时淬透临界直径为 22mm，20℃水淬时淬透临界直径为 38mm，20℃、5% 盐水淬时淬透临界直径为 40mm。

40Cr 钢合金含量低，形成碳化物主要是 M_3C 型，硬度一般为 800HV，且数量远低于 Cr12MoV、Cr12Mo1V1 钢及高铬合金，所以耐磨性能差很多，尤其是在干摩擦的状态下。

40Cr 钢主要用于制造表面高硬度的零件，如轴、主轴、曲轴、套筒、连杆等。

由于锻材或轧材易得，成本低，加工工艺成熟，可制作小型、形状简单、孔型浅的轧辊，用于小于 0.3～0.45mm 壁厚的简单截面宽幅型冷弯型钢生产。

2. GCr15 钢

它是高碳铬轴承钢的代表钢种。锻造加工温度：始锻温度 1020～1080℃、终锻温度：800～850℃。淬火温度：835～850℃、淬火介质一般为油、淬火硬度不小于 63HRC，在不同温度回火后的硬度值：150℃时为 64HRC、200℃时为 61HRC、300℃时为 55HRC、400℃时为 49HRC。

GCr15 钢淬火和回火后具有高而均匀的硬度，但淬透性较差，GCr15 的临界淬透直径 D_0 在油中为 15mm、在 20℃水中为 28mm、在 40℃水中为 24mm、在 20℃、5%（质量分数）盐水中为 29mm。

GCr15 钢抗热裂性和抗剥落性差，特别是当锻造比小、热处理不当、钢中夹杂物含量高时，轧辊孔型表面容易产生裂纹和点蚀。

GCr15 钢碳化物主要是 M_3C 型，硬度一般为 800HV，且形成数量远低于 Cr12MoV、Cr12Mo1V1 钢及高铬合金，所以耐磨性能差很多。

它常用于制造壁厚小于或等于 12mm、外径小于或等于 250mm 的各种轴承套圈。

GCr15 钢价格低，易采购，锻造工艺成熟，可以制造部分的小型轧辊。在传统冷弯型钢（包括焊管）生产线上有较多应用。

3. 9Cr2Mo、9Cr2MoV 钢

它属于冷轧辊用合金工具钢。

9Cr2Mo 的化学成分比 Cr15 多加了 Mo，9Cr2MoV 又增加了 V，对细化晶粒、提高淬透性都有好处，添加 V 还可以进一步增加钢的耐磨性，所以近几年在冷轧辊中得到较为广泛的应用。

9Cr2MoV 钢相当于德国的 86CrMoV7，当然相当于并不是成分完全相同，不同国家的同类钢号都是相当于而不会是完全相同。

86CrMoV7 是德国 DIN 标准冷作合金工具钢的钢号，材料号 W-Nr：1.2327[3]。化学成分（质量分数,%）为：C 0.83～0.90，Si 0.15～0.35，Mn 0.30～0.45，S≤0.030，P≤0.030，Cr 1.60～1.90，Mo 0.20～0.35，V 0.05～0.15。

锻造加工温度：始锻温度 1100℃，终锻温度 900℃。淬火温度 820～860℃，淬火介质一般为水或油，常用回火温度范围及硬度值：100～300℃时为 60～56HRC。

一般认为，9Cr2Mo、9Cr2MoV 钢的淬、回火工艺为 870℃水油双液淬火、180～220℃二次回火可获得不小于 10mm 的淬硬层[4～6]。

9Cr2Mo、9Cr2MoV 钢形成碳化物类型、数量与 GCr15 相似，淬透性和耐磨性也相似。

9Cr2Mo、9Cr2MoV 钢成本较低，锻造冷弯型钢轧辊应用较多。

4. Cr12 钢

Cr12 钢属于冷作模具莱氏体钢。锻造加工温度：始锻温度 1080～1100℃，终锻温度 880～920℃。淬火温度 950～980℃，淬火介质一般为油，淬火硬度 61～64HRC，常用回火温度范围及硬度值：180～200℃时为 60～62HRC，320～350℃时为 57～58HRC。

该模具钢从前苏联引进的 X12，有很高的淬透性、淬硬性和耐磨性。它含有极高量（质量分数,%）的 C 2.00～2.30 和 Cr 11.00～13.00。易形成碳化物不均匀分布，网状碳化物和碳化物偏析大幅度增加，引起变形量多向性且不规则，组织不良是其主要缺点，不均匀的碳化物很难用热处理方法改善，力学性能各向异性显著，尤其是制造较大体积工模具（如轧辊）时，在生产和使用中不稳定，容易产生开裂和“掉肉”，在工模具应用中已逐渐被更优秀的钢种（如 Cr12MoV、Cr12Mo1V1 钢）所取代。目前国内 Cr12 和 Cr12MoV 锻材或轧材的价格差异较小，一般为 10%～15%，但两者的性能差异较大，使得锻造Cr12轧辊的性价比远低于锻造Cr12MoV轧辊，锻造Cr12冷弯型钢轧辊在实际生产中应用较多。

5. 3Cr2W8V 钢

它属于莱氏体热作模具钢。锻造加工温度：始锻温度钢锭1100～1150℃、钢坯1080～1120℃，终锻温度900～850℃。淬火温度1050～1100℃，淬火介质为油，淬火硬度49～52HRC，在不同温度回火后的硬度值：150℃时为52HRC、200℃时为51HRC、300℃时为50HRC、400℃时为49HRC。

3Cr2W8V钢具有较低的含碳量和较高的含钨量，具有良好的导热性、较好的红硬性、热强性和回火稳定性。但韧性、塑性和耐磨性较差，淬透性中等，截面厚度不大于80mm可淬透。常用于高温、高应力但不受冲击的模具，在冷弯型钢生产中应用于闭口型冷弯型钢焊接挤压轧辊。这种钢合金元素含量很高，价格很贵，但是与相同档次的热作模具钢相比，性能并不理想：钨含量虽高达8%，但并没有很好地发挥作用，与钨含量5%左右的钢种相当；其铬含量低，在高温下抗氧化和抗熔融金属的冲蚀能力比含铬较高的铬系热作模具钢低很多；目前在热挤压模具应用中有被4Cr5MoSiV1替代的趋势，它的使用寿命只是4Cr5MoSiV1的30%左右[7]，它在传统机组应用较多。

6. Cr12MoV、Cr12Mo1V1 钢

它们均属于高碳高铬冷作模具钢。钢锻造加工温度：始锻温度1000～1060℃，终锻温度850～900℃。淬火温度1020～1040℃，淬火介质Cr12MoV为油、Cr12Mo1V1为硝盐、油或空气，淬火硬度60～63HRC，常用回火温度范围及硬度值：200～275℃时为57～59HRC，400～425℃时为55～58HRC。

Cr12MoV、Cr12Mo1V1钢具有良好的淬透性，截面厚度为300～400mm以下的工件可以完全淬透，常用于制造各种截面面积较大、高精度、形状复杂的冷作模具。

Cr12MoV的碳含量为1.45%～1.70%，添加了钼和钒，使其性能大大提高。不仅保持了高硬度、高耐磨性，而且增加了淬透性、稳定性等综合性能。用于制造截面面积较大、形状复杂、经受较大冲击载荷的各种工模具，如冲模、拉伸模、切边模、冷挤压模、冷切刀、圆锯片、标准工量具等。但由于钼和钒含量低于Cr12Mo1V1，故使用性能略低于美国的D2、德国的X155CrVMo12-1、日本的SKD11钢。目前我国锻坯已能成熟供应。

Cr12Mo1V1是国际上广泛应用的冷作模具钢，相当于美国的D2、德国的X155CrVMo121（或X165CrMoV12）、日本的SKD11钢。属莱氏体钢，具有高的淬透性、淬硬性和耐磨性。用于制造各种精度高、使用寿命长的冷作模具、刃具和量具，如冲模、拉伸模、切边模、冷挤压模、冷切刀、圆锯片、标准工量具等。国内已有研制应用于冷轧板带的锻造Cr12Mo1V1轧辊，不但使用效果达到进口产品水平，而且显著提高了钢板的光亮度。国内能够生产锻造Cr12Mo1V1坯料，为提升我国冷弯型钢轧辊生产水平、生产锻造Cr12Mo1V1轧辊提供了条件。

7. 4Cr5MoSiV1 钢

它是广泛应用的热作模具钢。锻造加工温度：始锻温度为钢锭1100～1150℃、钢坯1050～1100℃，终锻温度900～850℃。淬火温度1020～1050℃，淬火介质为油或空气，

淬火硬度 56 ~ 58HRC，在不同温度回火后的硬度值：150℃时为 55HRC、200℃时为 52HRC、300℃时为 51HRC、400℃时为 50HRC。推荐的回火工艺：2 次回火，第 1 次为 560 ~ 580℃、第 2 次比第 1 次低 20℃，空冷，硬度值为 47 ~ 49HRC。

4Cr5MoSiV1 钢相当于美国的 H13、德国的 X40CrMoV5-1、日本的 SKD61 钢。它是空冷硬化型热作模具钢，具有较高的热强度和热硬度，在中温条件下具有良好的韧性、抗热疲劳性能，有一定的耐磨性，淬透性高，硬处理变形小。

它广泛应用于制造热挤压模具、芯棒、模锻锤模具、高速精锻用模具镶块、锻造压模，以及铝合金压铸模等。

它应用于热挤压模具，其使用寿命可为 3Cr2W8V 的 3 倍以上，二者材料成本基本相同，目前已有部分冷弯型钢生产厂家选用 4Cr5MoSiV1 制造闭口型冷弯型钢焊接挤压轧辊，发展趋势良好，在焊管机组中的应用已较为普遍。

上述各种钢牌号均为锻材或轧材，不在国家铸钢牌号范围内，用上述各种牌号钢制造冷弯型钢轧辊时，必须通过锻造工序，锻造比至少为 1∶3，以消除钢锭中的偏析、疏松、白点等缺陷，使组织均匀、细化、密实，其性能才能达到要求。对此，冷弯型钢生产厂家应有充分的认识。

另外，需要注意的是锻造材料组织有较强的方向性，因此造成材料沿锻造方向和垂直于锻造方向的力学性能产生较大差异，即锻造材料的各向异性。对进口 X155CrVMo121、D2、SKD11 锻造焊管轧辊实物沿锻造方向和垂直于锻造方向分别取样检测，数据见表 3。因此必须依据轧辊的形状和该轧辊的服役条件设计适用的锻造工艺。在实际使用中，进口的 X155CrVMo121、D2、SKD11 锻造轧辊均出现过纵裂，即沿锻造方向（轴向）开裂，而未见出现环裂，即垂直于锻造方向（径向）开裂。

表 3 X155CrVMo121、D2、SKD11 锻造焊管轧辊实物不同方向的力学性能

取样方向	抗拉强度/MPa	冲击韧性/J·cm^{-2}	硬度 HRC
沿锻造方向	1039 ~ 1321	9 ~ 17	58 ~ 59.5
垂直于锻造方向	683 ~ 771	2.1 ~ 4.0	

（六）铸造高铬合金冷弯型钢轧辊

研发铸造新型冷弯型钢轧辊符合轧辊发展的大趋势。轧机的大型化、高速化、连续化、自动化发展可满足轧材的高精度、高性能、低粗糙度的要求，这也加速了轧辊材质的更新换代和制备工艺的改进。其中提高轧辊合金含量是提高轧辊性能的有效手段之一，中外冷弯型钢轧辊材质选用对比就非常明显。轧辊材质的高合金化易造成铸锭组织不均匀、偏析等缺陷，使得锻造、热处理难度大大增加，材料利用率低，成本高，从而限制了推广应用。世界各国开始转向铸造研发，新型的铸造工艺和先进装备逐渐得到开发并相继获得成功，使得高合金、高性能铸造轧辊得以实现。如 20 世纪 70 年代开始出现的应用于板带生产的离心铸造复合轧辊。高速钢轧辊在 80 年代以前是采用锻造成型，但由于合金含量高、锻造难度大、材料利用率低、生产成本高而受到限制。铸造高速钢轧辊从离心铸造法发展到连续浇注外层成形法（CPC 法），迅速得到推广应用[8]。

铸造冷弯型钢轧辊出现以下两种情况。

1. 简单地把锻造轧辊的材质用于铸造

比如使用 D2、X155CrVMo12-1、SKD11 或 Cr12M1oV1 材料，采取铸造成型。铸态 Cr12MoV、Cr12Mo1V1 钢中常出现偏析和网状碳化物，大直径轧辊尤为严重。采用锻造工艺就是为了打破结晶时产生大量的网状碳化物，使其组织细化，从而实现高的使用性能。

国外也有大型焊管粗成型轧辊采用铸造 X155CrVMo12-1 的，但实属大型异型单件批量辊坯锻造难度太大的无奈之举。

德国轧辊制造业对此有深刻的认识：铸态 GX155CrVMo12-1 由于存在大量的网状碳化物，因而在硬化处理中易产生裂纹，应努力开发适合铸造的新材质，并研究适合铸造的新型轧辊材料，拟取代铸造 GX155CrVMo12-1 应用于焊管粗成型轧辊，新型轧辊材料铸态网状碳化物应明显少于铸态 GX155CrVMo12-1，以克服铸态 GX155CrVMo12-1 由于存在大量的网状碳化物而在硬化处理中易产生裂纹的缺陷[9]。

国外企业这种从市场需求出发、不断创新的科学态度和理念，与国内某些企业没有能力生产锻造 Cr12MoV、Cr12Mo1V1 轧辊，就用铸造 Cr12MoV、Cr12Mo1V1 轧辊供应用户的态度和理念形成了鲜明的对比。

以牺牲材料性能和轧辊使用性能为代价的把锻造材料直接改为铸造的方法，是非常不可取的，是技术退步而不是进步。

2. 中国创造的冷弯型钢及钢管用高铬轧辊

研发铸造新型冷弯型钢轧辊可以产生良好的节能节材效果，因为铸造成型可以取得近终成型的效果，材料利用率可以达到 80% 以上。而采用锻造工模具钢生产冷弯型钢轧辊，受到其异型轧辊特性的很大局限，很难形成模锻，一般都是锻成圆柱形辊坯。加工量很大，材料利用率很低（一般在 40% 左右），材料和能源消耗较高[10]。

研发的新型铸造冷弯型钢轧辊必须解决适合服役条件和适合铸造成型的新材料设计、新的铸造成型工艺设计以及加工工艺设计问题。系统分析了冷弯型钢轧辊的服役条件及特征，研发出了具有自主知识产权的中国创造的高铬合金新材料和辊坯铸造成型新工艺，没有照搬国外锻钢轧辊和板带用高铬轧辊的设计。研发出系列适应激冷激热工况和常温工况使用的高铬合金新材料，通过加入强碳化物元素和变质剂改变碳化物形态、分布和细化晶粒，从本质上提高了材料的耐磨性；通过 Mo、Nb 等元素的合金化，大幅度提高了轧辊的综合性能。

目前国际上关于高铬钢和高铬铁的界限不很明确，虽大多习惯用碳含量 2.11% 来划分铁和钢，但对高碳高铬钢的碳含量放宽至 2.20% ~2.30%，如我国的 Cr12、德国的 X210Cr12、美国的 D3、英国的 BD3、日本的 SKD1[1][3]。美国规定钢基轧辊的碳含量为 0.30% ~2.50%[11]，而俄罗斯高铬铁 чX22C、чX28 的碳含量分别为 0.6% ~1.0% 和 0.5% ~1.6%[12]。

经 20 多年国内外众多用户使用证明，新型冷弯型钢生产用铸造高铬合金轧辊完全达到了从美、德、日进口高档次锻钢轧辊的水平[13]。牌号参考中国 GB/T 8263—2010、美国 ASTM A532M、英国 BS 4844 等相关标准进行命名，定为 ZCr15、ZCr20、ZCr25。中国 GB/T 8263—2010、美国 ASTM A532M、英国 BS 4844 中牌号及化学成分分别见表4～表6。

表4　中国 GB/T 8263—2010 牌号及其化学成分（节选）

牌　号	化学成分（质量分数）/%								
	C	Si	Mn	Cr	Mo	Ni	Cu	S	P
BTMCr12-DT	1.1～2.0	≤1.5	≤2.0	11.0～14.0	≤3.0	≤2.5	≤1.2	≤0.6	≤0.6
BTMCr12-GT	2.0～3.6								
BTMCr-15		≤1.2		14.0～18.0					
BTMCr-20				18.0～23.0					
BTMCr-26				23.0～30.0					

注：1. 牌号中，"DT"和"GT"分别是"低碳"和"高碳"的汉语拼音大写字母，表示该牌号含碳量的高低。
2. 允许加入微量 V、Ti、Nb、B 和 RE 等元素。

表5　美国 ASTM A532M 牌号及其化学成分

牌　号	化学成分（质量分数）/%								
	C	Mn	Si	Ni	Cr	Mo	Cu	P	S
12Cr	2.0～3.3	≤2.0	≤1.5	≤2.5	11.0～14.0	≤3.0	≤1.2	≤0.1	≤0.06
15CrMo			≤1.5		11.0～18.0				
15CrMo			1.0～2.2		18.0～23.0				
25Cr			≤1.5		23.0～30.0				

表6　英国 BS 4844 牌号及其化学成分

牌号	化学成分（质量分数）/%								
	C	Si	Mn	Cr	Mo	Ni	Cu	P	S
A3	1.8～3.0	≤1.0	0.5～1.5	14～17	≤2.5	≤2.0	≤2.0	≤0.10	≤0.10
C3	1.8～3.0			17～22	≤3.0				
D3	2.0～2.8			22～28	≤1.5				

ZCr15、ZCr20、ZCr25 化学成分见表7。

表7　ZCr15、ZCr20、ZCr25 的化学成分

牌　号	化学成分（质量分数）/%								
	C	Si	Mn	Cr	Ni	Mo	V	P	S
ZCr15	1.80～2.80	≤1.20	≤1.20	12.00～16.00	0.50～3.50	0.50～3.00	≤1.00	≤0.03	≤0.25
ZCr20	1.80～2.80	≤1.20	≤1.20	16.00～22.00	0.50～3.50	0.5～2.50	≤1.00	≤0.03	≤0.25
ZCr25	1.80～2.80	≤1.20	≤1.20	22.00～28.00	0.50～3.50	0.50～2.00	≤1.00	≤0.03	≤0.25

注：Nb + Ti≤1.00%。

ZCr15、ZCr20、ZCr25 系列铸造高铬冷弯型钢轧辊在不同的热处理制度条件时，基体为奥氏体或马氏体，碳化物主要为 M_7C_3 型，显微硬度可达 1800HV，并呈不连续的条块状、颗粒状和菊花状，碳化物含量在 20% 左右。GCr15、9Cr2Mo 等基体为马氏体，碳化物主要为 M_3C 型，含量较低，显微硬度为 800HV 左右。D2、X155CrVMo12-1、SKD11 基体为马氏体，M_7C_3 碳化物含量在 15% 左右，因此 ZCr15、ZCr20、ZCr25 系列铸造高铬轧辊在使用和试验中表现出更高的耐磨性能。X155CrVMo12-1、D2、SKD11 金相组织分别见图 6 ~ 图 8。ZCr15、ZCr20、ZCr25 金相组织分别见图 9 ~ 图 11。

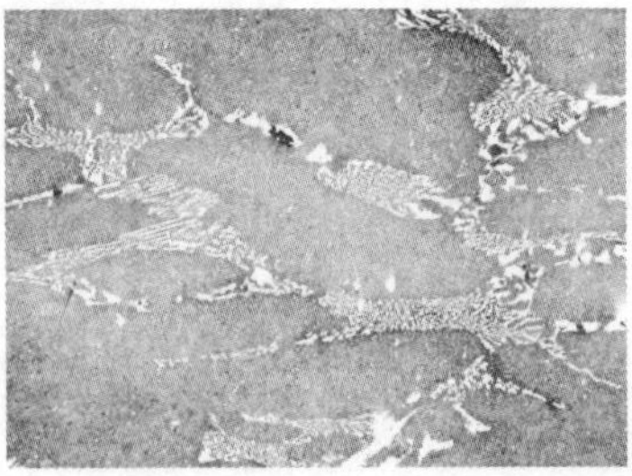

图 6　X155CrVMo12-1 组织（100 ×）

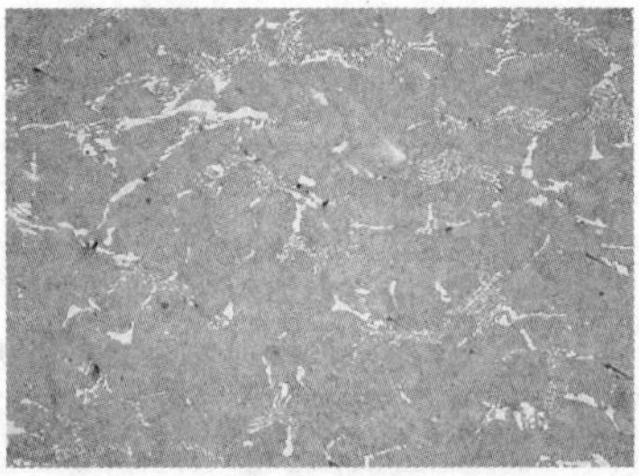

图 7　D2 组织（100 ×）

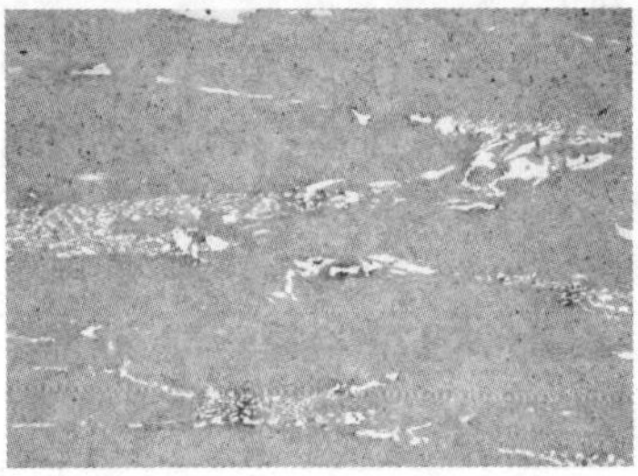

图 8　SKD11 组织（100 ×）

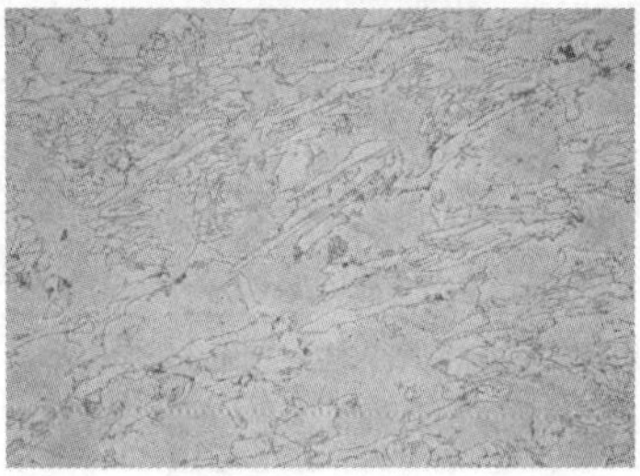

图 9　ZCr25 组织（500 ×）

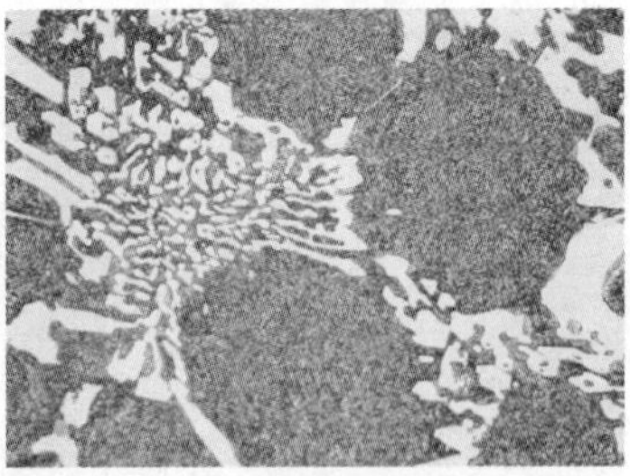

图 10　ZCr20 组织（500 ×）

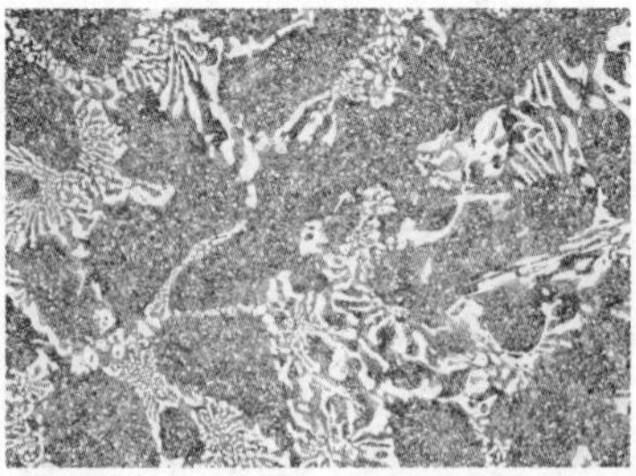

图 11　ZCr15 组织（500 ×）

ZCr15、ZCr20、ZCr25 截面尺寸在 400 ~ 450mm 以下可以完全淬透。

对 D2、X155CrVMo12-1、SKD11 和 ZCr15、ZCr20 铸造高铬轧辊实物解剖工作层硬度落差和工作层深度测试结果见表 8。

表8　D2、X155CrVMo12－1、SKD11和ZCr15、ZCr20轧辊实物解剖工作层硬度落差和工作层深度测试结果

牌　号	状　态	表面硬度平均值(HRC)	距表面30mm处硬度平均值(HRC)	距表面60mm处硬度平均值(HRC)	距表面120mm处硬度平均值(HRC)
D2	淬、回火	59.5	59.6	59.9	59.8
X155CrVMo12-1	淬、回火	58.2	58.8	57.9	57.0
SKD11	淬、回火	57.7	57.3	57.1	54.6
ZCr20	去应力回火	57.8	57.4	57.6	57.5
ZCr15	淬、回火	60.1	59.9	59.5	59.3

由于冷弯型钢轧辊在使用中一般进行多次修复，需要足够厚的工作层，因此轧辊材料的淬透性是至关重要的性能之一。国内外客户在订货时一般都会提出工作层深度要求，不同的用户、不同的机组要求不同，如西马克对$\phi168\sim\phi427$轧辊工作层深度要求是不小于50mm。对轧制$\phi244.5\text{mm}\times8.9\text{mm}$钢管不同道次轧辊的使用修复次数要求见表9。

表9　西马克对轧制$\phi244.5\text{mm}\times8.9\text{mm}$钢管不同道次轧辊的使用修复次数要求

轧 辊 类 型		修复次数要求
1号粗轧辊	上	≥3
	下	≥3
空载辊		≥2
2～5号粗轧辊	上	≥4
	下	≥4
空载辊		≥2
焊接挤压辊	上	≥5
	下	≥5
	侧	≥5

轧 辊 类 型		修复次数要求
轧　辊	上	≥4
	下	≥4
	侧	≥4
	导出	≥1
矫正辊		≥4
定径辊	上	≥5
	下	≥5
	侧	≥5

（七）几种轧辊力学性能的比较

河南科技大学和新乡凯迪轧辊有限公司对几种焊管轧辊的冲击韧性测试结果[14]见表10。

表10　几种焊管轧辊的冲击韧性测试结果

钢　号	产　地	热处理工艺	冲击韧性/$\text{J}\cdot\text{cm}^{-2}$
X165CrMoV12	德　国	830℃预热、1010℃保温。190℃回火2次	2.0
Cr12MoV	中　国	830℃预热、1010℃保温。190℃回火2次	3.7
9Cr2Mo		870℃加热。190℃回火1次	3.0
GCr15		850℃加热。190℃回火1次	4.5

山东省四方技术开发有限公司对 D2、X155CrVMo12-1、SKD11 和 ZCr15、ZCr20 轧辊实物解剖工作层（即淬硬层）抗拉强度和冲击韧性测试结果[13]见表 11。由于锻造轧辊存在较大差异的各向异性，故径向取样。

表 11　D2、X155CrVMo12-1、SKD11 和 ZCr15、ZCr20 轧辊实物解剖抗拉强度和冲击韧性测试结果

牌　号	状　态	取样方向	抗拉强度 /MPa	冲击韧性 /J·cm^{-2}	硬度 HRC
D2	淬、回火	径向	733	3.1	59.5
X155CrVMo12-1	淬、回火	径向	751	3.0	58.2
SKD11	淬、回火	径向	750	3.5	57.7
ZCr20	去应力回火	径向	548	4.0	57.3
ZCr15	淬、回火	径向	705	3.2	60.1

（八）几种轧辊耐磨性能的比较

河南科技大学和新乡凯迪轧辊有限公司对国内外几种焊管轧辊的耐磨性做了试验，结果见表 12[14]。

表 12　国内外几种焊管轧辊试样的磨损量

试样编号	磨损量/mg			
	X165CrMoV12	Cr12MoV	9Cr2Mo	GCr15
1	51.2	60.2	152.2	241.2
2	48.1	59.8	142.4	260.4
3	46.2	59.6	141.6	248.6
平均	48.1	59.9	145.4	250.1

表 12 中数据表明，国产 Cr12MoV 的耐磨性约为进口 X165CrMoV12 的 80%，国产 9Cr2Mo、GCr15 的耐磨性则更差。

山东大学和山东省四方技术开发有限公司对国内外几种焊管轧辊的耐磨性做了试验，结果见表 13[13]。试样均从各类轧辊实物取得。

表 13　实验室耐磨性能试验材质编号

编　号	A	B	C	D	E
牌　号	X155CrVMo12-1	D2	SKD11	ZCr20	ZCr15
状　态	淬、回火	淬、回火	淬、回火	铸态去应力回火	淬、回火

试验结果分别见图 12 和图 13。

试验结果表明，ZCr15、ZCr20 铸造高铬合金轧辊的耐磨性能达到美国的锻造 D2、德国的锻造 X155CrVMo12-1、日本的锻造 SKD11 轧辊的水平。

（九）几种轧辊典型现场使用耐磨性/使用寿命对比

这里介绍国内外几种轧辊的同台设备、轧制相同轧材耐磨性能的对比[13]。

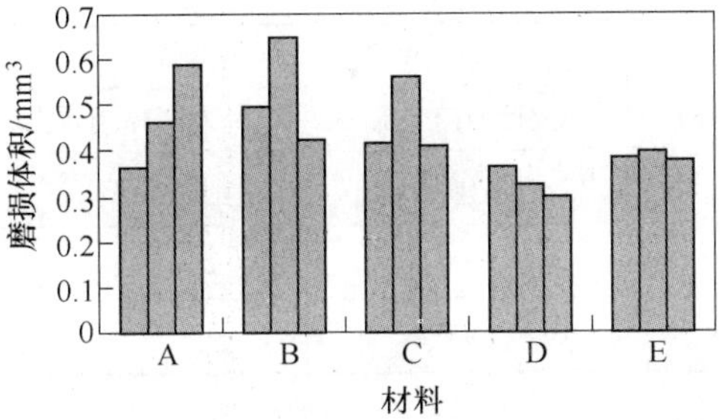

图12　材料的体积磨损量

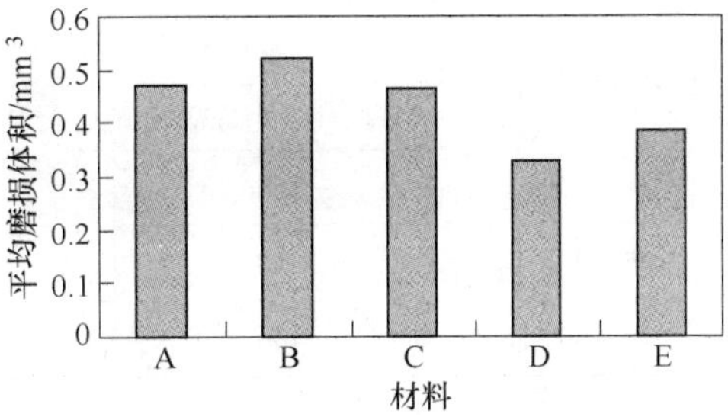

图13　材料的平均体积磨损量

在国际先进热处理线矫直机上的耐磨性能对比见表14。

表14　热矫直耐磨性能对比

轧辊材质、成型方法	轧辊半径方向磨损1mm轧制量/万吨
X155CrVMo12-1锻钢辊	1.0
ZCr15、ZCr20铸造辊	1.2

在国际先进 ϕ250MPM 机组矫直机上的耐磨性能对比见表15。

表15　冷矫直耐磨性能对比

轧辊材质、成型方法	轧辊半径方向磨损1mm轧制量/万只
X165CrMoV12KU锻钢辊	1.9
9Cr2Mo锻钢辊	1.3
ZCr15、ZCr20铸造辊	3.82

在引进 ϕ114 精密轧管机组矫直机上的耐磨性能对比见表16。

表16　冷矫直耐磨性能对比

轧辊材质、成型方法	总轧制量/万吨
9Cr2MoV锻钢辊	8.2
ZCr20铸造辊	16.5

在传统焊管机组上的使用寿命对比见表17~表20。

表17　在传统焊管机组上的使用寿命对比（1）

轧管规格/mm	成型2、3道，GCr15锻钢辊		成型2、3道，ZCr15、ZCr20铸造辊	
	一次性使用寿命/t	修复后使用寿命	一次性使用寿命/t	修复后使用寿命
15~20	300	下降	910	不变
25~32	400	下降	1300	不变
40~50	500	下降	1650	不变

表18 在传统焊管机组使用寿命对比（2）

轧管规格/mm	挤压辊3Cr2W8V锻钢辊		挤压辊ZCr25铸造辊	
	一次性使用寿命/t	修复后使用寿命	一次性使用寿命/t	修复后使用寿命
15～20	200	下降	700	不变
25～32	300	下降	1000	不变
40～50	400	下降	1300	不变

表19 在传统焊管机组使用寿命对比（3）

轧机规格/mm	成型2道，Cr12锻钢辊	成型2道，ZCr15、ZCr20铸造辊
	使用寿命/t	使用寿命/t
ϕ76	900～1100	2200～2300

表20 在传统焊管机组使用寿命对比（4）

轧机规格/mm	挤压辊3Cr2W8V锻钢辊	挤压辊ZCr25铸造辊
	使用寿命/t	使用寿命/t
ϕ76	350～400	1100～1200

二、冷弯型钢轧辊材质的选用

冷弯型钢轧辊的选用涉及多种因素，不但涉及产品、机组等轧辊的服役条件，也涉及经营者的理念。

轧辊材质选择的总原则是在满足服役条件要求的基础上进行性价比考核。

（一）轧辊材质选择的性能要求原则

任何材料都不是万能的，通常，好的材料都有其特定的工作环境和工艺要求，关键在于是否适合使用的工作环境。材料的耐磨性不仅取决于材料本身，还与磨损条件有着极大的关系。对于同一材料，在不同的磨损系统中所表现出的耐磨性会产生较大差异。不同的工作环境应当使用不同材质的轧辊，不同轧机，工作环境不同，轧辊的材质就应当不同。相同轧机，不同工作机架，例如粗成型和精成型，挤压、定径、矫直，工作环境不同，所用的轧辊材质也应当不同。一种新材料工模具的研究开发，都要使其符合该种工模具的工作环境和工艺的要求，使其尽可能地达到理想状态。在具体选择轧辊材质时应从以下几个方面考虑。

1. 要有高的耐磨性和合适的硬度

材料的耐磨性不仅取决于它的宏观硬度，也取决于它的硬质相（碳化物）的类型、数量、形状、分布状态等微观组织和基体的强韧性。材料的硬度决定了金属对其表面变形的抵抗能力，但是同样硬度的不同材料，有的就容易产生磨粒的剥落，即形成磨屑，有的就不易形成，这是由材料基体的强韧性和碳化物类型决定的。对于相同硬度的材料，碳化物硬度高、基体强韧性好的更耐磨。对于轧辊硬度，要求表面硬度均匀，工作层里、外硬度一致，无落差。具体硬度值应根据轧辊的使用部位确定。轧辊表面的耐磨性和硬度不仅影响轧辊的使用寿命，而且影响轧材外形尺寸和表面质量。

2. 要有足够的强度和韧性

如果轧辊只有高的耐磨性和硬度，没有好的强度（包括疲劳强度）和韧性，轧辊在使用中就可能发生整体破裂或表面掉皮、裂纹，影响轧辊使用的可靠性、安全性。

3. 要有一定的红硬性、热强性和耐激冷激热性

对于特殊条件下工作的轧辊还应有一定的红硬性、热强性和耐激冷激热性。如闭口型冷弯型钢上挤压轧辊，局部加热辊弯成型用轧辊，热辊压成型用轧辊，焊管热定径轧辊等。

4. 要有一定的冷加工和热加工性能

冷加工是指车床、磨床、铣床、钻床等加工。一定的冷加工性能有利于用户在使用中的修复。

热加工是指铸造、锻造和热处理。

轧辊材质是轧辊性能的决定性因素，性能要求的依据是轧辊的服役条件，选择时要在满足具体服役条件的基础上留有发展的余地，比如轧材从普碳钢材质产品发展到合金钢、高强钢、不锈钢等材质时，会对轧辊提出更高的要求。在对轧辊材质、选材原则有基本了解的基础上，具体选择每批轧辊的材料，有以下几个原则：

（1）轧材质量第一的原则。表面质量要求高，尺寸、形状精度要求高，轧辊应选好材料。即便批量不大，选低档材质轧辊，也满足不了轧材表面质量和精度要求。

（2）考虑轧材厚度、钢级、成品形状等变形难度的原则。变形难度大、受力大的，应选好材料，这是实现冷弯变形、生产可靠的前提。

（3）轧材批量大小的原则。批量大的，应选好材料。

（4）轧制速度高低的原则。轧制速度高的，应选好材料。

（二）性价比是冷弯型钢轧辊材质选择的重要参数

一味追求高性能或是一味追求低价格都是片面的，都会影响正确的材质选择。

一味追求轧辊高性能会造成浪费，这种浪费不仅仅是轧辊用户多花钱，从某种意义上说也是对社会资源的浪费。

一味追求低价格的危害性更大。低价竞争的结果只能是低品质产品充斥市场，轧辊用户只是一时少花钱，而低品质产品会降低使用寿命，增加轧辊总消耗，也是对社会资源的浪费。

如使用 GCr15、9Cr2Mo 等低淬透性、低耐磨性材料制造大型冷弯型钢轧辊，淬火、回火后淬硬层只有十几毫米，精加工再加工掉几毫米，工作层就较薄了，刚开始工作尚可，磨损修复后工作面硬度、耐磨性大大降低，严重影响使用寿命。另外，低品质产品不具备发展余地，如使用 GCr15、9Cr2Mo 等材料制造不锈钢焊管轧辊，轧制时出现黏钢就会影响生产。

早在 1996 年我国出访的业内代表就发现了中、美在焊管轧辊选用上的理念差距相当大：美国企业对待轧辊的态度与我国生产厂家对待轧辊的态度截然不同，美国对轧辊的要求十分考究。机组只是生产焊管和型钢的必要条件，有了机组就可以生产出产品，然而能否生产出高质量、高水平产品则完全取决于轧辊，取决于轧辊的精度。在订购轧辊

方面，美国人是舍得花本钱的。在选用轧辊材质方面，我国通常采用价格比较低的GCr15，美国则采用价格较高的D2，相当于我国的Cr12Mo1V1。除选材以外，美国人对热处理的要求更严格，不允许轧辊表里硬度不一致。仔细计算，选用高档次的轧辊比使用价格低、材质差的轧辊更经济[15]。最准确的考核指标不是轧辊价格的高低，而是轧制相同产品的吨钢轧辊消耗量。

从某种意义上讲，完全低价竞争只能影响和阻碍科技进步，实质是保护了落后。

使用Cr12MoV、Cr12Mo1V1、ZCr15、ZCr20、ZCr25制造大型冷弯型钢轧辊，不仅具有良好的耐磨性，而且具有足够厚的工作层，从而保证了更长的使用寿命，也可满足发展的需求，结果是买着稍贵用着便宜，可以降低吨产品轧辊消耗。如制造ZCr15、ZCr20、ZCr25铸造冷弯型钢轧辊可比锻造同类产品节能70%、节材40%，推广应用1t可产生节约11.16t标准煤的良好效果[10]。

因此，在满足性能要求的基础上，必须优先考虑性价比，这种理念已被大家广泛认同，应该成为经营者制订采购方案的依据。我们不仅需要技术创新，更需要的是理念更新，应站得高一点，看得远一点。

三、冷弯型钢轧辊发展浅谈

（一）密切关注我国冷弯型钢行业的发展，坚持为我国冷弯型钢发展提供优质服务

为冷弯型钢行业的发展提供适用、理想的轧辊，是冷弯型钢轧辊行业永远的中心任务。我国冷弯型钢行业与国外相比，无论是品种还是冷弯型钢产量占钢总产量的比例都有较大差距，换言之冷弯型钢行业在我国仍有较大发展空间。但也存在低端产能过剩，高端需求强烈的局面。

随着我国冷弯型钢行业的发展，轧材品质的提升和先进冷弯生产技术的应用，将会对冷弯型钢轧辊提出更多、更新、更高的要求。因此必须时刻密切关注我国冷弯型钢行业的发展，密切关注各类冷弯型钢轧辊服役条件的变化，不断改进现有制造技术，提高产品质量，不断地研发、创新制造技术，推出满足冷弯型钢行业发展的新产品。

开发新产品仍需注意冷弯型钢轧辊的多品种规格、小批量异型及工期短的特征。

铸造高铬合金轧辊的制造技术符合这种特征要求，尤其是制造大型、曲线孔型类的轧辊，可以优化结构、节能节材并缩短工期。但对于小型的平辊或近似平辊，采用合金锻圆钢或轧制合金圆钢在制造工期上有一定优势。

如图2所示大型焊管机组的粗成型轧辊的组合式设计，是考虑到锻造工艺生产和上述特征的因素，采用铸造工艺可以制造成整体轧辊，产生降低成本、缩短工艺的效果。

开发双金属复合冷弯型钢轧辊，尤其是对大型的轧辊，或组装孔、丝孔很多的轧辊都有降低生产难度和生产成本，节约贵重金属的积极意义。双金属复合轧辊在板带生产中已有广泛的应用，当然二者结构和服役条件都有较大的差距，板带轧辊的结构是轧辊和芯轴是一体的，冷弯型钢轧辊的结构是轧辊和芯轴是分开的。双金属复合冷弯型钢轧辊的制造技术尚需进一步研发才会取得更大成效。

（二）依靠自主创新、自主知识产权形成核心竞争力是发展方向

我国冷弯型钢轧辊行业中大都是中、小企业，要想在市场中站稳脚跟，德国制造业

的成功经验非常值得借鉴。全球一流的德国企业既包括西门子和大众这样的大型跨国企业，也包括1200家左右的“隐形冠军”。这些“隐形冠军”规模虽小，但高度专业，以产品质量取胜，在市场有很高的知名度和占有率，有较强的抗风险能力。

德国工业史的启示是：没有自主知识产权和核心竞争力，仅靠仿制和低价是没有前途的，不创新真的会死。

在国际市场上采用低价竞争，与国内同行竞相压价，最终结果是受到返倾销制裁，丧失国际市场，这样的教训对我们已经不少了。

产品的生命力在很大程度上依赖于领先的技术含量。真正决定企业前途命运的是研究与开发，而不是别的不能把握的客观因素。因此，德国企业对研发投入毫不吝啬，研发经费约占国民生产总值的3%，位居世界前列。

2014年初，德国西马克·梅尔公司（SMS Meer）为俄罗斯提供的大型HFW/ERW高频焊管机组成套设备中，全部采用我国山东省四方技术开发有限公司研制的具有自主知识产权的高铬合金铸造轧辊（图14），有9整套及3套备品共864件轧辊，附件1415件。西马克·梅尔公司看中的不是山东四方的规模，而是该公司独特的专利技术、产品的良好使用效果以及优良的性价比。这充分表明了以先进技术换国外市场是产品出口的正确方向，推动“中国制造向中国创造转变，中国速度向中国质量转变，中国产品向中国品牌转变”是行业创新和发展的战略目标[16]。

图14　山东四方为西马克·梅尔公司生产的轧辊

德方、俄方代表到山东四方公司察看轧辊生产情况，见图15。

图15　德方、俄方代表到山东四方察看轧辊生产情况

四、结语

坚持“专、精、特、新”和“持续创新”的道路，恪守“用户的技术问题和现场的技术难题，就是我们的课题”的研究方向，和“不在模仿，重在创新；不在跟踪，重在跨越；不在大，而在精”的研究原则，采用“把材料、生产工艺研究与设备、备件结构研究相结合”的研究方法，以“国际先进水平”和“努力创造中国的民族自主品牌”为目标，是我们20余年来应对日趋激烈的市场竞争和国际经济危机压力的一点心得。

参考文献

[1] 袁厚之．钢管和型钢用高铬辊[J]．焊管，2006，29（6）．

[2] 戴泓．森吉米尔冷轧机 Cr12Mo1V1 工作辊的研制[J]．钢铁，2002，No. 37(增刊)．

[3] 林慧国，等．袖珍世界钢号手册[M]．北京：机械工业出版社，2003.

[4] 李强．9Cr2MoV 工作辊淬火工艺的研究[J]．热加工工艺，2012，41(10)．

[5] 赵琳．9Cr2Mo 轧辊热处理试验研究[J]．机械工程与自动化，2012，总175期．

[6] 夏书敏，等．提高9Cr2Mo钢轧辊寿命的热处理工艺改进[J]．江汉大学学报，2001，18：6.

[7] 李书常．新编工模具钢660种[M]．北京：化学工业出版社，2008.

[8] 符寒光，等．高速钢轧辊制造技术[M]．北京：冶金工业出版社，2006.

[9] Dörrenberg，Edelstahl，GmbH. GP4M steel castings for rollers. Düsseldorf，2014.

[10] 袁厚之，等．钢管及冷弯型钢用新型高铬合金铸造轧辊的节能节材研究[J]．钢管，2013，42(6)．

[11] 美国钢铁工程师协会．钢的冶炼、成型及处理．匹兹堡，宾夕法尼亚州：Herbick & Held，1985.

[12] 陈华辉，等．耐磨材料应用手册[M]．北京：机械工业出版社，2006.

[13] 袁厚之，等．钢管及冷弯型钢铸代锻新型高铬轧辊．中国金属学会第八届轧辊学术交流会文集，2011.

[14] 王文焱，等．几种轧辊材料组织及耐磨性分析[J]．焊管，2009，32(7)．

[15] 高国鸿．由国外制管设备的状况看中国制管业的发展[J]．焊管，1996，119：1.

[16] 彭在美．产学研用联合是创新发展的有力支撑——俄罗斯 HFW/ERW 高频焊管大型机组成套设备全部采用中国造高铬铸钢轧辊的启示[J]．世界金属导报，2015.01.27.

冷弯型钢方矩形管成型工艺及新技术展望

江　岩

（上海佳冷型钢有限公司（上海佳艺）副总经理）

方矩形管是冷弯型钢中产量最大的品种之一，广泛应用于多个工业领域。其成型工艺分为直接成型和圆变方两种。直接成型工艺在我国得到普遍推广和应用，工艺和装备的技术水平不断发展。经历了技术引进、消化吸收、技术创新的几个阶段。实现了由初期全部依赖进口到目前大批量出口的发展蜕变。本文介绍了方矩形管的成型工艺、关键技术以及新技术发展趋势。

一、方矩形管应用广泛

方矩形管是一种用途极广的闭口型钢，与相同截面面积的圆管相比，它具有强度高、抗弯截面模量大、易于装配以及稳固、美观等优点，广泛用于工程机械、车辆、地铁、造船等行业。尤其在建筑行业，大规格的方矩形管成为钢结构建筑中的主要承重结构部件。

方矩形管通常采用冷弯成型，即辊式连续成型的方式生产。由于冷弯成型的方式生产率高，在焊管生产线上可实现无间断的生产，且成材率高、头部损耗小，在大批量生产中得到广泛的应用。

我国的很多冷弯型钢生产企业都将方矩形管作为主要的产品类型。以上海佳冷公司为例，目前每年的方矩形管的产量占总产量的97%。产品用于建筑、机械、公路、桥梁、船舶、集装箱等行业。上海佳冷公司被评为冷弯协会的优秀企业；上海佳冷公司的“佳艺”商标被评为中国驰名商标。

二、方矩形管的成型工艺

方矩形管按照成型工艺的不同，可以分为直接成型即俗称的“方变方（直接成方）”和“圆变方（先成圆管再变为方矩形管）”两种。关于这两种工艺的特点，很多文献给出了比较[1,2]。而生产企业也依据设备情况，分别采用了不同的工艺。冷弯型钢协会也曾在2006年7月28~29日在山东泰安召开了“冷弯方矩形钢管直接成型工艺专题研讨会”[3]。

（一）圆变方和直接成方的比较[4]

关于焊接圆管、方矩形管的设计方法许多书籍和文献中都有介绍，这里主要对辊式连续成型中常用的方法作一比较。

1. “圆变方” 工艺

用焊管机组将带钢成型、焊接成圆管后，再通过定型机定型成方矩管。采用“圆变方”工艺，可以利用圆管成型设备先成型为焊接圆管，然后在定径部分再将圆管变为方矩形管（图1）。对于原有的圆管焊接生产线来说，投资小，易于实现。其工艺比直接成方工艺易控制。

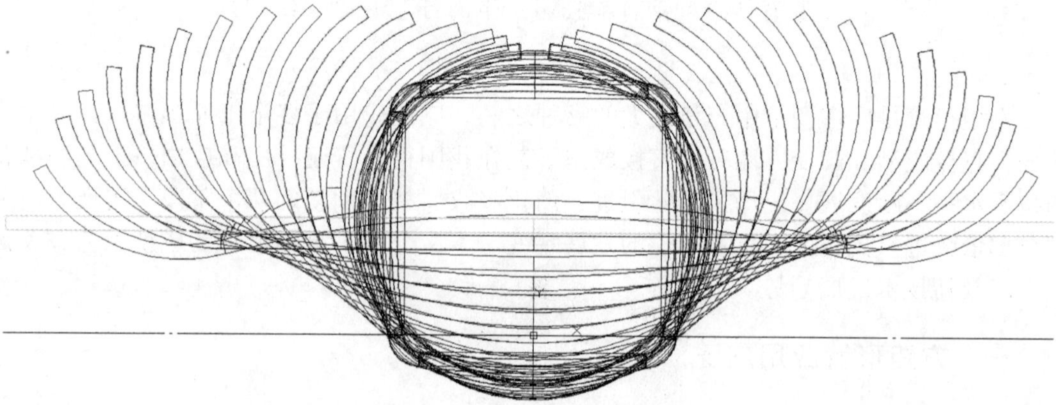

图1 先成圆管后变方管的辊花工艺图

（采用了重心不变下山法）

2. “直接成方” 工艺

这是指将带钢直接弯曲成方矩形管坯，然后进行焊接、整型的工艺（图2）。

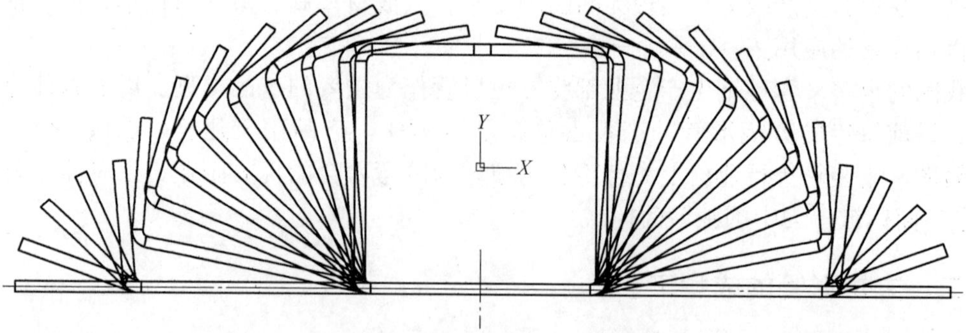

图2 直接成方管的辊花工艺图

（未用下山法）

（二）直接成方工艺的优点

与圆变方工艺相比，直接成方工艺有下列优点。

1. 轧辊由辊片组合而成，共用性强，轧辊备件少

采用由圆成方工艺生产方矩管，仅成圆阶段的变形就需配置数套成型辊，辊耗大，换辊费时，生产效率低。据统计，与圆成方工艺相比，采用直接成方工艺可节约辊片费

用50%，减少换辊时间40%，提高生产能力15%，大大降低了生产成本。

2. 钢带的展开宽度小，节省材料

生产同样规格的方矩管，采用直接成方工艺，所用带钢展宽较小，可节省带坯用量。根据国外厂家生产80mm×80mm方～180mm×180mm方几种不同壁厚方管所用带坯宽度的统计数据，采用直接成方工艺比由圆变方工艺节约坯料平均为2.4%。这表明，直接成方工艺在一定规格产品条件下，具有更好的经济效益。

3. 成型力比较小，能耗低

直接成方时机组负荷低，尤其在定型机组上负荷明显低于圆管定型负荷。直观地看，两种成型方式初始时带钢形状一致，成品的最终几何形状也一致。直接成方变形的部位是方管的四个角部，而由圆成方变形的部位除四个角部外，还将平直的边部先成型为圆，又整形为平直，显然增加了一些不必要的变形过程，加大了变形能耗。因此，与由圆成方比较，直接成方的变形功率低。

（三）直接成方工艺的普遍问题及解决对策

1. 生产壁厚10mm以上的钢管时焊接质量难以控制，焊接速度低

设备要满足直接成方工艺的要求，钢带对接、活套、铣边、切断等工序要适应生产速度的要求。焊接速度慢时，焊接质量难以保证。对于厚度大于12mm的产品，成型过程对钢带的端部形状也要保证端面平行，如果端部形状呈V形，下角温度高，毛刺呈水滴状，焊缝过热，晶粒长大；上角温度低，焊不透。高频焊机的选择推荐采用固态高频。对于厚规格产品前部的铣（刨）边工序也是不可缺少的。

2. 生产高强度的方矩形钢管时角部开裂

采用直接成方工艺生产的方矩管，其断面各个角部的成型如果大致看成是板的纯弯曲时，中性层的外侧板带受到拉伸，最外侧的拉伸应变如果不超材料的伸长率，则不会产生裂纹。一般的材料随着强度的提高，其伸长率显著下降。对于高强度的钢管，是否能采用直接成方工艺，需要先根据材料的伸长率和弯角外侧材料的最大拉伸应变决定。

采用由圆变方的工艺，方矩形钢管角部是在封闭的型腔中由圆管的对应的圆弧体形成的，孔型设计时可以给这一实体分配一定的压缩量，因而可以显著地减少圆角外侧的拉伸，减少高强度管的角部外裂纹。

3. 四个圆角不均匀

造成这一问题的主要原因是：

（1）成型过程分料不合理；

（2）挤压侧孔型设计有缺陷；

（3）空弯（即变形盲角）。优化两个弯角的成型角度和顺序，合理配辊最大限度减少空弯角，利用反弯方式减少盲角，侧立辊的应用，斜辊及芯子的应用，以及选用合适的弯曲成型方法都可以有效地减少圆角不均匀问题。

4. 钢管表面容易产生擦伤

机组的结构参数是否合理，上、下辊的齿轮传动速比，轧辊的结构及参数设计是否合理，轧辊的材料和热处理硬度以及润滑与冷却都会影响到表面擦伤。

机组的结构参数应能满足按照最小边部应变的要求提供足够的下山调整量。轧辊的

设计要按照系统的线速度考虑解决不同直径造成的速差问题。必要时采用游动辊。

三、直接成型工艺技术及其发展

我国企业采用圆变方早于直接成方工艺。我国从20世纪五六十年代开始采用高频焊管生产线的定径矫直部分实现方矩形管的生产。80年代，广州异型钢材厂引进的PR700/8冷弯型钢机组，在当时是国内最大的冷弯型钢机组设备。1992年，武钢集团汉口轧钢厂引进了PR1100/12.7冷弯型钢机组，也是当时国内最大的冷弯型钢机组。这两条生产线都来自于奥钢联。该机组采用直接成方的工艺生产闭口方矩形管。

我国的直接成方技术源于引进的奥钢联这两条生产线。姜复生、王大齐等对引进机组的主要技术性能以及新技术作了深入的研究[5,6]。广州和汉口的工程技术人员在引进机组的基础上不断完善和改进，从成型弯曲方法到具体的工艺参数都做了细致的分析。进一步完善了直接成型工艺，并经过技术改造扩大了产品范围和机组性能[7]。

天津淮海冷弯吸收奥钢联直接成方技术后，于1997年对老机组进行改造，将石轴公司的ϕ165×4.5机组水平机架由原来前7后5改成前10后4，并根据工艺需要增加侧辊和吊辊，同时把轧制速度从原来的65m/min降低到43m/min。改造后的直接成方机组产品最大规格[8]由原来的F140×4.5提升到F200×8。

由于直接成方工艺的优越性，在我国方矩形管的生产企业中得到广泛应用。先后有石家庄轴承设备厂、石家庄富瑞沃、南京中轻、大连三高等设备制造厂研发了多规格的直接成方机组。最大规格可以生产500mm×500mm的方矩形管。

主要的方矩形管生产厂包括上海佳艺、汉口轧钢厂、上海钢铁工艺研究所、天津淮海、泰安科诺等。其中上海佳艺、汉口轧钢厂、天津淮海、广州钢管被冷弯协会评选为优秀冷弯企业。很多企业的方矩形管大量出口，形成很强的国际竞争力。

我国工程技术人员在总结引进设备的经验基础上，提出了一整套辊型设计方法：直接成方工艺的主要特点分析；辊型设计的基本条件；坯料宽度的计算方法；成型道次的确定；各成型道次变形量的确定；变形辊花图；各道装辊图的设计。焊接部分：导向辊、挤压辊和导出辊的设计；整形辊与整形立辊的设计等。提出了采用弯曲直线段预弯的方法改善直接成方工艺空弯角的问题。

方矩形管的生产企业与设备制造厂共同合作，先后攻克了螺旋活套、自动剪切对焊、四辊成型机架、高频焊接、内外焊瘤毛刺去除、铣切跟踪锯、自动码垛等一系列技术难关。应用于生产实际，极大地提高了我国生产方矩形管的能力和技术水平。

在方矩形管的品种方面，分别实现了厚径小口径方管、薄壁和厚壁大尺寸方矩形管的生产。以上海佳冷型钢为例，目前已经可以生产25×25~300×300、30×20~400×200等上千个规格。

上海佳冷型钢在方矩形管的技术开发上形成了系列的专利技术：厚壁小口径方管，实现了壁厚与边长之比$t/h>10\%$厚壁管的生产[9]；空腹尖角菱形管的加工方法[10]；灵活应用方变方和圆变方复合工艺实现异型管的开发[11]。在设备方面有4辊万能机架[12]、分离式轧机[13]等。

四、方矩形管成型的关键技术与新技术展望

（一）方矩形管成型的CAD/CAE技术

方矩形管冷弯成型工艺的轧辊设计是生产中的关键技术之一。采用计算机辅助设计技术，可以实现高精度、复杂轮廓的轧辊的优化设计。缩短轧辊设计周期，降低制造调试成本，使得方矩形管的成型设计不再是主要依赖设计者的经验以及依靠调试修正的试错法。

COPRA RF是专业的冷弯成型设计软件，佳冷公司采购了两套COPRA RF，实现了方矩形管设计的计算机化。从工艺设计到轧辊配置以及成本核算和自动出图各个设计环节都可以用软件实现。不但提高了设计效率，还能实现很多人工无法实现的功能。图3所示为200×200方管的设计实例。

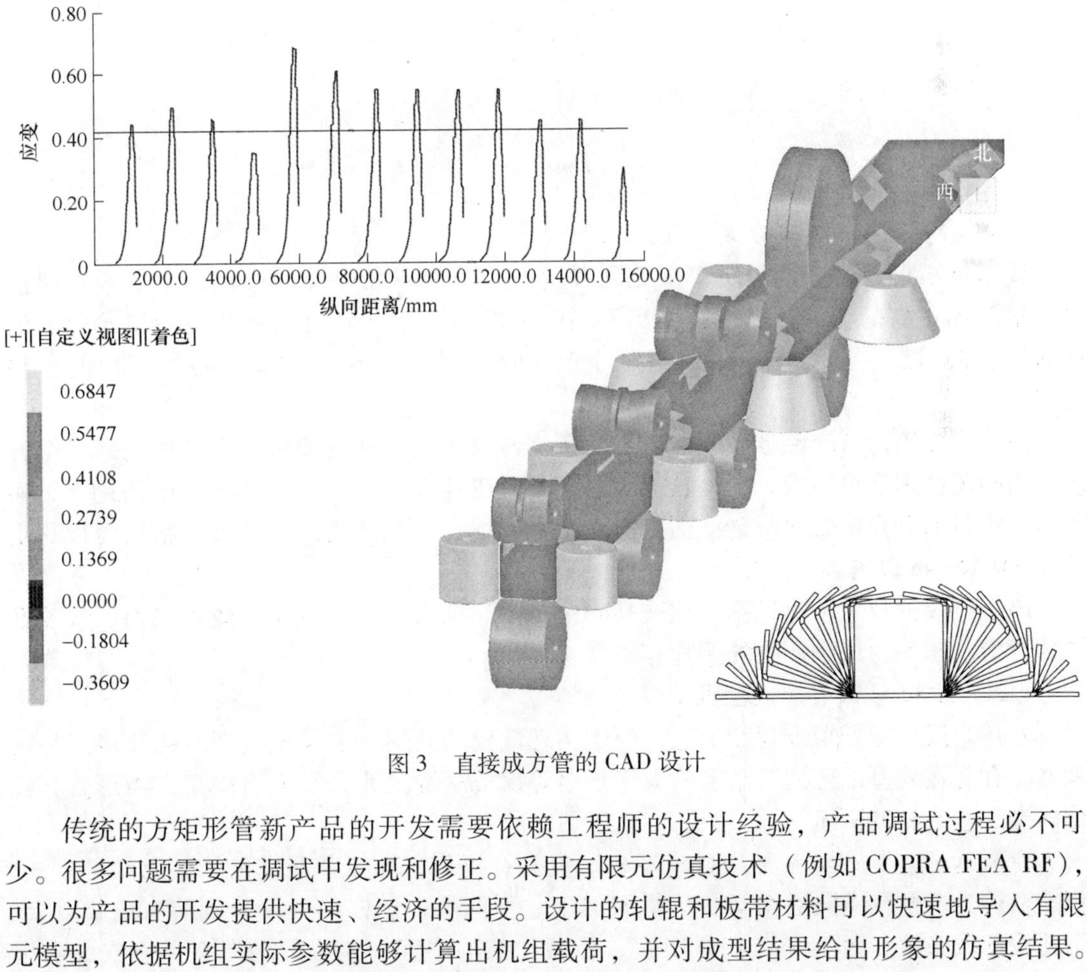

图3 直接成方管的CAD设计

传统的方矩形管新产品的开发需要依赖工程师的设计经验，产品调试过程必不可少。很多问题需要在调试中发现和修正。采用有限元仿真技术（例如COPRA FEA RF），可以为产品的开发提供快速、经济的手段。设计的轧辊和板带材料可以快速地导入有限元模型，依据机组实际参数能够计算出机组载荷，并对成型结果给出形象的仿真结果。在轧辊投入制造之前，在计算机中实现优化，解决设计中可能出现的问题。这样就可以将调试过程在“计算机上完成”。特别是一些难度较大的截面设计和新材料等都可以通

过有限元仿真得到分析结果。图4为方矩形管的FEA仿真图。国外著名冷弯企业的公司都基本上实现了CAD/CAE技术的广泛应用。

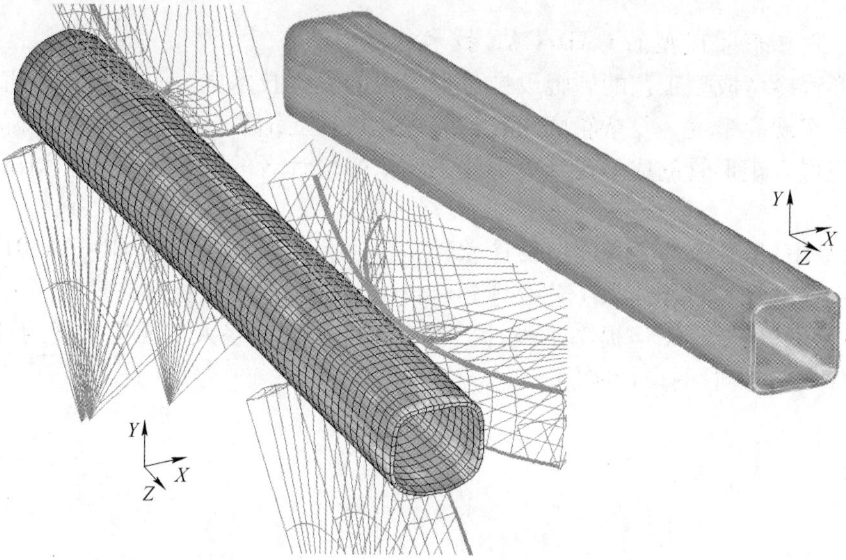

图4　方管的COPRA FEA RF仿真分析

（二）高精度方矩形管成型技术

我国方矩形管的生产经历了从无到有，产品质量不断提高的过程。由于客户对产品质量提出更高的要求，促使生产厂不断改善产品精度。满足国家和行业技术标准已成为最低的门槛。上海佳冷公司制定了更加严格的企业标准，满足各类客户的各种要求。

高精度方矩形管产品涉及到原料、设备、成型工艺、轧辊模具、生产控制等整个环节。为满足高端客户需求，上海佳冷公司在北方工业大学与大连三高公司的协助下，实现了国内目前最高精度的复杂截面冷弯成型生产线。该生产线的产品尺寸精度可以稳定达到±0.05mm以内。

该生产线的技术特点包括导柱式高刚度机架、插入式4辊机架、成组快换、快速换辊装置等。图5为该生产线的照片。

（三）方矩形管柔性成型技术

采用直接成型方矩形管的工艺，便于实现轧辊的共用，灵活地实现不同规格产品的调整。在直接成型工艺的基础上，大连富地等设备制造企业研发了适用于方矩形管直接的成型工艺的新型机组。

专利［14］公布了一种型材成型机，包括有机架、轧辊和调整机构，机架呈立式，调整机构为两丝杠横向活动安装于机架的上、下两端，丝杠的一端分别装有电机，上、下轧辊依次布置、活动安装在机架上，呈两丝杠的中间，轧辊的两端头分别安装有滑座，上、下轧辊分别与上下丝杠固定连接。轧辊两段辊面的滑键轴外套接有连接套，辊面镶嵌在连接套内，在辊面的外侧的连接套内，固定有轴承和轴承螺帽，轴承外套是连

图5　上海佳冷公司的高精度冷弯成型机组

接体固定轧辊和丝杠连接，连接体用螺套固定，螺套套在正、反扣丝杠上。电机带动丝杠旋转、螺套水平行进，调整轧辊间距满足不同厚度板材以及不同规格尺寸方矩形管的成型。该机组在武钢汉口轧钢厂得到应用。方矩形管的尺寸发生变化时，调整十分方便。图6所示为这一成型机组的结构。

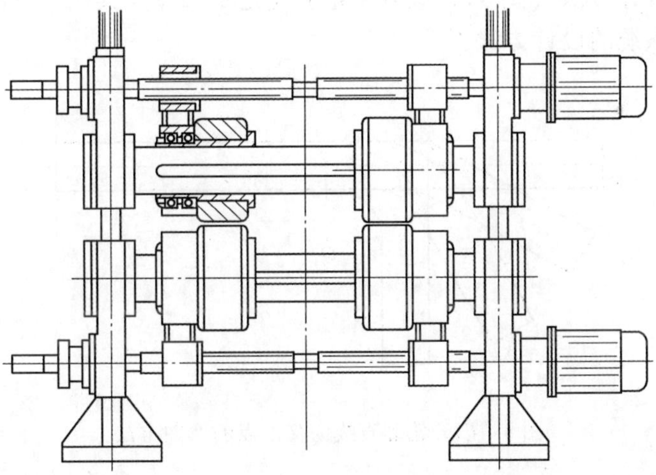

图6　可调轧辊宽度的冷弯成型机组的结构

通过进一步的发展，专利［15］公布了新兴的轧机结构，特别涉及适用于加工轧件宽度变化较大的一种浮动牌坊轧机。与轧件位置相对应的两固定牌坊之间的上、下辊轴上装设上、下轧辊浮动牌坊装置，上、下轧辊浮动牌坊装置由两半上、下轧辊浮动机构组成，每半上、下轧辊浮动机构由浮动牌坊、偏心套、调整辊轴中心距齿轮、下辊套、调整下辊轴向齿轮和宽度调整组件组成。既适用于轧件宽度变化较大的轧制，又适用于轧制小规格、大壁厚的方矩形管生产。其结构如图7所示。

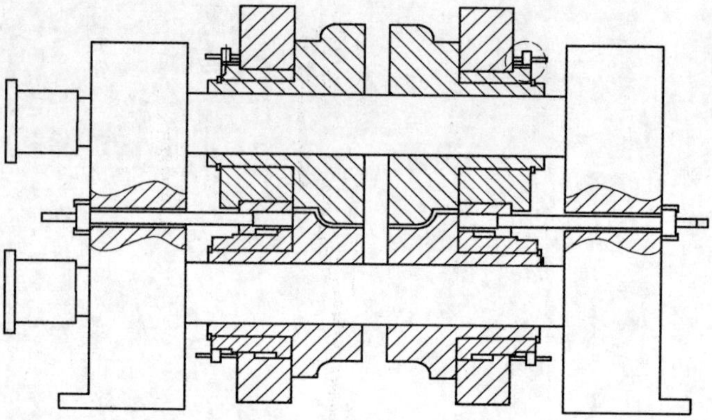

图7 新型可调轧辊宽度的冷弯成型机组的结构

现有的几种冷弯成型的设计方法包括定长度法（弯曲中心上移法）、定半径法（变点定径法、弯曲中心移动）等，已不能满足方矩形管在变厚度时精确弯曲的要求。如何对轧机结构进行创新，以及可分别满足不同规格方矩形管的尺寸调整要求和适应板厚变化的上、下辊间隙调整要求，如何从设计方法上同时满足和实现不同尺寸和不同壁厚产品的调整需求，就成为一个迫切需要解决的问题。刘继英教授给出了以外直线轮廓为固定交汇点的弯曲设计方法（图8），该方法是能满足辊型完全共用，且高精度、便于伺服调整的柔性辊型系统的设计方法[16]。

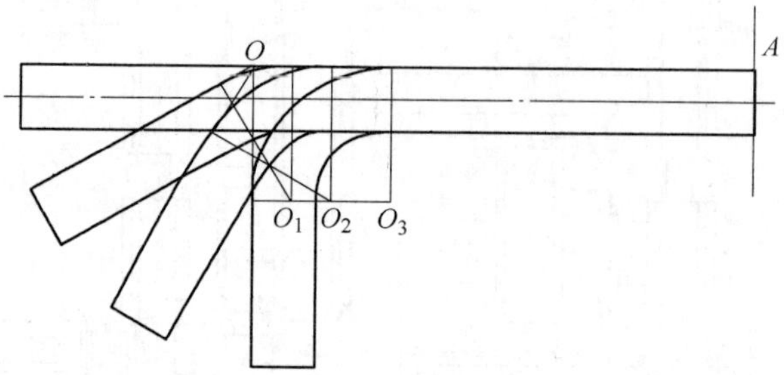

图8 以外轮廓直线为交汇点的弯曲方法

采用这一设计方法，当板厚发生变化时，辊型的板厚方向直接按板厚差值调整，而轴向方向可以按照对应的几何关系调整。调整的孔型可以实现板料的精确弯曲成型，而理论上无任何误差。当产品的板厚发生变化时，孔型的垂直方向按照板厚的差值调整，而水平方向按照弯曲角度和厚度差的几何关系调整。意大利STAM公司的设备上可以实现0.3～13mm不同板厚的成型，解决了不同板厚下轧辊共用的精确成型问题[17]。

（四）高精度方矩形管检测技术

目前生产过程中方矩形管的检测，采用的是普通的量具卡尺、千分尺和角度尺。对于圆角部分的测量，需要做剖面投影。对于冷弯型钢产品，特别是复杂截型的产品，桌面式轮廓扫描仪是一个方便快捷的检测工具。COPRA®桌面截型扫描仪（图9）利用传感器和旋转台实现型材截面的无接触测量，并将可见截面图形化。系统具有很高的精度和灵活性。测量型材时，只需要用手将旋转型材台面旋转360°就可以得出整个型面的扫描轮廓。利用软件可以将整个扫描截面校准到一个轮廓上，并与理想的设计断面作对比，快速准确地得到型面的偏差分布，以及判定是否超差。

图9　COPRA®桌面截型扫描仪

（五）方矩形管新技术发展展望

我国作为制造业大国，快速发展的汽车产业、建筑产业、工程机械等行业对型材的需求越来越大，要求品种规格越来越多，产品质量越来越高。这对于冷弯型钢提出了更高的要求。我国冷弯型钢行业面临着巨大的挑战与机遇。如何为我国的工业发展提供性能更好的型材，以实现行业的技术升级和转型是我们面临的迫切任务。以高强钢材料代替普碳钢、高精度型材代替粗放型材、复杂型材代替简单型材，以满足客户下一代产品的需求就是冷弯行业发展的方向。

“先期介入”是一个先进的战略理念，要求企业不再是被动地满足上游客户的需求，而是主动介入上游客户新产品开发过程，为客户提供所需要的产品工艺制造技术的支撑，实现更高层次上的合作与战略共赢。

追求技术进步是不断提高企业核心竞争力的措施之一。企业应该成为技术创新的主体。采用先进适用的技术，可以减少企业的投资风险，获得好的技术经济效益。

我国目前的方矩形管产品普遍面临的问题以及今后发展的几个问题包括以下几方面。

1. 方矩形管的内在质量检测与控制

方矩形管依据用途不同需要满足不同的质量指标。对于受力的重要部件，不但要求外在质量（尺寸等）也要求满足内在质量（残余应变控制等）。目前关于残余应变的控制，一些专家学者利用冷弯成型工艺过程的仿真，做了优化成型工艺参数的研究，减少了残余应变，满足产品后续加工的需要。一些专家学者也对残余应变的检测与控制进行了研究，发表过一些论文。但目前行业内仍缺乏有效实用的工程检测控制方法。

2. 高精度产品及稳定的质量控制

目前方矩形管产品还很难满足机械行业高精度部件的需要。对于一些有配合要求的型材，如何在生产条件下稳定地达到高精度的需要是我们面临的一个难题。这需要从装备、轧辊模具、原料控制、生产过程控制等多个环节入手，系统地解决涉及的问题。国外已经实现了75×75方管100×50矩形管的稳定公差±0.1mm，板厚控制公差±0.02mm的水平。

3. 高强度钢及新材料的开发与应用

高强钢的应用越来越广泛，且钢材的屈服强度越来越高，这对冷弯行业既是机遇也是挑战。目前的冷弯型材已不局限于强度在500MPa以下的钢材。在汽车领域，冷弯（辊压）型材的屈服强度已实现了1300MPa级别的批量生产。高强度钢回弹大，塑性伸长率低、变形抗力大是共性技术问题。借鉴汽车行业的已有辊压技术，可以加快冷弯行业的发展步伐。

新材料的不断出现也是冷弯型钢发展的机遇与挑战。军工行业和新兴产业是我们需要加以关注和介入的领域。

参考文献

[1] 高光祖．方矩形管直接成方工艺[J]．焊管，1997(4).

[2] 郑文彪．PR700/8冷弯型钢机组直接成型工艺[J]．焊管，1997(1).

[3] 冷弯方矩形钢管直接成型工艺专题研讨会．http：//www. itacn. org/1157508247. html.

[4] 小奈弘，刘继英．冷弯成型技术[M]．北京：化学工业出版社，2007.

[5] 姜复生．现代辊式冷弯成型技术的发展特点[J]．轧钢，1994(8).

[6] 王大齐．辊弯成型新工艺[J]．上海金属，1996（1）.

[7] 李烨．大型冷弯方、矩形管的生产与研究[J]．焊管，2003(11).

[8] 江岩，张长发，关世杰．一种制造尖角矩形钢管的方法．专利号：ZL02103603. 9.

[9] 姜春民，张静，江岩．厚壁小口径方管．专利号：CN201220171550.

[10] 姜春民，张静，江岩．空腹尖角菱形管的加工方法．专利号：CN200910201329.

[11] 张静，姜春民．梯形截面冷弯焊接异型管的成型工艺．专利号：CN201010275501.

[12] 姜春民．四辊万能机架．专利号：CN201220172533.

[13] 姜春民，江岩．分离式轧机．专利号：CN93221018.

[14] 高国武．型材成型机．专利号：CN02280745.

[15] 高国武，姜志雄．浮动牌坊轧机．专利号：CN201320365426.

[16] 刘继英．汽车用焊管产品的开发与关键技术．中国第五届轧辊模具行业技术交流会，2013.

[17] Rollforming lines and FMS. http：//www. stam. it/rollforming-lines-machines. php.

中国冷弯型钢生产制造30年回顾和展望

姜春民

（上海佳冷型钢有限公司总工程师）

一、冷弯型钢发展简史

（一）国外冷弯型钢发展

（1）国外冷弯型钢生产已有100多年历史，大致分为三个阶段。第一阶段（1838～1909年）为探索和试制阶段。在此阶段仅有俄国、美国和英国少数几个国家采用简单的冷拔或机械弯曲压力机，可单件生产冷弯型钢。第二阶段（1912～1959年）是创立和逐步推广辊弯成型工艺的阶段。1910年美国发明创造了辊式冷弯成型工艺，并建立第一套专业化辊式冷弯成型机组。1925年，在英国、德国、法国，1926年在捷克斯洛伐克相继有了冷弯型钢工艺和技术及专业化机组，并在欧洲逐步推广和应用。第三阶段（20世纪60～80年代）是冷弯型钢生产迅速发展阶段。第四阶段（80年代至今），随着第三次工业革命的到来，冷弯行业同样也有了质的变化，特别是在欧洲和日本。

（2）美国冷弯型钢新产品的开发和新设备的开发也进一步推动了冷弯型钢制造工艺、技术的进步。

在此阶段成型理论建立了较完整的轧辊设计，加工CAD、CAF完全数字化。

根据用钢轻量化的需求，冷弯型钢也实现高强钢化，目前已有屈服强度1200～1700MPa的冷弯型钢。

（3）苏联是早期开始冷弯型钢生产、制造、应用、研究的国家之一，到20世纪初获得长足发展。60年代编制了“苏联冷弯型钢产品样本”，1979年后，健全了分类体系，相继也有关于冷弯型钢标准使用规范等的出版。到了80年代，全国拥有冷弯型钢生产线几千条，冷弯型钢产量达百万吨，居世界第二位。生产制造工艺、技术方面也有大量的积累，从事冷弯型钢技术研究的人员也越来越多。1960年B. N. 达雅多夫编制出版了《薄壁冷弯型钢生产》一书。和其他工业行业一样，苏联的技术对我国工业的发展起到了启蒙的作用。

（4）在欧洲，捷克斯洛伐克是最早生产冷弯型钢的国家，从1926年开始，历史很长。在成型理论和孔型设计方面也做过一系列的研究。进入21世纪，特别是欧共体的建立，整个欧洲在冷弯工艺、设备、产品质量方面的进步名列前茅，冷弯型钢制造工艺技术具有世界领先水平。比较有代表性的两个公司是奥钢联型钢部、德国的“威尔森”公司，几乎每天都有新产品问世。

在冷弯生产设备及生产线技术方面，居世界领先地位的公司也在欧洲，比如德国三星公司，意大利的GASPARINI、PM公司。另外，在成型理论及孔型设计方面，除上述几家公司之外，德国的data M公司也有深入的研究，90年代创建了计算机辅助孔型设计理论体系设计软件。在欧洲，复杂断面冷弯型钢成型技术及成型前冲孔等技术属于国际先进水平。

（5）日本在20世纪20年代引入辊式冷弯技术，大约在50年代（昭和30年）小口径电焊管和轻钢（开口）就已成型，60年代非常活跃和兴盛，70年代又得到扩大和发展，80年代进入"产品多样化、产品优质化、高附加值化"阶段。到了90年代，作为板材二次加工和应用的一项技术，发生了质的变化，并获得重要成果。90年代辊弯成型技术的"高效化、复合化、产品多样化、高附加值化"，促进了产业的提高和发展。同时，日本产业结构和加工技术体系也发生了很大的变化。原来一直依赖于其他加工方式的产品生产，要求其转为辊弯成型方式的呼声越来越高。伴随这些技术的发展和变化，辊弯成型技术的质和量两个方面都得到发展和促进。新品开发、新设备（生产线）和加工机械的开发也进入活跃期。

（二）中国冷弯型钢生产制造工艺发展前期回顾

（1）20世纪30年代初冷弯型钢生产制造在中国起步，如同国外一样，也是从冲压、拉拔方式开始，生产简单的冷弯型钢。

（2）进入20世纪50年代才有了比较专业的辊式成型冷弯机组，1958年在上钢十厂建成中国第一条辊式冷弯机组。当时是提供给第一汽车厂。产品主要是开口型钢（封窗、车身冷弯型钢），技术主要来自苏联。

（3）20世纪60年代末期，根据国家指令性计划，在北京、上海、天津、鞍山、重庆建立了5个冷弯型钢生产试验车间。全国的产量也只有几千吨，品种规格300多个，应用领域主要是农机，并且有了焊接技术。

（4）到了20世纪70年代，冷弯型钢的加工制造，从冶金行业扩展到直接用户汽车行业，一机部在一汽和二汽建设了汽车（大箱板）专用冷弯型钢机组。典型产品有汽车大箱板，产品分为上、下梁和中间宽幅波纹板，上、下梁为开口型钢，在80年代改为一体化。产品规格和产量增长缓慢。

二、冷弯型钢技术在中国的持续发展

（一）中国冷弯型钢第一次发展高潮

20世纪80年代，可认为是中国冷弯型钢第一次发展高潮，生产厂家扩大到华东、华北、东北等地区；到了80年代末，全国拥有冷弯型钢加工制造企业几十家。1985年成立冷弯型钢协会，主要会员企业有长春冷弯型钢厂、鞍山冷弯型钢、上海钢铁研究所、武汉汉口轧钢厂、广州异型钢管厂、冶金部北京钢铁研究总院等。

产品品种规格达到2000余种，最大规格 $t = 8mm$，$B_{max} = 500mm$（200方机组）。产量近30万吨（包括部分结构圆管），占钢产量的1% ~1.5%，冷弯型钢机组多达100多台（套）。应用领域涉及铁路、货车、铁路客车、公路客车、农机、集装箱、建筑门窗、钢结构公路护栏、货架、电器等。

1. 20世纪80年代冷弯型钢的发展和技术进步

（1）自力更生发展中国冷弯型钢。

1）薄壁宽幅压型板建筑用冷弯型钢是冷弯型钢的一种，1980年由厦门黎明公司开发出我国第一台压型钢板冷弯设备，之后随着涂层钢板的技术进步和产量的提高，该系列产品（压型板、C型钢檩条、小槽收边、门窗、卷帘门等）发展非常快。80年代末全国产量达几十万吨。

2）1985年，在上海嘉定区，成立了上海佳艺冷弯型钢厂，建造了200×200×8冷弯机组。其特点（按当时国情和技术水准）是：

① 工艺配备齐全；

② 变形工艺使用圆成方，变方工艺为箱式孔型设计；

③ 高频焊接为接触焊；

④ 产品规格为200×200×8国内最大冷弯机组，由于市场需求的原因，当时只生产150×150×6机组，1987年成功生产200×200×6机组；

⑤ 成型段12架，可生产开口产品；

⑥ 水平轴轴向微调机构。

3）1985～1986年全国各冷弯型钢厂都在研发空腹钢窗料。系列产品252、253、254为典型的冷弯异型材。工艺为从焊管直接变形为异型截面。

4）1986年第一张二波护栏板在上海佳艺诞生，应用于我国第一条高速公路（沪嘉）建设。

5）货架产品制造工艺和技术进步：专业化货架机组20世纪80年代初在南京建成，前期都是用开口冷弯型钢冲孔完成，第二阶段（80年代末），有了成型前在带钢上冲孔的工艺和技术。进入2000年，由于计算机、伺服技术的发展和进步，送料机构采用伺服系统技术，每次送料精度达到不大于0.2mm。

6）20世纪80年代在南京试制成功了宽幅冷弯型钢板桩加工制造技术。到了90年代，在武汉等地也有冷弯型钢厂试制出冷弯型钢板桩产品，且各型号产品逐步系列化、标准化。2013年正式发布GB/T 29654—2013冷弯钢板桩国家标准。

（2）通过引进，使得我国冷弯型钢制造工艺水平大幅提高。

1）1987年，从日本中田制作所引进的12NU-11型冷弯机组，在长春冷弯型钢厂投产，此项目的技术水平相当于日本20世纪80年代初的水平。引进后多项填补国内空白，制造工艺先进，配置齐全。

其变形工艺方面最突出的特点：一是方成圆使用W反弯变形工艺；二是圆成方，成方用四辊万能机架；三是四辊挤压焊接，用感应焊、接触焊两种焊接方式。可称为中国冷弯型钢变形工艺的一次变革。迄今各企业圆成方机组变形工艺及圆管的W反弯都来自于此。其他先进技术有5台直流电机同步；DDS电脑飞锯；焊缝温度检测及自动反馈；涡流探伤；带头带尾全自动剪切对焊机。全线计算机控制，最大轧制速度为80m/min，以上技术为后期国产化，较大规格冷弯型钢及焊管生产线提供合理依据及支持，加快了生产线技术进步。目前焊缝温度检测及自动反馈系统，仍处于国内领先地位。

2）广州异型钢管厂引进的PR700/8多功能机组。1988年广州异型管厂从奥钢联引进PR700/8型多功能冷弯型钢机组，其工艺特点：

一是多功能，即一条机组以不同变形工艺方式生产不同种类产品，包括：

① 方成方工艺生产方矩管：方管180×180×8、矩管最大边长240；

② 还可生产圆管，圆管最大直径为219mm；

③ 开口产品，最大进料宽度为700mm。

二是方成方工艺（也可称柔性变形），方矩管和开口产品采用一套组合辊；圆管开口部分变形工艺也是柔性变形，多点预弯组合方式。

三是轧辊投入比普通方式少90%。

四是方成方工艺使用料宽比圆变方减少2.3%～2.5%。

五是其他方面的先进性：

① 整机PPC控制；

② 主机3台电直流同步；

③ FJ型电脑飞锯；

④ 焊缝无损检测UT、WT；

⑤ 水平轴可轴向微调。

六是工艺配套齐全：

① 引入了卧式活套（国内第一台）；

② 定尺飞锯为微机控制，国内第一台FJ型；

③ 引入方成方工艺。

3）在20世纪80年代，南京轧钢厂引进德国C型钢生产线，生产建筑用C型、Z型冷弯型钢。

2. 产品标准和应用规范的颁布对技术进步产生积极影响

20世纪80年代正式制定和颁布冷弯型钢国家标准。该标准也可以算是我国80年代之前多年来冷弯型钢生产技术发展的总结。通过标准可以反映出那个年代我国冷弯型钢生产技术水平和现状。该标准内容比较符合当时的实际情况，基本满足了当时用户和生产厂家的需求，同时又促进了我国冷弯型钢生产技术的发展向标准化、专业化迈进。

3. 行业内取得的成果

在此期间我国冷弯型钢不但发展速度很快，加工制造技术也取得了很多成果。20世纪80年代中国改革开放初期，工程技术人员在技术资料短缺的情况下，设计虽然是手工画图，靠经验公式计算，但还是设计出空腹钢窗料系列产品及复杂断面的空腹工字钢产品（分类号5019）。这种刻苦钻研的精神非常值得提倡。

（二）20世纪90年代中国冷弯型钢的发展和技术进步

进入20世纪90年代，中国冷弯型钢基本实现标准化和专业化制造和生产，冷弯型钢产品逐渐被更多行业所认知和应用。此阶段，全国拥有冷弯型钢制造企业近百家（不包括压型板、薄壁冷弯型钢制造企业），年产量近百万吨。产品规格：$t_{max}=12.7$mm，$B=1100$mm。应用领域扩大，如建筑钢结构对大口径厚壁方矩管有了更大需求，新型铁路货车的开发对大口径厚壁冷弯型钢提出使用要求，新产品开发使冷弯型钢大量进入汽车行业等。

（1）进入20世纪90年代，突出表现在对引进技术的消化吸收和推广，从日本引进的12NU-11冷弯型钢机组的W反弯变形工艺、圆成方四辊变形工艺及其各项技术（除焊缝温度自动检测)，通过长春冷弯型钢厂与石家庄轴承设备厂共同实现国产化而推向全国。对中国冷弯型钢生产制造工艺产生了深远影响，使中国冷弯型钢生产制造工艺有了飞跃式发展。

(2) 1993年，汉口轧钢厂引进奥钢联制造的PR1100×12.7冷弯型钢机组。该机组技术先进，变形工艺独特。其特点是：方成方变形工艺；焊接前成型区轧辊通用；可实现多规格方矩管的生产及开口型钢产品的生产；模具投入少、成本低；轧辊更换快等。

投入次年，武汉钢铁研究院对其工艺、机组技术进行消化及深入研究。2001年技术改造成300×300×12.7机组，从此方成方工艺在我国很快被掌握并得到广泛应用。

(3) 1991年，中日合资沈阳东洋异型管有限公司在沈阳成立，设备从日本进口，带来了以圆管为母材，二次成型方矩管、异型管工艺技术。1998年，日本东洋特钢在秦皇岛投资建厂，引进"辊挤压"二次变形闭口冷弯型钢。产品规格为400×400×22，当时也可称作中国最大规格冷弯型钢。其工艺特点：变形道次少（3道），非驱动变形，靠液压缸推动，节能，可实现小批量、多品种生产。

(4) 1999~2000年，我国自行研制开发的多架次冷弯型钢机组在武汉钢铁研究院建成，同时开发出汽门边框复杂断面高精度冷弯型钢。与燕山大学联合开发成功弯曲变形深加工工艺，为奥迪轿车车门配套。此项产品的开发为我国冷弯型钢产品在乘用车上的应用谱写了历史新篇章。

其工艺的特点是产品断面复杂，精度高，变形架次多。

(5) 建筑用钢脚手架及钢模板、跳板也用冷弯型钢制成，其中钢模板主体部分也是辊弯工艺加工制造的冷弯型钢。其工艺特点：截面形状为槽形，角部为尖角。

(6) 冷弯型钢所用原材料落后，制约了冷弯型钢的发展。

(7) 建筑用冷弯型钢设备和技术持续引进。

20世纪90年代渭南冷弯型钢厂引进美国R425型全自动冷弯型钢生产线，可以开发生产建筑用C型、Z型钢。

上海宝钢集团宝成钢构1993年全套引进美国华高普（Varco Pruden）公司轻钢结构建筑体系及生产线和C型、Z型冷弯薄壁型钢自动先打孔后成型设备。

(三) 2000年至今中国冷弯行业的发展及技术进步

进入2000年后，可以说中国冷弯型钢的春天到来，冷弯型钢行业的发展进入第二个高潮期。2000年至今的十几年间，冷弯型钢的产能得到了迅速的扩大，产品规格、品种也有了显著增加。全国冷弯型钢产量达到1500多万吨，品种多达2000多种，规格尺寸也越来越大。全国冷弯型钢制造企业近千家，设备、生产线制造企业有几百家。机组规格越来越大，配套更齐全。冷弯型钢产品和冷弯型钢加工制造设备生产线销往国外，有的产品甚至进入美国、日本、德国等发达国家。产品质量及制造技术都有大幅度提高，与国际水准相比，差距逐渐变小。

冷弯型钢产品规格系列包括：

(1) 一般结构用开口型钢（角、槽、Z型、C型、内卷边C型钢等），坯料展开宽度 $B=7\sim1100$mm、厚度 $t=0.5\sim6$mm。

(2) 结构用闭口型钢（方矩形管、异型管）：截面尺寸为15mm×15mm~600mm×

600mm，厚度 $t = 0.5 \sim 6$mm。

（3）宽幅波纹板型钢：坯料展开 $B_{max} = 1550$mm，厚度 $t = 0.3 \sim 3$mm。

（4）研发出高精度、复杂截面、汽车、门窗用、机械驾驶室用各类型钢。

（5）其他行业用开口型钢：电缆桥架、电器框、电梯导轨、轻轨轮骨、货架类、钢模板等蓬勃发展。

1. 中国冷弯型钢行业近年的技术进步和持续发展

（1）进入21世纪，不断创新，加大科技投入力度，在协会的推动下，部分企业基本实现制造工艺先进科学化、生产制造自动化、管理现代化、产品优质化、理论研究和技术交流国际化。

（2）科技投入与技术进步。每项投入不单纯是扩大产能的投入，在工艺上都有创新，都会促进冷弯型钢的技术进步。2003年，第一台方成方快换辊工艺200×200×8冷弯型钢机组在上海嘉定投产。可称作“方成方排辊成型法”（大连富地机械制造有限公司）。

其工艺特点是：在原方成方工艺基础上，轧辊兼用比例增大；更换产品规格时，部分道次轧辊在机组上只需调整，使生产成本降低，效率提高。

（3）中国第一台一次成型、直焊缝400方机组，2004年在无锡投产。

（4）2005年，由大连富地公司与宝钢冷弯型钢厂共同研制的冷弯排辊机组在上海投产。这是当时中国最大的方矩管生产线——CFS500×500×20，产品规格上填补了国内空白，技术上填补了国内、外空白，CFS排辊技术的诞生，不但填补了国内、外空白，也是方矩管成型机的一场革命。其创新点：

1）产品规格最大（当时）为500×500×19。

2）成型机：方成方排辊成型方式，即大部分轧辊在产品规格更换时，不需要拆装，只需在机组上电动调整。

3）中国第一台大功率固态高频，焊接技术在冷弯机组上采用EFD。

4）第一台大方管铣切锯。

5）方成方排辊成型技术，10年间不断完善工艺，已趋于稳定和成熟，得到了推广和使用。目前已有国产方成方排辊成型机组十余台，最大规格为600×600×22。

（5）2006年，第一台国产大功率（400kW）固态高频焊接机在上海试制成功。由保定三伊天星电器制造有限公司与上海佳艺共同研发，应用在300×300×12冷弯型钢机组上。

（6）大口径开口型钢制造工艺的发展。桥梁、造船用U型肋系列产品，产品精度要求高，特别是直线度、扭曲度、边波等要求的特殊性，是加工制造工艺的一个难题。2000年后，先后在汉轧、宝钢型钢、南京等几家研发成功。

（7）汽车辊压件制造工艺的发展。目前，汽车的门窗边框、防撞杆、保险杠、车架管件、座椅滑轨、装饰条等都已采用冷弯型钢，并且随着汽车的轻量化，材料强度逐步提高。

国内已有多个厂家从事该领域的产品研究和开发。产品质量保证与汽车产业同步；检测不只是产品截面的检查，需要三坐标仪的外轮廓检测；趋势材料高强化。

（8）建筑用门窗冷弯型材。其截面形状是冷弯型钢中最复杂的系列产品之一，因为产品截面是以原有铝合金、塑钢门窗型材截面为目标的型号和标准来进行开发的。国外这一产品已系列化、标准化，国内产品还没有系列化，只是在特殊领域有少量应用，比如高层建筑的防火门窗等，普通住宅还没有应用。

1）成型工艺：截面复杂，成型道次多，成型后焊接；

2）成型机组：多道次，20 架次以上，最多需要 40 架次，精度要求高；

3）原料：有涂层的镀锌板或彩钢，厚度 $t \leqslant 3$mm 居多，截面尺寸，边长一般不大于 180mm。

2012～2014 年，广东金刚玻璃科技有限公司引进德国三条冷弯生产线，生产精密冷弯型材，该领域的冷弯型钢加工工艺又会有所提高和进步。

（9）工程机械、建筑机械、农机驾驶室用冷弯型钢的发展

2013 年，44 架次高精度冷弯型钢机组在上海佳冷型钢有限公司投产，结束了国内只有二次成型工艺而没有一次直接成型工艺的历史，填补了国内空白。

2014 年，奥地利联合钢铁公司在苏州也投资兴建了冷弯型钢生产线，制造工艺也为一次成型，将会带动国内冷弯型钢制造工艺的进步。

2. 新时期引进设备与技术对国内冷弯型钢发展的作用

（1）宝钢冷轧厂引进的冷弯波纹板型钢机组，为国内产品规格最大，料宽 $B = 900 \sim 1550$mm，厚度 t 约 3mm，速度 $v_{max} = 91.4$m/min，机组工艺配套齐全。其创新点是配有预热装置、随机飞剪自动堆垛装置。

（2）陕西方麦冷弯型钢有限公司引进美国的多工序的符合功能的 R425 冷弯型钢机组。其工艺特点是先冲孔后成型，多孔重叠的闭口型材工艺，达到国际先进水平。带有计算机控制的精密送料装置。冲孔切槽装置和成品切断用高速冲剪设备（最高 55 次/min），切断长度精度可达 ±0.762mm。主要产品是货架用各类型钢。

（3）2013 年宝钢技术中心从德国三星 Dreistern 引进一条多功能冷弯生产线，再加上宝钢的技术力量，在高强钢冷弯成型基础研究及生产工艺方面，必将对中国冷弯型钢的发展起到积极促进作用。

（4）2014 年南京音飞货架制造有限公司进口 GASPARINI 货架多功能冷弯生产线。其特点是工艺灵活，可实现多截面冷弯产品生产；自动化程度高，冷弯型材成型后，多件组焊全自动完成。

（5）凌云公司在西安投资引进意大利 GASPARINI 的汽车辊轧零部件生产线，为汽车配套。

3. 冷弯型钢用材多元化

目前用于冷弯型钢（辊弯成型工艺）的材料品种既有国内牌号也有国外牌号，包括碳钢、不锈钢、耐候钢等。

（1）普碳钢系列：Q235～Q19、EN 标准系列 A500；

（2）低合金钢：国内牌号 Q345 系列对应的 EN 系列；

（3）高强钢系列：屈服强度不小于 400MPa；

（4）超高强钢系列：屈服强度不小于 700MPa；

国内已完成了屈服强度 1200MPa 冷弯型钢量产。

中国冷弯型钢生产制造的发展历史图表

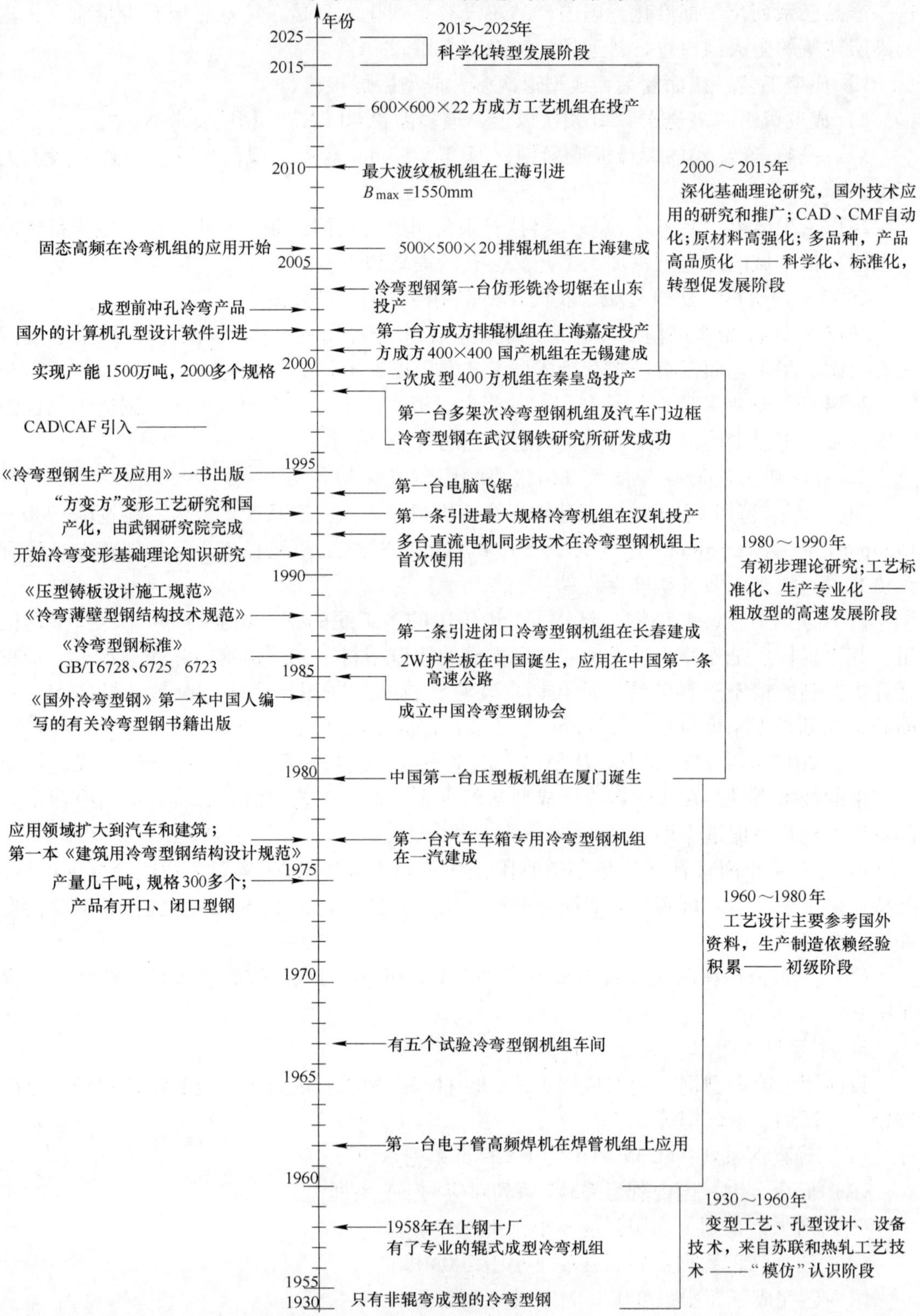

三、对我国冷弯型钢生产制造的展望

（一）与国外冷弯型钢制造水平的差距及不足

1. 综合发展水平的差异

（1）钢产量占比，我国为1.5%～2%，而有的国家在10%以上。

（2）产品质量，特别是稳定性方面，国内产品合格率用百分数表示，而欧洲有的企业用ppm，其数量级是百万分之几。

（3）规格品种，国内有2000余种，而国外已经达到了近万种，特别是复杂截面，小口径厚壁和大口径薄壁类产品占比较少。

（4）应用领域，从大的领域看，与国外相比没什么大的区别，而在同一行业应用的面和量以及产品结构和深度上的区别较大。

（5）产品结构单一。存在上述差距，与国家整体工业发展水平有关，同时也是与自身的生产制造工艺、综合技术水平相对落后分不开的。

2. 工装设备技术水平相对落后

工装设备技术水平相对落后也是影响冷弯型钢制造水平提高的关键环节之一。

20世纪80年代的引进，90年代的消化吸收，促进了我国冷弯型钢（包括焊管）制造业的技术进步。冷弯型钢（焊管）生产线制造技术同样也有发展和进步，但还是有一定的差距。80年代和90年代引进的设备还在用，这充分说明它好用、能用，还没有落后，这就是差距所在。

3. 轧辊

加工精度不高，原料性能不稳定，最突出的是耐磨性差。这一点与国外技术相比，还有很大的差距。就原材料而言，日本某家轧辊制造厂，从20年前到现在，其原材料供应一直没变过，而国内原材料的变化之频繁，大家都有所了解。

4. 冷弯型钢用原材料

（1）虽然力学性能和化学成分都能符合国标要求，但不符合冷弯型钢的“冷”环境，即存在常温状态下辊弯变形和成型，经常出现转角处开裂等问题。其主要原因有两个，一是至今还没有制定“冷弯型钢用热轧卷板国家标准”；二是钢厂降低成本，原材料内在质量降低。

（2）钢带平整度差，由于开口机组大部分不配矫平机，所以开口产品尺寸波动很大，对直线度也有影响。

（3）厚度和强度在宽度方向均匀度差，导致开口产品尺寸精度波动大，无法实现高质量产品加工。即使同炉号卷板，各卷之间差异也很大。

（二）冷弯型钢市场的变化和分析

1. 目前仍是发展空间较大和前景看好的领域

（1）汽车用冷弯型钢。应用占比与国外相比，仍有一定差距（早就有相关统计），另外，国内外都在走高强化道路，所以冷弯型钢在汽车行业的应用还可持续发展下去。

（2）建筑钢结构：我国冷弯型钢中的钢结构用量占比与国外相比，差距更大，所以发展空间也更大。

（3）需要深度开发的各机械行业。这些行业的特点：大部分都是小批量、多品种，并且随机型的变化而变化，发生变化的方面，除产品结构不断变化，更主要的是对产品质量稳定性提出严格要求。各行各业大力发展工业机器人，从夹具、模具到焊接都需要产品尺寸有较高的稳定性。

2. 尚需开发或刚刚开发的行业

（1）普通建筑用“钢窗、门”冷弯型钢，我国现在只是在《防火门窗标准》中有要求，因此只有这个领域有应用。特点是要求型材生产和门窗加工一体化或紧密配合。

（2）开口型钢的变断面汽车用大梁钢，目前国外也刚刚走出实验室阶段，国内还处于实验教学研究阶段，是一个很好的产品。国内外工艺路线基本一致。

（3）办公家具用冷弯型钢，发展空间很大，国外有的，国内没有生产，或质量不如国外好。导轨目前质量较好的仍需进口。

（三）对冷弯型钢生产制造的展望

1. 完善现有工艺，利用新技术促进发展

（1）通过工艺配套齐全，淘汰落后装备，使产品质量稳定提高。

1）焊缝质量：对冷弯型钢焊缝技术、闭口冷弯型钢焊缝质量及相关技术，行业内重视程度还不够，特别是方成方变形工艺的焊缝。所以需要行业内从基础上进行研究、分析，建立方成方焊接工艺规范及体系，其中也包括高频焊接机的参数确定。

2）端口质量：指的是连续生产的方矩管及异型管的切断。原有工艺使用摩擦锯，近几年已逐步淘汰，更换成冷切锯和仿形铣切锯，可以保证产品端口的平直和表面粗糙度，客户可直接使用。目前冷切锯和仿形铣切锯推广有两个瓶颈必须打破，一是自身造价高，二是质量不稳定、锯片使用寿命还不够长。

3）形状尺寸精度稳定性：除变形工艺是关键外，设备精度的稳定也是重要的。实践表明，主机牌坊结构导柱式的要比普通滑块式的精度高。

（2）通过提高工艺及设备的先进性降本提效。

1）先进的工艺，是指科学、合理、适用，可充分保证产品质量及稳定性，低成本、效率高。能实现以上各项指标是相当不容易的，近几年有的是引进消化吸收，也有一些是自己的发明。比如“方成方排辊工艺”就是中国人自己的发明；FF是消化吸收。但都存在一定问题，需要我们去攻关，达到以上工艺先进性指标。

生产实践表明：方成方工艺的产品要比圆成方成型工艺占有优势，所以要大力发展方成方成型工艺。特别是方成方排辊工艺，但还需要用户和设备制造共同解决以下难题：

① 小口径方成方；

② 标准焊接工艺参数、规范的建立；

③ 目前使用“排辊”存在的不足，还要注意适用范围；

④ 国内空白的，在排辊机组中“侧辊变形”技术。

2）提高前后辅机的自动化程度和稳定性、安全性。目前国外有前后无人或有1～2人的全自动生产线，国内还需进一步提高这方面的先进性。比如全自动上料、开卷，国内还做不到。全自动收集打包，冷弯行业目前还没有应用。

3）目前普通开口冷弯机组，国外的流行趋势，成型区规格调换基本实现在线自动（或半自动）快换（调整），成型前在线预冲孔或预剪。成型后切断、深加工一体化。近几年专业产品（货架、汽车）已有引进生产线。

4）现代化的监测和检测系统：

① 焊接温度在线自动检测跟踪系统，先进技术的研发；

② 形状尺寸在线监控系统。

2. 通过深加工工序提高产品附加值

除提高产品附加值外，还要减少废钢运输，节省资源，从而利国、利民、利企。

（四）对比国外冷弯型钢发展水平，提出以下研究课题

（1）辊弯产品的反弹、扭转、开裂、皱褶、边波、微波、切口变形等各种产品形状不良的发生机理研究，推进对应技术的开发和应用。

（2）极厚、极薄产品的制造技术；复合材料的成型技术的开发和应用；还有各种复合板带等复合化产品和制造技术的开发和实用化。

（3）生产线的复合化和产品高附加值化。

（4）成型生产线FMS化（柔性变形）及朝CIM（计算机集成）方向扩展。

（5）CAD/CAM技术的广泛应用和成型技术，冷弯生产线的计算机联网的研究。

（6）板材的变形趋势理论解析技术、模拟技术的深入开发和应用，特别是对于高强钢的开发和应用。

（7）现有孔型设计系统，更接近实际的研究。

（8）立辊变形技术的体系化和理论研究。

（9）温成型技术或热轧冷弯型钢的开发。

（10）变断面冷弯型钢的开发。

（11）品质管理自动化。

（12）生产管理自动化。

（13）冷弯型钢成型过程高频局部加热技术。

（14）上、下布置的两套成型机组复合加工技术。

波纹钢桥涵的研究与应用展望

李祝龙

（中国交通建设股份有限公司）

柔性、高强度的波纹钢结构，不仅具有优良的适应地基与基础变形的能力，还可解决桥涵因地基基础不均匀沉降导致的破坏问题。由于其具有自重轻、运输方便、施工简单且施工工期短、造价低、对地基扰动小、对基础要求较低等优点，还具较强的抗拉、抗剪和抗疲劳能力，故应用较为广泛。本文分析了波纹钢结构用于桥涵的国内外研究现状和应用效果，探讨了其适用范围和选用原则，并分析了研究和应用的新方向。

对公路小桥（含通道）、涵洞来说，结构的不均匀沉降是其破坏的主要形式之一。长期以来，我国一直采用圬工建造拱桥，其理论与实践均处于国际领先地位。但是随着国民经济的迅速发展，进入21世纪以来，环境保护和低碳经济越来越得到重视。采用砂、石、水泥等圬工建筑，由于受环境保护方面的限制，一方面其材料价格不断上涨，另一方面其资源利用越来越受限于地方的环境政策。我国是钢铁生产大国，钢产量居世界第一，而且面临钢材产能过剩的局面。传统圬工建筑将逐步被轻型的钢、铝等金属结构工程所取代，不仅能促进工程建设的发展，更能大大地改善我国现有的钢材产能过剩的局面。波纹钢拱桥就是采用波纹钢结构替代圬工结构，是一种资源节约、环境友好的新型钢结构拱桥，其提出与应用就是结合当前交通基础设施建设创新思维，符合我国当前新型交通科技的节能环保、可持续发展的理念。

从材料与结构和功能的本质关系上分析，采用柔性、高强度的波纹钢（管或板）结构，不仅具有适应地基与基础变形的能力，可以解决因地基基础不均匀沉降导致的结构破坏问题，而且由于轴向波纹的存在使其具有优良的受力特征，轴向和径向可有效重新分布因荷载引起的应力应变，可以更大程度上分散荷载的应力集中，更好地发挥钢结构的优势。尤其在多年冻土、软土、膨胀土、湿陷性黄土等不良工程岩土地区[2]，利用钢波纹管结构修筑涵洞更具有优势，也更具有广阔的应用前景。

一、波纹钢桥涵的应用优势

波纹钢桥涵是一种新型桥涵结构，根据设计采用钢板（或者钢带）加工成波纹状弧形板（或者管）通过连接、拼装形成桥涵主体结构，承担恒载和活载作用。波纹钢板的结构形式，使其刚度增大，在波纹方向上具有一定的位移补偿能力，这样可以适应地基变形，尤其是地基不均匀变形；波纹的存在，也可以在横向和轴向更好地分散应力，而且在一定的条件下可以出现波峰与波谷拉应力与压应力交替的现象[1]，可以发挥钢结构的优势，这一特点是圬工桥涵所不具备的。

关于波纹钢桥涵的优点，在文献［1］中已有论述，近些年经过大量实践其优势逐步显现与延伸，这里从三个方面进行归纳。

（一）结构和材料本身的优势

波纹钢桥涵是采用钢板或钢带加工成管状、片状通过连接形成的结构，其结构和材料本身具有诸多优势，具体表现在：

（1）原材料供应广泛、便利。我国钢产量大、钢厂多且遍布全国主要工业区，近些年镀锌钢板、钢带、中厚板等适应波纹钢桥涵结构的原材料质量和性能得到大幅度提高。

（2）加工制造方便。钢材可塑性强，其冷弯成型技术在我国已经十分成熟。目前我国已经形成波纹钢桥涵结构一定规模的生产企业数十家，基本采用现代化的生产工艺和设备，且形成流水线生产的技术趋势，能够满足工程需要。可根据各种工程不同需要条件设计出不同形状、参数、材料的结构产品。

（3）波纹钢板（管）结构板片薄，重量轻，易于放置，储存运输方便，便于组装（拼装）。

（4）钢结构（柔性结构）具有一定的变形能力，可以适应一定的自身变形。这是圬工结构所不具备的。

（5）波纹钢板或钢管，具有较强的强度和刚度，能够满足一定的结构工程需求。

（6）结构主要采用钢材，减少了水泥、块片石或碎石、砂等的用量，在其使用寿命周期之后，钢结构的可回收利用率大于70%（远远大于混凝土的可回收利用率），有利于环保及资源节约。

（7）对大孔径结构而言，工程实际造价比同类跨径的桥、涵洞、通道低。经大量工程测算，涵洞在孔径小于2m时，其初期投资略大于圬工桥涵，但后期维护成本降低；桥涵、通道采用3m以上孔径时，造价比圬工涵洞低，预计可降低初期投资5%～20%。

（二）使用性能的优势

经过实践检验，波纹钢桥涵在使用性能方面具有许多优势：

（1）波纹钢桥涵一般为薄壳结构，其建筑高度（厚度）小，具有一定的节省空间优势。

（2）由于波纹位移补偿的作用，其适应地基变形能力强。比较适合在地基不稳或易发生较大沉降变形的地段使用。这在多年冻土、软土、膨胀土、湿陷性黄土、岩溶等特殊地质条件下具有明显的优势。由于波纹位移补偿的作用和一定的强度、刚度，与圬工结构相比，波纹钢桥涵结构比较适应左右半填半挖的特殊形式。

（3）拼装形成的波纹钢桥涵整体结构重量轻，地基应力小（一般小于路基土对应的地基应力），比较适合多年冻土、软土等。

（4）拼装形成的波纹钢桥涵与路堤的变形过渡协调，有利于改善软土地基结构物与路堤交界处的“错台跳车现象”，提高行车的舒适性和安全性，能大大减少工后运营、养护成本。

（5）经过有效防腐处理的波纹钢板或钢管，具有优良的耐久性，使用寿命长。现有统计资料表明，镀锌波纹钢板结构使用寿命在50年以上，通常可达到75年以上。

（6）拼装形成的波纹钢桥涵结构具有自身抗冻性强的特点，且适应一定的地基冻胀变形能力，特别适合于冻胀严重地区。

（7）对已有小桥涵的加固而言，波纹钢桥涵结构具有形状和结构适应性，可以适应多种不同结构小桥涵的加固、补强。

（8）对山区高填方路段大孔径涵洞通道（一般孔径大于2m），与常规的盖板涵、拱涵等相比，波纹钢涵洞、通道结构可以适应一定范围的地基承载力不高、高填方等特殊环境。

（三）在桥涵建设质量、进度方面的优势

在桥涵建设质量、进度方面的优势：

（1）波纹钢桥涵采用标准化设计，工厂化加工制造，现场拼装施工。集中工厂化生产不受环境影响，生产周期短，有利降低成本，控制质量。

（2）现场拼装施工，不需使用大型设备，拼装方便。

（3）施工工期短，与圬工桥涵相比，一般可以节约工期30 ~50 天。

二、国外波纹钢桥涵研究与应用现状

波纹管最早诞生于英国（1784 年）[2]。1896 年美国率先进行波纹板通道、涵管的可行性研究，并首次应用于涵洞。1913 年首条波纹板涵洞被应用于英国苏格兰爱丁堡近邻的农田灌溉。1923 年美国铁路工程协会在伊利诺斯州中央铁路进行波纹板通道的测试。1929 年加拿大波纹管首次应用于煤矿中。1931 年澳大利亚首次建成 8m 汽车通道一座。1990 年日本制定了高速公路设计规范和波纹管设计技术规范。随着波纹管在世界各地的安装使用，证明此种结构在各种使用情况下的通用性，而且其使用寿命已超过了设计寿命。

在美国、加拿大等[3,4]，波纹管涵已被广泛应用于公路工程，并编制了设计、制造及施工安装手册，积累了较为成熟的波纹管涵设计理论及修建经验。如：美国钢铁学会 AISI 出版的 Modern Sewer Design（1999 年版），以及美国钢铁学会 AISI 和加拿大钢波纹管协会共同出版的 Handbook of Steel Drainage & Highway Construction PRODUCTS（2002 年版）等手册，系统地讨论了钢波纹管排水管道和涵洞的应用、设计、施工。韩国自 1997 年开始研究应用钢波纹管涵洞，主要采用北美的相关技术，到 2004 在韩国相继修建了 700 余处波纹钢板涵。目前非洲多数国家在基础设施建设中也大量使用钢波纹管涵洞。

从国外的研究与应用看，国外对钢波纹管涵洞的受力研究较少，研究主要侧重在防腐问题上，设计大多为较保守的经验方法。

1988 年[3]，亚伯达省检测 201 个安装管的锌损失，测量土壤和水的 pH 值、电阻率以及管和土之间的电位。研究得出：平均使用寿命的期望值为 81 年，最小 50 年的使用寿命可达到 83%。

1993 年[3]，英国哥伦比亚运输部检查了 21 个结构板和有镀锌保护层的内壁，安装时间全部超过 20 年，最早是在 1933 年安装的。试验将 37mm 直径的管取样片，在试验室检测覆盖层厚度。检测土壤和水 pH 值和电阻率。试验估计除 2 个结构外，服务寿命超过100年。

三、我国波纹钢桥涵研究及应用情况

回顾我国波纹钢管涵洞和小桥、通道的研究及应用历程，大致可以分为以下几个阶段。

（一）作为产品直接引进应用阶段

1949年前及1949年初期我国曾应用过波纹管涵。20世纪50年代修建青藏公路不冻泉段时曾将波纹管涵应用于抢修工程，到70年代开挖时发现其使用状况良好。1965年云南公路局在滇缅公路的大修中曾挖掘出一段钢质波纹管的过水涵管，被证实为二次大战时期从美国进口安装的。1998年9月在上海浦东高桥地区挖掘出一段直径为1m的过水波纹管涵洞，被考证为1948年安装，用于当时的军事便道。解放后由于诸多因素，波纹管涵未能得到广泛使用。改革开放后，深圳及大同煤矿个别波纹钢管结构也都是进口成品，直接应用。

该阶段（大致为20世纪40~90年代）集中在二战期间，主要为国外钢结构直接引进应用（未见到技术研究方面的报道），多用于战备公路或战时干线，这些结构在20世纪70年代挖出时仍具有一定的使用功能，但由于战时应急、防腐措施不够及养护不及时等原因，挖出时多已锈蚀。

（二）探索研究与局部推广应用阶段

自1995年交通部第一公路勘察设计院（后更名为中交第一公路勘察设计研究院，简称“中交一公院”）立足青藏公路，拉开了我国探索研究波纹钢桥涵的序幕。

1995年，为解决多年冻土地区涵洞工程病害，交通部第一公路勘察设计院开始探索应用金属波纹管涵洞解决多年冻土地区涵洞的不均匀沉降难题；自主设计波纹管涵洞的波形参数，并委托加工，组织现场拼装，于1997年在青藏公路K3278+200与K3280+915处各修建波纹管涵一道，作为试验工程；1998年9月又在K3263+094修建波纹管涵一道作为对比研究，取得了初步成功。之后，推广应用2道。在此基础上，研究得出：波纹管具有轴向补偿位移的功能；波纹管的内部应力拉、压相间，充分发挥了金属材料各向同性的优良特性，而普通圆管内部拉应力较小，压应力较大。[1]

随即，在青海省多年冻土地区（国道219线西宁至玉树）公路中得到推广应用。相应地，在3~5年内，西藏和青海交通厅相关部门认识到该结构的优势后迅速在新建、改建公路中大规模推广应用。如在2002~2004年青藏公路再次整治工程中推广应用20多道，2001~2002年青海省在青康公路（214国道姜路岭清水河段）、宁党公路（227国道）上应用钢波纹管涵洞近200道，至2003年青海省已累计使用418道。黑龙江省在大兴安岭加漠公路（省道207）也应用100余道。

与青藏公路的研究相呼应的是：1998~1999年，上海市政工程设计研究院和上海公路处，引进消化吸收国外大孔径波纹钢结构，并自主研发加工机械，设计大孔径波纹钢结构应用于公路涵洞通道；在上海新开河对4m直径的钢波纹管（板）涵洞进行了荷载试验，结合试验采用有限元对波纹管结构进行了初步力学分析。随即，在5年内，上海应用了部分该结构，其中也有部分椭圆形通道。对应的市政等工程中推广应用该结构，如在上海地铁四号线、浦东国际机场中采用了钢质波纹板通道。

2000～2001年，铁道第一勘察设计院（后更名为中铁第一勘察设计院，简称“中铁一院”）和中交一公院针对青藏铁路格尔木至拉萨段工程建设，联合设计了4道波纹钢管涵洞，并成立专题研究课题组，2001～2006年中交一公院和北京交大（原北方交通大学）分别承担了2道试验涵洞的试验研究。

2000～2004年，中交一公院承担了交通部（现交通运输部）“公路钢波纹管涵洞设计与施工技术研究”，较为系统研究了波纹钢管的受力、设计方法、施工技术等，成果填补了我国公路单管波纹钢管涵洞设计与施工领域的空白，编制了“公路单管波纹钢管涵洞设计通用图”。2005～2007年，中交一公院为解决设计中烦琐的反复计算问题，完成“公路波纹管涵洞结构设计软件研究”，研制了适合于小孔径涵洞的结构设计和参数优化的有限元软件。

2003～2005年，内蒙古交通规划设计院和北京交大组织完成了“波纹钢管涵应用技术研究”，修筑了3道试验涵（1.5m和2.0m圆管涵及5.5m拱涵）；2007～2009年，该课题组又完成了“波纹钢结构在小桥与涵洞上的应用技术研究”试验小桥1座，跨径7.4m；系列研究包括荷载试验、施工工艺、模拟分析等研究。相应地，2004～2005年内蒙古等地也开始大量使用该类结构，并且开始使用分片拼装的或者拱形的钢波纹管涵洞，截至2005年年底，内蒙古已经应用钢波纹管涵洞110道。典型的有：内蒙古鄂尔多斯市东胜环城一级公路、内蒙古扎赉特旗巴彦高勒镇（附近直径4.0m波纹板通道）、内蒙古西蒙集团蒙达煤矿运煤公路等。同时在山西、河北、新疆等地也陆续有所应用，如山西临汾汾河大桥引线、河北衡景公路、连霍高速公路新疆鄯善县段等项目也开始应用钢波纹结构。

2006～2009年，为探索大孔径波纹钢管涵洞的力学特征，河北省公路局和中交一公院等单位组织开展了大孔径波纹钢管涵洞技术研究；在河北省干线公路修建试验涵洞3道（孔径3m和6m）；在此基础上衡水公路设计院编制形成了河北省通用图。2009～2010年，在河北省交通运输厅公路管理局的组织下，河北广通路桥工程有限公司和中交一公院等单位合作编制了交通行业工法《大孔径波纹钢管涵洞拼装施工工法》（2010年）。这一系列研究，大力推进了河北、山西等区域大面积应用该结构。

2008～2010年，湖北阿深南高速公路发展有限公司和中交一公院开展了大孔径通道技术研究，在大广南高速湖北段修筑大孔径波纹钢通道涵洞4道（其中，试验结构2道），造价节省20%以上，工期缩短30～50天。

此外，吉林省交通研究所（在吉林与东北林大合作完成试验涵洞1道）、东南大学（2010年在江苏完成2道1.5m试验涵）、长安大学（在内蒙古试验涵洞研究1道）等单位均分别开展了相应的试验研究；青海省公路科研勘测设计院和中交一公院合作编制了青海省地方标准（草案）。

总体上，该阶段（时间大致为1995～2010年）伴随着技术研究在部分省区推广应用该类结构，主要集中在青海、西藏、内蒙古、新疆、山西、河北、上海等地。2010年颁布的交通运输部行业标准《公路涵洞通道用波纹钢管（板）》可以作为该阶段的标志。1995～2010年，基本实现了探索应用—试验工程—系统研究—推广应用—标准化的历程，为大规模应用及深入研究奠定了坚实的基础。

（三）大规模应用及深入研究阶段

2011年以来，河南三门峡市政工程大岭南路跨越深沟采用高填应用4管并行孔径5m（4管并联试验涵洞1组）；井冈山睦村高速公路经过南方多雨山区湿软地基面临高填方涵洞快速施工难题（试验涵洞3道），安徽许泗高速公路低填方波纹管涵洞和小桥面临变形适应性难题（试验涵洞2道，3孔拱桥小桥1座），河南卢阳高速公路面临斜交高填大孔径波纹管涵洞难题（试验涵洞3道），G214多年冻土地区高速化道路中面临波纹管涵洞多年冻土应用适应性（试验涵洞2～3道）难题，吉林省立足鹤大高速公路开展了季节冻土区波纹管涵洞研究，如此等等，一方面对波纹管涵洞和小桥进入深入研究、扩展研究，另一方面直接带动了大规模应用。

此外，中交股份也启动了设计规程的编制，委托中交一公院完成该项任务。陕西省、江西省、重庆市、云南省等启动了该领域的地方标准（或地方通用图）的编制。湖南交科院、交通设计院等也均开展了推广应用和大跨、高填的相关研究。2012年内蒙古交通设计院形成了内蒙古地方标准（草案）。

相应地，全国大部分省（直辖市、自治区）均开始大量应用该结构，除前述大面积应用的省份之外，包括江苏、广东、广西、云南、贵州、四川、重庆、湖南、湖北、河南、陕西、黑龙江、吉林等。目前在戈壁、多年冻土、季节冻土、软基、山区、沿海、高填方、低填方、傍山险路、通道、代替小桥、倒虹吸、农业灌溉、抢修保通、旧桥涵加固、弃方利用、雨季施工、不中断交通、常流水、综合管廊等环境或条件下均有所应用，在不同等级公路也均有应用，在高速公路中应用有利于改善结构物与路堤交界处的“跳车”现象。

四、公路波纹钢桥涵的适用范围

（一）适用范围

以涵洞为例，从国外钢波纹管涵洞的应用及防腐调研情况看，钢波纹管涵洞具有较强的适应能力，经过防腐处理后的钢波纹管涵洞完全能够使用50年。综合分析现有国内防腐技术，采用规定的防腐方案、适当考虑设计腐蚀富裕量（厚度），兼顾防腐的养护（大修、二次防腐）等，我国钢波纹管涵洞的耐腐蚀寿命也可达到50年（或以上）。而对桥梁而言，结构更多的是大气腐蚀或土壤腐蚀，对大气腐蚀加强养护即可确保防腐目标的实现，对埋地的土壤腐蚀在常规防腐处理的基础上适当改善土壤的酸碱环境则更有利于防腐。

从公路的寿命周期和服务水平的变化看，涵洞服务年限达到50年时完全能满足一般公路的需求，所以钢波纹管涵洞完全适用于一般公路。

对特殊岩土地区，如多年冻土、膨胀土、软土、湿陷性黄土等地区，一般情况下钢筋混凝土圆管涵或盖板涵在使用过程中均出现不同程度的损坏，较严重的病害是地基或基础沉降引起涵洞不均匀沉降导致涵洞破坏。这些地区钢筋混凝土圆管涵或盖板涵的使用寿命有时低于20年。

（二）选用原则

公路波纹钢桥涵的选用必须遵循适用、安全、经济的原则，在满足功能需求基础上，充分发挥波纹钢管或钢板结构的力学性能优势。设计时应坚持因地制宜、发挥优势、不盲目使用的原则。设计中除应充分考虑工程项目的基本特征（包括公路等级、重要性程度、地形地貌、不良地质状况、路基修筑等）外，还应考虑下列因素：施工条件和便利性、养护条件、二次防腐。

以涵洞为例，下列地区宜优先考虑钢波纹管涵洞：

（1）不良岩土地基的涵洞，包括多年冻土、膨胀土、软土、湿陷性黄土等；

（2）缺乏人力资源或高危险、高原缺氧地区等工程；

（3）砂石资源缺乏地区，以及水泥、钢材等运距较远的边远地区；

（4）为加快施工进度、达到快速通车目的的应急抢险、救灾等工程。

五、我国波纹钢桥涵的研究方向

在文献［1］中，笔者分析了前几年关于大孔径、波形优化、异型结构、腐蚀机理及防腐蚀技术、多管结构、拼装式波纹结构、区域适应性等方面的研究方向。研究历程已经涉及到了大孔径、腐蚀机理及防腐蚀技术、多管结构、拼装式波纹结构、区域适应性等方面的研究，对波形优化、异型波纹结构目前有研究，但报道较少。根据近些年的实践，笔者认为在今后一段时间内的主要研究方向如下。

（一）公路交通行业的深入研究

在公路交通行业，一方面，波纹钢桥涵需要对倒虹吸和不同结构类型（异型截面）、旧桥旧涵加固应用、桩基础护筒应用、多管技术、高填、大跨、防腐技术、隧道初衬应用等进行拓展应用研究，研究各自的适应性和对应技术，如针对倒虹吸重点研究防腐和防渗、抗冻的技术；另一方面，对推广应用中的设计指标、设计方法、施工技术组合优化与集成、检测方法、验收评定标准、施工定额、养护方法、相关机具设备、安全评估技术、使用寿命及经济分析等需要进行深入研究，以形成成套技术体系，满足各类用户、各阶段技术需要。其中对设计方法和指标宜侧重结构组合、结构安全、防腐等进行研究。

（二）相关行业的拓展研究

波纹钢结构正面临大孔径、多功能的应用趋势。市政工程领域研究包括桥涵通道等结构，综合管沟（管廊）、雨水管和污水管技术体系的研究和应用；在电力工程领域侧重基础应用方面；矿业工程领域侧重巷道加固及安全区结构；国防工程领域主要侧重在国防工事、战备结构、巷道方面。

参 考 文 献

［1］李祝龙．公路波纹管涵洞设计与施工技术［M］．北京：人民交通出版社，2007.

［2］李祝龙．公路钢波纹管涵洞设计与施工技术研究［D］．西安：长安大学，2006.

［3］美国钢铁学会 AISI. Modern Sewer Design. 1999.

［4］美国钢铁学会 AISI，加拿大钢波纹管协会．Handbook of Steel Drainage & Highway Construction PRODUCTS. 2002.

［5］交通运输部行业标准公路涵洞通道用波纹钢管（板）．2010.

金属波纹钢管发展现状与展望

文风翔　刘　晟

（中国钢结构协会冷弯型钢分会金属波纹钢板管涵专业委员会）

一、国外应用简介

波纹钢板是一种具有坚固、耐用特性的经济断面钢材，金属波纹钢管的研究最早源于英国（1874年）。110多年来，金属波纹管以其施工方便、重量轻、耐腐蚀、耐地形压力、环保等优势，在世界上获得了很大的发展和非常普遍的应用。美国、加拿大、澳大利亚、日本、韩国、墨西哥、巴西及阿根廷等国家制定了完善的设计、制造及施工技术规范及标准。技术非常成熟，应用领域涵盖多种领域。

二、国内研究历程

金属波纹钢管在国内使用可追溯到20世纪40年代，二战时期从美国进口安装过波纹管，例如田缅公路涵洞、牡丹江铁路涵洞等。改革开放后，深圳及大同等地开始从国外进口成品波纹管进行涵洞施工。我国钢波纹钢管的研究始于90年代。

1997年，为了解决多年冻土地区不均匀沉降问题，中交第一公路勘察设计研究院在青藏公路上率先安装了3道波纹管试验涵洞，开始了对金属波纹管的试验和研究。

1998年上海市政工程设计研究院，在上海新开河安装了1道椭圆金属波纹板通道试验涵洞，对金属波纹管进行了动、静载试验，结果表明能满足设计使用要求。

2000年，中交第一公路勘察设计研究院在青藏铁路做试验涵洞2道。

2003年，内蒙古交通规划设计院做了“波纹钢管涵应用技术研究”课题，安装了3道试验涵洞。

2004年，第一条镀锌螺旋波纹钢管成套机组进入中国，落户吉林长春，现该设备在哈尔滨金阳光管业有限责任公司。

2005年由山西省公路局和衡水益通金属制品有限责任公司共同举办的“快装式金属波纹管涵技术研讨会”在太原召开。

2007年，国内第一部有关金属波纹管的著作《公路钢波纹管涵洞设计与施工技术》，由中交第一公路勘察设计研究院的李祝龙编著，衡水益通金属制品有限责任公司提供了大量的实例照片和数据。

2007年内蒙古交通规划设计院、北京交通大学与衡水益通金属制品有限责任公司共同研究“波纹钢结构在小桥与涵洞上的应用技术研究”课题。

2007年左右，吉林交通设计院、湖南大学、东南大学、长安大学、东北林业大学等高等院校和科研设计机构，纷纷对金属波纹管进行课题研究，在设计、制造及施工上取得了20多项科研成果；内蒙古、青海、山西、河北、江西及黑龙江等省（自治区）推广了地方标准和通用图；衡水益通金属制品有限责任公司在7个省（自治区）组织了技术应用与推广研讨会。

2008年国内第一部关于金属波纹钢板的部颁标准诞生，交通部标准《JT/T 710—2008公路桥涵用波形钢板》，以交通部公路科学研究院为主，衡水益通金属制品有限责任公司作为起草人之一参与了标准制定。

2009年河北省交通厅公路管理局、中交第一公路勘察设计研究院和衡水益通金属制品有限责任公司共同研究的“公路大孔径波纹钢结构技术研究”课题，达到国际先进水平，获河北省科学技术二等奖。

2010年钢波纹管交通部部颁行业标准《公路涵洞通道用波纹钢管（板）》(JT/T 791—2010)，并于2011年3月1日开始实施。该标准由中交第一公路勘察设计研究院牵头，以国内最早研发生产钢波纹涵管的衡水益通金属制品有限责任公司、青海路拓工程设施制造有限公司、哈尔滨金阳光管业有限责任公司和南京联众建设工程技术有限公司四家企业为主共同起草。

2013年住房和城乡建设部标准《排水用螺纹钢管》(CJ/T 431—2013）由黑龙江昕泰管业有限公司和黑龙江省塑料工业科学研究所起草。

2013年，“镀锌螺旋波纹钢管用作管廊”这一课题成果应用在沈阳棋盘山国际会议中心。

在最近几年，随着各行业的应用逐渐增多，人们对于这种新型结构的认识也逐渐增强，国内大专院校、科研机构、设计院所及施工单位等相关部门，都加强了对金属波纹钢管适用条件、受力分析、设计及防腐技术与施工工艺等方面的研究，成果之多令人振奋。

三、国内生产现状

2001年衡水益通金属制品有限责任公司生产的环形波纹钢圆管（ACSP）首次批量应用于青海公路建设上，主要规格为直径1.0m、1.5m和2.0m；2005年衡水益通金属制品有限责任公司生产的拼装波纹板桥涵（CSPS）第一次批量应用于内蒙古省级大通道上，直径4m及直径5m；2007年哈尔滨金阳光管业有限责任公司生产的螺旋波纹钢管（HCSP）在国内首次大批量应用于黑龙江、吉林、辽宁、内蒙古及河北等省（自治区）的部分城市。

迄今为止，国内金属波纹管生产较早、规模较大的生产厂家，主要有衡水益通金属制品有限责任公司、哈尔滨金阳光管业有限责任公司、青海路拓工程设施制造有限公司、河北腾是达金属结构有限公司、南京联众建设工程技术有限公司，这五家企业生产设备比较先进，产品种类较齐全，制造、施工技术经验丰富，每年产量在十几万吨左右，占国内市场份额的70%左右，也是金属波纹管在国内推广应用的主要推动者。

随着金属波纹钢管的应用领域和地域越来越广，金属波纹管的生产企业迅速壮大，全国先后建立了50余个不同规模的金属波纹钢管生产企业，其中衡水地区的波纹钢管生产企业就有20多家，已经成为国内金属波纹钢管最大的生产基地。这些企业的设备、技术、工艺参差不齐，年产量不等，目前还是以简单的模仿为主，缺乏自己的核心技术和设计、施工规范，产品质量一般。

从产品形态上看，螺旋波纹钢管（HCSP）设备在2012年之前均为进口设备，产品规格、波形种类、产品质量及生产效率已经与国际接轨。现哈尔滨金阳光管业有限责任公司成套机组已经实现国产化并做了诸多改进，但应用较少；环形波纹钢圆管（ACSP）应用较成功，但质量差距较大；波纹钢板件（CSPS），波形种类有12种之多，圆形截面金属波纹管最大直径12m，最小直径0.6m；拱形截面金属波纹管最大跨径12m，最小跨径1.5m；椭圆、马蹄形等异型截面金属波纹管最大跨径8.1m×5.6m，最小跨径3.0m×2.2m；填土高度最大56m，最小0.6m；常用的波形参数为68×13、150×50、200×55、380×140及400×150。

从应用地域来看，金属波纹钢管在所有省份都有应用，应用比较广泛的地区主要有内蒙古、青海、山西、河北、黑龙江、吉林、辽宁、山东、新疆、西藏、江西、湖南、湖北、河南、甘肃、天津、陕西等地区。

从应用领域来看，金属波纹管在交通建设上应用比较广泛并成熟，主要应用于高速公路、高等级公路，占全部应用的97%以上；在市政排水、综合管廊、铁路涵洞、隧道、水利、打井管、农业灌溉、矿山、仓储通风管道、风力发电和军事通道等领域均有使用案例，但是尚未大量推广；在其他领域如港口、机场、工业、商业建筑、民用住宅、旧基础设施修复、新能源等还未见应用。

四、存在的问题

引进金属波纹钢管虽然已有十几年时间了，但与国外发达国家上百年的发展历程相比，差距还是很大，各方面都不成熟；金属波纹钢管在推广的过程中，碰到很多问题需要解决：

（1）社会上对金属波纹钢管的认知度还不是很高，就连一些设计人员都没有听说过这种结构的涵洞、排水管道等。

（2）由于金属波纹钢管是新兴行业，研发成套先进设备的企业极少，不少产品企业不得不自行研发简易的设备。

（3）各生产企业制造装备和工艺总体水平相对简陋、落后，自动化程度低。

（4）各生产企业的产品雷同化严重，大部分没有核心技术，没有研发能力，只是简单模仿。

（5）产品质量良莠不齐，个别企业偷工减料，降低钢板厚度及镀锌层厚度，以次充好，出现重大质量问题，影响新兴产品的健康发展。

（6）金属波纹钢管的安装和施工相当重要，直接影响产品的质量和使用寿命，有些企业对此不重视或不具备技术能力，盲目上马，施工水平低下，施工要求不严，造成波纹钢管变形过大或塌陷。

（7）个别企业不在产品技术和质量上下功夫，大打价格战，扰乱正常的市场秩序，影响有良心的企业、质量过硬的企业、不偷工减料的企业为社会做出更多的贡献。

（8）产品的设计、计算能力差，对一些超大跨径（大于16m）的桥涵还不具备设计能力。

（9）国家标准和行业标准太少，只有2～3个产品标准，同发达国家相比，金属波纹管的产品标准、应用标准、设计规范、施工规范等差距很大。

（10）应用面太窄，一些领域还没有涉足，如矿山、工业、生态保护、特种仓体等。

（11）应用研究比较滞后，还需要大专院校和科研院所加快研究进度，例如：不同环境下钢材种类选择标准、涂层材料选择依据、产品使用寿命设计、结构设计研究等。

（12）在施工技术与应用方面和世界发达国家相比，还存在一定的差距，需要工程建设者们不断地研究、总结、编制一些适合中国国情的技术指南、规范等。

五、金属波纹板管涵专业委员会成立过程

金属波纹管在国内发展了十几年，发展速度很快，有必要成立一个全国性的行业组织，对金属波纹管这一新兴行业进行规范，使行业能健康发展，为国家的经济建设发挥更大的作用。

2013年8月21日，由中国钢结构协会冷弯型钢分会组织的冷弯波形钢生产与应用技术研讨会在北京召开，共有30多家科研院所、装备企业、波纹管生产企业参加会议。研讨会就冷弯金属波纹管的现状、存在的问题及如何推广应用等，与会代表积极发言，各抒己见，建言献策，进行了热烈讨论。各单位积极性很高，共同倡议决定成立金属波纹板管涵专业委员会，搭建一个平台，提供一个桥梁，使企业之间相互合作与交流，避免恶性竞争，促进冷弯波纹管行业快速发展。

2013年9月11日，金属波纹板管涵专业委员会筹备会议在哈尔滨召开；会议确定了委员会架构，由五家有实力的企业（无锡市宏达冷弯机械制造有限公司、衡水益通金属制品有限责任公司、哈尔滨金阳光管业有限公司、河北腾是达金属结构有限公司、中交第一公路勘察设计研究院）作为发起人单位共同参与委员会的筹备工作；会议决定成立5个工作组：标准组、技术组、行业自律组、设备组及秘书处，各组分配了任务。

2013年11月8日，冷弯分会六届四次理事长会议在南京召开。对金属波纹钢板管涵专业委员会筹备工作做了阶段性总结及布置新的筹备任务。

2013年12月26日，部分筹备组成员在北京碰头，汇总各自任务完成情况。

2014年4月18日，金属波纹板管涵专业委员会在无锡成立；成立大会有39个单位约50余人参加；会议就金属波纹钢板管涵专业委员会机构设置，如何利用这一新平台向政府部门、设计部门、施工企业和国民经济各部门推介这一经济断面的高效钢材产品等问题，进行了研讨并形成了决议；确定了委员会的今后的工作内容，如企业资质评审、生产许可证发放、制定产品设计制造施工等标准和规范、完善行业内企业自律制度、组织参观考察和学习培训，提高各企业的技术水平、协助会员进行产品推广等议题。

2014年6月20日，冷弯分会六届一次常务理事会暨金属波纹钢板管涵专业委员会第一次工作会议在厦门召开，确定了2014年资质评审企业名单。

2014年6月30日，世界最大的螺旋波纹管设备供应商——加拿大艾恩赛德公司访

问冷弯分会，部分会员单位与艾恩赛德公司就产品与设备技术等进行了沟通，同时双方就可能进行的交流合作的领域和模式，进行了广泛的交流。

2014 年 8 月 15 日，冷弯分会组织会员企业去美国和加拿大考察，考察先进的金属波纹管设备，与国外同行就波纹钢板管涵产品设计、生产、施工及应用技术进行交流。

2014 年 9 月 20 日，协会组织考察韩国波纹钢板管涵企业，进行技术交流。

2014 年 10 月，冷弯分会组织专家组开始对冷弯企业的资质进行首批评审。

2014 年 11 月 26 日，2014 年冷弯行业年会暨第六届七次理事会议在长沙召开，会议做了 2014 年工作总结，开始启动金属波纹管有关国家标准制定，吸收新会员入会。

2015 年 3 月 24 日，冷弯分会六届二次常务理事会议在杭州召开，就金属波纹管在市政及水利领域的推广应用进行探讨，金属波纹板管涵专业委员会启动生产许可证认证工作。

2015 年 4 月 26 日，金属波纹板管涵专业委员会国家标准编制会议在北京召开。会议主要内容：通报金属波纹管标准编制的进展情况；确定标准编制工作的运行保障机制；参与标准编制单位分派具体任务。

总之，中国钢结构协会冷弯型钢分会金属波纹板管涵专业委员会成立以后，做了大量的工作，成绩显著，为金属波纹管的良性发展奠定了基础，推进了冷弯波纹管行业的健康发展。

六、金属波纹钢管发展前景

金属波纹钢管的发展前景非常广阔，需求量会大幅增加。随着我国金属波纹钢管相关应用研究和行业应用标准及规范的不断完善，人们对金属波纹管涵的认知度也越来越高，未来金属波纹管需求将大幅增加，主要表现在以下几个方面：

（1）随着城镇化的发展，基础设施建设的需求增大，带来了公路、铁路、水利等金属波纹钢管传统应用领域的刚性需求增大。

（2）劳动力和传统建筑材料的成本上升，有利于提高波纹钢管的竞争优势。

（3）环保意识的增强和水土保持要求的提高，将带来更加广泛的应用。

（4）国内钢材产能过大，消化产能的要求必然会带动金属波纹钢管的应用。

（5）我国大力治理城市内涝，将带来巨大的市政工程改造需求。

（6）随着制造工艺和装备的技术进步，产品质量提高及品种的差异化、多样化，以及应用技术的日渐成熟，波纹管必将在更多的新领域应用推广。

浅谈装配式金属围护行业的发展

刘晓丹　彭耀光

（中国钢结构协会冷弯型钢分会金属围护产品委员会）

一、概述

今天说起金属围护系统大家已不再陌生，生活中常常看见形状各异、充满现代感的艺术馆、体育馆、航站楼等，都是它“形象”的一部分。随着建筑技术的发展，金属围护系统从最初作为屋顶的单纯性金属装饰，至今在建筑上发挥着建筑结构、保温隔热、吸声降噪及防水等重要功能。正是其具有的一般建筑材料不可比拟的优越性能，而使它存在并快速地发展壮大。本文介绍装配式金属围护行业在世界以及中国（含港、澳、台）发展史上的轨迹，以了解金属围护行业的发展概况。

二、世界金属围护发展历史

金属围护的起源，由人们开始利用金属材料作为屋顶覆盖物开始，其历史可以追溯到12世纪中期，当时的德国及北欧一些国家及地区的手工工匠利用简单的手工工具，把细小的金属铜片通过咬口接缝的形式安装于一些标志性建筑屋顶之上。然而，金属围护系统中以金属薄板作为建筑材料，被接受及大量应用于一般工业与民用建筑，其历史则只有约200年的时间。19世纪初，伴随着钢铁加工工艺的发展，人们开始尝试用铁板等其他金属材料制作金属屋面系统，并开始应用到工业等领域，典型的有1829年，英国船坞公司的工程师亨利帕尔莫（Henry Palmer）设计一种瓦楞状的薄铁板被第一次工业化应用于英国船坞公司的货仓屋顶及墙面上，标志着压型金属板的正式应用。

进入20世纪，随着冶炼新技术的发展以及辊式冷弯成型技术的推广及应用，镀锌压型板及铝合金压型板分别成为最主流的金属建筑材料。20世纪初期，人们在19世纪的热轧镀锌钢板基础上，设计出以连续的方式在作业线中进行热镀锌的冷轧成卷镀锌技术，使镀锌钢板成本大幅度降低，而生产效率及产品质量得到极大改善，镀锌钢板及压型钢板成为一种较经济实用的金属板材料开始批量生产，并逐渐替代铅、锡合金板材，被大量应用于农业和商业建筑中。同时，为配合钢板的加工和安装使用，人们发展出了压型板屋面系统，直接用螺钉与屋面结构固定连接，板面有肋，纵、横向可用搭接连接，可以说，压型板的应用是金属屋面系统发展的一个重要里程碑。另外，铝合金薄板也在这个时期被人类发明，1906年，德国的冶金专家威尔姆在铝中加入少量的镁和铜，制成了硬度极高的铝合金，铝合金薄板以其重量轻、防腐性能强、加工性能好等优异物理性能，逐步被人们认可，至20世纪中期后逐渐发展成为主流金属建筑材料。

从20世纪中叶开始，辊式冷弯成型技术逐步发展并广泛性应用，直接促进金属薄板在围护系统中的应用。更丰富的材料选择，更多的板形设计，更详细的设计考虑成为这个时期的金属围护系统发展特点。金属围护系统各种配件不断完善，屋面、屋檐、屋脊、天沟的节点处理逐步规范化，同时，屋面系统不再以单纯的金属面板形式出现，而是以具有保温隔热、吸声隔声以及防水等材料，组装成的作为具有建筑结构性能的围护系统，并已成为建筑的一个重要组成部分，配套着建筑的使用，在欧洲地区已出台有关金属围护结构应用的技术规范（如BS 5427—1996），规范的出台，标准着金属围护系统技术走向标准化。完善的设计考虑、优越的系统组合形式成为围护系统的跨越式进步，20世纪末，金属围护发展基本完善。

三、大中华市场金属围护发展概况

在整个大中华地区，金属围护行业基本上是随着以钢结构为主体的建筑，包括厂房、车站、机场、体育场馆等的发展，并跟随社会发展步伐逐渐成为建筑行业主流。金属围护的材料应用从早期的镀锌钢板逐步发展到镀铝锌板、铝合金板、钛锌板、铜板、钛板、不锈钢板等高端板材；材料喷涂也从原来的普通PE烤漆发展到PVDF烤漆；特别是技术从完全依赖进口到现在的自主创新，在这个新兴的行业里，取得了令人瞩目的成就，在较短的时间内经历了萌芽期—发展期—成熟期。与此同时，又因为政治及地域性因素，中国大陆和港、澳、台地区的发展轨迹又不尽相同，各有特色。香港、澳门地区在经济、贸易、工业建筑等多领域都具有密切的联系，故在金属围护领域发展上具有很大的相似性，均是以引入澳洲、欧洲地区系统为发展开端；台湾地区则因其被日本统治背景且与日本有着相似的地域环境（台风、地震多发），故在金属围护发展领域有着与日本相似的发展轨迹；而中国内地，是在改革开放后逐渐引进日本等国家的技术设备，开始发展金属围护，并随着经济腾飞而呈爆发式增长态势。

（一）香港地区金属围护的发展

香港凭着水深港阔的天然港优势，自被英国统治后，即成为转口贸易的自由港。而香港地区金属围护行业同样是在伴随着钢结构建筑在香港整体经济的带动下开始萌芽、发展的。20世纪50年代，香港开始走上以出口为主的工业化道路，并由此诞生了大批量的制造工厂。早期的金属围护产品被少量的应用在钢结构厂房里，如早期的电厂、汽车厂等，但这个时期的围护系统并没有太多设计使用寿命的考虑，建筑要求的使用年限仅为10年左右，故并未直接反映出金属围护的质量问题。进入20世纪七八十年代，随着香港成为国际金融贸易中心，经济持续性的高速发展，同期的香港当局投入了几个工业区的建设，带动了轻钢结构建筑的应用，金属围护也随之在上述一系列公共基础建设及工业建设中得到应用，如香港机场铁路系统站台以及同期工业建筑等。此时，也陆续开始有英国、日本的钢结构技术引进，但仍以英国及澳洲技术为主。金属围护系统的应用主要以镀锌钢板配以保温材料为主的简易型系统，材料选择上，也不乏有部分工程大胆应用先进材料，如香港地铁率先使用了纯钛板，以保证建筑永久性，但当时大部分金属围护产品应用均没有完善的系统建筑功能考虑。

到20世纪90年代，随着金融业的发展，适逢迎接香港回归祖国，香港政府同时投入大部分资金用以包括体育、交通、展览等在内的基础设施的建设，以配套整体经济发展，香港掀起了第二波建筑热潮，并主要以公共性的基础建设为主，在材料上，逐渐开始使用不锈钢、铝合金等新兴材料。在技术及标准使用上，这个时期，本土已慢慢培养出系列设计师，配合英国设计师担任部分设计工作，但仍然沿用英标、欧标等标准，提出工程品质要求。在金属围护系统搭配上也有较完善的建筑机构功能考虑，如金属围护系统中包含了防水、保温、隔声、吸声降噪等设计考虑，有效地保证了室内的环境，如香港会展中心、香港国际机场飞机维修库及货运大楼等系列建筑。而因香港与欧洲地区等在地域上存在一定的差异，如香港处于沿海台风多发地域，对围护系统的抗风及防暴雨等方面有着比国外更高的要求，国外的围护系统并不一定适合于本土工程。这期间直接引进欧洲的金属围护系统，导致后来陆续产生了一系列问题，如风掀翻、漏雨等问题频发，并开始逐渐引起业界重视。

进入21世纪，越来越多的高端建筑由香港的工程师设计，很多工程建设已由内地承建商承建，并且香港和内地的承建商已经可以提供不同的钢材设计，并开始采用优质的国产原材料用于工程建设，而随着回归后与内地在经济、技术上的密切交流，香港更乐意引入国内优质钢材及施工建设团队，同时将香港现今管理及技术经验与内地分享，互补互促。另外，随着行业的发展，行业专家开始寻求一些更适合本土的金属围护系统用于工程建设，所以，为顺应行业发展需要，香港组建了当地行业协会——香港建筑金属结构协会，并结合当时在澳门相类似的金属围护工程的质量问题，联合澳门行业协会制定了系列行业标准与规范，以推动港澳金属围护行业的良性发展。

（二）澳门地区金属围护的发展

澳门因毗邻香港，又具有过去相似的殖民统治背景，两地在经济、贸易、人才技术等方面建立了密切的合作、互通关系。而澳门又因其与葡萄牙的经济联系相对薄弱，导致澳门地区经济发展较为缓慢，未能形成一个独立的经济体系，与同期的香港相差甚远。澳门一直以来在建筑技术上主要以跟随香港技术为主，相对地，澳门的金属围护行业起步较晚。在20世纪70年代后期，依靠纺织业和制衣业带动了部分钢结构在建筑业中的应用，产品及技术均跟随香港，几乎没有本地的设计技术参与。而澳门的金属围护行业的发展，到90年代初从澳葡当局投入大量资金进行基础建设开始，金属围护才得到广泛的应用，如早期的工人球场等。在技术标准方面，都采用由国外设计师直接带入香港的国外技术标准及使用国外材料进行设计建造，并以使用与香港同步的镀锌彩钢板、铝合金等面板为主。

澳门回归后，进入21世纪，整体经济保持稳定发展的势头。由于特别行政区政府有可观的博彩税收，投放大量资金在基建及博彩业上。如2005年东亚运动会在澳门举办，特区政府就投入超过50亿元用于建设运动场所，这期间，金属围护系统工程设计的场所包括奥林匹克游泳馆、关闸新边检大楼、氹仔运动场重建、东亚运场馆（即“澳门蛋”）、国际机场物流中心、射击场、澳门氹仔新码头等等，金属围护系统得到爆发式的增长及应用。而在设计技术方面，回归后增加了内地设计人才参与澳门的金属围护工程设计工作。然而，与香港衍生的行业问题相似，澳门地区也四面环海，同样属于台风多发地区，在金属围护应用上需要做更多的设计因素考虑，如耐腐蚀、抗飓风、防水问题等，在对产品认知普遍欠缺的情况下，此时直接引用欧洲板形设计，容易因技术上的空白引发系列性质量问题。例如这个时期引用的欧洲金属围护系统以及引用美国标准设计的博彩业建筑，在应用后陆续出现系列性的不同程度的质量问题（被风掀翻、漏水等），而采用本土品牌产品的工程建筑，基本未出现任何质量问题，故国外产品及技术的适用性受到外界质疑。基于上述的行业问题，本土行业专业人士自发组织了行业协会——澳门金属结构协会，开始做一系列关于金属围护的适用性研究，并召集相关专家陆续举办一些专业技术性研讨会，共同探讨行业技术发展方向。

2010年后，澳门推行多元化经济发展模式，以使得澳门的经济结构能够更加合理，为澳门经济今后的更大发展，做好铺垫，不断加强市场环境的优化，努力扮演好区域性服务中心的角色。在新的发展模式下，开展的项目包括原博彩业的扩建、会展项目的兴建与推进、新填海计划、新交通建设项目等均为金属围护行业带来全新的发展机遇。在此发展阶段，澳门金属围护的应用已经进入成熟阶段。在材料选择上，更多工程偏向选择防腐性能优越的不锈钢材料，如澳门氹仔新码头一、二期工程就有近10万平方米的316不锈钢材料应用，还有同期的氹仔新验车中心等；在板形选择上，更偏向于具有优异抗风性能的高肋边180°锁合式屋面板，以弥补传统板形抗风及防水能力的不足，基本能满足地域性的需求。另外，澳门金属结构协会顺应市场要求，联合香港建筑金属结构协会共同制定了一系列关于金属围护行业的标准，如《金属建筑行业标准》，对金属围护在设计、建筑施工、产品检测等方面进行详细的阐述和说明，并在港澳工程中得到广泛应用，获得较为明显的效果，对推动港澳地区金属围护行业发展发挥了重要作用。同时，近年加强了联系“两岸四地”专家，组成学术联盟，共促大中华的金属围护行业发展。

（三）台湾地区金属围护的发展

从19世纪末开始台湾曾被日本殖民统治50年，台湾地区的各领域受日本的影响较大。在国民党统治台湾后，20世纪50年代才开始工业化建设，而为配合工业化的发展兴建了大量厂房，这成为了金属围护在台湾初期的应用，而此时的金属围护技术以引入日本系统为主。因日本与台湾地区具有相似的地域条件，日本金属围护系统的抗风、抗震、抗荷载等优点，在一定程度上满足了台湾地区需求，具有较好的综合效能，直至今天仍是台湾应用的主流技术。

20世纪七八十年代，经济高速增长同时带动了钢结构工业的发展，这个时期，是金属围护在台湾的发展期，同期也陆续有澳大利亚及美国的围护技术被引入台湾地区，较为突出的是在80年代中后期来自澳洲的高强度镀铝锌薄板，因其优异的经济性能及简易的施工概念，被应用在当时的厂房建设中。但因不具备完善的系统建筑功能，均未能成为本土金属围护的主流技术。而随着钢结构建筑的愈来愈广泛的应用，台湾本地钢厂亦逐步成立并发展壮大，能自主生产大量的彩钢，如中钢、烨辉、盛馀等。在钢铁领域甚至在高强钢领域也有出色表现，彩钢及高强钢材产品远销海外及港澳地区，这批本地的钢厂为金属围护的发展提供了良好的材料基础，而此时的金属围护应用主要以普通镀锌钢板的厂房建筑为主。进入90年代初，台湾当局制定3030亿美元的“六年计划”，大力发展基础设施建设，比80年代提高了4~5倍。这一举措直接带动了钢结构及金属围护产业的高速发展，金属围护开始以简易系统搭配形式应用到基础设施建筑中。随后至20世纪末，台湾当局大力推展“绿建筑”，“921”大地震后，民众对钢结构建筑更加重视，从公用建筑逐步推展至民用建筑，金属围护已扩展到各个领域，台湾地区金属围护行业跟随钢结构产业自此步入稳定的增长期。

进入21世纪，钢结构建筑逐步普及，良好的抗震性能得到台湾当局的大力推广及社会的广泛认可，已涵盖了大部分建筑领域，钢结构建筑已逐渐成为台湾地区主流建筑工艺，金属围护系统也随之得到普及应用。据统计，2004年，台湾地区钢结构总产值已达445.1亿元新台币，在台湾当局制定的“五年计划”、电子业发达带动电子厂及相关产业厂房、展览业逐步兴起等多重利好因素的影响下，使得带有金属围护的钢结构建筑成为逾百亿元新台币的市场空间，如捷运南港线车站、捷运内湖线、高铁车站以及系列的大型展览馆、厂房的陆续应用，无不带动行业发展。同时，因其沿用日本金属围护技术，故类似港澳地区出现的风掀、漏水等质量问题很少出现，并且，日本在板形设计上与欧美的以单纯直立卷边板形为主相比，具有更多样性的板形设计，以符合不同建筑的需求，至此，台湾地区的金属围护行业基本发展成熟。

2010年后，台湾地区的金属围护应用，已在日本技术基础上逐步发展为本土的技术开发能力，在材料应用上，有了更多、更好的新型材料选择，如“台北新巨蛋”就从建筑设计寿命出发，使用了与早期的香港机场铁路系统站台一样的纯钛板直接作为围护面板，以达到与主结构建筑永久相随的效果。可以说，发展至今，台湾地区的金属围护行业具有一定的经验领先性。

（四）中国内地金属围护的发展

中国内地金属围护行业的发展，相对于国外或中国港、澳、台地区而言稍显滞后。20世纪80年代，在经济发达的上海，率先引进日本设备，对压型屋面板进行近60万平方米大面积的应用，由此，为中国金属围护行业发展拉开了序幕。

进入90年代，随着国家经济的高速发展，工业建筑需求直接带动金属围护行业的发展，许多来自澳洲、欧洲及美洲的外资公司纷纷进入中国市场并立足发展，同时在中国沿海发达地区也有部分市场触觉灵敏的企业开始加入金属围护行业，但主要以引进日本技术的简易厂房建设围护系统为主，并不具备完整的系统建筑功能，这个时期中国内地金属围护技术仍然处于萌芽期发展期。而由于日本技术较为适合中国内地环境要求，且应用多为单板性的简易围护系统，故尚未出现太大的质量问题。另外，为顺应市场发展，原冶金部针对彩钢板出台一些技术说明及相关图册，但仍无相关行业、国家规范和标准。

到了21世纪初，随着钢铁产量稳步上升和经济发展建筑业成为国家的经济支柱之一，尤其是北京奥运会需求下的一系列体育场馆建筑带动了建筑热潮，金属围护产品以其轻质、高强、美观、施工方便、结构稳定等优点，受到设计师及公众的青睐，被大量应用在奥运建筑中，并引入同期较为高端的铝合金板、钛锌板等金属围护系统，此时行业呈现井喷式的增长态势，同时金属围护也逐步普及应用于其他各类基础设施、工业、商业、住宅等场所。至2009年，根据不完全统计，中国内地已有超过3000家从事金属围护产品供应厂家，金属围护已开始以较为完整的建筑状态应用于工程中，包含了防潮、保温、吸声等建筑功能，但主要以使用来自欧洲的传统直立卷边金属围护系统为主，甚至出现“一个直立卷边产品走天下”的情况。虽然此时国家也逐步重视行业规范化发展，陆续出台相关应用标准，如2002年出台《冷弯薄壁型钢结构技术规范》(GB 50018—2002)，2008年又出台《建筑用压型钢板》(GB/T 12755—2008）及系列金属围护行业的国家建筑标准图，但关于金属围护产品相关规范及指引尚未有详细说明，如关于产品的完善的质量状态要求，系统组装要求，配合建筑与结构要求的产品相对应质量控制手段等。而正是国家对金属围护产品应用无相关完善的规范、标准，使得大部分金属围护工程质量得不到控制及保证，引入厂家无法提供相关的为保证产品及工程质量的方法及手段，导致整个行业市场较为混乱。而直接使用欧洲等以直立卷边板为主的金属围护系统设计，除应用技术尚未成熟外，更主要的是中国地域广袤，东西南北气候差异巨大，直立卷边系统并不完全适合于整个中国内地的应用，如上述提及的抗震、抗风掀、抗暴雨、抗雪灾等功能并未能达到要求，这也是导致工程质量问题频发的主要因素。

2010年后，行业逐步进入稳定增长期，金属围护行业也逐渐成为建筑应用中的重要角色，据不完全统计，截至2014年，行业从业企业数量已突破5000～6000家。行业的发展壮大，使得在材料上拥有了更多节能型新材料的选择空间，如新兴节能复合材料开始逐步研发；在工艺控制上，有了自主性的更成熟、更稳定的辊弯成型生产工艺，金属围护在工艺上有了出色的表现，冷弯设备能将材料一次性完成多项塑性加工工艺，如复杂异型金属板及围护构建等进行一次成型，满足了更多的建筑需求。同时，新技术使得产品质量控制更加精准，能一次性稳定地生产大量产品，缩短产品开发的周期，极大提高生产效率；在产品技术上，行业在不断研发出更多的面板板形及系统搭配，并逐渐按地域性、气候性分区不同而形成了不同的金属围护系统类型，产品设计更加细化，产品选择更加多元化。

此外，行业也仍然存在一些技术上的滞后性，包括：由于国内工程分包关系仍较为复杂，直接推高建筑成本，出于成本考虑，大部分工程仍以使用铝合金屋面系统为主，新兴材料应用面仍不够广泛；相关新产品未能得到有效的认可及推广，板形方面仍多数采用传统的直立卷边板形，而其他许多新型产品应用的合适性也无相应规范指引及说明，不同厂家有不同的产品标准，容易导致产品质量参差不齐，工程问题仍时有发生，行业规范及秩序仍亟待提升。有鉴于此，近年来相关建筑行业协会纷纷下设金属围护行业分支机构，以期通过逐步完善行业产品及技术规范、提高行业整体技术认知水平等一系列行业管理工作，引导行业良性发展。

四、小结

环顾大中华地区金属围护行业的发展，不过三四十年的历史，如从真正引入系统概念算起，却仅有不过20年的历史，与国外有着近百年应用的历史相比，差距甚大。在如此短的时间内，我们从无到有，发展成为今天如此庞大的产业，可见金属围护的社会适用性及产品本身的魅力性。并且，在钢结构成为主流建筑的趋势下，有理由相信金属围护产业仍将保持一个稳定的发展前景。而归纳此期间衍生的众多的工程质量问题，除设计技术及施工问题外，更多的是由于市场放任监管，产品质量本身存在的问题所致。

早期引用日本的技术，因其相似的地域需求及较严谨的规范要求，基本没有出现较为严重质量问题；到后来，逐步开始以引用澳洲板形为主，因其具有相应配套的产品标准规范以及简易的螺钉板形设计，同样没有出现严重质量问题，但到20世纪末、21世纪初开始引用欧洲传统铝合金直立卷边板系统后，其完善的系统概念虽是行业发展上的进步，但因其产品本身并未具有应用规范标准，产品并无相关检测方法及手段，以及产品引用上的不适用性导致问题频发。

然而，面对问题，我们并没有退缩，而是不断寻求解决方式。目前，欣闻国家相关部门已起草国家行业标准《建筑金属板围护系统检测鉴定及加固技术标准》，体现了国家对行业的重视及行业产品质量控制的良好发展趋势；同时，在国家行业协会指导下的行业管理工作，亦从建筑设计角度做了一系列性的规范性行业管理工作；港、澳、台地区行业协会也陆续发布相关产品应用标准；现在，由行业厂家经过深入探讨并自发组织的行业服务机构——中国钢结构协会冷弯型钢分会金属围护产品委员会，是在冷弯范畴内从材料、产品及工艺技术上提出要求，通过规范产品本身适用性，从而保证产品质量，与同行业的国家协会及港、澳、台地区协会的既有工作相辅相成、相互配合，实现全面规范行业行为、提升行业水平的目标。我们相信，不久将出现行业发展崭新的局面。

香港冷弯型钢建筑结构发展回顾与展望

何浩祥　钟国辉　陈德明

（香港理工大学土木及环境工程学系、中国钢结构协会
冷弯型钢分会建筑结构专业委员会）

一、香港钢结构及冷弯型钢建筑发展

香港从原来的一个30多万人口的小渔村发展到今天拥有700多万人口的国际大都会、国际金融中心，经历了多次挑战。香港人多年来都凭着刚毅不屈、兼容并包的精神，克服重重困难。努力不懈地支持香港社会的经济发展。

在20世纪50年代的香港，造船业蓬勃发展，培育了大量的钢构加工及构件组装人才和焊接技术及检测人员。他们勤奋努力、刻苦耐劳，为现代香港的钢结构发展奠定了坚实的基础。在七八十年代的香港，基础建设飞速发展，而大量钢结构建筑亦因此耸立维港两岸（图1），成为今日香港的标志性建筑。

70年代的维港两岸

现今的维港两岸

图1　香港维港两岸多年来的演变
（图片来源：explorehk. com）

从20世纪七八十年代开始，香港的高层建筑主要由英国的结构工程师设计。指定的钢材从英国跨越半个地球船运至香港。因此，钢结构建筑是十分昂贵而少见的。其中一个经典案例就是坐落于中环的汇丰亚太区总部——香港汇丰总行大厦。其后在80～90年代，香港进入基建发展的高速增长期，大量高新的地标性建筑相继落成。当时，香港的高层钢结构建筑大多数仍由英国结构工程师设计，而香港工程师则在多方面提供协助，引入不同种类的冷弯型钢。然而，当时日本的钢构承建商能够提供等效的设计方案，并采用来自不同国家和地区且符合英国钢材标准要求的钢材：

（1）以日本钢材制造用于关键结构件中的大型钢构，如高层建筑中的主要荷载框架钢柱和大跨重载钢梁。

（2）其他次要钢构件或框架则采用来自世界各地的热轧型钢材、焊接型钢、压型钢板、冷弯型钢和冷弯金属建筑围护系统。

（一）高层钢构及冷弯压型钢板

在香港，钢结构常用于地基基础承载力欠佳的建筑物，目的是减轻建筑物的自重。而对于超过250m的高层建筑，则常采用钢-混凝土组合结构。一般而言，自重和风荷载常控制着大多数建筑物的结构设计。而对于抗震设计，目前在香港仍没有强制要求。随着超高层建筑的发展，钢混凝土组合结构屡获大量采用。而冷弯型钢则普遍以压型钢板的形式应用于组合楼板当中，亦常见于隔墙用龙骨。总体来说，组合结构具有强度高、自重轻、整体刚性高、变形能力高的显著优点，能创造更大的建筑空间。故能实现现今低排放的绿色建筑要求。其中著名的建筑物有位于港岛中环皇后大道中的中环中心以及坐落于中环皇后大道的长江集团中心（图2）。

中环中心

长江集团中心

图2　香港的现代钢混凝土组合结构建筑

（图片来源：explorehk. com，维基百科）

（二）空间钢构与冷弯焊接钢管

在20世纪90年代，大跨度钢构建筑多采用钢管为主要构件。香港有许多建筑物采用钢管结构，工程案例有九龙公园游泳池、香港公园观鸟园和香港政府大球场（图3）。可是结构工程师都偏向选用热轧型钢，因为现有的钢结构设计数据大多基于热轧型钢所得出的实验资料制定而成。而在以往多年来的工程应用上，热轧钢材都有着非常良好的纪录，故此热轧钢材受到广泛的认可，被视为行之有效、有质量保证的建筑结构产品。

九龙公园游泳池　　香港公园观鸟园　　香港政府大球场

图3　香港的现代钢管结构建筑
（图片来源：康乐及文化事务署）

近十年来，随着英国和欧盟标准被广泛应用后，冷弯焊接钢管开始受到不同程度的认可，可以在多个政府及私人建筑项目中使用。另外，冷弯钢板桩采用8～14mm厚的板材，以冷弯成型机组加工而成。冷弯钢板桩也常用于土建地基项目。

（三）门式钢结构及冷弯型钢条

此外，冷弯开口型钢条也普遍应用于新型工业厂房当中，如大埔工业村、元朗工业村、将军澳工业村和屯门新兴工业区（图4）。新型工业厂房普遍为轻钢结构，以冷弯型钢为承重结构、檩条、隔墙龙骨、吊顶龙骨、围护系统、楼板、配件等结构及建筑组件。其特点为自重轻，结构安全性高，抗震性能好，施工周期短，外形美观，使用空间大，具有经济效益并符合绿色环保要求。

（四）公共建筑及冷弯金属建筑围护系统

在公共建筑方面，冷弯金属建筑围护系统备受香港建筑师的青睐，以配合建筑上灵活多变的外形。同时围护系统亦必须满足在长期风载下的结构安全及使用要求，例如围护系统的抗风能力、高压风雨环境下的水密性及其在长时期阵风作用下的耐久性。所以，冷弯金属建筑围护系统亦标示着本地建造业的科技水平。著名的冷弯金属建筑围护系统包括香港会议展览中心、香港赤腊角国际机场和新落成的香港单车馆（图5）。

二、香港冷弯型钢建筑结构的科研发展

近20年来，香港冷弯型钢建筑结构的科研发展主要由香港理工大学的科研项目和专业培训来推动。香港理工大学是一所公立大学，而大学的课程及研究均以应用为本，

图4 香港的冷弯门式型钢结构

（图片来源：explorehk. com，维基百科）

香港会议展览中心　　香港赤腊角国际机场　　香港单车馆

图5 现代金属屋面板系统及建筑围护系统

（图片来源：http：//www. panoramio. com，康乐及文化事务署）

并与本地工商业界保持紧密联系。香港理工大学在创新科研范畴上积极地配合本港社会需要，并与国际知名院校合作。土木及环境工程学系是香港理工大学的重点科研部门，多年来持续进行了多项有关冷弯型钢建筑结构性能研究工作，包括以下各范畴。

（一）压型钢板（图6）

（1）大跨度压型板在弹塑性状态下对多种荷载的承载力；

（2）组合楼板在持久荷载下的结构性能；

（3）组合楼板系统的抗火设计；

（4）组合楼板中剪力连接点的结构性能。

（二）开口型钢（图7，图8）

（1）薄壁型钢接点在剪力及力矩下的结构性能；

组合楼板的动态荷载测试

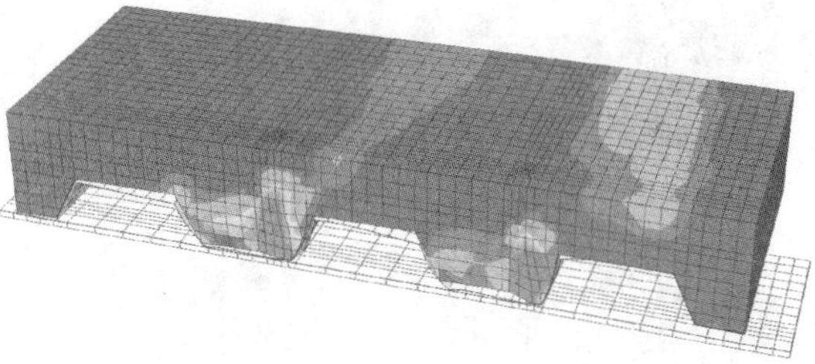

组合楼板的轴向剪力连接点结构作用模拟

腹板压屈强度测试

压型钢板腹板压屈强度模拟

图6　香港理工大学冷弯型钢结构研究工作
（压型钢板与组合楼板的测试和模拟）

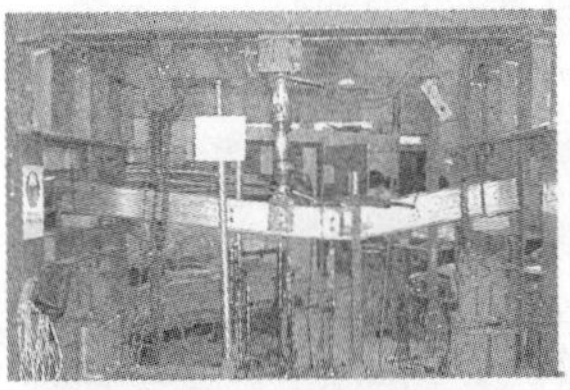

檩条连接点结构性能测试

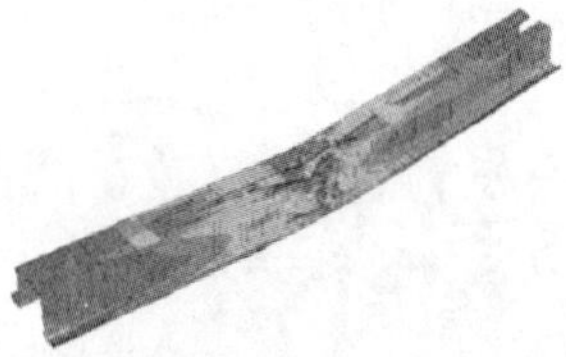

Z型钢檩条的抗弯模拟

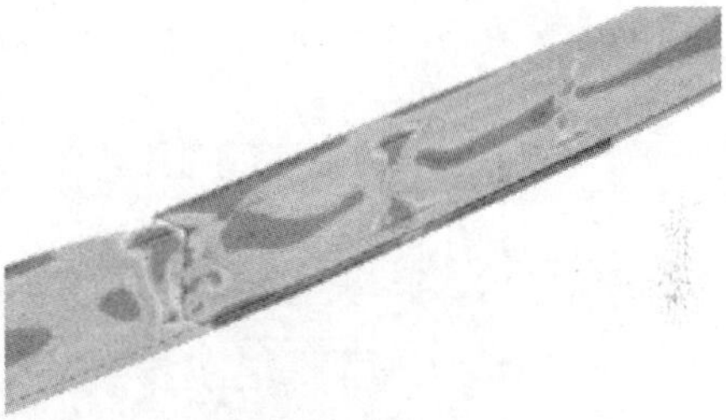

Z型钢檩条连接系统模拟

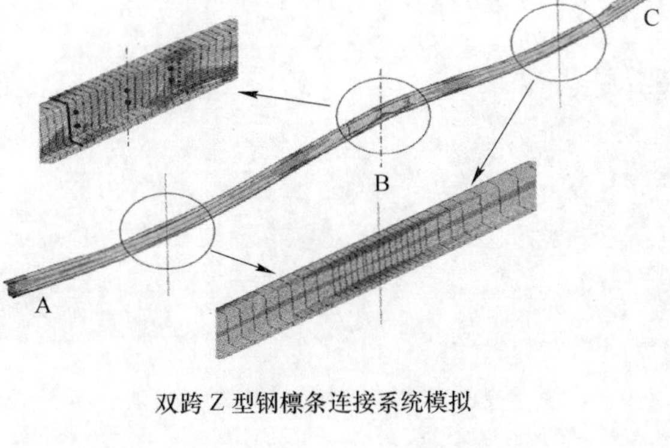

双跨Z型钢檩条连接系统模拟

图7　香港理工大学冷弯型钢结构研究工作
（多种冷弯檩条连接点及系统的有限元分析模拟）

梁柱连接点结构性能测试

柱底连接点结构性能测试

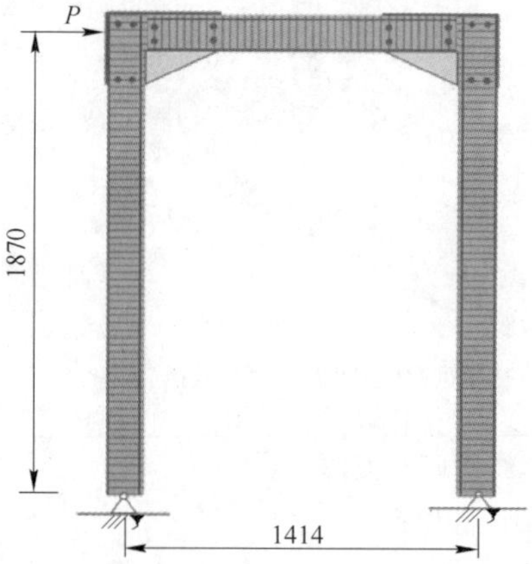

冷弯型钢门式框架系统模拟

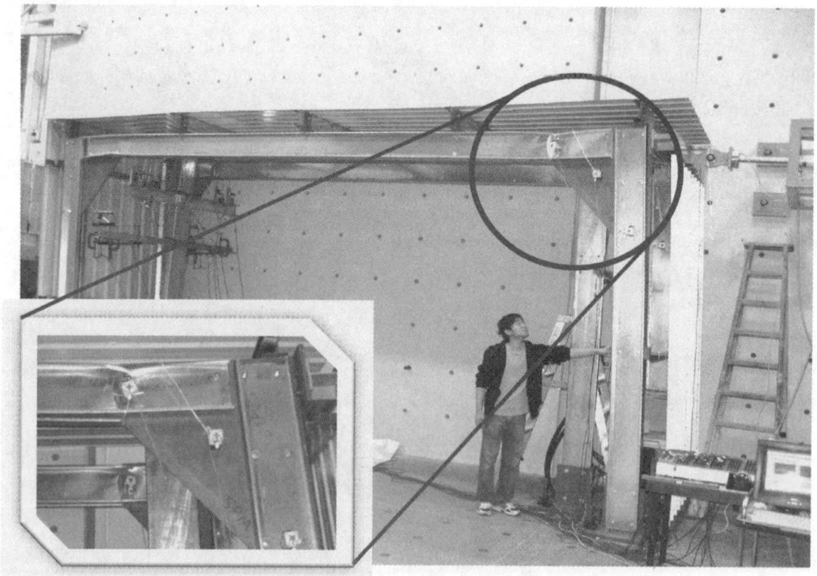

冷弯双C型钢条背靠式框架实样测试

图8　香港理工大学冷弯型钢建筑结研究工作
（开口型钢的测试和模拟）

（2）C型及Z型钢在弹塑性状态下对多种荷载的承载力；
（3）Z型钢檩条的失稳及连接系统的结构性能；
（4）双C型钢条背靠式梁柱连接点的结构性能；
（5）建筑钢结构门式框架在横向作用下的结构性能。
（三）金属围护系统（图9）
（1）金属屋面板及连接固定座在静态荷载下的结构性能；
（2）金属屋面系统在动态风荷载下的结构性能；
（3）金属屋面板连接固定座的抗风揭结构性能。

多项研究项目是由香港政府研究资助局及香港理工大学研究委员会资助。研究结果不定期刊登于国际学术期刊和国际学术会议论文集中。

金属屋面板在静态风载下的破坏

屋面连接板固定座抗拉拔性能测试

金属屋面板动态风载测试

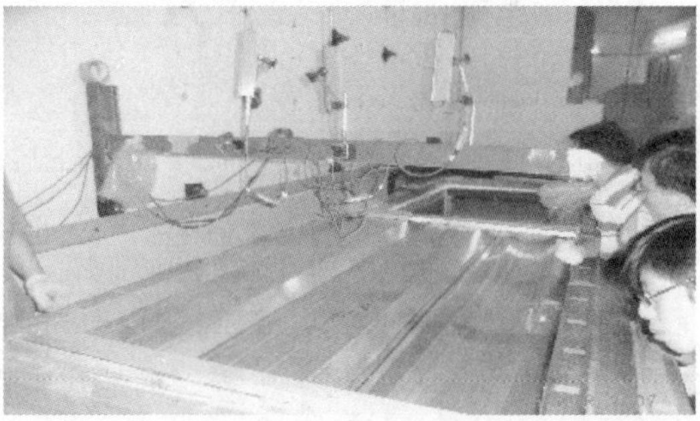
金属屋面板静态风载测试

图9　香港理工大学冷弯型钢结构研究工作
（金属围护系统的结构测试）

此外，香港理工大学与冷弯金属结构学会和香港建筑金属结构协会还举办了多次专业技术研讨会：
（1）钢混组合结构设计专业技术研讨会（2008年）；
（2）冷弯钢结构设计专业技术研讨会（2009年）；

（3）国际冷弯钢结构专业研讨会（2010年）；

（4）欧盟结构规范EC4钢混组合结构设计专业培训（2012年、2013年、2014年），见图10；

（5）欧盟结构规范EC3冷弯钢结构设计专业培训（2014年）。

图10　欧盟结构规范EC4钢混组合结构设计专业培训（2012年8月16～17日）

三、中国钢结构协会冷弯型钢分会建筑结构委员会

2014年全世界钢材总产量为16.4亿吨，而中国的年度钢材产量已达到了82300万吨，为全世界钢材生产总量的50.2%。值得注意的是，日本和美国分列第二位和第三位，其年度钢产量分别为11000万吨和8800万吨，即分别占全世界钢材总产量的6.7%和5.4%。

冷弯钢建筑结构专业在全球的应用已有近50年的发展历史，随着科技发展与进步，新材料、新技术及新型建筑结构都在不断涌现，为传统的建筑结构创造了崭新的发展空间。目前全国有5000多家冷弯型钢生产企业，集中分布在长三角、珠三角和环渤海地区，产品达3000多种，钢种已从单一的普碳钢发展到不锈钢、高强钢、耐火钢、耐候钢、复合钢等。按中国钢协冷弯型钢分会2012年的统计数字，我国冷弯型钢生产量达每年1500万吨，为钢材总产量的2%。

过去五年，企业冷弯型钢行业已经发展成为产值数百亿元，从业人员达百万人的国民经济重要行业。因此，冷弯型钢是我国钢铁产业链的新亮点，为高端钢建筑结构提供多种创新应用。因此，中国钢结构协会冷弯型钢分会对于冷弯型钢建筑结构专业的发展前景非常看好。但目前国内冷弯型钢建筑结构行业在专业技术分工上仍有所欠缺，但同时又面对着市场的急速发展需求，在缺乏有效设计、施工、管理及生产技术提升的情况下，引发出不少的建筑结构质量问题，情况愈发令人担忧。

（一）建筑结构委员会的成立

有鉴于此，冷弯型钢分会在2014年初认为此项专业应发展成为一个独立的钢结构行业，并付诸专业管理。此举一方面可将国内行业同仁团结起来，并实时掌握行业发展动态；另一方面，为冷弯型钢建筑结构行业提供清晰的行业管理及技术指引，有助其专业发展。因此，经过前期筹备，冷弯型钢分会于2014年11月举行的冷弯型钢行业年会（图

11）上宣布正式成立建筑结构委员会，以统筹冷弯型钢建筑结构的行业发展及管理。韩静涛理事长在大会上正式委任香港理工大学钟国辉教授为委员会主任，陈德明博士和王隽博士为委员会副主任，何浩祥博士为委员会秘书长，共同管理委员会的工作（图12）。

图11　2014年冷弯型钢行业年会 · 中国长沙

图12　中国钢协冷弯型钢分会建筑结构委员会成员合影
（从左至右为陈德明、钟国辉、韩静涛、王隽、何浩祥）

（二）属性及其服务原则

建筑结构委员会由国内冶炼专家、冷弯技术专家、钢构工程专家、施工单位和厂家所组成，是发展冷弯型钢建筑结构行业技术的重要社会力量。其宗旨为优化冷弯型钢建筑结构设计、提升施工技术水平和产品品质。

（三）工作范围

1. 提高技术水平和产品品质

建筑结构委员会定位在建筑结构专业，团结业界同仁，包括冶炼专家、冷弯技术专家、钢构工程专家、施工单位和厂家，以提高工程技术水准和产品品质，符合国家和海外建筑工程要求为目标。此外，委员会亦致力发展冷弯钢构产品认证制度，带领行业提升产品品质，进军海外市场。

2. 工程技术支持

建筑结构委员会将为业界提供适当的技术支持，协助冷弯钢构生产商开拓海外市场及研发新冷弯钢构产品，尤其是压型钢板、型钢檩条、焊接钢管结构和金属建筑围护系统等。并加快冷弯型钢建筑钢结构产品国际化的步伐。此外，委员会亦为业内工程技术人员提供专业培训，协助业界认识到从设计、生产到施工当中的不同工程技术问题及其解决方法。

3. 行业发展及管理

建筑结构委员会将为国内建筑结构行业企业服务，充分发挥群团作用和行业联盟的优势，依靠市场资讯带动行业的发展，建立起覆盖全国、全行业的综合行业市场资讯系统，以协助业界了解市场动态。

（四）工作计划

建筑结构委员会就上述工作范围，制订了未来两年的工作计划。

1. 标准及设计手册编撰

（1）《冷弯型钢建筑结构材料规范》；

（2）《冷弯焊接钢管结构工程设计规范》；

（3）《压型金属板结构工程设计规范》；

（4）《冷弯开口型钢结构工程设计规范》。

2. 专业技术培训

（1）冷弯型钢建筑结构工程技术培训课程；

（2）欧盟标准冷弯型钢结构设计培训课程。

3. 国际学术及专业技术交流

（1）冷弯型钢建筑结构行业会议；

（2）冷弯型钢结构国际工程技术会议。

四、结语

中国冷弯型钢产业经过30多年的发展，产能及产品种类已达国际水平，年产量约占全国钢材总年产量的2%，与国际上4%～5%的占比水平相比，仍有较大差距，但在行业协会的有力指导及行业的努力下，我们相信中国冷弯型钢产业将会持续健康发展。

新成立于香港理工大学的建筑结构委员会将肩负发展冷弯型钢建筑结构行业的重任，以优化冷弯型钢建筑结构设计、提升施工技术水平和产品品质为目标，协助行业积极参与国际建造工程。并且通过编撰标准及设计手册、提供专业技术培训，及促进国际专业技术交流，使国内工程师能有效掌握冷弯型钢的材料特性和结构设计。同时，在中国冷弯型钢建筑结构行业的支持下，香港建造业将可以成功地向国际建造市场输出专业工程技术服务，并有效拓展优质国产冷弯型钢的海外市场。

中国冷弯钢板桩产业发展回顾与展望

王　银

（中国钢结构协会冷弯型钢分会冷弯钢板桩专业委员会）

冷弯钢板桩是冷弯型钢产品中一个重要的产品分支，因其产品形状复杂，力学性能要求高，使用条件复杂，应用范围广泛而越来越受到人们的重视。本文就中国冷弯钢板桩的发展历程、目前产业发展现状及未来发展前景作一介绍，以期中国冷弯钢板桩行业同仁们共同努力，共同推动中国冷弯钢板桩产业更好更快的发展。

一、发展历程

（一）钢板桩起源

世界钢板桩于20世纪初在欧洲开始生产，1908年，美国首次使用直线型钢钢板桩建设BlackRock港。1911年，卢森堡的阿尔贝德工厂（属于安塞乐米塔尔集团）轧制出世界上第一片类似的Z型钢板桩。1923年，日本在关东大地震灾后修复工程中采用大量进口的U型钢板桩止水。1931年，日本开始生产钢板桩。1933年，卢森堡的阿尔贝德工厂首次轧出Z型钢板桩。20世纪50年代后期，日本大量生产钢板桩用于战后经济恢复。国内钢板桩使用起步较晚，1942年，我国海南八所港码头建设中使用了日产Ⅳ号铁箭钢板桩。1950年，我国首次在桥梁围堰中使用了钢板桩。1990年，我国首次在船坞建设中采用Z型钢板桩作为坞体的永久结构。2000～2001年，马钢曾生产5000余吨HP400系列U型钢板桩，成功应用于嫩江大桥围堰，靖江新世纪造船厂30万吨船坞及孟加拉防洪工程等项目。

（二）钢板桩的应用

钢板桩应用范围很广，现列举如下：

（1）河道护岸及防洪。钢板桩通常应用于河道护岸、船闸、水闸结构以及防洪，其优点是便于水上施工，使用寿命长。

（2）港口及码头。钢板桩是码头建设中的一种非常便捷的材料，它可以满足码头建设快速、经济合理的要求，同时也具有良好的受力性能，能承受较大的竖向荷载和横向弯矩。

（3）抽水站。钢板桩过去常作为抽水站的临时支撑，也可用于永久结构，大大缩短施工时间，降低成本。抽水站往往都倾向于矩形结构，但是从已有的开放式结构来看，圆形将是未来的发展趋势。

（4）桥墩。在桩基承受荷载或者要求施工速度的情况下，使用钢板桩是最经济的。它可以同时扮演基础和桥墩的角色，而且还可以单向作业，仅占用很少的时间和空间。

（5）道路扩宽挡土墙。道路扩宽建设的关键是土地占用量和建设速度，尤其是在借用其他车道的情况下，钢板桩能够满足上述要求，无须进行土的开挖和清理。

（6）地下室。由于只占用很少的空间，钢板桩是建造地下室墙体的理想材料。钢板桩的这一特性在临时性和永久性的工程结构中都得到了充分发挥，能够极大地降低成本。此外，钢板桩也可以承受上部结构传来的垂直荷载。

（7）地下车库。钢板桩已经成为建造地下车库的一种特别有效的材料，它可以紧贴边界牢固地打入地下，而且钢板桩自身墙体厚度很小，这就意味着能使停车场地的空间最大化、成本最低化。

（8）隔离设施。密封钢板桩是隔离污土的非常有效的材料，使用一些专用密封剂就可以达到特定条件下的防渗要求。

（9）承重基础。作为理想的承重基础结构，钢板桩能结合特殊角桩形成小直径的封闭结构。随着钢板桩越来越多地被用于高速公路标志架的支撑系统，这一概念也正被用于桥梁的基础桩。

（10）临时工程。对于需要支护开挖的工程而言，钢板桩是第一选择。在临时工程中，钢板桩的高强度和便于施工的基本性能得到了充分利用。同时，钢板桩在使用后可以拔出和重复利用的特点使它成为设计的最佳选择。值得注意的是，将临时结构设计成永久结构可以极大地降低成本。

（三）中国冷弯钢板桩的发展历程

1978年党的十一届三中全会召开，实行改革开放，中国与国际交往日益频繁。国外冷弯钢板桩使用方兴未艾，国内工程也需要使用钢板桩，外贸出口冷弯钢板桩询盘不断增加，出于开拓国际市场的动力，国内相关冷弯型钢企业开始开发冷弯钢板桩，主要用于出口到国际市场，像江苏顺力冷弯型钢实业有限公司开发的U型钢板桩及Z型钢板桩，早期全部用于出口。

2002年冷弯型钢协会为配合水利、基建、仓储等行业急需，在学习国外经验的基础上，组织广州钢管厂有限公司、番禺珠江钢管厂、上海佳艺冷弯型钢厂，在2002年1月8日广州会议上，成立了《冷弯钢板桩标准》起草小组，同年4月28日，在上海通过同行业专家和技术委员会的审查，又在广泛征求意见的基础上，于2003年7月15日南京标准会议上定稿，并决定印刷出版中国钢协冷弯型钢协会行业标准——《冷弯钢板桩》（LW/T 01—2003）。该标准的制定为推动中国冷弯钢板桩的设计、生产、施工、使用起到了积极的促进作用。2013年9月6日该行业标准经过修订上升为《冷弯钢板桩》国家标准，标准号为GB/T 29654—2013。

在冷弯型钢协会积极宣传及倡导下，国内冷弯钢板桩逐渐被设计单位、使用单位认可，京沪高铁的建设及国内一些港口建设均采用了冷弯钢板桩。

二、发展现状

（一）国内冷弯钢板桩生产厂家概况（见表1）

冷弯钢板桩行业首个国家发明专利（证书号第714959号）是由江苏顺力冷弯型钢实业有限公司获得的。同时该公司还获得14项冷弯钢板桩新型实用专利，目前具备生产7大系列1200个品种规格的各种类型冷弯钢板桩，是国内品种规格最齐全，产销量及出口量第一的专业冷弯钢板桩生产制造企业。

表1　2015年1季度国内正常生产冷弯钢板桩企业一览表

企业名称	资质等级	钢板桩专用生产线数目/条	生产钢板桩品种类型	钢板桩是否作为企业主产品	产品最大厚度/mm
江苏顺力冷弯型钢实业有限公司	一级	8条钢板桩专用生产线	U型、Z型、Ω型、直线型、O型、HZ型、OZ型	是	16
武汉钢铁江北集团冷弯型钢实业有限公司	一级	2	U型、Z型	否	14
泰安科诺型钢股份有限公司	一级	2	U型、Z型	否	12
欧领特(上海)重型冷轧有限公司	二级	1	U型、Z型	是	12
江苏国强日铁建材有限公司	无	1	U型、Z型	是	12
山西鼎荣冷弯型钢有限公司	无	1	U型	否	12

武汉钢铁江北集团冷弯型钢有限公司是大型国有企业，企业规模大，实力雄厚，技术力量强，以方矩管、铁道用钢在国内冷弯行业独树一帜。冷弯钢板桩作为其开发的一个新的领域产品，2009年4月成功试制14mm冷弯钢板桩产品，目前武汉钢铁江北集团冷弯型钢有限公司已经具备了生产4个品种、14个规格的冷弯钢板桩的能力。

欧领特（上海）重型冷轧有限公司和江苏国强日铁建材有限公司都各有1条冷弯钢板桩生产线，主要品种为U型及Z型冷弯钢板桩。

（二）发展现状及存在问题

传统的钢板桩产品按生产工艺划分，有热轧钢板桩和冷弯钢板桩，但近年来也出现了许多冷加工组合焊接工艺等形式的复合加工型钢板桩，以及结合H型钢或管桩而形成的组合桩体系，大大丰富了钢板桩市场的品种。在工程建设中，一般来说，热加工钢板桩具有尺寸规范、性能稳定、质量好、止水性好、耐久性强等优点，已被人们普遍接受。但是由于受生产设备和工艺方面的限制，目前世界上热轧钢板桩的单片宽度仅达到900mm左右，单片的截面横量最大不到4000。另外，由于受此限制，热加工钢板桩截面形式的变化也非常困难，市场上仅能提供若干特定截面形式的钢板桩，对于生产自由设计的钢板桩截面则将耗费大量的投资，因而设计方不能根据设计定制产品，这将导致超性能设计，从而出现浪费。而且迄今为止国内热轧钢板桩仅限于U型钢板桩，且宽度只有400mm和600mm，品种规格非常少，热轧Z型钢板桩需全部进口，价格高，到货周期长等，正因为如此才为国内冷弯钢板桩发展提供了一定的空间。

对于冷弯钢板桩，国内则比较陌生，或是存在误区，尤其是由于对冷弯钢板桩的最新发展缺乏了解而不敢使用。事实上冷弯钢板桩正是当前国际上钢板桩发展的一种趋势。江苏顺力冷弯型钢实业有限公司冷弯钢板桩目前已出口到63个国家和地区。冷弯钢板桩在生产方面具有加工灵活简便、生产效率高的特点，客户可以根据自身需求，量身定做满足需要的钢板桩。在产品质量方面同样具有性能稳定、质量优良、钢板强度高、耐久性强的特点，并且在节约钢材方面比热加工钢板桩有更大优势。

（三）技术水平及其在世界钢板桩产业中的地位

1. 品种类型

目前国内冷弯钢板桩企业已经能生产冷弯钢板桩所有系列的产品。U型、Z型、HZ型、OZ型系列钢板桩都已广泛应用于世界各地的工程项目。国内冷弯钢板桩企业产品开发的能力还是相当强。江苏顺力冷弯型钢实业有限公司还成立了海洋工程用钢板桩技术开发研究中心。武汉钢铁江北集团冷弯型钢有限公司和泰安科诺型钢股份有限公司也设有自己的企业研发中心。

目前国内冷弯钢板桩主要品种类型如下：

（1）U型冷弯钢板桩；

（2）Z型冷弯钢板桩；

（3）正反钩型冷弯钢板桩；

（4）箱型钢板桩；

（5）O型钢板桩；

（6）H型钢板桩。

2. 成型工艺

冷弯型钢成型工艺水平的快速发展，为冷弯钢板桩的质量水平的提升提供了坚实的技术保障。如何解决180°弯曲角度成型时钢材内部晶相组织不被破坏的问题，是冷弯钢板桩成型中一个关键点。国内生产冷弯钢板桩的企业在这方面都非常重视，开展了各种方式的研究和探索。目前冷弯钢板桩成型质量已到达国际水平。江苏顺力冷弯型钢实业有限公司在全球首家成功开发生产高强材质S430GP，厚度为16mm的冷弯U型钢板桩和冷弯Z型钢板桩。

3. 原材料水平

原材料的性能直接影响钢板桩产品质量的性能，宝钢在钢板桩材料研发上名列前茅，曾经开发的MDB350材料为中国冷弯钢板桩初期开发应用作出了贡献。

冷弯成型工艺的先进合理与材料的塑性成型指标密切关联。早期国内钢厂板材轧制工艺水平受限，往往强度指标达到了，塑性指标受限，达不到要求，塑性指标达到了，强度指标又受限，结果往往因为原材料问题而不能生产特殊规格的冷弯钢板桩，比如生产超过12mm的冷弯钢板桩就比较困难。近几年随着国内热轧板轧制技术水平的提高，板材屈服比的提高，冷弯钢板桩成型的可靠性不断加大。为开发丰富多彩的冷弯钢板桩提供了可靠的保障。

4. 装备水平

中国冷弯设备的制造水平飞速发展，高端装备制造业走向世界，冷弯钢板桩生产线的装备水平也在不断提高。为了适应冷弯钢板桩成型工艺的特殊要求，冷弯钢板桩生产线采用与传统冷弯型钢生产线不同的方式，即每道牌坊均有一套独立的电机、减速机传动系统。整条冷弯成型生产线通过同步控制系统协调动作，这样改变了传统的主电机→主减速机→分减速机→每道牌坊的传统传动方式，这样做的最大好处是由于钢板桩成型时，各道工艺成型力相差悬殊，单独传动就能根据冷弯成型工艺布置要求，对每道成型力予以独立的保证。这也是装备手段保证工艺要求的实例。

三、未来发展展望

（一）世界范围钢板桩产业格局

从全球范围看，钢板桩是未来工程主要使用产品，市场前景广阔。预计未来几年，全球产值将以10%左右速度递增，热轧钢板桩国际市场集中度高，产品的生产集中于几个大型钢铁生产企业。由于钢板桩产品规格型号众多，且各种型号产品应用领域有一定区别，而钢板桩生产工艺复杂，发展中国家难以在要求型号全的前提下保证盈利能力，在世界竞争格局中处于弱势地位。世界钢板桩大型生产企业往往型号全，产品应用市场广泛，经济快速发展，钢板桩的优点将逐渐为人们所认识，其应用将越来越普遍。

冷弯钢板桩具有热轧钢板桩无可比拟的优势。可以根据具体工程定制特定规格冷弯钢板桩，避免设计浪费，大大提高工程的经济效益和社会效益。同时交货快捷，定尺长度可以根据用户要求确定，而热轧钢板桩往往只能使用库存，没有自由选择的空间。

中国冷弯钢板桩产能已经占世界80%，因此，中国冷弯钢板桩在全球冷弯钢板桩产业中占有举足轻重的主导地位。

（二）中国冷弯钢板桩产业目前亟待解决的问题

（1）全行业共同努力，加大宣传力度，提高冷弯钢板桩设计施工及业主的认同度。由于冷弯钢板桩比热轧钢板桩面市晚，加之有一些技术水平不高的冷弯钢板桩企业生产的冷弯钢板桩质量不高、不稳定，所以给市场上冷弯钢板桩造成了误解和不好的印象。冷弯钢板桩全行业必须齐心协力，共同努力。首先，要严把质量关，做好产品，培育好口碑；其次，要通过各种交流会、博览会宣传冷弯钢板桩性能稳定、品种规格齐全、定制方便等各种优势，提升冷弯钢板桩在业界的形象和美誉度；再次，要加强与设计院沟通，通过公平竞争，让设计院优先选用冷弯钢板桩，至少做到不指定热轧钢板桩还是冷弯钢板桩，创造公平竞争的环境。同时拿起法律武器，坚决反对设计院在图纸中就指定使用进口产品，以保护中国冷弯钢板桩的民族工业发展。

（2）对冷弯钢板桩国家标准进行修订。目前冷弯钢板桩品种规格国家标准偏少，在实际工程中，设计院和施工单位往往不会参照国家标准进行设计，品种规格少就会出现过剩设计的情况。根据对国内设计院的调查，目前一些大型港口、永久性设施项目设计的主要依据还是国外热轧钢板桩设计资料和手册。因为国内在冷弯钢板桩应用资料参数选择上几乎无资料可选。这也许就是严重制约冷弯钢板桩在国内推广应用的一个瓶颈问题。要编著这样详实的冷弯钢板桩应用资料，一是需要冷弯钢板桩同行业企业通力协作，组织专门的技术力量进行专题研究开发和编写；二是国家政策要予以支持和扶持，希望能有国家相关科研基金予以支持，能尽快编著全系列冷弯钢板桩工程实用手册，这对冷弯钢板桩在工程中应用具有重大的现实意义。

（3）建立由冷弯钢板桩生产企业、设计院、施工单位为组合体的产业联盟，加强沟通合作，经常举办技术交流会、讲座、研讨班等，通过典型工程案例剖析，一方面是提升冷弯钢板桩制造企业产品开发能力，另一方面是让工程投资方、设计方、施工方了解钢板桩制造企业最新产品开发情况，通过采用新产品来降低工程建设成本，提高效率，缩短施工周期，提高经济效益和社会效益。

（4）由冷弯分会牵头，建立全国冷弯钢板桩技术难题攻关平台。国内冷弯钢板桩制造企业，无论是设备制造、模具开发还是冷弯成型工艺、深度加工等方面都有技术开发需求，可以由冷弯型钢分会组织国内大专院校、科研机构进行攻关，全面提升中国冷弯钢板桩制造水平。

（5）加强横向联合，解决好永久性设施使用冷弯钢板桩的防腐问题，开发研究牺牲阳极阴极保护防腐、表面喷涂处理新技术以及研究开发像A690等铜含量高的适用于浪溅区的海洋防腐材料。从内在原材料方面提高防腐性能，让用户使用冷弯钢板桩无后顾之忧。

（6）举办钢板桩施工技术培训班。冷弯钢板桩要想不断被人们所认识，会使用会打桩是一个很重要的环节。冷弯钢板桩有其特殊性，如何打桩、打好桩也直接影响着冷弯钢板桩能否全面推广，通过提高使用者的技能，让其会用、能用，并用得好，冷弯钢板桩市场就更广阔了。

此外，中国冷弯钢板桩将随着国家实施“水十条”及城市综合管网建设等新兴领域的大规模工程建设展开，将迎来市场的春天。“水十条”预示着国家将拉开全面治水的伟大工程，为冷弯钢板桩的使用提供了广阔的空间。同时，城市综合管网建设也将为冷弯钢板桩的开发生产提供更大的平台。

我国通用钢管行业的现状及未来发展趋势

杨世新　崔艳立

（正大制管有限公司、中国钢结构协会冷弯型钢分会通用钢管专业委员会）

近10年来，我国钢管产量和消费量持续增长，目前，我国已成为世界上名副其实的钢管大国，最大的钢管生产国、消费国和净出口国。但由于我国钢管产业产能过剩、集中度低、产品结构失衡、市场无序竞争、高端产品不足、产业升级缓慢、消费需求低迷、企业效益低下等一系列原因，钢管行业面临困境，陷入低谷。如何走出困境，摆脱危机，探寻一条加快结构调整、推动技术创新、促进产业升级、促使行业稳步健康发展，由钢管制造大国到钢管制造强国的科学发展之路，成为业内关心的问题。

一、钢管行业的现状

各种矛盾叠加，形势极为严峻。近年来，国内外经济形势发生了复杂而深刻的变化，钢管行业在经历了高速发展后，面临着严峻的形势，产能严重过剩、盈利空间被挤压、产品同质化竞争加剧、淘汰落后与优化产业布局任务艰巨、新环保法实施和环保标准的日益严格等压力也逐步凸显出来，这些问题严重影响和制约着钢管行业的发展。主要表现在当前宏观经济背景下，钢管行业企业压力持续加大。全球金融危机的影响仍在继续。从国际看，美国经济持续增长动力不足，欧洲债务危机持续发酵，日本经济增长持续疲软，新兴市场国家增速出现不同程度的下降，世界经济长期低迷趋势明显，复苏乏力。从国内看，我国经济运行总体平稳，但经济下行压力依然很大，投资、消费、出口三大需求均出现增速放缓的趋势，对经济增长形成较大压力。钢管企业经营成本不断上升，主要原材料、人工成本、财务成本提高，产成品价格下降，挤压利润空间。具体表现在以下几个方面：

（1）产业集中度低，布局分散。长期以来，钢管行业产业集中度低，呈现小、散、多局面。企业大多规模偏小、布局分散、数量多且管理方式相对粗放。相关统计显示，焊管产量排在前十位的企业产量之和占全国焊管总产量的比例低于20%。按照中国钢结构协会《钢管行业“十二五”发展规划纲要》中提出的提高行业集中度发展目标为：到2015年，力争钢管产量排名前20名企业的产量之和占钢管总产量的60%以上，无缝钢管排名前10名企业（含控股企业）的产量之和达到无缝钢管总产量的70%；焊管排名前10名企业的产量之和占焊管总产量的50%。然而，当前钢管行业的集中度情况与这一目标要求还相距甚远。目前，我国钢管产能利用率为72%左右，其中焊管产能利用率为73%左右；无缝钢管产能利用率为70%左右，都低于国际上衡量产能利用率75%～80%及以上的标准。

近两年，钢管产销量仍呈上升趋势。据中国钢结构协会钢管分会的统计数据显示，2014年，我国钢管产量为8898.01万吨，同比增长5.44%；钢管表观消费量为8006.9万吨，同比增长5.62%。其中，无缝钢管产量为3137.02万吨，同比增加0.19%，表观消费量2633.13万吨，同比减少0.33%；焊接钢管产量5760.99万吨，同比增长8.54%，表观消费量5373.77万吨，同比增长8.81%。另据中国钢铁工业协会市场部进出口委员会提供的数据显示，2014年，全国钢管进口量为47.48万吨，增长12.33%，钢管出口量为938.6万吨，增长4.24%，出口量占总产量比例为10.55%。

（2）产能严重过剩，竞争异常激烈。当前，钢管行业产能过剩矛盾进一步加剧。近几年来，与钢铁行业一样，钢管行业产能过剩局面日趋严峻。目前，我国有钢管企业3000多家，其中焊管企业2700多家、无缝钢管企业300多家，总产能超过1.1亿吨（其中焊管产能约6500万吨，无缝钢管产能约4500万吨），产能过剩约3000多万吨。其中无缝钢管产能过剩约1100万～1200万吨；焊管产能过剩约1700万～1800万吨。且企业大多竞争手段单一，布局不尽合理，产品同质化严重，同行业间低价竞争激烈。

中国钢结构协会钢管分会统计分析显示，“十二五”期间，我国焊管需求量年均增速约为0.37%，2015年，国内焊管需求量预计将达到4500万吨左右，届时，焊管生产能力将达到6200万～6300万吨，过剩产量约为1700万～1800万吨，其中管线管、油井套管、锅炉管等高端焊管产能均呈现过剩局面。

相关资料表明，我国国内现有主要焊管生产线已能够满足未来几年我国对焊管在品种、数量和质量上的需求，目前国内部分主要焊管企业在提升产品质量的同时，也正在或计划扩大生产能力，这意味着，我国焊管产能过剩局面将进一步加剧。据了解，国内多家焊管企业正在或计划建设焊管生产线，产品均定位于高档焊管产品；多家钢铁企业为延伸产业链，增加产品附加值，也正在或计划建设焊管生产线。上述焊管生产线全部建成投产后，国内焊管市场的竞争将更为激烈。

（3）调整产品结构，改善产业布局。据中国钢结构协会钢管分会统计，2014年，我国焊接钢管产量排名前十位的省（直辖市、自治区）依次为：天津、河北、浙江、山东、江苏、新疆、陕西、广东、山西、福建，合计产量占全国焊管总产量的87.26%。其中排名前三位的天津、河北、浙江，在全国焊管总产量中的占比为63.77%。由此可见，目前，我国在焊管产业布局方面存在不合理局面。我国的螺旋焊管生产厂家主要分布在东部和中部地区，而中部和东部地区对螺旋焊管用量基本稳定并呈下降趋势，西部地区对螺旋焊管需求很大，因此中、东部地区不宜再建设螺旋焊管生产线。由于螺旋焊管产品主要以大口径、薄壁管为主，运输成本较高，不适宜长途运输。

针对上述现状，近年来，一些大型企业实施了对焊管产能的布局调整，产业布局不合理的状况得以初步改善，如中国石油天然气集团公司先后启动了宝鸡钢管新疆克拉玛依搬迁项目和渤海装备乌鲁木齐搬迁项目；玉龙钢管在伊犁建设了25万吨焊管生产项目；胜利钢管控股华油兴业（新疆）石油装备制造有限公司15万吨螺旋缝焊管生产线，使我国天然气主要产地——新疆地区的焊管产能大幅增加；中国石油集团渤海石油装备制造有限公司面向西气东输三线目的地——福建省，启动了福建连江搬迁项目。一些在建和拟建项目也多在用户周边布局。上述企业布局的调整，使得我国焊管产业布局不合理的状况得以改善。

(4) 同质化竞争加剧，蔓延高端产品。长期以来，我国钢管行业存在产品同质化竞争，行业竞争无序。近几年，我国焊管生产装备技术水平得到了进一步提升。目前，占我国焊管年产量50%以上的生产机组均为国际先进水平，部分已达到国际领先水平。焊管产品的质量也得到进一步提升，已基本能够满足国内需求。虽然钢管行业高端产品开发取得一定进展，但国内钢管企业过多地将产品集中于中低端领域，造成高端不高，低端竞争日益白热化，恶性价格战此起彼伏。

此外，经过近年来的扩张发展，产品同质化竞争日益激烈，并且伴随钢管行业向高端产品发展步伐加快，高端产品过剩局面也已呈现。

据中国钢结构协会钢管分会的资料显示，我国现有30余条具有世界先进水平的连轧管等机组，其产品均定位在油井管、锅炉管、管线管等中高端产品上，另外，相当部分的精密轧管机组、三辊轧管机组也都定位在上述产品上。上述种种，造成了产品同质化竞争愈发严重。同质化加剧了价格下跌，企业间大打价格战，产品销售异常艰难，企业利润所剩无几。

(5) 创新能力低下，实力仍待提高。虽然钢管企业在创新方面得到快速发展，工艺技术、产品质量、新产品开发取得了一定成绩，但与国际先进企业相比还存在较大差距。原始创新、自主创新内容较少，对基础工艺和新材料研究的重视程度不够或者研究滞后，造成我国钢管行业仍缺乏世界级高端产品。

我国虽是世界上钢管生产大国，但钢管产业的国际化水平较低。主要表现在：我国钢管企业与国外钢管优秀企业之间合资合作较少；以交易性营销为主，而非顾客关系管理性营销；尚未建立起完整的国际化销售网络，国际化应当为资源、市场、资本和人才的国际化，而不是单一的卖钢管。因此，我国钢管行业在国际化方面还需进一步提升行业实力。

(6) 大洗牌时代到来，行业新秩序重建。新常态下，钢管行业需求增长放缓，产量居高不下，市场供大于求矛盾持续恶化，行业企业利润低微、环保压力日益加大、同行业低价竞争激烈，企业经营状态分化加剧，行业大洗牌时代已经到来。

进入2014年以来，虽然铁矿石、煤炭、焦炭等原燃料价格持续回落，部分钢管企业经济效益有所好转，但总体来看，钢管企业仍面临严峻的生产经营形势。一些中小型企业抵抗不住市场的风雨洗礼，有一些已经退出市场，企业进入分化状态。

中国钢结构协会钢管分会调查资料显示，国有钢管企业和民营企业经济效益分化明显；民营企业自身经济效益分化明显；大中型国有钢管企业普遍处于微利乃至亏损边缘，其原因在于产品同质化，市场竞争激烈；它们的普遍特点是，经营规模处于国内领先地位，装备水平高，产品档次高，但盈利水平低下；而一些民营中小型企业反而具有一定的盈利水平，其中一些钢管企业结合市场需求和自身优势，及时调整产品结构，走差异化发展之路，形成自己品牌优势，加上负债率很低，企业效益仍保持较高的优势。

二、未来钢管行业如何健康发展

2015年，中国钢管整体市场需求呈上升之势，业内人士分析，2014年初以来，国家发改委批复了多个建设项目，特别是2014年10月份以来，密集批复了35个基建项目，包括28个铁路、6个机场、一个深水港以及多条公路、特高压输电工程项目等，总投资约9761.71亿元。上述项目都对钢管需求产生推动作用。

（一）“一带一路”三大战略创造市场机遇

2015年，由于国家实行稳中求进的经济方针，积极推进新型工业化、信息化、城镇化、农业现代化同步发展，重点实施京津冀协同发展、长江经济带和“一带一路”三大战略创造的市场机遇，我国GDP增长7%，工业增加值增长7.8%，同比放缓0.6个百分点；城镇固定资产投资名义增长14%，同比放缓1.5个百分点；房地产开发投资名义增长6%，同比放缓5.5个百分点；出口增长8%，进口增长5%，带动我国钢材需求量有小幅增加。预测2015年我国钢材需求量7.2亿吨（不含重复材），粗钢8.34亿吨，同比分别增长1.41%和1.71%，同样也包含了对钢管需求量的微幅增长。

具体从钢管业的市场需求来看，国内各下游行业，如清洁能源产业（水电、风电、核电等和石油天然气）、交通运输业（铁路、公路、轨交、地铁、航空、航海、水运）、住房等建筑业系列基础设施项目的投资力度增大，以及下游工业产业转型升级加快，汽车、化工、电工、钢结构、船舶等对钢管需求量将保持一定量的增长。因此，2015年钢管市场需求量预测将有小幅增长，同比增长2%，出口增长2%。

（二）“新常态”呼唤新作为

当前，我国经济由高速增长转入中高速增长的“新常态”。“新常态”实际就是我国经济发展的新阶段，既包括经济增速的放缓，也包括经济质量的提升；最明显的特征就是我国经济由高速增长转入中高速增长；经济增长模式由粗放式增长变成创新驱动增长；推动增长的主要力量，是依靠转型升级、生产效率的提升和多元创新。

“新常态”下，对钢管行业将产生长期的、深远的影响。同时意味着钢管行业已开始进入需求峰值的平台区，在供需增速同步放缓的背景下，预计未来几年，钢管市场将在目前供需基础上呈波动趋势，成为钢管行业供需面的新常态。对此，企业要准确把握今后我国经济发展的特征，正确认识未来钢管行业发展的环境，认识新常态，明晰新格局，应对新挑战，在新常态中寻求突破与新的发展。

（三）化解产能过剩，提高质量效益

随着我国经济增长速度逐步放缓，钢管市场的需求增速将有所放慢，钢管市场将长期处于供大于求的状态，因此，化解产能严重过剩矛盾，成为行业的重中之重。

面对严重过剩局面，必须采取积极有效的措施，促进企业转变发展方式，从规模效益型转向品种质量效益型，通过改革创新提高企业运行质量。为此，首先，在专业化、精品化上要下功夫，走专业化、精品化之路。所谓“专业化、精品化”，就是要稳定可靠持久地生产市场需要的产品，其次，要加大市场需求的特殊高端焊接钢管的研发力度；如我国海洋平台、海底管线、巨型管道等工程领域对特殊高端焊接钢管的需求，要进一步加大研发力度；同时，瞄准进口产品进行“顶替性”品种开发。还要加快淘汰落后，强化节能环保，严格执行生态环境达标，发展循环经济。

（四）加快结构调整，实现转型升级

“新常态”下，钢管行业面临转型升级的新机遇，企业要转变经营理念，加快结构调整和转型升级，转变发展方式，改变产能过剩、产品趋同的现状，要依靠结构调整化解产能过剩。

调整产品结构，实行差异化经营，产品向多元化、差异化推进。当前，一批钢管企业，根据市场需求，选择生产适应市场需求的产品，打差异化牌，盈利水平可观。产品同质化严峻局面下，企业应抓住转型发展的新机遇，以需求结构变化为导向，加快改革创新，实现差异化竞争是企业走出低层次同质化竞争的关键。

（五）加快科技创新，提高企业实力

通过技术创新使企业走出困境。在工艺技术的创新上，要充分利用科技进步的成果，对生产工艺进行改进或变革，优化工艺流程，降低能源和资源消耗。

2015年3月23日，国务院印发了《关于加快推进创新驱动战略的指导意见》，强调要发挥市场对技术研发方向、路线选择的导向作用。企业智能制造的成果就是产品创新和技术创新，体现在企业提高全要素生产率，低成本制造和提质增效上。为此，要适应市场竞争，放弃没有竞争力的产品、工艺直至装备，采取必要的工艺技术创新和适当的技改后，开发新产品，使之个性化、差异化；同时，延伸产业链，推动产品由中端向末端发展，提升价值链，提高企业核心竞争力。

（六）转变发展理念，提高运行效益

钢管企业要充分认识到，行业已进入新的发展时期，行业已从规模扩张型转变为品种质量效益型；企业要转变发展方式，以市场需求为导向，以改革创新为动力，以经济效益为中心，推进企业转型升级，实现健康发展。

首先，企业要转变发展理念，加快由制造商向服务商转型；要充分了解用户对钢管产品以及性能的要求，为客户提供全方位、一站式、更高性能的产品和个性化服务。其次，根据市场需求变化，结合自身实际，找准产品市场定位，扩大自身竞争优势。同时，还要大力降本增效，进行管理创新。通过改革创新途径，实现企业运行质量和效益的提高。

（七）加快环保治理，促进绿色发展

自2015年1月1日起，国家新环保法开始实施，地方大气污染防止行动计划及实施细则、考核办法陆续出台，尤其是京津冀、长三角等地区制定了更为严格的污染物排放标准。环保问题成为钢管行业今后一个漫长时期生存和发展的巨大挑战，探索环保新路子必然会从量的积累达到质的飞跃，难以适应这一变化的钢管企业将面临巨大的生存压力。

在环保标准不断提高、政策规制持续收紧的背景下，钢管行业未来发展还将面临诸多“绿色考验”，必须加快淘汰落后，严格执行生态环境达标，强化节能环保等法律的约束，积极发展循环经济，低碳发展，向绿色发展之路迈进。

（八）提高管理水平，促进效益提高

提高管理水平，提高创新能力，是钢管行业企业可持续发展的首要任务。钢管企业要不断创新管理体系，积极引入市场竞争机制，创新营销模式，提高适应市场的能力；通过考核评价机制的转变，深挖企业内部潜力；加强系统成本控制，进一步降低原燃材料采购成本，优化配置结构，降低工序成本，重视资金流、信息流和物流的整合，提高企业经济效益。

（九）加强行业自律，推进健康发展

当前，钢管全行业面临严峻的形势，全球经济复苏艰难曲折，国内经济转型阵痛加剧，多重困难和挑战相互交织。诸多不利因素的影响，要求行业企业要创新思路，积极探索，进一步规范行业行为，促进行业自律，加强行业技术革新，提升行业的整体竞争力。企业要在中国钢结构协会钢管分会的指导下，维护市场秩序，促进公平竞争，面对现状加强行业自律，不断淘汰落后，推进科技进步，强化节能环保，引导行业健康、长足发展。

目前，我国钢管行业正处在调整转型、上档升级的关键时期，加快结构调整步伐，既是发展的迫切需求，也是未来发展的必然选择，钢管行业应当明确重点，以转变发展方式，调整结构为主旋律，以提高内生力为重点，以技术创新为灵魂，以科技创新为驱动，以科学发展为主题，把钢管行业发展成为布局合理、技术领先、产品优质、绿色环保、效益良好的可持续发展行业。

2015年，国家经济发展将会在新常态下继续运行，新常态呼唤新作为。我们要以全新的思维方式，认识和把握新阶段、新变化、新特点，认识新常态，适应新常态，应对新常态。2015年，也是行业加速大洗牌的一年，行业面对的挑战会更加严峻，市场竞争会进一步加剧。市场是检验企业的试金石。新的形势下，困难和希望同在，挑战与机遇并存。企业要正视困难，苦练内功，创新工作，锐意进取，以必胜的信念应对各种挑战。

企业发展历程回顾与展望

——武汉钢铁江北集团冷弯型钢有限公司

武汉钢铁江北集团冷弯型钢有限公司是中国钢结构协会冷弯型钢分会副理事长单位，是我国资深的冷弯型钢产品生产企业之一，其30多年的发展历程从一个侧面折射出我国冷弯型钢产品生产的发展轨迹。

一、发展历程回顾

武汉钢铁江北集团冷弯型钢有限公司，其前身为武汉市冶金局下属的武汉薄板厂和武汉无缝钢管厂，主要生产叠轧薄钢板和无缝钢管。

20世纪80年代，国有资产整合，原武汉薄板厂和武汉无缝钢管厂整体划归武钢，合并组成武钢集团汉口轧钢厂，至2014年企业改制更名为武汉钢铁江北集团冷弯型钢有限公司（图1）。

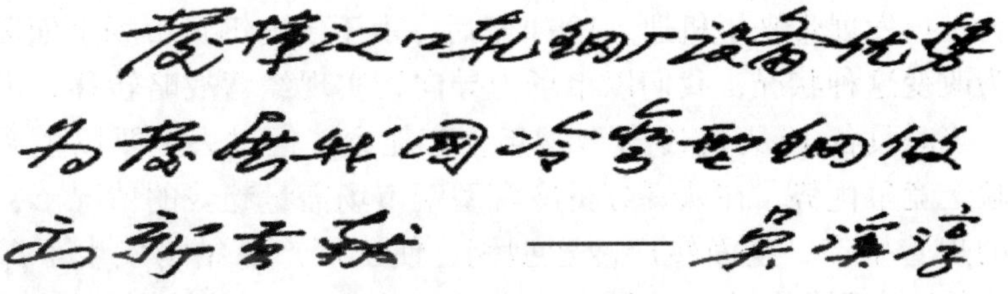

原冶金工业部副部长吴溪淳题词

图1 公司厂貌

1979年公司的第一条冷弯型钢生产线建成投产，在国内率先开始了对冷弯型钢的研制、生产和推广销售。

武汉钢铁江北集团冷弯型钢有限公司是国内最早生产冷弯型钢的国有大型专业生产企业，拥有10条大中小配套的冷弯型钢生产线，年生产能力71万吨。公司是国内冷弯型钢行业的领军企业之一，也是冷弯型钢国家标准起草单位之一，拥有中国冷弯型钢行业研发中心。

武汉钢铁江北集团冷弯型钢有限公司的发展之路，是艰苦奋斗之路，是科技进步之路，爬山爬山一路爬山，永不停歇的追求。

（一）调整产品结构，追求技术进步

先进的设备及工艺技术是市场竞争的物质基础。调整产品结构，追求技术进步，适应市场需求是市场竞争强有力的武器。公司在1980年前后，由叠轧薄板生产为主并转产冷弯型钢生产，开始了公司的第一次产品结构大调整，筹建了当时国内先进的，展宽在600mm以下的，新型中、小冷弯型钢机组，年产量5万吨，取得了良好的经济效益，为后来发展成为国内的冷弯型钢专业厂家奠定了坚实物质基础，培育了一批设计、开发、生产、经营技术力量。20世纪90年代初，国内冷弯型钢行业蓬勃发展，市场竞争日渐激烈，但大多是生产展宽在600mm以下的冷弯型钢，并以生产焊管为主。当时果断淘汰陈旧的叠轧薄板生产线，投资6000多万元人民币，由奥钢联引进了P/R1100mm×12.7mm大型冷弯型钢机组，实现了第二次产品结构调整。该机组是当时国内最大、技术最先进的冷弯型钢机组，年设计生产能力达8万吨，向国内的许多重点工程提供了优质节能型钢，为工厂发展带来了机遇。1994年后，由于国内钢材市场全面萎缩，公司效益逐渐下滑。为改变这种状况，我们以市场为导向，实现经营战略转移，进行了第三次产品结构调整。当时具备10万吨冷弯型钢年生产能力，但过去主要以生产焊管产品为主，在市场上缺乏竞争优势。在认真分析冷弯型钢市场需量趋势的情况下，停止效益低下、市场恶化的焊管生产，全面转产冷弯型钢，使工厂产品结构发生了深刻变化。高效、高科技含量的冷弯型钢的生产、销售比重已由1994年以前的不到20%上升到90%以上。同时，我们自筹资金，不断对现有的技术装备进行更新改造，先后投入资金数千万元，对主要生产、检测设备进行了一系列改造，使原P/R1100mm×12.7mm大型冷弯型钢机组产品范围扩大到1200mm×14mm，提高了产量、质量和成材率。目前，全厂的技改步伐不断地向前迈进，至2008年，公司从德国引进HFW660机组（图2），真正成为武钢公司的产品深加工基地。

（二）调整经营策略，把握市场变化

要发挥精良装备的作用，确立一套行之有效的经营策略尤为重要。公司从第一次调整产品结构起，就开始了不断探索、调整、完善经营策略。当初决定转向生产冷弯型钢时，可以说眼光是超前的。当时，新型、节能环保的冷弯型钢并没有被市场所认识，大量地使用传统热轧型钢。我们采取了主动培育市场的启蒙式的经营开发策略，向潜在的用户宣传以冷代热的优势，提供完备的技术参数手册，主动为用户设计制作样品试用，如塔吊用135mm×12.0mm方矩管，用户过去是将两只热轧槽钢拼焊而成，在一次建机学术会上，经营开发人员主动宣传、说服用户，用户试用后，效益显著，遂全

图2　冷弯成型设备及生产线

面改用冷弯型钢。几年间，先后研制开发了铁路车辆、桥梁、汽车、建机用材等10余个品种的冷弯型钢，并取得铁道材帽钢、尖角矩形管、火车中梁三项国家发明专利，获得了丰厚的回报，其中铁路车辆用材至今一直是工厂的支柱产品，占国内市场份额50%以上。1998年，在工厂遭受市场重挫的低谷期，我们应势而变，将工厂优良资产划分出来，成立了独立核算的冷弯型钢分厂，利用优势装备分兵突围，同时调整经营策略，提出了“巩固、抢占、开发”的六字经营方针，即巩固老市场，抢占新市场，开发新产品。抓住国家扩大内需、西部大开发等重要商机，加强对客户的走访、对市场信息的收集和研究，并依据市场信息制订自己的主攻方向，不断改进和提高产品和服务质量，满足客户的要求，赢得客户的信任。在抢占新市场、开发新产品方面更是下了苦功夫，打拼出了一个新天地，相继研制和开发出了桥梁钢、不锈钢等60多个新产品，大型冷弯机组产品领域扩大了30多个。先后获得了京珠高速公路、西安国际商贸会展中心大厦、成都双流机场、澳门回归庆典观礼台等重点工程冷弯型钢供货权，桥梁建设用的梯形槽钢成为虎门大桥、海沧大桥、武汉白沙州长江大桥、军山长江大桥、宜昌长江大桥钢箱梁制造的主要用材（图3）。和武钢研究院合作，为上海残疾人体育中心轧制出了以耐火耐候钢为原料的大型建筑用材，填补了国内空白。在汽车用材开发

图3　产品应用

上，走访国内各大汽车生产厂家，调查用户信息，与几大汽车制造厂建立了战略合作关系，使汽车材成为公司继铁路车辆用材之后的第二大支柱产品，占全部冷弯型钢产品产量的30%以上。借北京奥运会和南水北调的东风，我们将建设工程用冷弯型钢的开发列为开发重点，2007年3月成功研制开发了冷弯钢板桩，在国内率先开始冷弯钢板桩的生产销售。

（三）提高产品质量，强化服务质量

优良的产品质量和优质的售后服务，是参与市场竞争、稳固客户群体的有力手段。为此，我们向所有的用户郑重承诺："坚持质量第一，依靠管理和技术进步，不断完善质量管理体系，向顾客提供一流产品和一流服务。"为了提高产品质量，我们一方面通过对现有设备进行技术改进（图4），另一方面加强质量管理。2000年，引入了ISO9002国际质量管理标准体系。今年又通过了ISO9001：2000质量体系认证的升级换版工作，并取得了国际认证联盟IQNet证书，使全厂的质量管理迈上了一个新的台阶，产品质量不断提高。在与某上市汽车制造公司的合作中，该公司的质量标准远高于国家标准，近乎苛刻，通过反复研制，不断改进生产工艺，厂领导多次与该客车公司高层接触，经营人员密切组织售后服务，确保供货周期及产品质量，经该公司长期考察，双方结成战略同盟关系，产品免检供货。

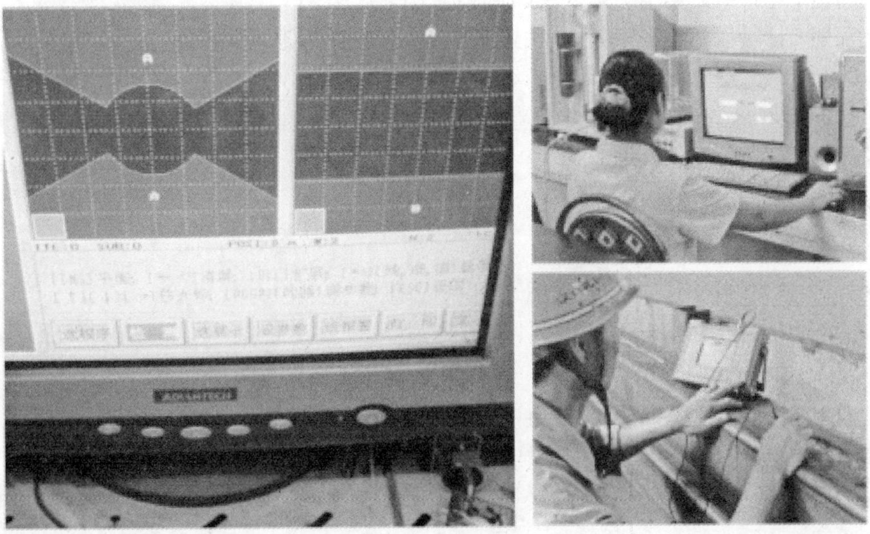

图4　先进检测设备

在为客户提优质服务方面，我们提出了"重合同，守信用，全方位服务，顾客第一"的口号，"顾客进了门，一张报纸一杯茶，一切事情我来办。"一改过去"经营人员只动嘴，客户跑断腿，发货人员还要喝点'水'"的状况。我们定期向主要用户发放《用户意见咨询函》，收集用户意见，根据用户意见，及时优化设计，改进产品质量和服务质量。新产品试制完成后，立即派工艺设计人员、生产调试人员、产品检验人员上门跟踪服务，确保用户完全满意。目前正在改造服务硬件，制定星级标准服务的细则，使顾客满意率达100%，国家、省、市质量监督抽查合格率达100%。

二、大事记与荣誉

1. 公司大事记

1985～1995年

- 公司资产整体划归武钢集团
- 被原冶金部确立为8家冷弯型钢生产重点企业之一
- 自行设计安装的LW600×8.0冷弯机组建成投产
- 产业结构调整，淘汰叠轧薄板生产，全面投产冷弯型钢制造
- 自主研发的尖角管产品获武汉市科技进步三等奖
- 从奥钢联成功引进当时国内最大、技术最先进的P/R1200×12.7冷弯型钢机组
- 开发铁路货车制造用冷弯型钢并成功应用于铁路造车

1996～2005年

- 单月产销量超万吨
- 成为中国冷弯型钢行业研发中心
- 尖角管、帽型钢产品获国家专利
- 国内首创汽车制造用大梁等汽车制造用冷弯型钢
- 成功研制开发冷弯中梁用于铁路货车制造并获国家专利
- 国内首创辊式冷弯成型生产桥梁钢箱梁用闭口肋
- 公司研制生产的135mm厚壁方管通过了150万次疲劳试验
- 企业荣获冷弯型钢行业的优秀企业称号
- 冷弯方矩管荣获冷弯行业优质产品称号

2006～2015年

- 当选为中国钢结构协会冷弯型钢分会副理事长单位
- 从德国西马克-梅尔公司全套引进国内最大的API管生产线——HFW660
- 完成阳逻整体搬迁改造工程，年生产能力扩展到71万吨
- 国内首家完成冷弯钢板桩产品试制生产销售
- 汽车制造用冷弯型钢实现高强度、零件化供货
- 与中煤科工集团合作研制煤浆管线用耐磨钢管并成功应用于国内首条煤浆输送管线——神渭线项目
- 成功中标珠港澳跨海大桥配套工程23000t超厚桩管并成功供货
- 成为某重点军车制造企业指定的唯一合格供应商
- “冷弯型钢产品开发及制造技术创新”获武钢科技进步一等奖及湖北省科技进步三等奖
- 获中国钢铁协会冶金产品实物质量“金杯奖”
- 获中国钢结构制造冷弯型钢生产专项资质（一级）证书
- 黑王牌商标获武汉市著名商标
- 获湖北省优秀企业荣誉称号

2. 荣誉证书

部分荣誉证书如图5所示。

图5　部分荣誉证书

爬山爬山一路爬山，永不停歇的追求

我公司将继续依靠科技进步，全面深化管理，向顾客提供一流的产品和一流的服务，与广大客户和同行同发展、共进步。为我国的冷弯型钢行业发展作贡献。

三、对未来的展望

公司未来发展要求是科技领先，强化管理，全面提升企业核心竞争力。

（一）解放思想，推进深化改革

（1）进行体制改革，借鉴民营企业的管理模式，优化岗位定员，建立现代企业制度，推进企业公司治理结构改革。

（2）摆脱惯性思维，拓宽发展思路，推进机制创新，鼓励大胆探索，激发各种活力，激活各种要素，加强创新能力、战略管理能力、市场开拓能力的培育。

（二）大力实施创新驱动

（1）着力发展网络技术，利用ERP平台提升管理效率，降低管理成本；成立电子商务组，进一步发挥电商平台的作用，通过门户网站、行业论坛和邮件等多种宣传形式推广公司电商平台，扩大线上交易规模。通过阿里巴巴电商平台推广到国际市场。

（2）推广管理创新成果，鼓励各部门从公司发展、技术精化及日常管理三方面实践创新，把创新文化、创新要求和创新行动融入到日常经营活动中，促进技术进步，实现管理提升，降低经营风险。

（三）加快产品结构调整，促进钢材深加工企业转型升级

针对冷弯型钢市场的发展趋势和要求，公司深入研究下游客户的发展需求，决定未来的发展方向，开发高端化、专业化、零件化的产品。

（1）研究开发高强度、高延伸、高精度的冷弯型钢；

（2）鉴于目前汽车材市场发展潜力较大，做大、做强、做精汽车用冷弯型钢；

（3）冷弯型钢与钢结构行业的深入结合，研发钢结构用冷弯型钢；

（4）根据不同行业的客户需求，投建深加工设备，实现产品个性化服务；

（5）新增热成型生产线，满足乘用车零件化的终端产品需求。

（四）生产技术领先

（1）利用互联网信息平台，逐步向“工业4.0”方向迈进。打造设计智能化、生产自动化、销售信息化和物流方便快捷化的智能工厂。

（2）落实武钢集团公司创新驱动发展战略要求，对近几年公司开发乘用车用高强度钢产品成套技术的研究和攻关，实现产品的成套零件化供货。努力在市场竞争的过程中保持公司的核心竞争力，始终在客车高强钢制造上处于领先地位。

（3）与华中科技大学、武汉大学、中南建筑设计院等国内知名高校及科研院所合作，在钢材内在性能、成型、焊接技术等方面，实现产、学、研、销共同体，联合开发建筑钢结构用冷弯型钢的应用技术。

（4）秉承科技第一的宗旨，研究开发技术专利产品，发挥技术优势，在产品生产工艺制造方面形成专利技术和产品。

企业发展历程回顾与展望

——泰安科诺型钢股份有限公司

泰安科诺型钢股份有限公司是中国钢结构协会冷弯型钢分会副理事长单位，是我国发展较早的冷弯型钢生产企业，是冷弯协会重点企业之一，它是从一个村办企业发展起来的，其发展历程将从不同侧面反映出我国冷弯型钢生产的发展轨迹之一。

一、企业发展历程回顾

泰安科诺型钢股份有限公司是专门从事冷弯空心型钢和精密焊管及冷轧带钢的研发、生产及销售的一家股份制企业，最早是从一个村办企业发展起来的。

在山东省泰安市岱岳区山口镇，有一个在改革开放大潮中崛起的现代化新型农村——油坊村，被誉为“泰山第一村”。这个村因发展钢管企业集体致富，实现了农村现代化，村民们过上了小康生活。

1992年邓小平南巡讲话，在全国上下掀起改革开放的浪潮，也给了油坊村一次千载难逢的大好机遇。时任油坊村党支部书记的钱占绪，由于是搞建筑出身，他敏锐地意识到，钢管市场会有不错的发展前景。经过深入的市场调研和反复的考察论证，油坊村人发现，钢管的用途较为广泛，当时销路很好，市场潜力巨大，而且这个项目很符合本村的实际情况，油坊村最终决定投资40万元建造一家钢管厂。

1992年7月，油坊村的山口钢管厂第一条悬臂50焊管生产线顺利投产，经过一段时间的设备运转，产品进入了批量生产阶段。产品一经投放市场，便得到了市场的认可，加之市场行情较好，一时间供不应求，不到半年的时间，40多万元投资就全部收回。当年年底，又着手兴建第二条钢管生产线和多条单轧冷轧带钢生产线，实现了从冷轧带钢到钢管“一条龙”生产，极大地提高了产品附加值。

1994年，风靡全国的企业股份制改造，为油坊村的经济发展带来了新的机遇。山口钢管厂在钱总的带领下，改制成立了泰安科诺型钢股份有限公司，广大员工纷纷出资入股，成了公司的股东，员工的积极性空前高涨。公司先后投资7700万元，购进两条国内最先进的四连轧生产线，建成3家分厂，企业的产值和利税连续翻番。

2000年，国家实施西部大开发战略。公司快速反应、果断出击：一是调整营销策略，在新疆、四川、甘肃等地设立了15个办事处，积极抢占西部市场；二是调整经济结构，顺应西气东输等大工程的需求，投资1200万元，新上大口径高档次焊管生产线，年增产值1亿元；三是实现强强联合，与西部3家大钢铁企业联手搞跨地区生产经营。

根据公司的发展以及当时中国冷弯型钢行业的状况，公司将目标瞄向大型冷弯型钢的生产制造，2003 年公司投资建设了以直接成型工艺为主导的生产 150 × 150 ×（4.0～19.0）～450 ×450 ×（4.0～19.0）（含矩形管）的冷弯型钢生产线，实现了中国无大型冷弯型钢生产线的历史性突破，从此中国有了自己的大型冷弯型钢产品。

2004～2006 年，随着公司直接成型方式生产冷弯型钢的生产线的应用，国内相继出现类似的生产线有二十几条。在这种情况下，公司将视野转向了提升冷弯产品品质上，了解客户需求，满足客户需求，2006 年成立了当时国内唯一的一家冷弯型钢工程技术研究中心——山东省冷弯型钢工程技术研究中心。

公司已通过了 ISO9001：2008 质量管理体系认证、CE 认证、新加坡 FPC 认证、美国 ABS 船级社认证、中国钢结构制造冷弯型钢生产专项一级资质。公司先后荣获“中国冷弯型钢优秀企业”、“国家火炬计划重点高新技术企业”、“山东省高新技术企业”、“AAA 级信用企业”、青岛海关“A 类企业”、“山东省守合同重信用企业”、“泰安市明星乡镇企业”、“中国质量服务信誉 AAA 级企业”等荣誉称号。2010 年公司产品荣获“中国冷弯协会优质产品奖”、“中国冷弯协会特色产品奖”，是奥运会供料小组成员，“山东省著名商标”，“山东名牌”产品。2012 年被山东省科技厅、国资委、总工会评为“创新型企业”。2014 年又重新认定为“高新技术企业”（图 1）。

图 1　高新技术企业证书

山东省冷弯型钢工程技术研究中心依托泰安科诺型钢股份有限公司而成立，2006 年 12 月通过山东省科技厅批复并挂牌（图 2）。中心科技人员 194 名，聘有国内外专家 26 名，研发人员 76 名。中心具有雄厚的研发实力和技术水平，多次为国内冷弯企业解决生产技术难题。中心建有工艺试验和理化试验室，配置了多种国内先进的检测检验仪器，具有较强的研发、设计、检测能力，满足了冷弯型钢生产使用中的需求。2014 年 7 月 7 日泰安科诺型钢股份有限公司实验室通过了国家合格评定委员会认可。

近年来，公司与山东省冷弯型钢工程技术研究中心作为产学研合作与联合的研发实体，与高等院校、科研机构建立了长期战略合作关系。公司是“钢铁研究总院钢材深加工研发基地”、“山东省企业实习实训基地”、“武汉科技大学研究生实习实践基地”、“山东科技大学实践基地”。

图2　工程技术研究中心

2006年公司自主研发的大型结构用冷弯空心型钢被列入国家火炬计划项目，该项目已通过山东省科技厅成果鉴定，鉴定结论为达到国内领先水平。2007年公司自主开发的“数控仿形铣切系统在大型方矩形冷弯空心型钢生产中的应用”被列入国家火炬计划项目，以“铣切”代替了传统的采用电脑定尺飞锯来完成的锯切工作，提高了产品的精度和生产效率，减少了噪声污染。该技术已通过省级科技成果鉴定，处于国内领先水平。公司自主研发的“550结构用冷弯空心型钢生产技术”，提高了调整精度和生产效率，列入山东省科学技术发展计划项目。2009年工程技术研究中心与日本塑性加工协会、日本东洋特钢技术研究中心进行技术合作、学术交流，共同研究复杂断面型材成型工艺。2007~2009年公司与武汉科技大学、山东省冷弯型钢工程技术研究中心共同对“大型厚壁冷弯方矩形管焊接质量控制关键技术”、“厚壁冷弯型钢冷作硬化效应”进行研究，达到预期的目标，经济及社会效益显著；两项成果已通过山东省科技厅鉴定，填补了国内空白。2010年承担国家火炬计划项目“输电铁塔用耐候冷弯型钢”项目，将以高技术含量、高附加值产品带动整个行业的发展。2011年“输电铁塔用耐候冷弯型钢”项目通过山东省科技厅鉴定，达到国际水平。2012~2013年公司自主研发的“高强精密冷弯型钢开发”、“船级高强耐候冷弯型钢”、“Q235BH优质冷弯型钢的开发应用”项目通过山东省科技厅鉴定，达到一项国际先进水平，两项国内先进水平。

公司每年自主开发新产品多项，到目前为止，已申请专利25项，发表专业论文5篇，参与5项行业标准起草及修订工作，其中《输电铁塔用耐候冷弯型钢》（YB/T 4206—2009）标准由泰安科诺公司主编，参与《塔机用带尖角冷弯矩形钢管》、《冷弯钢板桩》等标准的起草编制。2005年至今，公司荣获省科技进步奖两项、市级9项。

图3　成果鉴定会

（一）技术装备

2003年，公司针对国内大型冷弯空心型钢在成型工艺、焊接质量、强度、抗震性等方面难以适应钢结构建筑等行业快速发展的状况，综合自身的生产技术经验和优势，成功研发出GH500大型冷弯空心型钢生产线，创造了我国大型直缝焊管的新纪录，所生产的500mm×500mm×19mm产品填补了国内空白，可完全替代同类进口产品，一举奠定了公司在国内冷弯行业的领先优势。该生产线于2006年2月通过省级科技成果鉴定，并被列为国家级火炬计划项目，为公司创造了巨大的社会效益和经济效益。

为提高产品的切头质量和定尺精度，公司于2007年5月联合有关单位开发了数控仿形铣切系统，在国内首次应用于大型方矩形冷弯型钢的生产中，彻底解决了长期困扰国内冷弯行业的切头毛刺大、截面粗糙、定尺精度差的难题，大幅提高了产品质量和市场竞争力，巩固了公司的行业领先优势。2007年9月该项目通过了专家鉴定，属国内领先水平，特别是在厚壁大规格冷弯型钢的在线切断技术上实现了突破，对今后国内同类生产线的技术改造有很好的借鉴作用。

2007~2010年公司与武汉科技大学、山东省冷弯型钢工程技术研究中心共同对“大型厚壁冷弯方矩形管焊接质量控制关键技术”、“厚壁冷弯型钢冷作硬化效应”进行研究，技术成果已通过山东省科技厅鉴定，填补了国内空白，均达到国际先进水平。科诺公司将成果广泛应用于冷弯型钢生产线，使科技成果第一时间转化为生产力，提高了产品品质。

2010年公司与钢铁研究总院共同开发的高效耐候冷弯型钢，并形成《输电铁塔用耐候冷弯型钢》标准，为输电铁塔的安全建造更新换代提供依据。

2011年利用中日双方成型工艺开发的复杂断面冷弯型材，列为国家火炬计划项目。

2012～2013年，公司加大研发力度分别成立"高强精密冷弯型钢"、"船级高强耐候冷弯型钢"、"Q235BH优质冷弯型钢"课题研发小组，并于2013年12月通过省级科技成果鉴定，技术水平达到国内外先进水平，为下游专用设备制造企业提供技术与产品支持。

此外，公司还通过引进、自主或联合研发等方式拥有了多项独特的生产工艺技术和装备，使公司的装备水平始终走在行业的前列。同时，为准确检测原材料和产品的质量，建立了功能先进的冷弯型钢理化实验室，并配备了完善齐全的各种检测仪器，主要有：WEW-600型液压万能试验机，用于检测原材料和产品的屈服强度、抗拉强度、伸长率、压扁、冷弯等性能；JB-300B型冲击试验机，用于检测冷弯型钢在负荷下的抗冲击性能；HV-5型小负荷维氏硬度计，用来测试板材的硬度；Labspark 1000A火花光谱仪，用于检测分析原材料和产品中的碳、硫、锰、磷、硅的含量；电光分析天平、烘箱、各种器具等，使冷弯材料的研究分析有了可靠依据；近百余台电脑，为设计、制造和信息技术搜集提供了可靠保障。该实验室于2014年通过中国合格评定国家认可委员会认可，出具的检测报告能在国际上得到承认，实现国际互认。这些装备，有效地保证了产品品质的稳步提高。产品品种不断增加，公司不仅可以生产通用的各种类型的方矩形、圆形冷弯型钢，而且还可以生产多种复杂异型断面的型钢产品，很好地满足了国民经济各行业对复杂异型断面型钢的需求。

（二）生产规模

冷弯型钢以其高效、节能、环保等优点被越来越广泛地应用于钢结构建筑、桥梁、机械制造等行业，并逐步被越来越多的行业所认知，随着应用范围的不断扩大，各行业对其的个性化需求逐步增强，对其规格品种、断面形状、使用性能等也提出了更高的要求。

近年来，通过不断努力，公司已发展成为拥有固定资产15亿元，年产值20亿元的大型企业。现有精密冷弯型钢生产线25条，其中8条从台湾地区购进，属国内领先水平；大型冷弯型钢生产线5条，年产各种规格的冷弯型钢达40万吨，是国内最大的冷弯型钢生产基地之一。可以生产13mm×13mm～500mm×500mm，厚度为0.5～19mm的各种方矩形、圆形以及多种异型复杂断面的冷弯型钢产品，很好地满足了国民经济各行业对个性化型钢产品的需求。同时，由于公司实行批量式规模生产，能够很好地控制生产成本，在产品价格上具有较强的竞争优势，客户能以较低的价格从公司一站式采购其所需的各种规格的产品，省时省力，能为客户节约大量的资金，从这一点看，规模效应是公司吸引客户的一个优势所在。

（三）技术创新

经过多年的发展，公司已积累了丰富的生产经验和技术。公司是国家科技部认定的国家火炬计划重点高新技术企业，山东省科技厅认定的山东省高新技术企业。

为了促进"产、学、研"的有效结合，系统研究冷弯成型理论，提高新品研发和技术创新能力，适应市场发展的需求，公司在中国冷弯分会的支持下，2006年申请成立了“山东省冷弯型钢工程技术研究中心”，大大提高了公司的产品研发能力和技术创新水平。中心的很多科研成果对公司的业绩提升已起到了明显成效，对国内冷弯行业的发展也有很大的促进作用。

此外，公司还积极联合国内科研院所共同进行技术研发，与中国钢铁研究总院、北京科技大学、武汉科技大学、河北工业大学等国内科研院所建立了长期合作关系，并联合钢铁研究总院、山东科技大学成立了产学研基地，以科研院所的科研理论指导生产实践，以生产实践丰富科研理论，并形成二者的良性循环。通过以上工作的开展，公司的技术创新实力进一步增强，对产品质量的控制水平得以提高，使公司持续保持了较强的领先优势。

（四）品种与质量

在不断提高的装备水平、创新实力的带动下，公司的产品质量稳步提高，逐步奠定了公司在国内市场上的质量优势地位。目前产品已形成8大系列800多个品种，其中近半数品种为美标英制尺寸规格，远销欧美、中东、澳大利亚、日本、韩国等十多个国家和地区，产品经国际认可的SGS等机构检测，各项质量指标完全符合进口国及其行业技术标准。

为确保产品质量的持续提高，建立严格规范的质量管理制度，公司于2013年初通过了ISO9001：2008质量管理体系复审，2014年初通过了欧盟CE安全体系复审，为规范公司的质量管理以及产品顺利进入国际市场铺平了道路。公司于2012年提出了“全面质量管理”的理念，实行严格的质量管理，公司的产品质量一步一个台阶，稳步达到国内的领先水平，并向世界先进水平迈进。

（五）规范化管理

在持续实施双体系质量管理的同时，公司在技术、设备、现场等方面也实施了高效的规范化管理，形成了独具特色的技术保密制度、设备保养和维护制度、5S现场管理制度等，从而确保了公司的技术保密性、设备的高精度运行质量以及生产现场的规范化。这在国内的冷弯行业中是绝无仅有的。

在技术管理方面，公司设有专门的档案室，由专人对工艺技术文件进行归档管理，文件的借阅、复制等必须经过技术副总的签字同意方可进行，此举有效地避免了技术文件的泄露，确保公司的工艺技术在业内长期保持领先水平。

在设备管理方面，公司制定了一系列的操作规程、检修规程等，并深入贯彻实施；设有专门的设备维护人员，负责定期对设备进行全面的维护保养，加上设备操作人员的日常维护，很好地保持了设备的运行质量和精度，为产品质量的稳定发展提供了有力保障。

在现场管理方面，公司多年来坚持实施“5S现场管理”，并实行不定期检查制度，使“5S现场管理”理论得到了有效运行，生产车间的现场环境焕然一新，并能长期地保持整齐、清洁、有序，在一定程度上提高了生产效率和职工的精神风貌，有效地防止了安全事故的发生。

目前，公司引入了先进的ERP软件，初步实现了无纸化办公和日常工作流程的计算机化，全面整合公司各类资源，使资源达到最佳组合，大大提高了工作效率，实现了财务系统和业务系统的集成化应用，资金监控能力增强，应收账款回收速度加快，财务核算周期缩短，各项成本有效控制，从而为公司带来一定的经济和社会效益，企业核心竞争力明显提高，对外形象得以改善。

（六）销售渠道

目前，公司的销售网络已遍布全国各地，并在美国、韩国、澳大利亚、欧洲、中东等国家和地区拥有广阔的销售网络，为公司的产品顺利进入国际市场提供了广阔的舞台。

公司的对外贸易近几年获得了长足的发展，出口量在业内遥遥领先。通过对外贸易的开展，以及参加世界上的行业展会，并多次远涉重洋到国外与客户洽谈、沟通，公司得以及时了解国际市场的需求行情和行业动态，获悉行业的前沿技术水平，知晓本身在国际竞争中的优劣势，也使公司在国际上享有了较高的知名度和美誉度，为公司今后的技术引进、产品研发以及有的放矢地开展相关工作，提升优势和综合竞争力等提供了有力支撑。

（七）公司产品

公司提供的冷弯型钢产品分为闭口冷弯型钢和开口冷弯型钢及复杂断面型材（图4和图5）。闭口冷弯型钢主要包括方形、矩形和圆形冷弯型钢，公司现可以提供600余种行业内规格的闭口冷弯型钢产品。开口冷弯型钢主要包括C型钢、Z型钢、钢板桩、输电铁塔、机车用冷弯型钢及其他断面形状的开口冷弯型钢。公司可根据用户的需求设计生产多种断面形状的闭口和开口冷弯型钢产品。同时公司为国内外客户提供涵盖整个冷弯型钢价值链的研发、设计、生产及技术服务业务，具备成熟的生产管理、技术管理、安全管理、技术开发能力，销售网络遍布世界各地。目前公司产品已应用于奥运体育场馆、首都机场的扩建、首都博物馆、包头会展中心、东营会展中心等标志性建筑工程，并出口到欧洲、中东、东南亚、非洲、北美等多个国家和地区。

1. 闭口冷弯型钢

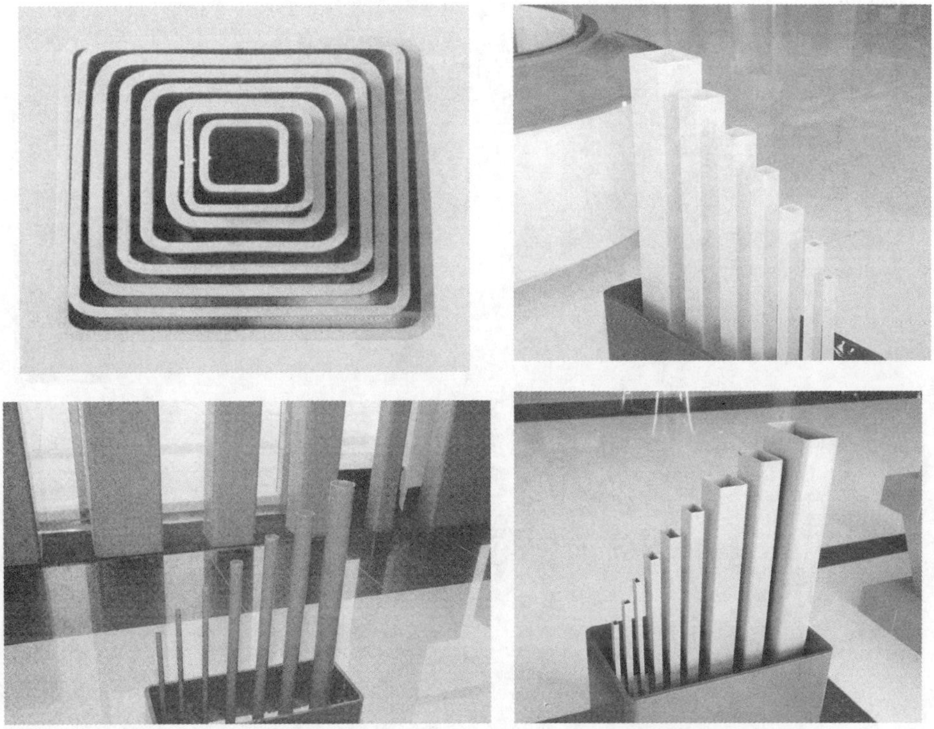

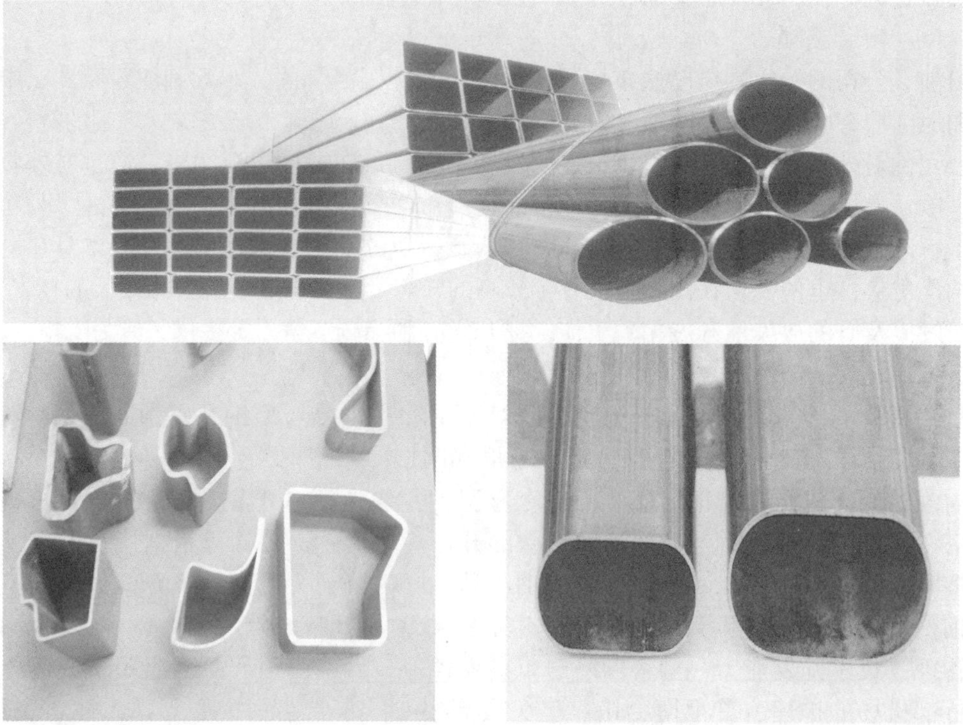

图4　闭口冷弯型钢产品

2. 开口冷弯型钢

图 5　开口冷弯型钢产品

二、公司发展规划

（1）以高起点、高品质、高附加值冷弯型钢产品为出发点和支撑点，以国际高端市场为目标，构建国际化经营规划、实施运作方案。

（2）巩固和发展现有的海外市场，积极开拓新的市场，扩大市场覆盖面，提高全球市场份额。

（3）加强国际冷弯型钢市场的商情情报系统建设，紧密跟踪与研究国际市场发展动态和趋势。

在“团结友谊，共同发展”的经营理念下，公司将发挥现有的规模、技术、管理、装备、经验等优势，抓住国内冷弯型钢行业结构调整的大好形势，拓展新渠道，开拓新市场。在继续保持冷弯行业领先的同时，积极发展大型冷弯型钢的生产和研发，努力把公司建成中国最大最强的冷弯型钢产业的生产、研发、创新基地。

企业发展历程回顾与展望

——上海佳冷型钢有限公司（上海佳艺冷弯型钢厂）

上海佳冷型钢有限公司（上海佳艺冷弯型钢厂）是中国钢结构协会冷弯型钢分会副理事长单位，是我国资深的冷弯型钢生产企业之一，其30多年的发展历程将从一个侧面折射出我国冷弯型钢产品生产的发展轨迹。

一、公司发展历程回顾

1985年，上海佳艺冷弯型钢厂成立。1988年，成功试制国内首例两波护栏，并成功应用于我国第一条高速公路——沪嘉高速。1989年，成功中标“京津塘”高速公路（我国第一条按国际标准承建的高速公路），是一项重点和重大工程，项目采取国际招标形式。1991年，成功开发高强度耐候厚壁冷弯高频焊管，用于东方明珠电视塔球体桁梁。1994年，镀锌C型钢用于上海大剧院屋架桁梁。1995年，正式注册JY商标。1996年，上海佳冷型钢有限公司成立。

2000年，公司通过ISO9002体系（现ISO9001、ISO4001、GB/T 28001三合一体系）。2001年，与交通部共同开发成功国内首例三波护栏，现防撞护栏产品已广泛应用在国内150余项高速公路项目的建设中。2001年，公司注册了首个专利产品，开始注重知识产权和品牌化运作，目前已有20多项发明及实用新型等专利产品。2001年，产品首次被评为上海市名牌产品。2002年，注册成立了上海豪仕迈金属结构有限公司。2002年，$\phi114\times6$ 和 $\phi114\times8$ 高频焊接直缝钢管用于东海大桥护栏和上海F1赛车场。2004

年，首次实现向欧美国家的批量出口。2004 年，首次被评为上海市重合同守信用企业（AAA 级）。2005 年，注册商标被评为上海市著名商标。2005 年，被评为中国钢结构协会冷弯型钢协会优秀企业。2006 年，被评为上海市成长型企业。2006 年，组建上海豪艺莱冷弯型钢有限公司。2010 年，产品用于 2010 上海世博会中国馆、主题馆、荷兰馆的建设。2010 年，再次被评为中国钢结构协会冷弯型钢协会先进企业。2011 年，组建上海豪事莱冷弯科技有限公司。生产的塔式结构主旋杆冷弯型钢管升级产品经科技查新，部分指标等于或优于日本工业标准和英国标准，达到国际先进水平。2013 年，被评为上海市诚信企业。2013 年 12 月，被评为中国驰名商标。2014 年，被评为嘉定区企业技术中心。2015 年，公司开始第三次转型发展。

二、公司基本情况

上海佳冷型钢有限公司（上海佳艺冷弯型钢厂）是国内最早从事冷弯型钢加工制造的专业企业之一，是中国冷弯型钢协会副理事长单位。

公司荣获上海市名牌产品、上海市著名商标、中国驰名商标、中国轻工业百强企业等荣誉称号，拥有发明专利和实用新型等专利 20 多项，2014 年又被评为嘉定区企业技术中心。

公司各类产品广泛应用于钢结构、港口机械、起重设备、汽车维修设备、集装箱、特种车辆、工程机械、公路护栏、交通安全设施、住宅钢结构、客车、农机、船舶、新能源（太阳能、风能等）、食品机械、医药机械、制冷设备、罐装设备、化工机械、仪器仪表、核电等领域。2011 年“塔机结构主弦杆用冷弯型钢管”等两项升级产品居国内领先水平，部分技术指标达到了国际先进水平。

2004 年自营出口至今，产品赢得了海外客户信赖，目前已销往美国、日本、加拿大、法国、德国、瑞典、挪威、爱尔兰、新西兰、中国香港及台湾等三十多个国家和地区。公司致力于冷弯型钢专业领域的发展，积极开发适合市场需求的各类复杂断面冷弯型钢，为市场提供优质的产品与专业的服务，成为广大客户最值得信赖的合作伙伴，努力打造国内中厚壁冷弯型钢产品生产基地，争做引领者。

近几年来，上海佳冷型钢有限公司为满足冷弯型钢市场多样化的需求，企业不断投入新的专业化开闭口冷弯生产线，成立组建了以上海豪艺莱冷弯型钢有限公司、上海豪事莱冷弯型钢科技发展有限公司以及嘉定兴顺路工厂为骨干的多个生产中心。企业拥有 20 多条冷弯生产线、4 条纵剪线和拉拔机、热处理线、压力机等辅助设备若干台（套），拥有国际和国内先进水平的光谱仪、冲击试验机、影像测量仪等检测设备和在线、离线无损探伤检测装置，具备 50 万吨以上年生产能力。

兴顺路工厂是上海佳冷型钢有限公司新投入建设的工厂，是实现股东会“佳艺梦”的重要投资步骤之一。该工厂位于上海市嘉定区兴顺路 588 号，厂房面积 33547.02 平方米，土地面积为 53280 平方米，设计产能 15 万 ~20 万吨，公司将以兴顺工厂为新的起点，打造中国冷弯型钢中厚壁产品新基地。

（一）公司主要产品

1. 方矩形冷弯型钢（执行标准：GB/T 6728）

产品介绍：直缝高频焊接方矩形管的成型方法有直接弯曲成材和由圆管整形成材两

种，可替代无缝冷拔管，广泛应用于建筑、汽车制造、矿山机械制造、农业及轻工机械制造、造船及交通运输、石油化工、电力工业、仪器仪表、集装箱、纺机、高速公路、金属货架、民用电器及日常用品制造等领域。

2. 圆形冷弯型钢（执行标准：GB/T 6728）

产品介绍：直缝高频焊接圆管，由直接弯曲成圆管经焊接整形而成，可替代无缝管，广泛应用于高速公路、建筑、石油化工、电力工业等领域。

3. 异型冷弯型钢（执行标准：GB/T 6723、GB/T 6728）

产品介绍：异型冷弯型钢广泛应用于建筑、汽车制造、农业及轻工机械制造、造船及交通运输、石油化工、电力工业、集装箱等领域。

（二）新产品开发

1. 品种规格

从当初几十个发展到今天4000多个规格，靠的就是新产品研发，特别是2000年以来，每年都以几百个规格的速度递增。

2. 开口产品

截面形状从简单的W形护栏板及槽、C型钢等到开发出更复杂的三波护栏板及集装底侧梁、顶侧梁等系列产品。发明创新，研发出J型截面产品，工艺获国家专利。

3. 闭口产品

从普通方矩管到研发出100×100×12及ϕ60×8等小口径厚壁产品，其中135×135×14获实用新型专利，“塔机主弦杆用方矩管系列产品”获上海嘉定区科技进步三等奖。从方矩管到异型管截面，闭口冷弯型钢异型管占比越来越大。其中“梯形截面冷弯焊接异型管”的成型工艺获发明专利，产品获实用新型专利。通过对工艺的不断创新，

2012年以来成功研发出机械、农机、汽车等应用闭口的复杂截面冷弯型钢一次成型工艺，进一步提高了复杂异型管的开发能力。现已具备生产8字管、P字管系列产品及更复杂的鸭嘴型管等系列产品能力。

4. 原材料

由当初只有普碳钢冷弯型钢到现在已拥有以普碳钢、低合金系列、高强钢系列、不锈钢系列、表面涂层为原料的系列冷弯型钢产品。

5. 产品交货

产品从原来的“直条型钢”交货到现今的经深加工的“半成品”或“部件”交货。

（三）技术与工艺

（1）变形工艺。不但保留圆成方工艺，2005年还引入了方成方变形工艺。2010年引入方成方排辊新技术，可实现在线快换功能。

（2）高频焊接技术。2010年电子管高频全部淘汰，现在采用的全部是固态高频，并且包括多台具有国际先进水平的EFD、色玛图品牌高频。

（3）2010年引入先进水平的仿形铣切锯新技术。现公司产品70%都是在线铣切锯切断。

（4）具有闭口异型管先成型后焊接的“一次成型”工艺和多架次高精度冷弯型钢机组。

（5）2012年引入柔性变形技术，应用于圆变方机组。

（6）冷弯型钢正火热处理技术。

（四）装备水平

现有工艺配备齐全，运行的冷弯型钢机组15台（套），纵剪机组4台。其中包括：

（1）多架次开口冷弯型钢机组，可实现$t=2\sim6$mm，$B=100\sim750$mm的较复杂截面开口冷弯型钢的加工。

（2）拥有方成方排辊技术的LWXX机组、自动剪切对焊、卧式螺旋活套的上料段辅机，同时拥有在线快换技术的主机及仿形铣切锯。该生产线产品的最大特色是小口径厚壁135×135×14，Q345。

（3）柔性变形技术的以圆变方的方矩管机组。

（4）自主创新设计的数控收集码垛装置在多条生产线上应用。

（5）高精度多架次冷弯型钢机组，可实现复杂截面冷弯型钢的制造，并且配备高频焊接机，可实现先成型后焊接一次成型工艺。

（五）产品应用

（1）通过增加产品截面复杂程度，在工程机械领域拓展。

（2）提高材料强度，高强钢冷弯型钢进入汽车行业。

（3）冷弯成型后热处理，符合EN 10210标准，扩大了在钢结构行业的应用。

企业发展历程回顾与展望
——沈阳东洋异型管有限公司

沈阳东洋异型管有限公司是中国钢结构协会冷弯型钢分会副理事长单位，是我国资深的冷弯型钢制造企业之一，其发展历程将从一个侧面折射出我国冷弯型钢的发展轨迹。

沈阳东洋异型管有限公司（以下简称“沈阳东洋”）是成立于1991年的冷弯型材生产经营企业（图1）。20世纪80年代中期，当时日本东洋特殊钢株式会社为开拓海外市场，计划在中国办厂，于1991年9月与东北大学合作共同成立沈阳东洋异型管有限公司。虽然当时只是一家小公司，但在成立之初还是颇具“轰动”效应，中外合资企业在当时还是个稀罕物，尤其是和高校合资的带有“高科技”意味的中外合资当时更是凤毛麟角。

图1 公司厂貌

从20世纪90年代开始，沈阳东洋用从日本引进的辊式成型机组，开始生产高精度异型管材。

1992年从日本引进1号机组生产线投产运行（图2）。1号机组主要用于生产壁厚1～4mm，尺寸为10mm×10mm～120mm×120mm的方矩形管，以及特殊形状异型管产品。公司生产初期引进日本东洋的管理经验以及模具，经过多年的学习和实践，积累了大量经验，能够实现自行开发相应产品模具，并且有能力根据市场需要自行开发冷弯设备。

1997年自主研发的2号机组生产线正式投产（图3）。2号机组主要用于生产壁厚4～8mm，尺寸在200mm×200mm以下的方矩异型管产品，将原有生产能力翻倍，并且在两年内实现了实际生产总量翻一番。

图2　从日本引进的1号机组

图3　自主研发2号成型机组

1999年年末根据市场需求的发展，公司引进的大型3号机组生产线投入运营（图4），3号机组主要用于生产7～12mm，尺寸300mm×200mm以下的方矩异型管产品。3号机组的引进使东洋公司的生产能力进一步扩大，市场适应能力增强，实际生产量也在以每年30%以上的速度逐年提高。

2008年自主研发超大型5号机组投入运营（图5），生产规格上限位居中国之最。5号适用于壁厚24mm以下，尺寸极限500mm×500mm的产品。

图4　大型3号机组

图5　自主研发超大型5号机组

由于多年的积累和不断开发，原有设备产能已经无法满足日益增长的客户的需求，所以公司在2010年实现中型辊弯6号机组投入运营（图6），2011年新增中大型辊弯7号机组（图7），当年实现产销量超过2万吨。

沈阳东洋异型管公司1995年至今的产销量，每5年翻一番。产量增长与产能扩大是密不可分的，前20年平均每4年新增一台成型机组，目前开始加速设备投入。陵东工厂二次成型，拥有辊弯机组4条，辊挤机组2条，年产能3万吨。新工厂一次成型，拥有纵剪生产线、114高频焊管机组、89高频焊管机组，年产能2万吨，预计5年内一次线产能达10万吨。

图6 中型辊弯6号机组

图7 大型辊弯7号机组

2002年首次被认定为辽宁省高新技术企业（图8）。

高新技术企业认定证书

企业名称：沈阳东洋异型管有限公司

统一编号：0592101A0021

有 效 期：二〇〇六年一月至二〇〇七年十二月

辽宁省科学技术厅

二〇〇六年 月 六 日

图8 2006年辽宁省高新技术企业认定证书

沈阳东洋有22年异型管产品开发经验，依托东北大学的人才技术优势，并与宝钢、鞍钢等大钢厂在钢种开发、热处理工艺等方面合作，2006年实现对产品的后续热处理，提高了管材性能，是国内首家按照欧标EN 10210热状态交货的公司。随后，根据市场需要，热处理状态交货的产品日益增多，公司于2012年引进设备成立热处理车间，从而能够更好地控制产品性能和质量。公司部分产品见图9和图10。

根据客户需求，公司于2010年开始开发管材的深加工工艺，现在已经能够实现产品的精密切断、折弯、表面处理等后续加工工艺，为客户提供了更多的便利和选择空间。

沈阳东洋在建厂初始，对质量的定位就是“高精度、多品种”的高起点，推行日本的全面质量管理。随着对外贸易增加，客户要求不断提高，沈阳东洋的质量管理水平也

图9　部分产品

图10　其他异型管材图示

在不断提高。2003 年通过了 ISO9001:2000 质量管理体系认证，实施全员质量管理。2006 年底重新认证，之后每3 年认证一次。2011 年随着船舶、海洋工程等行业客户需求的增加，沈阳东洋通过 ABS 船级社认证。在2013 年10 月通过了 ISO9001:2008 质量管理体系认证并获得证书（图 11）。

同时公司组建性能实验室，拥有拉伸试验机、冲击试验机、金相显微镜、热处理炉、硬度仪、超声波探伤仪等多种检验检测设备（图 12），为保证产品质量提供了强大的支持。

2004 年实施 ERP 信息化管理，新建成品仓库和办公区，实现“进、销、存”系统信息化管理，产量达 1.5 万吨、销量超亿元，创历史纪录。2006 年建立国际化网络平台，实施国际化战略。外贸工作取得突破性进展，出口额达到 4000 万元。

2003年首次认证证书　　　　现行有效证书

图 11　荣誉证书

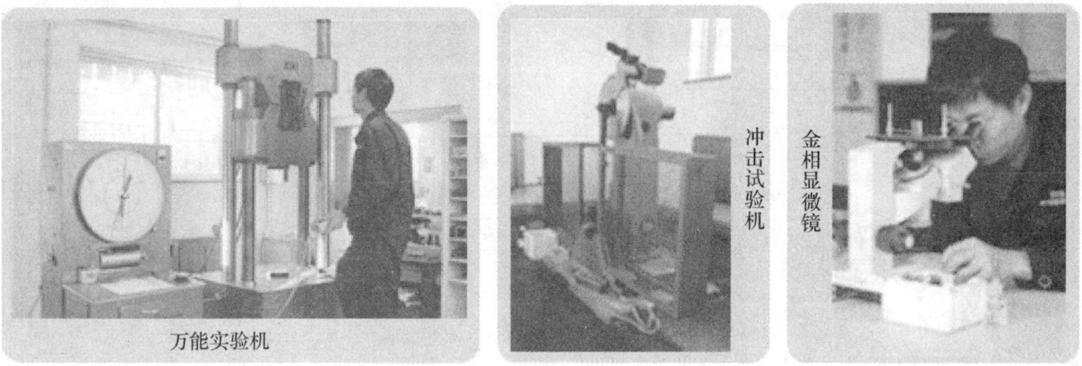

图 12　检验检测设备

经过 20 多年的积累和发展，公司现在能够生产方矩形产品 2000 余种，拥有特殊异型管产品模具 300 多套，广泛用于建筑钢结构、工程机械、桥梁、起重机、海上平台、石油钻采设备、车辆、农机、港机、娱乐设施、核设施、化工机械、食品机械、医疗机械、健身器材以及各种机械制造领域。公司拥有优秀的员工队伍，生产优质的产品，提供优质的服务。公司生产的异型管已经越来越多地应用在国内外重点工程项目和先进制造企业的产品生产中。今后我们将不遗余力地满足客户需要，通过不懈的努力奋斗，再铸新的辉煌的业绩。

企业发展历程回顾与展望

——南京中轻机械设备制造有限责任公司

南京中轻机械设备制造有限责任公司是中国钢结构协会冷弯型钢分会副理事长单位，是我国资深的冷弯设备制造企业之一，其30多年的发展历程将从一个侧面折射出我国冷弯装备的发展轨迹。

一、公司基本情况

南京中轻机械设备制造有限责任公司（原南京轻工业机械厂）是南京轻工业机械集团的核心企业，迄今已有四十多年的发展历史，属中央直属企业。企业的前身是轻工业部南京机电学校附属工厂，其历史可追溯到黄炎培先生创办于1918年的中华职业学校。轻工业部于1969年4月在原校附属工厂的基础上，正式成立了国营南京轻工业机械厂。1980年厂校分离，企业独立自主开展生产经营活动。企业先后生产过钨钼丝设备、直升飞机旋翼接头、缝纫机加工自动线、自行车加工自动线、梭心套组合机床、高频焊管机组、液压分条剪板机等产品。在1985年前是轻工业部定点生产高频焊管机的唯一厂家，当时上海自行车一厂、三厂、四厂，天津自行车厂等知名自行车厂全部选用南京轻工业机械厂的设备。

1983年工厂自主研发生产的ZXQ2型200kW高频焊管机组获轻工部优秀产品奖和国家经委“金龙奖”（图1、图2）。

图1　ZXQ2型高频焊管机组

图2　优秀新产品证书和“金龙奖”

在国家“六五”至“八五”期间，企业先后引进了日本、美国等国先进焊管设备技术，在此基础上完成了技术装备制造业现代化改造的起步阶段，从而满足了我国焊管设备产业现代化大生产的规模化、集约化改造对高水平生产装备的需求。其后，通过消化吸收再创新，开发、设计了针对各种不同形状、型材和不同生产能力的系列焊管冷弯成型生产线，为企业的发展奠定了坚实的基础。

随着经济的发展，市场的不断扩大，南京轻工业机械厂于 1998 年 2 月进行了企业改制。成立了南京中轻机械设备制造有限责任公司，专业生产系列高频 ERW 直缝焊管设备、精密冷弯型钢成型设备、高速纵横剪分条设备等生产线。

改制后焕发了青春活力的南京中轻公司致力于新产品开发，公司每年推向市场的产品中，新产品均占 40% 以上。公司通过引进技术和自主开发，研制出一批高新技术产品和配套、延伸产品，同时利用先进技术改进和完善老产品，对产品质量起关键作用的部件进行更新换代，提高产品质量的可靠性和先进性，将技术优势转化为产品优势和竞争优势，以技术含量高、品种多、系列全的产品适应市场需求的多样化。

南京中轻公司在 1999 年度成功开发了新型精密冷弯成型设备机组并推向市场。该机组吸收国外的先进技术，各项性能指标均达到国外同类机组水平。

该机组用于轧制截面形状复杂和尺寸精度要求高的冷弯型材。轧制速度高，机架结构设计合理，精度高，刚性好；具有快换组合机架组，各组合机架组之间有互相对中装置；在线成型前板材可冲孔，成型后可焊接、整形。冷弯辊型采用德国 data M 的专业软件 COPRA 作为设计的基本工具，变形道次达到 48 道以上。

南京中轻公司先后为无锡华光轿车附件厂提供 48 道轿车门框生产线 4 条；为法国 DIRICKX（北京）有限公司提供 26 道栏桩生产线 1 条；为北京中建柏利工程有限公司、广东汕头金刚特种玻璃有限公司、广东阳江奇正五金制品有限公司、大连金诺格防火幕墙系统有限公司提供 36 道闭口型材生产线 4 条，并作为德国胜逊迩仓储系统有限公司的长期供应商，提供了 10 多条货架生产线。图 3 为 LW500 冷弯生产线，图 4 为高精度冷弯生产线。

图 3　LW500 冷弯生产线

图 4　高精度冷弯生产线

2009 年南京中轻公司设计并开发了 LW1200 钢板桩冷弯成型生产线（图 5）。

开发成功的 LW1200 冷弯成型机组上引进了先进的德国 COPRA 孔型设计软件，并应用于钢板桩的设计当中。打破了专业院校的技术封锁，成为设备制造商中唯一可以设计钢板桩孔型的厂家。机组采用 PLC 控制，自动化程度高、人机界面好，参数自动设定、

图5　LW1200冷弯生产线

生产过程自主监控。

南京中轻公司坚持以高新技术改造传统制造工艺，坚定不移地进行大规模的技术改造，使传统的冷弯设备制造产品焕发出现代科技的活力。有力地保证了产品质量的优良和稳定，为企业的持续发展提供了坚实的品质保障。特别是在技术改造方面，建立了具有自己特色的、以企业资源制造计划（ERP）为核心的信息网络集成体系，并被树立为国家863/CIMS应用示范企业；企业的CAD应用二期工程通过了国家轻工总局的验收，并被授予“全国CAD应用先进单位”称号；2000年10月，工厂的CIMS（计算机集成制造系统）工程也通过了国家科技部组织的验收和鉴定。

另外，公司在技术和设备改造上加大力度，加快对大型设备更新改造步伐，在现有的15m龙门刨、6m单臂刨、4m龙门铣、落地镗床等加工设备基础上，配置了数显高精度镗床、5台直径1.2～5m立车、水下等离子切割机、数控割、喷砂等大型加工设备；在购置普通大型加工设备的同时，工厂从美国辛辛那提、意大利DEBER、意大利LAZZATI等公司购置了9台加工中心：立式四轴数控铣床、立卧两用五轴镗铣加工中心、立式四轴镗铣加工中心、四轴车削加工中心、立卧两用五轴镗铣加工中心等；该加工中心设备的控制系统为SIEMENS，并可以任意四轴联动加工。确保了工厂主导产品关键零件（包括大型、特大型零件）的加工精度和效率。公司部分生产加工设备如图6所示。

公司坚持走产、学、研相结合之路，积极与高校、科研院所等合作，共同研究、攻关高技术项目，将最新的科研成果及时应用到实际生产中，不断创新，开发新技术和新产品，提高企业技术竞争力。2007年以来，中轻公司在超厚壁冷弯机组、大型焊管机组方面取得了飞跃性的发展。中轻公司的LW500高精度冷弯机组被中国钢结构协会冷弯型钢分会评定为行业优质产品设备。2009年生产的ϕ426直缝焊管机组获得中国建筑材料集团技术革新开发奖。2010年被行业组织中国钢结构协会冷弯型钢分会评为中国冷弯型钢行业先进企业。并于2010年7月被选为中国钢结构协会冷弯型钢分会副理事长单位。部分荣誉证书如图7所示。

图6　公司生产加工设备

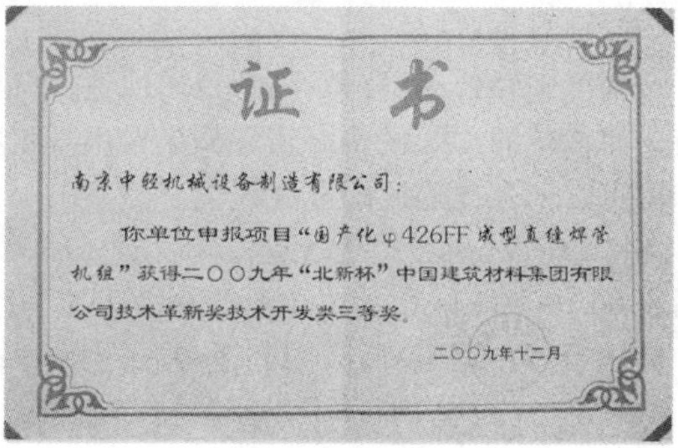

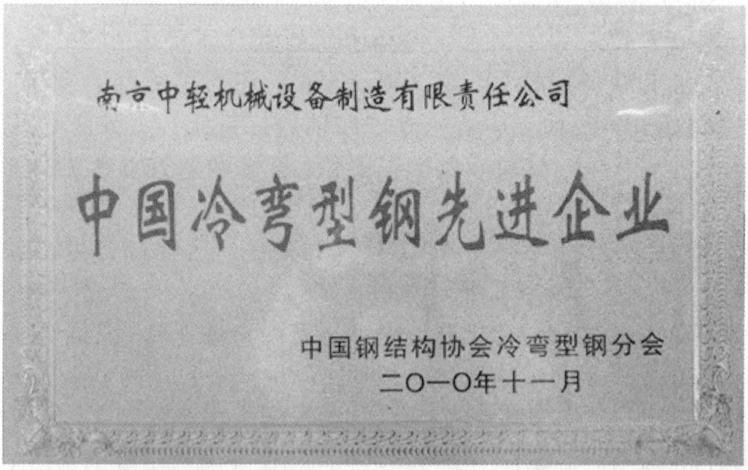

图7　部分荣誉证书

公司开发的大口径、厚壁，高钢级焊管机组，采用世界上最先进的成型工艺，应用有限元仿真分析技术，生产出满足标准 API 5L 及 API 5CT，材质为 A、B、X42 ~ X80 高精度的钢管。

为江苏嘉宝制管公司和天津联众钢管公司提供的 140API ERW 焊管生产线（图 8），最高钢级 X80。

图 8　140API ERW 焊管生产线

该机组的成型优点：

（1）粗轧段的轧辊完全兼用化，针对每一个产品在生产时各个机架中每个辊子所需要设定的参数都被存储在快速设定系统中。当相同的产品被再次生产时，该系统可以根据产品的规格自动调用数据，对辊子加以设定和调整，以确保每次生产的同规格产品的尺寸精度的一致性。

（2）广泛的兼用范围（外径范围 1∶3，厚径比范围 1% ~ 10%）。

（3）良好的端部成型功能。

（4）良好的整体形状控制能力。

（5）采用成型性能强的连续弯边成型方式。

（6）以渐开线辊型和卷贴弯曲方式实现上、下辊的兼用性。

（7）采用多段 W 弯曲和缩短立辊段范围来有效抑制滚动现象。

（8）自动控制方式操作简便，通俗易懂。

为天津博宇钢管公司制作的 $\phi219 \times 14$ API 焊管生产线，见图 9。

为天津惠利通钢管有限公司提供的 $\phi426 \times 16$ API 焊管生产线，最高钢级为 X80，见图 10。

2010 年为河北华洋钢管有限公司设计制造了一条 $\phi660 \times 22$（FFX）ERW 焊管生产线，见图 11。

2011 年为河北志航钢管有限公司设计制造一条 $\phi711 \times 25$（FFX）ERW 焊管生产线，见图 12。

2012 年公司为济南钢铁集团生产 300 方（LW1200mm × 19mm）冷弯型钢生产线，见图 13。

该机组采用了国际最先进的直接成方、成矩的成型技术工艺。在产品成型过程中，不会对材质造成破坏，能很好地保持原材料的力学性能和物理性能，保证了产品的质量优良，成型效果非常好。

图 9　ϕ219 × 14 API 焊管生产线

图 10　ϕ426 × 16 API 焊管生产线

图 11　ϕ660 × 22（FFX）ERW 焊管生产线

图12 ϕ771×25（FFX）ERW焊管生产线

图13 LW1200mm×19mm冷弯生产线

这几条生产线的设计标准达到国外同类设备的技术水平，采用先进的柔性成型工艺，自动化程度高，操作方便，生产效率高；确立了公司在冷弯焊管行业技术领域的领先地位，填补了国产大型焊管设备的空白，南京中轻公司在大型焊管机组、超厚壁冷弯机组方面取得了飞跃性的发展。

2012年以来，随着冷弯型钢生产越来越高效率化、高附加值化、多品种多规格化，南京中轻公司把着重点放在了开发高新技术、高质量、高附加值的新型冷弯型钢装备以及冷弯型钢生产领域工艺技术的研究上面。特别是新技术装备的开发、研制和引进，公司在2012年成功研制设计生产出了48道高精度导柱式冷弯型钢成型生产线（图14），专门用于生产高强度和超高强度材质的冷弯型钢以及超厚、超薄系列

图14 导柱式冷弯生产线

的高精度高难度复杂断面冷弯型钢产品。

该机组成型精度高，专业生产用一般热轧方法难以生产的壁厚均匀但截面形状复杂的各种型材和不同材质的冷弯型钢产品，其冷弯型钢产品遍布于钢结构、汽车、集装箱、钢模板、铁道车辆、船舶和桥梁、钢板桩、输电铁塔等各行各业。

南京中轻冷弯型钢机组生产的主要型钢产品，见图 15。

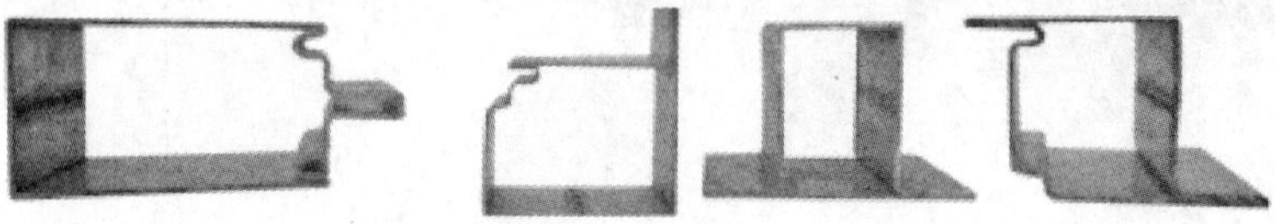

钢制门框幕墙型材

高强钢汽车专用型材

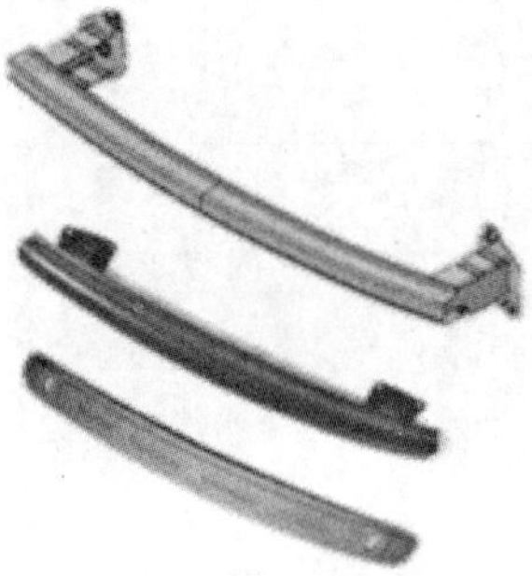

汽车保险杠

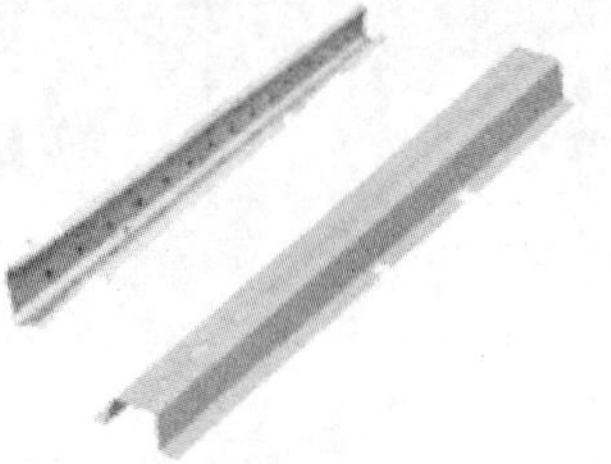

汽车门槛

图 15　公司冷弯设备生产的主要型钢产品

随着冷弯型钢生产的发展和应用范围的扩大，冷弯型钢的品种不断增加，产品结构不断更新，产品标准的制定就迫在眉睫。有产品就需要有标准，标准是企业组织生产、服务、管理的技术依据。从技术研发、原料采购、生产加工到产品销售、售后服务无处不依据标准来保证质量，技术标准发挥着关键作用。2012 年冶金机电标准化技术委员会在北京组织召开了“冷弯型钢机组”八项系列标准的编制会议。南京中轻公司参与了冷弯型钢机组技术标准的起草工作。南京中轻机械设备制造有限责任公司是第二项标准（钢板桩冷弯型钢机组技术要求）和第八项标准（小口径厚壁冷弯型钢机组技术要求）的主要起草单位。这些标准的建立，进一步引领同行业的其他企业向先进的行业技术要求看齐，推动了整个冷弯型钢行业的技术进步。

二、公司未来的发展

市场的竞争、产品的竞争归根结底是技术创新的竞争，更是企业核心竞争力的所在。作为有远见和有生命力的企业，南京中轻公司多年来始终坚持走“产、学、研”相结合的道路，形成了以企业设计院和企业技术中心为主体，其他研发力量为重要补充的两级创新体系框架，企业自主创新能力的建设效果也开始凸显。通过产品技术创新，优化企业产品结构，保持企业国内市场领先和技术领先地位。南京中轻公司始终坚持“共赢、共存、共未来”的经营理念，并用该经营理念构筑“为冷弯型钢行业提供高品质装备”的服务理念。经过多年的努力奋斗，“南京中轻”这个品牌在行业中已经占有领先的地位，南京中轻的产品已经初具精品的风貌。南京中轻还将继续加大新产品开发力度，关注客户需求，满足客户需要。南京中轻公司将与国内其他设备制造企业一起，为振兴民族冷弯工业多作贡献。

辊弯成型技术的开发与应用
——北方工业大学辊弯成型技术科研团队

韩 飞

（北方工业大学、中国钢结构协会冷弯型钢分会副理事长单位）

金属板材辊弯成型技术研发是北方工业大学特色方向之一，研发团队在辊弯塑性成型理论及工艺方面已有20余年的研究和技术积累，项目组多位成员在辊弯成型技术领域具有坚实的理论基础，在轧辊设计、产品开发、工程应用等方面积累了丰富的实践经验，工艺水平居国内领先地位。团队成员已获发明专利授权20余项，发表论文60余篇，出版专著2部，形成行业标准1项。

一、辊弯成型核心技术研发

在国家自然科学基金和北京市自然科学基金等项目的支持下，在刘继英教授带领下，项目团队在高强度、高精度复杂截面型材辊弯精确成型等技术领域进行了深入研究，提出了超高强度钢辊弯成型的理论与工艺方法，攻克了该材料辊弯成型回弹与变形能的预测与控制的难题，实现了超高强度钢汽车保险杠的辊弯成型与在线弯圆，其技术指标全部通过美国、德国、法国本土检测。并揭示了辊弯成型过程中板带中性层的偏移规律，给出了弯曲区域金属流动的精确算法，攻克了高精度复杂型材成型的能量最省、变形道次最少的技术难题，发明了高难度特种型材辊弯成型的工艺方法，并将项目创新成果应用于工程实践，本课题团队与宝钢、武钢、攀钢、青岛南车四方、凌云集团、济南铸造锻压机械研究所、敏孚集团、华光集团、一汽、北汽福田等国内大中型企业在冷弯成型方面都有过成功的合作经历，为国内企业和科研院所完成了200多项的合作研发工作，其中包括：Buick轿车防撞杠国产化冷弯成型生产线的工艺设计及模具制造；十多条农用车及货车车厢板冷弯成型生产线的工艺设计及模具制造；奇瑞轿车B11门窗的生产线项目；铁路车辆侧梁的冷弯模具的设计及制造；电厂除尘设备阳极板成型冷弯模具的设计制造；立体仓库立柱冷弯模具的设计制造；新型防火门型材开发；建筑轻钢结构CAD/CAM一体化技术。目前我们已经完成了近千个冷弯型钢产品的设计开发，在高精度复杂辊弯成型的研究中积累了丰富的经验，与企业界建立了良好的合作关系，并有良好的声望。多次组织与参与中国冷弯型钢协会的行业技术培训班，完成了行业专著《冷弯成型技术》及译著《冷弯成型技术手册》，深受行业欢迎。北方工业大学从1998年起就被推选为中国冷弯型钢协会的副理事长单位。

据不完全统计，本课题组项目成果已推广应用于国内100多家企业，已为国内提供了55条生产线，实现了高精度辊弯成套装备由依赖进口到向世界著名公司出口的跨越，开发了210种高难度或有特色产品（图1），其中120种出口至美国、丹麦等20个国家。

图1　北方工业大学辊弯成型团队完成的部分辊弯成型产品

二、柔性变截面辊弯成型新技术

对于制造业来说，把最合理的材料用到最合适的位置，以减轻结构重量并适应不同的载荷形式，成为设计和制造的追求目标。变截面辊弯成型正是以轻量化和一体化为特征开发出来的一种空心变截面轻体构件的新型辊弯成型技术、它把人工智能技术、计算机控制技术应用到辊弯成型领域，形成一个全新的概念。与传统的辊弯成型加工的等截面型材不同，变截面辊弯成型的型材截面沿纵向是变化的，因而具有更合理的力学性能。

本项目团队针对柔性变截面辊弯成型的技术需求，项目组在国家自然科学基金和北京市自然科学基金等项目的资助下，分析了辊型轮廓曲线和板料型面之间的运动关系，发明了国际领先、国内唯一的单轴、双轴柔性辊弯成型机组的装备以及与之配套的变宽度圆盘剪切系统，已获得国家发明专利6项，攻克了复杂多对象实时关联控制的难题，掌握了变截面辊弯成型的装备和控制的关键技术。图2a、b所示分别为北方工业大学自行研制的单轴柔性辊弯成型试验机组、双轴柔性辊弯成型机组。

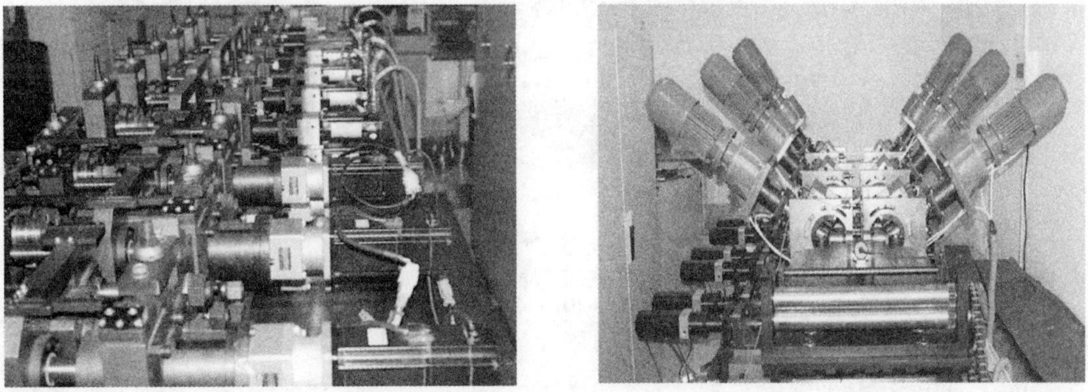

a　　　　b

图2　北方工业大学自行研制的变截面柔性辊弯成型机

a—单轴柔性辊弯成型机；b—双轴柔性辊弯成型机

三、国际交流与合作

北方工业大学辊弯成型研发团队与国际同行保持了良好的合作交流关系，与德国data M公司总裁，前任国际管件协会（International Tube Association）主席Albert Sedlmaier以及日本著名冷弯成型专家小奈弘教授等的技术交流已连续十多年。承担、完成了来源于韩国工业技术研究院（Korea Institute of Industrial Technology）关于特殊断面冷弯成型研究项目Development for forming roll in cold roll forming process for the partition part，在该项目中采用有限元仿真技术以及试验研究，顺利地通过了委托方的验收；承担澳大利亚博思格钢铁公司委托国际合作项目两项，解决了超薄、超高强钢辊弯成型工艺系列关键技术难题，这些项目的顺利完成也说明在辊弯成型技术的研发上我们可以参与本行业世界领先水平的竞争，具有重要意义。

北方工业大学于2010年成功承办了由国际管材协会和中国冷弯型钢协会主办的北京管材国际会议（Beijing Tube International Technical Conference 2010），见图3。会议议题：管材与冷弯成型技术的创新——面对“绿色”和“智能”制造技术的挑战。该会议是国际管材协会在墨西哥Tube Veracruz 2003，印度Tube India 2005，日本Nagoya Tube 2007，土耳其Pipe & Tube Istanbul 2009等国际会议后在中国举行的一次重要会议，也是国际管材协会第一次在中国举行的关于管材和冷弯成型的国际会议，会议具有极高的学术水准，代表着冷弯成型技术的国际学术前沿与动态。会议的举办，对国内外企业进行冷弯型钢经验交流，起到桥梁和纽带作用。

图3 北方工业大学举办的2010年北京管材国际会议代表合影

四、成果与荣誉

北方工业大学辊弯成型技术团队在相关技术方面获得过部级科技进步一等奖一项，中国机械工业科学技术奖一等奖（图4）：辊弯成型关键技术研发及应用，2009年12

月。获部级科技进步二等奖两项，中国有色金属工业总公司科技进步二等奖：高精度复杂型面轧辊的 CAD/CAM 技术，1995 年 7 月；中国有色金属工业总公司科技进步二等奖：冷弯成型 CAD/CAM 一体化技术，1998 年 7 月。获部级科技进步三等奖一项，中国有色金属工业总公司科技进步三等奖：轧辊辊型 CNC 技术，1994 年 7 月。

图 4　北方工业大学辊弯成型团队获得 2009 年度机械工业科技进步一等奖

第 2 篇

冷弯型钢行业发展概况

LENGWAN XINGGANG HANGYE FAZHAN GAIKUANG

中国冷弯型钢行业发展30年综述

（中国钢结构协会冷弯型钢分会）

30年来，随着我国钢铁工业的迅猛发展，作为钢铁工业中重要品类之一的冷弯型钢，在行业协会——中国钢结构协会冷弯型钢分会的带领下，也取得了快速发展。特别在近五年来，我国冷弯型钢产业，在国家“抓机遇，保稳定，促发展”的方针指引下，经过冷弯型钢行业全体职工和广大科技人员的积极努力和各方面的支持，发挥了巨大的创造力，在产量、质量、品种、效益、科研成果，以及在国民经济各个领域中广泛应用等方面，取得了显著成就，对我国社会主义建设事业作出了重要贡献。

一、中国钢结构协会冷弯型钢分会发展概况

（一）中国钢结构协会冷弯型钢分会简介

中国钢结构协会冷弯型钢分会（Chinese Confederation of Roll Forming Industry, CCRFI）是中国冷弯行业唯一的国家级行业组织，是经国家主管机关批准并核准登记注册的全国性、非营利性、行业性的经济类社会组织，是依法成立的社会团体法人；分会成立于1985年10月，行政隶属于中国钢结构协会，业务隶属于中国钢铁工业协会。分会由我国冷弯行业的企业、事业单位、社团组织以及海外团体会员自愿组成。本会以党的路线、方针、政策为指导，坚持科学发展观，以为企业服务、行业服务、政府服务、社会服务为宗旨，坚持依靠会员单位办协会的工作方针，坚持市场导向，积极提供服务、反映诉求，规范运作，建立和完善行业协调和自律机制，维护行业整体利益和会员单位的合法权益。在国家宏观调控政策指导下，逐步实现行业自我管理，充分发挥政府参谋助手作用，发挥在政府与企业之间的桥梁纽带作用，开展国际合作与交流，推动我国冷弯型钢行业持续、稳定、健康发展。

冷弯型钢分会的业务范围：

（1）根据国家有关政策法规，结合行业特点，制定行业的行规行约，建立行业自律机制，不断规范行业行为。淘汰落后，推进技术进步，加强节能环保，开拓市场，在维护市场秩序、促进公平竞争，在行业科学发展、提高行业运行质量等方面，发挥行业组织和纽带作用。

（2）开展行业调查研究，参与拟定行业发展规划、产业政策法规的相关工作，为政府加强宏观调控和管理提出咨询建议，向政府反映企业要求和争取政策支持。

（3）参与制定、修订行业有关技术、经济、管理等标准、规范、规程，组织推进会员单位贯彻实施，开展行检、行评工作。对不符合国家标准、行业标准和其他标准的产品和企业，配合政府部门进行督促整改。

(4) 受政府相关部门授权和委托，依法开展冷弯行业统计、调查、分析和上报等项工作。代表或协调企业反倾销、反补贴、保障措施的相关工作，协调冷弯产品进出口工作。行使国家授予的部分外事权，承担引进国外智力有关工作，组织国际国内展览。

(5) 参与行业内重大投资、改造、开发项目的先进性、经济性和可行性的前期论证。推动科技创新、管理创新与产品开发，组织行业共性技术开发和科技成果的推广应用。组织开展创新成果等评审奖励工作及对有关奖项的推荐工作。

(6) 组织有关业务培训，研究制定有关技能、职称评定标准与考核办法，组织开展冷弯行业职业技能竞赛，提高职工的专业和技术素质。

(7) 代表中国冷弯行业和组织国内有关企事业单位开展与国际同业组织、境外企业的交流与合作，保持与国际有关冷弯同业组织的联系，互通信息，进行协商对话，促进对外经济技术交流与合作。

(8) 组织收集、整理、分级发布国内外冷弯行业市场状况和经营管理、经济技术等信息。监测行业经济运行态势，开展专题研究。对会员单位的经营管理、发展战略及经济技术指标进行分析、评价，提供咨询服务。通过杂志、网站、微信平台等总结、宣传、推广先进典型经验，加强社会宣传，为会员服务。

(9) 做好本会自身建设和管理工作；受主管部门委托，管理各有关代管事业单位。

(10) 承担政府交办的其他事项，接受会员和社会的委托，提供专项服务。

中国钢结构协会冷弯型钢分会自1985成立至今，共产生了六届理事会：

第一届理事会，1985年10月～1990年11月，5年　理事长：吴路菁

第二届理事会，1990年11月～1995年11月，5年　理事长：吕日升

第三届理事会，1995年11月～2000年11月，5年　理事长：吕日升

第四届理事会，2000年11月～2005年11月，5年　理事长：丁国良

第五届理事会，2005年11月～2010年11月，5年　理事长：丁国良

第六届理事会，2010年11月～2015年11月，5年　理事长：韩静涛

(二) 中国钢结构协会冷弯型钢分会工作及发展概况

中国钢结构协会冷弯型钢分会现有团体会员单位180多家，近五年新增60多家，发展较快，其中，生产企业137家，占86%。分会自1985年成立以来，按照分会章程所赋予的使命，全体会员单位，在分会的组织领导下，以极大的热情和努力，团结全国冷弯型钢行业的广大同仁，为发展我国冷弯型钢事业进行了卓有成效的工作，主要表现在以下几方面。

1. 发挥协会桥梁纽带和组织、管理作用

冷弯型钢分会自成立以来，一直奉行服务政府、服务社会、服务会员、服务行业的宗旨，充分发挥了沟通政府、冷弯型钢企业和市场间桥梁和纽带作用，作为为行业服务、咨询、沟通、监督、公正、自律、协调的社团组织，发挥了巨大的作用，促进了冷弯型钢行业的健康快速发展。

为了配合国家的发展，结合相关部委的规划，冷弯型钢分会在行业调查的基础上，前五届理事会相继组织编制了“八五”、“九五”、“十五”、“十一五”技术进步规划。第六届理事会根据国家发展需要，特别组织了冷弯型钢行业十几家重点企业参与，吸收

各类专业人员 50 余人，通过大量市场调研，共同努力，特制订了冷弯行业“十二五”发展规划。在冷弯行业“十二五”发展规划中，对冷弯型钢产品需求、新型高强材料开发应用、结构轻量化技术推广应用、运载工具节能降耗，以及各工业部门节能减排任务的完成等均做了分析，以期为更多的冷弯型钢企业争取节能减排、研发创新等资金和政策的扶持，并为中国冷弯型钢行业在近五年或更长时间内步入良性、可持续发展提供了科学指导。2013 年 5 月，“中国冷弯型钢行业‘十二五’发展规划”正式发布。此“规划”为政府支持冷弯型钢企业的发展提供有力依据，也为社会和用户行业认知冷弯型钢行业提供了权威渠道。

为了做好协会的组织和管理工作，在前几届工作基础上，第六届理事会从 2010 年开始，相继成立了有关工作委员会和专业委员会。

（1）冷弯型钢分会统计工作委员会。行业统计作为国家综合统计信息的必要补充，担负着为行业管理提供统计信息的任务；它是社会需要，也是国家综合统计体系中的不可缺少的基础和支柱，更是行业及企业持续健康发展的需要。通过多次沟通和协商，2012 年 5 月，冷弯型钢分会成立了统计工作委员会，并经协商由中国钢铁工业协会信息统计部授权，接纳冷弯型钢分会统计系统进入中国钢铁工业信息统计系统，上报国家统计局。

（2）冷弯型钢分会标准工作委员会。随着我国冷弯型钢工业的飞速发展，我国冷弯型钢标准化工作也取得了长足的进步，部分产品标准水平已达到世界先进水平。但按照产业发展要求，还有大量艰苦细致的工作要做，特别是标准总量严重不足。经中国钢结构协会冷弯型钢分会第六届理事会审议并通过，2012 年 7 月，冷弯型钢分会成立了标准工作委员会，对冷弯型钢行业的标准制定进行统一规划、组织与管理。

（3）冷弯型钢分会资质评审工作委员会。为正确引导我国冷弯型钢制造企业的健康发展，避免同行业企业盲目发展和无序竞争，使冷弯型钢制造企业在生产规模、技术装备、人员配置、科学管理和质量保证体系，以及允许承担的工程规模和技术难度等级等方面均有可以借鉴的资质等级标准。经中国钢结构协会冷弯型钢分会第六届理事会审议并通过，2012 年 7 月，成立了资质评审工作委员会。通过资质等级的评定，从总体上提高冷弯型钢制造企业的整体水平并达到应有的基本素质，确保产品质量，促进冷弯型钢制造行业规范健康发展。

（4）成立了相关专业委员会：

1）中国钢结构协会冷弯型钢分会金属波纹钢板管涵专业委员会。经中国钢结构协会冷弯型钢分会第六届理事会审议并通过，2014 年 4 月 18 日，在江苏无锡正式成立了中国钢结构协会冷弯型钢分会金属波纹钢板管涵专业委员会。该委员会将重点推广金属波纹管在城市网管、公路涵洞、城市排水、粮食仓储等领域的应用。

2）中国钢结构协会冷弯型钢分会金属围护产品委员会。经中国钢结构协会冷弯型钢分会第六届理事会审议并通过，2014 年 11 月，在湖南长沙正式成立了中国钢结构协会冷弯型钢分会金属围护产品委员会，并依托于厦门黎明机械有限公司开展相关工作，以在金属围护领域为行业提供更全面的指导和服务，推动行业更好、更快发展。

3）中国钢结构协会冷弯型钢分会建筑结构委员会。经中国钢结构协会冷弯型钢分会第六届理事会审议并通过，2014年11月，在湖南长沙正式成立了中国钢结构协会冷弯型钢分会建筑结构委员会，并依托于香港理工大学开展相关工作，以在建筑结构领域为行业提供更全面的指导和服务，推动行业更好、更快发展。

4）中国钢结构协会冷弯型钢分会冷弯钢板桩专业委员会。经中国钢结构协会冷弯型钢分会第六届理事会审议并通过，2015年5月，在南京正式成立了中国钢结构协会冷弯型钢分会冷弯钢板桩专业委员会，并依托于江苏顺力冷弯型钢实业有限公司开展相关工作，负责全国冷弯钢板桩行业产业发展的研究指导和行业秩序的规范，从标准、资质、宣传推广、技术开发、发展规划等方面着手，促进全国冷弯钢板桩产业的健康有序快速的发展。

5）中国钢结构协会冷弯型钢分会通用钢管专业委员会。经中国钢结构协会冷弯型钢分会第六届理事会审议并通过，正式成立中国钢结构协会冷弯型钢分会通用钢管专业委员会，并依托于邯郸正大制管有限公司开展相关工作。目前该委员会正在筹建之中。

为了做好协会自身建设和管理工作，从2010年开始，第六届理事会制定了中国钢结构协会冷弯型钢分会《工作条例》，并制定多项制度和规程，如：冷弯型钢分会标准工作委员会规程、冷弯型钢分会统计工作委员会规程、冷弯型钢分会资质评审工作委员会规程等。

2. 参与制定、修订行业有关标准、规范

随着我国冷弯型钢工业的飞速发展，我国冷弯型钢标准化工作也取得了长足的进步，部分产品标准水平已达到世界先进水平，但按照产业发展要求，还有大量艰苦细致的工作要做，特别是标准总量严重不足。2012年7月，冷弯型钢分会成立了标准工作委员会，对冷弯型钢行业的标准制定进行统一规划、组织与管理。

标准的制定是一个相当复杂的过程，多年来，冷弯型钢分会十分注重市场的开发，以产品为龙头，根据用户的需求，在产品、产量、标准方面尽量满足用户的需求，协会曾协助国家标准委员会（局）以及其他部委制定颁发了25个国家和有关的行业标准。近两年来，冷弯型钢分会与冶金工业信息标准研究院合作，已启动了《冷弯金属波纹管》等多个标准的编制和上报工作。

3. 加强冷弯行业统计工作

行业统计是协会一项十分重要的基础性工作，是国家综合统计信息的必要补充。它是社会的需要，也是国家综合统计体系中不可缺少的基础和支柱，更是行业及企业持续健康发展的需要。

为了做好冷弯型钢行业的统计工作，冷弯型钢分会第六届理事会十分重视，从2011年开始，协会通过深入研究，并多次与中国钢铁工业协会沟通，于2012年5月，正式成立了冷弯型钢分会统计工作委员会，专门负责组织冷弯型钢行业统计工作。经多次协商，由中国钢铁工业协会信息统计部授权，接纳冷弯型钢分会统计信息进入中国钢铁工业信息统计系统，上报国家统计局，从而将我国冷弯行业纳入国家和政府的统计层面，为今后冷弯型钢行业的全面发展和推广应用迈出了重要的一步。目前，2012年、2013年、2014年参加重点冷弯型钢产量统计的会员企业有40多家，尽管开始参加统计的企业数量不大，但其每月、每季度、每年的产能和产量从总体上能够显示出中国冷弯型钢行业发展的总趋势，从发展趋势看，参加企业数量增加，统计工作将进一步稳步推进。

4. 推进冷弯行业资质体系建设，规范行业发展

资质体系的建设，是一个行业规范发展的重要标志之一。近年来，随着冷弯行业的快速发展，企业竞争日益加剧，为了适应新形势，规范行业发展，冷弯型钢分会第六届理事会将推进冷弯行业资质体系建设作为重要任务之一。冷弯型钢行业资质体系建设包括：企业资质、产品许可证资质、合格设备供应商资质等。为了做好这项工作，协会专门制定了《中国冷弯型钢生产企业资质等级》（试行）、《中国冷弯型钢生产企业资质等级管理办法》和《中国冷弯型钢生产企业资质标准》等制度和管理办法。

从 2014 年开始，经过一年多的工作，中国冷弯型钢行业首批次生产企业资质评审结果已于 2015 年 1 月 10 日正式对外公布，武汉钢铁江北集团冷弯型钢有限公司等 15 家企业获得中国冷弯型钢生产企业资质。这是我国冷弯型钢行业首次进行的企业资质评定工作。在评审过程中，参评企业重视、配合；评审专家组严格要求，过程透明，评审结果得到了受评企业和社会的一致认可。

此次生产企业资质评定是中国冷弯型钢行业资质体系建设步伐的开始，冷弯型钢分会将总结经验，以资质体系建设为平台和抓手，将行业自律和全面风险管理融入冷弯行业资质体系管理工作中，促进“资质体系建设—评估行业发展风险—预防行业发展隐患—提升行业健康发展能力”的闭环控制，使我国冷弯型钢行业保持整体平稳发展。

但是，与其他行业先进的资质体系相比还存在一定的差距。冷弯型钢分会将一如既往，在上级领导部门的支持下，不断夯实工作基础，全面深化行业资质体系建设，持续构建具有冷弯型钢行业特色的资质管理长效机制，对冷弯型钢行业的持续、健康发展起到积极的推动作用。

5. 积极促进行业科技创新、产品开发与应用

冷弯型钢分会为了做到对冷弯型钢的生产、技术、产品开发与应用情况心中有数，把调查研究当成重要工作来抓。30 年来，冷弯型钢分会配合有关部门，多次组织力量，对全国各行业生产建设需要的冷弯型钢，展开了点面结合的调查研究工作。仅大的调研活动就进行了七八次。

特别是近 5 年来，根据国家工业与信息化部在 2011 年启动推进的钢铁工业与下游产业合作计划，要求加强行业之间、专业之间的横向联系，尤其是对国民经济有重要影响的一些行业，如钢铁与建筑、钢铁与汽车、钢铁与家电、有色金属与 IT 等行业的联系与合作。如何加强冷弯型钢、用户及配套企业间的相互合作与交流，促进本行业企业继续保持稳定、快速发展，中国钢结构协会冷弯型钢分会特将“全面推进冷弯型钢与用户之间的横向与纵向合作”作为协会工作重点之一，为会员服务，为行业服务。近 5 年来，冷弯型钢分会先后与建筑、汽车、轨道交通等行业联合，多次召开了冷弯型钢在这些行业领域应用的高峰论坛、创新技术和市场开发研讨会。

在装备技术方面，为满足用户更高的需求，协会协助企业引进国外先进技术和装备，改造创新国内的装备技术，从而使产品质量有了很大提高，产量有了很大增长。在产品应用和推广方面，特别是在金属波纹管、车厢钢结构、高速护栏板、汽车、货架、电力塔桅、水利钢板桩、农用大棚、耐大气腐蚀用钢、地铁车厢的应用等方面，协会帮

助企业做了大量的工作，进一步开拓了冷弯型钢的应用市场。

6. 加强技术培训，提高行业从业人员技术水平

长期以来，冷弯型钢分会将冷弯型钢行业的技术进步，一直作为重点工作来抓。为了着实提高行业企业从业人员的技术水平，冷弯型钢分会积极开展行业继续工程教育培训工作。根据我国冷弯型钢（含焊管、压型板、异型材等）行业人才匮乏的现状，冷弯型钢分会组织冷弯型钢行业研发、设计、技术、生产、销售、管理、设备维护及设备制造专业人员等进行有针对性的培训，并配备行业知名专家系统讲授目前冷弯成型领域最新知识，培养企业所急需的冷弯成型专业生产技术人员；为有一定经验的专业设计人员更新和总结设计知识；结合企业需求，理论联系实际，协助解决冷弯成型关键技术问题等。

近5年来，协会相继组织了冷弯型钢行业继续工程教育初级培训班和中级培训班，并编印了试用教材，学员结业颁发结业证书，对此企业十分欢迎，积极派员参加，培训效果明显。

另外，协会不定期组织技术讨论会、生产管理经验交流会、经济活动分析会、提高产品质量研讨会、新产品开发应用推广会等经济技术交流活动，为企业开发新产品、技术改造、增加效益提供帮助。

7. 加强对外交流与国际合作

冷弯型钢在国外已有100多年的发展历史，为了学习先进和缩小与发达国家和地区的技术、管理差距，冷弯型钢分会多年来一直与国外先进同行组织保持联系，并多次组织冷弯型钢分会会员企业赴美国、欧洲、俄罗斯、韩国、日本等国家和地区冷弯型钢企业、研究机构、有关大学，进行学习、交流和考察，进一步开拓了会员企业的视野，对帮助企业打入国际市场，对冷弯型钢行业的对外交流和发展起到了引导、协调和带动作用。

近三年来，冷弯型钢分会对外交流更加频繁和活跃。

2013年1月，韩静涛理事长在北京会见了欧洲冷弯型钢协会主席、德国Tillmann冷弯型钢公司董事长Melanie Brüss先生，双方就中国冷弯型钢协会和欧洲冷弯型钢协会开展全面合作与交流事宜进行了会谈，并就《中欧双边冷弯型钢协会合作备忘录》的主要条款初步达成一致意见。

2013年9月，中国冷弯型钢行业代表团就冷弯型钢产品开发及新技术应用、冷弯型钢制造装备等赴欧洲进行考察。

2014年8月，冷弯型钢协会组织的考察代表团赴北美进行金属波纹钢板管涵的生产及应用技术交流与考察。

2014年9月，冷弯型钢协会组织的考察代表团赴韩国进行金属波纹钢板管涵的生产及应用技术交流与考察。

2014年10月，冷弯型钢协会组织的考察代表团赴西欧诸国进行了先进冷弯成型生产及应用技术交流与考察。

2015年7月，冷弯型钢协会组团参加在日本召开的“2015年国际管材会议”。

8. 大力宣传，扩大行业影响

为了使国内更多的用户认识冷弯型钢，使用冷弯型钢，多年来，冷弯型钢分会在各

会员单位的配合支持下，采取多种形式，在冷弯型钢生产工艺、技术装备、产品特点、应用典型取得的经济效益等方面，做了大量的宣传工作。

首先是利用各种刊物进行宣传。协会曾编辑出版了《冷弯型钢通讯》、《冷弯型钢产品目录》、《冷弯型钢生产及应用》、《用户行业调查报告》、《冷弯型钢论文集》等。作为一个规范化运作的全国性行业，会刊是一个行业重要的宣传平台和窗口，是行业对外宣传的载体之一。因此，分会第六届理事会相当重视宣传作用，并根据新时期形势发展的需要，经过2年的筹划，从2012年开始，组织编辑出版协会会刊——《冷弯型钢》杂志（季刊，每年4期），目前，已出版13期，取得了良好的宣传效果。另外，协会还利用网络宣传平台建立了“中国冷弯型钢网”、“中国冷弯”微信等，这些手段的应用，极大地提高了其他应用领域对冷弯型钢行业的认知度。

总之，在30年的发展历程中，中国钢结构协会冷弯型钢分会在行业全体会员单位的积极努力和各方面的支持下，取得了一些成绩和进步。今后协会理事会及其工作人员仍将继续竭诚努力，坚持为企业服务、为行业服务、为政府服务、为社会服务的宗旨，坚持依靠企业办协会的工作方针，坚持市场导向，积极提供服务、反映诉求，规范运作，建立和完善行业协调和自律机制，维护行业整体利益和会员的合法权益。充分发挥政府参谋助手作用，发挥在政府与企业之间的桥梁纽带作用，开展国际合作与交流，推动我国冷弯行业持续、稳定、健康发展。

二、中国冷弯型钢行业发展概况

（一）中国冷弯型钢行业发展总体情况

冷弯型钢属于高效的钢材深加工产品，是一种绿色、环保的钢铁材料，在国家产业政策中，是属于鼓励发展的钢材深加工产业，在钢铁生产的产业链中，占有重要地位。冷弯型钢产品主要应用于钢结构、汽车制造、集装箱、铁道车辆、公路建设、钢模板与脚手架、桥梁、电器柜、悬挂输送机、电缆桥架、货架、电梯导轨、龙骨钢、蔬菜大棚、农业机械、谷物仓储、家具及防火设备等方面，涉及国民经济95个行业的许多领域。

大力发展冷弯型钢事业，是国民经济发展的需要，也是技术进步的体现。世界上对冷弯型钢的研制生产已有上百年的历史，一些工业发达国家冷弯型钢产量已占钢材产量的7%～8%，品种规格3万多种。

我国的冷弯型钢的发展比较晚，中间几经起伏，迄今仅有30多年的发展历史。据不完全统计，目前，我国共有12000多家各类冷弯型钢生产企业，冷弯型钢产量由600多万吨发展到现今包括焊管、压型板、异型材等约1.5亿吨，品种6000多种，钢种已从单一的普碳钢向不锈钢、高强钢、耐火钢、耐候钢、复合钢发展。

特别是近十年来，我国冷弯型钢产量以近30%的年均速度增长。近五年来，随着国家产业政策的变化，冷弯行业进入产业升级和结构调整阶段，普通圆焊管的低端产品如水煤气管的生产增速减缓，但方矩形钢管、钢板桩、波纹钢管等增速持续上升，高端冷弯型钢产品，如高强钢、轻量化汽车冷弯型钢产品、电梯型材、电控柜型材等发展迅速。

我国冷弯型钢生产企业主要集中分布在长三角、珠三角和南环渤海地区，中西部地区冷弯型钢生产企业的建设近五年来发展迅速。目前，冷弯型钢行业已经发展成为产值近万亿元，从业人员数百万人的国民经济重要产业。我国的冷弯型钢产品主要为三大类：焊管、压型板、异型材，规模以上焊管生产企业在500家左右，产量为8100多万吨；压型板产量目前尚无准确统计，根据对钢铁行业和用户行业在镀锌、彩涂、集装箱与安防门产品产能统计及流向推断，压型板的产量在4300万吨左右，异型材产量在2700万吨左右。另外，还有大量小型、精密型冷弯型钢产品未在统计范围之内。

冷弯型钢行业的统计工作从2012年开始正式纳入冶金工业统计体系，可以说是刚刚起步。因冷弯型钢行业产业集中度比较低，目前，进入统计的仅仅是其中很小一部分企业，但其产量显示了行业发展的总体趋势。

在重点统计冷弯型钢生产企业中，东北地区3家，地区占比7.5%，华北地区11家，地区占比27.5%，华东地区20家，地区占比50%，华南地区4家，地区占比10%，华中地区1家，地区占比2.5%，西南地区1家，地区占比2.5%。

其中，2012年全年冷弯型钢产量居前10位的是：天津市源泰工贸有限公司、天津市保利成工贸有限公司、泰安科诺型钢股份有限公司、上海佳艺冷弯型钢厂、上海宝钢型钢有限公司、武钢集团汉口轧钢厂、唐山市丰南顺捷冷弯型钢有限公司、江苏玉龙钢管股份有限公司、山东御鼎冷弯型钢有限公司、江苏国强镀锌实业有限公司。排名居前的10家企业共生产冷弯型钢2444241.99t，占重点统计单位生产总量的80.7%。

2013年，据不完全统计，我国冷弯型钢（包括焊管、压型板、异型材）总产能约1.1亿吨，产量约1亿吨，其中仅焊管2013年产能达5500多万吨，各种规格的焊管占到总产量的70%；根据国内钢铁行业对镀锌板、彩涂板等的产能及流向推断，彩钢的产量在4000万吨左右，异型材在2200万吨左右。1～12月，参加中国冷弯型钢行业主要产品产量统计的重点统计冷弯型钢生产企业，共生产冷弯型钢3595455.6t，比2012年同期增加324892.24t，增加9.93%；其中生产闭口冷弯型钢3166359.86t、开口冷弯型钢369001.06t、宽幅冷弯型钢60094.68t。

在重点统计冷弯型钢生产企业中，东北地区4家，地区占比11.1%，产量48531t，占全部的1.35%；华北地区10家，地区占比27.8%，产量1711252.4t，占全部的47.6%；华东地区18家，地区占比47.2%，产量1594674.59t，占全部的44.35%。华南地区3家，地区占比8.3%，产量40795t，占全部的1.13%；华中地区1家，地区占比2.8%，产量199786.58t，占全部的5.56%；西南地区1家，地区占比2.8%，产量416.03t，占全部的0.01%。

2013年，全年冷弯型钢产量居前10位的企业是：邯郸正大制管集团有限公司、泰安科诺型钢股份有限公司、天津市保利成工贸有限公司、上海佳艺冷弯型钢厂、天津市源泰工贸有限公司、江苏顺力冷弯型钢实业有限公司、上海宝钢型钢有限公司、武钢集团汉口轧钢厂、唐山市丰南顺捷冷弯型钢有限公司、江苏玉龙钢管股份有限公司。排名居前的10家企业共生产冷弯型钢2874197.9t，占重点统计单位生产总量的79.94%。

2014年，据不完全统计，我国冷弯型钢（包括焊管、压型板、异型材）总产能约1.2亿吨，产量约1.1亿吨，其中仅焊管2014年产能达6000多万吨，各种规格的焊管占到总产量的 70%；根据国内钢铁行业对镀锌板、彩涂板等的产能及流向推断彩钢的产量在 4500 万吨左右，异型材在 2500 万吨左右。1～12 月，参加中国冷弯型钢行业主要产品产量统计的重点统计冷弯型钢生产企业，共生产冷弯型钢 2952779.6t，比 2013 年同期减少 642676t，减少 17.87%；其中生产闭口冷弯型钢 2523572t、开口冷弯型钢 196805.2t、宽幅冷弯型钢 40236.55t；其他 192165.85t。

在重点统计冷弯型钢生产企业中，东北地区 4 家，地区占比 11.1%，产量 46028t，占全部的 1.76%；华北地区 10 家，地区占比 27.8%，产量 1403254.02t，占全部的 47.52%；华东地区 18 家，地区占比 47.2%，产量 1241701.3t，占全部的 42.05%；华南地区 3 家，地区占比 8.3%，产量 34571.11t，占全部的 1.17%；华中地区 1 家，地区占比 2.8%，产量 197664.17t，占全部的 6.69%；西南地区 1 家，地区占比 2.8%，产量 29561t，占全部的 1%。

2014 年，冷弯型钢产量居前 10 位的是：邯郸正大制管集团有限公司、泰安科诺型钢股份有限公司、天津市保利成工贸有限公司、天津市源泰工贸有限公司、上海佳型钢有限公司、江苏顺力冷弯型钢实业有限公司、上海宝钢型钢有限公司、武汉钢铁江北集团冷弯型钢有限公司、唐山市丰南顺捷冷弯型钢有限公司、江苏玉龙钢管股份有限公司。排名居前 10 家企业共生产冷弯型钢 1718200.5t，占重点统计单位生产总量的 80%。

（二）中国冷弯型钢行业发展现状

随着冷弯型钢下游产业的增长和新应用领域的不断开发，以及冷弯型钢对传统钢材替代程度的不断增加，冷弯型钢需求出现快速增长，这为冷弯型钢行业实现由发展到壮大奠定了基础，总体上看，目前我国冷弯型钢行业的发展现状如下。

1. 产量稳步增长，满足了国民经济建设发展的需要

目前，我国冷弯型钢生产能力达到每年约 1.5 亿吨（包括焊管、压型板、异型材等），产品品种达 6000 多种，主要产品有卷边或非卷边 C 型、Z 型钢和角钢、闭口方矩形管和圆管、异型复杂断面型钢、空腹龙骨钢、多种波形、幅宽的压型钢板以及带孔型钢等，最大圆形焊管管径可达 ϕ660mm，最大方管断面已达 900mm × 900mm × 50mm；钢种已从单一的普碳钢向高强、耐火、耐候发展。产品主要用于公路建设、钢结构、汽车制造、集装箱、铁道车辆、钢模板与脚手架、桥梁、电器柜、悬挂输送机、电缆桥架、货架、电梯导轨、龙骨钢、蔬菜大棚、农业机械、谷物仓储、家具及防火设备等方面，成为国民经济中的重要产业门类之一。

2. 主要工艺技术装备水平已进入世界先进行列，为实现冷弯行业快速发展奠定了坚实基础

目前，我国冷弯成型机组普遍采用了排辊式，最先进的空弯成型 FFX 大型机组已在我国建成。新建轧机普遍采用固态高频焊接，大型断面切割已开始采用双刀片铣切锯工艺。我国冷弯型钢行业以崭新的面貌走出了自己的发展之路。近年来，我国最大的方矩管规格已由 300mm × 300mm、400mm × 400mm 发展到 450mm × 450mm，最高达到 500mm × 500mm，圆管规格最终达到 ϕ660mm。上述机组大部分均为“十一五”期间建成，这些机组的建成大大提高了我国冷弯型钢机组的整体技术装备水平。目前，武钢集团汉口

轧钢厂、上海宝钢型钢有限公司、山东泰安科诺型钢股份有限公司、上海佳艺冷弯型钢厂、衡水益通金属制品有限公司等已逐渐成为我国大型冷弯型钢企业中的主力军；沈阳东洋异型管有限公司、凌云工业股份有限公司、敏实集团有限公司等已成为我国精密冷弯型钢产品的代表性企业；南京中轻机械设备制造有限责任公司、厦门正黎明冶金机械有限公司等已成为我国冷弯型钢装备制造的主要代表性企业。这些企业的不断壮大代表着我国冷弯型钢行业的发展水平。

（三）中国冷弯型钢行业目前存在的主要问题

1. 市场开发不够，产品应用领域开发力度不大

目前，我国冷弯型钢生产企业产品开发和市场开拓力度不大，一些有潜力的应用领域还未被开发出来，如钢结构、地下管网、钢板桩、输电铁塔等领域。

2. 品种与质量有待进一步开发与提高

我国冷弯型钢产品的品种还不够齐全，不能完全满足市场需要。在产品质量方面，一些要求高强度、高伸长率及综合性能优异的产品有待进一步研究与开发，以满足不同市场的特殊需求。

3. 标准与规范不完善

冷弯型钢在我国应用领域很多，但产品标准、规范很不完善，这极大地制约了冷弯型钢产品的生产和推广应用。如《冷弯薄壁型钢结构技术规范》（厚度不超过6mm），对于厚度大于6mm的没有相应的设计规范，工程设计中不便于选型。

4. 产品同质化严重，低价和恶性竞争严重

目前，我国冷弯型钢市场产品同质化严重，市场竞争多、合作少，产品“同质化”价格竞争激烈，这严重地制约了冷弯型钢行业的健康发展。

5. 技术装备水平亟待提高

我国冷弯技术设备水平与国外相比还有很大差距。许多是20世纪80年代引进，90年代消化吸收，虽然促进了我国冷弯型钢（包括焊管）制造业的技术进步，但与现在的技术装备水平相比，还有一定差距。另外，我国设备制造企业具有自主知识产权的技术装备少。因此，尽快提高我国冷弯技术装备水平是大势所趋。

6. 基础研究、工艺研究相对薄弱，自主创新能力不强

我国冷弯型钢行业虽然在工艺技术、产品开发上已取得很大成就，但应该看到，目前我国技术创新主要还处在吸收、模仿和集成阶段，原始创新、自主创新的东西还很少。对基础研究、工艺研究重视不够，且研究滞后，国产冷弯型钢设备简单，技术装备落后（如成型机、高频焊接设备、焊缝在线热处理，产品锯切锯断设备等），一次性投资小，机组装备不配套。现有的生产装备难以生产高品质和有特殊要求的产品。

（四）中国冷弯型钢行业针对问题应采取的主要措施

鉴于以上问题，我国冷弯型钢行业应积极做好以下几方面工作。

1. 进一步开拓冷弯型钢市场，加大冷弯型钢行业宣传力度及产品应用推广

冷弯型钢是一种经济断面型材，其本身具有断面均匀、产品质量高、能源消耗低和经济效益高等优势。在中国应用却处于起步阶段，应用行业对冷弯型钢的性能特点不了解，认知度不够，在设计思维中没有考虑冷弯型钢优势的意识，还是延续原先的设计材

料、标准、规范进行设计，将具有优势的冷弯型钢“冷落在圈外”。因此我们要加大冷弯型钢特性的宣传力度，与设计院、应用单位进行交流沟通，通过冷弯型钢试验研究的实物品质、数据实例、标准规范、工程案例向应用单位介绍冷弯型钢的性能特点，由感知到认知到设计应用。同时加强协会网站、杂志等核心媒体建设，做好宣传平台，扩大宣传范围，把冷弯型钢的优势展现给各应用领域，使网络、杂志等核心媒体成为冷弯型钢生产、应用单位交流的重要平台和窗口，促进行业全面健康发展。

采用优质板坯轧制，中心偏析很小，各类夹杂量极低，钢板无疏松和内裂，具有优良的焊接、加工等综合性能，表面质量和板形好。高强钢的应用将降低固定结构的总体用钢量，实现结构轻量化，具有极强的市场竞争优势。

2. 完善冷弯型钢生产标准与应用规范的编制与制定

伴随着我国冷弯型钢工业的飞速发展，我国冷弯型钢标准化工作也取得了长足的进步，部分产品标准水平已达到世界先进水平。但是，从实际市场需求看，标准化工作还有大量艰苦细致的工作要做。因为冷弯型钢在国内很多领域的应用尚处于起步阶段，有关的设计规范和标准还不够完善和全面。现有的冷弯方矩形管生产线工艺和设备相对较落后，产品质量处于较低档次，尽快修订、编制、完善、健全具有针对性的产品标准、应用设计标准、应用规范，在行业内切实重视冷弯型钢的设计水平，提升产品质量档次，扩大中国冷弯型钢应用范围。努力与国际冷弯型钢标准、规范接轨，让中国冷弯型钢产品进入到国际市场中去。

3. 建立完备完善的行业自律制度

我国冷弯型钢市场的潜力很大，前景广阔，冷弯型钢企业应重点放在开发高新技术、高质量、高附加值的新型冷弯型钢以及冷弯生产领域工艺技术的研究，新技术装备的开发、研制或引进、消化工作，切不可一哄而上，搞低水平的重复建设，制定冷弯型钢行业企业资质标准，按行业协会分会制定的资质标准给予批准或不批准，从而减少低水平恶性竞争和产能空置，提高行业效能水平，引导企业健康有序发展。

4. 调整产品结构、加快产品升级

重点突出产业在国民经济建设的成长性，产量、产值比重在行业中地位突出的钢结构、汽车工业、工程机械制造、地下管网（包括新能源汽车、航空航天、海洋工程钢结构等）的潜在市场和自主创新技术发展，使我国冷弯型产业在国内外占有重要地位，真正成为战略型新兴产业。研究开发高强高性能冷弯型钢，通过达到冷弯型钢的高强高效，实现轻量化、减量化用钢。

5. 加强企业与科技院所的合作交流，提高技术创新能力

冷弯成型技术朝着能耗低、精度高、自动化程度高、辊耗低、换辊容易、非生产占用时间少的方向发展。例如：冷弯型钢用原材料的强度越来越高，给产品的成型和焊接带来了挑战，需解决焊接易错位、塌陷、沙眼，产品尺寸、平面度易超标和产品表面易划伤等问题，总结出一套行之有效的高强度冷弯型钢生产工艺，引导冷弯型钢行业科技进步和科技创新，带动冷弯行业产品与产业升级。针对制约冷弯型钢行业支柱产业提升和亟待攻关的技术难题，以企业为主体，以攻关项目为载体，遵循“平等、互利、双赢”的原则，采取“请进来，走出去”相结合，引进技术，引进人才相结合，引进技术

与消化吸收创新相结合的办法，通过多种形式和渠道，做好企业与科技院校、科研机构、国外同行的联盟、交流、对接，组建行业科研平台，在利用高新技术提升支柱、传统产业上下功夫，不断提升企业的经济效益。同时也要组织国内外冷弯型钢技术交流，新产品联合攻关，工程试点推广等工作。

6. 加大对冷弯型钢行业后备人才的培养

产学研合作的开展离不开高质量人才的注入，企业与科技院校联合培养发展冷弯型钢行业领域的技术型人才、骨干，加强对企业技术人员进行技术知识更新再教育，解决知识老化问题，提高企业的技术创新能力。

7. 加强与国内外同行的交流与合作，建立行业内技术共享机制

中国冷弯型钢行业的快速发展，在一定程度上加剧了企业之间的竞争；而竞争的直接后果，一是促进了行业的发展，二是加速了落后企业的退出步伐，为行业的资源重组提供了便利条件。多年的发展、竞争使很多实力相当的企业认识到，竞争不如竞和，闭塞信息不如加强交流共享，国内企业必须联合起来，共同参与世界大市场的竞争。

三、中国冷弯型钢行业发展的国家相关政策

冷弯型钢属于高效的钢材深加工产品，是一种绿色、环保的钢铁材料，在国家产业政策中，是属于鼓励发展的钢材深加工产业。

目前，冷弯型钢行业尚无具体法规，只存在技术标准，但是钢铁行业和钢结构领域的相关产业政策会直接影响到冷弯型钢行业的发展。

首先是钢铁行业，2015 年 3 月 20 日，工业和信息化部公开征求《钢铁产业调整政策（2015 年修订）（征求意见稿）》的意见，将取代 2005 年发布的《钢铁产业发展政策》，成为未来 10 年中国钢铁产业的规划蓝图。根据修订的《钢铁产业调整政策》要求，结构调整是今后 10 年我国钢铁产业的发展主线，要重视产品结构、布局结构、技术结构和组织结构调整对我国钢铁工业发展的引领作用。届时，环境保护、资源综合利用、供应装备都将成为行业准入的硬性门槛。

从 2015 年 1 月 1 日起实施新的《环境保护法》后，钢材生产企业超标排放等环境违法行为将受到“按日计罚、上不封顶”、“治安拘留、刑事责任”等处罚。

其次是钢结构领域，积极发展钢结构体系，开发钢结构制造和安装施工新技术，使钢结构作为绿色环保产品得到公认和发展。《建筑钢结构行业发展“十二五”规划》指出，“十二五”期间，我国逐步实现建筑钢结构用材占到全国钢材总产量的 10% 左右，钢结构住宅建设占到房屋总建筑面积 15% 左右。不过从实际情况看，钢结构的占比仍然远未达到预定目标。

钢铁工业“十二五”规划明确指出：要加强钢铁产业链延伸和协同，转变服务理念、增强服务意识，建立钢铁企业与下游用户战略合作机制，发展钢材深加工；要进一步提高国际化水平，在钢材产品深加工领域投资设立企业和研发中心，提升我国钢铁企业的创新能力和管理水平。

工信部组织的“钢铁工业转型发展行动计划（2015 ~ 2017 年）”提出，要着力发展智能制造，打造智能工厂，满足客户多品种小批量的个性化、柔性化产品定制需求；发

挥大数据优势，积极发展电子商务，以大数据为基础，提升企业生产经营、研发创新和全产业链战略合作水平。这为冷弯型钢的发展指明了一个方向。

冷弯型钢行业是一种节能、环保的环境友好型产业，符合国家长期发展的钢铁产业政策。在我国钢结构住宅还不足 1%，远远低于日本、美国、法国等国家 40% 的比例。冷弯型钢行业的健康发展，能够有效地消化过剩钢铁产能，帮助上游钢铁企业升级转型、延伸产业链，冷弯行业还存在国家产业政策的直接鼓励和扶持的预期。

四、冷弯成型理论与技术发展概况

（一）冷弯成型理论

对于冷弯成型理论，国内外学者在探索成型理论领域做了大量的工作，也取得了很大的成就，并且已经清楚了简单断面型钢的成型机理。对辊弯成型最初的研究方法主要以简单解析法为主，其基本思想是单独计算板带在成型中的横向弯曲变形和纵向弯曲变形。简单解析法无法合理地求解带材三维变形问题，随着计算技术的发展，逐渐为其他方法所代替。目前对辊弯成型的主要分析方法有 3 种：半解析法、有限条法和有限元法。

1. 半解析法

半解析法的中心思想是将板带在相邻两个轧辊间的变形构形预先以含有待定参数的某种函数来描述，通过使板材在轧辊间的变形能或塑性功达到最小值，反求出板形函数中的选定参数，进而计算板材的变形以及应力、应变分布。

例如，东京大学木内学在利用半解析法分析辊弯成型方面做了开拓性的工作，基于能量最小原理提出了分析两两机架之间板材变形的方法。在该方法中，首先利用一个含有待定系数的三角函数构造出带材变形后的曲面，然后根据能量最小原理反求出待定系数，再根据得到的变形构形计算板带的应变和应力。G. Neffusi 等以用参数方程表示的孔斯曲面片来描述轧辊间板材的构形并由此定义速度场，同时假定板材为刚塑性材料，得到板材的塑性功率，通过对塑性功率取极小值确定孔斯曲面片的待定参数。

2. 有限条法

有限条法是一种特殊形式的有限元法。它不像标准有限元法那样沿各个方向均采用多项式位移函数，而是在某些方向采用简单多项式，沿其他方向则为连续光滑的可微级数，并规定此级数预先满足给定的端部边界条件。

例如：燕山大学轧机研究所的刘才、周瑛等采用 B3 样条函数代替连续级数，并将该方法拓展到弹塑性大变形范围，对焊管辊弯成型进行了模拟。张乐乐、刘才等采用基于更新拉格朗日法的弹塑性大变形样条有限条法，结合流动模型，分析并模拟了普通槽钢成型过程中变形带材的位移场、应变场和应力场。西安建筑科技大学的谢文智等从三个经典假设出发，采用加权残值法分析均匀受压冷弯薄壁槽形截面柱的局部相关屈曲问题。

3. 有限元法

有限元法在早期是以变分原理为基础发展起来的。在科学计算领域，常常需要求解各类微分方程，而许多微分方程的解析解一般很难得到，使用有限元法将微分方程离散化后，可以编制程序，使用计算机辅助求解。随着计算机技术的普及发展，有限元方法成为科学领域一种高效能、常用的数值计算方法。

例如：R. S. Senanayake 等设计了 U 形件辊弯成型的轧辊花型与数目后，利用 MSC-Marc 对板带进入轧辊前的边缘应变进行了计算以分析失稳问题。M. Brunet 等采用基于平面应变壳单元的二维弹塑性有限元方法计算板材在轧辊处的截面弯曲变形，然后以计算后得到的轧辊处的板带截面形状作为三维有限元分析的边界条件，计算两个轧辊之间的板形以及应变分布。岳崇锋等采用非线性有限元对 Q450 高强钢冷弯成型过程的板材应力、应变规律进行分析，模拟结果中回弹角随着成型角增加时的变化规律与实测结果一致。

（二）冷弯成型技术发展趋势

随着各个行业的快速进步，对冷弯型钢的要求也越来越高，不再满足于使用粗糙的冷弯型钢，而需要更加精密的冷弯型钢，不需要二次加工直接投入使用；不再满足于简单断面的冷弯型钢产品，而对复杂的断面需求更多；对冷弯型钢的力学性能要求更高。这就要求冷弯型钢的生产技术必须持续发展才能适应市场的需求，因此，冷弯成型生产过程需要采用新的技术和方法。

1. 局部加热

局部加热技术是将冷弯成型过程中受力最大，金属变形最剧烈的变形区域加热到指定温度，从而降低材料的强度，提高金属的塑性。适用于强度比较高、伸长率低的高强度钢的成型，同时能够得到弯曲半径较小的型钢产品。典型的例子是瑞典学者 LindgrenM 设计的旋转式局部加热装置。

其特点是以比较经济的方法加热冷弯成型中厚板料的变形区域，降低了因板材强度对冷弯成型设备的要求，提高了板材的塑性，使冷弯型钢产品的截面形状更加多样。

2. 热辊压冷弯成型技术

热辊压冷弯成型技术是指将冷弯成型和淬火工艺集成在同一工序的成型技术，即将板带材原料在进入到轧辊之前加热到奥氏体状态，经过轧辊冷弯成型以后，直接淬火处理得到均匀马氏体组织。

其特点是：提高了生产效率；被加工产品的长度可以不受限制，成材率非常高，节省了材料，从而降低了成本。此项技术具有很大的优势，高强度钢的冷弯成型技术将广泛应用于汽车冷弯型钢件的生产，在汽车行业掀起新的革命。

3. 变截面的柔性冷弯成型技术

近年来，冷弯型钢产品应用于汽车行业越来越多，只是等截面型钢已不能满足汽车行业对型钢产品的需求，人们越来越关注变截面冷弯成型技术及变截面型钢的适用性，因此柔性冷弯成型技术应运而生了。

柔性冷弯成型技术是近年来发展迅速的一门尖端技术。它解决了冷弯型钢产品纵向截面单一的问题。在变截面冷弯成型生产线中，每个机架都是独立的单元，分别由不同的电机驱动，通过计算机控制电机驱动轧辊纵向移动或者横向移动，通过改变轧辊的移动来实现型钢的截面变化。其生产出的冷弯型钢在纵向的宽度是不断变化的型钢。这种纵向变截面冷弯型钢的受力比较合理，截面模数高，同时节约了型材，降低了成本。

随着冷弯成型使用的原材料生产技术的发展，钢铁企业已经能够提供横向和纵向变截面的钢板，其直接冷弯成型是一个技术发展方向。

4. 高强钢板的冷弯成型技术

常规带钢生产流程已经能够批量生产1400MPa热轧带钢和1500MPa的冷轧带钢，并已经应用到汽车的防撞梁上。目前这种高强度的钢板的冷弯成型还缺少系统的变形理论，需要产、学、研联合开发，拓展其在冷弯型钢领域的应用。

5. 冷弯型钢的在线热处理技术

在线热处理可以使冷弯成型后的钢材改变内应力状态或者改变金相组织，进而改变冷弯型钢的局部或者整体力学性能。现在常用的是焊缝退火技术，对于高强、厚壁、高合金的冷弯型钢，需要发展的是变形区加工硬化后的去应力回火、退火、冷弯型钢整体正火、淬火、调质处理等相关技术。

6. 不锈钢冷弯成型

随着目前铬、镍合金价格的降低和含锰氮低成本不锈钢的开发，适合做结构的不锈钢的价格也逐渐降低，用这种不锈钢生产的冷弯型钢，与经过表面防腐处理的冷弯型钢相比，就具有了明显的优势，在结构领域具有明显的优势。需要发展的是耐氯离子腐蚀、耐硫化氢腐蚀、耐二氧化碳腐蚀的冷弯不锈钢产品。

7. 冷弯型钢专用钢的开发

在这个方面，日本冷弯型钢使用的专用钢材标准已经相对规范，我国需要尽快制定冷弯专用钢材标准，在化学成分、金相组织、力学性能、尺寸公差等方面实现精确控制，以满足对高附加值冷弯型钢的要求。

冷弯型钢行业部分企业标志性工程概览

30年来，中国钢结构协会冷弯型钢分会会员企业承担或参与了许多重大工程和项目，现摘取部分企业提供的有关典型工程实例，以彩图形式做以汇总，具体彩图见书后冷弯型钢行业部分企业标志性工程概览。

第3篇

冷弯型钢行业企业风采

LENGWAN XINGGANG HANGYE QIYE FENGCAI

武汉钢铁江北集团冷弯型钢有限公司

一、企业简介

武汉钢铁江北集团冷弯型钢有限公司是武钢集团下属的全资子公司，是一家冷弯型钢专业生产厂。目前是中国钢结构协会冷弯型钢分会副理事长单位。公司从20世纪80年代开始从事冷弯型钢研发生产，至今已有30多年的历史。拥有从奥钢联引进的P/R1100mm×12.7mm等多套冷弯型钢生产机组和从德国西马克－梅尔公司引进的HFW660 API管生产线。技术装备水平处于全国领先地位。年生产能力71万吨。现有高、中级专业技术人员200多名，具有较强的技术开发能力，是冷弯型钢国家标准起草单位之一。产品质量管理通过了ISO9001国际标准体系认证和欧盟CE认证。多个冷弯型钢产品拥有国家专利。是中国冷弯型钢行业研发中心。曾获国际认证联盟（IQNet）质量管理体系的最高荣誉——管理卓越奖和中国钢铁协会冶金产品实物质量“金杯奖”。

公司冷弯型钢产品广泛应用于建筑、机械、煤矿、化工、石油天然气输送管道、矿浆管线、铁道车辆、汽车制造、公路、桥梁、集装箱、港口码头、船坞、围堰等行业。先后为澳门回归交接大厅、武汉白沙洲长江大桥、西气东输二线轮南—吐鲁番支干线等重点工程提供了大量的优质冷弯型钢。产品行销全国各地，并销往东南亚、欧美、非洲等地区。公司开发的耐火耐候冷弯型钢、尖角厚壁冷弯方矩管、变截面槽钢、厚壁冷弯钢板桩、高强冷弯型钢均为国内首创，填补了国内产品的空白。高强冷弯型钢产品助力汽车行业车辆制造轻量化及电动汽车发展。高耐侯、耐腐蚀冷弯型钢助力铁道车辆升级换代。国家发明专利产品“建机用尖角冷弯型钢”助力建筑机械用户减少加工工序，降低成本。

精细管理、持续改进，不断开发新技术、新工艺，满足市场需求，是公司的经营理念。公司成功研发专利数十项，具有国际先进水平科技成果1项，国内领先水平科技成果2项，制定国家和行业标准5项，形成了一批具有自主知识产权的核心技术和冷弯型钢产品。

重点工程及产品应用：

（1）机场：香港机场、北京首都机场、深圳国际机场、重庆江北机场、西安咸阳机场、成都双流机场、武汉天河机场等。

（2）车站码头：广州火车东站、武汉轻轨车站、杭州火车站、武汉火车站、成都火车站、深圳火车站、新加坡集装箱码头、澳门凼仔码头等。

（3）桥梁：珠港澳大桥、杭州湾跨海大桥、武汉鹦鹉洲长江大桥、西藏大峡谷观光桥、广东虎门大桥等。

（4）场馆：香港国际会展中心、广州国际会展中心、武汉国际博览中心、上海残疾人体育艺术中心、澳门回归交接大厅、西安国际商贸会展中心等。

（5）石油天然气及矿浆输送管：神渭煤浆输送管线、中缅天然气管线遵义至仁怀段、中石化甬台温成品油管道工程等。

（6）房屋钢结构：新加坡滨海湾金沙酒店，武汉国际证券大厦、赛博园小区、紫润民园小区、杭州瑞丰大厦、昆山集装箱模块化住宅、深圳海关联检大楼等。

武汉钢铁江北集团冷弯型钢有限公司坚持质量第一的宗旨，依靠管理和技术进步，向顾客提供一流的产品和一流的服务。

二、企业产品

目前，公司已开发生产有30余种产品，近2000个规格。覆盖厚度1.0~25mm、展开宽度 70~2050mm 的各种异型截面的开、闭口冷弯型钢。产品广泛应用于建筑、机械、煤矿、化工、石油天然气输送管道、矿浆管线、铁道车辆、汽车制造、公路、桥梁、集装箱、港口码头、船坞、围堰等行业。先后为澳门回归交接大厅、武汉白沙洲长江大桥、西气东输二线轮南—吐鲁番支干线等重点工程提供了大量的优质冷弯型钢。产品行销全国各地，并销往东南亚、欧美、非洲等地区。

公司产品主要执行冷弯型钢国家标准和欧盟标准等。公司建立了一整套完备的质量保证体系，产品质量达到国内先进水平。公司产品获国际认证联盟（IQNet）质量管理体系的最高荣誉——管理卓越奖和中国钢铁协会冶金产品实物质量“金杯奖”。

多个冷弯型钢产品拥有国家专利。

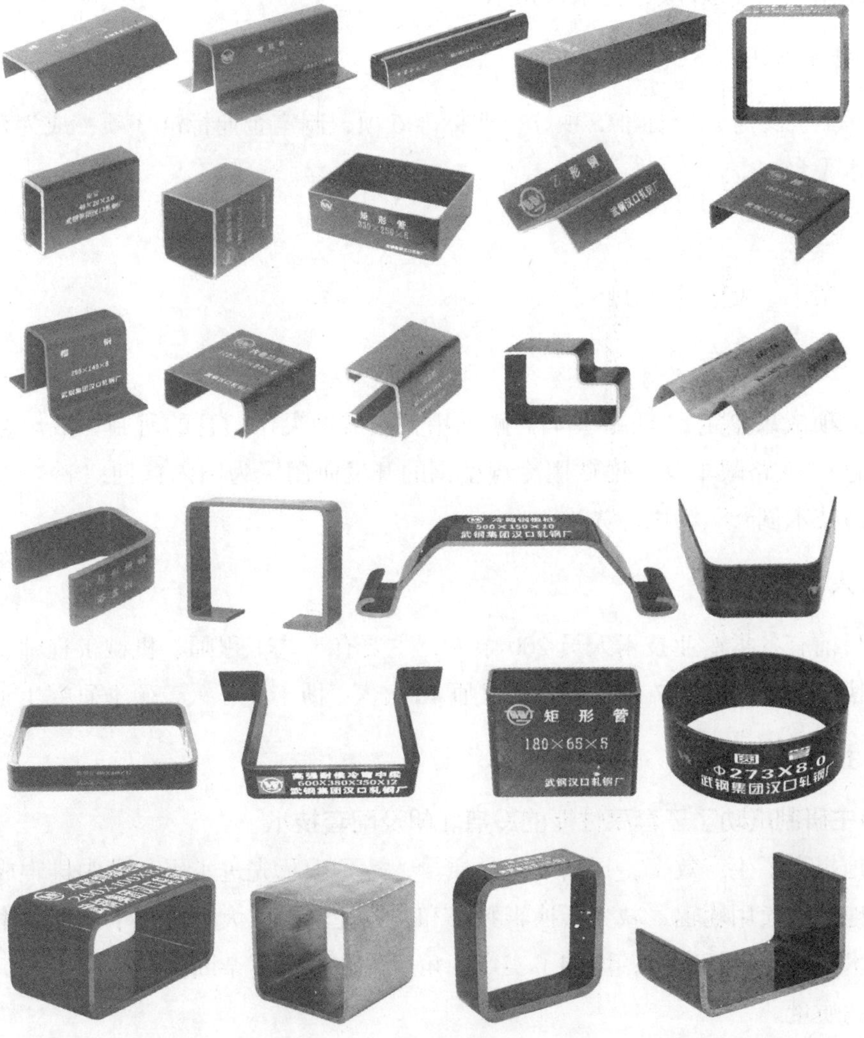

▲ 企业产品

三、企业技术

冷弯型钢具有强度高、重量轻、金属利用率高、断面形状合理等优点，是一种节能、高效的经济断面型钢，广泛应用于国民经济的诸多领域。随着社会经济的发展，相关行业对冷弯型钢产品的品种、质量要求不断提高，为了适应高端产品生产的要求，公司自2005年开始，大力开发高性能、高精度的冷弯型钢产品，研究冷弯工艺制造技术，在铁路车辆、工程机械、汽车、建筑结构等领域实现了新的突破，主要涉及技术有以下几个方面。

（一）国家专利，技术诀窍

武汉钢铁江北集团冷弯型钢有限公司自20世纪90年代起，一直致力于技术开发和创新，实现国家专利35项，技术诀窍16项。

（二）技术标准

参与编制，修订国家标准5项，行业标准6项，制定企业标准3项，成为企业市场竞争的技术平台。

（三）论文

在不同杂志上发表论文12篇。

（四）成果鉴定

获得4项成果鉴定："铁路敞车上侧梁用直接成型尖角矩管的研制"成果鉴定，获得国际先进；"铁路敞车及一连铁用冷弯型钢的开发研制"为国内首创；"冷弯型钢产品开发及制造技术创新"为国际先进。

（五）人才方面

公司目前有各类专业技术人员200余人，主要有工艺工程师、机械工程师、电器工程师等，其中高级工程师7人，中级工程师40余人，博士生1人，硕士研究生10余人。

（六）技术创新方面

1. 自主研制成功了三套高性能的冷弯轧机及配套技术

有效地提高了生产效率，提高了产品质量，达到国际先进水平。其中排辊成型技术最大限度地使用通用轧辊，减少了换辊频率和备用轧辊量，大大提高了生产效率；斜插辊成型技术对产品实行实弯，增加了实弯的角度，有利于复杂断面产品的成型，大大提高了产品的质量。

2. 自主开发了四大系列的新型高强冷弯型钢产品

带尖角方形钢管、厚壁冷弯钢板桩、变截面汽车大梁、汽车用冲孔方矩管四大系列。带尖角方形钢管有一个弯角为90°棱角，其断面结构合理、强度高、单重小、几何尺寸精确，很好地满足了铁路货车车厢制造和塔式起重机制造的需要。开发了壁厚为10.0~16.0mm冷弯钢板桩，以替代强度低、单位重量大、造价高的热轧钢板桩（其中16.0mm厚的冷弯钢板桩属国际首创）。为满足客车和重载汽车更新换代的要求，在国内率先成功开发了汽车大梁用辊式冷弯成型变截面槽钢，该变截面槽钢断面更合理、受力更科学。将现有的冲孔技术与冷弯型钢技术进行有机的结合，研制出的新型高强冷弯冲孔方矩管，满足了汽车行业安全性与耐用性的要求。新型高强冷弯型钢制造技术和冷弯型钢系列产品达到了国际先进水平。四大系列新型高强冷弯型钢产品广泛用于国内外多项重点工程，取得了显著的经济效益和社会效益。

四、企业装备

公司是生产冷弯型钢的专业厂家，现有大、中、小型配套的10余条冷弯型钢生产线，其中ERW660高频直缝电阻焊管机组，是目前中国口径最大、工艺设备最先进的直缝焊管生产线。机组主机线工艺设备为全套从德国西马克－梅尔公司引进，采用先进的线性成型技术和梅尔公司特有的等刚性机架、大功率铣边机、直角坐标铣边切锯，配以固态高频、在线焊缝检测和焊缝中频退火等工艺，代表了国际领先水平。还有从奥地利引进、具有代表当时国际先进水平的PR1100mm×12.7mm大型冷弯型钢机组；数条代表国内生产线领先水平的冷弯型钢机组，有机地融入了武汉钢铁江北集团冷弯型钢有限公司的各种先进技术、装备。

（一）冷弯型钢生产线

冷弯型钢年产能71万吨，见表1。

表1　冷弯型钢生产线

序号	名　称	生产能力 / $t \cdot a^{-1}$	制造地	设备形式、主要参数
1	F50	15000	大连	先进
2	76型冷弯机组	20000	自制	中等
3	F90冷弯机组	25000	大连	先进
4	F200冷弯机组	70000	大连	先进
5	PR1100冷弯机组	90000	奥地利	先进
6	LW600冷弯机组	50000	大连	较先进
7	LW1250冷弯机组	55000	大连	先进
8	ERW660冷弯机组	350000	德国	先进
9	165型冷弯机组	30000	自制	中等
10	波纹板冷弯机组	5000	自制	中等

（二）辅助生产线及设备（表2）

表2 辅助生产线及设备

序号	名 称	生产能力 / $t\cdot a^{-1}$	制造地	设备形式、主要参数
1	2000×13 纵剪机组	100000	英国	先进
2	1500×4 纵剪机组	60000	自制	中等
3	1800×4 纵剪机组	70000	自制	中等
4	2150×16 纵剪机组	120000	中国台湾	先进
5	自动排钻孔线	15000	武汉	先进
6	1号自动冲孔线	10000	大连	先进
7	2号自动冲孔线	12000	大连	先进
8	3号自动冲孔线	15000	大连	先进
9	自动变截面槽钢生产线	30000	自制	专利产品
10	精定尺生产线	20000	自制	一般
11	深加工生产线	40000	自制	专利产品

▲ F90 冷弯机组（纳入数显技术）

▲ F200 冷弯机组（融入斜插辊技术）

▲ LW1250 冷弯机组
（钢板桩，桥梁闭口肋专业生产线）

▲ 冲孔生产线（电泳孔）

（三）检测装备（表3）

表3　检测装备

序号	名　称	型　号	检 测 项 目
1	碳硫联合测定仪器	HXE-7B	碳　硫
2	分光光度计	721	化学元素分析
3	液压式万能试验机	WE-600A	压扁、弯曲力学性能
4	自动液压弯管机	YW-60C	弯　曲
5	冲击试验机	JB30A	冲　击
6	超声波探伤仪	CTS-2000	焊　缝
7	磁粉探伤	MP-A2L	焊缝、浅表层质量

五、产品开发及应用

公司经过30多年的发展，培养了一大批设计、生产、检测、管理的专业人才队伍。公司现有高、中级各类专业技术人员200多名。公司强大的产品研发核心团队具有较强的技术开发能力，从而保证了新产品研发的可持续性。

公司从转型冷弯型钢生产开始，就非常注重市场开发工作。公司成立产品开发部，专业负责产品开发。

我国以前的钢结构件都是采用热轧型钢，冷弯型钢的特点是品种齐全、原料材质多样化、截面金属分布合理、可多品种规格满足使用要求。用冷弯型钢替代热轧型钢是发展趋势。

20世纪90年代，铁路货车开始升级改造，轴重由20t逐步升级到现在的25t，车型由原C62升级到C64，再到C70。车辆制造的结构件原来主要使用热轧型钢，而冷弯型钢的优势是可代替热轧型钢使用，节约钢材消耗，减轻车辆自重，提高效率，降低成本。公司对外积极和货车设计主导厂的工程师沟通交流，宣传冷弯型钢的特点，获得工程师们的认知。对内投入大量的研发力量、资金，进行设备技术改造和模具制作，反复试制试验，成功开发出专利产品尖角管（上侧梁）、帽型钢（侧柱）、冷弯中梁等一批满足铁路车辆制造的冷弯型钢，深受车辆厂的认可和欢迎。经过不懈努力，今天的铁路车辆冷弯型钢用量已占车辆自重的10%以上，为我国铁路车辆制造行业的现代化提供了支持和保障。

在建筑机械、汽车制造、工程应用等行业，我们利用各个行业的专业技术交流会、展览会等方式，积极宣传冷弯型钢的优势，使冷弯型钢的优势得到技术设计工程师的认可和采用，从而使冷弯型钢的应用领域不断扩大，公司的产品销量也不断地得到提升。

国民经济发展到今天，已经进入到信息化时代。充分利用网络信息平台，构建新的销售模式，是公司新的销售服务理念。公司为此成立电子商务部，试水电子商务销售。搭建电子商务平台，链接各大门户网站，方便客户在网上搜寻冷弯型钢。电商销售平台的建立，使公司的影响力不断增强，销售领域不断扩大。

六、成长历程

1985~1995 年

1. 公司资产整体划归武钢集团；
2. 被原冶金部确立为 8 家冷弯型钢生产重点企业之一；
3. 自行设计安装的 LW600 × 8.0 冷弯机组建成投产；
4. 产业结构调整，淘汰叠轧薄板生产，全面投产冷弯型钢制造；
5. 自主研发的尖角管产品获武汉市科技进步三等奖；
6. 从奥钢联成功引进当时国内最大、技术最先进的 P/R1200 × 12.7 冷弯型钢机组；
7. 开发铁路货车制造用冷弯型钢并成功应用于铁路造车。

1996~2005 年

1. 单月产销量超万吨；
2. 成为中国冷弯型钢行业研发中心；
3. 尖角管、帽型钢产品获国家专利；
4. 国内首创汽车制造用大梁等汽车制造用冷弯型钢；
5. 成功研制开发冷弯中梁用于铁路货车制造并获国家专利；

6. 国内首创辊式冷弯成型生产桥梁钢箱梁用闭口肋；

7. 公司研制生产的 135mm 厚壁方管通过了 150 万次疲劳试验；

8. 企业荣获冷弯型钢行业的优秀企业称号；

9. 冷弯方矩管荣获冷弯行业优质产品称号。

2006~2015 年

1. 当选为中国钢结构协会冷弯型钢分会副理事长单位；

2. 从德国西马克－梅尔公司全套引进国内最大的 API 管生产线——HFW660；

3. 完成阳逻整体搬迁改造工程，年生产能力扩展到 71 万吨；

4. 国内首家完成冷弯钢板桩产品试制生产销售 ；

5. 汽车制造用冷弯型钢实现高强度、零件化供货；

6. 与中煤科工集团合作研制煤浆管线用耐磨钢管并成功应用于国内首条煤浆输送管线——神渭线项目；

7. 成功中标珠港澳跨海大桥配套工程 23000t 超厚桩管并成功供货；

8. 成为某重点军车制造企业指定的唯一合格供应商；

9. “冷弯型钢产品开发及制造技术创新”获武钢科技进步一等奖及湖北省科技进步三等奖；

10. 获中国钢铁协会冶金产品实物质量“金杯奖”；

11. 获中国钢结构制造冷弯型钢生产专项资质（一级）证书；

12. 黑王牌商标获武汉市著名商标；

13. 获湖北省优秀企业荣誉称号。

七、工程实例

公司参与的工程实例如下图所示。

▲ 澳门回归政权交接大厅

◀ 武汉国际博览中心

▶ 北京首都国际机场

◀ 香港国际会展中心

▲ 珠港澳大桥

▲ 杭州湾跨海大桥

企业名称：武汉钢铁江北集团冷弯型钢有限公司
法人代表：曾祥明
地　　址：湖北省武汉市阳逻经济开发区滨江大道特 1 号
邮　　编：430415
联 系 人：杨乐
电　　话：13397113688

上海宝钢型钢有限公司

一、企业简介

上海宝钢型钢有限公司是宝钢集团有限公司全资二级子公司，隶属于宝钢金属有限公司。公司于2010年由宝钢建筑工程设计研究院和上海大通钢结构有限公司资产整合而成，下设闵行（冷弯型钢）、宝山（H型钢）两个生产基地，拥有7条型钢生产线，2条纵剪生产线，25万平方米厂房及相关配套设施，具备冷弯方矩形管、圆管、异型管、开口冷弯型钢和高频H型钢35万吨的产销能力，每年保持约4万吨客车用管的生产。公司将于2015年年末全套引进世界先进辊压集成生产线，届时将具备生产高强度精密复杂异型截面型材的能力，跻身于世界先进冷弯型材企业的行列。

上海宝钢型钢有限公司是国内最早生产冷弯型钢的企业之一，是中国钢结构协会冷弯型钢分会的副理事长单位，中国冷弯型钢协会标准工作委员会主任单位，也是国内冷弯型钢和高频焊H型钢多个国家标准的主要起草单位。公司可加工原料宽度50~2000mm，厚度1.25~16mm的各类型钢产品，是全国型钢行业龙头企业之一，拥有专利20余项。

公司依托宝钢集团先进的科研、制造、营销、管理等优势，年销售收入超过20亿元。并依托宝钢集团在钢铁材料研发、生产方面的优势，与宝钢股份研究院合作成立了“热轧板带应用技术联合研究中心”，并以此为研发平台，展开冷弯型钢和高频焊H型钢前沿产品的研发。特别是在700MPa级以上超高强度型钢和精密复杂异型截面型钢的研发

和生产中处于国内领先地位。

公司拥有一支专业化的精益运营团队和实践经验丰富的质量管理团队，已通过ISO9001《质量管理体系》、ISO14001《环境管理体系》、GB/T 28001《职业健康安全管理体系》、TS 16949《质量管理体系－汽车行业生产件与相关服务件的组织实施ISO9001：2008的特殊要求》等的认证。同时，公司也已通过英国劳氏欧标EN 10219、EN 10210产品CE认证及德国劳氏船级社、挪威船级社的工厂认证。产品严格按国际先进标准组织生产，产品质量各项指标均达到国际先进、国内领先水平。公司以顾客为关注焦点，以提供优质产品和服务为原则，结合型钢管理体系有效运行，保证了顾客各方面的需求。

公司通过多年的研发和技术积累，形成了丰硕的成果，产品广泛应用于工程机械、运输机械、钢结构建筑、桥梁、船舶、客车、乘用车、铁路、公路等多个领域。产品先后获得国家级重点新产品、建设部科技成果重点推广项目、上海市科技进步奖、上海市新产品、国家住宅工程中心首批建筑推广项目、全国星火杯金奖、上海国际发明博览会金奖、上海市高新技术成果转化等证书，并被授予上海市用户满意企业、重合同守信用AAA级企业，获中国建材市场协会颁发的质量、服务、信誉AAA级企业。

二、企业产品

上海宝钢型钢有限公司可加工原料宽度50~2000mm，厚度1.25~16mm的各类冷弯型钢产品，具备年产冷弯方矩形管、圆管、异型管、开口冷弯型钢和高频焊H型钢等各类产品35万吨的产销能力。包含客车用高强钢方矩形管在内，公司每年保持约4万吨客车用管的生产。

▲ 高强钢方矩形精密弯管

针对汽车轻量化问题，公司于2011年开始投入大量人力物力对高强钢的冷弯成型工艺、二次加工工艺和质量控制技术进行研究，采用直接成方工艺生产客车用高强度方矩形管，采用优化后的辊弯工艺成型优质的高强度方矩形弯管，解决了高强钢产品伸长率小、二次加工困难等问题，在保证客车安全性能、舒适性能和美观外形的前提下，有效地实现了整车的轻量化。

截至2015年3月20日，上海宝钢型钢有限公司的客车用高强钢方矩形管和优质高强度方矩形弯管已顺利进入宇通客车、苏州金龙、厦门大金龙、厦门小金龙、中通客车、黄海客车、比亚迪客车等国内主要客车制造商，产品和服务赢得了众多客户的一致认可和高度赞扬，为企业创造了巨大的经济效益。客车用高强钢方矩形管项目也被授予了上海市高新技术成果转化项目。

三、企业技术

上海宝钢型钢有限公司现有主要工艺为冷弯成型、高频焊接、激光焊接、冲压、弯曲等，可为用户提供从设计、研发、生产到最终使用的一揽子服务方案。

其中，根据不同产品的实际使用需要，冷弯成型又分“圆成方”和“方成方”工艺，配合高频焊接和激光焊接工艺，能够为客户提供满足实际工况的各类优质精密冷弯型钢产品。

根据客车用户对高强度方矩形管力学性能的实际需要，公司投入大量人力物力开发了“客车用高强度方矩形管直接成方”工艺。相比于传统“圆成方”工艺，“直接成方”工艺明显降低了冷弯成型对设备的刚度要求，提高了材料的成材率，降低了方矩形管的冷弯制造成本。同时，“直接成方”工艺还更好地保留了原材料的延伸性能和冲击性能，有利于客车用户对高强度方矩形管进行弯曲等二次延伸加工，为客户创造了巨大的经济价值。目前，该项技术已被上海市宝山区科学技术委员会认定为上海市高新技术成果转化项目。

为帮助客车用户解决高强度方矩形管在弯曲过程中遇到的弯曲褶皱明显、弯曲开裂等缺陷，公司组织多名专业技术人员对高强度冷弯型钢的弯曲工艺和缺陷控制技术进行了研究。通过利用改进后的数控辊弯成型工艺，并对冷弯型钢的截面形状和弯曲 *R* 角进行优化，公司成功解决了高强度冷弯型钢的弯曲开裂、褶皱明显等弯曲问题。同时，为满足某些用户对高品质弯管的需求，公司又成功开发了具有自主知识产权的新型弯曲芯棒和弯曲工艺，在大幅度降低高强度冷弯型钢弯曲成本的同时，保证高强度冷弯型钢在弯曲过程中基本不产生任何弯曲褶皱，产品质量和最小弯曲半径完全满足客户对高品质、高精度弯管的需求，得到了宇通客车、中通客车、厦门金龙等客车用户的高度认可。

四、企业装备

上海宝钢型钢有限公司现拥有 7 条高频焊生产线，2 条纵剪生产线，1 条 H 型钢高频焊生产线、1 条六联冲冲压生产线、1 条型材弯曲成型生产线、1 台冷弯型钢压扁试验机以及其他相关配套设备，可高质量冷弯成型方矩形管、圆管、异型管、开口型钢和高频 H 型钢等。

其中 LW360 生产线为公司于 2013 年 3 月新投产的客车用高强钢生产线，配备有国内一流的预冲孔设备、涡流探伤仪、高精度冷锯等自动化集成设备，可为用户提供零缺陷、高精度的各类冷弯型钢产品。截至2015年4月1日，公司已为宇通客车、苏州金龙、厦门金龙、厦门金旅、常州黄海、聊城中通等客车用户提供高质量客车用高强钢冷弯型钢超过1万吨，得到了用户的高度认可。

针对客车用高强度冷弯型钢弯曲困难、弯曲开裂等缺陷，为更好地服务于客车用户，公司于2014年5月从欧洲采购了一台世界先进的辊弯弯曲设备，进行高强度冷弯型钢的弯曲研究，解决客车用户在高强钢弯曲中遇到的各类问题，为客户提供从材料到型钢再到弯管的一揽子解决方案。截至2015年4月1日，公司已为宇通客车、比亚迪客车、厦门金龙、聊城中通等客车用户成功解决高强钢弯曲难题，优质的弯管产品和一揽子服务赢得了客户的高度赞扬。

▲ LW360 生产线

▲ 1800 生产线

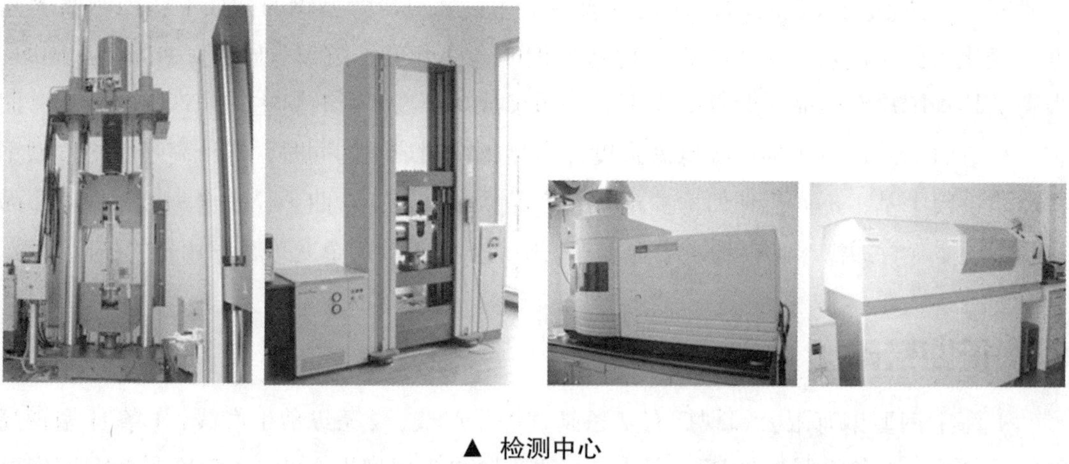

▲ 检测中心

五、产品开发及应用

上海宝钢型钢有限公司早期的冷弯型钢产品主要集中在普碳钢材质的方矩形管、圆管、U型肋、槽钢等简单型材，材质普通，截面简单，故产品应用领域主要集中于桥梁、公路、建筑、铁路和小部分客车等领域。随着公司的不断发展，依托宝钢原材料在国内绝对领先的地位，公司不断研发、生产复杂截面的冷弯型钢和高强度钢材质的冷弯型钢，逐步形成了以高强钢方矩形管、P型管、开口型钢、复杂异型截面冷弯型钢、高强钢优质弯管等为主的冷弯型钢产品，市场应用也逐步推广到客车、乘用车、半挂车、塔机、高端建筑等领域。

六、成长历程

1995~2005年

1. 1998年，上海钢铁工艺技术研究所进入宝钢集团；

2. 2000年，公司彻底转制为新型科技型企业联合体；

3. 2001年3月，经上海市企业技术中心认定办公室批准，在上海市90家转制科研院所中第一家获准成立市级企业技术中心；

4. 2003年6月，获上海市科委授予的“高新技术企业”称号；

5. 2003年8月，公司“高强度高抗震高耐火耐候超大规格方矩形管及连接件研究”课题列入国家“863”计划。

2006~2015年

1. 2013年3月，客车用高强钢方矩形管专用生产线“LW360”投产并向宇通客车等用户提供高质量高强钢方矩管产品；

2. 2014年7月，引入欧洲先进的三辊辊弯设备，用于弯制高强钢精密方矩形弯管。

七、工程实例

1995~2004年

1. 2004年7月，上海南站，规格ϕ194mm×12.5mm，重量700t；

2. 2004年9月，上海中环高架，规格U型肋：U300mm×280mm×180mm×8mm、U300mm×250mm×200mm×6mm，重量1400t；

3. 2004年10月，首都博物馆，规格200mm×200mm×8mm、200mm×150mm×8mm，重量320t。

▲ 上海南站

▲ 上海中环高架

▲ 首都博物馆

2005~2015年

1. 2005年1月，敦煌机场，规格400mm×300mm×14mm、350mm×300mm×12mm、350mm×300mm×14mm，重量955t；

2. 2005年3月，广州会展中心，规格200mm×200mm×10mm、250mm×150mm×8mm，重量400t；

3. 2005年4月，天津奥体馆，规格300mm×300mm×12mm、500mm×300mm×12mm，重量1200t；

4. 2005年7月，首都国际机场航站楼，规格400mm×265mm×14mm、200mm×200mm×8mm、400mm×200mm×10mm，重量100t；

5. 2005年7月，南京十运会主会馆（南京奥体中心），规格400mm×200mm×6mm、400mm×270mm×6mm，重量320t；

6. 2007年10月，杭州湾大桥，规格135mm×100mm×6mm、140mm×100mm×10mm，重量6000t；

7. 2009年7月，上海世博场馆，规格300mm×300mm×12mm、200mm×200mm×10mm，重量4200t；

8. 2011年3月，青岛湾跨海大桥，规格135mm×100mm×6mm,140mm×100mm×10mm，重量5800t；

9. 2012年3月，马鞍山长江公路大桥，规格135mm×100mm×6mm、140mm×100mm×10mm，重量4100t；

10. 2013年4月，嘉绍大桥，规格135mm×100mm×6mm、140mm×100mm×10mm，重量4000t；

11. 2013年7月，港珠澳大桥，规格135mm×100mm×6mm、140mm×100mm×10mm，重量11000t。

▲ 敦煌机场

▲ 上海会展中心

▲ 天津奥体馆

▲ 首都国际机场航站楼

▲ 南京十运会主会馆（南京奥体中心）

▲ 杭州湾大桥

▲ 上海世博场馆

▲ 马鞍山长江公路大桥

▲ 青岛湾跨海大桥

▲ 嘉绍大桥

▲ 港珠澳大桥

企业名称：上海宝钢型钢有限公司　　法人代表：周伟钢
地　　址：上海市宝山区宝杨路 2056 号　　邮　　编：201999
联 系 人：吴振刚　　电　　话：18818006548

泰安科诺型钢股份有限公司

一、企业简介

泰安科诺型钢股份有限公司坐落在五岳独尊的泰山脚下，是一家专门从事大型冷弯空心型钢研究、开发、生产的股份公司。成立于2003年，2006年承担国家火炬计划项目，同时被评选为国家火炬计划重点高新技术企业，并经山东省科技厅批复成立山东省冷弯型钢工程技术研究中心。泰安科诺型钢股份有限公司是专业生产钢板桩、高频焊管、精密焊管、冷轧带钢、C型钢、建筑架子管、椭圆管、异型管、冷弯空心型钢的大型企业。现可生产 $(13\times13\sim400\times400)\times(0.4\sim16)$mm 的方、矩形钢管、结构用冷弯空心型钢，产品形成八大系列800多个品种，是目前我国最大的方矩形焊管和结构用冷弯空心型钢的生产基地。

公司拥有25条冷弯型钢生产线、3条冷轧带宽400mm的四连轧生产线，其中大型冷弯空心型钢生产线5条，中型生产线各4条，小型生产线15条，开口冷弯型钢生产线1条，已形成年产冷弯型钢40万吨、冷带15万吨的生产规模。

公司已通过了ISO9001：2008质量管理体系认证、CE认证、新加坡FPC认证、

▲ 山东省冷弯型钢工程技术研究中心

美国 ABS 船级社认证、中国钢结构制造冷弯型钢生产专项一级资质。公司先后荣获“中国冷弯型钢优秀企业”、“国家火炬计划重点高新技术企业”、“山东省高新技术企业”、“AAA 级信用企业”、青岛海关“A 类企业”、“山东省守合同重信用企业”、“泰安市明星乡镇企业”、“中国质量服务信誉 AAA 级企业”等称号。2010 年公司产品荣获“中国冷弯协会优质产品奖”、“中国冷弯协会特色产品奖”“山东省著名商标”、“山东名牌”产品。公司是奥运会供料小组成员。2012 年被山东省科技厅、国资委、总工会评为“创新型企业”。2014 年又认定为“高新技术企业”。

山东省冷弯型钢工程技术研究中心依托泰安科诺型钢股份有限公司而成立，2006 年 12 月通过山东省科技厅批复并挂牌。中心科技人员 194 名，聘有国内外专家 26 名，研发人员 76 名。中心具有雄厚的研发实力和技术水平，多次为国内冷弯企业解决生产技术难题，与日本轧辊学会有多次学术交流，是国际管件协会(ITA)、日本塑性加工协会、中国钢结构冷弯型钢分会的会员单位、中国金属学会金属材料深度加工分会会员单位。中心建有工艺试验和理化试验室，配置了多种国内先进的检测检验仪器，具有较强的研发、设计、检测能力，满足了冷弯型钢生产使用中的需求。2014 年 7 月 7 日泰安科诺型钢股份有限公司实验室通过了国家合格评定委员会 CNAS 认可。

▲ 企业部分产品

二、企业产品

公司提供的冷弯型钢产品分为闭口冷弯型钢和开口冷弯型钢及复杂断面型材。闭口冷弯型钢主要包括方形、矩形和圆形冷弯型钢。开口冷弯型钢主要包括 C 型钢、Z 型钢、钢板桩、输电铁塔、机车用冷弯型钢及其他断面形状的开口冷弯型钢。公司可根据用户的需求设计生产多种断面形状的闭口和开口冷弯型钢产品。同时公司为国内外客户提供涵盖整个冷弯型钢价值链的研发、设计、生产及技术服务业务，具备成熟的生产管理、技术管理、安全管理、技术开发能力，销售网络遍布世界各地。目前公司产品已应用于奥运体育场馆、首都机场的扩建、首都博物馆、包头会展中心、东营会展中心等标志性建筑工程，并出口到欧洲、中东、东南亚、非洲、北美等多个国家。

三、企业技术

公司是国家科技部认定的国家火炬计划重点高新技术企业，山东省科技厅认定的山东省高新技术企业，国际管件协会（ITA）的会员单位，是中国钢结构协会和冷弯型钢分会的副理事长单位。

公司还积极联合国内科研院所共同进行技术研发，与钢铁研究总院、北京科技大学、武汉科技大学、河北工业大学等国内科研院所建立了长期合作关系，并联合钢铁研究总院、山东科技大学成立了产学研基地，以科研院所的科研理论指导生产实践，以生产实践丰富科研理论，并形成二者的良性循环。通过以上工作的开展，公司的技术创新实力进一步增强，对产品质量的控制水平得以提高，使公司持续保持了较强的领先优势，在一定程度上推动了我国冷弯行业的发展。

为保证技术的先进性、独特性，形成并长期保持企业的核心竞争力，公司已将近年来的25项技术创新成果申请专利。

四、企业装备

公司拥有25条冷弯型钢生产线、3条冷轧带宽400mm的四连轧生产线，其中大型冷弯空心型钢生产线5条，中型生产线4条，小型生产线15条，开口冷弯型钢生产线1条。

在冷弯型钢的生产中，成型工艺是最关键的技术，它直接决定了产品的最终质量和后续的使用性能。所以，选择应用并独立拥有一种成熟先进的成型工艺技术就成为一个企业在业内立足并确立长久的领先优势的关键因素之一。

2003年，公司针对国内大型冷弯空心型钢在成型工艺、焊接质量、强度、抗震性等方面难以适应钢结构建筑等行业快速发展的状况，综合自身的生产技术经验和优势，成功研发出GH500大型冷弯空心型钢生产线，创造了我国大型直缝焊管的新纪录，所产的500×500×19产品填补了国内空白，可完全替代同类进口产品，一举奠定了公司在国内冷弯行业的领先

▲ GH350 生产线

▲ GH450 生产线

优势。该生产线于2006年2月通过省级科技成果鉴定，并被列为国家级火炬计划项目，为公司创造了巨大的社会效益和经济效益。

为提高产品的切头质量和定尺精度，公司于2007年5月联合有关单位开发了数控仿形铣切系统，在国内首次应用于大型方矩形冷弯型钢的生产中，彻底解决了长期困扰国内冷弯行业的切头毛刺大、截面粗糙、定尺精度差的难题，大幅提高了产品质量和市场竞争力，巩固了公司的行业领先优势。2007年9月该项目通过了专家鉴定，属国内领先水平，特别是在厚壁大规格冷弯型钢的在线切断技术上实现了突破，对今后国内同类生产线的技术改造有很好的借鉴作用。

公司还通过引进、自主或联合研发等方式拥有了多项独特的生产工艺技术和装备，使公司的装备水平始终走在行业的前列，同时，为准确检测原材料和产品的质量，建立了功能先进的冷弯型钢理化实验室，并配备了完善齐全的各种检测仪器，主要有：WEW-600型液压万能试验机，用于检测原材料和产品的屈服强度、抗拉强度、伸长率、压扁、冷弯等性能；JB-300B型冲击试验机，用于检测冷弯型钢在负荷下的抗冲击性能；HRS-150型洛氏硬度计，用于测试板材的硬度；Labspark 1000A火花光谱仪，用于检测分析原材料和产品中的碳、硫、锰、磷、硅的含量；电光分析天平、烘箱、各种器具等，使冷弯材料的研究分析有了可靠依据；有100余台电脑，为设计、制造和信息技术搜集提供了可靠保障。该实验室于2014年通过中国合格评定国家认可委员会认可，出具的检测报告能在国际上得到承认，实现国际互认。这些装备，有效地保证了产品品质

▲ FFX165 生产线

的稳步提高。产品品种不断增加，公司可以生产通用的各种类型的方矩形、圆形冷弯型钢，而且还可以生产多种复杂异型断面的型钢产品，很好地满足了国民经济各行业对复杂异型断面型钢的需求。

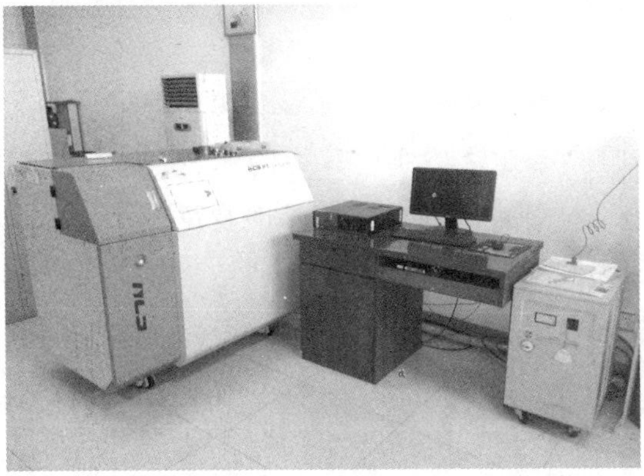

▲ WEW-600 金属材料万能试验机

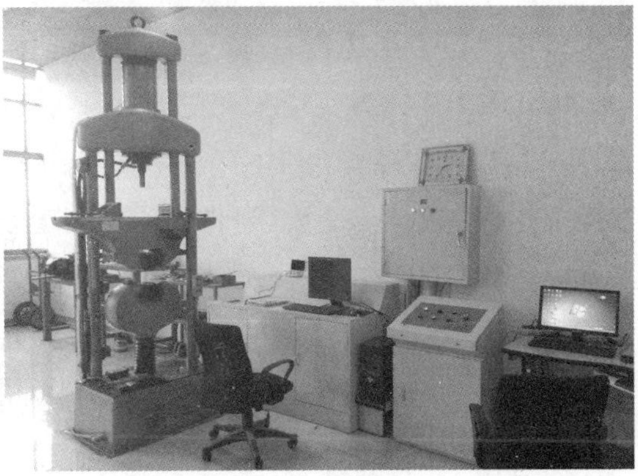

▲ Labspark 1000A 火花光谱仪

五、成长历程

1. 2003 年，泰安科诺型钢有限公司成立，开发了具有国际先进水平、填补国内空白的 GH450 和 GH200 冷弯空心型钢生产线项目。同年，公司加入中国冷弯协会，并被推荐为副理事长单位。

2. 2004 年，公司根据市场需求和分析，投资 2600 万元，建设生产车间 20000 平方米，新上第三条四连轧生产线 1 套，连续酸洗线 3 条，光亮退火炉 6 台，120t 燃气退火炉 1 套。

3. 2005 年上半年，建设第二条 GH200 生产线一条，60 和 89 焊管生产线 2 条；建设了 3 座成品库，建筑面积 26000 平方米；9 月份，决定在大汶口石膏工业园征地建设自己的工业园区，10 月份正式开始规划设计，同时展开基础设施的建设。

4. 2006 年，“热轧带钢”项目全面展开建设；宏达公司投资 600 万元，新上 6000 和 3000 旋压机 2 台；公司被国家科技部认定为国家级火炬计划重点高新技术企业；GH450 大型空心冷弯项目被列为国家火炬计划项目；公司技术中心被批准为山东省冷弯型钢工程技术研究中心。

5. 2007 年，投资 8000 万元，建设开发区二期项目，建筑面积 35000 平方米，新上先进的 GH350 冷弯空心型钢生产线，项目于同年 12 月顺利投产。

6. 2008 年，投资 3500 万元，建设车间 17000 平方米，新上先进成型工艺的 165 和 89 焊管生产线 2 条。

7. 2009 年，根据集团调整营销模式，提高盈利水平的经营，引入外部营销资源，增强公司新市场开发能力；8月15日，公司总部搬迁到开发区的新办公楼。

8. 2010年，成立销售公司，统一运作管理，全国各办事处和分公司单独核算，整体考核；为开发新产品铁塔用冷弯型钢和钢板桩，投资2000万元，新上开口冷弯型钢生产线一条；钢材市场物流项目顺利建设完成，并投入运营；投资100万美元，在斯里兰卡首次建设生产经营基地。

9. 2012年，为实现公司的整体规划和发展需要，集团公司总部成功进行了第三次搬迁；2012年初，成立山钢国际投资部，公司决定投资“亚、非、拉”地区，重点是在南亚地区的巴基斯坦、西非加纳、南美委内瑞拉等地区建设生产基地及贸易平台；同年6月，成立山钢国贸公司，全面负责集团国内国际贸易的管理。

10. 2013年，5月入住深圳前海，成立深圳科诺创信供应链有限公司；同年，在上海自贸区设立分公司；郑州、西安分公司相继开业；同年11月，山东山钢集团与中非发展基金非洲合作项目正式签约。

六、工程实例

公司参与的工程实例如下图所示。

▲ 2008年奥运会场馆

▲ 北京南站

▲ 广东白云机场

▲ 国家博物馆扩建工程

▲ 城市交通惠民工程

▲ 泰安文化艺术中心

企业名称：泰安科诺型钢股份有限公司
法人代表：钱风国
地　　址：山东省泰安市岱岳区大汶口工业园
邮　　编：271024
联 系 人：赵　勇
电　　话：13563837929

上海佳冷型钢有限公司

一、企业简介

上海佳冷型钢有限公司（上海佳艺冷弯型钢厂）是国内最早从事冷弯型钢加工制造的专业企业之一，是中国冷弯型钢协会副理事长单位，在国内冷弯型钢行业处于领先地位。

公司1992年起企业创立了商标和品牌，2001年起至今连续获得上海市名牌产品称号。2005年起连续被评为上海市著名商标，2013年获得了中国驰名商标荣誉，2015年被评为中国轻工业百强企业。2011年“塔机结构主弦杆用冷弯型钢管”等两项升级产品居国内领先水平，部分技术指标达到了国际先进水平。公司2004年自营出口至今，产品赢得了海外客户信赖，目前已销往美国、日本、加拿大、法国、德国、瑞典、挪威、爱尔兰、新西兰、中国香港及台湾等三十多个国家和地区。我们致力于冷弯型钢专业领域的发展，不断投入，积极开发适合市场需求的各类复杂断面冷弯型钢，为市场提供优质的产品与专业的服务，成为广大客户最值得信赖的合作伙伴，努力打造国内中厚壁冷弯型钢产品生产基地，争做引领者。

近几年来，上海佳冷型钢有限公司为满足冷弯型钢市场多样化的需求，企业不断投入新的专业化开闭口冷弯生产线，成立组建了以上海豪艺莱冷弯型钢有限公司、上海豪事莱冷弯型钢科技发展有限公司以及嘉定兴顺路新工厂为骨干的多个生产中心。企业拥有20多条冷弯生产线、3条纵剪线和拉拔机、热处理线、压力机等辅助设备若干台（套），拥有国际和国内先进水平的光谱仪、冲击试验机、影像测量仪等检测设备和在线、离线无损探伤检测装置。公司资产总额3.5亿元，年生产能力可达50万吨。

兴顺路工厂是上海佳冷型钢有限公司新投入建设的工厂，是实现股东会“佳艺梦”的重要投资步骤之一。该工厂位于上海市嘉定区兴顺路588号，厂房面积33547.02平方米，土地面积为53280平方米，设计产能15万~20万吨，我们将以兴顺工厂为新的起点，打造中国冷弯型钢中厚壁产品新基地。

二、企业产品

（一）产品介绍

1. 方矩形冷弯型钢——执行标准：GB/T 6728

产品介绍：直缝高频焊接方矩形管的成型方法有直接弯曲成材和由圆管整形成材两种，材质有不锈钢和碳钢两种，可替代无缝冷拔管，广泛运用于建筑、汽车制造、矿山机械制造、农业及轻工机械制造、造船及交通运输、石油化工电力工业、仪器仪表、集装箱、纺机、高速公路、金属货架、民用电器及日常用品制造等各个领域。

2. 圆形冷弯型钢——执行标准：GB/T 6728

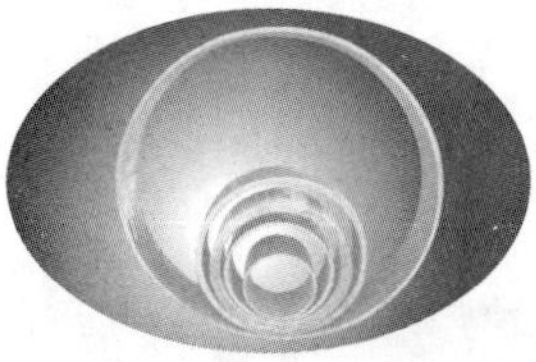

产品介绍：直缝高频焊接圆管，由直接弯曲成圆管经焊接整形而成，可替代无缝管，广泛应用于高速公路、建筑、石油化工电力工业等领域。

3. 异型冷弯型钢——执行标准：GB/T 6723、GB/T 6728

产品介绍：异型冷弯型钢广泛应用于建筑、汽车制造、农业及轻工机械制造、造船及交通运输、石油化工电力工业、集装箱等领域。

（二）新产品开发

1. 品种规格

从当初几十个发展到今天 4000 多个，靠的就是新品开发和研发，特别是 2000 年以来，每年都以几百个规格的速度递增。

2. 开口产品

截面形状从简单的 W 形护栏板及槽、C 型钢等开发出更复杂的三波护栏板及集装底侧梁、顶侧梁等系列产品。发明创新研发出 J 型截面产品，工艺获国家专利。

3. 闭口产品

从普通方矩管研发出 100mm × 100mm × 12mm 及 ϕ60mm × 8mm 等小口径厚壁产品，其中 135mm × 135mm × 14mm 获实用新型专利，“塔机主弦杆用方矩管系列产品”获上海嘉定区科技进步三等奖。从方矩管到异型管截面，闭口冷弯型钢异型管占比越来越大。其中“梯形截面冷弯焊接异型管”的成型工艺获发明专利，产品获实用新型专利。通过对工艺的不断创新，2012 年以来成功研发出机械、农机、汽车等应用闭口的复杂截面冷弯型钢一次成型工艺，进一步提高了复杂异型管的开发能力。现已生产 8 字管、P 字管系列产品及更复杂的鸭嘴管等系列产品。

4. 原材料

由当初只有普碳钢冷弯型钢发展到现在已拥有以普碳钢、低合金系列、高强钢系列

（屈服强度 900MPa）、不锈钢系列、表面涂层为原料的系列冷弯型钢产品。产品从原来的“直条型钢”交货到经深加工的“半成品”或“部件”交货。

三、企业技术

（1）变形工艺：不但保留“圆成方”工艺，2005 年还引入了“方成方”变形工艺。2010 年引入“方成方”排辊新技术，可实现在线快换功能。

（2）高频焊接技术：2010 年电子管高频全部淘汰，现在采用的全部是固态高频，并且包括多台具有国际先进水平的 EFD、色玛图品牌高频。

（3）2010 年引入先进水平的仿形铣切锯新技术。现公司产品 70% 都是在线铣切锯切断。

（4）具有闭口异型管先成型后焊接的“一次成型”工艺和多架次高精度冷弯型钢机组。

（5）2012 年引入柔性变形技术应用在“圆成方”机组。

（6）冷弯型钢正火热处理技术。

四、企业装备

现有工艺配备齐全，运行的冷弯型钢机组 15 台（套），纵剪机组 4 台。

（1）多架次开口冷弯型钢机组，可实现 t=2~6mm，B=100~750mm 的较复杂截面开口冷弯型钢的加工。

（2）具有“方成方”排辊技术的 LWXX 机组，具有自动剪切对焊，卧式螺旋活套的上料段辅机，同时具有在线快换技术的主机及仿形铣切锯。该生产线产品的最大特色是小口径厚壁 135mm × 135mm × 14mm，Q345。

（3）柔性变形技术的以“圆成方”的方矩管机组。

（4）自主创新设计的“数控收集码垛装置”在多条生产线上应用。

（5）高精度多架次冷弯型钢机组，架次多可实现复杂截面冷弯型钢的制造，并且配备高频焊接机，可实现先成型后焊接一次成型工艺。

五、产品开发及应用

（1）通过增加产品截面复杂程度，拓展工程机械领域。

（2）材料强度提高，即高强钢冷弯型钢进入汽车行业。

（3）冷弯成型后热处理符合 EN 10210 标准，扩大在钢结构行业的应用。

六、成长历程

1. 1985 年，佳艺厂成立，代表了当初先进生产力，行业内有一定知名度。
2. 1996 年，佳冷型钢有限公司成立，公司每年加大投入，发展较快。
3. 2001 年，注册成立上海豪仕迈金属结构有限公司。
4. 2007 年，注册成立上海豪艺莱冷弯型钢有限公司。
5. 2010 年，注册成立上海豪事莱冷弯型钢科技发展有限公司。
6. 2013 年，成立兴顺路工厂新厂区。
7. 2014 年 2 月，公司总部搬迁兴顺路工厂。
8. 2014 年，获评中国驰名商标；被评为嘉定区企业技术中心。
9. 2015 年被评为中国轻工业百强企业。

七、工程实例

公司参与的工程实例如下图所示。

▲ 上海八万人体育场

▲ 上海大剧院

▲ 上海东海大桥

▲ 上海东方明珠电视塔

▲ 天津港散货物流栈桥工程

▲ 上海国际赛车场

▲ 集装箱

▲ 拖拉机

▲ 钢结构

▲ 自动扶梯

▲ 港口机械

▲ 电镀设备

▲ 乳品工程

▲ 水处理设备

▲ 不锈钢压滤机

企业名称：上海佳冷型钢有限公司
法人代表：黄宏江
地　　址：上海市嘉定区兴顺路 558 号
邮　　编：201815
联 系 人：樊春峰
电　　话：021-31080858-8206

沈阳东洋异型管有限公司

一、企业简介

沈阳东洋异型管有限公司是成立于1991年的冷弯型材生产经营实体。从20世纪90年代开始，公司用从日本引进的两条辊式成型机组开始生产高精度异型管材。经过多年的生产、研究与开发，依靠公司的人才优势，设计和制造了2000多种异型钢管的模具和相应的成型机组。这些设备可以制造方矩形、椭圆形、半圆形、拱形、扇形、三角形、六角形、八角形及其他复杂断面的异型管材，可以按照中国GB、日本JIS、德国DIN、美国ASTM等标准生产，产品有普碳钢、合金钢、不锈钢、钛合金等材质的有缝和无缝异型管，这些钢管的外形尺寸覆盖了1~24mm的全部范围。

公司还在异型钢管的高精度、复杂断面成型工艺方面，在保证材质的抗拉强度、延伸性和低温冲击性能方面，在成型管的抛光、锯断、冲孔、弯曲等深加工方面形成了优势。公司依靠全体员工持续地贯彻ISO9000国际质量标准，保证并且不断提高产品质量。公司的材料性能实验室配备的材料实验机、金相显微镜等检测设备，确保客户对材料性能的要求。现在公司已经成为众多国际制造业巨头的合格稳定的供应商。公司是沈阳市冷弯技术开发中心的依托单位，辽宁省认定的“高新技术企业”，全国冷弯行业协会的副理事长单位。

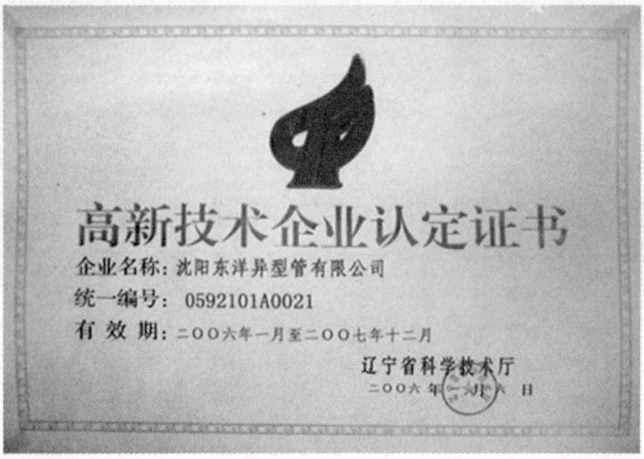

▲ 企业荣誉证书

二、企业产品

（一）方矩形管

方　管：20mm × 20mm × 0.8mm~500mm × 500mm × 22mm；

矩形管：20mm × 10mm × 0.8mm~700mm × 300mm × 22mm。

▲ 部分产品图

（二）异型管

异型管规格超过 2000 种，其断面形状如下图所示。

▲ 异型管断面形状

（三）产品材质

（1）碳钢：Q195 ~ Q690，10 ~ 45 号，St52，Q345A/B/C/D，20g，20CrMo，耐候钢、15MnTi。

（2）不锈钢：SUS304(L)，316(L)，321，310S，钛合金、纯钛、铜合金、复合管。

（四）交货状态

冷态执行 EN 10219；热态执行 EN 10210-1。

（五）高频焊接圆管

外径 32~146mm，壁厚 1.2~4.5mm。

三、企业技术

（1）不锈钢的磁性问题研究以及消除方法。

（2）辊弯成型异型管角部硬度变形规律研究及控制。

（3）冷弯成型椭圆管断口反弹问题研究及解决。

四、企业装备

公司拥有多条辊弯、辊挤成型生产线，还拥有弯曲、矫直、切断和抛光设备，可以对成型后的钢管进行深加工。公司还配备了材料实验机等检测设备，以确保客户对材料性能的需求。

▲ 日本引进的 1 号机组

▲ 自主研发 2 号成型机组

▲ 大型 3 号机组

▲ 自主研发超大型 5 号机组

▲ 中型辊弯 6 号机组

▲ 大型辊弯 7 号机组

五、产品开发及应用

产品广泛用于建筑钢结构、工程机械、桥梁、起重机、海上平台、石油钻采设备、车辆、农机、港口、娱乐设施，以及各种机械制造领域。

▲ 产品应用实例

六、成长历程

1985~1995 年

1. 1991 年，东北大学与日本东洋特钢株式会社合资设立；
2. 1992 年，从日本引进 1 号机组生产线正式投产运行；
3. 1995 年，产销售量突破 2000t。

1996~2005 年

1. 1997 年，自主研发的 2 号机组生产线正式投产，产销量稳步提高；
2. 1999 年，从日本引进的大型 3 号机组生产线投入运营，生产能力进一步扩大；
3. 2000 年，产销售量突破 6000t；
4. 2002 年，首次被认定为辽宁省高新技术企业；
5. 2003 年，通过 ISO9000:2000 质量体系认证，实施全员质量管理；
6. 2004 年，实施 ERP 信息化管理，产销量超亿元，创历史纪录。

2006~2015 年

1. 2006 年，建立国际化网络平台，实施国际化战略；
2. 2008 年，自主研发超大型 5 号机组投入运营，生产规格位居中国之最；
3. 2010 年，中型辊弯 6 号机组投入运营，年产销量超过 2 万吨；
4. 2011 年，新增中大型辊弯 7 号机组，通过 ABS 船级社认证；
5. 2011 年，新增纵剪线；
6. 2013 年，新增 89 焊管一次线机组。

七、工程实例

1. 2004 年，北京电影博物馆工程；
2. 2005 年，上海东方艺术中心工程；
3. 2006 年，深圳大梅沙愿望塔工程；
4. 2009 年，辽宁滨海大道护栏工程；
5. 2013 年，香港机场登机通道工程；
6. 2013 年，印度孟买机场登机通道工程；
7. 2014 年，深圳地铁工程。

▲ 上海东方艺术中心

▲ 辽宁滨海大道护栏

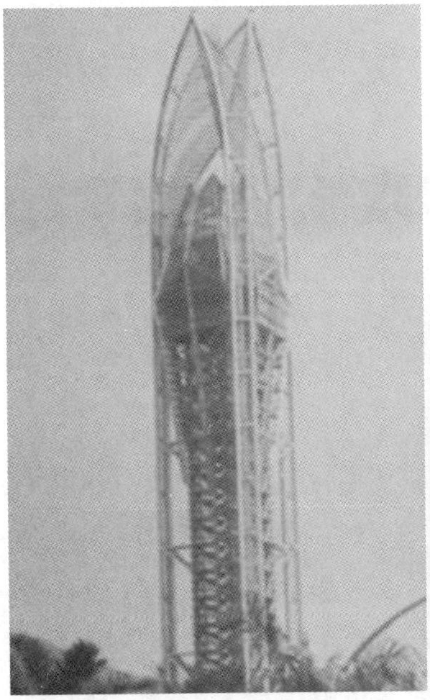

▲ 深圳大梅沙愿望塔

▲ 香港机场登机通道

▲ 印度孟买机场登机通道

▲ 深圳地铁

企业名称：沈阳东洋异型管有限公司
法人代表：朱一飞
地　　址：辽宁省沈阳市于洪区崇山东路鸭绿江东街22号
邮　　编：110033
联 系 人：朱一飞
电　　话：13704055678

南京中轻机械设备制造有限责任公司

一、企业简介

南轻集团是一个有着30多年历史的中央直属企业，1999年晋升为国家大型一类企业，并被国家统计局列入全国500家最大机械工业企业第234位。工厂拥有固定资产近亿元，年产值10亿元，具有产品开发、生产制造、技术服务等综合实力。工厂拥有进口加工中心及中央恒温加工车间，拥有大精密加工设备60多台，并拥有国家二级计量单位的检测中心。工厂的CAD计算机制图网络被国家列为“示范工程”，并于2000年通过国家科技部“863”CIMS示范工程验收。工厂拥有15m龙门刨、6m单臂刨、4m龙门铣、落地镗床等加工设备，并配置了数显高精度镗床、5台直径1.2~5m立车、水下等离子切割机、数控割、喷砂等大型加工设备；在购置普通大型加工设备同时，工厂从美国、意大利等国家购置了10台加工中心，确保了工厂主导产品零件（包括大型、特大型零件）的加工精度和效率。

工厂建立了具有自己特色的计算机集成制造系统，在大量调研和可行性分析的基础上，工厂与江苏省计算机技术研究所密切合作，已完成了CIMS（计算机集成制造系统）网络工程和PDS（产品开发系统）中各子系统的实施，建立了ERP（企业资源计划系统）的原型，主机房软硬件已经到位，并通过了省科委“863”计划CIMS专家组的评审，工程现场实施环境已具规模。从而使计算机集成制造系统开始全面应用于企业的生产经营活动，提高了企业的设计、制造和管理水平。

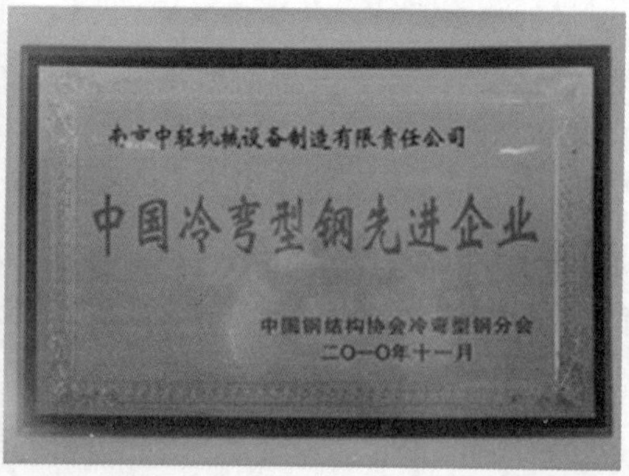

▲ 企业荣誉

南京中轻机械设备制造有限责任公司是南轻集团下属最大的子公司，主要生产精密冷弯成型设备、高频直缝焊管设备、高速纵横剪设备等。公司为了和国内竞争对手在技术上拉开档次，同时缩小与国外竞争对手的差距，确保企业在市场竞争中的技术优势，公司不断将国外先进技术吸收到焊管机组的改型设计中。公司每年推向市场的产品中，新品均占 40% 以上。与国外先进企业合作生产的大口径高频焊管设备，规格已达 ϕ8~ϕ711(28IN)，壁厚已达 2.3~22mm。其主导产品 ERW 直缝焊管生产线、精密冷弯成型生产线在我国机械行业中技术上处于国内领先地位。公司生产的 ϕ60 型焊管机在 20 世纪 80 年代就获得轻工部优质产品奖和国家经委“金龙奖”、LWGC450 高精度冷弯机组获得中国冷弯型钢技术设备创新奖；在 2009 年开发成功的 LW1200 冷弯成型机组上引进德国先进的 COPRA 孔型设计软件，应用于钢板桩的设计当中，打破了专业院校的技术封锁，成为设备制造商中唯一可以设计钢板桩孔型的厂家，并在 2010 年 7 月当选为中国钢结构协会冷弯型钢分会副理事长单位，同年 10 月被中国钢协冷弯型钢协会评为中国冷弯型钢行业先进企业。

二、企业产品

（一）精密冷弯成型设备机组

高精度冷弯成型机组吸收国外的先进技术，各项性能指标均达到国外同类机组先进水平。该机组用于轧制截面形状复杂和尺寸精度要求高的冷弯型材。轧制速度高。机架结构设计合理、精度高、刚性好；具有快换组合机架组，各组合机架组之间有互相对中装置；在线成型前板材可冲孔，成型后可焊接、整形。先进的孔型设计，南京中轻与北京北方工业大学紧密配合，采用德国 data M 的专业软件 COPRA 作为设计的基本工具，变形道次达到 48 道以上。

▲ 精密冷弯成型设备机组

（二）ERW 直缝焊管生产线

中轻公司近年来开发了大口径、厚壁、高钢级焊管机组，采用世界上最先进的成型工艺，运用有限元仿真分析技术，生产出满足标准 API 5L 及 API 5CT，材质为 A、B、X42~X80 高精度的钢管。该机组生产线设计标准达到国外同类设备的技术水平，采用先进的柔性成型工艺，自动化程度高，操作方便，生产效率高。

该机组的成型优点：

（1）粗轧段的轧辊完全兼用化，针对每一个产品在生产时各个机架中每个辊子所需要设定的参数都被存储在快速设定系统中。当相同的产品被再次生产时，该系统可以根据产品的规格自动调用数据，对辊子加以设定和调整，以确保每次生产的同规格产品的尺寸精度的一致性。

▲ 140API ERW 焊管生产线（最高钢级 X80）

（2）广泛的兼用范围（外径范围 1:3，厚径比范围 1%~10%）。

（3）良好的端部成型功能。

（4）良好的整体形状控制能力。

（5）采用成型性能强的连续弯边成型方式。

（6）以渐开线辊型和卷贴弯曲方式实现上下辊的兼用性。

（7）采用多段 W 弯曲和缩短立辊段范围来有效抑制滚动现象。

（8）自动控制方式操作简便，通俗易懂。

▲ ϕ219×14 API 焊管生产线

▲ ϕ426×16 API 焊管生产线（最高钢级为 X80）

▲ ϕ711×25 ERW 焊管生产线

▲ 300 方冷弯成型机组生产线

（三）钢管全自动码垛生产线

该生产线生产规格从 ϕ20 ~ 325mm，最大捆重量可达到 5t，通过人机界面可进行各工艺参数设置、调整，并做相应记录。还可以显示所有设备的运行状况及动态流程，使整条设备生产线的运行状况一目了然。

▲ 铜管全自动码垛生产线

三、企业技术

精密冷弯成型设备机组：吸收国外的先进技术，开发出的高精度冷弯成型机组各项性能指标均达到国外同类机组水平。该机组用于轧制截面形状复杂和尺寸精度要求高的冷弯型材。轧制速度高。机架结构设计合理、精度高、刚性好；具有快换组合机架组，各组合机架组之间有互相对中装置；在线成型前板材可冲孔，成型后可焊接、整形。先进的孔型设计，南京中轻与高等院校紧密配合，采用德国 data M 的专业软件 COPRA 作为设计的基本工具，变形道次达到 48 道以上。公司的 LWGC450 高精度冷弯机组被中国钢协冷弯型钢协会评定为行业创新设备。

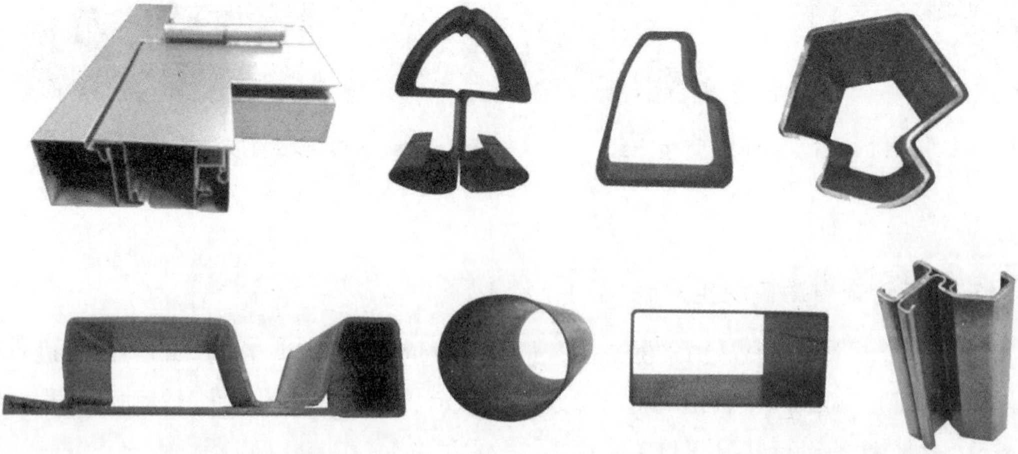

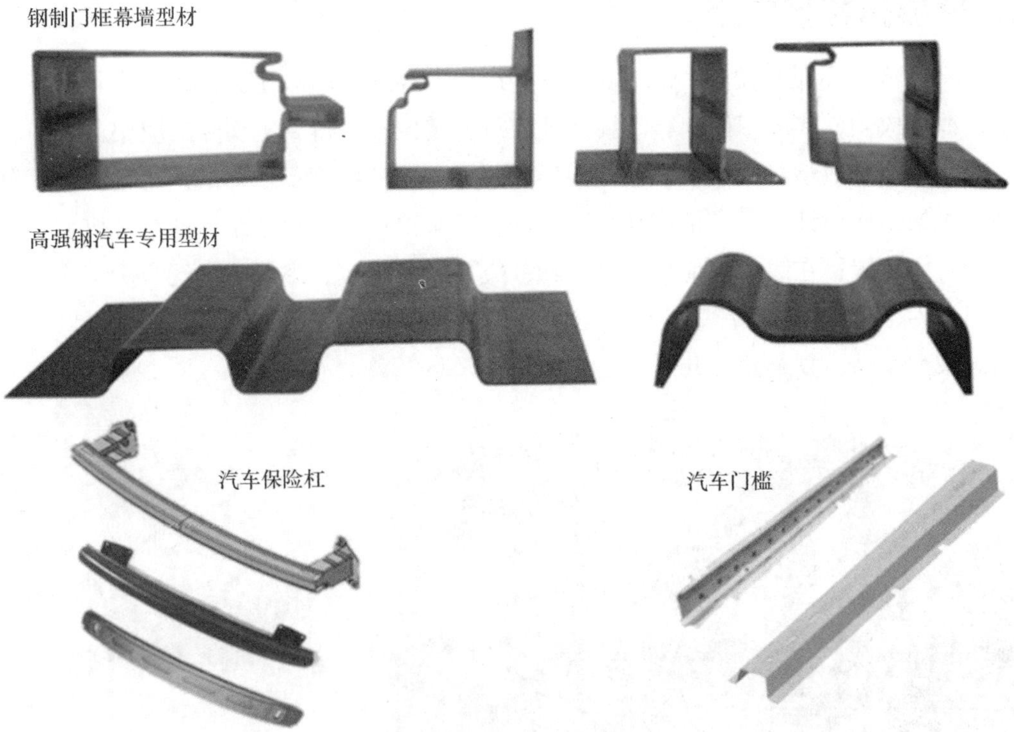

▲ 企业设备生产的冷弯型材

四、企业装备

拥有进口加工中心及中央恒温加工车间，拥有大精密加工设备60多台，并拥有国家二级计量单位的检测中心。15m龙门刨、6m单臂刨、4m龙门铣、落地镗床、数显高精度镗床、5台直径1.2~ 5m立车、水下等离子切割机、数控割、喷砂等大型加工设备；在购置普通大型加工设备的同时，工厂从美国、意大利等国家购置了10台加工中心。

▲ 企业生产加工设备

五、产品开发及应用

公司为济钢集团开发的 LW1200 × 19 生产线已经通过验收正式投入生产，该直接成方生产线的成功，代表了国内自动控制轧辊重复定位技术得到了实际的应用。

高精度冷弯成型机组用于轧制截面形状复杂和尺寸精度要求高的冷弯型材，轧制速度高、机架结构设计合理、精度高、刚性好；具有快换组合机架组，各组合机架组之间有互相对中装置；在线成型前板材可冲孔，成型后可焊接、整形。广泛应用于汽车保险杠、门槛件、车门、8 字管等其他车用型材，钢制门框幕墙、C 型、U 型、帽型、立柱、横梁等系列产品，复杂截面开闭口辊轧产品。

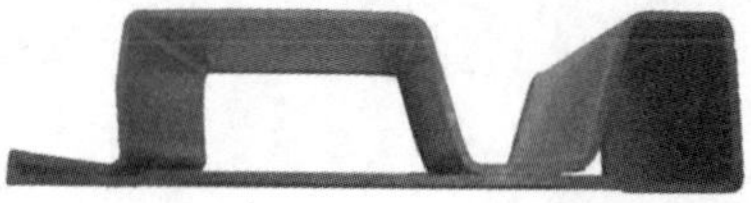

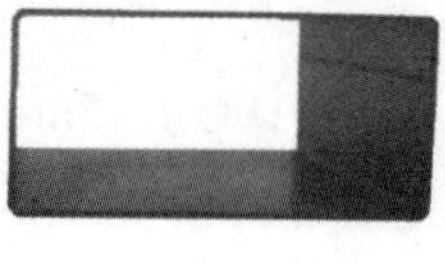

六、成长历程

1. 1985 年前，是轻工业部定点生产高频焊管机的唯一厂家——南京轻工业机械厂，1998 年 2 月企业改制，成立了南京中轻机械设备制造有限责任公司，从事专业生产系列高频 ERW 直缝焊管设备、精密冷弯型钢成型设备、高速纵横剪分条设备等生产线。

2. 1985~1995 年，开发了 ZXQ1 和 ZXQ2 型 $\phi32$ 和 $\phi50$ 悬臂式高频焊管机组。

3. 1999 年，开发了新型精密冷弯成型设备机组并推向市场，该机组吸收了国外的先进技术，各项性能指标均达到国外同类机组水平。

4. 2000 年 10 月，公司的 CIMS（计算机集成制造系统）工程通过了国家科技部组织的验收和鉴定。

5. 2007 年以来，公司开发的 LW500 高精度冷弯机组被中国钢结构协会冷弯型钢分会评定为行业优质产品。

6. 2009 年，公司设计并开发了 LW1200 钢板桩冷弯成型生产线；同年生产的 ϕ426 直缝焊管机组获得中国建筑材料集团技术革新开发奖。

7. 2010 年，公司为河北华洋钢管有限公司设计制造了一条 $\phi660 \times 22$ (FFX) ERW 焊管生产线；同年被中国钢结构协会冷弯型钢分会评为中国冷弯型钢行业先进企业；7 月被选为中国钢结构协会冷弯型钢分会副理事长单位。

8. 2011 年，公司为河北志航钢管有限公司设计制造了一条 $\phi711 \times 25$ (FFX) ERW 焊管生产线。

9. 2012 年，公司为济南钢铁集团开发了 300 方（LW1200mm × 19mm）冷弯型钢生产线；同年冶金机电标准化技术委员会组织召开了“冷弯型钢机组”八项系列标准编制会议，公司参与了冷弯型钢机组技术标准的起草工作，是第二项标准（钢板桩冷弯型钢机组技术要求）和第八项标准（小口径厚壁冷弯型钢机组技术要求）的主要起草单位。

10. 2005~2015 年期间，相继设计开发了 FFX 成型 ERW 焊管生产线、114~711 系列产品等。

七、工程实例

1. 1985~1995 年：ZXQ1 和 ZXQ2 型 ϕ32 和 ϕ50 悬臂式高频焊管机组。
2. 1995~2005 年：LW1200 冷弯成型设备。
3. 2005~2015 年：FFX 成型 ERW 焊管生产线，114~711 系列产品。

▲ ZXQ1 和 ZXQ2 型 ϕ32 和 ϕ50 悬臂式高频焊管机组

▲ LW1200 冷弯生产线

中国冷弯30年 1985 ~ 2015

▲ 660 焊管生产线

▲ 300 方（LW1200mm × 19mm）冷弯型钢生产线

▲ 导柱式精密冷弯成型设备

企业名称：南京中轻机械设备制造有限责任公司
法人代表：王京洲
地　　址：江苏省南京中山东路 532-1 号
邮　　编：210016
联 系 人：刘　静
电　　话：025-84496628

衡水益通金属制品有限责任公司

一、企业简介

益通公司始建于1998年，是国内规模最大、综合实力最强、服务最好的波形钢板桥涵专业生产厂家。公司于2003年通过ISO9001:2000质量体系认证，公司现有员工600余人，其中工程技术人员96人，高级工程师11人，每年可生产涵管50万余延米。

公司是国内最早生产波形钢板桥涵的厂家，十几年来一直致力于该产品的技术改进、研发和应用，集科研、生产和施工于一体。公司同交通部公路科学研究院、中交第一公路勘察设计院有限公司、上海市政设计研究院、北京交通大学、河北省交通规划设计院、内蒙古交通设计研究院有限责任公司等单位都有着多年良好的技术协作关系。并参与了多个省部级波形钢板桥涵的研究课题，是部颁行业标准的重点参与起草单位。有独立的波形钢板桥涵设计能力，可为各大项目提供设计、咨询服务。

公司在生产设备、产品研发及应用技术领域拥有30多项专利技术，在国内处于领先地位，并与世界同步。2008年公司再度通过了交通部交通工程监理检测中心认证，取得了“交通工程产品批量生产合格证”；2009年大孔径钢波纹管涵应用技术研究项目获河北省科技进步二等奖，并被评为“衡水市十大优秀发明单位”；2010年再度被评为“河北省高新技术企业”。

公司拥有国际上最先进的螺旋波纹钢管涵生产线，有自主研发的国内最先进的波形钢板桥涵生产设备，热浸镀锌能力在国内处于领先地位。产品结构形式分为整装型、拼装型；截面形状有圆形、椭圆形、马蹄形、拱形等。管径范围为0.3~12m，加工厚度为

1.6~7mm，可满足管顶填土高度0.5~60m构造物的需求。

经过十几年的市场推广，公司产品已广泛应用于河北、天津、山西、内蒙古、甘肃、新疆、河南、湖南、贵州、西藏等20个省（直辖市、自治区）的公路和市政建设中，先后在各个不同等级的公路新建、改扩建、水毁抢修、旧桥涵加固等方面，提供不同结构形式的波形钢板桥涵30万余延米，建成公路涵洞超过250000余座。在多年冻土、沼泽地带、软土路基、湿陷性黄土、喀斯特等复杂地形特征方面，发挥了积极有效的作用，同时在提高公路行车舒适性、降低公路养护费用、环境保护方面也增加了新的亮点。并得到了各地业主、监理和施工单位的好评。

“真诚信诺，打造精品，追求卓越，服务工程”是公司一贯遵守的质量方针。“诚信、勤劳、博爱、和谐”是一直领航益通发展的企业精神。我们永远以一流的产品和优质的服务致力于公路和市政工程，为我国的基础设施建设做出更大的贡献。

二、企业产品

公司是国内最早生产波纹钢板桥涵的厂家，产品种类繁多，目前处于国际该行业领先地位。主要波形有68×13、75×25、125×25、152×51、175×65、200×55、230×64、300×110、350×140、381×140、400×150，波形范围极广，可适用于多领域，在公路与铁路、市政及建筑、煤矿、民用、军事等领域已广泛应用并取得良好的效果。产品组装形式主要分为整管、螺旋管和拼装管，整管直径加工范围0.5~3m，厚度加工范围1.6~6mm，主要波形为125×25、200×55；螺旋管加工直径范围0.3~3.6m，加工厚度范围1.3~4.2mm，主要波形为68×13、75×25、125×25；拼装管直径加工范围1~16m，厚度加工范围1.6~12mm，波形种类涵盖以上所有波形，产品形状多种多样，按产品截面形状分为圆形、椭圆形、低拱形、高拱形、马蹄形、簸箕形、鸭梨形等。

目前，公司正致力于开发超大孔径产品、超小孔径产品、螺旋管双壁产品，超大孔径产品（直径达 8~16m）。主要应用波形为 300×110、350×140、381×140、400×150 等，形状多种多样，适用于跨度大、填土高度大的工程。超小孔径产品指直径 1.5m 以下产品，主要应用波形为 68×13、75×25 等，安装方式多种多样，主要有两片对装和多片拼装。螺旋管双壁产品主要波形为 68×13、75×25、125×25 等，这种结构不仅增加了强度，而且水流效率大大提高，适用于市政等领域。

公司以顾客为核心，发现需求，解决需求，不断创新，努力开发出让客户满意的产品。

▲ 部分波纹管产品

三、企业技术

公司是国内最早生产波纹钢板桥涵的厂家，工艺技术不断创新，波纹钢板件传统成型技术为辊压成型，也是现在的主流成型技术。辊压速度快，产量高，产品质量也较好、较稳定，可以成型小、中、大波形，但较大波形成型质量稍差，因此公司引进国际领先的模压成型，产品质量有较大的提高，且配有自动化上、下料系统，提高了产品的一致性，生产效率也大幅提高。传统打孔的技术为钻床钻孔，生产效率低，精度差。为此，公司积极创新，定制符合波纹板产品的数控钻床，精度大大提高。公司还自主设计液压冲孔设备，生产效率高，精度也较高，冲孔形状多样，便于产品在工地的安装。型弯技术的传统工艺为辊压技术，生产效率较低，变形较大。公司自主设计模压技术，一次成型，提高了生产效率，板形也有了较大提高，变形量较小，便于安装。波纹钢圆管成型技术为辊压成型，公司多次改进成型设备，成型质量有很大的提高。此外，公司还引进自动焊接设备，提高焊接的质量和效率。螺旋管成型技术是公司引进国际领先的全自动化成型技术，成型外观好，强度高，效率也很高，目前处于国际领先地位。

四、企业装备

公司生产波纹钢管（板）已有十几年的历史，企业装备不断创新。拼装管设备主要有波纹辊压成型流水线 68×13、75×25、150×50、200×55、230×64、300×110、380×140 各一套，模压设备 400×150 一套，此模压设备为引进国际领先技术，配有专门的上、下料自动化设备，产品质量、效率大大提高。打孔设备有普通钻床、数控钻床、液压冲孔设备，其中液压冲孔设备可以加工多种多样的孔型，同时增大了孔位置的精度，大大提高了安装效率。波纹板型弯辊压设备主要有 68×13、75×25、150×50、200×55、230×64 各一套，模压设备 68×13、75×25、150×50、200×55、230×64、300×110、380×140、400×150 各一套。模压设备可以加工更小直径的产品，且产品质量较好。其他辅助设备如天车、叉车、包装设备若干台。整管设备有成型设备 125×25、150×50、200×55 若干台，压边机、卷法兰机若干台，其他设备如电焊机、二保焊、自动焊接机若干台。

螺旋管设备为引进国际领先设备，自动化生产，生产效率高，产品质量好。

五、产品开发及应用

波纹钢板涵同时具有刚性和柔性，结构受力合理、载荷分布均匀；现场安装速度快、施工期短，施工不受季节、环境影响；减少水泥、沙子、石子等常规建材的使用，环保意义深远。应用领域广泛，其主要应用范围包括：

（1）公路与铁路：涵洞、通道、小桥、隧道、涵隧大修、临时便道、渗水井、特大跨径桥涵。

（2）市政及建筑：城市地下综合管廊、光电缆保护、排水沟、塔吊围堰、垂直桩外壳。

（3）煤矿：矿产输送管道、人员及采矿机械通道、竖井、煤矿地下应急疏散通道。

（4）民用：电厂烟道、粮食储备仓、发酵罐、储水罐、灌溉水渠。

（5）军事：军事便道、防空通道、疏散通道。

六、成长历程

作为目前国内规模最大、综合实力最强的波形钢板桥涵的专业生产厂家之一，衡水益通金属制品有限责任公司，创建于 1998 年，现有员工 600 余人，其中工程技术人员 96 人，高级工程师 20 人；每年可生产波形钢结构产品 50 余万延米，可实现年销售收入 6 亿元，年产值 7.1 亿元；是中国钢结构协会冷弯型钢分会金属波纹管涵专业委员会副主任单位，并获得了目前波纹管涵领域唯一资质认证的“中国钢结构制造冷弯型钢生产专项一级资质”。

经过多年的跨越式发展，益通公司根据现代企业管理模式和“高效、专业、市场、创新”原则，设立技术研发部、技术咨询部、质检部、生产部、采购储运部、安装事业部等职能部门，并且拥有了国内一流的的高素质产品研发、生产管理和质量控制团队。目前益通公司还拥有40余个专业安装队伍。安装过中国最大钢波纹管涵项目工程。

益通公司始终如一地坚持秉承“责任、诚信、创新、卓越”的企业价值观，追求“低碳产品，环境友好，资源节约，持续发展”的产品目标，永远以一流的产品和优质的服务致力于我国金属波纹涵管的应用领域，为我国金属波纹涵管事业跨越式发展做出更大的贡献。

（一）从无到强，引领国内行业前行

波形钢板桥涵是将镀锌钢带轧制成一定的波形后，经过弯曲、倾斜螺旋后使钢带边缘相互咬合而成的连续的圆形管状体，是一种代替水泥管及钢筋混凝土结构的理想产品。

波形钢板桥涵的优点很多，它可以拼装连接，可以整管连接，可以做成拱形、椭圆形、马蹄形、簸箕形等以适应各种要求。同时，应用方面也非常广泛，可以应用在排水、通道、工业以及农业等领域，可减少常规建材如水泥、石子、木材等的使用，环保意义深远。而且，由于波形钢板桥涵优异的物理特性，在多年冻土、沼泽地带、软土路基、湿陷性黄土、喀斯特等复杂地形特征方面，发挥了积极有效的作用，同时在提高公路行车舒适性、降低公路养护费用、环境保护方面也增加了新的亮点。

对于该产品的应用，国外已经非常普遍。1896年，美国率先进行相关产品技术的

▲ 大孔径9孔并排工程

可行性研究。其后，在美国、加拿大、澳大利亚等国家的公路建设中，均采用此类产品进行涵洞的施工。1990 年，日本高速公路设计，制定了产品技术规范。随着该产品在世界各地的安装使用，证明了其在各种使用情况下的通用性。而在 20 世纪 90 年代，国内在这方面却还是一片空白。在看准了这个行业的巨大潜力之后，益通公司于 1998 年毅然踏上了这一行业的发展之路。

过去，国外的很多制造金属波纹涵管的企业都实行技术封锁，益通公司发展遇到了极大的限制。谈到当年的情景，益通公司的当家人——总经理李恒永还历历在目。“当时，我们到美国、意大利的企业考察，人家都不让我们进生产车间，就更别说技术转让了。”李恒永说，“没办法，我们就直接看成品，回来后就进行‘逆向研发’，从产品研究生产技术，从生产技术琢磨设备制造。就是这么一步步地走过来，才有了今天的规模。”

益通公司为了保证企业发展的先进性和可持续性，专门从美国、加拿大和韩国引进了高端生产设备，目前这批设备运转情况良好，所生产出的产品质量达到了世界先进水平。因此，其产品的市场竞争力也大幅提高，使公司稳居国内波形钢板桥涵行业的“龙头”地位。

目前，益通公司产品规格范围有管径 0.5~12m，波形钢板厚度 2~7mm，截面形状有圆形、椭圆形、马蹄形、拱形等，填土高度 0.5~60m。拥有 30 余项专利技术和 2 项转让专利技术，是国内波纹钢结构行业取得专利权最多的企业。作为国内成立最早、规模最大、综合实力最强的波形钢板桥涵的专业生产厂家，现如今的益通公司可以说代表着国内金属波纹涵管业的发展方向。但是在李恒永总经理看来，现在还不是躺在功劳簿上睡觉的时候，益通公司还必须扩大生产规模，提升核心竞争力，把企业打造成为国内领先、世界一流的现代化“企业航母”。

▲ 呼杀高速直径 3m 多角度三通

（二）自主创新向世界看齐

益通公司自创办以来，无论是产品技术含量、规模还是研发能力，一直在同行业处于领先地位。由于进入市场早，产品竞争力强，经过十几年的推广，公司的产品迅速占领了市场，广泛应用于公路和市政建设中，应用在不同等级公路的新建、改扩建、水毁抢修、旧桥涵加固等方面。

眼看着市场不断地扩大，益通公司制订了产业发展升级计划。但是，

▲ 京石高速渗水井直径 8m

在 2011 年下半年，大量生产同类产品的企业如雨后春笋般发展起来，而且仅在本市就有 20 余家，益通公司产品的市场占有率由 90% 迅速下降至 50%。

益通公司清楚地意识到：市场竞争的出现，有其必然性。只有不断发展自己，领先于国内同行，才能始终处于不败之地。虽然面对市场占有率大幅度下降的现实，但益通公司却开始了“挑客户”的生产模式。而这个模式的基础，就是技术创新，做“人无我有、人有我优”的产品。

“在国内，这个产业已经发展十几年了，出来同样的产品不足为奇，这个产业在国内发展壮大，也是我们乐于见到的。”李恒永说道，“不过，以前我们是这个行业的老大，以后我们还要继续做老大，更要做强。以前的优势就是进入市场早，规模比较大，现在生产同类产品的厂家这么多，只能在技术领先优势上找出路。”

意识到问题之后，益通公司管理层积极思考对策，考虑到自己搞创新周期太长，于是将目光投向了国外。公司先后组织赴欧洲、北美、韩国、日本等国家和地区现场考察，与供应商签订合同后，各种设备陆续运抵项目建设现场，并以最短的时间完成了安装调试。以前益通公司制作的桥涵产品，规格只能在直径 8m 以下。通过先进设备的引进和技术的自主创新，规格最大可以达到 24m，可以说益通公司这一产品已经与国际水平接轨了。目前，在国内只有益通一个厂家能够生产。现在拥有国内最先进的波形钢结构生产设备，热浸镀锌能力处于国内领先地位，拥有独立的化验室和专职质检人员。

为了满足客户的需求，益通公司还自行研制了一些设备，波纹成型机就是其中之一。“我们研制的波纹成形机，生产的成品是环状波纹管，是专门按客户要求设计的。因为当时国外生产的是螺旋波纹管，所以国外也没有这种设备。这个设备我们只花了 20 多万元就做出来了，产品承受力比国外的还好，而且产品厚度不受限制。国内在这个方面我们就占据了优势。”益通公司技术总工文风翔说。

（三）与国际接轨推动行业标准化

“企业若想一直走在行业的最前端，一方面要时刻关注这个行业的国际动向，多与国外的一些同行进行交流学习；另一方面就是要加大自身产品的创新，提高产品标准，加大培养和引进人才的力度。”李恒永总经理说。

益通公司十几年来一直致力于产品的技术改进、开发和应用，集科研、生产和施工于一体，同交通部公路科学研究院、中交第一公路勘察设计院有限公司、上海市政设计研究院、北京交通大学、河北省交通规划设计院、内蒙古交通设计研究院有限责任公司等单位都有着多年良好的技术协作关系。公司是交通运输部交通行业标准 JT/T 710—2008《公路桥涵用波形钢板》和 JT/T 791—2010《公路涵洞通道用波纹钢管（板）》主要编制单位，并参与了多个省部级波形钢板桥涵的研究课题，是部颁行业标准的重点参与起草单位。

“现在，我们控制的产品标准比目前的国家标准还要高，比如说波纹的波距和波深，国家标准为 ±3mm，而我们现在控制的是 -1mm、+3mm。波纹深度越深，强度就越高，承受力越高，用的钢材也越多，当然质量越好。又比如说安装的时候拧螺丝，不仅仅是拧紧了那么简单，它涉及一个扭矩的问题，高了不行，低了也不行。”文风翔总工介绍说，“目前，国家只有产品的标准，安装等方面的标准还没有。我们希望通过大家的努力，使国家标准更全面一些，误差范围更小一些。”

多年来，益通公司在人才培养方面不遗余力。目前，公司现有员工 600 余人，其中工程技术人员 96 人，高级工程师 20 人。“公司创建的时候，很多设备都是我们自己研制的，所以技术人员占了很高的比例，公司每年用于培养人才方面的资金有 500 万元。”李总说。

▲ 山东新泰洛沟至马赵公路桥涵工程
（8.0m×5.6m 马蹄形涵管，10 孔并排）

▲ 山东新泰洛沟至马赵公路桥涵工程
（直径 4m，3 孔并排）

据了解，益通公司在产品创新、技术研发、设备升级方面的专利，已经达到 30 余项。2008 年公司通过了交通部交通工程监理检测中心认证，首家取得了“交通工程产品批量生产合格证”，2009 年大孔径钢波纹管涵应用技术研究项目获河北省科技进步二等奖，并被评为“衡水市十大优秀发明单位”，2010 年再度被评为“河北省高新技术企业”。2011 年 11 月衡水益通公司钢波纹管涵系列产品取得本行业第一个《交通产品认证证书》（CCPC）。2011 年 12 月衡水益通公司与内蒙古交通设计研究院有限责任公司、北京交通大学、湖南众益管业有限公司联合承担的“波纹管结构在小桥与涵洞上的应用技术研究”课题项目获得内蒙古自治区颁发的《科学技术进步奖三等奖》证书。

2013 年 1 月衡水益通公司正式由景县广川工业区迁入新址——衡水市武邑循环经济园区，从此益通公司完成了从初创阶段到快速发展的转变。2013 年 3 月公司根据市场发展的新形势，确定了进行公司战略转型和战略升级的发展方向，投资 2.2 亿元引进美国先进工艺技术和设备，提升公司的整体竞争能力和综合实力，为益通公司可持续发展奠定坚实的基础。

在未来的发展中，益通公司将始终坚持以为客户提供优质工程材料和系统解决方案的立足之本，认识自己所担负的历史使命和责任，去超越让中国金属波纹涵管走向世界的梦想，引领我国金属波纹涵管技术发展和广泛应用的未来。

公司发展大事记

1. 1998 年衡水益通金属制品有限公司成立。
2. 2000 年开展整装钢波纹涵管的应用研究。
3. 2001 年产品应用于青海通县公路中。
4. 2002 年研制生产大孔径钢波纹板圆形通道。
5. 2002 年公司产品广泛应用于上海、内蒙古、新疆、西藏、河北、山西等高速公

▲ 山西和顺旧涵加长

路和普通公路建设中。

6. 2002年至今已先后获得钢波纹涵管产品专利30余项。

7. 2003年2月取得ISO9001:2000质量认证证书。

8. 2004年获得河北省高新技术企业产品证书。

9. 2004年获得河北省乡镇企业局、省科技厅颁发的《河北省科技企业》证书。

10. 2005年开展异型截面钢波纹涵管、波纹板通道的研究与应用。

11. 2005年产品被定为河北省新技术新产品推广项目。

12. 2006年参与制订《河北省公路桥涵通用图》的编制工作。

13. 2007年参与交通部西部课题研究并参与制定交通部部颁标准《公路桥涵用波形钢板》(JT/T 710—2008)。

14. 2008年2月公司系列产品取得交通部交通工程监理检测中心颁发的《交通工程产品批量生产合格证》。

15. 2009年3月公司与河北省公路局、中交一勘院、承德公路管理处联合承担的“公路大孔径波纹钢管涵技术研究”成果通过专家评审，并荣获河北科学技术厅颁发的《河北省科学技术成果——国际领先水平》证书。

16. 2009年“公路大孔径波纹钢管涵技术研究”成果获得《河北省科学技术奖——科技进步奖》证书。

17. 2009年11月荣获衡水市首届“十大优秀发明实施单位”称号并颁发证书。

18. 2009年公司总经理刘洪林荣获衡水市首届“十大优秀发明人”称号并颁发证书。

19. 2010年参与交通部部颁行业标准《公路涵洞通道用波纹钢管（板）》(JT/T 791—2010)的起草编制工作。

20. 2010年公司获得由河北省科技厅、财政厅、国税局、地税局联合颁发的河北省《高新技术企业》证书。

21. 2010年5月获得中国农业银行河北省分行颁发的2010年度“AAA级信用客户”称号及证书。

22. 2010年12月衡水益通公司“公路钢波纹管涵洞成套技术”项目荣获中国公路学会颁发的《科学技术奖二等奖》证书。

23. 2010年12月衡水益通公司“公路钢波纹管涵洞成套技术”项目主持人王志宏

荣获中国公路学会颁发的《科学技术奖二等奖》证书 。

24. 公司 2010 年投资 1000 万元引进具有国际领先水平的加拿大螺旋管成套设备生产线并于当年试车成功，形成生产能力。

25. 2011 年 1 月获得衡水市国家税务局、衡水市地方税务局颁发的 2009~2010 年度 " 纳税信用等级 A 级 " 称号及证书。

26. 2011 年 4 月获得衡水市商业银行颁发的“客户信用等级 AAA 级”证书。

27. 2011 年 4 月取得《ISO 14001:2004 环境管理体系认证证书》。

28. 2011 年我公司首次《GB/T 28001—2001 职业健康安全管理体系》评审并获得认证证书。

29. 2011 年益通公司与多家科研单位合作的“钢波纹管涵在不同地形情况下的应用研究”课题取得重大突破。

30. 2011 年 11 月衡水益通公司钢波纹管涵系列产品取得本行业第一个《交通产品认证证书》(CCPC)。

31. 2011 年 12 月衡水益通公司与内蒙古交通设计研究院有限责任公司 、北京交通大学、湖南众益管业有限公司联合承担的“波纹管结构在小桥与涵洞上的应用技术研究”课题项目获得内蒙古自治区颁发的《科学技术进步奖三等奖》证书。

32. 2013 年 1 月衡水益通公司正式由景县广川工业区迁入新址——衡水市武邑循环经济园区。

33. 2013 年 3 月公司根据市场发展的新形势，确定了进行公司战略转型和战略升级的发展方向，投资 2.2 亿元，引进美国先进工艺技术和设备，提升公司的整体竞争能力和综合实力，为公司可持续发展奠定基础。

▲ 延安禾草沟煤矿

▲ 宜张高速倒虹吸

▲ 益通涵管直径 6m 大角度斜口安装

34. 2014 年 4 月担任中国钢结构协会冷弯型钢分会金属波纹钢板管涵专业委员会副主任单位。

35. 2013 年 7 月获得武邑县总工会颁发的“模范职工之家”称号及证书。

36. 2014 年 6 月获得河北省科技型中小企业资质。

37. 2014 年 12 月获得“中国钢结构制造冷弯型钢生产专项（一级）资质”。

七、工程实例

1. 2000 年，整装型波纹管在青海、西藏多年冻土区应用，开创了波纹管在国内公路使用的新篇章。

2. 2003 年，在内蒙古乌兰浩特首次使用拼装型直径 4m 多孔波纹管，低填方 0.96m 方面有了重大突破。

3. 2005 年在新疆高寒地区使用拼装 4m 高填方 16m 成功应用。

4. 2006 年在东胜环城路市政排水工程中的应用。

5. 2007 年国道 109 常圈沟石拱桥加固项目。

6. 2008 年内蒙古三孔并排 150° 拐弯项目，填土高度 34m，河北青兰高速直径 6m 立交通道，承唐高速的直径 6m 高填方项目，标志着大孔径波纹板管道成功应用。

7. 2009 年内蒙古正蓝旗 207 国道，大波形，跨径 7.4m 的西部课题项目，为大波形波纹板小桥应用提供数据支持。

8. 2010 年河南三门峡市政高填方项目，直径 5m，四孔并排，填土 32m，超高填方涵洞采用加强波纹管应用成功，替代特大桥，节约工程造价。

9. 2011 年广东梅大高速的直径 6m 加肋项目，填土 18m 多，南方气候条件大孔径高填方应用。

10. 2012 年内蒙古济宁运煤专线，替代特大桥，直径 3m 九孔并排，替代大桥，施工速度快，保证施工工期。

11. 2013 年湖北麻武高速，大孔径直径 8m 通道，填土 12m。

12. 2014 年山东新泰 10 孔、12 孔并排马蹄形波纹板桥，在大孔径马蹄形截面波纹板通道应用；在甘肃 8m 跨径半圆拱（11 座）应用。

13. 2015 年湖南武靖高速，直径 6m，壁厚 9mm，大波形、高填方项目，填土高度 27m 多；在南方超高填方项目应用。

▲ 云南马关县“三通一平”项目钢波纹管路基工程
（直径 1.25m，填土 19m）

企业名称：衡水益通金属制品有限责任公司
法人代表：王淑芳
地　　址：河北省衡水市武邑县经济循环园区河钢路
邮　　编：053400
联 系 人：文风翔
电　　话：0318-5876106

江苏顺力冷弯型钢实业有限公司

一、企业简介

江苏顺力冷弯型钢实业有限公司创办于 1996 年，经过 19 年快速发展至今，已发展成为拥有 380 亩厂区，15 万平方米厂房及办公大楼的国家级高新技术企业，冷弯型钢一级资质企业，中国钢结构协会冷弯型钢分会副理事长单位，冷弯钢板桩专业委员会主任单位。有 16 项国家发明专利及实用新型专利，形成了冷弯型钢等产品生产线逾 30 条，产品范围横跨汽车、海洋工程、桥梁制造、仓储物流设备、钢结构工程、机械制造、建筑工程、农机、铁路、集装箱等众多领域，并拥有自己的海工钢板桩研究中心和新产品开发研究院，产品广泛用于三峡工程、北京奥运场馆、上海浦东机场、泰山及边云港核电站、西昌卫星发射中心、浙江跨海大桥等国家重点工程，并远销全球 63 个国家和地区，年产能力超过 50 万吨。

江苏顺力冷弯型钢实业有限公司作为国内冷弯钢板桩行业第一家拥有钢板桩国家发

明专利和自主知识产权的集钢板桩研发、生产、内贸、外贸于一体的企业，顺力钢板桩广泛应用于海洋工程，造船、水利桥梁、铁路等施工中，在全球63个国家和地区享有盛誉，并被国外政府机构认定为免检产品。国内温州欧飞海上工程、三亚渔人岛项目、京沪高铁等项目均采用顺力钢板桩。

顺力的快速发展，其原动力在于有强大的技术创新能力和技术投入，顺力成功开发16mm厚、材质S430冷弯U型钢板桩及冷弯Z型钢板桩，开了全球冷弯型钢高强度、大厚度、复杂断面成型不开裂的先河，顺力还不断进行冷弯成型设备的开发与研究。设备是手段，是服务于工艺要求的。顺力独自研发的单道次独立传动挂式连续冷弯成型生产线，为顺力开发复杂断面冷弯型钢提供了坚实的基础。

从1996年成立以来，顺力始终以创新为导向，敢为人先，在国内率先开发出在线四向弯曲成型各种冷弯型材、管材新工艺，曲率半径任意确定。该产品广泛应用于南京国际展览中心等国内大型展览馆和机场候机楼，并使用到台塑集团、热电厂钢结构烟囱结构项目，开了在线调整弯曲曲率的冷弯成型的先河。

顺力钢业坚持发展自主知识产权，至今已有16项国家发明专利及实用新型专利。以顺力SZ系列产品在国内外享有盛誉。SZ系列产品已经在全球工程设计与招标采购中成为知名系列品牌。

顺力将坚持以技术创新为企业发展的动力，不断开发性价比高的冷弯型钢新产品，满足客户的需求。

二、企业产品

（一）冷弯钢板桩

目前冷弯钢板桩包括U型、Z型、帽型、HZ型、OZ型等全系列冷弯钢板桩产品，已生产的钢板桩品种规格多达1000余种，产品覆盖全球65个国家和地区。

（二）汽车用冷弯型钢

公司是国内最早开发汽车用冷弯型钢的专业厂家之一，生产各种汽车大梁边框厢板等各种重型卡车、改装车用冷弯型钢。其产品广泛应用于中国重汽、陕汽、厦门金龙等国内主流汽车制造厂及众多国内改装车厂。

（三）桥梁制造

公司是国内最早生产桥梁U肋的企业，并且专业制造桥梁钢箱梁及桥面板块，参与浙江跨海大桥钢结构桥梁制造，以及国内多条长江大桥及公路铁路立交桥制造。

▲ 产品之一

▲ 施工工程

（四）重钢结构

公司是国内最早开发钢结构用冷弯型钢的专业厂家之一，其产品广泛应用于三峡工程、首都机场、上海浦东机场、世博会、奥运场馆建设。

（五）自动化立体仓库

公司是国内早期开发生产货架及自动化立体仓库的专业厂家之一，其自动化立体仓库广泛应用于西安飞机制造公司、蒙牛集团、伊利集团等国内知名企业。

三、企业技术

采用辊式冷弯型技术，通过各道次成型时，利用电脑模拟的中性线移位技术，使冷弯成型时产生轴向偏移力，当这种偏移力达到一定值时，型钢就会按预先设定的弯曲曲率半径进行弯曲，从而达到在线一次性生产出符合要求的弯曲弧形冷弯型钢。

打破辊式冷弯成型时必须轧制中性线在一条直线上的规律，用逐道次位移中性线的方法，使型钢在成型时产生轴向变形力，从而使型钢达到在线弯曲变形的效果。

公司在充分调研国际国内钢结构市场的现状后，充分发挥企业技术研发的超强优势，立项用连续辊式冷弯成型工艺生产弯曲弧形冷弯型钢，具有良好的经济效益和社会效益。

四、企业装备

（1）300F、400F、450F、500F 机组。

（2）1~5 号冷弯机组。

（3）89 焊管机组。

（4）140 焊管。

（5）货架机组。

（6）全自动钢板桩预处理生产线。

（7）1700×12 纵剪生产线。

（8）2500×25 纵剪生产线。

（9）钢板桩力学试机。

（10）特大型 H 型钢生产线。

（11）全自动数控切割生产线。

（12）（8~25）×2500 切边、矫平 、纵剪联合生产线。

五、产品开发及应用

海洋工程、桥梁制造、汽车制造、钢结构、自动化立体仓库。

六、成长历程

1. 1996 年，南京市冷弯型钢实业有限公司成立。
2. 2002 年，江苏顺力冷弯型钢实业有限公司成立。
3. 2003 年，在江苏省南京市滨江开发区购买 26 万平方米厂区。
4. 2004 年，新厂区开始使用。
5. 2010 年，公司办公大楼建成使用。

七、工程实例

1. 2000 年，三峡工程。
2. 2005 年，首都机场三号航站楼。
3. 2006 年，北京奥运场馆。
4. 2007 年，浙江跨海大桥建设。
5. 2009 年，上海世博会场馆建设。
6. 2011 年，佳木斯乌苏大桥建设。

7. 2012年，大连营口水利工程建设。

8. 2013年，伦墩奥运会项目。

9. 2014年，马来西亚船坞项目。

▲ 北京首都机场航站楼

▲ 马达加斯加图利亚水库项目

▲ 宁波跨海大桥

▲ 海南三亚崖城渔港码头

▲ 意大利巴拉莫港

▲ 温州瓯飞一期围垦工程

▲ 盘锦二界沟渔港码头项目

企业名称：江苏顺力冷弯型钢实业有限公司
法人代表：王　银
地　　址：江苏省南京市江宁区滨江经济技术开发区顺力路 2 号
邮　　编：211178
联 系 人：王永霞
电　　话：025-86106699

新乡天丰机械制造有限公司

一、企业简介

新乡天丰机械制造有限公司位于新乡国家级高新技术产业开发区，是国家认定的高新技术企业、河南省创新型试点示范企业、中国冷弯协会副理事长单位。以冷弯成型设备研制、开发、推广一体化发展为依托，现已发展成为国内具有领先地位的卷板加工和冷弯成型设备及其自动生产线的股份制企业。

新乡天丰机械制造有限公司作为中国冷弯行业的开拓者，充分抓住冷弯行业巨大的产业发展空间，以其旺盛的生命力和广阔的市场前景，引导着国内冷弯行业的发展方向。公司先后研制开发了TF系列冷弯成型新产品100多种，TF系列产品被评为河南省高新技术产品。产品出口到80多个国家和地区，出口创汇占公司收入的40%~50%。而更重要的意义是通过产品的出口，不仅引进了国外先进的技术，而且实现了公司与发达国家同行业企业的平台对接，同时为公司的发展提供了一个更好的发展平台。现在的天丰机械公司，已成为在世界工业冷弯领域具有影响力的企业。我们与中国冷弯协会、北京科技大学、天津大学等几所大专院校、科研院所长期合作，每年都有新产品投入国内外市场。公司已成为国内多家知名企业的重点供应商。公司开发的工业冷弯系列产品已形成行业领军产品，公司也成为了国内最大的冷弯装备研发制造基地，并迅速成为工业冷弯行业的领航者。公司被评为河南省第一批“优秀民营企业”，河南省制造业信息化重点示范企业，荣获河南省科学技术进步三等奖、中国钢结构协会科学技术奖、中国钢结构协会优质产品奖等荣誉。公司通过“产、学、研”结合实现技术资源的充分共享和研发协作，加快科技成果转化，目前公司已取得25项国家专利。公司作为国家标准主要编制者，参与国家《黑色冶金会议标准》(YB/T 4249—2011)《压型钢板机组技术要求》的编制和起草工作，为规范和引导行业发展做出了贡献。

二、企业产品

公司产品远销80多个国家和地区，其中出口产品以货架型材设备、钢结构型材设备、高速公路护栏板型材设备、钢板桩型材设备为主；国内以电缆桥架型材设备、光伏支架型材设备、钢结构型材设备、立体停车型材设备、环保型材设备等为主。

产品开发与应用领域主要有以下几个方面。

（一）物流行业

随着电商的发展，大型智能物流仓储的需求与日俱增。天丰公司在适应目前物流大发展的前提下，着手于物流仓储的隔板、立柱、横梁等设备的研发与制造。这些生产线集聚了开卷、校平、伺服送料、成型、切断翻边、自动翻转等功能，极大提高了设备速度，提升了设备的生产效率。

▲ 物流行业

（二）光伏行业

在国家大力推进新能源发展的政策推动下，光伏支架的需求量呈几何级增长。在顺应市场需求的前提下，天丰公司开始光伏支架设备的研发制造，并推动了该设备的产品升级与速度提升，目前该设备的性能稳居同行业设备的前列。

▲ 光伏行业

（三）立体停车行业

随着中国现代化进程的推进，城市化战略推进速度不断加快。同时随着人们生活的改善，汽车数量也在不断快速增长，城市中的停车位数量与汽车数量的比例在不断发生变化，人们对停车位的需求的矛盾也在加大。天丰公司顺应市场发展需求，开始了立体停车方面型材设备的研发、生产，并且已服务于国内几家大型立体停车库制造企业。

▲ 立体停车行业

（四）环保行业

近年来，人们的环境保护意识增强，政府对环境污染的控制和治理的力度不断加大，尤其是对污水、大气的治理更加严格。天丰公司也在不断关注环保行业的金属型材的需求，进而推出了环保设备的批量化生产与推广，为我国的环保行业做出了一定的贡献。

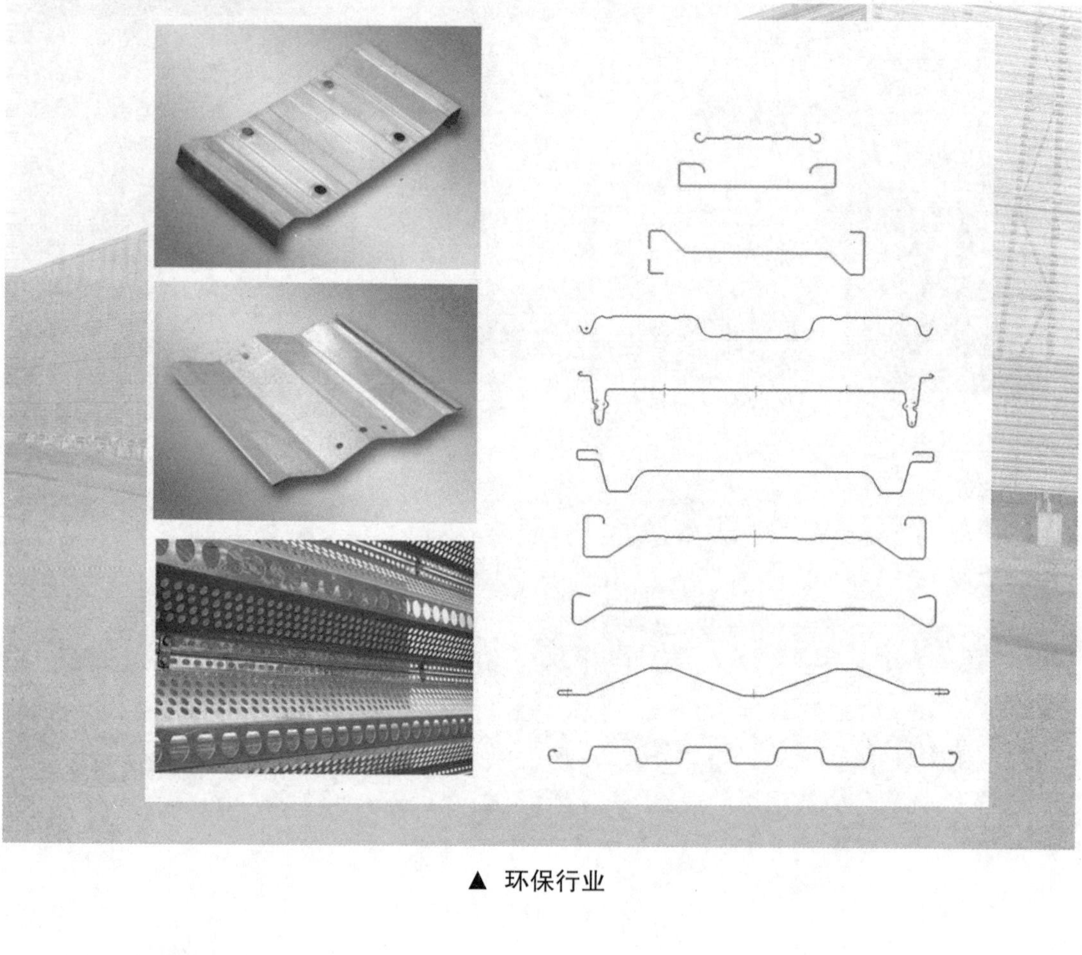

▲ 环保行业

（五）电缆桥架行业

随着工业自动化和楼宇自动化的发展，对电缆桥架以及母线槽的需求也与日俱增，传统工艺的简单的剪折冲已经不能满足大规模生产的需要。天丰公司在对市场的调研和工艺分析的前提下，提出了独特的设计，并针对不同板形的生产和调整，提出了独特的伺服调宽技术，针对不同板形的生产，规格的调换只需要 3 分钟。

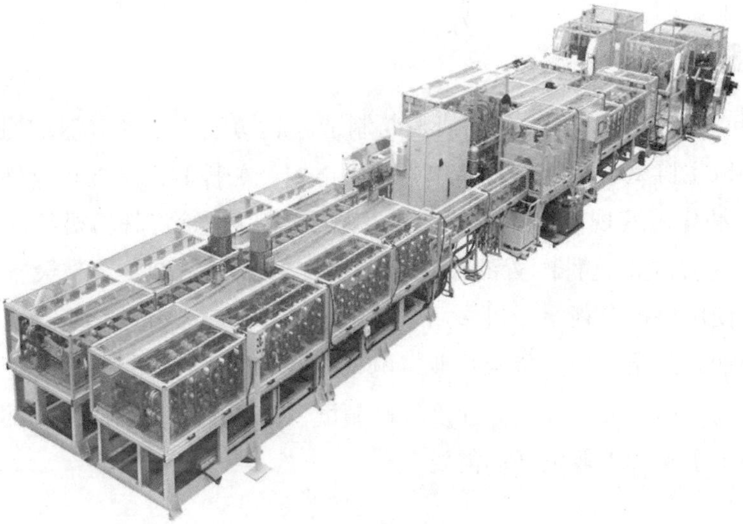

▲ 电缆桥架行业

三、企业技术

公司有技术人员65人，中高级技术人员38人。公司与中国冷弯协会、北京科技大学、北方工业大学、天津大学等院校、科研院所长期合作。先后获得了河南省科学技术进步三等奖、新乡市科学技术进步二等奖、中国钢结构协会科学技术奖、中国钢结构协会优质产品奖等荣誉。目前公司已取得25项国家专利。公司作为国家标准主要编制者，参与国家《黑色冶金行业标准》(YB/T 4249—2011)、《压型钢板机组技术要求》的编制和起草工作，为规范和引导行业发展做出了贡献。

四、企业装备

公司拥有2台GMB2040龙门加工中心－数控龙门铣镗床，数控系统SIMENS，该设备可加工2500mm×6000mm×1200mm的大型焊接件、铸件和钢件等。

公司拥有1台TX6213A(B)数显落地铣镗床，主轴直径ϕ130mm；该设备可加工6000mm×4000mm×1200mm的大型焊接件、铸件和钢件等，主要用于加工大型铸铁件、钢件及其他有色金属件上的钻、扩、镗、铰孔、铣面及用可折式平旋盘进行刮、车端面，车卡簧槽等加工。

公司拥有多台数控车床、钻床、铣床、刨床、线切割等常用加工设备。同时拥有百分表、千分表、游标卡尺、千分尺、便携式硬度计、台式硬度计、深度尺，万能角度尺、水准仪等多种测量和检测工具与仪器。

五、成长历程

公司2002年开始进行冷弯设备的研发与制造。起初主要是针对钢结构行业的建材冷弯设备，设备以主机型为主，比较简单，使用电控开关控制设备的正反转；之后设备开始应用工业自动化，实现电脑柜的操作；2005年之后开始将牌坊机组应用于冷弯设备的制造研发，并首次将这种配置的设备应用于汽车行业；2007年，天丰开始与欧洲客户合作，开始使用快换台板，一机多用，节省了客户的投资和使用场地；之后产品的应用范围不断增加，开始服务于货架行业，电气行业，汽车行业，轨道交通行业，家电家具行业等。目前公司已经开发出高速度、高精度、高智能、高集成、高配置的现代化设备，较好地满足了现代工业发展的需要。

六、工程实例

1. 南京跃进汽车生产线设备；
2. 巴西FAST货架立柱生产线设备；
3. 土耳其高速C/Z型钢生产线；
4. 高速楼承板生产线；
5. 地铁导轨生产线；
6. 施耐德母线槽生产线；
7. 钢板桩生产线。

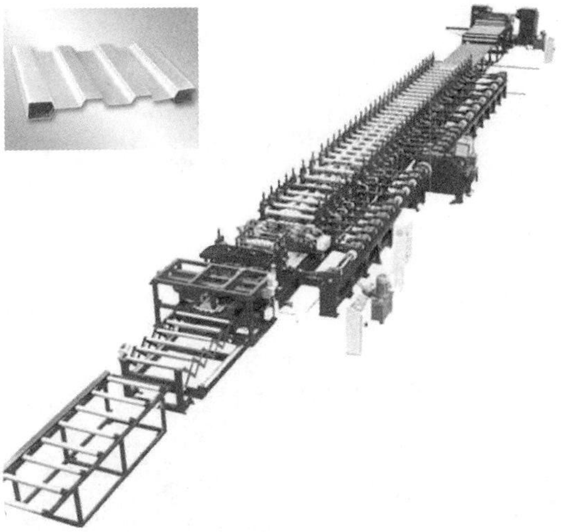

▲ 汽车车厢板生产线

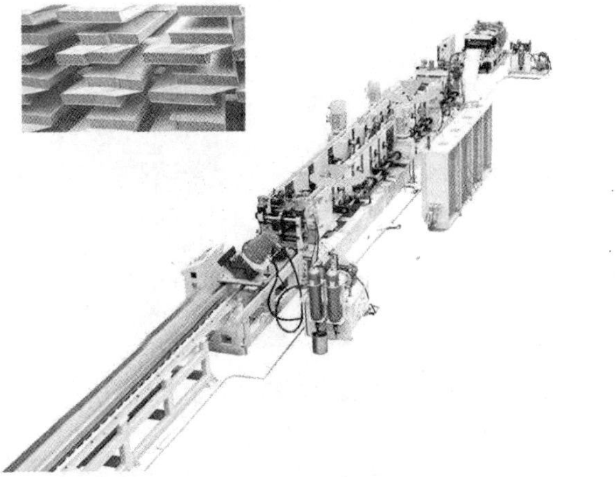

▲ 高速 C/Z 型钢生产线

▲ 货架隔板生产线

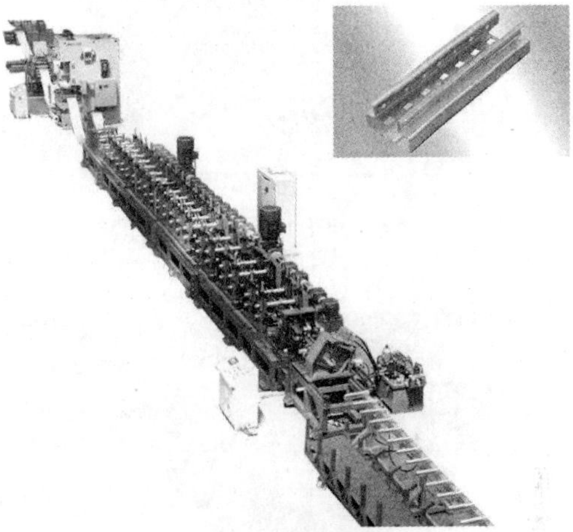

▲ 货架立柱生产线

▲ 高速楼承板生产线

▲ 电缆桥架生产线

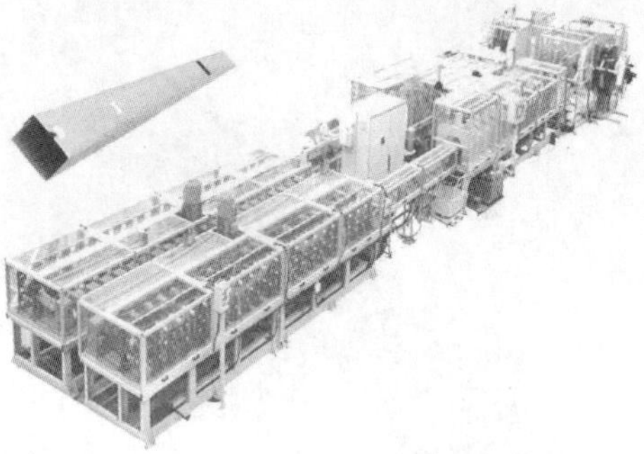

▲ 照明母线外壳生产线

▲ TF815 阳极板生产线

▲ 地铁导轨生产线

▲ 光伏支架生产线

▲ 立体车库底板生产线

企业名称：新乡天丰机械制造有限公司
法人代表：李祯祥
地　　址：河南省新乡市开发区新一街 17 号
邮　　编：453000
联 系 人：王　燕
电　　话：0373-3526678

▲ TF1000 钢板桩生产线

石家庄中泰制管技术开发有限公司

一、企业简介

石家庄中泰制管技术开发有限公司成立于2000年，是专业冷弯焊管设备生产制造商，是集研发、设计、生产、销售和技术服务于一体的高新技术企业。现拥有员工150人，其中高级工程师和工程师20余人。公司秉持“建国内一流团队，做国内一流设备”的企业理念，打造了业内系列知名品牌，并成为国内焊管设备制造的领军企业。

中泰公司作为以“冷弯焊管设备”为主体的装备制造业，主营产品为圆管生产设备、方矩形管生产设备、异型管生产设备、开口冷弯型钢生产设备。凭借自主创新，先后首创了国内第一台ZTF成型工艺生产线、第一台直接成方的直缝焊管生产线、第一台宽幅钢板桩设备、第一台多功能焊管生产线、第一台铁路专用不锈钢机组、第一台高钢级API管生产线。其中，中泰公司成功研制的多功能冷弯焊管生产线被评为第四届中国冷弯型钢技术设备创新奖；“XZTF”机组于2010年荣获中国冷弯型钢技术创新奖，不断推动国内焊管设备走向世界一流。此外，公司还连续获评为中国信用企业认证体系示范单位、中国冷弯型钢先进企业。

中泰公司拥有厂房35000平米，分为热处理车间、机加工车间和装配车间，车间配备大型机加工设备20余台。高性能的生产设备、精密的检测仪器、先进的工艺装备技术，且在同行业中率先引入ERP管理系统，全面通过ISO9001质量管理体系认证，确保了中泰公司设备的一流品质，提升了企业的核心竞争力。

现在，中泰公司在国内构建了以河北唐山、天津、河南、江苏无锡、广东、云南、四川、山西为基地的遍布各个省份的销售网络，中泰公司设备也遍布全国（除西藏外）。同时，公司大力发展国际市场，几年间业务已覆盖全球30多个国家和地区。

在过去的15年中，中泰公司创造了六个国内第一：中国第一台ZTF成型工艺生产线；中国第一台直接成方的直缝焊管生产线；中国第一台宽幅钢板桩设备；中国第一台多功能焊管生产线；中国第一台铁路专用不锈钢机组；中国第一台高钢级API管生产线。

展望未来，中泰将继续秉持“技术创新、品质卓越，服务用户，造福社会”的发展战略，瞄准世界顶级水平，制造国际品质的精良设备，确保企业持续经营，稳定发展。

二、企业产品

公司产品分为三个大类：

（1）圆管生产设备（含异型管）；

（2）方矩形管生产设备；

（3）开口型钢生产设备。

▲ 企业产品

三、企业技术

（1）新型直接成方工艺；

（2）土耳其头推方工艺；

（3）多功能成型工艺；

（4）开口冷弯型钢生产工艺；

（5）生产方矩型管圆变方定径模具全部共用技术（试验中）。

四、企业装备

石家庄中泰制管技术开发有限公司新的生产车间是河北省重点项目，建成于2012年，占地面积100亩，建筑面积35000平米。公司下设热处理车间、综合加工车间、装配车间及研发中心。加工车间配备立式数控加工中心2台，卧式数控加工中心2台，龙门铣1台，端面铣1台，小型铣床3台，数控元车3台，普车3台，外圆磨床2台，平

▲ 机加工车间

▲ 机加工设备一

面磨床1台，镗床1台，钻床3台，数控下料1台，是集下料、焊接、机加工于一体的全工序现代化加工车间。公司于2010年通过质量管理体系认证，体系的有效运行更加有力地保证了产品质量。

▲ 机加工设备二

▲ 装配车间

五、产品开发及应用

（一）新型直接成方工艺

产品开发：在原有直接成方工艺的基础上，新型直接成方工艺更换规格时，不需要加去辊垫，通过手动按钮电机调整，调节轧辊的开合和定位。

相对于传统直接成方工艺，新工艺具有以下优点：

（1）大大减少换辊时间；

（2）减少对设备的损坏；

（3）不用组合模具，一套模具即可完成所有产品；

（4）减少模具库存储备，降低成本；

（5）降低危险；

（6）减轻劳动强度。

产品应用：驻马店仁和冷弯公司，土耳其BASATLI BORU公司。

（二）土耳其头推方工艺

在2014年，针对客户对于方管生产设备需求的增加，中泰公司又适时推出了新型直接成方工艺和中小型土耳其头推方工艺（三代）。

土耳其头推方工艺，顾名思义，就是通过定径阶段的土耳其头参与变形，达到推方的目的。

采用公司研发的土耳其头推方工艺，优点如下：

（1）使得同一型号的机组，生产的方管能够与圆管达到同样的壁厚；

（2）同时降低了轧辊对于钢管的划伤；

（3）另外四个面同时受力，使得成型出来的钢管更加漂亮；

（4）工艺操作方便，降低工人劳动强度，提高工作效率；

（5）节省模具；

（6）可以随意扭转焊缝的位置。

产品应用：武汉钢铁、唐山物产众强高科、唐山鑫峰钢铁等20余家国内外钢管生产企业。

（三）生产方矩型管（圆变方）时，定径模具全部共用技术

该技术正在试验中。

六、成长历程

1. 1998年，成立石家庄中泰制管技术开发有限公司。

2. 2001年，公司为无锡市恒发彩钢板有限公司设计制造的150方生产线，首创国内第一台直接成方的直缝焊管生产线。

3. 2003年，公司为云南昆明钢铁公司设计制造的LW1200多功能冷弯焊管生产线，首创国内第一台多功能焊管生产线，荣获中国钢结构协会冷弯型钢分会第四届中国冷弯型钢技术设备创新奖。

4. 2004年，公司为天津大邱庄众顺钢管厂设计制造的HG273生产线，首创国内第一台ZTF成型工艺生产线。

5. 2005年，公司为江苏无锡苏嘉法斯特钢管有限公司设计制造的ERW426生产线，首创国内第一台高钢级API管生产线。

6. 2006年，公司为山西钢铁集团设计制造的200方铁路专用不锈钢尖角型钢生产线，首创国内第一台铁路专用不锈钢生产线。

7. 2007年，公司为南京万汇钢板桩设计制造的LW1500钢板桩生产线，首创国内第一台宽幅钢板桩生产线。

8. 2008年，公司被评为中国信用企业认证体系示范单位。

9. 2009年，注册企业进出口权。

10. 2010年，通过ISO9001质量体系认证；参与编写《钢板桩冷弯型钢机组技术要求》行业标准、《汽车传动轴冷弯型钢机组技术要求》行业标准、《输电铁塔冷弯型钢机组技术要求》行业标准。

11. 2011年，购买土地100亩，用于新车间建设。

12. 2012年，新车间一期建成并投入使用。

13. 2013年，综合加工车间建成并投入使用。

14. 2014年，当选中国冷弯型钢常务理事单位。

七、工程实例

1. 2001年，无锡市恒发彩钢板有限公司150方×6生产线，首创国内第一台直接成方的直缝焊管生产线。

2. 2003年，云南昆明钢铁公司LW800多功能冷弯焊管生产线；LW1200多功能冷弯焊管生产线为国内第一台多功能焊管生产线，荣获第四届中国冷弯型钢技术设备创新奖。

3. 2004年，天津大邱庄众顺钢管厂HG273生产线为国内第一台ZTF成型工艺生产线。

4. 2005年，江苏无锡苏嘉法斯特钢管ERW426石油套管生产线为国内第一台高钢级API管生产线。

5. 2006年，山西钢铁集团200方铁路专用不锈钢尖角型钢生产线为国内第一条铁路专用不锈钢生产线。

6. 2007年，南京万汇LW1500钢板桩生产线为国内第一台宽幅钢板桩生产线；LW1300钢板桩生产线；LW600冷弯型钢生产线。

7. 2008年，唐山文丰钢铁ERW355石油套管生产线，公司研发"XZTF"机组，于2010年荣获中国冷弯型钢技术创新奖。

8. 2009年，安徽鸿路钢构LW800多功能冷弯焊管生产线，为亚洲最大钢构公司设计生产专用生产线；东风特汽（十堰）专用车有限公司；LW600多功能冷弯焊管生产线，汽车专用"9"字管生产线。

9. 2010年，河北河山工贸公司LW1200冷弯型钢生产线；河北美德钢管ERW426石油套管生产线；出口到伊拉克的ERW254石油套管生产线（此项目为美国出资支持伊拉克政府建设项目）。

10. 2011年，济钢集团有限公司LW1500×19钢板桩生产线为中国现有最大规格钢板桩生产线；中外合资ERW355石油套管生产线（中国与马来西亚合资建设）；许昌万联集团HG140传动轴管生产线。

11. 2012年，出口到哥伦比亚的LW1200多功能冷弯焊管生产线。

12. 2013年，新疆德坤二钢工业园开发有限公司250方生产线。

13. 2014年，出口到土耳其的LW800多功能冷弯焊管生产线；驻马店仁和冷弯型钢有限公司生产线。

▲ 天津田丰□ 300×14mm
方矩管生产线

▲ 江苏无锡苏嘉法斯特 ERW426
石油套管生产线

▲ 南京万汇钢板桩 LW1500 生产线

▲ 唐山文丰 ERW355 石油套管生产线

▲ 安徽鸿路钢构 LW800 多功能生产线

▲ 河山工贸 LW1250mm×12mm
冷弯型钢生产线

▲ 东风特汽（十堰）专用车有限公司
LW600汽车专用“9”字管生产线

▲ 东风特汽（十堰）专用车有限公司
生产的“9”字管

▲ 济钢LW1500mm×19mm钢板桩生产线

▲ 小型精密高速机组

企业名称：石家庄中泰制管技术开发有限公司
法人代表：史纪忠
地　　址：河北省石家庄市中山东路322号开元大厦1304
邮　　编：050011
联 系 人：袁　芳
电　　话：0311-85956222

邯郸市正大制管有限公司

一、公司简介

邯郸市正大制管有限公司（中文简称“正大制管”，英文简称“ZDP”）于2005年6月成立，注册资本11000万元，资产总额18亿元，公司占地680亩，现有职工2500人，拥有各类生产线80余条，各类钢管生产规模达300余万吨。公司是邯郸市十大重点扶持企业、河北省百强企业、中国制造业500强、中国民营企业500强、国家级高新技术企业。是一家以高频焊管、热镀锌管、螺旋焊管、方矩管、钢塑复合管、角钢制造、销售为主导，集科、工、贸为一体的现代化综合型企业。

公司先后通过了国际ISO9001:2000质量体系认证，摩迪英联质量、环境、职业健康与安全三体系认证，美国石油学会API5L认证。公司的“天虹”品牌为“河北省著名商标”、“河北省名牌产品”、“钢管行业知名品牌”。

公司产品广泛用于石油管线、油气输送和给排水、自来水、消防、燃气、集中供暖、采暖蒸汽等低压流体输送及支架、穿线、钢结构等。公司“天虹”牌钢管在众多国家及省市重点工程建设，如南水北调洺河渡槽工程、上海世博会、杭州湾大桥、河南城际铁路黄河大桥、武汉长江隧道、三板溪大坝、引子渡水电站、济南奥体中心、石武高铁、邯钢新区建设中得到应用。

公司销售网络遍布全国，形成了以华东、华中、西南、西北为主的销售网点500多个，国内销售辐射半径达3000余公里。“天虹”牌产品已出口到墨西哥、利比亚、俄罗斯、塔吉克斯坦、哈萨克斯坦等国家。

公司创造性地提出“儒家待人、法家治厂”的管理理念，形成了以“德”为基，以“正”为本的企业核心价值观，打造了一支“群策群力、勇于拼搏、致力发展、奉献社会”的钢铁团队。

公司下属企业：迁安市正大通用钢管有限公司、石家庄洪顺曲艺社文化传播有限公司、邯郸市正大贸易有限公司。

公司托管企业：邯郸市紫山特钢集团通兴型材有限公司。

二、企业产品

公司主营产品规格及型号：

1. 高频焊接钢管

外径范围：ϕ20~ϕ219

管壁厚度：0.8~5mm

长度：6000mm

2. 热镀锌管

（1）热镀锌圆管

外径范围：ϕ20~ϕ219

管壁厚度：0.8~5mm

长度：6000mm

（2）热镀锌方管

管壁厚度：0.4~25mm

长度：6000mm

规格：16mm × 16mm ~ 500mm × 500mm

（3）热镀锌矩管

管壁厚度：0.6~25mm

长度：6000mm

规格：10mm × 20mm ~ 500mm × 450mm

3. 方矩管

（1）方管

管壁厚度：0.4~25mm

长度：6000mm

规格：16mm × 16mm ~ 500mm × 500mm

（2）矩形管

管壁厚度：0.6~25mm

长度：6000mm

规格：10mm × 20mm ~ 500mm × 450mm

4. 螺旋管

外径范围：ϕ219 ~ ϕ2620

管壁厚度：5~16mm

长度：12000mm

5. 钢塑复合管

公称口径：DN15~DN200

管壁厚度：2~516mm

长度：6000mm

产品特色：特殊母材、刚性好、韧性强、焊接坚固、支支打压、平头处理、高品质、全新包装。

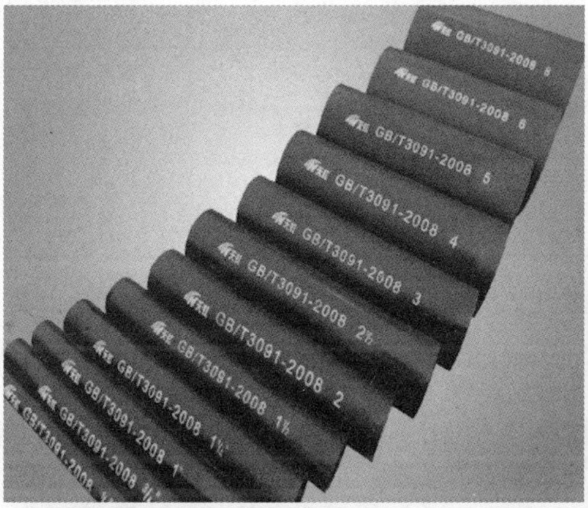

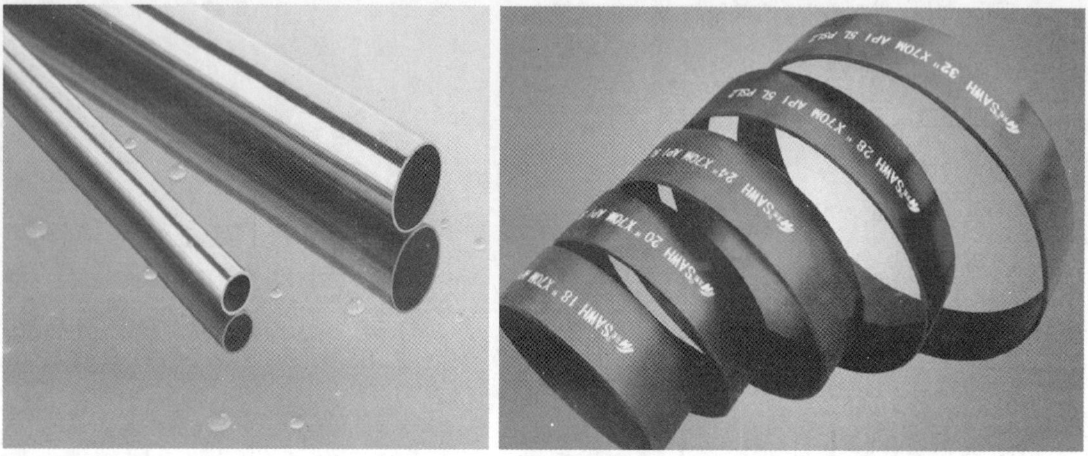

▲ 企业部分产品

三、企业技术

1. 高频焊管生产工艺

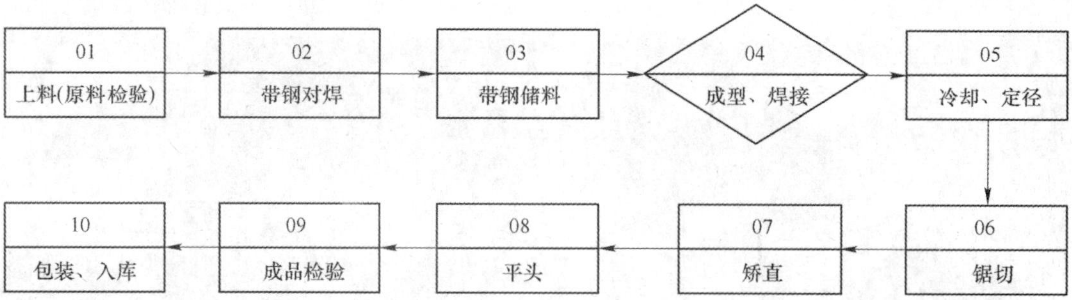

2. 热镀锌管生产工艺

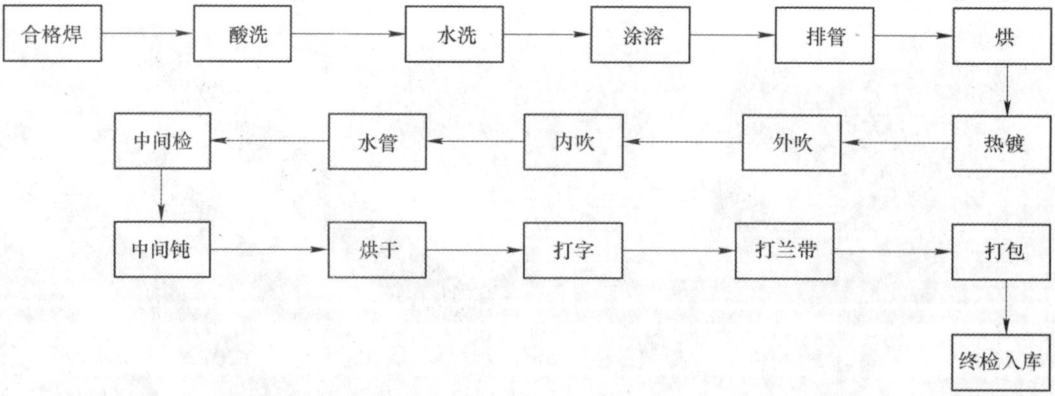

3. 异型方矩管生产工艺

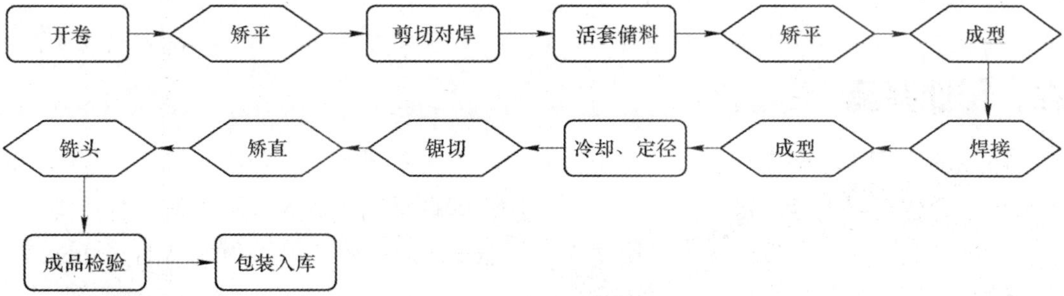

4. 螺旋管生产工艺

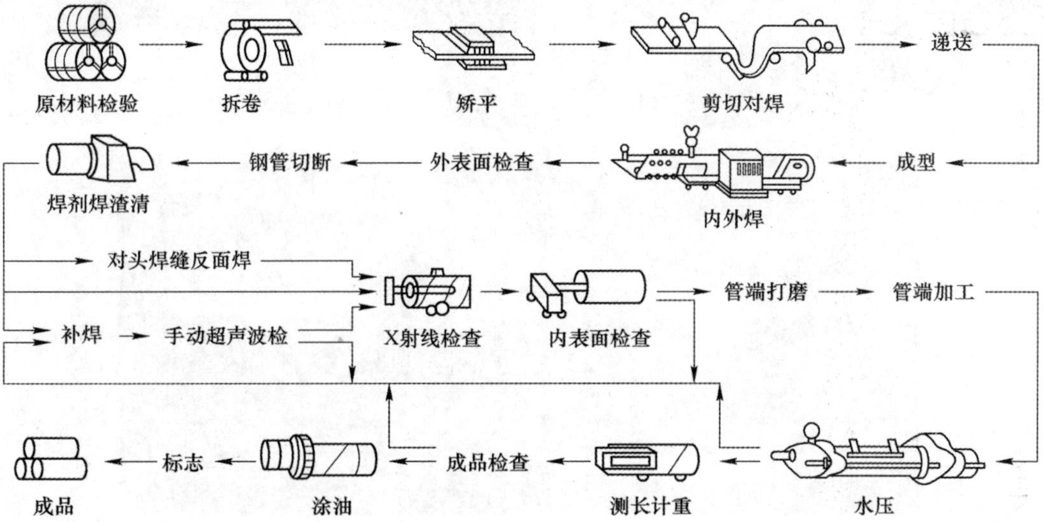

5. 钢塑复合管生产工艺

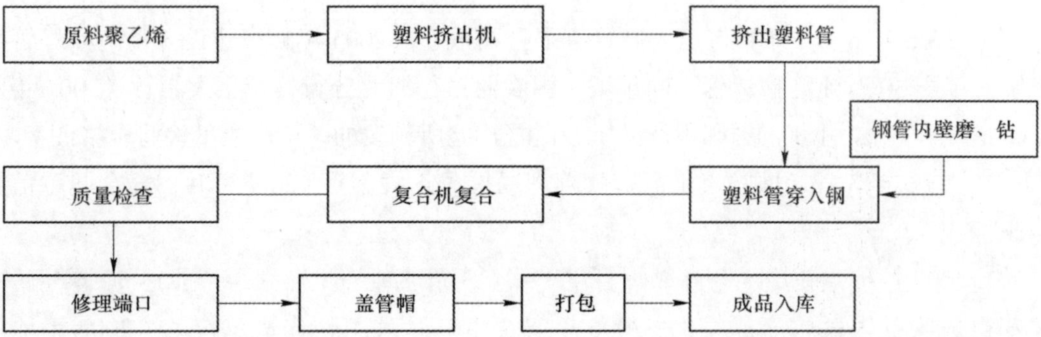

目前，邯郸市正大制管有限公司拥有14项国家专利，其中，实用新型专利12项，发明专利2项。

四、企业装备

高效的生产工艺和先进的生产设备，对于降低企业成本、保障产品品质、提高产品市场竞争力将起到十分关键的作用。公司引进美国色马图尔固态高频焊机、林肯埋弧焊机、英国欧陆电控系统等国际先进生产设备，赋予了正大“天虹”牌产品的优良品质。

▲ 企业生产设备

五、成长历程

1. 2005年6月，邯郸市正大制管有限公司成立。2005年相继建设8条高频焊管生产线，年产30万吨高频焊管，同年被中国农业银行河北分行授予正大制管《2005年度AA+信用客户》，并获得邯郸市产品质量监督检验所颁发的《产品质量检验合格证》。

2. 2006年3月，邯郸市工商行政管理局授予正大制管《2005年度“守合同重信用企业”》。

3. 2007年扩建新增5条高频焊管生产线、3条热镀锌生产线，产能达50万吨。同年获得成安县人民政府颁发的《2006年安全生产管理工作先进单位》、《2006年环境保护工作先进企业》、《2006年文明诚信企业》；获得邯郸市产品质量监督检验所颁发的《质量放心品牌共建单位》；被河北省中小企业局评为“河北省第三届诚实守法企业”；获得由中国物流与采购联合会和中国钢铁采购网诚信建议联盟颁发的《中国钢铁采购诚信交易会员单位》。

4. 2008年，新建5条螺旋焊管生产线，年产20万吨螺旋管。

5. 2009年，新建2条热镀锌管生产线，同年被评为“邯郸市先进集体”。

6. 2010年1月，荣获“河北省著名商标”荣誉称号；2010年2月，荣获“河北省优质产品”荣誉称号。

7. 2011年，新建年产60万吨异型方管工程，同年荣登“中国制造业500强”459位。

8. 2012年2月，新建3条热镀锌管生产线、2条衬塑复合管生产线。同年荣获“河北省名牌产品”荣誉称号，荣登“中国民营500强”485位、“中国制造业500强”307位，荣获“河北省对标示范企业”荣誉称号，公司“天虹”商标被国家工商总局商标局认定为“中国驰名商标”。

9. 2013年，新建5条热镀锌管生产线，同年荣获“邯郸市企业文化示范单位”荣誉称号、“国家级高新技术企业”荣誉称号，荣登中国民营企业制造业500强第319位。

10. 2014年，新建2条热镀锌管生产线、8条高频焊管生产线、废酸治理生产线和氯化锌生产线。同年荣获“国家守合同重信用企业”荣誉称号、荣获邯郸市“民营企业纳税大户”荣誉称号、荣登中国民营企业制造业500强第261位。

六、工程实例

公司承担或参与的工程实例如下图所示。

▲ 杭州湾大桥

▲ 河南城际铁路黄河桥工程

▲ 内蒙古煤化工工程

▲ 南水北调工程

▲ 上海世博会

▲ 2008 年北京奥运会水立方

▲ 武汉长江隧道

▲ 引子渡水电站

企业名称：邯郸市正大制管有限公司
法人代表：王长征
地　　址：河北省邯郸市成安工业区聚良大道 9 号
邮　　编：056700
联 系 人：崔艳立
电　　话：0310-5231066

大连三高集团有限公司

一、企业简介

大连三高集团有限公司成立于2003年8月，其前身大连三高公司成立于1988年，集团由四个公司和一个研究所组成，是主要从事冶金机械设备的设计与制造，承接自动控制工程及新产品开发的民营企业。

公司位于大连市金州区有泉路4号，厂区总占地面积17952m^2，总建筑面积12914m^2。公司现有员工116人，其中工程技术人员42人，科技人员占总人数的37%，管理人员均为大专以上学历，企业人员结构合理，管理制度健全。公司实行独立核算、自主经营、自负盈亏、产权明晰。

公司自成立以来，始终坚持走科技创新之路。目前公司的科技队伍是本行业中门类

最全、科技含量最高、知识结构最合理的专业科研机构。二十几年来开发的所有项目全部申报了国家发明专利和实用新型专利，拥有国内外专利近200项，三高公司在钢管装备制造行业、冷弯型钢装备制造行业、不锈钢焊管装备制造行业具有国际领先水平，设计制造了多种具有中国乃至世界一流水准的设备。多次获省市和国家技术奖励。公司注册商标“SAGE”先后被评为大连市和辽宁省著名商标。

2004年，公司为大庆油田制造了“SG/ERW660大口径高压高强高频直缝焊管生产线”，2010年4月三高公司用自己的专有技术“三高成型法”研发了“SG/ERW711高频直缝焊钢管生产线”，成为中国第一条最大口径的高频直缝焊管生产线的设计者和制造者。该科技成果是我国大口径高频直缝焊管工业化生产的一项重大突破和创新，处于国内领先水平，扩大了焊管工业化生产范围，对我国水利、输油等重大工程的建设有深远意义。该项目被财政部、国家发展改革委、海关总署、国家税务总局两次纳入了《国内投资项目不予免税的进口商品目录》，该项目调整前规格为340mm以下、调整后为660mm以下，又调整为711mm以下，使我国在该领域可以替代进口的设备规格提升了一倍以上，这是大连装备制造业对国家的一个贡献。而公司研发的大连“三高成型法”更是打破了欧、美、日等西方发达国家在该领域的的技术垄断，也使我国在冷弯型钢世界范围内第一次有了话语权，并得到认可，占有了一席之地。2012年11月，由三高公司起草制定的我国首套“高频直缝焊管机组”行业标准，结束了我国在冷轧高频焊管成套设备中长期没有自己标准的历史。

大连三高集团作为我国焊管装备制造工业的龙头企业，力争打造中国冷弯型钢大型焊管设备制造中心，逐步缩小我国机械工业与国外发达国家的差距，为实现“中国制造2025”宏伟目标贡献一份力量。

二、企业产品

企业主营产品：高频焊管机组、不锈钢焊管机组、冷弯型钢机组、直接成型方矩管机组、管加工精整线非标设备、钢管铣切锯机、铣头倒棱机、钢管排锯机、立卧式螺旋活套。

▲ SG711 不锈钢 / 碳钢生产线

▲ SG711 不锈钢生产线

▲ SG630 钢管精整线

▲ LW450 精密冷弯型钢生产线

▲ SG720 多角度平头倒棱机

▲ LW1600 冷弯型钢生产线

▲ SG76 焊管生产线

▲ 铣切锯机

三、企业技术

（一）空弯成型技术

功能：对钢管边缘部分进行弯边成型。特点：边缘部分成型充分，变形力小，边部直线段缩短，有利于高钢级大壁厚钢管的边部成型；采用计算机控制，孔型调整方便快捷；变换规格无须换辊。应用：主要应用于 ERW 机组及不锈钢机组。

（二）排辊成型技术

功能：用于钢管的中部成型。特点：将开口成型后的钢管直线段按照圆成型理论变形，使进入闭口成型段的管坯近似于正圆；有利于大壁厚、高钢级钢管的中部成型，变换规格无须更换轧辊。应用：主要应用于 ERW 机组及不锈钢机组。

（三）等刚性技术

功能：用于钢管合拢最终焊接成型。特点：机架受力均匀不变形，有利于钢管闭口成型和定径，并且采用快速换辊装置进行侧向换辊，使变换规格的时间大幅减少。应用：主要应用于ERW机组及不锈钢机组。

三高公司拥有的世界第一条采用三高成型法成型的ERW711高频直缝焊管生产线，即采用以上技术设计制造，生产线投入使用后效果显著，钢管最大直径762mm，壁厚4~24mm。

四、企业装备

（一）2.4m 7轴测量臂

品牌法如（FARO），产地美国，精度0.01mm，量程2.4m，用于测量零部件的形状及形位公差。

（二）可移动直读光谱仪

品牌斯派克（SPECTRO），产地德国，波长170~1100mm，范围铁基、铜基、铝基，用于鉴别原材料是否符合相关标准。

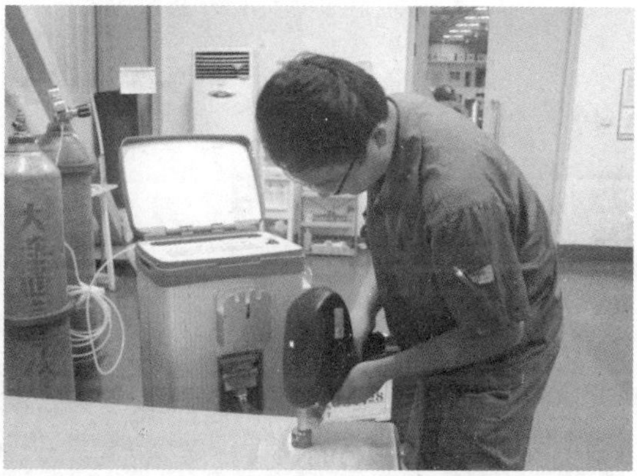

（三）高精密激光测量仪

品牌HAMAR LASER，产地美国，精度0.001mm，量程60m，用于测量整条生产线或大型零部件的精度。

（四）轧辊扫描仪

品牌data M，产地德国，精度0.001mm（点云），量程0~ϕ270mm，用于检测轧辊轮廓是否符合设计要求。

（五）高稳定性变频起重机

品牌科尼（KONE），产地芬兰，提升高度12m，起重范围10~50t，用于机械零部件的安装及起吊物品。

五、产品开发及应用

（1）采用三高成型法成型的ERW508高频直缝焊管生产线，钢管最大直径508mm壁厚4~16mm。

（2）高强度钢LW2100自卸载重车厢板冷成型在线焊接生产线，材料最大屈服强度达到1000MPa，生产效率高，产品外形美观。

（3）采用三高成型法成型的 ERW711 高频直缝焊管生产线，钢管最大直径 762mm 壁厚 4~24mm。

（4）可生产特薄壁管最小 t/D=0.84% 精密工业级不锈钢焊管 / 钛钢焊管生产线。

（5）钢管铣切锯机，用于大直径钢管分切改尺、取样，锯片沿钢管外周旋转锯切，减小了锯片直径，降低了生产成本，提高了钢管端面切割质量。

（6）SG1600 钢管排锯机，用于锯切成排的钢管，效率提高并可替代进口设备。

（7）最大壁厚 50mm 的大壁厚平头倒棱机，用于厚壁管线管的管端坡口制造，坡口可由有两个角度的倒棱刀一次加工完成。

（8）最大壁厚 50mm 的大壁厚管端机械扩径机，用于将不圆的内孔扩圆，以便在套管钢管内孔车丝，管线管对接时管端内孔尺寸一致性好，接口光滑。

六、成长历程

1. 1988年1月23日，大连三高应用技术发展公司成立，注册资金100万元人民币。

2. 1995年12月12日，大连赛德机械制造有限公司成立，注册资金59.6万美元。

3. 2001年，三高公司在中国唐山，中国第一条大口径（1422mm）直缝埋弧焊管生产线（UOE成型）项目中中标。

4. 2002年，三高公司设计生产的ERW焊管精整线设备应用于天津钢管集团管加工生产线。相继应用于宝钢股份ERW610生产线、天津双街ERW610生产线、武钢集团ERW660生产线。

5. 2003年1月27日，大连三高科技发展有限公司成立，注册资金500万元人民币；2003年9月16日，大连三高重工设备有限公司成立，注册资金1000万元人民币。

6. 2004年，中国第一条直径为660mm的高频直缝焊管(ERW)生产线设计制造完成。产品规格：*OD*=219~660mm、*t*=6.0~22.0mm、*L*=18.3mm 钢级：AP1-X80(max)，年产量30万吨。

7. 2005年，三高设计制造了中国首台可一次切割多根最大直径345mm钢管的钢管排锯机——SG1600钢管排锯机。2005年，用于大直径钢管分切改尺、取样的钢管铣切锯机，由大连三高公司设计制造完成。锯片沿钢管外周旋转锯切，减小了锯片直径，降低了生产成本，提高了钢管端面切割质量。

8. 2007年，三高设计制造了可更换轧辊的720mm四辊式热定减径机组，突破了无缝钢管热定减径机通常为三辊式的传统方法，并获得德国专利。

9. 2008年4月7日，阿欧柯（大连）有限公司成立，注册资金9000万元人民币；2008年7月，企业荣获大连市经委授予的“企业管理进步成果”二等奖；2009年7月被大连市知识产权局认定为“大连市知识产权试点单位”。

10. 2009年10月，“SG/ERW660大口径高压高强直缝焊输送生产线”被大连市科技局、大连市总工会、大连市发明协会评为2006~2008年度大连市优秀创新项目和

2006~2008年度大连市优秀发明单位；2009年8月被辽宁省政府评为“1000户成长型中小企业”。

11. 2010年1月，“SAGE”商标被大连工商行政管理局认定为大连市著名商标；2010年1月29日，大连三高冷弯型钢技术装备研发中心有限公司成立，注册资金300万元人民币；2010年三高研制了世界第一条直径为711mm的直缝焊管生产线；2010年11月被辽宁省认定为“全省民营百强企业”；2010年11月29日，为适应三高公司发展需要，大连三高重工设备有限公司更名为大连三高集团有限公司，三高公司步入集团化管理。

12. 2011年1月，“SAGE”商标被辽宁省工商行政管理局认定为辽宁省著名商标；2011年2月，企业被大连市工商局授予“免检企业单位”；2011年4月，被辽宁省大连国家税务局、大连市地方税务局评定为“大连市纳税信用AA级”企业；2011年，三高研制了世界第一条展开带宽2100mm的高强度钢冷成型生产线。

13. 2014年，三高公司顺应“一带一路”国家战略规划大形势，出口到印尼卡拉卡托（KHI）钢铁集团公司具有完全自主知识产权的508mm高频直缝焊管生产线，为公司实施走出国门，调整产业结构打下了坚实基础。

七、工程实例

1995~2005年

1. 世界第一条500mm × 500mm最大口径圆变方制管机组；
2. 中国第一条ERW660mm高频直缝焊管生产线；
3. 中国第一台SG1600钢管排锯机、中国第一台钢管铣切锯机。

2006~2015年

1. 世界第一台SG720mm四辊式钢管热定减径机组；
2. 世界第一条ERW711mm高频直缝焊管生产线；
3. 世界第一条LW2100自卸载重车箱板冷成型、在线焊接生产线。

企业名称：大连三高集团有限公司
法人代表：高国鸿
地　　址：辽宁省大连市金州区有泉路4号
邮　　编：116100
联 系 人：马　丽
电　　话：13904268052

厦门正黎明冶金机械有限公司

一、企业简介

厦门正黎明冶金机械有限公司与厦门黎明机械有限公司（前身为厦门市思明区黎明冶金机械厂）是国内首家专业研发制造辊式冷轧成型设备的厦门市高新技术企业和厦门市最具成长性的中小微企业。

公司成立于1989年，从建厂初期的12人，注册资金仅50万元人民币，租用厦门思明区武装部仓库作为生产厂房，五六台车、铣、磨机械加工设备，年产值不足500万元，对外只能接受零星的非标件机械加工的民营小企业，发展到如今的390多名员工，年产值、销售收入2.56亿元、年出口创汇1000万美元，出口产品销往五大洲100多个国家、年上缴税金1200万元，拥有占地总面积10万m^2、自建厂房总面积7.2万m^2，拥有等离子切割机、数控车床、CNC加工中心、线切割及车、铣、刨、磨、镗等现代化机械加工设备256台，固定资产1.69亿元，初具规模的民营企业，实现了由小变大，新的跨越式发展。

▲ 企业建厂初期厂房

▲ 企业的后溪厂区

▲ 企业同安厂区

公司的主产品辊式冷轧成型成套设备，因不断进行技术、工艺更新，设计合理，部分产品已达到国内领先水平和国际先进水平，并通过 CE 认证，备受国内外用户的青睐。产值、产量逐年递增，经济指标居全国钢结构行业前三名。“LM”图形注册商标，一直用在主产品辊式冷轧成型设备销售品牌上，先后多次获得“厦门市著名商标”、“福建省著名商标”、“马德里国际商标注册”；“LM”图形辊式冷轧成型设备主产品荣获全国新型建筑材料展览会银奖、中国建筑新技术新产品的工程推荐产品、第四届中国冷弯型钢技术设备优质奖、中国钢结构协会冷弯分会特色产品奖、厦门市优秀新产品二等奖、三等奖、厦门市高新技术产品、厦门市自主创新产品、厦门市优质品牌、上海机场（集团）有限公司科技创新三等奖、福建名牌产品、福建省 6.18 项目产品等荣誉；近几年来已获得国家授权的专利 45 项，其中发明专利 9 项、实用新型 35 项、外观设计专利 1 项。

长期以来，公司注重人才队伍的建设，注重招收各类专业技术人才。企业技术研发中心现有各类专业技术人员 69 人，占公司员工总人数的 17.7%，其中高级工程师 2 人、中级专业技术职称人员 10 人、初级专业技术职称人员 20 人，未参加评级 37 人。企业现有人才队伍，能够满足产品研发制造的需求。

为了规范辊式冷轧成型机产品的研发、制造，彻底地改变该产品没有地标、行标、国标的窘境，2009 年经全国锻压机械标准化技术委员会的批准，成立了以公司为秘书处承担单位的辊式冷轧成型设备工作组，负责牵头制定辊式冷轧成型设备国家、行业标准。2010 年 4 月工作组正式成立，成员由厦门正黎明冶金机械有限公司、浙江精功集团有限公司、山东万事达集团有限公司三家国内龙头研发制造厂家、国内大型钢结构用户单位代表、国内高等院校的专家和教授组成。工作组已制定了章程、工作细则，制定国家标准领域内国家标准体系框架、国家标准计划项目清单、工作组工作计划等内容。公司负责牵头拟稿的《辊式冷轧（弯）成型机械通用技术条件》与《压皱式成型板打弯

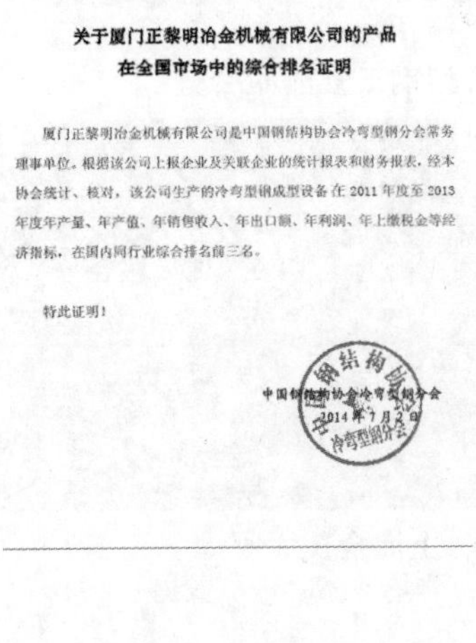
中国钢结构协会冷弯型钢分会

关于厦门正黎明冶金机械有限公司的产品
在全国市场中的综合排名证明

厦门正黎明冶金机械有限公司是中国钢结构协会冷弯型钢分会常务理事单位。根据该公司上报企业及关联企业的统计报表和财务报表，经本协会统计、核对，该公司生产的冷弯型钢成型设备在 2011 年度至 2013 年度年产量、年产值、年销售收入、年出口额、年利润、年上缴税金等经济指标，在国内同行业综合排名前三名。

特此证明！

中国钢结构协会冷弯型钢分会
2014 年 7 月 2 日

福建省著名商标
证　书

认定厦门正黎明冶金机械有限公司注册LM图形商标　（注册证号：第4075739号）使用在7类彩板辊压成型机；机械加工装置；金属加工机械商品上为福建省著名商标。

有效期：2012年12月19日至2015年12月18日

福建省工商行政管理局
二〇一二年十二月十九日

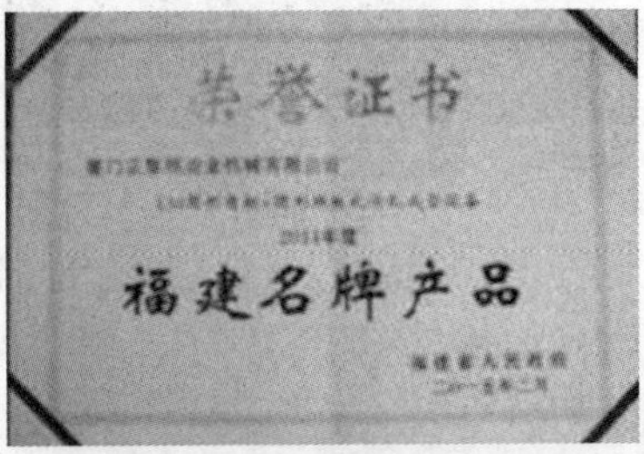

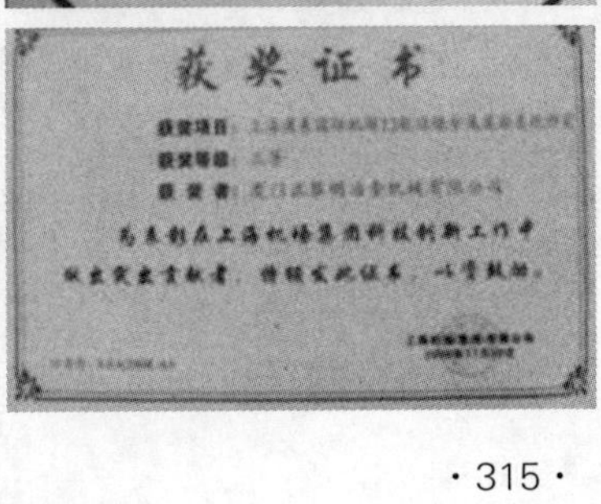

机》两个机械行业标准于2014年7月1日正式颁布实施。2013年12月，国标委正式批复公司牵头组织计划编号：2013911-T-604《辊式冷轧（弯）成型机械通用技术条件》的国家标准的制定工作，必须在2015年底前正式颁布实施，填补该产品国家标准的空白。该项标准创新工作，使公司成为辊式冷轧成型设备制造领域的领头羊与排头兵。

二、企业产品

公司主要产品有金属板辊压成型机（亦称冷弯辊压成型机）与液压放料机、弯曲托架、PLC控制系统、液压冲压及剪切装置、成品托架相匹配，组成金属板辊压生产流水线。

辊压成型主机是以配备不同形状辊环、辊压成型各种规格型号的金属瓦楞板、C型钢和Z型钢轻钢檩条、楼面结构钢承板等。该机在成型原理、自动化控制、板面覆膜、涂胶、表面保护、保温等腰三角形环节有较大的工艺突破。由于随机压板、剪切方面采用了气动跟随、步进、伺服控制技术，提高了生产效率。此外，主机附加剪切、冲孔、滚压、弯曲、锁边、打字、压筋、折弯等综合技术手段，能满足用户的多种需求。

金属板辊压成型机是企业部分参照上海宝钢建设同期引进彩色薄钢板辊压技术的基础，经过消化、吸收、创新设计出来。1996年企业成功地研制了国内首台YX76-344-688型楼面钢承板辊压成型机，从而填补了国内的空白，受到了用户的欢迎，获全国新型建筑材料展览会银奖。

1997年企业又开发了YX51-360-762型彩板辊压成型机，获建材优秀科技成果及

▲ C型钢三缸后冲后剪

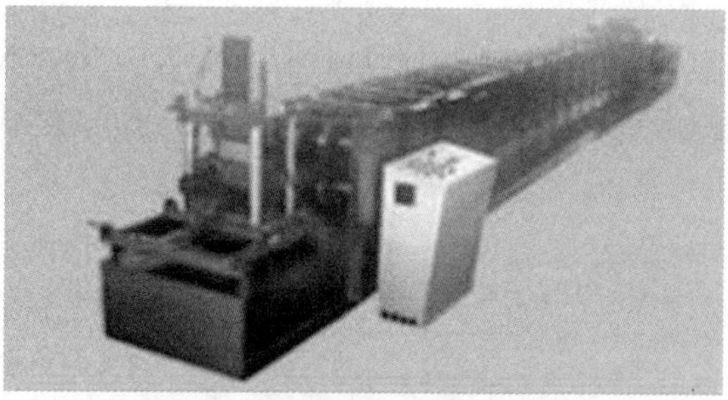

▲ Z型钢三缸前冲后剪

▲ YX76-344-688楼承板成型机

▲ 上海金茂大厦

推荐产品荣誉证。1998年企业主要产品金属板辊压成型机被中国建筑协会评为新技术新产品的工程推荐产品。

▲ YX51–360–762 成型机

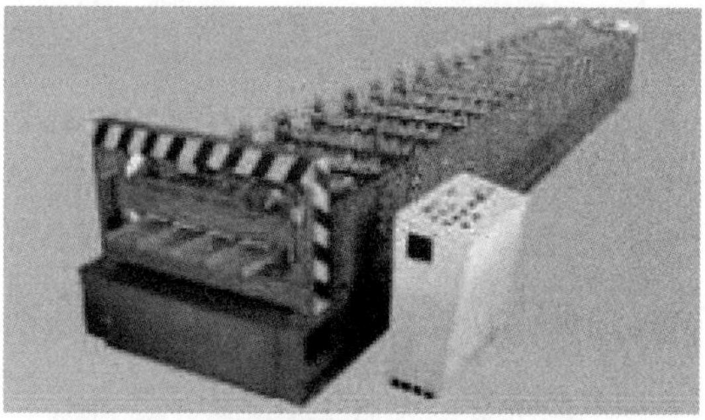

▲ YX28–205–820A 成型机

▲ 琉璃瓦成型机

▲ U475 成型机

几年来，企业还先后开发了U475成型机、YX41–210–420成型机、YX153–560底板成型机、YX65–494成型机、V610成型机、S373成型机、屋脊板成型机、琉璃瓦成型机、双层成型机、落水管成型机、立柱外板成型机、YX28–205–820A成型机、异型板成型机、防撞栏板成型机、10t液压放料机、气动垛料机、YX750卷闸门成型机、YX51–360型正反曲面辊压成型机、智能化数控长板分条折弯机等系列辊压成型设备产品，满足了市场与用户的需求。厦门边防联检大厦、上海浦东机场、上海金茂大厦等国家重点建设工程，都使用企业生产的金属板辊压成型机所压制的薄板与钢构材料，成为国内比较成功的建设工程实例。

2005年公司开发并成功研制了难度非常高的YX600闭口式楼承板成型机、YX780大波浪屋面成型机，改进并完善了琉璃瓦成型机，其中琉璃瓦设备还通过德国莱茵公司验证并颁发的CE认证证书，取得了宝贵的欧洲市场通行证。当年彩色宽幅压型板机组(即冷弯辊压成型机)被评为第四届中国冷弯型钢技术设备优质奖。

2006年3月公司开发成功YX51–360型正反曲面辊压成型机，是通过引进消化国外先进技术，自行进行技术创新而研制的一款具有完全自主知识产权且处于国际上先进水平的新型产品。该机组是将辊压成型主机和正反曲面机构合二为一的自动化生产线，其中曲面弯弧机构及其集成结构在国际上属于首创新技术，该设备已运用在浦东国际机场T2航站楼长廊工程，该工程项目已由上海五冶、上海四新钢结构有限公司申报国家科技进步奖。

2006年公司还新开发了智能化数控长板折弯机，经专家鉴定具有国内领先水平，该项目已获得福建省6.18项目成果鉴定。

▲ 厦门边防联检大厦

▲ 上海浦东机场

▲ YX600闭口式楼承板成型机

▲ 大波浪屋面成型机

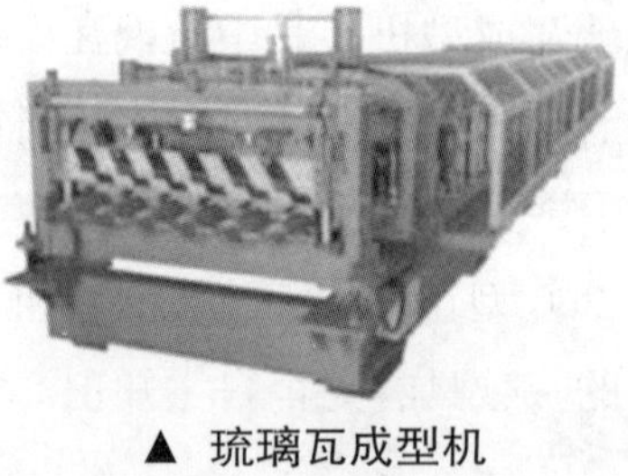

▲ 琉璃瓦成型机

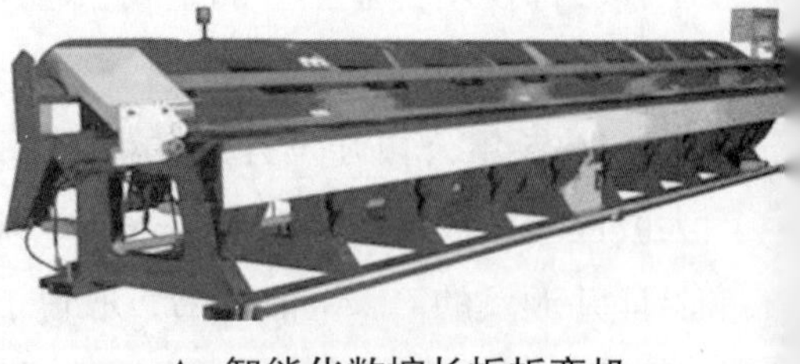

▲ 智能化数控长板折弯机

三、企业技术

辊式冷轧成型设备属于轧制机械的一种设备，设备由液压放料机、成型主机、PLC控制系统、液压成型剪、产品托架等组成。其生产过程为金属材料或带材，通过液压放料机放料；板材或带材在辊压冷弯成型机旋转轧辊的作用下，产生连续塑性变形，得到规定截面形状的成型板；并由与成型板截面一致的剪刀进行横向切断；最后将成品板材收集在托架上，配置不同形状的轧辊，可成型各种规格型号的金属瓦楞板、C型、Z型轻钢檩条、楼面结构钢承板等。

在辊式冷轧成型设备的研发制造方面，公司技术研发中心，通过引进、消化、吸收再自主创新国外新工艺、新技术。公司所研发的辊式冷轧成型设备采用了PLC控制系统，设备在随机压板、剪切方面采用了气动跟随、步进、伺服控制技术，主机附加剪切、冲孔、滚压、锁边、打字、压筋、折弯等综合技术手段，自动化程度与生产效率高，能够满足市场用户的多种需求，深受国内外用户的欢迎。

公司是厦门市高新技术企业，近9年来企业有29个研发项目，实际投入研发费用4511万元，实现成果转化项目40项。截止到2014年12月31日，公司已受理和授权的发明专利9项、实用新型专利35项、外观设计专利1项。

研发项目一：一种压皱式打弯机

该设备主要是将普通平面屋面成型板弯曲成不同曲面造型的打弯设备，其创新点：一是可进行水平操作和立式操作的功能；二是机体紧凑、体积小、重量轻，便于施工地面移动。该项目成果已转化为压皱式成型片打弯机，该设备研发出来后深受用户欢迎，用户纷纷订购，年销量200台左右，销售收入1600万元，获厦门市优秀新产品三等奖、厦门市自主创新产品、厦门市高新技术产品、中国冷弯型钢特色品种奖，2009年5月27日获《一种压皱式打弯机》实用新型专利，证书号：第1224227号，2009年8月5日获《打弯机（自动压皱式）外观设计专利》，证书号：第978266号。

研发项目二：一种连续辊式冷弯成型机的轧辊机构

该项目研发是为了解决连续辊式冷弯成型机在辊轧彩板时刮伤型钢的问题。其创新点是在直径较大的轧辊内装入轴承，使成型机运行时大直径轧辊速度和小直径轧辊速度基本一致，使型钢成型运行速度和轧辊的工作面线速度基本相同，减少成型时轧辊对型钢的板面阻力和阻力负荷，确保板面成型美观。该项目已转化到连续辊式冷弯成型机，年销售收入1200万元。2010年1月13日荣获《一种连续辊式冷弯成型机的轧辊机构》实用新型专利，证书号：第1337818号。

研发项目三：一种大波高型钢连续辊式冷弯成型机的轧辊机构

该项目的研发主要用于解决一种大波高型钢成型机的轧辊工作面刮伤型钢的问题，确保型钢的美观和防腐蚀性。其创新点：一是用立辊替代大直径轧辊，使型钢运行速度和所有轧辊（包括立辊）的工作面线速度基本相同，避免刮伤，影响产品美观和防腐蚀性；二是降低产品成本。该项目已成功地应用于YX153-280-840型、YX114-200-600型、YX200-420-840型辊式冷轧成型机，年销售收入263万元，产品销往比利时、新加坡等国家，受到用户好评。2010年1月13日获《一种大波高型钢连续辊式冷弯成型机的轧辊机构》实用新型专利，证书号：第1338031号。

研发项目四：一种连续辊式琉璃瓦成型机

该设备用于琉璃瓦屋面板的加工，是向意大利出口的订单。其创新点：一是速度快、精度高；二是可实现不停机跟随压板；三是设备提升空间大，通过更换伺服电机，可提高速度；四是扩展性能好，只需更换机械装置，就可实现跟随冲孔、跟随剪切等工艺。该项目成果已成功地应用于YX16-190-1140型冲压式琉璃瓦成型机，年实现销售收入58.5万元。2010年1月27日获《一种连续辊式琉璃瓦成型机》实用新型专利，证书号：第1349888号。

研发项目五：一种连续辊式冷弯成型机的支架

该项目涉及一种连续辊式冷弯成型机的支架技术领域。其技术背景包括成型机——基座及若干组前后并排的轧辊模块，该结构固定每个轧辊模块的侧板都不能拆卸地固定连接在基座上。由于轧辊模块和基座之间不易拆卸，存在以下不足：（1）无法根据实际需求更换轧辊组；（2）如需生产新产品，则只能更换整条成型机。该项目研发的内容是提供一种成型机支架，克服现有设备存在无法根据实际需求进行更换轧辊组的不足。该设备的创新点：一是装拆十分方便快捷；二是整体架体更换迅速，可以快速换装各种配套成型支架；三是更换轧辊模块即可生产新型成品，成品更新换代成本低；四是这种机型可以适用不同截面的变化，通过压型轮组的更换，实现多品种的生产；五是由于轴承设置在连接座之内，因此轴承定位简单、锁接牢固、结构紧凑，趋向于模块化设计，通用性强。该项目研发成果已被成功地应用于YX23-183.3-1100型琉璃瓦成型机、D101圆落水管成型机、YX36.5-171.5-686型楼承板成型机、YX71-270/420型直立缝成型机，年产值500万元。2010年2月24日获《一种连续辊式冷弯成型机的支架》实用新型专利，证书号：第1367323号。

研发项目六：一种双层薄板铆接结构及机构

该项目技术领域涉及一种双层薄板铆接结构及机构。其技术背景是现有双层薄板铆接结构都采用焊接、螺栓连接、螺钉连接或铆钉连接，存在以下缺点：上述铆接结构都需借助外部耗材实现，耗材成本高。该设计方案是利用薄板的结构特性，直接在双层薄板上加工出铆钉，再通过该铆钉将双层薄板铆接在一起，基本上不消耗任何外部耗材，克服了原技术背景技术所存在的不足。该项目研发成果已成功地应用于公司各种型号闭口式楼承板成型机，年销售收入500万元。2010年5月19日获《一种双层薄板铆接机构》实用新型专利，证书号：第1427829号。

研发项目七：转轴式翻转折边机

该项目是在常规折边机的基础上，为解决隔声板与装饰板在辊轧过程存在着折边角度不到位、刮漆等缺陷问题，使用时需人工进行调整校正，影响安装和使用效率及折边材料的加工质量。其创新点：一是可以快速调整，以实现不同材质、强度、板材进行90°折边功能；二是解决了刮漆造成彩板外观质量的损失。该项目成果已转化到公司各种型号的隔声扣板成型设备自动生产线与装饰板成型设备自动生产线，年销售收入700万元。2014年5月28日已获《转轴式翻转折边机》发明专利，证书号：第1408570号。

研发项目八：檩条前冲前剪装置

该项目研发是针对C型钢檩条采用前冲前剪替代传统的后冲孔剪切装置，以解决C型钢小边成型后再成型腰高的反作用力（小边反弹），造成角度不到位问题。其创新点：一是配合“连续模块和导轨模块之间的上下滑动”、“弹簧的上下伸缩”和“导向板的导向”，能自动调整整形模块上下位置以适配不同腰高的C型檩条的小边，能保证小边角度整形到位，无须手动调整，加工方便；二是整形模块能相对连接模块左右滑动，便于整形不同宽度的C型檩条；三是通过第一整形轮的上端面和第二整形轮的四转面之间形成的整形槽整形小边，整形摩擦力小，避免刮伤C型檩条表面；四是第一整形轮和第一连接轴之间连接有轴承，整形摩擦力小。该项目已转化到前冲前剪C型檩条成型机，研发成功后，使公司C型檩条成型机的销量倍增，年销售收入达495万元。2011年4月13日获《一种C型檩条整形装置》实用新型专利，证书号：第1756034号。

研发项目九：全自动可调C型钢机组

该项目是针对国内C型钢机换型形式一般采用剖分套形式进行型号互换，换型时间长的特点进行研发改造的。公司采用电脑控制，通过液压系统提供动力，从而实现自动而有效的换型，保证了换型的精度和稳定性。换型过程中三个调节液压马达分别控制主机的不同位置的移动，使主机能直接调整到需要的板形尺寸和板材厚度，达到快速换型效果，使产品达到更高的尺寸精度和直线度。其创新点：换型形式快捷、简便、操作简单、直观，能够实现换型的高效、高速、高精度和产品多样性。该项目成果已转化到全自动可调C型檀条成型机组，年销售收入达220万元。2011年6月22日获《一种C型檀条辊压成型设备》实用新型专利，证书号：第1838759号。

研发项目十：琉璃瓦檐口冲压装置

公司生产的琉璃瓦辊压成型机所辊压的金属板琉璃瓦板形与中国传统的古典建筑用琉璃瓦外形相似，它被用在各种仿古典园林式建筑中，其造型古朴、美观、又富有现代特色。该项目研发的琉璃瓦檐口即为琉璃瓦屋面的滴水檐，它处在建筑的边沿突出位置，这就要求其能方便流水，也要求造型美观。其核心技术是将已成型琉璃瓦冲压折弯成大角度的檐口，不同于普通的平板折弯，在普通的折弯机上便可实现，要将这种已成型好的有着不同曲线截面的琉璃瓦成型板折弯，需要有新的成型工艺。需要考虑成型板在折弯时受压面的收缩量。由于该板要在很小的横断面内发生大角度的弯曲，这时要想办法让其弯曲时受压面区域内的料有规则地收缩。它采用了两组油缸三次动作让料有规则地收缩起来，从而实现琉璃瓦檐口的成型。其创新点：一是采用两组油缸三次动作可快捷地完成大折弯角度的琉璃瓦檐口的成型；二是折弯角度大，成型角度可达70°；三是成型时间短，速度快，每片所用时间5~8s；四是折弯后的檐口外形美观。该研发项目已转化为YX30-164-820型琉璃瓦成型机组，年实现销售收入350万元。2011年8月7日获《一种琉璃瓦折檐口设备》实用新型专利，证书号：第1894405号；2012年3月21日获《一种琉璃瓦折檐口设备》发明专利，证书号：第924721号。

研发项目十一：大小头成型机中的一种一次成型工艺

该项目是通过摆动大小头可移动单边机组的纵向角度来实现大小头的一次成型。创新点为：一是成型速度提高4~6倍；二是机组可成型有效宽度200~1000mm直板材；三是最小可成型3m长的大小头板材成型；四是智能化高、稳定性好。该研发项目成果转化到YX65-418型大小头一次成型辊轧成型机，年实现销售收入300万元。2011年11月2日获《一种大小头冷弯成型机组分条设备》实用新型专利，证书号：第1983702号。

研发项目十二：全自动大小头弯弧机组

该项目是公司承接上海BS项目，为延伸金属板辊轧、冷弯成型设备的产业链，形成集辊轧、成型、辊弯于一身的生产线而研发。该项目核心技术是在机械结构设计方面要保证大小头成型板能顺利实现弯弧，包括角度控制部分、主传动部分、大小头控制部分、弯弧成型部分，共采用了七个减速电机装置，有效地结合在一起，做到结构紧凑、布局合理；在自动控制方面，一片板上可以连续弯曲多个弧度，所有弯弧半径，弧长以及直板的渡角通过人机界面触摸屏一次性输入基本数据即可实现自动运行，大小头直板的角度可以根据输入大小头的宽度以及直板的长度由控制系统自动计算得出，控制系统具备宽度、角度、弧度等校正功能；板面弯曲之后不发生无规则皱折，保证板面美观是该机组核心技术。其创新点：一是采用自动摆角度可上下张合的两对弯弧机构来实现大小头成型直板的弯弧；二是当弯弧机的角度设为 0° 时，它可以辊弯普通的直板，且板宽可实现无极调整；三是角度可以自动调整是该项目主要创新点，它改变了此类弯弧机只能辊弯普通直板的现状。该项目的研发成果已转换到公司研发的大小头正弧机组与大小头弯弧机组，年销售收入 680 万元。2011 年 11 月 9 日获《一种大小头连续辊式冷弯成型机》实用新型专利，证书号：第 1992234 号。

研发项目十三：檩条机液压控制中心

该项目是采用液压控制中心作为檩条成型机的动力，实现机电液一体化生产。其核心技术液压控制中心是檩条生产线的关键设备，是主机运转和模具工作的动力源及控制部分，与 PLC 控制系统配套，以实现对整线工作的精确控制。其创新点：一是运行稳定，成型速度快；二是冲孔及剪切精度高。该项目成果已转化到 C 型钢檩条成型机与 Z 型钢檩条成型机，年销售收入 4000 万元，获厦门市优秀新产品二等奖。

研发项目十四：液压控制楼承板生产线

该项目采用液压控制中心作为楼承板生产线的关键设备，是主机运转和模具工作的动力源及控制部分，与 PLC 控制系统配套，以实现对整线工作的精确控制。其创新点：一是运行稳定、成型速度快；二是楼承板成型精度高。该项目成果已运用到 YX50-200-600 型闭口式楼承板辊式冷轧成型机、YX76-305-915 型楼承板辊式冷轧成型机、YX53-200-590 型燕尾槽楼承板辊式冷轧成型机、YX76-344-688 型楼承板辊式冷轧成型机，年销售收入 1300 万元。2011 年 11 月 9 日获《一种能装拆轴向定位套》实用新型专利证书，证书号：第 1993121 号；2011 年 11 月 23 日获《一种能装拆悬挂装置》实用新型专利证书，证书号：第 2007070 号；2011 年 4 月 28 日《能装拆轴向定位套》已申请发明专利，专利受理号：201110109450.0；2013 年 6 月 5 日获《能拆装悬挂装置》发明专利，证书号：1206823 号。

研发项目十五：曲线分条的生产工艺

该项目是针对国内的分条机只能做横剪或纵剪，该项目的研发是要实现全自动扇形分条及全自动弧形分条的全自动曲线分条机。其创新点：一是能完成斜线（大小头）和曲线金属板材的自动剪裁；二是全自动化、剪切速度快速且安装可靠。该项目成果已转化为全自动曲线分条机，年销售收入 224 万元。2011 年 12 月 14 日获《一种曲线切割设备》实用新型专利，证书号：第 2036079 号；2011 年 4 月 29 日《曲线切割设备》已申请发明专利，申请号：201110112022.3；2013 年 7 月 3 日获《剪切式切割设备》发明专利，证书号：第1228435号。

研发项目十六：一种建筑用屋墙面板

该项目是公司受用户委托，要开发一种隐藏式的屋面板与墙面板，作为密闭式的垃圾处理厂房。其创新点是要求板形必须是密闭式，不能透气。该成果设计已转化为公司设计的YX38-417型隐藏式屋面板成型机，年销售收入150万元。2013年5月11日获《建筑用屋墙面板》发明专利，证书号：第1189693号。

研发项目十七：瓦楞板垛料机新型托料机械

该项目主要是针对屋面板、楼承板、波浪板生产线的自动化流水线而研发的。机械托料部分通过对转杆旋转角度范围的改进，将原来90°往返打开方式，更改为360°全角度旋转打开方式，方便了调试与控制；采用PLC加传感器控制垛料电机的启停，降低了工作噪声和设备振动，减少电机及电气配件的损坏，确保垛料精度准确。该项目成果已转换到YX32-250-1000型层面板冷轧成型机等设备。年新增销售收入1300万元。2013年2月27日，已授权《前后打开垛料机》实用新型专利，证书号：第2727519号。

研发项目十八：光伏支架生产线气动步进送料机械

该项目是承接国外客户YX82-83/103/122型侧梁板冷轧成型机而立项的。客户所需的侧梁板要有步进冲孔的引送功能。项目是由一个架体、一个汽缸压紧机械、一个汽缸推动机械、一个汽动步进送料控制部分组成。该系统采用PLC加传感器控制汽阀来实现，冲孔模动作到达下限后，夹紧汽缸动作夹紧板料，冲孔模起来，回到上限位置时，送料汽缸得电伸出，把板送出，送料汽缸送到位后，冲孔模动作，当冲孔模到达下限时，夹紧汽缸松开，同时送料汽缸退回，回到初始位置时，夹紧汽缸又夹紧板料，冲孔模起来，回到上限位置时，送料汽缸得电伸出，开始按以上顺序循环动作。该项目创新点：（1）制造成本低；（2）定位精度高；（3）结构简单，可以快速调整。该成果也转换到YX40-50型侧梁板冷轧成型机，年新增销售收入85万元。已获授权《气动步进送料装置》实用新型专利，证书号：第2730579号。

研发项目十九：Z型钢旋转垛料机

该项目主要部件包括成品牵引装置、夹持装置、旋转装置、行走式垛料台。首先由牵引装置把剪切好的型钢成品拖出剪切模具，然后夹持装置的汽缸把Z型钢夹紧，旋转装置把夹紧的Z型钢旋转到堆垛状态，夹持装置松开，Z型钢自由落入垛料台，在达到堆叠的数量后，垛料台行走到下一流程进行包装。旋转装置可以把Z型钢旋转到适当的位置，并且可调整旋转角度，使其能以最佳角度落入垛料台；夹持装置可保证Z型钢从剪切工作台旋转进入堆垛状态过程中的稳定；全部动力选择汽缸可以解决长跨度同步问题。垛料台的木垫可以缓冲型钢滑下来的冲击，倾斜的木垫能很好地辅助堆垛。可实现自动堆叠计数，可轻松实现对不同型号、不同长度的Z型钢的自动堆叠。创新点是：可以快速调整、自动计数，以实现对不同型号、不同长度的Z型钢的自动堆叠。该项目成果已转换到Z150~Z300型半自动Z型钢辊压成型机与全自动可调Z型辊压成型机，年新增销售收入187万元。2013年9月25日，已获授权《Z型钢垛料机》发明专利，证书号：第1279387号；2013年3月13日，还获授权《一种Z型钢垛料设备》实用新型专利，证书号：第2767819号。

研发项目二十：单片板成型的新工艺方法

该项目的立项，是根据国外客户要求，研发YID-Ⅲ型单片板进料成型机。该设计采用自动纠编系统进料，导向跟随夹紧，辅助成型的方式，来保证短板成型定位准确、不跑偏，尺寸精度高，能实现自动送料，不需要配置放料机、剪切装置及液压系统，达到节约材料、降低采购成本，通过更换成型辊轮，可实现不同板形的成型；通过调整进料宽度，实现同一板形的多规格化和一机多能。其创新点：适合不连续单片板的成型，采用纠编系统自动进料，导向平台跟随夹紧的方式来实现板料一侧成型，一侧定位引送，保证短板成型时定位准确，不跑偏，尺寸精度高。该项目成果已转换到YX65型直立缝大小头成型机等产品，年增销售收入230万元。2014年11月26日已获授权《单片板冷弯成型设备》发明专利，证书号：第1525010号。

研发项目二十一：智能化C型钢垛料机

该项目研发是针对国内市场C型钢檩条生产线在换规格成型、堆垛板料方面还停留在人工完成阶段，存在速度慢、效率低、成本高等缺陷。该项目设计了智能叠料、自动升降储料台的堆垛机；具有集放料、自动成型、打孔、剪切、堆垛料等工序于一体的智能化C型钢生产线；液压系统采用由1台较小普通电机加1台伺服电机来替代原有的单一大功率普通电机的传动方式，通过伺服电机转速来控制流量，使系统响应更快，流量控制更精准。该项目已成功转换到各种型号C型檩条机、半自动C型檩条成型机、全自动C型钢冷轧成型机，年新增销售总收入420万元。2015年1月14日获授权《C型钢自动堆垛设备及垛料装置》发明专利，证书号：第1566476号。

研发项目二十二：大型屋面板防漏水新型缝合工艺

该项目立项主要是为了解决大型屋面板原有固定方式因自攻螺钉上橡胶密封圈老化、破损所引起的屋面板损坏、生锈、漏水等长期未能彻底解决的问题。该设计将在金属屋面板的前提下，通过将冷轧金属屋面板的扣合两端及特制的扣件，按公扣边、扣件、母扣边的顺序依次搭接后，使用配套的手动咬边钳、电动缝合机进行80°咬合锁边（其中扣件通过自攻螺钉固定于檩条上），以此实现金属屋面板相互间的咬合连接及与扣件的固定连接。该工艺创新点：一是操作简单；二是质量稳定。该项成果已成功转换到YX29-410-820型与YX51-380-760型金属屋面板辊式冷轧成型机与各种型号的角驰系列辊式冷轧成型机，年新增销售收入207万元。2013年7月18日《一种手动咬边钳》与《一种电动锁边机》两项实用新型专利已正式授权，证书号分别为：第3338406号与第3339040号。

研发项目二十三：新型液压落水管打弯及收口装置

该项目核心技术：一是如何将落水管直管打弯成弯头。首先采用电脑控制整个打弯过程，打弯前先设定好打弯距离及打弯次数，后管料向前运行设定好的距离，三片薄刀片对落水管的三个面进行挤压，使管料向预设的凹槽中产生V形变形；其次再由推料油缸使落水管向前推进，此时卡在凹槽中的V形截面发生折叠并向前运动、脱离凹槽，实现一次打弯。如此循环达到设定的打弯次数后，落水管便由直管弯曲成弯头管，实现了直管打弯。

二是如何实现落水管直管及弯头管的收口。首先将已经成型好的落水管直管及弯头管的端部四个边角进行向管内收缩变形，以便使两者能轻松插入实现连接；其次采用油缸驱动四组连杆从落水管的四个边角向内挤压从而使管口急剧变形收小，让未收口的管料顺利插入。项目创新点：（1）直管打弯采用新的成型工艺，弯头造型美观；（2）采用四组三点式连杆机构，从管料的四个边角来收口，使两管插入安装变得轻松快捷。该项目研发成功后，成果已转换到YX95×133型、YX90×120型、YX144×111型落水管弯头收口机和YX144×108型、YX122×182型落水管打弯机，年增销售收入280万元。2014年6月18日已获授权《一种落水管收口装置》实用新型专利，证书号：第3623578号。

研发项目二十四：复杂多截面面板无极调剪切装置

该项目是针对轻钢住宅采用复合墙体，满足抗震救灾等需求，主要由冷弯成型的多截面面板内充保温棉制作而成，此类板形的特点是两侧边都有较复杂的截面形状，中间是一段平直面，两侧的复杂截面相互扣合搭接，起到保温、防水、隔热、抗震的作用。

该项目核心技术：根据板形的结构特点采用模块式组合刀具，实现对复杂多截面且宽度方向为大范围变化的各种类型的面板的无极调剪切。剪切时面板的一侧固定不动，另一侧为可沿下刀水平移动的活动刀块，活动块在精密丝杠驱动下的左右移动靠近或远离固定侧从而实现无极调宽。其创新点：（1）剪切时采用宽幅调节丝杠调整活动刀块与固定边刀座的相对宽度，实现对不同宽度的复杂多截面面板的剪切。（2）该剪切上刀采用锯齿形且在横向上可做微调，此设计缩短了油缸的剪切行程同时还可保证刀口的剪切方向和角度，使板料在剪切过程中截面变形显著减小。该项目成果已成功转换到 YX38-350/1100 型保温板无极调整成型机、YX995 型发泡板双层冷轧成型机、快速换型冷轧机等产品，年增销售收入 216 万元。2014 年 3 月 26 日，已授权《多截面面板剪切装置》实用新型专利，证书号：第 3471887 号。

研发项目二十五：一种变截面成型工艺

该项目是通过摆可移动单边单道的纵向角度，且每道都能单独摆动角度来实现变截面机组的一次性快速成型变截面板形。其核心技术是通过数据反馈实时摆动各道单边纵向角度、各道左右移动距离、各道主传动驱动来实现变截面的一次性成型。其技术为每道可移动成型架体底板通过滑块连接能在线性导轨上横向自由滑动，通过同步丝杆电机驱动以实现自动横向移动的目的；同时变截面摆角度电机将完成对变截面板材的曲线成型功能，带主传动电机驱动将完成对板料的传输引送成型功能。其创新点：（1）一次成型工艺快速，成型速度达 12m/min；（2）成型机组安装计数装置，对数据的传递反馈安全可靠。该项目成果已转换到 YX65-270/500 型直立缝大小头成型主机等产品上，年新增销售 435 万元。2014 年 11 月 26 日已获授权《一种变截面成型的冷弯设备》实用新型专利，证书号：第 3931258 号。

研发项目二十六：轻钢龙骨自动化生产线模具识别系统

该项目轻钢龙骨是一种新型建筑材料，广泛应用于工厂、商场、候机楼、室内装修设置、居民住宅等场所。该项目是通过快速更换模具与模具识别感应开关，可根据需要选择模具的其中一种尺寸，从而实现不同规格尺寸的轻钢龙骨的自动生产。具有高度自动化、高度可视化、冲孔模具自动识别性、板形多样性、记忆换型位置、生产订单通过文件形式进行下载、安全性高等特点。该项目成果已转换到 S-250 型冷轧成型机、S-160 型冷轧成型机、C75、C90、C125、C140 型冷轧成型机，年新增销售收入 487 万元。已申请《一种轻钢龙骨自动化生产系统》实用新型专利，申请受理号：201520229203.8.

研发项目二十七：新成型剪切装置

该项目主要针对成型机中成型剪切装置结构改进，将结构框架由原来梁柱式改为侧板式，齿条同步改为联轴同步。其创新点：（1）同步结构更改，方便调试与控制；（2）梁柱式框架改为侧板式，容易组装与维修；（3）"隐藏式"架体，提高了设备整体美观性；（4）节约成本，不影响剪切质量。该项目成果已转换到屋面板、波浪板、墙面板等成型机的剪切装置，年新增销售收入 78 万元。2014 年 11 月 20 日已申请《一种剪切成型设备的驱动装置》实用新型专利，申请受理号：201420701437.3.

研发项目二十八：蒙皮板端部成型机

该项目立项时主要是用于汽车车厢板型的辊压成型，可以推动冷弯成型产品在我国汽车、动车、火车车厢制作领域的应用，提供优美的线条与造型，拓宽产品销售市场。

蒙皮板端部成型机主要零件包括上辊成型部分、底部成型模板、链轮传动组、下支撑板调节机构、直线导轨等。首先人工把半成品蒙皮板下端插入下支撑板，上端靠住限位板，调整支撑板位置来保证工作高度。支撑板位置设计成可左右上下调节来解决不同批次蒙皮板自由边及弧度的误差所带来的高度差问题。其次启动电机通过链条传动带动成型部分前进，对蒙皮板成型。成型部分设计成上下通过螺栓调节高度，以此适应蒙皮板板厚的变化，把上辊成型部分做成可移动下成型模板固定，加工安装简单、成本低、成型稳定。该项目成果已转换到侧顶蒙皮板折边弯辊压成型机与蒙皮板辊压成型机，年新增销售 90 万元。2014 年 12 月 31 日已申请《一种钢板端部成型设备》实用新型专利，申请受理号：201420868071.9.

研发项目二十九：滚冲式打孔装置

该研发项目来源于国内客户所需的外挂墙板，属于建筑用异形板。要求该装置能在不用停机的情况下，能冲圆孔、方孔、椭圆孔等。因此，公司将该装置设计为滚冲上辊与滚冲下辊，上辊由钢轮带可拆卸的冲针组成，下辊由钢轮外面包裹橡胶组成，并将该装置依附在冷轧成型机组中，与成型机组共用动力，无须齿轮啮合传动。其创新点：（1）可冲圆孔、方孔、椭圆孔等，适用性广；（2）孔距精准，且能快速更换孔型；（3）此装置与主机共同转动，同时进行冲孔，无须停机，节约时间，提高生产效率。该项目成果已转换到 YX-59 型小龙骨成型机、U28 型成型机、YX12-283 型外挂板成型机，年增销售收入 280 万元。2014 年 6 月 25 日已授权《一种滚冲装置》实用新型专利，证书号：第 3645772 号。

四、企业装备

公司固定资产 1.69 亿元，目前拥有数控车床、线切割机、数控铣床、数控火焰切割机、镗床、龙门刨床、数控抛丸机、CNC 加工中心、等离子切割机等机械加工设备 265 台。

（一）CNC 加工中心

配备数控系统对主轴转速进行指令控制，对纵向、横向、垂向三个坐标的进给运动和快速移动进行连续控制。配备有自动换刀装置，可自动连续地进行镗孔、钻孔、铣削、锪孔、铰孔等多种工序加工。适用于加工各种精度高、工序多、形状复杂的零件，如各类箱体模具、凸轮、支架、样板、内燃机零件、汽车和飞机零件等，更适用于加工单件和小批量零件，是提高精度、提高工效的自动化机床。

（二）龙门铣床

具有较好的刚性。该机床以刨削为主，适用于粗加工、精加工各种机械上的大中型零件，铣削平面和倾斜面，刨削水平面、垂直面、倾斜面以及各种平面组合的导轨面（如V形燕尾形导轨面等）。该设备可减轻体力劳动，提高生产效率，机床的电气化程度较高，具有较高的刨削速度，并且速度的调整范围较广，机床的结构坚实，外形美观。工作台切削和返回的形成速度可以独立无极调整，调整时不必停车。

（三）数控车床

根据加工工艺要求编程加工程序并输入CNC（同时具备运动控制和逻辑控制功能，可完成二轴运动控制），CNC按加工程序向伺服电机驱动单元发出运动控制制定，伺服电机通过机械传动完成机床的进给运动。该机床电器控制通常采用可编程逻辑控制器（简称PLC），具有体积小、应用方便、可靠性高等优点。

（四）线切割机

利用电极丝作为工具，在数控系统的控制下，按预定轨迹对工件进行切割加工。适合于高精度、高硬度、高韧性的各类模具、样板和形状复杂零件的加工及各种有色金属、工具钢、合金钢等导电材料的加工。

（五）等离子切割机

用于切割如碳钢、不锈钢、铝、铜等金属材料的专用数控切割机床；等离子切割速度相对氧乙炔切割速度快、效果高，但其使用成本稍高。

（六）卧式铣镗床

这是一种万能型的机床，可进行钻孔、镗孔、扩孔、锪平面，借助进给量中具备的标准螺距可车削螺纹；平旋盘滑块的径向一定可得到径向进给，故能镗削尺寸较大的孔和平面、车外圆、切槽等；其随机附件如立铣头，可进行更广泛的铣削加工。

五、产品开发及应用

多年来，公司注重以市场为导向，准确地把握市场脉搏与行业发展趋势，重视辊式冷轧成型设备制造业领域新产品、新技术、新工艺的引进、消化、吸收和再自主创新。现已开发出钢结构墙面板成型机组、屋面板成型机组、网架专用大跨度板成型机组、钢结构楼承板成型机组、C/Z型檩条成型机组、汽车型材成型机组、超市仓储货架机组、异型板成型机组、大跨度正反曲面屋面板成型机组、闭口式楼承板成型机组、琉璃瓦成型机组、复合板与保温板成型机组、智能化数控长板分条折弯机和压皱式成型板打弯机等15大类40多个系列，上千个品种规格。由于辊式冷轧成型设备是一种高效、节能、低排放的成型设备，符合国家关于“节能减排”的发展政策，现已广泛地应用到建筑钢结构行业、船舶制造行业、汽车、动车制造业、办公装配制造业、超市仓储货架、航空仪表制造业、高速公路防护栏等行业，备受国内外市场用户的青睐。

▲ 墙面板
（S373成型主机）

▲ 隐藏式屋面板
（角驰III 820成型主机）

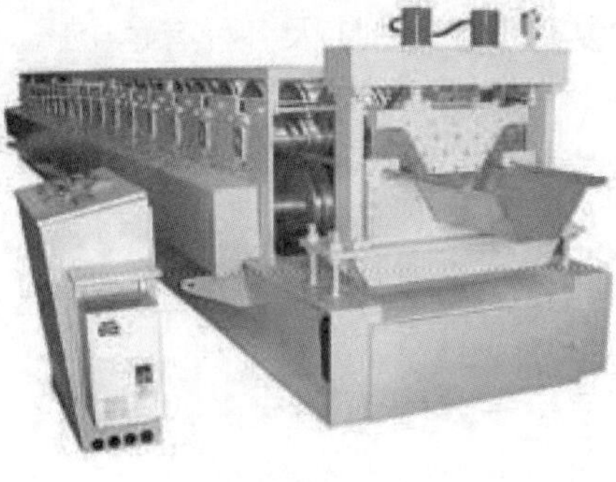

▲ 网架专用大跨度板成型机

▲ YX76-344-688楼承板成型机

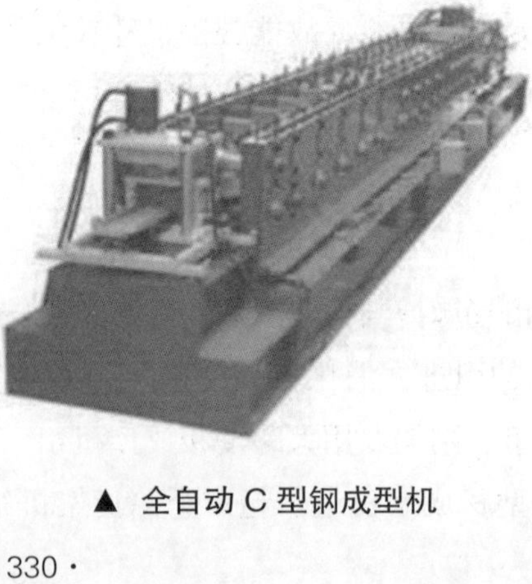

▲ 全自动C型钢成型机

▲ 立柱板（侧梁板）成型机

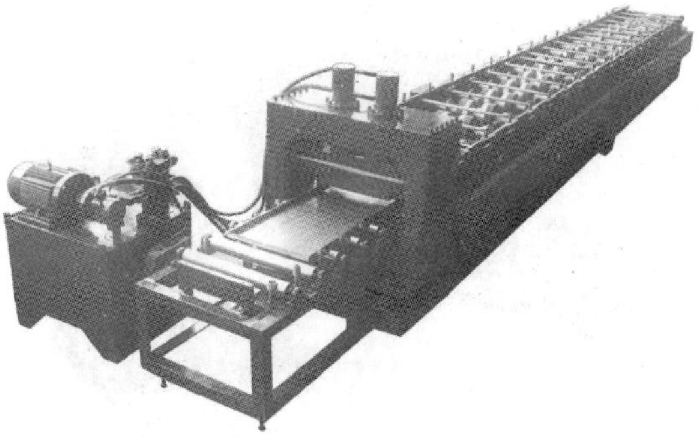

▲ 货架托板成型机（带折头）

▲ 异形板成型机

▲ 波浪板光滑辊弯机

▲ YX71-200-600 闭口式楼层板成型机

▲ 琉璃瓦成型机

▲ YX150-600 保温板成型机

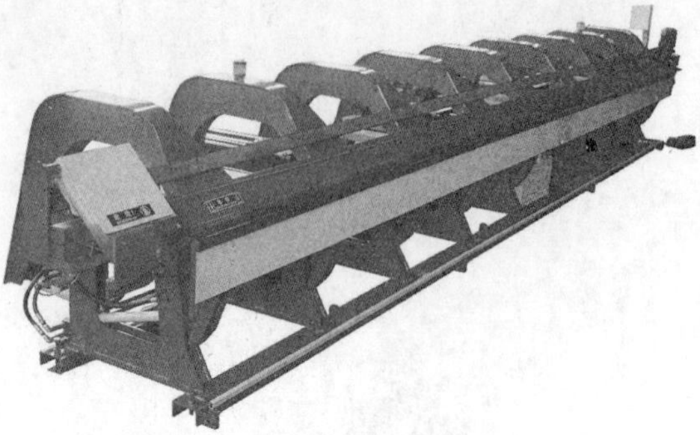

▲ 数控折弯机

▲ 自动压皱式打弯机

六、成长历程

1. 1989年，企业成立，建厂初期有12个员工，注册资金50万元人民币，租用厦门市武装部仓库作为生产厂房，五六台车、铣、磨机械加工设备，对外承接非标件机械加工，年产值不足500万元的民营小企业。

2. 1996年，企业第一台YX76-344-688型楼面钢承板辊式冷轧成型设备研发成功，获全国新型建筑材料展览会银奖。

3. 1997年，YX51-380-760型彩板获“建材科技成果及推荐产品”荣誉证书。

4. 2004年，公司被厦门市科技局确认为“厦门市第一批民营科技企业”，被市经发局评为“厦门市重点民营企业”；2004年，公司通过ISO9001：2000标准质量管理体系认证。

5. 2005年，公司主产品辊式冷轧成型设备通过TUV产品认证，荣获“福建名牌产品”、“福建省用户满意产品”称号、“第四届中国冷弯型钢技术设备优质奖”。

6. “LM”图形商标荣获“厦门市著名商标”。

7. 2006年，公司荣获“厦门市高新技术企业”和“厦门市重点高新技术企业”荣誉并通过每三年一次的复审；2006年公司冷弯辊压成型设备机组被厦门市人民政府评选为“厦门市优秀新产品三等奖”。

8. 2007年，“LM”图形商标办理马德里国际商标注册。2007年公司液压传动C/Z型钢檩条成型设备机组被厦门市人民政府评选为“厦门市优秀新产品二等奖”；2007年度，公司从国外引进再自主创新的智能化数控长板分条折弯机获福建省6.18项目。

9. 2008年，公司LM压皱式成型板打弯机被厦门市人民政府评选为“厦门市优秀新产品三等奖”。

10. 2009年，公司《金属板辊轧冷弯成型成套设备》Q/XMLM01—2004获中国标准化创新贡献奖三等奖；2009年公司LM压皱式成型板打弯机被厦门市科技局等四家单位评选为“厦门市自主创新产品”和“高新技术产品”；2009 年 12 月，LM 图形商标被福建省工商局评选为福建省著名商标。

11. 2010 年 10 月，公司被全国锻压机械标准委批准为辊式冷轧成型设备工作组（SAC/TC220/WG4）秘书处单位，负责牵头组织工作组制修订行业标准、国家标准。现已制定三个行业标准。

12. 2012 年 12 月，公司被厦门市知识产权局评选为厦门市知识产权试点企业；2012 年香港建筑金属结构、澳门金属结构协会授权公司成立“冷弯成型技术研究中心”。

13. 1996~2005 年，公司连续 9 年被评选为厦门市“守合同、重信用”单位；公司连续 9 年被厦门市思明区与厦门市集美区评选为“纳税大户”。

14. 2006~2014 年，公司共获得授权 9 项发明专利，35 项实用新型专利，一项外观设计专利，现正申请厦门市知识产权示范单位；2010 年，公司压型机辊式冷轧成型设备荣获年度中国钢结构协会冷弯分会“优质产品奖”和“特色品种奖”；2011~2014 年，公司荣获“厦门市成长型中小企业”和“厦门市最具成长性企业”；2012 年与 2014 年公司荣获厦门市思明区与厦门市同安区“文明单位”称号。

七、工程实例

1985~2005 年

1. 1996 年成功地研制了国内首台 YX76-344-688 型楼面钢承板辊压成型机，从而填补了国内的空白，受到了用户的欢迎，获全国新型建筑材料展览会银奖。

▲ YX76-344-688 型楼面钢承板辊压成型机

2. 2005 年研制的闭口式楼承板的装备是典型产品之一，已成功应用于央视新址。

▲ 央视新址

2006~2015 年

1. 2006 年 3 月，公司开发成功 YX51-360 型正反曲面辊压成型机，该设备已应用于浦东国际机场 T2 航站楼长廊工程。

2. 中国澳门国际机场、澳门北安码头的金属面板成型设备是公司引进、消化、吸收、创新的标志工程之一。

3. 厦门北站是国家“四纵四横”铁路客运

专线——沿海快速铁路通道上的一个重要客站。北站屋顶采用"大跨度空间钢桁架双向正交钢管桁架"结构，公司研制 YX65-418 型直立缝正反弧板成型机受到施工方欣赏。

4. 2009 年 3 月 21 日，石嘴山市"三馆一中心"采用公司研制的"扇形直立缝板型自动成型机"，俗称"一次成型大小头机组"。

▲ 浦东国际机场 T2 航站楼长廊工程

▲ 中国澳门国际机场

▲ 厦门北站弧形屋顶

企业名称：厦门正黎明冶金机械有限公司
法人代表：黄溢忠
地　　址：福建省厦门市同安区圳南二路 187 号
邮　　编：361118
联 系 人：黄　永
电　　话：18850531855

济钢冷弯型钢公司

一、企业简介

济钢冷弯型钢公司成立于 2012 年 4 月，厂区总占地面积 57952 平方米，总建筑面积 24000 平方米。公司现有员工 105 人，其中工程技术人员 34 人。

济钢冷弯型钢公司隶属山东钢铁集团，一期项目总投资 3.15 亿元，共 4 条生产线：2000 × 16 纵剪机组，ϕ189 × 16 机组，LW1200 × 19 机组，LW1500 × 16 机组，年产能 30 万吨。

产品广泛应用于船舶制造、建筑机械、工程机械、矿山机械、煤炭机械、水利机械等行业，以及机场航站楼、会展中心、体育场馆、车站、桥梁等钢结构工程，并涉及载重车辆、铁路机车、环保行业等诸多领域。

济钢冷弯已建立起完善的质量保证和检测体系，生产的冷弯型钢系列产品规格品种齐全，质量居国内同行业领先水平，产品注册商标为“济钢”牌。

二、企业产品

公司主要产品包括：结构用方矩形管、结构圆管、钢板桩、U型肋、波纹管涵等。品种包括：普碳、低合金高强度、耐腐蚀、耐低温、耐高温、复合材料等冷弯型钢，方矩形钢管最大尺寸为400mm × 400mm，最大壁厚为19mm。

三、企业装备

（1）2000 × 16纵剪机组：剪切范围厚度为2~19mm，宽度为200~2000mm。

▲ 2000 × 16纵剪机组

▲ LW1200 × 19机组

（2）ϕ189 × 16机组：采用最先进的F.F成型系统，德国COPRA轧辊孔型设计软件作为设计轧辊的指导和最终验证手段，挪威EFD WELDAC G2高频焊机，大弧度成型技术，目前与国内同类产品线相比，成型机架多1~3架。

（3）LW1200 × 19机组：采用直接成方、全自动排辊成型方式，配备在线探伤装置、内毛刺清除装置、挪威EFD WELDAC G2高频焊机、仿形铣切数控锯床、计算机控制轧辊定位系统，有限元模拟冷弯成型过程。

代表产品有：STKR 490 / AH36材质的集装箱船用管；Q345B材质的煤矿立井罐道用管；S355J2H材质的高精密用管；Q345C材质的退货和正火状态工程机械用管；Q750D材质的高强度空心型钢等。

（4）LW1500 × 16机组：19座机架，多道次小变形，产品形状准确、稳定，长时间放置不变形，弯曲部位与折弯相比，残余应力小，耐腐蚀。适合于大壁厚、高强度、复杂断面、精装形状产品的生产。

四、产品开发及应用

（1）路桥防撞护栏象山港大桥、济祁高速公路大桥防撞护栏等。

（2）集装箱船绑拉桥大量采用方矩管。常用规格有：200×200×9，200×200×10，200×200×12，250×250×8，250×250×12，250×300×12，250×350×12。材质主要有 STKR400/490 。

（3）专用车辆用冷弯型钢，CNG 运输车，大量使用方矩管。主要规格有：100×100×5，100×150×5，150×150×5，材质为 Q345D/E 。

客车用冷弯型钢，100×100×6，100×40×5，100×40×4，50×50×4，材质为 Q550D/JB700/JB800。

混凝土泵车用冷弯型钢，90×120×10，80×140×10，Q390D, 热处理。

自卸车用冷弯型钢，80×160×8，80×200×8，100×220×10，材质为 Q345B。

（4）电厂锅炉框架。锅炉钢结构水平撑、斜撑常用方管规格有 160×160×6，180×180×8，200×200×10，250×250×10，300×300×12，材质为 Q345B。

（5）建筑塔机以方管为主要材料，广泛应用于标准节、起重臂、塔帽、套架等。

（6）煤矿、铁矿、金矿立井罐道大量使用方管，常用规格为：172×172×8，180×180×10，200×200×10，220×220×12，材质为 Q235B、Q345B。

▲ LW1500×16 机组

企业名称：济钢冷弯型钢公司
法人代表：张俊芳
地　　址：山东省济南市工业北路 21 号
邮　　编：270101
联 系 人：朱传运
电　　话：18660779006

山东省四方技术开发有限公司

一、企业简介

公司于1999年成立，位于济南高新区，注册资金3000万元，下设两个子公司，是目前国内钢管及冷弯型钢用高铬合金轧辊等工模具专业生产基地，技术与规模处于行业领军地位。

公司是由科技专家领办的国家级高新技术企业、中国钢管和冷弯型钢工模具产业技术创新战略联盟理事长单位，国家冶金生产力促进中心高铬辊推广中心的依托单位、中国钢协钢管分会理事单位和冷弯型钢分会理事单位、中国金属学会轧辊学术委员会委员单位。承担国家火炬计划，负责主持起草《焊管轧辊》国家标准和《冷弯型钢轧辊》行业标准。产品被认定为山东省名牌产品、山东省著名商标。

公司遵循“不在模仿跟踪，重在创新跨越”宗旨，坚持走“专精特新”发展路子，首创的系列高铬合金新材料和智能控温、近终成型“以铸代锻”新技术，具有耐激冷激热、抗裂耐磨、节能节材等突出特性，产品技术水平和使用寿命达到德国、美国、日本等国最高档次锻钢轧辊的先进水平，是国产锻造轧辊的2~3倍，比国内外同类产品锻造工艺生产可节能节材70%和40%，形成了自主知识产权，为打造“中国创造”知名民族品牌奠定了基础。

公司自主研发的科研成果获得8项发明专利和4项实用新型专利以及1项德国专利，并成功地实现了产业化。其中，“钢管及冷弯型钢用新型轧辊的研制与应用”项目，获中国冶金科学技术二等奖、山东省科技进步二等奖和济南市技术发明一等奖、中国钢协冷弯型钢分会“技术创新奖”和“特色品种奖”；“大型ERW直缝焊管轧辊”项目列入国家火炬计划，跻身国家级重点新产品之列，获国家科技型中小企业创新基金和省重大节能技术产业化奖励等多项支持。

二、企业产品

公司主要从事轧钢高效工模具和关键零部件的研制应用，主营产品为钢管和冷弯型钢用高铬合金矫直辊、轧辊、连轧辊、定减径辊、小型钢辊、导盘、导板、顶头、UOE

模板等工模具。

公司以铸代锻高铬轧辊等工模具已被国内大型钢管企业采用，四方品牌产品国内市场覆盖面达到80%；ERW焊管及冷弯型钢用新型高铬合金轧辊广泛应用于国产轧管机组，实现了高档轧辊的国产化。公司积极实施“以技术换市场”战略，创新产品已出口到美国、德国、俄罗斯、韩国、印度、泰国、以色列、南非、阿曼、乌克兰、白俄罗斯等国家，出口比例占30%。

三、企业技术

（1）自主研发的合金新材料，改变碳化物形态、分布，从本质上提高了材料的耐磨性、淬透性、红硬性、冲击韧性和综合性能，克服了锻造材料力学性能各向异性易撕裂和黏钢等的问题。

（2）首创异型毛坯的智能控温、顺序凝固、近终成型铸造新工艺和专用装备，实现了“以铸代锻”异型轧辊等高端工模具制造工艺，解决了以往锻造方法成本高、难度大、产量低、工期长的问题。

（3）采用特殊的淬火热处理工艺，提高了高铬合金材料的淬透性，实现了轧辊等工模具模具工作层无硬度落差。

四、企业装备

研发试验装备先进齐全；自主研发的以铸代锻异型毛坯近终成型装备和特殊热处理装备技术成熟；机加工达到数字化水平；产品内外质量检测装备达到国内先进水平。装备适合“专精特新”产品的研发和生产，适合钢管和冷弯型钢轧机工模具品种多、批量小、工期短的供货特点，各类轧辊等工模具年产能达到3000t。

五、产品开发及应用

（一）钢管矫直辊

技术水平和综合性能达到美国、德国、日本等国家最高档次锻钢辊水平，广泛应用于无缝钢管、焊管、型钢、棒材以及冷弯型钢等各类机组。

（二）UOE/JCOE直缝埋弧焊钢管模具

它主要用于油气输送海底管线钢管与冷弯型钢等高钢级、合金管、厚壁管、高强钢、耐火钢、复合钢的生产开发，改变高档次工模具长期依赖进口的局面。

（三）型钢轧辊/矫直辊

工作层硬度表里一致无落差，整体强度高，耐磨、耐冲击，使用寿命达到德国锻造轧辊水平。广泛应用于型钢热、冷轧制和矫直工艺。

（四）焊管及冷弯型钢轧辊

硬度表里一致无落差，适用于引进和国产各类机组的成型辊、挤压辊、整形辊等，轧制的钢材表面更光亮；综合性能达到和超过美国、德国及日本的先进锻造模具钢轧辊的水平；使用寿命是国产9Cr2Mo、3Cr2W8V、GCr15等锻钢轧辊的3倍以上，轧辊单重可达10t，已大量出口到德国。

（五）钢管新型定径/减径轧辊

以高铬合金新材料代替传统球墨铸铁，使用寿命大幅提升，是进口轧辊的2倍、国产轧辊的3倍，显著提高轧机作业率，减少轧辊消耗量。

（六）钢管新型连轧辊

满足高温、高压应力下的滚动、滑动摩擦和抗冲击要求，耐受冷却水的激冷作用；具有恶劣工况下的高强度、高硬度和高耐磨性；不断不裂，安全可靠。

（七）钢管穿孔机用导盘

攻克了穿孔机传统导盘易“黏钢”和“崩边”的难题，尤其适合轧制合金管；耐磨性好，使用寿命超过进口导盘，为国产普通导盘的3倍，价格仅为进口产品的三分之一，导盘制造直径可达3m。

（八）钢管穿孔机用导板和顶头

满足1150℃高温和高压应力下承受滚动、滑动摩擦、冲击以及冷却水的激冷作用

工况条件；具有在高温和激冷激热工况下的高强度、高硬度和高耐磨性；使用寿命和技术水平达到进口高镍导板的水平，制造成本显著低于进口导板，尤其适用于超级 13Cr 和 P91 等高合金钢管。

（九）小型棒材辊

满足 400MPa、500MPa 等高强螺纹钢轧制要求；替代传统的冷硬铸铁和球墨铸铁轧辊，使用寿命为传统轧辊的 3~10 倍；独特的复合式结构和售后代理修复，为用户带来优良性价比。

六、成长历程与工程实例

1. 1999 年 12 月，公司注册成立，开始研制生产具有自主知识产权的以铸代锻钢管矫直辊及轧辊等工模具。一开始就认定为国家高新技术企业。

2. 2008 年，由山东省科技厅批准的山东省自主创新工程 – 高铬辊生产基地在山东省济北开发区建成投产，形成 3000t 高铬辊产能，成为国内首家钢管及冷弯型钢用高铬轧辊的专业生产基地，大大提升了公司的生产力和发展后劲。2008 年，公司自主创新产品主要替代进口并出口，高铬合金钢管矫直辊、轧辊等基本覆盖了国内大型钢管企业，助力钢企实现了高档轧辊的国产化，并出口到韩国、德国、以色列、南非、印度等国，

取得了连年销售收入和利税大幅递增的良好业绩，造就了知名民族品牌。

3. 2009年，"钢管及冷弯型钢用新型轧辊研制与应用项目"获得山东省科技进步二等奖和济南市技术发明一等奖；"大型ERW直缝焊管轧辊"项目纳入国家火炬计划。

4. 2010年，组建了"山东四方铸造有限公司"；2010年，"钢管及冷弯型钢用新型轧辊研制与应用项目"获得国家冶金科学技术二等奖。

5. 2012年，公司"焊管及冷弯型钢轧辊"项目获科技部中小企业技术创新基金支持；2012年，公司"钢管及冷弯型钢新型轧辊"项目获山东省经信委重大节能技术产业化奖励资金支持。

6. 2013年，公司"ERW焊管轧辊"项目被科技部认定为国家级重点新产品；2013年，经中国产学研合作促进会批准，山东四方公司联合国内20多家从事钢管和冷弯型钢工模具研发及应用的主流企业、大学、科研机构共同发起成立"中国钢管和冷弯型钢工模具产业技术创新战略联盟"，并担任联盟理事长单位；2013年，公司被评为济南市著名商标和济南市名牌产品。

7. 2014年，公司被评为山东省著名商标和山东省名牌产品；2014年，公司与世界冶金装备制造领军企业德国西马克－梅尔公司签订9套大型ERW焊管轧辊大额订单，为俄罗斯天然气工业股份公司提供整套焊管设备关键配件，实现了以自主技术换国际市场的梦想。至此，四方公司产品已出口到美国、德国、俄罗斯、韩国、印度、泰国、以色列、南非、哈萨克斯坦、白俄罗斯、阿曼等国家，出口比例占30%；2014年，公司承担主持起草《焊接钢管轧辊》国家标准和《冷弯型钢轧辊》行业标准的任务；2014年，公司"钢管及冷弯型钢用新型轧辊等工模具关键技术研发及产业化"项目入选山东省自主创新专项，得到资金支持。

企业名称：山东省四方技术开发有限公司
法人代表：袁厚之
地　　址：山东省济南市高新区舜华路750号大学科技园
邮　　编：250101
联 系 人：牟大立
电　　话：18764185316

哈尔滨金阳光管业有限责任公司

一、企业简介

哈尔滨金阳光管业有限责任公司是集开发、生产、销售于一体的专业生产镀锌螺旋肋波纹钢管的民营科技企业。2007 年 1 月成立至今，已获得 7 项实用新型专利，其中两项已实现大规模生产，产品由单一向多元化发展。

1896 年美国发明了镀锌螺旋肋波纹钢管，在欧美及东南亚地区一些发达国家已经使用了 100 多年，是节能环保管材。它采用双面镀锌 600g/m^2 的镀锌钢板，经机械压波纹，卷边咬口成型。主要应用于地下排水、城市排污、公路涵洞、多功能共用管廊、打井管、灌溉沟渠、矿井逃生通道等。具有强度高、柔性好、重量轻、施工快、寿命长、生态环保、性能稳定、工程综合造价低、防止排水泄漏、避免地下水二次污染、路面塌陷等特点。产品经中科院金属研究所国家金属腐蚀控制工程技术研究中心腐蚀测试评定，对三种土壤、两种污水的腐蚀率试验结论为：使用年限 50~100 年，可作为排水管的最新替代产品。

镀锌螺旋肋波纹钢管成型机组生产线系列产品为公司自主研发生产的又一专利产品。该机组能高效加工生产不同规格、不同型号的市政排水管、城市排污等行业需要的

镀锌螺旋肋波纹钢管。该机组为国内首创，填补了国内空白。技术质量、性能指标达到国外同类产品先进水平。其价格与国外同类产品相比有较大的优势。该机组采用计算机程控系统控制，生产效率高，主机只需一人操作，日产量在560延长米以上。

镀锌螺旋肋波纹钢管检查井是公司经多年市场分析、用户走访研制开发的独家专利产品（专利号20210112631.3）。它成功解决了塑料检查井抗压强度太低，使用寿命短，危害性大；砖砌检查井容易出现砖砌松动，井盖与检查井分离，重载荷下易坍塌、易渗漏造成地下水二次污染，质量稳定性差，需经常维修等问题，受到了有关部门专家和广大用户的一致认可与好评。

公司的宗旨是以创新为灵魂，铸就新理念、构造新体系、采用新技术、开发新产品、抢占新市场，以优质低价的产品服务社会，造福人民。

二、企业产品

镀锌螺旋波纹钢管成套机组，以及基于镀锌螺旋波纹钢管的各种延伸应用。如市政排水管道、市政污水管道、公路涵洞、城市公用管廊、仓储通风管、打井管、矿井逃生通道等产品。

▲ 企业部分产品

三、企业技术

公司2007年1月成立至今，已获得7项实用新型专利，其中两项已实现大规模生产，产品由单一向多元化发展。公司自主研发生产的专利产品，镀锌螺旋波纹钢管成套机组能高效加工生产不同规格（DN300~DN3600）、不同波形（2LW，3LW）的市政排水管、城市排污等行业需要的镀锌螺旋肋波纹钢管。该机组已经成功应用于山东龙金管业有限公司、河北志辰管业有限公司、河南郑州管业有限公司等，均得到好评。

四、企业装备

公司使用自己研发生产的镀锌螺旋波纹钢管成套机组。该机组为国内首创，填补了国内空白。技术质量、性能指标达到国外同类产品先进水平。其价格与国外同类产品相比，有较大的优势。该机组采用计算机程控系统控制，生产效率高，主机只需一人操作，日产量在560延长米以上。

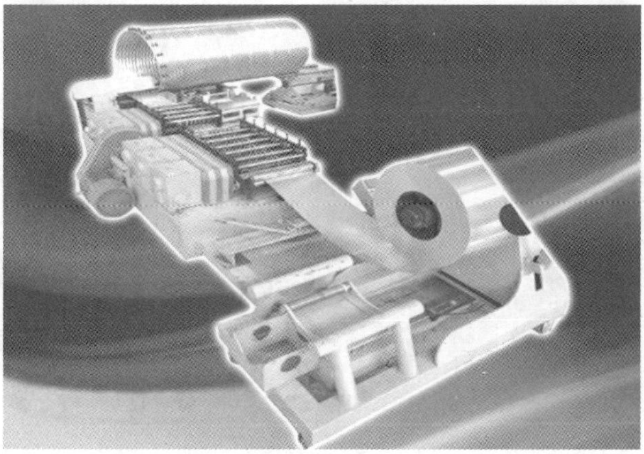

▲ 镀锌螺旋肋波纹钢管制造机组

五、产品开发及应用

▲ 市政工程管道

▲ 市政工程用检查井

▲ 公路涵洞

▲ 城市公用管廊

▲ 仓储用通风管道

▲ 水利打井管护管

六、成长历程

1. 2007年，公司注册成立；
2. 2008年，承担省级排水项目；
3. 2009年，承担省级公路涵洞项目；
4. 2011年，研发镀锌螺旋波纹钢管成套机组；
5. 2013年，山东分公司成立；
6. 2014年，河北分公司成立；
7. 2015年，河南分公司成立。

七、工程实例

1. 双鸭山市污水处理厂管网；
2. 盘锦市政排水管道；
3. 秦皇岛市政排水管道。

▲ 双鸭山市污水处理厂管网

▲ 盘锦市政排水管道

▲ 秦皇岛市政排水管网工程

企业名称：哈尔滨金阳光管业有限责任公司
法人代表：刘金娥
地　　址：黑龙江省哈尔滨市香坊区和平路 76 号 409 房间
邮　　编：150040
联 系 人：刘　晟
电　　话：18645123274

青海路拓工程设施制造有限公司

一、企业简介

青海路拓工程设施制造有限公司是集金属波纹涵管、钢结构厂房、钢结构构件、热浸镀锌等于一体的综合型制造企业，中国冷弯型钢生产一级企业。

公司成立于2003年，位于西宁经济技术开发区东川工业园区，占地面积60余亩，是正平路桥建设股份有限公司下属的一家全资子公司，注册资金2300万元，年生产、销售能力达3亿元以上。公司拥有先进的自动化生产设施、设备和高素质的技术队伍，现有员工300余人，技术人才100余人，固定资产1.5亿元。

公司主要产品为环形金属波纹涵管、各种管径的板形金属波纹管、各类型模板、钢结构件、电气化铁路接触网硬横梁及钢柱、标识标牌、热浸镀锌系列产品和钢结构厂房制作。公司已成为集设计、开发、生产、服务于一体的西北地区最大、最专业的综合型制造企业。

公司始终坚持“质量铸品牌，服务赢信誉，效益促发展，责任树形象”的经营理念，围绕精心制造、超值服务、品牌经营的发展主线，坚持科学管理，开拓创新，以压力激

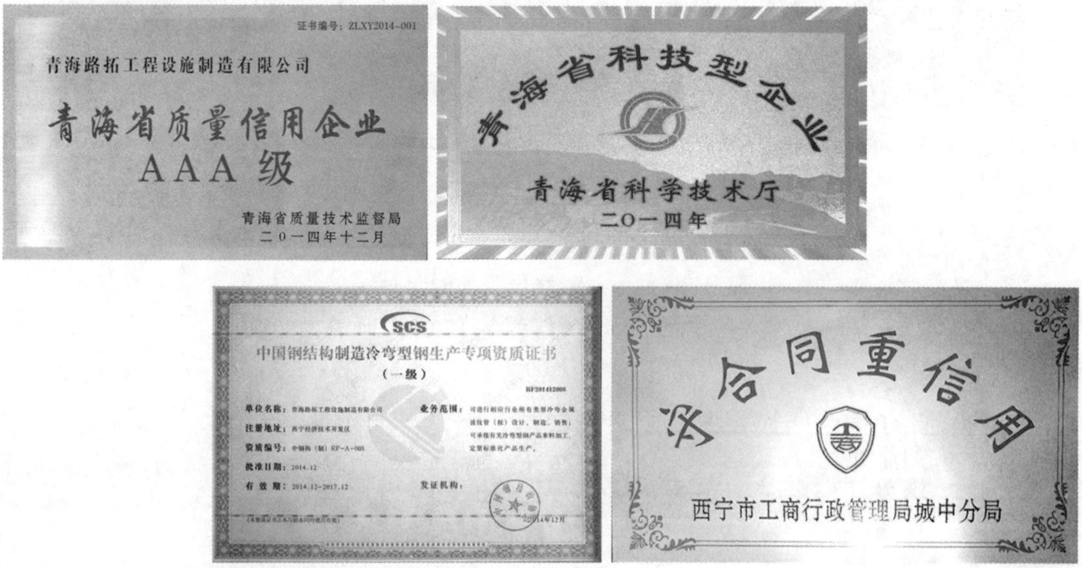

▲ 企业荣誉

▲ 企业建设

发动力，以凝聚力激活生产力，着力提高自主创新能力，市场竞争力显著增强，产品深受省内外施工单位和建设单位的信任和青睐。

公司一贯遵循“让我和更多的人生活得更美好”的企业宗旨，发扬“努力拼搏、开拓创新、锐意进取”的创业精神，坚持“诚信守诺，追求卓越”和“团结向上、实干担当”的企业文化，不断提升综合实力和核心竞争力，实现企业的快速健康发展。

二、企业产品

（1）各种规格板形波纹管；
（2）新产品“四通”；
（3）新产品“六通”；
（4）新产品“五通”；
（5）H 型钢；
（6）钢柱；
（7）模板；
（8）广告立柱；
（9）钢结构厂房；
（10）外协镀锌。

▲ 各种规格板形波纹管

▲ 四通

▲ 五通

▲ 六通

▲ H型钢

▲ 钢柱

▲ 模板

▲ 广告立柱

▲ 钢结构厂房

▲ 外协镀锌

三、成长历程

1. 2003 年 9 月，路拓公司的前身青海路拓波纹管制造有限公司成立。

2. 2004 年 12 月，青海路拓波纹管制造有限公司被国家统计局青海企业调查队、青海商业联合会、青海省商业名牌评选委员会评为“青海省商品质量用户满意知名企业”。

3. 2005 年，被西宁市工商行政管理局城中分局评为“重合同，守信用”单位。

4. 2006 年 3 月，成立青海路拓工程设施制造有限公司；3 月，经西宁经济技术开发区管委会批准，公司入住开发区；4 月，公司开工建设一期项目；4 月，被青海商业联合会评为“青海省商业名牌企业”；12 月，经青海省正平公路桥梁工程集团有限公司董事会研究决定，西藏天拓交通工程设施制造有限责任公司和青海路拓波纹管制造有限公司并入青海路拓工程设施制造有限公司。

5. 2007 年 4 月，开工建设二期项目；7 月，一期项目建成并开始试运行，公司占地面积 57.909 亩；11 月，经青海省整顿和规范市场经济秩序领导小组办公室调查核实，公司资信合格，并颁发了“资信调查合格证”。

6. 2008 年 2 月，路拓公司成为正平路桥建设股份有限公司下属的全资子公司；8 月，被青海省整规办（信用办）评为“中国青海信用企业 AA 级”；9 月，公司顺利通过了 ISO9001:2008 质量管理体系认证、ISO14001:2004 环境管理体系认证和 GB/T 28001—2001 职业健康安全管理体系认证；10 月，二期项目建成并开始投产；11 月，被东川工业园区社会治安综合治理委员会评为“平安企业”；12 月，被青海省企业信用协会评为“2008 年度青海省信用知名品牌单位”。

7. 2009 年 3 月，开工建设特种钢材项目；4 月，公司与股份公司共同出资成立了金阳光特种钢材股份有限公司；10 月，开工建设三期项目，并于当年建成投产。

四、工程实例

公司参与或承担的工程实例如下图所示。

▲ 甘肃雷西高速公路（ϕ2.0m 环形波纹管涵）

▲ 内蒙古荣乌高速（ϕ2.0m 环形波纹管涵）

▲ 青海察格公路 (ϕ2.5m 板形波纹管涵)

▲ 内蒙古伊旗景观桥 (ϕ4.0m 板形波纹管涵)

▲ 民和工业园 (ϕ2.5~1.5m 环形波纹管涵)

▲ 青海花石峡应急便桥 (ϕ1.5m 环形波纹管涵)

▲ 广东 X168 线桥梁加固
(ϕ6.0m 板形波纹管涵)

▲ 内蒙古金正泰露天煤矿公路
(ϕ4.0m 板形波纹管涵)

▲ 西格铁路复线钢柱、硬横梁

▲ 小峡口后勤保障中心钢厂房

▲ 青海木里煤矿 (ϕ2m 架线管道)

企业名称：青海路拓工程设施制造有限公司
法人代表：胡生满
地　　址：青海省西宁市经济技术开发区金丰路 6 号
邮　　编：810007
联 系 人：郑太勇
电　　话：0981-8863316

中交第一公路勘察设计研究院有限公司

一、企业简介

中交第一公路勘察设计研究院有限公司（以下简称中交一公院）为大型中央直属企业。公司下设6个区域分院、7个专业分院、12个科研中心和9个子公司，在全国各地设有27个地方办事处。具有工程勘察综合类、工程设计（公路及市政行业）、测绘、工程咨询、地质灾害防治工程勘查、设计、监理、编制开发建设项目水土保持方案共8项甲级资质证书，以及公路养护工程施工从业一类资质证书。从业范围包括公路、桥梁、隧道、沿线设施、交通工程、工业与民用建筑，以及工程地质勘察设计、监理和咨询，承担国（境）外工程的勘测、咨询、设计和监理项目；工程所需设备材料的进出口，对外派遣本行业勘测设计劳务人员，按规定在国（境）外办企业，工程总承包。50多年来，中交一公院的足迹遍及全国30个省（自治区、直辖市）和亚非12个国家，共承担公路勘察设计项目总里程7万多公里，先后获得国家级、省部级优秀勘察、设计、咨询奖百余项。

道路波纹钢结构研发中心是中交一公院直属的研发中心。主要开展波纹钢结构涵洞、通道、桥梁、雨水收集利用等相关研发及推广工作；为道路及市政用波纹钢结构推广应

用提供技术支持；为各生产厂家在加工制作工程中遇到的难题提供帮助。研发中心掌握国内波纹钢结构的核心技术、行业动态，引领着波纹钢结构行业的发展，为我国波纹钢结构事业的蓬勃发展提供着有效的技术支撑和源源不断的动力。

目前波纹钢结构研发团队共15人，其中博士4人、硕士6人、本科5人。研发中心开展的波纹钢结构科研，与西安工业大学、重庆交通大学、长安大学、合肥工业大学都有着密切的合作，与国内外波纹钢结构生产厂家也保持着紧密联系。

研发中心自1997年至今已完成波纹钢结构科研项目20余项，正在进行的科研项目8项，其中多项科研成果获得国家及省部级奖项。编撰波纹钢结构专著《公路钢波纹管涵洞设计与施工技术》一部，起草了交通部行业标准《公路通道、涵洞用波纹钢管（板）》等。

二、企业产品

公司进行螺旋波纹钢圆管、环形波纹钢圆管、大孔径钢波纹管桥涵的设计及研发，对多孔、大跨径、高填方、特殊土质地区（如软土、湿陷性黄土、冻土等）的钢波纹管（板）桥涵的应用研究。

（一）高温多年冻土区桥梁桩基及大孔径波纹管涵关键技术研究

1. 依托工程概况

国道G214线起点位于青海省西宁市，是青海省境内通往海南州、果洛州、玉树州的必经之路，G214线作为省会西宁通往玉树灾区的主要通道之一，被人们称为玉树抗震救灾的生命线。

2. 研发工程

项目首次在低纬度、高海拔（大于4600m）高温多年冻土区应用大孔径钢波纹管试验涵洞，其中试验涵2道，结构形式分别为1-ϕ3m、3-ϕ4m。

3. 研究内容

对高温多年冻土区大孔径钢波纹管涵洞的适用性、结构受力特点和设计、施工技术进行深入研究，包括钢波纹管涵洞的病害和腐蚀机理分析，冻土变化和重载交通条件下结构稳定性分析，大孔径波纹管涵的设计方法研究。

4. 解决问题

编制《大孔径钢波纹涵设计和施工技术指南》，解决了高海拔地区大孔径钢波纹管涵洞的应用技术难题。

▲ 施工现场一

（二）高路堤钢波纹管涵协同变形研究

1. 依托工程概况

井睦高速是江西省高速公路网规划的组成部分，路线全长约56公里，始于井冈山市厦坪，途经永新县曲白、井冈山市新城、古城、宁冈，终于井冈山市赣湘交界处的睦村，与湖南省炎陵至睦村高速公路相连。井睦高速的修建对改善湘赣革命老区的交通状况、促进井冈山革命根据地经济社会的快速发展有着重要意义。

2. 研发工程

项目依托井睦高速，在南方软土、多雨地区应用1–ϕ4m和1–ϕ5m大孔径钢波纹管涵洞各一道。

3. 研究内容

对高路堤条件下钢波纹管涵洞受力理论、钢波纹管涵洞与路基变形控制标准、钢波纹涵洞结构设计方法、施工技术进行研究，并与同尺寸钢筋混凝土涵洞的受力特点进行对比分析。

4. 解决问题

通过项目的实施，有效地节省了涵洞施工工期，解决了该地区涵洞的不均匀沉降难题，并编制《江西钢波纹管涵洞应用技术指南》，以指导钢波纹管涵洞的设计、施工。

▲ 施工现场二

（三）河南省公路波纹钢涵洞技术与示范研究

1. 依托工程概况

郑卢（郑州至卢氏）高速公路分为郑少洛高速、洛阳至洛宁段、洛宁至卢氏段三部分。该高速公路建成后，将与洛阳绕城高速、连霍高速、二广高速互连成网，对促进河南西部地区的交通便利和经济建设发展有着重要意义。

2. 研发工程

项目依托郑卢高速（洛宁至卢氏段），采用一道 1-ϕ3m 钢波纹管涵洞为试验涵（斜交涵洞），开展河南省高速公路钢波纹管涵洞示范应用研究。

3. 研究内容

调研分析河南省不同地区钢波纹管涵洞的腐蚀与防腐技术要点，对斜交条件下单孔钢波纹管涵洞的受力规律和钢波纹管涵洞与路基变形协同性进行分析，进行河南地区钢波纹管涵施工指南研究。

4. 解决问题

成功解决了当地多雨等气候环境造成的涵洞工程质量和施工进度技术难题，同时对

▲ 施工现场三

河南省不同地区应用钢波纹管涵洞的可行性和合理性进行探讨，编制了《钢波纹管涵洞设计施工指南》，指导该地区钢波纹管涵洞应用。

（四）多孔钢波纹板公路桥涵技术研究

1. 依托工程概况

泗许高速公路是安徽省“四纵八横”高速公路网规划中的“横二”，途经苏北、皖北、豫中，辐射整个淮海经济区，是在东西方向的南洛高速公路和连霍高速公路之间，构筑的又一条东西向高速公路，是连接苏皖豫三省的省际通道，其建设对促进中部地区崛起，实施安徽省东向发展战略，加快皖北发展，带动沿线的宿州、淮北、亳州的经济和社会发展具有重要而现实的意义。

2. 研发工程

项目依托泗许高速，大胆创新、自主研发，在淮北平原地区采用 3–ϕ4m 波纹钢 135° 圆弧拱小桥，桥长 13m，结构形式为国内首创。

3. 研究内容

对多孔钢波纹板小桥开展室内结构模拟和现场测试，包括静力测试和动力试验，对钢波纹板拱桥结构的整体稳定性和抗震性能进行研究，对低路堤条件下钢波纹板桥涵设计方法进行研究。

4. 解决问题

通过多孔钢波纹板拱桥新型结构形式的应用，取得了显著的社会效益和经济效益，编制了钢波纹板桥涵技术指南，为钢波纹板桥涵在皖北地区的应用奠定了基础，为今后形成安徽地方标准提供技术支撑和保证。

▲ 现场测试四

（五）高路堤钢波纹管涵预拱度控制及地方标准研究

1. 依托工程概况

万宜高速公路规划全长约34.466km，途经宜春市万载县和袁州区，是江西高速公路网地方加密高速公路网的重要组成部分，也是支撑宜春地区经济发展的公路主骨架之一，是江西省县县通高速公路收官项目。

2. 研发工程

针对南方软土地区钢波纹管涵洞预拱度设置不足的问题，项目依托万宜高速，以1–ϕ4m和1–ϕ5m共两道钢波纹管涵洞为试验涵。

3. 研究内容

调研江西现有钢波纹管涵洞的预拱度预留值、最终沉降值及对应的地质情况，开展高路堤钢波纹管涵预拱度设置的理论值研究，对高路堤填筑钢波纹管涵预拱度设置值和预拱曲线的变化规律进行研究。

4. 解决问题

解决了钢波纹管涵洞由于预拱度设置不足导致的涵洞破坏问题，并提出了高路堤钢波纹管涵预拱度设置方法和推荐值，编制了《江西公路钢波纹管涵地方标准》，指导设计和施工。

▲ 施工现场与测试五

（六）三门峡市大岭南路新建道路高填方工程

1. 依托工程概况

大岭南路新建道路工程是连接三门峡新区起步区的重要通道，全长3300m，红线60m，道路等级为城市主干道，沿线穿越连霍高速、郑西高铁客运专线、陇海铁路，该路建成后，对改善三门峡城市交通、拓展城市发展空间、加快新区建设都具有重要意义。

2. 研发工程

项目首次在市政道路中应用 4–ϕ5m 钢波纹管涵洞，道路设计中线与涵洞交角 60°，涵长 60m，管顶最大填土高度约 29m。

3. 研究内容

对施工过程中钢波纹管变形、应变、土压力进行全程监控，得知高填方条件下大孔径波纹管涵受力变形特点及管外土压力分布情况。

4. 解决问题

通过全程施工监测，确保回填工程中结构的稳定安全，同时钢波纹管涵洞的应用对于加快工程建设进度、提高道路建设质量和服务性能具有促进作用。

▲ 施工现场与测试六

三、企业技术

1997 年以来，一直持续不断创新研究波纹管涵洞技术，取得一系列科研成果。

1. 1997~1999 年，“多年冻土公路修筑技术研究”，获陕西省科学技术二等奖。

2. 2000~2004 年，“公路波纹管涵洞受力分析”，获中交股份科技进步二等奖。完成专著《公路钢波纹管涵洞设计与施工技术》。成果经总结提炼，纳入“青藏公路建设和养护技术”，获国家科技进步一等奖。

3. 2005~2007 年，研制钢波纹管涵洞设计软件，获陕西省科学技术三等奖。

4. 2006~2009 年，“大孔径涵洞技术研究”，获河北省科学技术二等奖。

5. 2008~2010 年，“大孔径通道技术研究”，鉴定为国际先进水平，获中国钢结构协会“科学技术奖”三等奖。

6. 2008~2010 年，起草完成交通运输部行业标准《公路涵洞通道用波纹钢管（板）》、青海省地方标准《波纹管涵洞成套技术》获中国公路学会科学技术二等奖。

7. 2009~2010 年，完成交通行业工法。

8. 2013~2014 年，“多孔钢波纹板公路桥涵结构技术研究”，获中国公路学会科学技术二等奖。

主要科研成果见下图。

实用新型专利证书

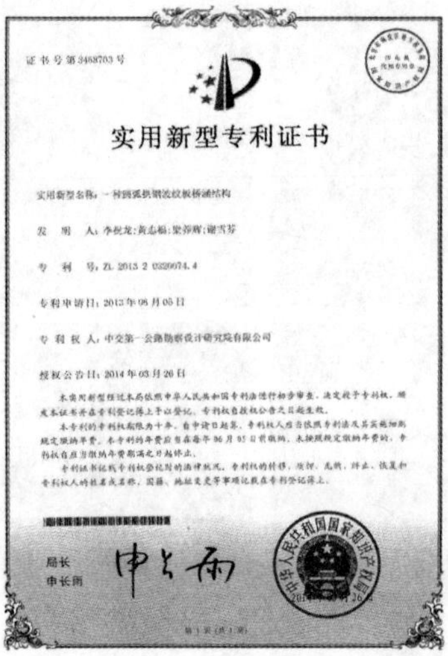
实用新型专利证书

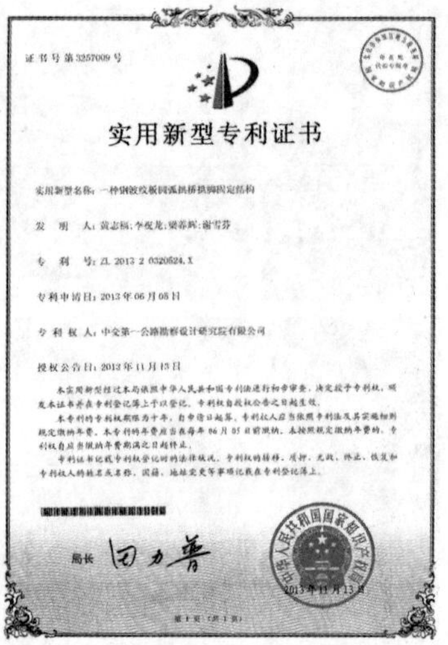
实用新型专利证书

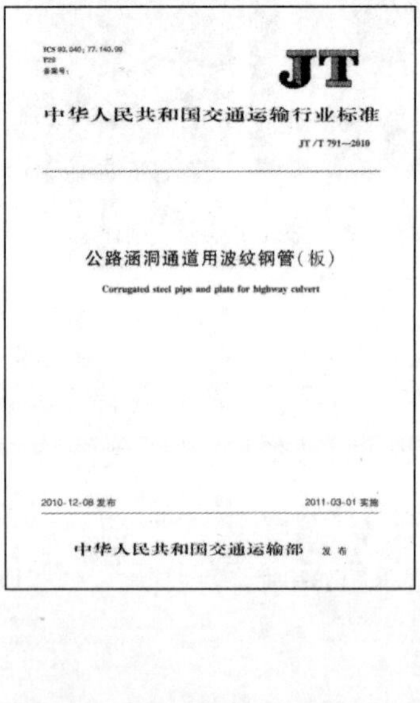
JT
中华人民共和国交通运输行业标准
JT/T 791—2010
公路涵洞通道用波纹钢管（板）
Corrugated steel pipe and plate for highway culvert
2010-12-08 发布
2011-03-01 实施
中华人民共和国交通运输部 发布

CCCC
中国交通建设股份有限公司企业标准 Q/ZJGF LQ XX—2014
公路波纹钢涵洞设计规范
Construction Specification for Cable-Changed Engineering of Cable-Stayed Bridge
2014—X—XX 发布
2014—X—XX 实施
中国交通建设股份有限公司发布

▲ 主要科研成果

四、企业装备

中交一公院为更好地开展钢波纹管涵洞研究工作，拥有国内外先进的试验检测设备，包括 Synergy P16U 数据采集仪（美国生产）一台、DFI 系列压力测试仪 4 台、ASMB2-32/24/16/8 静态应变采集仪 4 台、供应无线数据采集仪 QSY300 4 台。另外还拥有一支专为波纹钢科研服务的技术团队，长期聘用 2 名国内优秀专家进行指导。

五、产品开发及应用

中交一公院在以往科研成果的基础上，正在进行中、小跨径（6mm、8mm、10m）钢波纹板桥梁设计与施工技术研究；浅埋地基大孔径钢波纹管涵洞关键技术研究；以及在市政管道、城市管廊、棚洞方面的应用研究。同时正在编制中交集团钢波纹管设计标准，安徽、陕西、云南等地方标准。

六、成长历程

1. 1985~2012 年，中交第一公路勘察设计研究院有限公司在进行多项科研研究的基础上，逐步形成了自己的核心技术及研发团队，为中交一公院道路波纹钢结构研发中心成立奠定了基础。

2. 2013 年，中交一公院道路波纹钢结构研发中心正式成立，分设综合部、工程部、研发部、成果部及市场部。

3. 2004~2015 年，研发中心以科研为基础，进行了设计、施工总承包模式的探索，在济祁高速、南岳高速、张桑高速及鹤大高速的应用取得巨大成果，并逐步形成以科研为基础，多元化发展模式。

七、工程实例

1995~2005 年

1997 年在青藏公路 K3278+200 与 K3280+915 处各修建波纹管试验涵一道。1998 年 9 月又在 K3263+094 修建波纹管涵一道进行研究。2008 年跟踪调查，发现三道试验涵洞无明显沉降，车行无跳车现象，无明显腐蚀（采用镀锌防腐技术，未涂沥青）。

▲ 青藏公路 K3278+915 涵使用一年后的情况

▲ 青藏公路 K3280+200 涵使用 10 年后的情况

2006~2015 年

2012 年大广高速湖北黄石—通山段（洪港镇栗子坳村）应用管径为 5m 钢波纹管一道。桩号为 K254+075，110° 斜交；波形参数为 200mm × 55mm（波距 × 波高），波峰、波谷半径为 53mm，壁厚为 6mm(镀锌前)，管侧填石。钢波纹管所用材料为 Q235A 钢材，防腐层采用热浸镀锌，修筑过程中使用的施工压路机重量为 20t；填土密度为 2.01t/m^3。

该项目的实施，取得了以下主要创新性研究成果：

（1）在有限元模拟分析、国外方法对比分析的基础上，自主设计采用直径5m圆弧形钢波纹管通道，组织加工、拼装施工，通过现场多次荷载试验，验证了其结构稳定性，揭示了大孔径钢波纹管通道的内力分布及施工荷载对其的影响规律，提出了对应的设计方法，解决了山区高路堤大孔径钢波纹管通道设计难题。

（2）通过室内有限元模拟分析和多次现场试验，研究揭示了大孔径（2m以下为小孔径）钢波纹板涵洞的受力和变形特征，解决了其与路基路面变形的适应性难题；通过现场试验，国内首次得出了土压力系数值及非线性土压力参数，并通过有限元进行模拟验证；首次揭示了钢波纹管刚性结构与路基柔性结构协同变形规律。这些成果实现了项目的自主创新。为大孔径钢波纹管通道的推广应用奠定了坚实的基础。

（3）通过室内试验研究，揭示镀锌钢板和镀锌钢波纹板的防腐机理；采用国外方法，我国参数模拟预测了钢波纹管通道的使用年限；室内模拟雨水、酸雨和土壤溶液，采用电化学方法得到了镀锌钢波纹板结构的使用寿命；基于此，提出不同腐蚀条件下的钢波纹管通道的防腐对策和技术要求；提出钢波纹管通道的适应范围、使用条件、选用原则，解决了其适应性难题；为在全国推广应用夯实了基础，实现了引进消化吸收再创新。

（4）针对钢波纹管通道施工，首次提出采用控制扭矩的螺栓连接施工方法，解决了大于3.0m结构螺栓连接紧密性难题；创新性采用柔性对接卡箍，消除了2.0~2.2m结构现有法兰对接的使用缺陷，解决了法兰运输中的磕碰问题；形成了地方标准。

2013年项目组自主设计了3孔钢波纹板圆弧拱小桥（每孔跨径均为4m，桥长19.0m，每跨均采用半径为2.1648m、中心角为135°）；波形参数为150mm×50mm（波距×波高），壁厚为5mm（镀锌前），所用材料为Q235A钢材；防腐层采用热浸镀锌；拱顶覆土高度1.2m。下部墩台均采用现浇钢筋混凝土。墩帽、台帽为C30钢筋混凝土，墩身、台身、侧墙为C25混凝土，基础为C25钢筋混凝土，台帽为C30混凝土。钢波纹拱与墩帽、台帽均采用栓接。该结构采用低拱，矢跨比小，有利于保证结构安全，且有效地降低了路堤高度，保证了桥下净空及其通畅性，填补了国内外相关领域的空白；获得2项专利授权。

项目组通过调研、理论计算、数值模拟、现场测试及依托工程验证，对多孔钢波纹板公路桥涵结构技术进行了系统的研究，取得了以下主要创新性研究成果：

（1）在有限元模拟分析、国外方法对比分析的基础上，自主创新设计采用3孔4m 135°钢波纹板拱桥（获得专利授权：一种圆弧拱钢波纹板桥涵结构），组织加工、拼装施工，通过现场多次荷载试验，验证了其结构稳定性，揭示了多孔钢波纹板小桥的受力和变形规律，得到了其动力学参数；通过有限元扩展模拟，研究揭示了其抗震性能和与路基路面结构的协同性，采取了抗震稳定性措施；在此基础上，创新提出结构设计方法和关键指标，编制形成通用图；解决了高速公路多跨钢波纹板小桥的设计难题。

▲ 大广南高速公路
钢波纹管涵洞通道

▲ 拼装后的3孔
4m钢波纹板小桥

▲ 铺完路面后的3孔
4m钢波纹板小桥

（2）通过室内有限元模拟分析和2次现场试验，研究揭示了单孔大孔径（3m,2m以下为小孔径）钢波纹板涵洞的受力和变形特征，解决了其与路基路面变形的适应性难题；通过现场试验，在国内第一次揭示了单孔小孔径（1.5m）螺旋钢波纹板涵洞的受力特征；这些成果实现了项目的自主创新。为大孔径钢波纹板涵洞和小孔径螺旋钢波纹涵洞的推广应用奠定了坚实的基础。

（3）通过室内试验研究，揭示了镀锌钢板和镀锌钢波纹板的防腐机理；采用国外方法，我国参数模拟预测了钢波纹板桥梁涵洞的使用年限；室内模拟雨水、酸雨和土壤溶液，采用电化学方法得到了镀锌钢波纹板结构的使用寿命；基于此，提出不同腐蚀条件下的钢波纹板桥梁涵洞的防腐对策和技术要求；提出钢波纹板桥梁涵洞的适应范围、使用条件、选用原则，解决了其适应性难题；为在全国推广应用夯实了基础，实现了引进消化吸收再创新。

（4）针对钢波纹板拱桥施工，创新提出加强拱脚整体稳定性的桥梁横向稳定方案（获得专利授权：一种钢波纹板圆弧拱桥拱脚固定结构）；系统集成了大孔径涵洞的板状拼装技术和小孔径螺旋涵洞咬口连接技术；形成了质量验收体系；相关成果纳入了交通行业标准、地方标准和行业工法，纳入中交设计规程。

项目获得实现新型专利2项，申报发明专利2项。

企业名称：中交第一公路勘察设计研究院有限公司
法人代表：吴明先
地　　址：陕西省西安市高新区科技二路63号
邮　　编：710075
联 系 人：梁养辉
电　　话：13319244489

黑龙江昕泰管业有限公司

一、企业简介

黑龙江昕泰管业有限公司是一家从事高科技含量、环保型、高性能新型管材和螺旋波纹钢管成套设备研发、生产、销售及管道安装指导的民营科技型企业。公司下设黑龙江昕泰管业有限公司塑料技术研究所、黑龙江昕泰管业有限公司集贤分公司、黑龙江昕洋机械制造有限公司。

公司是黑龙江省非公有制科技创新先进企业、全国企事业知识产权试点单位、国家高新技术企业、国家重点新产品项目承担企业、科技部技术创新基金项目承担企业，已通过ISO9001质量管理体系认证。公司总部位于黑龙江省双鸭山市尖山区新兴大街新宏基广场，办公面积400m^2，集贤分公司占地面积2.4万平方米，研究所试验基地和机械制造场地3000m^2，注册资金950万元，现有员工64人，其中大专以上人员22人，中高级专业技术人员23人。信用等级A级。

2000~2002年，公司实现了产品结构的第一次转型，即从原农资产品向化学建材管道产品转变，现已拥有国内先进水平的管材生产线10条，已形成年加工各类管材、管件5000t的生产能力，产品已形成系列化，即给水、排水、采暖等工程用PE/PP/PE-X管材管件、环保工程用HDPE膜；从2007年起，公司开始产业结构的第二次转型，即从塑料产品加工业向装备制造业转变，现已批量生产，生产的螺旋波纹钢管成套机组，已在黑龙江、山东等地应用。

公司获省部级科技成果鉴定5项，承担科技部国家重点新产品项目、省科技厅攻关

项目、国家发改委高技术产业化新材料专项项目、省发改委高技术产业化推广项目、省经委重大技改项目等多项，具有自主知识产权的专有技术多项，已申报专利22项，已授权专利17项。

公司获“双鸭山市‘十五’期间科技进步先进企业”，“黑龙江省第九届劳动模范大会模范集体”称号，PP–R管材、HDPE缠绕结构壁管材被中国建材工业设计委员会评为“全国绿色建材产品”，向全国推广应用，粉煤灰增强大口径PE结构壁管材被评为“2004年国家重点新产品”，并荣获2008年“黑龙江省科技进步三等奖”，排水用覆塑螺纹钢管被评为“2008年国家重点新产品”、“全国建设行业科技成果推广项目”，并荣获2009年“黑龙江省科技进步三等奖”。2010年“螺旋波纹钢管成型机组（LWG–2400型）”通过住建部科技成果鉴定，2012年“螺旋波纹钢管成型机组（LWGDK–800型）”通过黑龙江省机械工业联合会科技成果鉴定，2014年“LWBOGH–400型冷弯技术波纹管涵机组”通过黑龙江省工信委科技成果鉴定，2010年申请的《排水用螺纹钢管》行业标准编制任务得到住建部立项，历时三年送审报批，CJ/T 431—2013于2013年10月实施。2014年11月，加入中国钢结构协会冷弯型钢分会，成为单位会员。

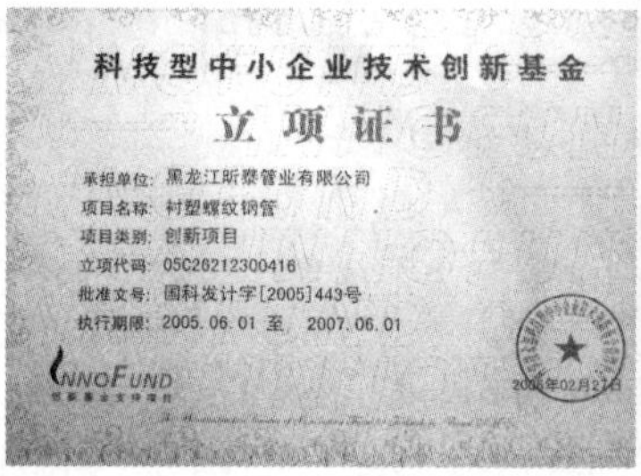

二、企业产品

冷弯金属波纹管涵成套设备包括LWG–800型、LWBWGH–4000型、HBGG–410型3套机组。该成套机组以热镀锌钢带或覆塑钢带为原材料，经开卷、（打孔）、整理、压肋起波、螺旋卷曲成圆、压合咬接、定长切割、翻转卸管，管端头二次改型，环波管箍机等冷弯工艺在线连续成型为管和管箍，具有装机容量小、少量冷却水、环保节能、生产效率高等技术特点。该机组所加工的管材分为两类：热镀锌螺纹钢管可应用于雨水排放和收集、农田灌溉、道路涵管、城镇雨水收集管库等工程，还可以应用于打井工程井壁管、矿山井下正负压通风管。覆塑螺纹钢管可应用于无压埋地城镇排水、工业排水等工程。

（一）螺旋波纹钢管成型机组（LWG–800型）系列

1. 主要技术参数

总装机容量 75kW，电源 380V，50Hz，成型机的基本参数见表 1。

表 1　主要技术参数

参　数	数　值	参　数	数　值
主轴电动机功率 / kW	45	切割线速度 / $m\cdot min^{-1}$	3600
主轴转速 / $r\cdot min^{-1}$	148~1480	打孔机电机功率 / kW	7.5
压形线速度 / $m\cdot min^{-1}$	5~25	液压系统 / MPa	7~9
卷曲螺旋角 /（°）	0~30	气压系统 / MPa	0.7~1.0
管切割主轴转速 / $r\cdot min^{-1}$	15~148		

2. 按其具体用途分类

（1）螺旋波纹钢管成型机组（LWG–800 型）——通用型。该机组由开卷机、整理平台、压形机、卷圆咬接机、过渡托架、切割锯、翻转托架、输送托架（用户自制）、操控台等组成。在线连续完成板宽 207mm、板厚 1.0~1.6mm、DN200~DN800 螺纹钢管制作。采用液压、气动、电力联合动力系统，光、磁、电联合遥控操作，大减速比蜗轮蜗杆传动设计，卷曲螺旋角一体自移调整 0°~30°；开卷、整理、压形、咬合、切割、放管控制可靠，装机总容量 75kW，与同口径塑料管设备装机总容量 400kW 相比，节能明显，采用冷弯工艺不用冷却水，与同口径塑料管设备相比，年节水 4000t 以上；该机

组生产效率高，口径300mm管生产速度在6m/min以上，是同口径聚乙烯双壁波纹管(1m/min)的6倍。

（2）螺旋波纹钢管成型机组（LWGDK-800 I型）——滤孔型。该机组2012年8月通过黑龙江省机械产品质量监督检验一站的形式检验，11月通过黑龙江省机械工业联合会科技成果鉴定，12月进行了黑龙江省科技成果登记，并已获得全国建设行业科技成果推广项目。LWGDK-800型在通用型配置基础上，主要增加高速打孔机以及改进了的操控系统。在正常制管作业中，可以随时进入与退出打孔工艺段，并且随着模具的更换可以变换孔径和孔距；采用多项专利技术，做到了打孔与制管速度同步；改进后速度在25 m/min以上，最高可达30 m/min，提高效率至少10倍以上。

（3）螺旋波纹钢管成型机组（LWG-800 Ⅱ型）——增强型。该机组压形机采用增宽增强改进螺纹参数设计，并与卷圆咬接机、操控台等和谐配置组成，可在线连续完成板宽207mm、248mm，板厚1.0~1.6mm，波纹参数42×7、39×10、40×16，DN200~DN800螺纹钢管制作，管材环刚度高达16kN/m^{2}以上，较好保证了特殊使用环境下对管材高环刚度的要求。

（二）冷弯金属波纹管涵机组（LWBWGH-4000型）

该机组2014年10月通过黑龙江省机械产品质量监督检验一站的形式检验，12月通过黑龙江省工信委科技成果鉴定，结论为“国际先进水平”，2015年1月获得黑龙江省科技成果登记。

该机组采用整体总减速机与直齿轮分动箱与万向传动轴组合设计，12道24组轧形辊轮组，可在线连续完成板宽692mm板厚1.6~3.5mm或4.0mm，2LW68×13，3LW76×25，DN300~DN4000冷弯金属波纹管涵制作，管材环刚度为4~12kN/m^2，较好保证了使用环境下对管材环刚度的要求。在线测孔径和低噪切割处于国际先进水平。

主要技术参数：总装机容量130kW，电源380V，50Hz；成型机的基本参数见表2。

表2 基本参数

参 数	数 值	参 数	数 值
主轴电动机功率 / kW	90	管切割主轴转速 / r·min^{-1}	15~148
主轴转速 / r·min^{-1}	148~1480	切割线速度 / m·min^{-1}	180~2200
压形线速度 / m·min^{-1}	5~12.5	液压系统 / MPa	10~16
卷曲螺旋角 / (°)	0~45	气压系统 / MPa	0.7~1.1

（三）HBGG-410型环波管箍成型机组

HBGG-410型环波管箍成型机组由管端头二次改形机和开卷机、瓦楞机、液压剪切机、管箍成型机组成。按照CJ/T 431—2013管道连接要求与管材口径配套加工出管箍。

（四）专利与科技成果

1. 螺旋波纹钢管成型机组（LWG-800型/LWBWGH-4000型）

该机组应用自主知识产权的专有技术多项，已申报专利22项，授权17项。

2. 螺旋波纹钢管成型机组（LWG-2400型）

通过住建部科技成果评估，结论为“技术水平国内领先”；螺旋波纹钢管成型机组（LWG-800型）通过黑龙江省机械工业联合会科技成果鉴定，结论为“技术水平为国际先进”，并被列为“全国建设行业科技成果推广项目”。

3. 螺旋波纹钢管成型机组（LWG-800型/2400型）

分别获得黑龙江省科技成果登记证书，并荣获黑龙江省科学技术进步奖(三等)证书。

4.《排水用螺纹钢管》行业标准编制、企业标准编制

为加快螺纹钢管成型机组的推广应用，生产、设计、施工有标准可循，公司于2010年申请的《排水用螺纹钢管》行业标准编制任务得到住建部立项，历时三年送审报批，于2013年5月发布，10月1日实施，标准代号为CJ/T 431—2013。

机组制造执行经黑龙江省质量技术监督局备案的企业标准《螺纹钢管成型机》，标准代号Q/HXT 002—2013。

三、企业技术

（一）技术工艺

依据薄板波纹成型后增强原理以及钢塑复合理论，重点开展冷弯成型工艺及镀锌波纹钢管成型，高聚物涂覆制作覆塑波纹管涵。

在冷弯成型工艺及镀锌波纹钢管成型工艺操作中，调整成型部件可压成所需要的不同波纹；调整卷曲成圆部件的辊轮角度及其位置以及成型装置与卷曲装置的相应角度，即可缠绕成型为不同直径的螺纹管材；波纹大小、波峰高度、波纹距离与板厚匹配，可以得到不同环刚度等级的管材。

在高聚物涂覆制作覆塑波纹管涵工艺技术中，可采用热镀锌钢带为基材经覆膜工艺技术制作覆塑钢带，然后再经制管工艺技术成型为覆塑波纹钢管；或在管材下线后在专用设备上进行高聚物冷涂覆、热涂覆。

（二）技术研发

（1）LWGDK-800型打孔式螺纹钢管成型机组科技查新结论。

经省一级查新单位——黑龙江省查新咨询中心查新，其结论为“……与所查文献比较，委托课题的技术特点在于：研制了LWGDK-800型打孔式螺纹钢管成型机组，该机组以热镀锌钢带为原材料，管壁为1.0~2.0mm，管径为200~800mm，采用气动离合器与四柱U形冲针模具使间歇进给改进为打滑连续进给设计，钢带打孔进给速度大于或等于30m/min；卷曲螺旋角一体自移调整0°~30°。上述技术特点，目前在国内外所查文献中除委托单位及委托人发表文献外未见相同报道。”

（2）LWBWGH-4000型冷弯金属波纹管涵机组科技查新结论。

经黑龙江省科技信息中心查新（报告编号：2014150202392A-19691），冷弯金属波纹管涵机组（LWBWGH-4000型）所实现的功能为，以热镀锌钢带为原材料，采用24

轴轧形轮组设计增大了摩擦推力，经波纹轧形、缠绕成圆、压合咬接等工艺在线连续成型制管，管壁厚度范围 1.6~4.0mm，管径为 300~4000mm。1）采用在线激光精准管径测量及调控系统设计。2）采用无噪声同步移动仿形高温电弧切割替代有噪声机械式飞锯切割设计。3）采用大模数硬齿面减速箱和双向分动传动箱匹配设计，保证了大扭矩传动与低噪声要求。

总之，目前一种双端面静止补偿式焊接金属波纹管机封装置在国内已有报道，在国外金属波纹管的研究已有报道，但相关文献未涉及该项目冷弯金属波纹管涵机组的技术特征。

（三）新工艺、新技术应用情况及效果

应用新工艺、新技术研制的 LWGDK-800 型打孔式螺纹钢管成型机组，2012 年 11 月完成省级科技成果鉴定，在集贤分公司和山东东宏管业有限公司进行生产应用，从使用情况分析，机组运行平稳，电控可靠，测径准确，几个规格管材在线生产效率达到设计值，特别是高速打孔机设计与模具和打滑进给装置的优良组合，使创新成果在生产过程中应用效果突出，该机组打孔和生产速度和谐，生产率比常规打孔工艺提高 10 倍，性能优良。

应用新工艺、新技术研制的 LWBWGH-4000 型冷弯金属波纹管涵机组，在线激光精准管径测量及调控系统设计测量方便准确，读数清晰可见，改变了操作工钢板尺测量的烦琐和调整管径的时间浪费，低噪声切割技术改善了工作环境，提高了环保指数。

四、企业装备

公司 2007 年以前主要以生产塑料管为主，2007 年开始向研发制造热镀锌螺旋波纹钢管成型机组过渡，2008 年设计制造了 LWG-2400 型螺旋波纹钢管成型机组，2012 年设计制造了 LWGDK-800 型打孔式螺纹钢管成型机组，2014 年设计制造了 LWBWGH-4000 型冷弯金属波纹管涵机组与 HBGG-410 型环波管箍机组，机组的制造采用两头在内（设计，组装调试）中间在外（机械加工）的方式，即机械加工利用社会化专业化。公司现有普通机床满足组装联机和调试和机组中的辅机制造。采用这种制造模式的效果是减少了固定资产投入，避免了高水平装备的闲置，采用市场提供的专业化能力强厂家的配套，保证了精度和质量。

公司现有 LWGDK-800 型打孔式螺纹钢管成型机组 1 套，LWG-2400 型螺旋波纹钢管成型机组 1 套，LWBWGH-4000 型冷弯金属波纹管涵机组与 HBGG-410 型环波管箍机组各 1 套。

▲ LWG-2400 型螺旋波纹钢管成型机组

▲ LWGDK-800 型打孔式螺纹钢管成型机组

▲ LWBWGH-4000 型冷弯金属波纹管涵机组

▲ HBGG-410 型环波管箍机组

五、产品开发及应用

（1）LWGDK-800 型打孔式螺纹钢管成型机组和所生产的管材经用户验收全部满意。按用户要求昕泰公司 7 天完成机组安装试机转入正式生产，受到高度评价，公司仅生产通风管一项已超过 5000t。

该机组打孔速度与生产速度和谐，实现了 5~6 次 /s 的打孔速度，集贤分公司 2 年累计生产打井井壁管 2 万余米。

（2）LWBWGH-4000 型冷弯金属波纹管涵机组 2014 年 12 月完成省级科技成果鉴定，在集贤分公司进行生产应用，从几个月使用来看，机组运行平稳，电控可靠，测径准确，几个规格管材在线生产效率达到设计值，几项创新成果在生产过程中应用效果突出，机组综合性能优良。机组已在集贤分公司测试和试生产，进入实际生产阶段，推广 1 套。

该机组所生产的波纹管涵可以应用在排水领域，也可以用在城镇雨水收集的排管库以及支线地下管廊。

▲ LWG-800 型螺纹钢管成型机组在山东东宏管业现场调试

▲ 施工现场

▲ LWBWGH-4000 型冷弯金属波纹管涵机组

六、成长历程

1985~1995年

黑龙江昕泰管业有限公司前身是双鸭山市第四塑料厂。塑料四厂是在改革开放初期的1983年开始筹建，1985年6月投产，为地方国有工业企业。历经10多年的改革和发展，期间组合本市第二塑料厂等其他塑料企业，组成双鸭山市塑料总厂，于1997年8月更名为双鸭山市塑料厂；2002年10月整体改制为民营企业——黑龙江昕泰管业有限公司。

1996~2005年

2003年4月开发HDPE缠绕结构壁（A型）管材，9月研发出专利产品——大口径粉煤灰增强PE结构壁管材，12月开发PE-X交联地热管。

2004年3月研发HDPE缠绕结构壁（A型）打井管，6月通过ISO质量管理体系认证，7月“粉煤灰增强大口径PE结构壁管材”获得国家重点新产品证书，9月与韩国新星NEOTECN株式会社签订合资合同书。

2005年研制开发镀锌螺纹钢管。

2006~2015年

2006年研制开发覆塑螺纹钢管，同年“粉煤灰增强大口径PE结构壁管材”获得黑龙江省高新技术产品证书。

2007年成立集贤分公司，同年获得黑龙江省资信等级证书（A级）。

2008年研制开发HDPE双壁波纹管，7月“粉煤灰增强大口径PE结构壁管材”获得黑龙江省科学技术奖三等奖（进步类）证书，11月衬塑螺纹钢管获得国家重点新产品证书，12月“排水用覆塑螺纹钢管”列为2008年全国建设行业科技成果推广项目。

2009年“排水用覆塑螺纹钢管”获得黑龙江省科学技术奖三等奖（进步类）证书。

2010年研制开发出螺旋波纹钢管成型机组（LWG-2400型），同年行业标准《排水用螺纹钢管》编制获得建设部立项，同年螺旋波纹钢管成型机组（LWG-2400型）列为2010年全国建设行业科技成果推广项目。

2011年“排水用覆塑螺纹钢管”获得黑龙江省高新技术产品证书，螺旋波纹钢管成型机组（LWG-2400型）获得黑龙江省高新技术产品证书。

2012年通过认证审核，获得国家高新技术企业证书。

2012年研制开发出打孔式螺旋波纹钢管成型机组（DKLWG-800型）。

2013年5月行业标准《排水用螺纹钢管》CJ/T 431—2013发布，10月实施，9月研发出螺旋波纹钢管成型机组（LWG-800 Ⅱ型），同年注册“昕洋”商标。

2013年11月成立黑龙江昕泰管业有限公司管道技术研发中心。

2013 年 12 月 9 日黑龙江省科技厅批准以黑龙江昕泰管业有限公司为依托单位，成立黑龙江省给排水管道工程技术研究中心，30 日打孔式螺旋波纹钢管成型机组（DKLWG-800 型）列为 2013 年全国建设行业科技成果推广项目。

2014 年 11 月，加入中国钢结构协会冷弯型钢分会，成为单位会员。

2014 年 12 月 18 日 LWBWGH-4000 型冷弯金属波纹管涵机组通过黑龙江省工业和信息化委员会鉴定。

七、工程实例

1995~2004 年

（1）2003 年 11 月双鸭山市垃圾处理厂场底管道，施工地点为双鸭山市四方台区馒头山，聚乙烯大口径缠绕结构壁管，口径 1500mm，热收缩带连接，长度 1100m。

（2）2004 年 8 月双鸭山市垃圾处理厂场底防渗漏铺膜工程，施工地点为双鸭山市四方台区馒头山，高密度聚乙烯，厚度 1.5mm，铺膜面积 5 万平方米。

（3）2004 年 7~8 月，与哈尔滨塑料四厂合作承担双鸭山市建龙钢铁冷却水管道输水工程，聚乙烯压力管，长度 11km。

（4）2004 年 9 月，双鸭山市安邦河治理工程管道工程，聚乙烯大口径缠绕结构壁管，口径 DN500、DN500、DN600、DN800、DN1000、DN1200，热收缩带连接，长度 7000m。

▲ 2003 年双鸭山市垃圾处理厂管道工程施工现场

▲ 2004 年双鸭山市垃圾处理厂防渗漏工程施工现场

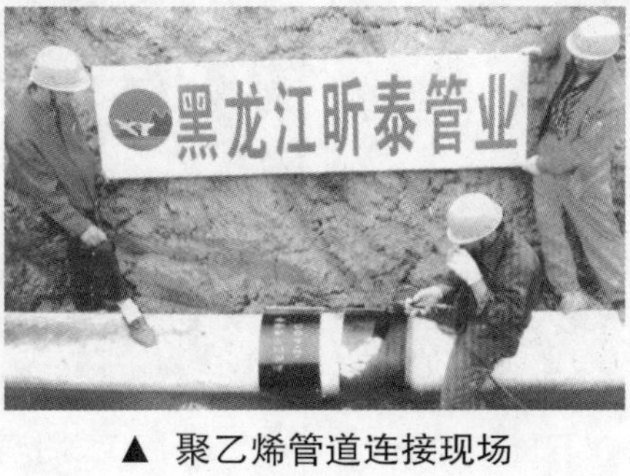

▲ 聚乙烯管道连接现场

▲ 双鸭山市安邦河治理工程管道工程岭东施工现场

2005~2015 年

（1）2005~2007 年富锦市市区排水管网改造工程、富锦市松花江沿江管道工程，聚乙烯大口径缠绕结构壁管，口径 DN500、DN500、DN600、DN800、DN1000、DN1200、DN1500，热收缩带连接，长度 25000m。

（2）2008~2014 年同江市市区排水管网工程，聚乙烯大口径缠绕结构壁管、双壁波纹管，口径 DN250、DN300、DN400、DN500、DN500、DN600、DN800、DN1000、DN1200、DN1500，热收缩带与密封圈连接方式，长度 35000m。

（3）2005~2014 年黑龙江省东部地区和黑龙江省红兴隆农场管理局及周边市县农田打井工程，聚乙烯井壁管规格 DN300、DN350、DN500，约 2000 眼；镀锌螺旋波纹井壁管 DN300、DN350、DN500，约 2000 眼。

（4）2005~2010 年双鸭山市市区排水管网工程，聚乙烯大口径缠绕结构壁管、双壁波纹管，口径 DN250、DN300、DN400、DN500、DN500、DN600、DN800、DN1000、DN1200、DN1500，热收缩带与密封圈连接方式，长度 15000m。

▲ 富锦市松花江沿江管道工程施工现场

▲ 同江市市区排水管网工程施工现场

▲ 黑龙江省友谊农场
打井现场

▲ 双鸭山市窑地施工现场

▲ 五九七农场农田输水施工现场

▲ 益人路施工现场

（5）2008年五九七农场农田输水工程，热镀锌螺旋波纹钢管，DN1000、DN1200，配套水闸门，20套、5000m。

（6）2009~2014年双鸭山市排水管道工程，热镀锌螺旋波纹钢管，DN300、DN400、DN500、DN600、DN800、DN1000、DN1200、DN1500，长度10000m。

（7）2005~2006年黑河沿黑龙江排水管道工程，镀锌螺旋波纹钢管DN1500，长度1500m。2005年底至2006年初冰冻固沙季节施工。

▲ 黑河沿江排水管道施工现场

企业名称：黑龙江昕泰管业有限公司
法人代表：陈　鸣
地　　址：黑龙江省双鸭山市尖山区
邮　　编：155100
联 系 人：陈丽娟
电　　话：0469-4215777

广东百安力轻钢结构产品有限公司

一、企业简介

广东百安力轻钢结构产品有限公司专注于建筑金属围护系统全领域全环节的研发和应用，是中国港澳地区唯一集系统设计、产品研发、科学检测和解决方案于一体的大型金属围护系统服务商。

百安力自成立近20年来，曾参与建筑金属围护系统服务项目近百个，无一产生任何问题和事故。港澳地区本就处于亚热带季风气候区，热带气旋台风多发，强风强雨天气频繁，公司所参与的港澳金属围护系统工程无一产生风揭破坏和漏雨漏水问题，其产品及工程质量在业内受到了高度认可及肯定。

二、企业产品

▲ 快易扣屋面系统

▲ 快易封屋面系统

▲ 快易立屋面系统

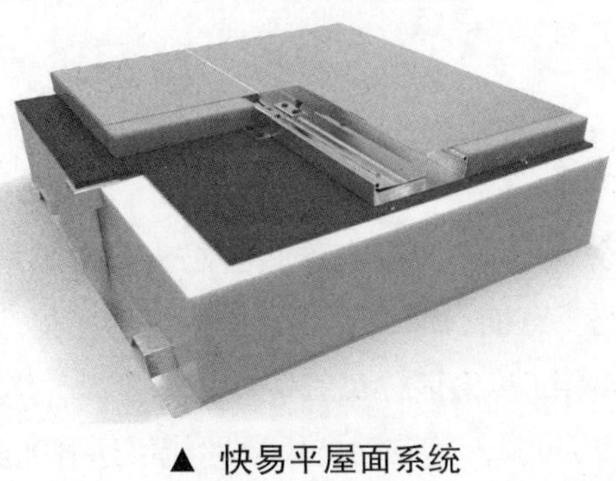

▲ 快易平屋面系统

▲ 快易锁屋面系统

三、企业技术

百安力拥有实用新型、外观设计及发明型专利近百项，坚持严谨和艺术的设计视角对待每一座金属围护系统建筑，不但外观上最大限度地满足建筑设计师的设计理念和视觉效果，同时也从建筑性能出发，系统全面地考虑结构、耐久、风雨、保温、隔声、冷凝等多种因素进行深化设计，按照每项工程的具体需求配以适合的产品。

四、企业装备

百安力在广州花都及珠海三灶（新厂）拥有 2 万平方米的现代化生产基地，拥有近百套世界先进的全自动生产设备，通过电脑操作、数控管理，以保证产品的精度。百安力的大型挤压机还可以提供工程施工现场压型，进行正反弧、异型板生产，满足各类现场施工需求。

▲ 厂房及生产线

五、产品开发及应用

快易锁金属屋面系统成功应用于澳门北安码头项目。澳门凼仔北安码头项目占地约 35 万平方米，总建筑面积约 25 万平方米。由于码头直面大海，亚热带季风气候明显，台风多发，百安力通过一系列的研究以及大量的检测试验论证，最终确定北安码头的屋面系统工程方案使用百安力的独有专利产品快易锁 75~460，其波动抗风揭性能可达 6.9kPa。

▲ 快易锁金属屋面系统用于澳门北安码头

六、成长历程

1. 2003 年，公司成立；
2. 2004 年，承接澳门新葡京酒店工程；
3. 2005 年，承接珠海拱北关闸口岸工程；
4. 2006 年，承接澳门北安码头工程；
5. 2007 年，承接香港九龙站工程；
6. 2008 年，承接香港会议展览中心工程；
7. 2011 年，承接 CX 国泰航空货运站工程；
8. 2012 年，承接香港机场扩建工程；
9. 2014 年，承接澳门检车中心工程。

七、工程实例

公司参与的工程实例如下图所示。

▲ 珠海拱北关闸口岸工程

▲ 香港国际会展中心工程

▲ 澳门新葡京酒店工程

▲ 澳门威尼斯人酒店工程

▲ 澳门银河酒店工程

▲ 广州海心沙公园工程

企业名称：广东百安力轻钢结构产品有限公司
法人代表：罗启中
地　　址：广东省广州市花都区新华镇镜湖大道工业区
邮　　编：510800
联 系 人：梅英卓
电　　话：18163205535

河北新中联特种钢管股份有限公司

一、企业简介

河北新中联特种钢管股份有限公司坐落于河北省沧州市开发区，占地面积 100 亩。沧州素有“化工之城、管件之都”的美称。近几年随着京沪高铁、黄骅大港的开通，沧州的经济建设也得到了迅猛的发展，已成为运河之畔、渤海之滨的一颗璀璨明珠。

新中联公司现占地 100 亩，拥有现代化的生产设备及高标准生产车间，精轧方矩管生产线 5 条，异型管生产设备 1 条，ERW400×400×16 高频焊流水线 1 条，重型 JCOE/LUE 直缝埋弧焊生产流水线 1 条，能生产 30×30~800×800、壁厚 3~40mm 精密方矩管，(ϕ325~1420)mm×(10~80)mm 大口径直缝管、(400×400~1420×1420)×(10~80)mm 大型方矩管，(120×120~300)×300×(5~16)mm 高频焊方矩管，同时经营各大钢厂各种规格无缝钢管、直缝钢管。产品广泛用于大型钢构、机械制造、造船、流气体输送、石油采输平台，年产量 30 万吨，产品畅销各地。

2011 年公司在天津股权交易所挂牌上市，2013 年被认定为河北省高新技术企业，公司已获国内认证证书有：三体系认证、中国 CCS 船级社质量管理体系认证证书、中国 CCS 船级社工厂认可证书；国外认证证书有美国 API 认证、欧盟共同体 CPR 认证、新加坡 BC1 认证、BV 认证，德国 GL 船级社认证。

亿川分公司

现在公司产品不仅在国内外市场上占有相当比例的份额，而且还远销世界各地，并与国内外多家钢构公司合作完成很多大型项目。近几年公司参与过国内重大工程项目建设，主要有西安地铁、广州亚运会场、上海迪士尼乐园、武汉高铁项目、海拉尔火车站、包头会展中心、广州飞机场、广州会展中心、中央电视台大楼、天津地铁、北京地铁、武汉高架桥、广州塔、深圳T3机场、上海江南造船、大连船舶重工。参与国外重大建设项目有新加坡机场、阿布扎比机场、马来西亚地铁、新加坡酒店、韩国现代造船厂。

目前公司拥有强大的技术研发团队，检测设备齐全，技术专利有7项，具有研发高端产品的能力，更能适应国内外重大工程的需求。

二、企业产品

（1）精密方矩管生产线5条，异型管生产设备1条，能生产30×30~600×600、壁厚3~40mm精密方矩管。

（2）ERW400×400×16高频焊流水线1条，可生产(120×120~300×300)×(5~16)mm高频焊方矩管。

（3）重型JCOE / LUE直缝埋弧焊生产流水线1条，生产(ϕ325~1420)mm×(10~80)mm大口径直缝管、(400×400~1420×1420)×(10~80)mm大型方矩管。

▲ 产品1

▲ 产品2

▲ 产品3

三、企业技术

（1）单焊缝方矩管冲压胎具；

（2）方矩管冲压胎具；

（3）方矩管单焊缝合缝机；

（4）方矩管挤压成型设备；

（5）方矩管双焊缝合缝机；

（6）钢管预弯轧制一体机；

（7）万能合缝机。

▲ 生产线及设备 1

▲ 生产线及设备 2

▲ 生产线及设备 3

四、企业装备

公司下设沧州市亿川钢管有限公司，设有三个大型车间、热处理车间及研发技术部，一车间配备4套辊式挤压成型机、调型机、压口机，二车间配备纵剪机组、ERW一次成型机组一套、热处理退火炉，亿川生产车间配备8000t压力机、铣边机、精整机、合缝机、火焰切割机和车口机。

五、产品开发及应用

（1）高强度钢材在海洋及石油领域的技术应用。

（2）高层建筑的主体钢构的应用。

（3）集装箱、船舶的结构及支撑。

（4）车辆桥管及承载主支撑的应用。

六、成长历程

1. 2006年，河北新中联特种钢管有限公司成立。

2. 2007年，公司拥有第一套冷弯成型机组（大机组），生产500×500、壁厚25mm的方管，400×500、壁厚25mm的矩形管。

3. 2008年，上一套小机组，生产30×30~150×150、壁厚3~8mm的方管，20×40~150×160、壁厚3~8mm的矩形管。2008年公司拥有异型管生产设备1套，可以生产椭圆形、半圆形、拱形、扇形、三角形、六角形、八角形等几千种形状规格。

4. 2009年，上二号线机组一套，生产150×150~300×300、壁厚8~25mm的方管，80×100~290×300、壁厚8~25mm的矩形管。2009年，成立沧州市亿川钢管有限公司（分公司）并成立技术研发中心。

5. 2010年，公司自行设计研发了JCOE和LUE工艺机组，专业生产JCOE大口径直缝埋弧焊钢管ϕ325~1420mm、壁厚10~80mm，LUE大口径直缝埋弧焊方矩管400×400~1420×1420、壁厚10~80mm。

6. 2013年，公司上ERW400×400×16机组一套，专业生产直缝高频焊方矩管。

7. 2014年，公司对一车间大机组进行改造，可以生产到600×600、壁厚40mm的方管。

七、工程实例

1. 深圳T3航站楼。
2. 钢支撑。
3. 广州塔部分钢结构。
4. 登机廊桥。
5. 新加坡金沙中心。

▲ 深圳T3航站楼

▲ 钢支撑

▲ 新加坡金沙中心

▲ 广州塔部分钢结构

▲ 登机廊桥

企业名称：河北新中联特种钢管股份有限公司
法人代表：刘国荣
地　　址：河北省沧州市开发区北海路 20 号
邮　　编：061000
联 系 人：刘国亮
电　　话：0317-3096798

揭东经济开发区泰丰侨金属制品有限公司

一、企业简介

揭东经济开发区泰丰侨金属制品有限公司是由泰国、香港著名集团公司投资兴建，专业生产高质量的直缝焊接钢管、热镀锌钢管、钢塑复合管和冷轧及镀锌钢带的现代化企业。

公司成立于1993年9月，投资2.5亿港元，占地面积12万平方米，拥有3000吨级的专用码头。公司规模宏大，实力雄厚，已形成销售有市场，生产有基地，加工有场地，出口有码头的多功能综合发展的公司。

公司引进日本、意大利及美国的最先进的生产设备。目前公司拥有三条纵剪生产线、四条直缝焊接钢管生产线，一条整体热处理生产线、一条热镀锌钢管生产线、三条钢塑复合管生产线、冷轧钢带及镀锌生产线各一条。配套齐全的检测设备有在线涡流探伤、水压试验机，设有理化检测中心，并严格按照质量控制手段，从原材料进厂、产品生产过程及产品最终放行等进行了100%的检验和试验。

自用码头

先进的生产设备和质量保障系统提升了泰丰侨的生产规模。目前公司年生产能力可达15万吨以上，公司的生产设备、工艺技术、检测手段和质量保证体系已具备了生产API SPEC 5L、ASTM A53、ASTM A500、BS1387和EN 10219等标准产品的条件。产品70%以上出口，主要远销美国、加拿大、墨西哥、澳大利亚、泰国等国家。国内主要销往香港、澳门、广东、上海、深圳、珠海、福州、厦门等地区。

目前，公司已经走上了一条规模化、密集型、高科技的发展快车道。不断开拓的泰丰侨将在一个成熟品牌的基础上开始新的飞跃，打造一个更具有竞争力的国际化生产企业。

二、企业产品

产品品质是企业的生命，公司精益求精，追求产品完美的品质，让每一件出厂产品都成为公司品牌的成功“代言”，目前，公司已开发生产出许多高品质产品。

▲ 镀锌钢管

▲ 方矩形管

▲ API 管线管

▲ 衬塑复合管

▲ 消防管

三、企业技术

公司对每一种产品均确定了科学严谨的生产工艺流程。所有的制管热轧钢卷均先切边分条纵剪，切边分条后的钢带宽度偏差均保证在+0.3~-0.1mm范围内，为后道焊接工序提供了充分的质量保证。焊管成型第一道次的“W形”以及后续道次的“双半径”

的成型孔型设计最科学，保证了钢带在第一道次边缘变形充分均匀和后续道次变形均匀，消除了“桃形口”，为随后的焊接工序提供了充分的质量保证。美国色玛图尔固态高频焊机稳定的焊接电流以及高频频率和输出功率自动匹配功能为焊接质量提供了最佳保证。电脑飞锯定尺精度高，长度偏差严格控制在+20~0mm内，为用户的设计、施工、核算带来极大的便利。对每根钢管的两端管口均经过平头机的管口内外倒棱，减少了用户的打坡口工序和保证了施工操作安全。

公司拥有完善的检测手段，独一无二的三个“100%”，使出厂产品的焊接质量得到有力的保障。公司的每一条焊管生产线均配备了在线涡流探伤机和水压试验机，每一根钢管均经过了100%的在线涡流探伤以及100%的水压试验的双重检测，实际水压试验的压力值（7~8MPa）均高出国家产品标准要求的50%。严格按照质量控制程序，从原材料进厂后的验收到产品生产过程中的自检以及产品最终出厂前的专检均进行了100%的检验和试验。

四、企业装备

公司引进了日本、意大利及美国最先进的生产设备，目前公司拥有分条宽度尺寸精度高（+0.3~-0.1mm）的日本纵剪机一套、外径尺寸精度高的意大利精密焊管成型机三套、焊接电流稳定的美国色玛图尔固态高频焊机三台，液压式在线内毛刺去除设备三套、定尺精度高的电脑飞锯三台、全自动平头倒棱机三台、20MPa“二～六”工位水压试验机三台、镀锌层均匀的日本热镀锌机一套、单螺杆挤塑机三套、拉管机三台、中频衬塑复合机三台、内涂塑机一套、外涂塑机三套等。目前，在小口径直缝焊管、镀锌管、衬塑、涂塑复合钢管领域里仍保持最先进水平的主要生产设备和配套设施。

▲ 日本制造纵切机

▲ 美国色玛图尔高频焊接设备

▲ 日本制造热镀锌设备

五、产品开发及应用

当今社会镀锌钢管的应用已经越来越广泛。镀锌钢管生产技术的发展开始于自行车制造业的兴起、19 世纪初期石油的开发、两次世界大战期间舰船、锅炉、飞机的制造，第二次世界大战后火电锅炉的制造，化学工业的发展以及石油天然气的钻采和运输等，都有力地推动着镀锌钢管工业在品种、产量和质量上的发展。

正是由于镀锌钢管与人类生活、生产活动密不可分，镀锌钢管工业的生产技术不仅发展迅速，而且推陈出新，镀锌钢管生产在钢铁工业中占有不可替代的位置。一般钢管腐蚀都是属于化学腐蚀，速度慢，而且在腐蚀后表面会生成一层薄的多孔的褐色铁锈，在空气中水的作用会慢慢地形成穿孔，这就叫溃疡腐蚀。它和电化学腐蚀不同，电化学腐蚀是使管体均匀变薄。

公司经过多年的研发实践，生产的新产品燃气专用镀锌钢管、衬塑复合管、消防管、涂塑复合管、API 管线管、镀锌复合钢管技术得以较快提升，在耐腐蚀、强度韧度、耐压及卫生等方面通过专家鉴定。钢管产品广泛应用于具有腐蚀环境的石油套管、注水管、燃气集输管、石油化工、食品工业、海水淡化及生活饮用水输送等领域。

六、成长历程

“诚信为本、品牌兴业”是公司的经营管理理念。公司以董事会和总经理办为管理战略机构，通过各种方式深入钢管市场调查用户需求动向，确定产品在市场营销定位，找准经营目标。公司以务实创新、勇于探索、积极进取的作风，严谨的态度，使产品质量保障能力、市场竞争力得到新的增强，产品销售量、利润及创税额逐年递增。

1. 1997年8月至今，通过ISO9001:2008质量管理体系认证。

2. 1998年6月，镀锌钢管首次获“广东省优质产品”称号。

3. 1999年1月，“流体输送镀锌钢管”首次获“广东省名牌产品”称号。

4. 2002~2004年，获全国外商投资“双优”企业称号；2002至今为中国钢结构协会冷弯型钢分会理事单位。

5. 2003年，“TFQ”商标获“广东省著名商标”称号。

6. 2005年1月至今，通过了美国石油协会API Spec 5L会标认证；2005年12月至今获得UL认证证书。

7. 2006年8月至今，获得中国质量检验联盟CTA品质验证证书；2006年12月至今获得FM认证证书。

8. 2007年7月，被国家工商行政管理总局授予“2006年度中国守合同重信用企业”；2007~2010年被评为“广东省诚信示范企业”。

9. 2008年1月至今，被揭阳市国家税务局、揭阳市地方税务局评为A级纳税人；2008年4月，被广东省企业联合会、广东省企业家协会评定为“诚信公约会员单位”；2008年至今，被广东省进出口诚信企业评审委员会评定为“进出口诚信企业”。

10. 2010年6月，被广东省工商行政管理局授予“连续十五年守合同重信用企业”。

11. 2011年12月，“镀锌复合钢管”获“广东省名牌产品”称号。

12. 2012年5月，被评为“连续十七年守合同重信用企业”；2012年9月，被中国燃气集团授予燃气专用管供应商。

13. 2014年10月，获2013~2014年揭东区第二届政府质量奖。

七、工程实例

公司产品70%以上出口，主要远销美国、加拿大、墨西哥、澳大利亚、泰国等国家。

▲ 琶洲会展中心

▲ 潮汕机场

在国内主要销往香港、澳门、广东、上海、深圳、珠海、福州、厦门等地区。且先后在一些大项目相继中标，如朝汕机场、琶洲会展中心、广州亚运综合会馆、深圳世界大学生运动会体育馆、广州火车南站、广州电视塔、保利世界贸易中心等。

▲ 广州亚运综合会馆

▲ 广州地铁 5 号线

企业名称：揭东经济开发区泰丰侨金属制品有限公司
法人代表：王钦荣
地　　址：广东省揭阳市揭东开发区三号路
邮　　编：515500
联 系 人：王克坚
电　　话：18675916262

石家庄市东华特种型材厂

一、企业简介

石家庄市东华特种型材厂是以生产销售汽车门窗框组件、玻璃导轨、玻璃托架、密封条卡板、雨檐、座椅滑轨等汽车专用冷弯辊压件为主的企业。企业始建于1992年。从最初的几十人发展到现有员工150余人，专业技术人员30余人。生产经验丰富，技术力量雄厚。具有国内领先水平的冷辊弯型材生产线。2000年产品通过了ISO/TS16949:2009国际质量体系认证和ISO14001:2004环境管理体系认证，工艺先进，质量稳定，被多家主机厂授予“优秀供应商”称号。产品配套的车型范围有轿车、轻卡、商务车、小客车、重型运输车、工程机械等系列，目前已成为上海大众、天津一汽、御捷车业、江铃汽车、江铃控股、江铃重汽、徐工集团、长安客车等国内知名主机厂的合作配套供应商。

二、企业产品

公司主打产品为汽车门窗滚压件、座椅导轨、顶盖流水槽及密封条类，按订单生产仓库、超市用货架等。

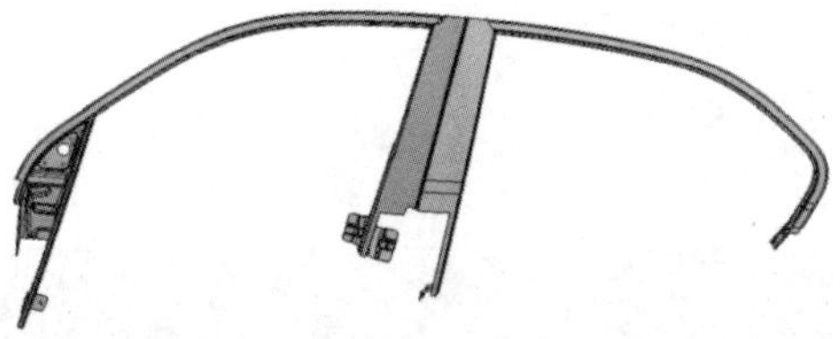

▲ 一汽夏利 N5 门窗框总成

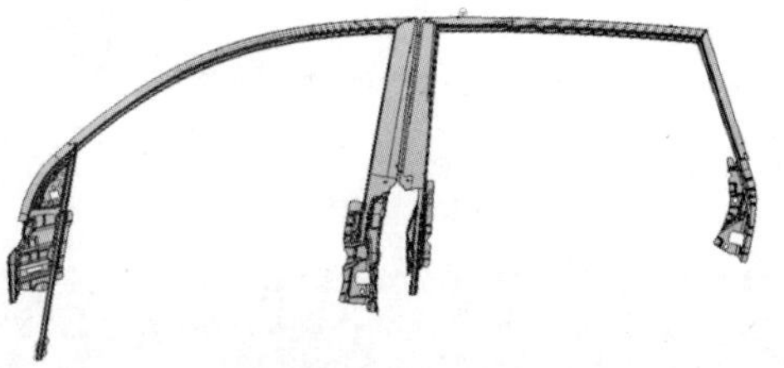

▲ 江铃控股陆风 X5 门窗框总成

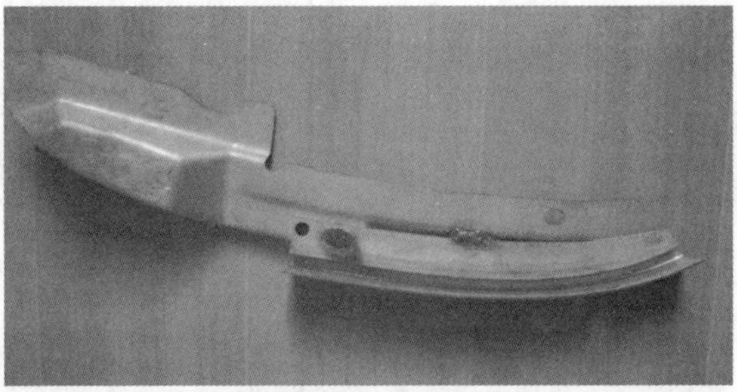

▲ 上海大众帕萨特门框中板

▲ 江铃股份单、双排座门窗玻璃导轨总成

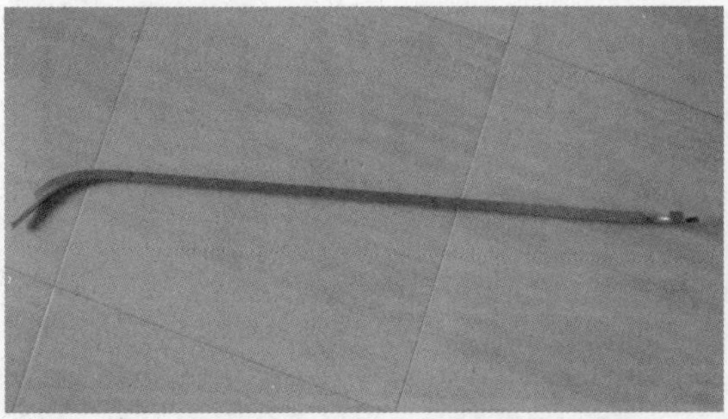

▲ 江铃股份单、双排座顶流水槽

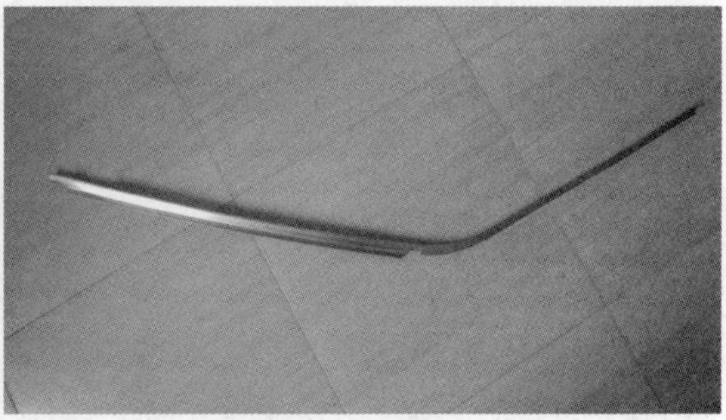

▲ 江铃股份皮卡顶盖流水槽

▲ 江铃股份轻卡风扇钢圈

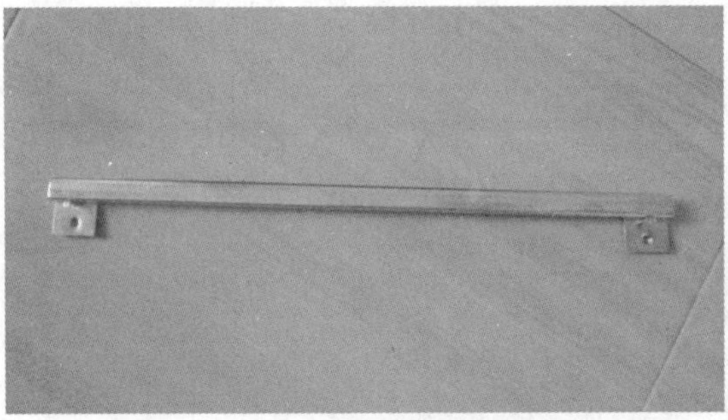

▲ 江铃股份轻型车玻璃托架合件

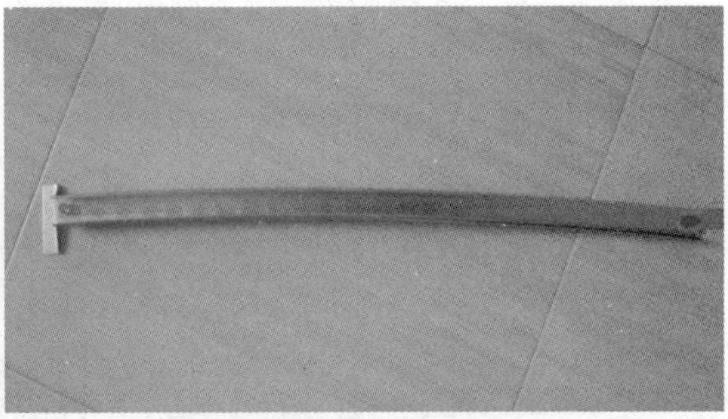

▲ 江铃股份轻卡玻璃导轨合件

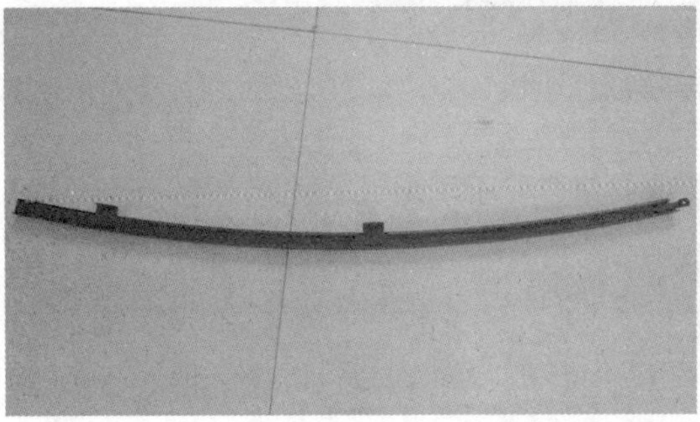

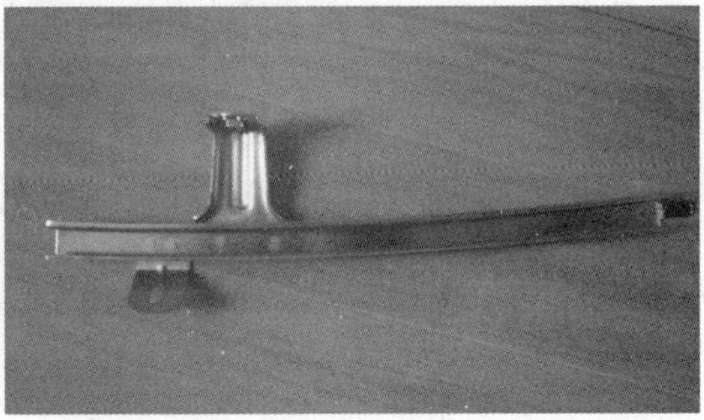

▲ 江铃控股陆风 X5 玻璃导轨总成

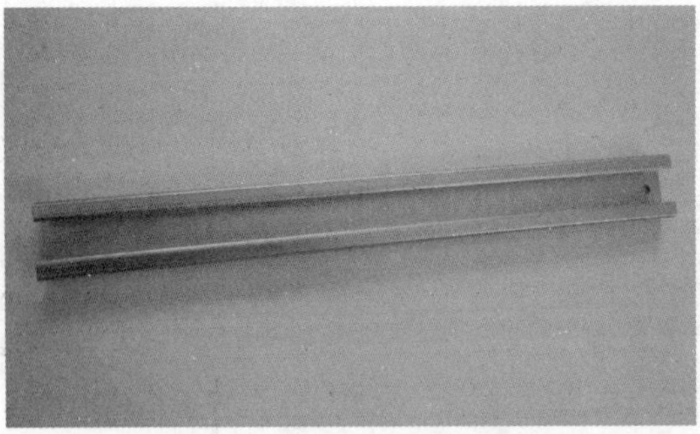

▲ 徐工集团工程车管卡滑道

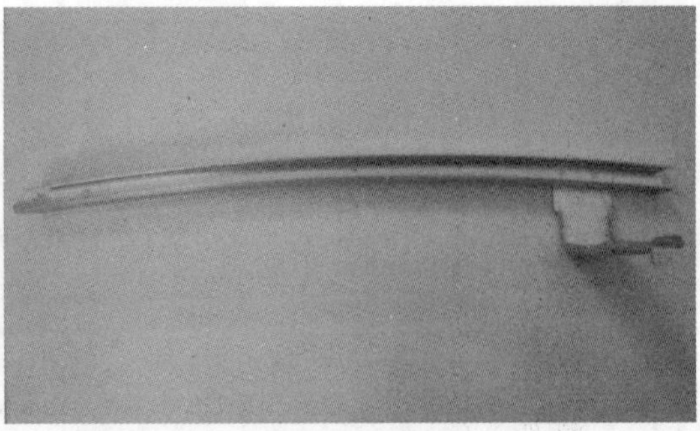

▲ 长安 102 皮卡玻璃导轨总成

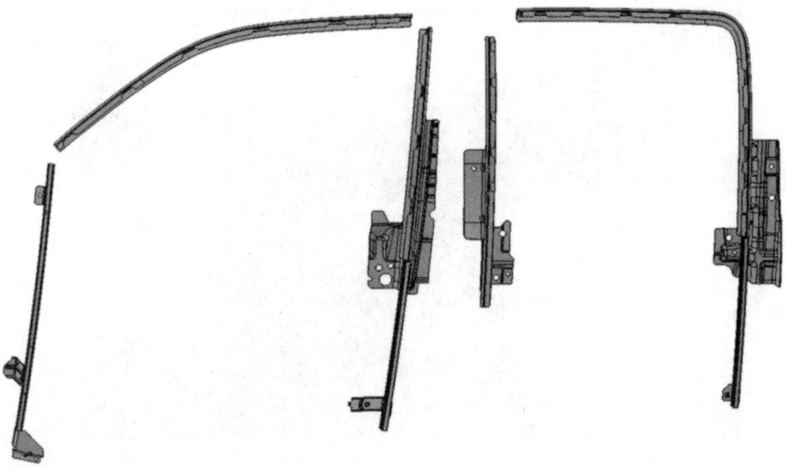

▲ 长安 P102 皮卡窗框总成

▲ 超市货架

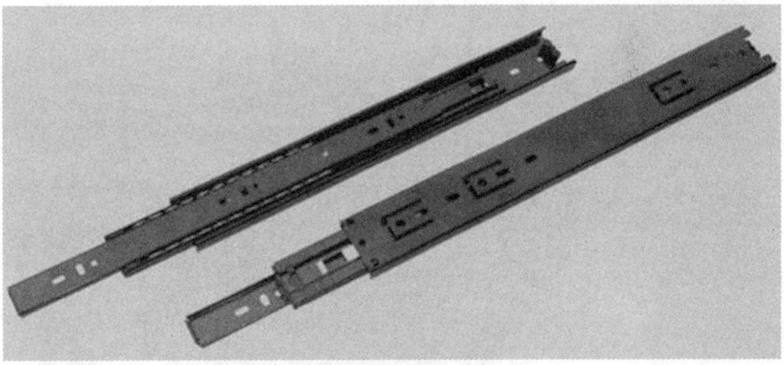

▲ 滑轨

三、企业技术

公司核心技术为冷弯成型工艺，辐射下游辅助工艺有切断、冲压、拉弯、焊接、表面处理。

为开拓市场，公司相继开发了在线预冲孔及 360° 弯圆切断设备，使货架类空腹型材的孔、槽变得易于加工，极大地提高了生产效能，增强了市场竞争力。

360° 弯圆切断机实现了产品的连续生产，降低了风扇钢圈的生产成本。

四、企业装备

公司本着“促进技术装备升级，提高产品质量”的宗旨，陆续引进、制造了一批设备及专用工装。

▲ 在线预冲孔冷弯成型机组

▲ 汽车门窗框成型机组

▲ 汽车门窗框冷弯机组用轮焊机

▲ 冷弯机组伺服跟踪切断机

▲ 三维拉弯机

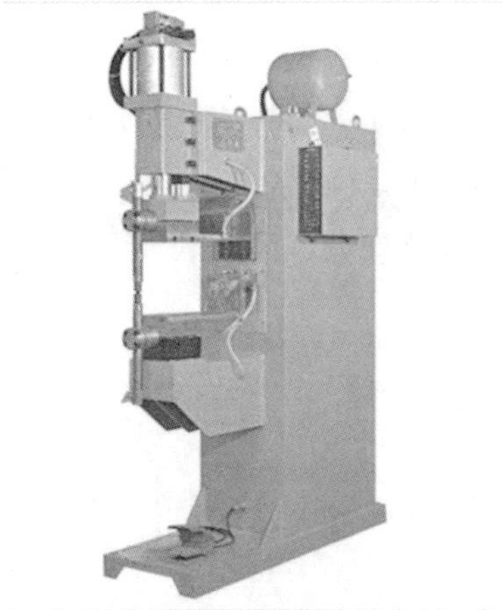

▲ 点焊机

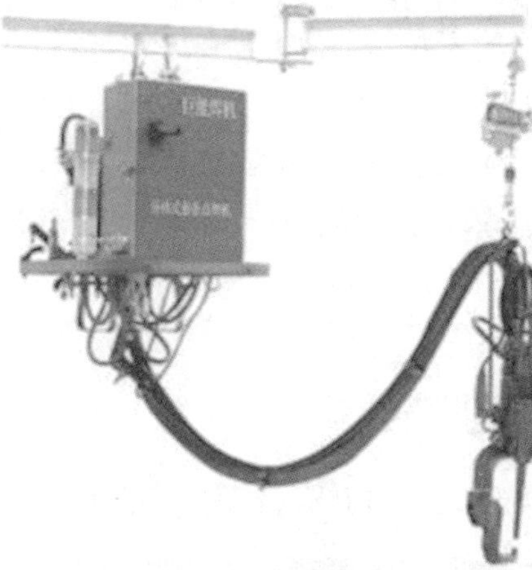

▲ 悬挂式点焊机

▲ 冲床

▲ 四柱液压机

五、产品开发及应用

公司除生产汽车配件外，还积极开拓民用市场，研发生产了家具用滑轨，使产品质量上了一个新的台阶。

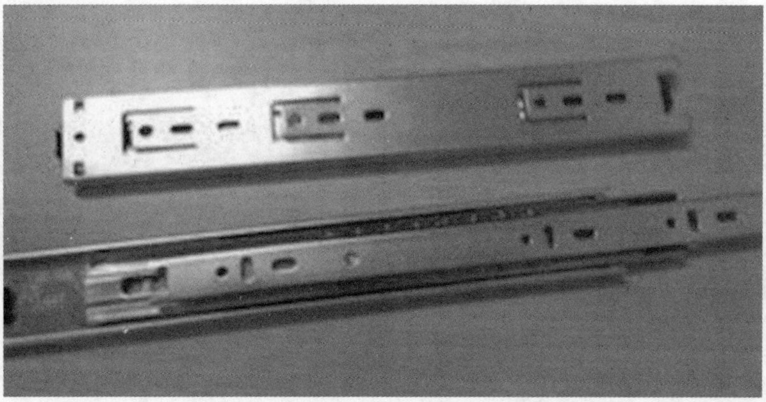

六、成长历程

1. 1985~1995 年，公司初创期，与沈阳金杯、江西五十铃、上海电气合作。

2. 1995~2005 年，相继与昌河汽车、郑州东风、广州标致合作。

3. 2005~2015 年，建立了与上海大众、天津一汽、江铃控股、河北长安、徐工集团、河北御捷、河南宏瑞、江铃重汽的战略合作。

七、工程实例

公司自成立起，承担或参与的工程实例如下图所示。

▲ 沈阳金杯汽车配件

▲ 江铃皮卡汽车配件

▲ 江铃双排汽车配件

▲ 江铃轻卡汽车配件

▲ 郑州东风汽车配件

▲ 昌河面包汽车配件

▲ 广州标致汽车配件

▲ 上海大众帕萨特汽车配件

▲ 一汽夏利 N5 汽车配件

▲ 陆风 X5 汽车配件

▲ 长安皮卡汽车配件

▲ 河北御捷汽车配件

企业名称：石家庄市东华特种型材厂
法人代表：王玉辰
地　　址：河北省石家庄市栾城区王家屯
邮　　编：051430
联 系 人：王润田
电　　话：13833171697

山西华晟重工集团有限公司

一、企业简介

山西华晟重工集团位于山西省太原市高新技术开发区内，是以高新工业科技产品为主的集科研、制造、服务于一体的民营股份制高新技术企业，集团总注册资本7500万元人民币。主要从事冶金重型机械设备的设计与制造，承接成套生产线工程及新产品开发。

山西华晟重工集团由山西华晟重工集团有限公司、山西惠荣传动轴有限责任公司、平遥中冶重工设备制造有限公司、山西晟邦贸易有限公司、山西东盟电气设备制造有限公司、华晟重工中德装备基地组成。

公司产品远销日本、韩国、越南、印度、俄罗斯、乌兹别克斯坦、巴基斯坦、马来西亚、埃及、以色列等国家，赢得客户一致好评。

▲ 平遥中冶重工公司

▲ 山西惠荣传动轴公司

▲ 中德重工装备基地

（一）先进的产品研发系统及产品技术平台

产品研发采用了模块化设计理念，使产品在性能、可靠性及互换性等方面有着系统性优势。产品设计均采用三维设计方法，同时充分利用运动机构及有限元分析等先进的设计开发分析技术平台，对重要零部件进行有效的系统性分析，确保其性能满足产品设计要求，从而消除产品在设计阶段可能产生的问题，提高了新产品开发的效率与成功率。

结合公司完善的新产品试制、试验方法及检测与控制手段，保证了新产品开发的性能及工作可靠性。

▲ 山西东盟电器公司

（二）精益求精的采购体系

华晟重工产品主要配套设备采用了国内及国际上先进、成熟及性能优良的配套资源，保证了产品的高性能及高可靠性。

（三）严谨的生产制造与控制管理系统

公司建立了满足ISO9001:2000所要求的质量管理体系。确保生产和提供满足相关法律法规及用户要求并与标准要求相符合的冶金重型机械产品。从产品的安全、性能、功能、寿命、可靠性到服务等方面，给用户以最大的保证。

▲ 晟邦贸易公司

（四）完善的售后服务体系

华晟重工学习借鉴了国内外先进企业的服务理念，结合公司的实际情况，本着“快捷、准确、周到、亲切”的服务宗旨，建立了完善的服务保障体系，在售前、售中、售后，为用户随时提供全地域、全时段及无边界式强有力的技术服务与产品支持。

（五）强有力的研发及经营管理团队

华晟重工汇聚了一批具有10年以上冶金机械行业产品研发经验的核心技术骨干及经营管理专家团队，在产品研发、生产制造及经营管理等方面都具有成熟的技术和管理经验，从而使得公司运营能够快速步入正轨化、高速化的发展轨道。

二、企业产品

华晟重工集团提供各类直缝焊管机组，螺旋焊管机组，纵横剪设备，冷弯型钢设备等生产线非标设备，以及钢板冷轧设备、线棒材轧制设备、无缝管设备、板材和管材精整设备等重型成套设备的设计、制造、安装调试、改造及备品备件等的技术和服务。

（一）焊管设备

焊管设备业务是公司最早切入冶金重型机械设备领域的核心业务之一，产品有直缝焊管机组、螺旋焊管机组、特种材料焊管机组全系列生产线设备及钢管精整深加工设备。

华晟重工的焊管业务自诞生之日起，就确定了“技术、品质、全球化”的经营理念以及“优化产品结构，培育创新能力，构筑企业高科技平台”的发展战略目标。公司通过引进消化美国、德国、日本及韩国等国先进、成熟的产品技术平台，通过先进、严谨的研发技术手段，不断开发出满足用户不同需求的产品，通过高水平的产品制造技术平台，打造出焊管行业的高端品牌。

（二）钢板深加工设备

各类高强度、高精度、高可靠性的纵剪机组、横切机组、矫平机组等是公司的优势产品。华晟重工钢板深加工设备起点高，技术优，快速实现市场突破后，以先进的设计理念，良好的加工质量和完善的售后服务受到了用户的好评。

（三）冷弯型钢设备

主要致力于重型钢板桩，大口径方矩形管、高速公路护栏板、重型汽车型钢、建筑型钢等生产线的开发，具有强大的非标设计能力，可根据客户的不同需求，为客户量身打造适合其要求的机组设备。

（四）轧机及无缝钢管设备

Φ114～Φ340mm×14mm(API)
API标准高频直缝焊管机组

250mm×250mm×14mm(Q345B)
高强度高频直缝方矩管机组

LW1800mm×10mm(Q345B)
起重机横梁用冷弯型钢机组

Φ610～Φ3500mm×25.4mm(X80)
高等级结构螺旋焊管机组

Φ406～Φ2032mm×22mm(X65)
结构管用螺旋焊管机组

Φ508～Φ2540mm×25.4mm(X80)
API标准后摆式螺旋焊管机组

Φ508～Φ2000mm×25.4mm(X80)
预精焊螺旋焊管机组

4～22mm×2000mm(Q345B)
高等级直缝焊管机组用纵剪机组

3～16mm×1800mm(X65)
H型钢生产线用纵横剪机组

Φ610～Φ2540mm×25.4mm
3500吨钢管水压试验机

Φ610～Φ3000mm×25.4mm
钢管平头倒棱机

Φ50～Φ400mm
热轧无缝管生产线

▲ 代表性产品

三、企业装备

公司主要生产设备如表1所示。

表1　主要生产设备

序号	主要设备名称	型　号	国产或进口	制造年份	数量/台	运行状况
1	数控切割中心	6 m×20 m	国产	2006	3	良好
2	数控切割机器人	5 m×20 m	国产	2010	1	良好
3	数控焊接机器人	4 m×20 m	国产	2010	1	良好
4	动梁式天桥铣	6 m×20 m	进口	2010	2	良好
5	落地镗铣	250	进口	2010	2	良好
6	落地镗铣	160	进口	2008	2	良好
7	落地镗铣	130	国产	2008	4	良好
8	万能铣床	X62W	国产	2005	28	良好
9	外圆磨床	ϕ500×2m	国产	2010	2	良好

续表 1

序号	主要设备名称	型　号	国产或进口	制造年份	数量 / 台	运行状况
10	平面磨床	600 × 400	国产	2006	2	良好
11	龙门铣	2.5m × 10 m	国产	2008	4	良好
12	龙门铣	3.5 m × 10 m	国产	2008	3	良好
13	数控加工中心		国产	2011	25	良好
14	50 车床		国产	2008	20	良好
15	30 车床		国产	2008	40	良好
16	外圆磨床		国产	2008	5	良好
17	平面磨床		国产	2008	3	良好

四、成长历程

1. 2004 年 12 月，山西惠荣传动轴有限责任公司成立；
2. 2008 年 10 月，山西华晟重型机械设备有限公司成立；
3. 2009 年 6 月，平遥中冶重工设备制造有限公司成立；
4. 平遥中冶重工设备制造有限公司一期 2 万平方米厂房建成投产；
5. 2010 年 8 月，山西晟邦贸易有限公司成立；
6. 2011 年 1 月，华晟重工集团成立；
7. 2012 年 6 月，山西东盟电气设备制造有限公司成立；
8. 2012 年 10 月，华晟重工中德重工装备基地建成投产；
9. 2013 年 4 月，华晟重工经济开发区办公楼动工。

五、工程实例

企业承担或参与的工程实例如下图所示。

▲ 2008 年 山东御鼎冷弯型钢 F250mm × 14mm 直缝焊管机组

▲ 2009 年韩国 WELTECH ϕ2032mm × 20mm 螺焊机组

▲ 2010 年山东庆涛 ϕ2540mm × 25.4mm 后摆式螺焊机组

▲ 2010 年印度 MEGHA ϕ3000mm × 25.4mm 预精焊螺焊机组

▲ 2010 年中国台湾烨辉鑫阳钢铁 ϕ340mm × 14mmAPI-5L 直缝焊管机组

▲ 2011 年新日铁越南 ϕ3500mm × 25.4mm 螺旋焊管机组

▲ 2012 年南钢盛达公司 16mm × 1800mm 纵横剪机组

企业名称：山西华晟重工集团有限公司
法人代表：李锦涛
地　　址：山西省太原市高新区中心北街三号晨雨大厦八层
邮　　编：030002
联 系 人：刘国强
电　　话：13994264936

江阴建禾钢品有限公司

一、企业简介

江阴建禾钢品有限公司（简称建禾钢品）成立于2005年8月，注册资本为4200万元，公司位于中国百强县市——江阴市。建禾钢品先后取得了ISO9001国际标准认证、OHSAS18001职业健康安全体系认证、欧盟CE认证，目前正在进行GL（德国劳氏船级社）产品认证。通过系列的管理认证及产品认证，一方面是使企业制度等能够更规范化，产品质量更高，另一方面也为进一步深度开拓市场奠定扎实的基础。

至2014年12月，公司员工总人数在250人左右，总资产达2.87亿元，2014年公司完成开票销售收入2.87亿元，利润1211万元，上缴税收1745万元。2015年，公司启动资本市场，目前正在进行新三板上市的工作，争取到2015年12月能在新三板挂牌上市。

建禾钢品秉承“保护环境、节约能源”的理念，开展了一系列新技术、新工艺、新装备的研发及工程化、产业化工作。目前建禾钢品具有自主知识产权的核心技术有：行业内生产工艺领先的400×400×16高频方管生产线、80×80×10高频方管生产线、500×300×16高频矩形管生产线、直径355mm高频圆管生产线、高频H型钢生产线、JCOE直缝埋弧焊管生产线、公司新开发的U型肋已申请专利。

建禾钢品技术力量雄厚，技术团队的主要成员来自国内外相关技术的高端人才，在行业内有较高的学术与技术水平。公司以国内外著名高校及设计院为依托，全面展开人才培养、科技研发、成果转化、技术服务等各领域的合作，目前已取得十多项国家专利。公司已建设钢构型材工程技术研究中心，江苏省技术中心也已在申报。迄今，公司已先后获得了中国著名商标、江苏省优秀企业、江苏省质量信得过企业、江苏省科技型企业、江苏省高新技术企业、无锡市AAA级重合同守信用企业、远东国际评估AAA级资信等级等多项荣誉，并成为中国钢结构会员、冷弯型钢会员、建筑钢结构会员等行业领军协会的会员，并多次参与了行业标准的制定。

公司占地480亩。在建中的生产厂房及新办公大楼地理位置得天独厚，设计典雅，地理位置优越，交通便利。公司每年都投入大量的资金用于新技术的研究开发，并引进国内外先进仪器设备。通过自主研发及合作研发，已形成多项核心科技成果转化并实现了产业化。公司倡导“诚信、和谐、创新、求精”的企业精神，以核心技术为基础，以优化设计为手段，以系统集成为优势，以项目管理为保证，竭诚为用户提供满意的产品、优质的工程和一流的服务，努力打造成为世界一流高科技企业。

二、企业产品

▲ 住宅用高性能方矩形管（用于建筑）

▲ 连续性高强度 U 型钢

▲ 热镀锌太阳能多用途转向支架

▲ 建筑起重机用柱梁

▲ 煤矿矿井用垂直运输支架

▲ 圆管

三、企业技术

（一）高频方矩形管生产线

功能：直接弯边成型；特点：减少换辊次数和轧辊成本。

（二）高频圆管生产线

功能：FFX 成型。特点：减少换辊次数和轧辊成本。

（三）JCOE 直缝埋弧焊管和 1000 整型生产线

功能：折弯成型、整型；特点：焊缝质量保证并美观，弥补公司大规格管材空档。

（四）U 型肋生产线

功能：直接挤压弯边成型；特点：新型开发填补国内 U 肋空档。

（五）高频 H 型钢生产线

功能：直接挤压焊接成型；特点：填补公司建筑型材空档。

四、企业装备

▲ 方矩管生产线在线超声波探伤设备

▲ 天燃气封闭式箱式炉

▲ 可调可控式多功能全方位大型折弯机组（型号 250×250~1000×1000）

▲ 连续式多变型整型机组

五、产品开发及应用

（一）光伏产业中热镀锌高强度方管

替代 C 型钢与铝型材，具有重量轻、接触面广、施工方便等优点。

（二）连续性高强度 U 型钢

替代传统轧制、冷弯 U 型钢，具有重量轻、施工方便、强度高、速度快等优点。

▲ 光伏产业中热镀锌高强度方管

▲ 连续性高强度 U 型钢

六、成长历程

1. 2005 年 8 月，江阴建禾钢品有限公司成立，注册资本人民币 100 万元；9 月，公司第一条高频 H 型钢生产线设计制造完成并投入生产。

2. 2006 年 10 月，公司自制 400 × 400 高频方管生产线设计制造完成并正式投入生产。12 月，公司被评为“守信用、讲信誉、重信义企业先进单位”。

3. 2007 年 3 月，增资 100 万元，注册资本人民币 200 万元。

4. 2008 年 5 月，公司新增第 1 条 200 × 200 高频方管生产线设计制造完成并投入生产；8 月，被无锡市人民政府评为“无锡市 AAA 级重合同守信用企业”。

5. 2010 年 1 月，增资 1000 万元，注册资本人民币 1200 万元；2 月，公司自制 5 × 20~800 回火炉；5 月，被无锡市科学技术局评为“高新技术企业”；8 月，经江苏远东国际评估咨询有限公司评估为“AAA 级资信等级”。

6. 2011 年 5 月，公司新增 80 × 80 高频方管生产线设计制造完成并投入生产；10 月，公司新增 JCOE 直缝埋弧焊管生产线设计制造完成并投入生产。

7. 2012 年 9 月，公司新增直径 355mm 高频圆管生产线设计制造完成并投入生产。

8. 2014 年 3 月，增资 3000 万元，注册资本人民币 4200 万元；5 月，成立“江阴市钢构型材工程技术研究中心”。

9. 2015 年 1 月，公司新研发的高强度 U 型肋成功申请专利并正式投入生产；1 月，公司被江阴市人民政府评为“江阴市重点骨干企业”。2 月，被江苏省科学技术厅认定为“江苏省科技型中小企业”。4 月，成立“无锡市企业技术中心”，省级企业技术中心也在申报中。

七、工程实例

公司参与的重大工程项目如下图所示。

▲ 印度锌厂

▲ 海南国际马术俱乐部 1、2 号馆

▲ 海南观光塔

▲ 海南跑马桥

▲ 印度86m烟囱直管项目

企业名称：江阴建禾钢品有限公司
法人代表：陈建国
地　　址：江苏省江阴市新桥镇工业集中区西区
邮　　编：214426
联 系 人：刘　璐
电　　话：18248809889

浙江精功科技股份有限公司

一、企业简介

浙江精功科技股份有限公司是一家主要专业生产轻钢、重钢、空间结构等新型钢结构建筑专用设备以及各种新型屋面、墙体、板材生产线专用设备，集产品研发、生产制造、经营销售和技术服务于一体的国家高新技术企业，是中国最大建材机械生产基地。

浙江精功科技股份有限公司由精功集团控股，2000年完成股份制改造，2004年在深圳证券交易所上市（股票代码：SZ 002006）。公司为国家重点高新技术企业、全国机械工业先进集体、全国电子信息行业优秀创新企业和最具社会责任企业、中国太阳能光伏设备优秀供应商、中国新能源产业发展最具影响力企业、中国建材机械行业20强企业、全国工商联新能源商会副会长单位、中国光伏产业联盟首批发起单位、中国建材机械工业协会副会长单位、中国纺织机械器材工业协会常务理事单位。

公司定位于专用装备技术的引领者与产业升级的推动者，主要从事太阳能光伏专用装备、新型建筑节能专用设备、轻纺专用设备等高新技术产品，为国内太阳能光伏工艺研究及太阳能光伏专用装备制造行业龙头企业；国际上种类最齐全、最具竞争力的钢结构建筑、新型建材专用设备的知名企业；国内规模最大、效益最好的轻纺专用设备生产基地，多个细分产品占据市场主导地位，其中，主导产品光伏专用装备、建筑建材专用设备市场占有率在40%以上，轻纺专用设备市场占有率在65%以上。

公司现有员工1300多人，资产20亿元，下属4家分公司、2家控股子公司、4家

参股公司，拥有国际最先进的核心技术和40余年的专用设备生产制造经验，秉承“勇于创新，精益求精”的企业精神和“专业、专注、技术领先”的经营理念，先后与清华大学、昆明理工大学、浙江大学等国内知名院校和美国BRADBURY集团、德国GERGEN公司、芬兰FORMIA公司、意大利SAIP公司等国际知名公司进行广泛的技贸合作，承担实施了100多项国家、省、市、县科研项目，成功开发了150余种高尖端、高附加值的产品，拥有国家专利100多项，产品50多项获国家、部、省、市、县科技进步奖，畅销100多个国家和地区。

未来，公司将继续致力于“太阳能光伏专用装备和建筑节能专用设备”的阳光事业，凭借在专用装备领域的技术储备和人才优势，依托资本市场平台，全力打造公司品牌，通过领先的技术、优异的产品、卓越的服务为客户创造价值，打造核心产业竞争优势明显、国际公认的一流光伏专用装备及建筑节能专用设备供应商。

二、企业产品

（一）波纹腹板H型钢全自动焊接生产线

（二）聚氨酯、岩棉、酚醛复合板生产线

（三）钢板加工（纵横剪）生产线

（四）高速公路护栏板生产线

（五）高速辊压成型机组

（六）仿古琉璃瓦成型机组

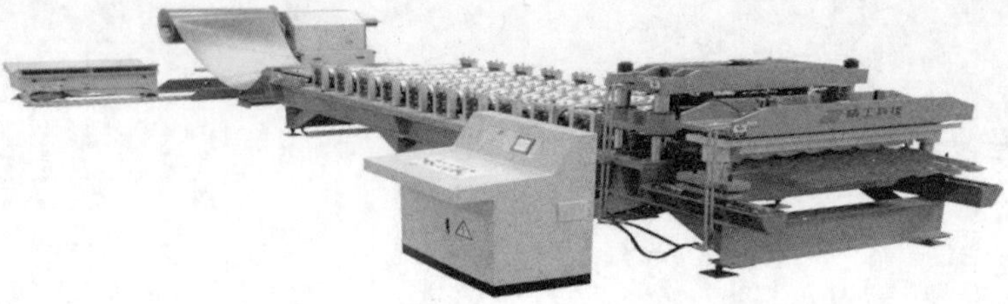

三、企业装备

▲ 企业装备及生产线

企业名称：浙江精功科技股份有限公司
法人代表：孙建江
地　　址：浙江省绍兴市柯桥区鉴湖路 1809 号
邮　　编：312030
联 系 人：李　彬
电　　话：13514213970

青岛三恩金属工业有限公司

一、企业简介

青岛三恩金属工业有限公司始建于1994年，是青岛三恩集团有限公司麾下生产冷弯型钢及其金属制品的专业公司。公司位于山东省青岛市城阳区204国道123号，交通便捷，环境优越。

公司坚持科学发展观，以科技创新的精神，促进了企业稳步发展。公司拥有以各类高中级专业技术职称人员为核心的员工队伍。拥有从日本引进的钢（卷）板纵剪机组、钢卷板开平机组、20条焊管生产线、7条冷弯型钢生产线、20余台二氧化碳焊接机和3台氩弧焊机、大型喷粉固化炉1台。公司实行严格可控的生产工艺管理。主要产品为：在线冲孔冷弯型钢，钢卷板纵剪（分条）加工，卷板开平，大型电器柜壳体制作、表面喷涂固化，光伏（钢构）支架，金属件气体保护焊接加工，机电设备电气设计改造等。公司冷弯型钢产品主要应用于公路建设、钢结构、汽车制造、集装箱、轨道车辆、钢模板与脚手架、桥梁、电器柜、悬挂运输机、货架、蔬菜大棚、物流仓储、建筑五金、钢家具、健身器材及防火设备等方面。“三恩牌冷弯型钢”获山东名牌产品。公司生产的冷弯产品畅销国内外，主要销往西班牙、美国、新西兰、瑞典、新加坡、荷兰、日本、德国等国家。在国内主要与新华锦、易而固、中青林、万润等知名企业合作，并曾长期为中国一汽青岛汽车制造厂、马士基集装箱公司、中集集装箱公司提供汽车货厢厢板冷弯型材和集装箱柜架冷弯型材产品。

公司经过多年的自主创新，高质量、国际化、持之以恒地提供优质产品和服务，形成了良好的国际和国内销售网络，产品出口到欧、亚、美等地区国家。公司与国内外知名企业长期合作，在市场上享有较高的知名度和影响力。

二、企业产品

随着我国钢铁工业以及钢结构等相关行业的发展，对冷弯型钢的需求也越来越大。公司根据市场及客户的需求，已开发出多边弯曲内卷槽、门吊轨等220余个品种。

▲ 内卷槽

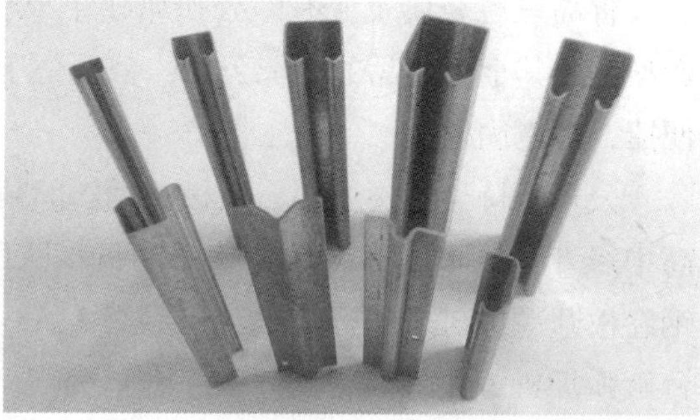

▲ 吊轨、底轨

▲ 角钢

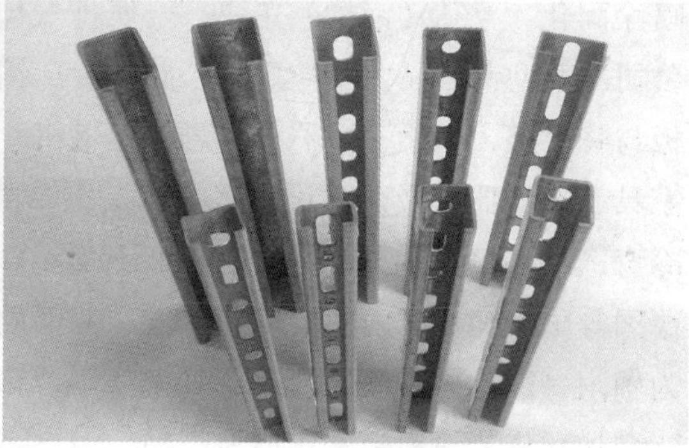

▲ C型钢

▲ 锯齿双叠凹底内卷槽

▲ 集装箱柜架型材

▲ 集装箱拉紧器型材

▲ 立体车库承载板

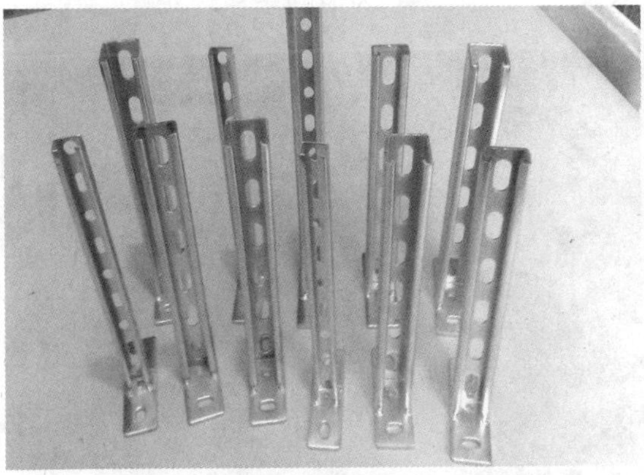

▲ 支架系列

▲ 建筑架踏板

三、企业技术

公司坚持以科学发展观为指导，以工艺技术进步引领企业的发展。在冷弯型钢生产线加装在线冲孔设备，采用现代数码软控技术，实现开卷、平料、送料、冲孔、冷弯弯曲、定尺、切断自动化。空间距尺寸公差精确到 ±0.02，基本消除了累积误差对产品的影响。在定尺切断工艺上，开发利用先进的调速装置与液压（气动）搓切结合，实现了无减速切断，断面平整无毛刺，提高了产品的安全和材料的利用率。

四、企业装备

公司拥有先进的钢（卷）板纵剪机组、钢卷板开平机组、20 条焊管生产线、7 条冷弯型钢生产线、20 余台二氧化碳焊接机和 3 台氩弧焊机、大型喷粉固化炉 1 台。为冷弯型钢生产及其产品的制作提供了保障。

▲ 纵剪机组

▲ 焊管机组

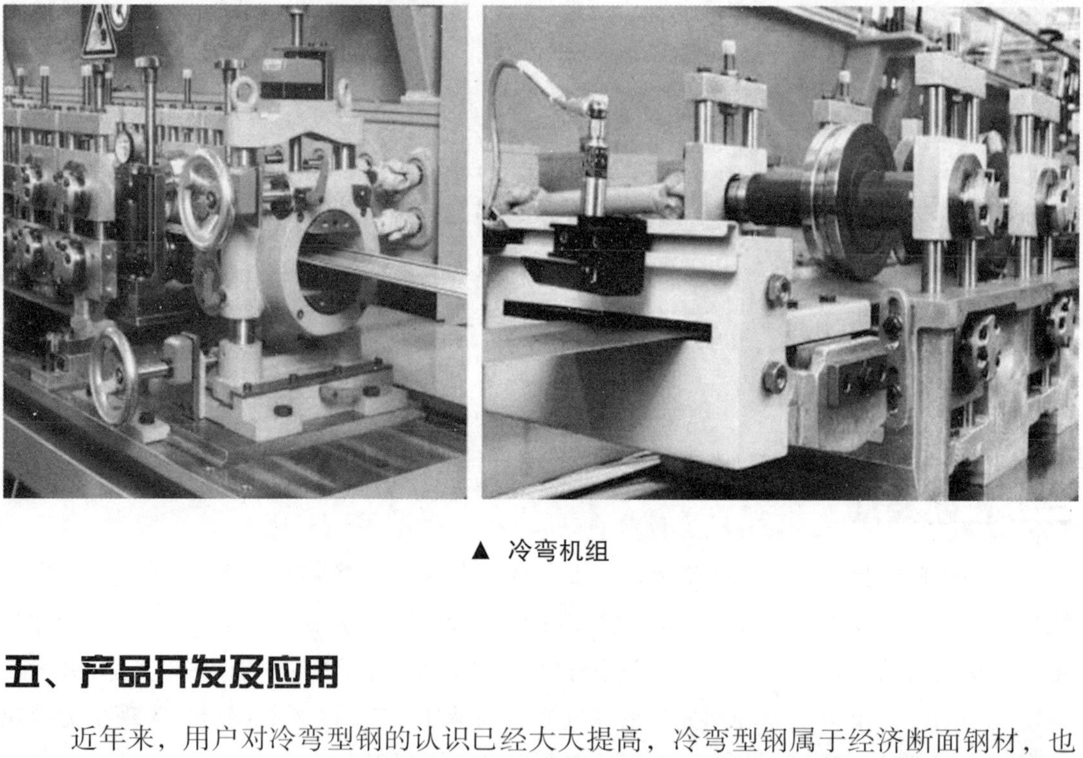

▲ 冷弯机组

五、产品开发及应用

近年来，用户对冷弯型钢的认识已经大大提高，冷弯型钢属于经济断面钢材，也是高效节能材料，是一种具有强大生命力的新型钢材品种。它广泛应用于国民经济的各个领域，包括钢家具、健身器材、建筑五金、集装箱、汽车制造、物流仓库、立体车库、光伏产业、畜牧产业等。公司生产的冷弯产品畅销国内外，主要销往西班牙、美国、新西兰、瑞典、新加坡、荷兰、日本、德国等国家。在国内主要与新华锦、易而固、中青林、万润等知名企业合作，并曾长期为中国一汽青岛汽车制造厂、马士基集装箱公司、中集集装箱公司提供汽车货厢厢板冷弯型材和集装箱柜架冷弯型材产品。

▲ 光伏支架

▲ 物流仓库货架

▲ 集装箱柜架及拉紧器

▲ 立体车库承载板等

▲ 电源柜柜体

▲ 建筑脚手架踏板

六、成长历程

1. 1994年，公司第一条冷弯机组生产线投入生产，产品品种规格较少。随着市场和用户对冷弯型钢的认识提高，对冷弯型钢的品种、规格需求增多，公司1995年又增添了宽幅冷弯机组生产线一条，扩大了规格、品种。主要产品有汽车货车厢板边框、中底板、瓦楞板、电器柜骨架、卷帘门、钢结构厂房C型钢、角钢、防盗门门边框、内卷槽、U型钢、集装箱侧梁等产品。

2. 2003年以来，用户对冷弯型钢的认识大大提高，品种、规格的需求量剧增。为满足市场和用户的需要，公司投入资金，又增加了5条冷弯生产线，20余台二氧化碳焊接机和3台氩弧焊机、1台大型喷粉固化炉。为冷弯型钢生产及其产品的制作提供了保障。冷弯型钢及其产品规格、品种增至220余个。广泛应用于钢家具、健身器材、建筑五金、集装箱、汽车制造、物流仓库、立体车库、光伏产业、畜牧产业等领域。

3. 2006年，“三恩牌冷弯型钢”获山东名牌产品。公司生产的冷弯产品畅销国内外，产品销往西班牙、美国、新西兰、瑞典、新加坡、荷兰、日本、德国等国家。在国内主要与新华锦、易而固、中青林、万润等知名企业合作，并长期为中国一汽青岛汽车制造厂、马士基集装箱公司、中集集装箱公司提供汽车货厢厢板冷弯型材和集装箱柜架冷弯型材产品。

4. 公司将坚持不懈地通过品种创新、技术进步，提高产品质量，提升公司的核心竞争力；我们将坚持以顾客为中心，以市场为导向，打造和巩固质量竞争优势，为客户创造增值服务，赢得客户的长期信赖。打造冷弯行业的知名企业。

七、工程实例

公司承担的重点项目或参与的工程实例如下图所示。

▲ 集装箱

▲ 立体车库

▲ 物流仓库货架

▲ 光伏产品支架

▲ 蔬菜大棚

▲ 围栏

企业名称：青岛三恩金属工业有限公司
法人代表：孙　军
地　　址：山东省青岛市城阳区 204 路 123 号
邮　　编：266109
联 系 人：黄加亮
电　　话：0532-89083662

武汉建海精密型材发展有限公司

一、企业简介

武汉建海精密型材发展有限公司是一家自主开发生产精密冷弯型材产品的高新科技民营股份制企业，集设计研发、制造及销售于一体，产品涉及汽车、建筑、工业、家居、物流等领域。主要是汽车行业，配套车型涉及东风、神龙、标致、日产、长城、长安、雷诺等50余款。公司自成立以来，以学习、创新、诚信、团队为公司发展理念，不断开发与研制新的产品。公司拥有多套精密冷弯型材生产设备及先进的冷弯成型及在线弯曲工艺。公司高度重视加强品质保证和提升管理水平，通过了ISO/TS16949质量体系认证。高素质的人员、先进的工艺、科学的管理，使公司成为具有先进水平的精密冷弯型材及相关产品的生产研发企业。公司能够开发生产各类汽车玻璃升降机轨道及导杆类零件，并可根据用户的不同要求，按照国内先进标准或用户提供的实物产品，开发生产高品质的冷弯型材及二次加

工产品。公司今后将重点研发涉及辊压或冷弯的各类汽车零部配件，希望能与更多的企业合作，共同发展。

公司成立于2002年10月，现有员工80余人，总占地面积3000m^2。尊崇“踏实、拼搏、责任”的企业精神，并以诚信、共赢、开创经营理念，创造良好的企业环境，以全新的管理模式，完善的技术，周到的服务，卓越的品质为生存根本，我们始终坚持用户至上，用心服务于客户，坚持用自己的服务去满足客户要求。

二、企业产品

公司开发生产各类汽车玻璃升降机轨道及导杆类零件。

目前正在开发中的项目有北京现代导轨项目、通用后备箱项目、陕汽门框项目等。

▲ 部分产品

三、企业技术

公司拥有多套精密冷弯型材生产设备及先进的冷弯成型及在线弯曲工艺与技术。

四、企业装备

公司拥有多套精密冷弯轧机及3D拉弯机。

五、产品开发及应用

产品主要应用于汽车、电力设备、农用大棚支架及轨道交通建设。

六、成长历程

1. 2002 年公司成立。

▲ 冲压生产线

▲ 辊轧生产线

2. 2005 年开发深圳比亚迪项目，开始业务往来，为比亚迪 F0、F6 等车型提供玻璃升降器导轨。

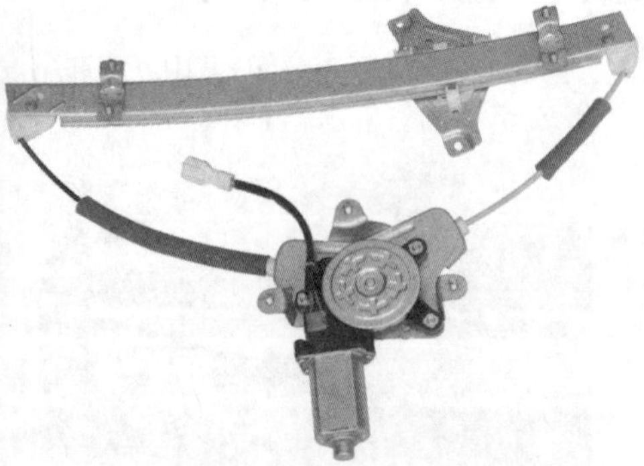

3. 2007 年开始开发神龙项目。迄今为止，为富康、爱丽舍、C2、C5、东风标致等车型提供玻璃升降器导轨。

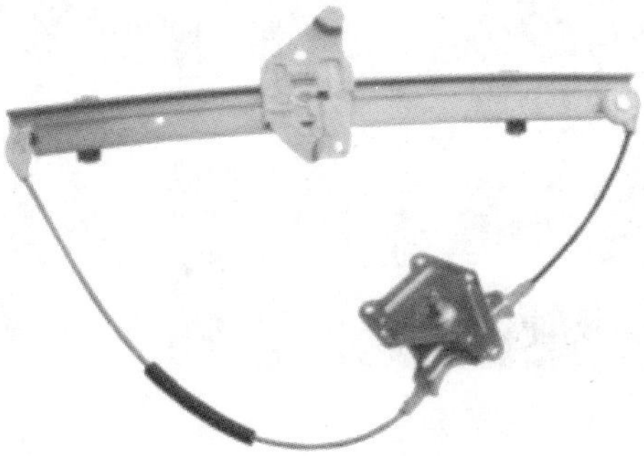

4. 2008 年开发北京现代项目，主要是为现代雅绅特提供玻璃升降器导轨；2013 年开始生产北京现代瑞纳汽车玻璃升降器导轨；2013 年底通过北京现代 QS 审核。

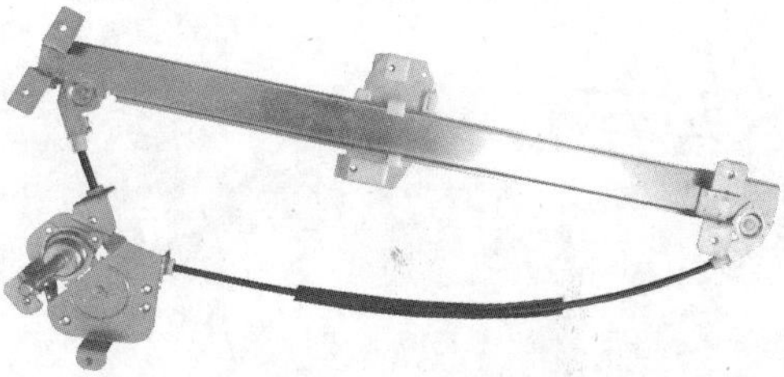

5. 2009 年成为 IKEA 供应商。

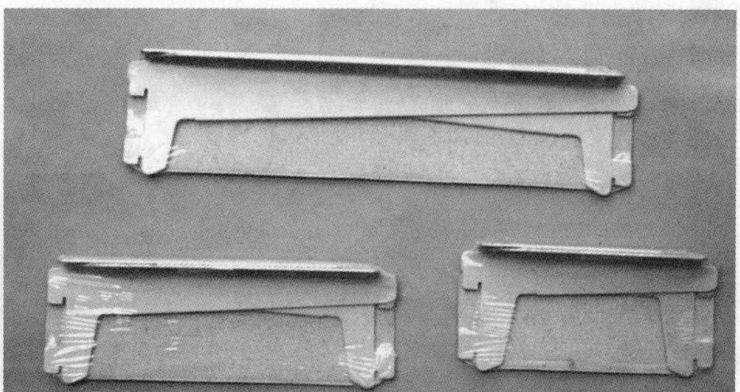

6. 2010 年开发江淮汽车系列导轨。

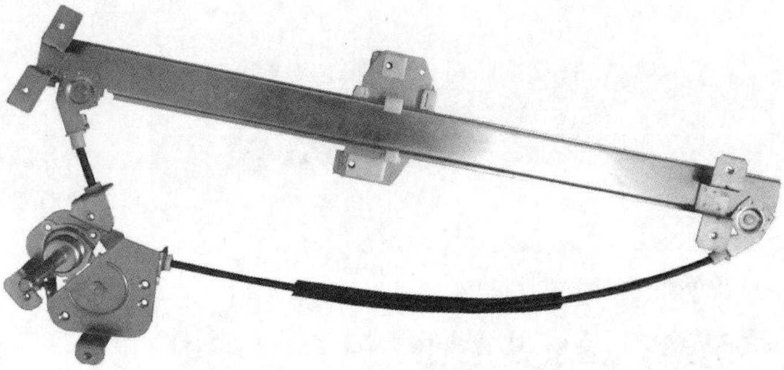

7. 2011 年与东环合作开发长城哈弗系列产品。

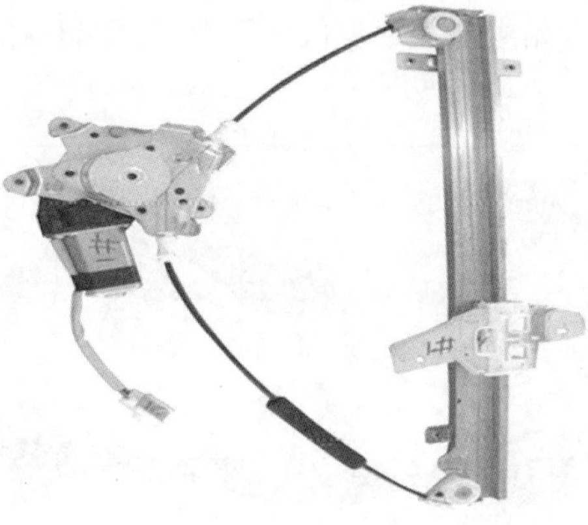

8. 2012 年成为法国登来秀公司合作伙伴。

9. 2013 年开发雷诺项目，主要是 SUV 后备箱伸缩杆内导轨和圆管。

10. 2014 年荣获东环会员供应商称号，2014 年通过 TS16949，2014 年加入冷弯协会，2014 年陕汽门框开发成功，并采购新的拉弯机设备。

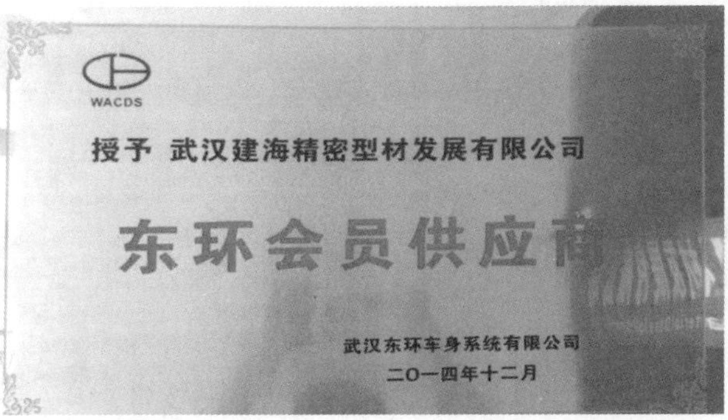

NSF ISR

Certificate of Registration

This certifies that the Quality Management System of

Wuhan Jianhai Precision Material Development Co., Ltd.

No. 1, Workshop, Shengxing Industrial Park, No.2, Pinganpu, Chenjiaji, Jiangan District, Wuhan City, Hubei Province, China 430011

has been assessed by NSF-ISR and found to be in conformance to the following standards(s):

ISO/TS 16949:2009

Scope of Registration:
Manufacture of Guide Rail for Vehicle Door

Exclusions: Product Design

IATF Certificate Number:	0189764
Certificate Number:	CNTS016452
Certificate Issue Date:	04-AUG-2014
Registration Date:	30-JUL-2014
Expiration Date*:	29-JUL-2017

Carl Blazik,
Vice President, Technical Operations, NSF-ISR, Ltd.

NSF International Strategic Registrations

789 North Dixboro Road, Ann Arbor, Michigan 48105 | (888) NSF-9000 | www.nsf-isr.org

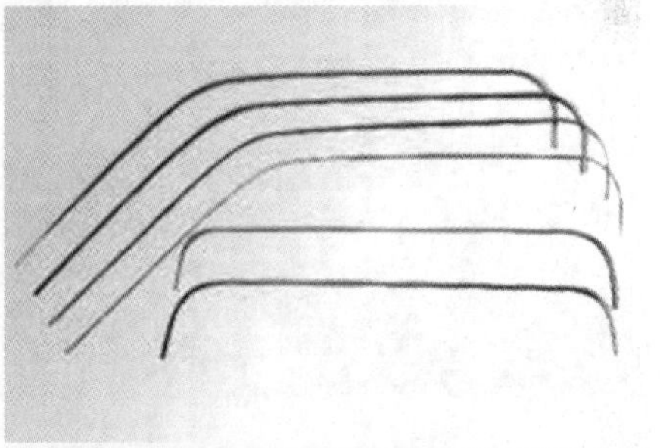

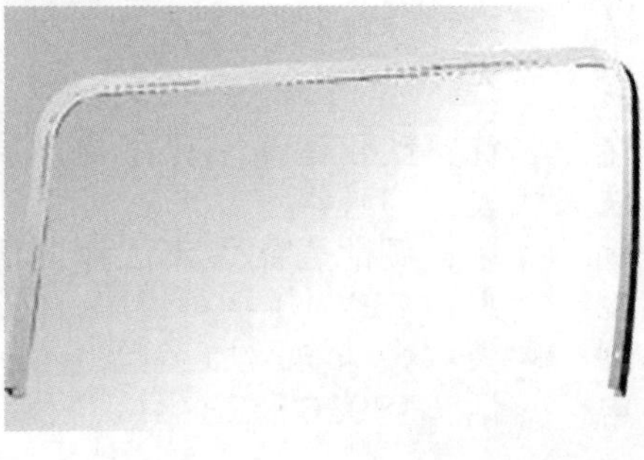

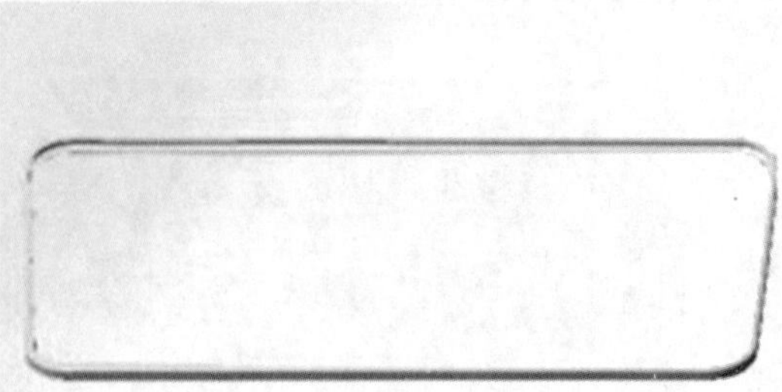

11. 2015年，经过十几年的发展，如今的武汉建海已呈现出全新的面貌。

▲ 厂区外景

▲ 设备及生产线

企业名称：武汉建海精密型材发展有限公司
法人代表：许建斌
地　　址：湖北省武汉市江岸区谌家矶平安铺特2号盛兴工业园1号厂房
邮　　编：430010
联 系 人：张洁英
电　　话：18986172810

山东舜世高科实业有限公司

一、企业简介

山东舜世高科实业有限公司成立于2009年，注册资金6010万元，是国内生产波浪腹板H型钢和方矩管的专业厂家，是中国钢结构协会冷弯型钢分会会员单位，济钢集团战略合作单位，是集研发、生产、加工、贸易于一体的综合性高新技术企业。现有员工300多人，大专以上学历占80%以上，科研技术人员50多人。总固定资产1.6亿元，占地面积10万平方米，建筑面积5万平方米。年生产波浪腹板H型钢6万吨和方矩管20万吨，年销售H型钢、方矩管、中厚板、冷热轧卷板和碳结钢40多万吨，年销售收入15亿元。公司为济钢冷弯型钢配套生产基地，生产设备精良，工艺先进合理，检测手段齐全，技术力量雄厚。先后引进了国际先进的波浪腹板H型钢生产线一条、国内先进的冷弯焊管生产线6条、开平剪切加工生产线5条，拥有大型吊装设备40多台和检测仪器10多台。公司通过了ISO9001质量管理体系认证，并不断加大科技创新投入，同武汉科技大学、沈阳理工大学和山东农业大学建立了“产学研”合作，先后获得10余项国家专利，多次承担泰安市科技创新项目。

二、企业产品

产品以生产方矩管为主，方管产品规格为 20mm×20mm～400mm×400mm，矩形管规格为 25mm×40mm～300mm×500mm, 厚度为 1.0~12.0mm。公司重视高端方矩管产品的开发和应用，先后为美国的客户开发了应用于高空作业平台、木材加工机械和工程机械等方面的方矩管产品，在尺寸精度和焊接质量方面得到了美国客户的好评。2014 年公司引进了 80 方重型方矩管自动生产线，先后开发出 Q345B 材质的 50mm×50mm×5.0mm、60mm×60mm×6.0mm 和 80mm×80mm×8.0mm 等小口径大壁厚的低合金高强度方矩管产品，Q510L、Q500D 和 Q600D 等材质的高强度方矩管产品也在其他生产线上开发成功，交付客户使用。

2014 年，公司为了改善产品结构，引进了奥地利技术的波浪腹板 H 型钢全自动生产线。波浪腹板 H 型钢是一种新型的节能环保高效型材，主要应用于钢结构厂房、桥梁和单双梁起重机。其主要特点是在同等受力的情况下节省钢材 20%~40%，降低结构用钢量和工程总造价。该技术整个焊接过程由德国 ABB 公司生产的焊接机器人自动完成，焊接质量好，外形美观。由于其特有的受力结构，在大跨度厂房中应用优势更加明显，完全可替代传统的普通焊接 H 型钢、热轧 H 型钢和工字钢。

▲ 波浪腹板产品

▲ 方矩管产品

三、企业技术

（一）带钢纵向剪切分离刀架装置

它应用于冷弯型钢生产中，解决了使带钢的表面有划伤的难题。

（二）冷弯型钢立式活套

它应用于冷弯型钢生产线中，能使冷弯型钢连续生产，不会间断，起到一个储料的作用，就像是一个矩形笼子，一端进一端出。不间断地为轧机供料。优点是带钢不容易折边、打扣。

（三）卷带钢反正面调整装置

将卷带钢的反、正面任意翻转。将受损的一个面放到里面，保证表面的质量及表面粗糙度。

（四）一种适用于冷弯型钢的非接触测量长度尺寸的装置

它解决了冷弯型钢生产过程中无法实现在线精确测量断面尺寸的问题，可用于其他非接触长度尺寸测量领域。

（五）焊管焊缝居中装置

它解决了机械加工领域里焊缝居中的问题。其优点在于两个轧辊把焊完后的管材抱紧，目的是让管材更加稳定。设备调整简单，稳定性提高，可根据客户要求调整，易操作。

（六）产品在线涂油装置

它应用于涂油包装领域，主要针对方矩管产品表面的连续刷油，实现方矩管的在线涂油，解决了线下涂油费工费力、效率低的问题，结构简单，易操作。

四、企业装备

公司先后引进了国际先进的波浪腹板H型钢生产线一条、国内先进的冷弯焊管生产线6条、开平剪切加工生产线5条。每年生产波浪腹板H型钢6万吨、方矩管20万吨。

（一）波浪腹板H型钢生产线

它是从奥地利引进的先进技术。波浪腹板自动焊接生产线的成功研制是我国高新技术领域的又一重大突破，填补了我国波浪腹板自动化焊接生产设备的空白。生产线具有结构紧凑、集成度高、可靠性好、操作维护安全方便等优点。该生产线的焊接过程可由主控程序实现整体全自动控制，也可实现对各功能部件的手动操作。该生产线控制系统采用PLC、工业PC机、真彩触摸液晶显示器，具有多轴多通道控制能力，可与多种伺服驱动单元配套使用，性能稳定，人机界面良好，操作简单，安全方便。较高的自动化程度使得该条生产线只需3名技术工人便可胜任所有操作。该生产设备可生产腹板厚度为2~6mm的波浪腹板H型钢、变截面梁，也可焊接普通平腹板H型钢，还能出色完成异型孔切割任务。可生产H型钢长4~16m，腹板宽333~1500mm。波浪腹板H型钢结构件是近几年发达国家成功应用的新一代轻型波腹板钢结构件。该项目具有节材、节能和环保等优点，可代替现在所使用的普通焊接H型、钢热轧H型钢、钢热轧工字钢，可节材20%~40%，建设跨度大，适用于大型钢结构厂房和大跨度的钢结构工程。

（二）80方重型生产线

F80×8生产线于2014年9月全线正式投产，年产量在5万吨左右。该线采用最先进的直接成方生产工艺，运用固态高频感应焊接技术，数字式自动化控制精密制造，能够生产小管径、大壁厚、高强度的冷弯型钢产品，填补了国内冷弯型钢生产线的空白。生产规格为50mm×50mm ~ 80mm×80mm，厚度为2~10mm。产品广泛应用于建筑、机械、煤矿、化工、石油、铁道车辆、汽车、公路、桥梁、集装箱、港口码头、船坞、围堰等行业。

▲ 80方自动生产线

▲ 波浪腹板H型钢全自动生产线

五、产品开发及应用

（一）工程机械用方矩管的研发

产品主要应用于小口径、大壁厚的方矩管，公司拥有专门生产此类产品的生产线。目前公司产品已经广泛应用于塔机、挖掘机等方面。

（二）汽车轻量化用方矩管的研发

产品的技术难点在于高强度钢板反弹量大对焊接的影响，目前公司产品已经广泛应用于客车和货车方面。

（三）高空作业平台用方矩管的研发

产品的技术难点在于产品表面要求零划伤，尺寸精度比国标要求更严格，目前公司产品已经广泛应用于外资企业的高空作业平台上。

（四）木材加工机械主体架带 V 槽方矩形钢管的研制

为了提高劈材机稳定、抗压性能，保证使用寿命，公司研发劈材机主体架方矩形钢管，旨在提高保护主体框架的整体稳定性，保证主体架采取可靠的构造措施，以加强整体的刚度，提高工作寿命。采用圆变方生产工艺，以圆管为母管，通过辊弯方式将其断面再成型为方矩形，然后通过定径机组下水平 V 形辊进行辊压，逐渐变形，成为底面带 V 槽方矩管。在原方矩形平面的基础上，利用方矩管底面 V 槽异型结构，加大整体的刚度，与机器设备形状相配合，采用实用、有效的形状结构，可提高工作强度及使用寿命。

六、成长历程

1. 2009 年，公司注册成立。
2. 2010 年，4 条开平纵剪生产线投产。
3. 2011 年，200 方方矩管自动生产线投产。
4. 2012 年，120 方方矩管自动生产线投产。
5. 2013 年，50 方和 30 方方矩管自动生产线投产。
6. 2014 年，80 方重型方矩管自动生产线投产；同年波浪腹板 H 型全自动生产线投产。

七、工程实例

1. 2011 年，参与胶州湾跨海大桥护栏工程。
2. 2012 年，参与大汉塔机和徐州建机塔机项目。
3. 2013 年，参与宇通客车和沃尔沃工程机械项目。
4. 2014 年，参与美国企业的高空作业平台项目。

▲ 方矩管应用于胶州湾跨海大桥

▲ 方矩管应用于高空作业平台

▲ 波浪腹板钢结构工程

企业名称：山东舜世高科实业有限公司
法人代表：王宝忠
地　　址：山东省泰山钢材大市场（满庄）新区南二路
邮　　编：271024
联 系 人：邵长亮
电　　话：13173380966

石家庄市中汇冷弯焊管设备有限公司

一、企业简介

石家庄市中汇冷弯焊管设备有限公司是专业从事焊管成型技术与成套装备制造的高新技术企业。公司成立于 1997 年，产品主要有 ERW 高频直缝焊管生产线、石油天然气焊管生产线、精密焊管生产线、冷弯型钢生产线、纵剪生产线及配套设备等。2006 年公司以高质量水准的产品和优良的售后服务获得“守合同重信用单位”的称号，并在行业内首家获得“ISO9001:2000 国际质量管理体系认证”和“奥地利 TUV-CE 认证”。历经 18 年的发展，公司已经成为集研发、设计、制造于一体，建设成为具有机械加工、设备装配、安装、调试、培训的能力，高品质管的制造能力和快速优质的售后服务保证体系。公司产品遍布全国近 30 个省、直辖市、自治区，成为全国领先的冷弯型钢、焊管设备及其配套设备的生产供应商。公司产品远销国外市场，包括亚、非、欧、美四大洲，美国、俄罗斯、波兰、乌兹别克、哈萨克、南非、埃及、韩国、越南、泰国、委内瑞拉等 50 余个国家和地区。中汇品牌世界知名，性能可靠稳定，精密度高。好设备，首先是设计出来的。公司组建的机械 、电气、液压 、孔型设计等技术团队，具有多年开发及现场调试经验，拥有产品设计开发的计算机工作站，通过计算机三维软件与电气控制编程软件进行立体设计，严格校对，保障每一部分设计合理，尺寸精确，保证机、电、气、液达到最优配置。实施过程控制和风险管理。从原料进厂到成套设备出厂，每一个环节都细化分配，形成了分岗位控制质量缺陷的严密体系，质量控制点、控制标准、质量责任更详尽地分解到了每名员工。整个过程始终处于受控状态，确保了中汇设备的质量稳定性以及售后设备质量的可追踪性。公司为保证设备到达用户后能够尽快投产运营，建立起完善的售后服务网络，安装、调试、培训等环节的工程师均是从实践中锻炼出来的，可为客户解决后顾之忧，保证用户满意。

二、企业产品

(一) 500 方机组

该机组为目前国内规格最大、技术最先进的冷弯型钢设备。可生产最大 500mm、

400mm × 600mm，壁厚8.0~20.0mm的方矩型直缝焊管及相应规格的开口型钢。成型段轧辊共用率100%，封闭孔机架、挤压辊、定径机架和矫直机架轧辊共用率90%，改变成品规格时，成型段轧辊通过移动位置调整，封闭孔机架和整型机架只更换上辊，挤压辊机架和矫直机架分档换辊；换辊时间不超过40min，大大提高了生产效率。

（二）ϕ325圆管和250方管一体机组

该机组既可以生产直接成方方管，又可以生产圆管。

（三）80方直接成型机组

该机组从30 × 30到80 × 80可以不换模具，直接通过伺服电机调整。控制系统具有记忆功能。

（四）大口径薄壁、小口径厚壁焊管机组

该机组在加工精度、孔型设计、结构设计等方面都有比较高的要求。

三、企业技术

公司与韩国、日本公司进行技术合作，消化吸收先进的FF、FFX成型技术、直接成型技术，可应用于大口径厚壁圆管、方矩形管设备的研发和制造。

四、企业装备

中汇公司拥有大型机加工中心，大型数控机床可以制造500方以上的大型机架，平辊轴、立辊轴、机架、滑块、齿轮箱、直齿、弧齿、工作台均由数控加工中心进行加工，保证加工精度、垂直度、同轴度，整机装配后圆跳动可控制在1μm以内。机组每个机架进行标准化设计与制作，相同部分均可进行互换，可为用户最大限度降低备件量。

表1

设备名称	型　号	产地及加工能力	数量/台
设备明细（机加工）类			
数控定梁龙门镗铣床	XKW2425D×80	威海华东/最大加工3m×8m	1
龙门加工中心	GMB250	沈阳中捷/最大加工3m×5m	1
立式加工中心	VS2090A	威海华东	2
立式加工中心	VC1265	威海华东	1
数控卧式铣镗床	TK6113	昆明机床厂	1
横梁移动数控镗铣床	XK2930-80	南通福通机床有限公司	1
落地镗床	T6216D/3	武汉重型/行程X4m×Y2.5m	1
镗　床	TXP6113/2	沈阳中捷	2
龙门铣	15MJK60	日立精机/1.5m×6m	1
6m龙门铣	BX2016	沧州机床/1.2m×6m	1
20车床			10
30车床			5
50车床			2
2.5m立车			1
立式铣床	53K		2
端面铣床			1
滚齿机			1
钻　床			4
插　床			1
数控线切割	DK7763	泰州冬庆	1
数控线切割	DK77100	泰州冬庆	1
数控线切割	DK7732	泰州冬庆	1

续表 1

设备名称	型　号	产地及加工能力	数量 / 台
设备名细（铆焊）类			
卷板机	W11S40 × 3200	泰安华鲁	1
卷板机	W1140 × 2200	鄂州重型	1
剪板机	QII–2000		1
剪板机	QC–6.3		1
铣边机	X12000	无锡洲翔	1
折弯机	WEHK300/4100	济南	1
数控火焰切割机	SZQG6000	哈尔滨正晨	4
H 型钢组立机	HYJ–40A	焊研威达	1
H 型钢校立机	HZZ–1500	焊研威达	1
H 型钢埋弧焊	TM2–2 × 1	焊研威达	2
四柱压力机	400T	天津四机	1
氩弧焊机			8
自动埋弧焊机	MZ–1000–2		1
焊接变位器	HB–50		2
气体保护焊机	NBO500	河北电焊机厂	45
交流电焊机	BX3–500		34
喷丸机		江苏大丰	1
抛丸清理机	FTB2500	江苏大丰	1

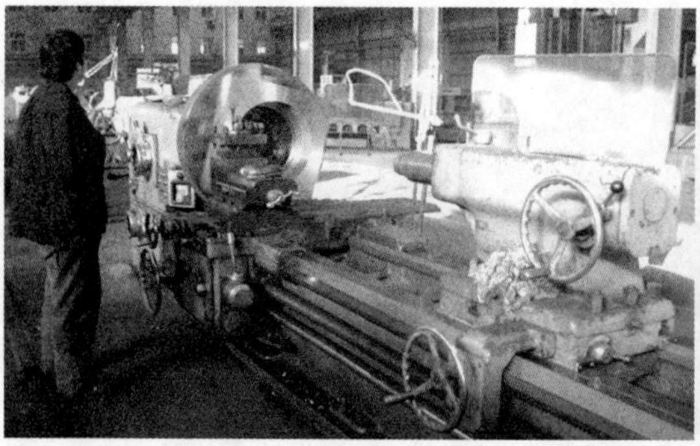

▲ 企业装备及生产线

五、工程实例

1. 2010年天津立业500方机组；
2. 2010年GEA（基伊埃）空冷岛基管机组；
3. 2014年新疆八钢325圆管和250方管(直接成方)一体机组。

企业名称：石家庄市中汇冷弯焊管设备有限公司
法人代表：孙砚泉
地　　址：河北省石家庄市友谊南大街122号
邮　　编：050000
联 系 人：霍海东
电　　话：0311-83020142

美国应达工业集团公司 / 色玛图尔公司

一、企业简介

色玛图尔公司（Thermatool Corp.）为美国应达工业集团公司的成员之一，于1952年4月由Mr. Wally Rudd, Mr. Robert Stanton,Mr. David Osterer, and Mr. Herman Morris四人在美国纽约创立，专业生产和销售高频焊机，并于1953年发明了接触焊并获得了接触焊专利。截至1996年，共向全世界提供了7600多台（套）50~1600kW各类真空管高频焊机，用于铁、铜、铝、不锈钢、钛、复合材料等各类金属材料和不同领域的产品焊接，积累了丰富的理论和实践经验。1971年，色玛图尔公司被美国应达工业集团（Inductotherm）收购，成为美国应达工业集团成员之一，共享应达工业集团的技术和经验。应达工业集团是全球最著名的感应加热设备供应商，全球拥有各类子公司达60多家，已售产品达52000余台（套），单台感应加热设备功率达14000kW，频率200kHz，甚至更高的大功率加热设备以适应现代工业各种产品的加热需求。应达工业生产 的产品应用到全球各高端领域，产品涉及所有加热领域，如冶金、锻造、熔炼、航空、军事、造船、锅炉、汽车、电力、线缆等等领域都应用该公司的产品。

作为应达工业集团成员之一的色玛图尔公司，专业从事各类管材的热加工工艺研究及设备制造，并根据市场的需求和现代半导体工业发展，从1975年开始研发采用现代半导体器件制造高频焊机，并于1986年推出了全球第一台150kW依托于高频半导体器件MOSFET模块技术的商用固态高频焊机，设备安装在法国的苏克利特Societe Meusienne公司的不锈钢管生产线上。1995年全球第一台1000kW固态高频焊机推出并

安装在芬兰的 Rautaruukki 工厂，1999 年第一台 450kW 感应 / 接触双功能焊机问世并被安装到日本 Maruichi Kokan 工厂，同年年底 900kW 感应 / 接触双功能焊机被安装到同一厂家。2005 年两台 1200kW 感应 / 接触双功能焊机被分别安装到中国中油天宝钢管公司和金州钢管公司。1998 年第一台 200kW 变频焊机问世，并被安装到德国 Benteler 工厂，生产汽车用专用管，2004 年第一台 600kW 变频焊机被安装到美国 Allied Tube Conduit 工厂，2011 年 4 月，全球第一台 800 kW 变频焊机安装到中国宝鸡石油钢管有限责任公司热张力减径生产线上。变频焊机的问世，标志着管材高频焊接领域生产出更高品质产品成为可能。变频焊机焊接频率从 100kHz 到 400kHz 以每 1kHz 分度值连续可控、可调，并在设定频率上稳定运行，以适应不同材质、管径及厚度的产品的焊接。截至 2014 年 12 月，色玛图尔已向全球提供了超过 5147 台标准固态高频焊机、463 台变频固态焊机、564 台中频焊缝热处理设备、227 台钢管整体热处理设备，使焊管行业里许多具有创新精神的钢管制造商依靠色玛图尔获得了他们真正需要的先进技术。

色玛图尔上海公司成立于 1998 年，并于 2002 年迁入位于上海浦东张江高科技园区的“应达工业（上海）有限公司”办公大楼办公。2003 年在无锡开发区购买 120 亩土地建设应达工业中国生产基地“无锡应达工业有限公司”，并且于 2004 年建成投入使用。建立应达工业无锡工厂，专业从事应达工业各品牌产品（包括色玛图尔全系列产品）的国内制造，以适应国内对各类焊管行业的高技术需求。截至 2014 年 12 月底，已在无锡工厂生产出 570 余台色玛图尔固态高频焊机，功率为 100~1500kW，130 多台套焊缝中频热处理设备。应达工业无锡工厂的设立为将色玛图尔高端技术和设备以最快的速度引入中国市场，同时为我们 的客户提供最及时的服务和备件供应创造了条件。

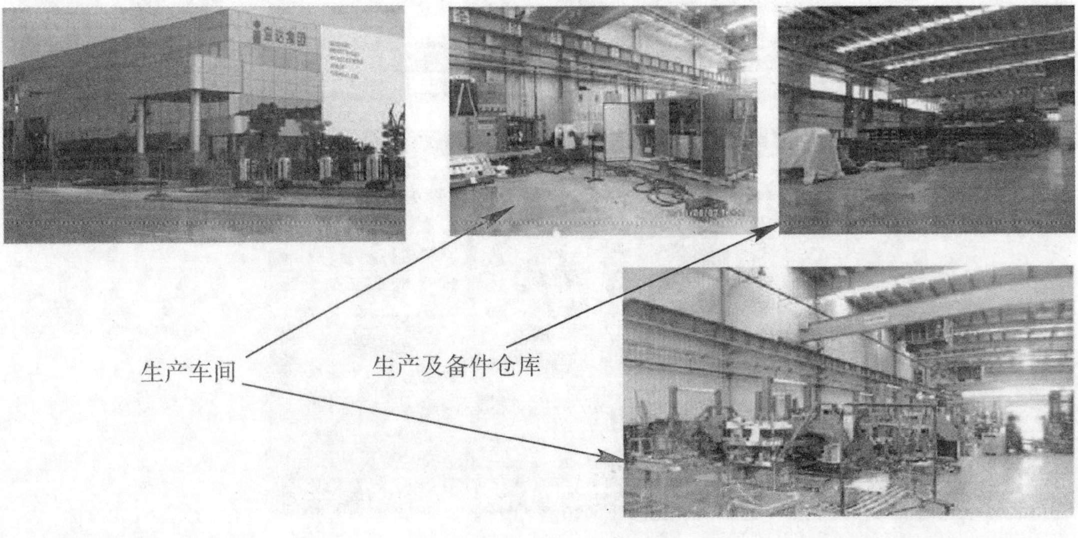

▲ 无锡工厂

作为全球最著名、最专业的高频焊接设备供应商，其理念是通过色玛图尔的努力生产出最符合高频焊接生产线所需的高频加热电源设备，满足各类产品生产对碳钢材料、合金材料、有色金属（如铜、铝）、不锈钢、钛以及复合材料焊接的需求。色玛图尔固态高频焊机选择电流恒定变频技术是由于它对于各类管道钢管焊接具有最普遍的适用性。大功率 MOSFET 作为功率单元的基本器件可使设备焊接频率在 100~800kHz 的工作频率范围内进行自由选择和安全工作，并以最佳的频率面对不同材质的焊接需求。相同的电源和模块技术已被其他公司应用到相关加热领域，功率达 4000kW，频率达到 300kHz（大功率、高频率电源或逆变技术一直是行业内设备生产厂家技术提高和引领行业技术的重要标志，色玛图尔一直处于领先地位）。拥有专利技术的全自动负载匹配技术，使得色玛图尔焊机在面对大范围的材质变化、管径变化、厚度变化、阻抗器性能的变化、生产线速度的变化时均能保证焊接频率的稳定，使得产品的一致性和重复性得到保证，而不会产生电压恒定变频设备给焊接带来的设备焊接频率随负载材料、管径、厚度、速度、阻抗器及焊 接条件等的变化而任意变化和无法控制，且高等级钢管焊接有些指标无法达到 API 标准的要求和客户实际需求，同时也使得产品质量控制变得困难

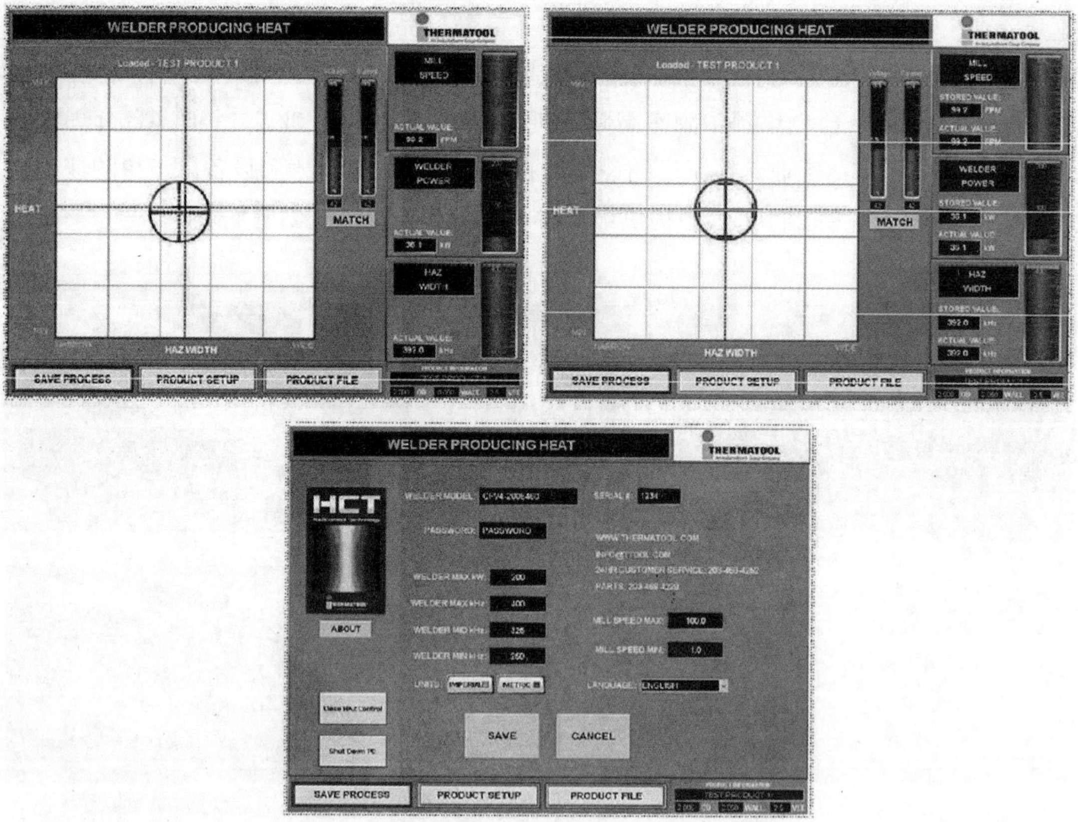

▲ 热影响区控制技术操作和参数显示界面

和无序的状态。色玛图尔焊机拥有多达 50 多项专利，这些专利技术是色玛图尔为高频焊管行业做出贡献最有利的见证。2007 年色玛图尔通过多年的研究，推出了热影响区（HAZ）在线检测 / 控制系统，结合色玛图尔变频焊机系统，为制管行业更深层次的直接在线获得热影响区状态并实时调整焊接功率和频率以对热影响区进行在线直接控制，进一步提高焊接质量，节省材料和减少残次品，提供了更加先进的控制理念和设备选择。

二、企业技术

（一）N–Q–T

Thermatool 提供的正火、淬火、回火（NQT）是调质处理的热处理工艺，碳素结构钢和合金结构钢经调质处理后得到回火索氏体组织，具有较高的强度和良好的塑韧性，小的缺口敏感性，即具有良好的综合力学性能。广泛应用于汽车、拖拉机、机床及其他机械制造，综合力学性能良好。

应达的调质设备通过将热处理工艺相结合，配备多台感应加热线圈设备以对应不同加热区域、不同加热梯度、不同加热温度及加热深度的要求，配和应达专利的整体的淬火设备对整个调质工艺进行系统控制，从而达到对焊缝或整管区域进行调质处理，提高焊管及整管的强度和冲击韧性。整个过程通过红外线测温系统监控，各区域热处理数据会在操作台的图形显示系统上即时显示，并反馈给设备控制终端与应达通过长期热处理积累的优化数据比对，合理地对调质过程进行调整。

公司管材焊缝及棒料调质处理技术水平一直走在世界前沿，尤其是大功率感应加热线圈的研发成功，解决了目前市场上直缝焊管及整管热处理稳定性差、故障率高及整体寿命较低的难题，大幅度提高了焊管及整管的强度和韧性。热处理是机械制造中的重要工艺之一，与其他加工工艺相比，热处理一般不改变工件的形状和整体的化学成分，而是通过改变工件内部的显微组织，或改变工件表面的化学成分，赋予或改善工件的使用性能。

（二）HCT

Thermatool 提供的热影响区（HAZ）控制技术，为焊管领域提供了一种最新的控制技术。该技术简化了高频焊接过程中的众多复杂的变量关系。该技术为焊接工艺提供一种稳定、可靠且准确的焊接工艺参数。利用该控制技术，对焊接频率、功率、V 形区长及轧机速度提供一种对应关系，如果这些焊接参数发生变化，该控制技术将为实时参数的变化提供指导，使得焊机得到准确的焊接参数。

热影响区的控制技术是建立在 Thermatool 的可变频技术基础上的，生产过程中一些参数的变化影响设备的输出频率，比如设备的输出负载焊接部分的几何参数尺寸变化，加热线圈的更换以及其他因素，都将会造成设备频率的变化，但通过可变频技术将会保持设备频率的输出，并且可以将焊接频率的设定变化以1kHz为变化精度，进行连续、线性变化，从而为设备能够得到期望的热影响区技术奠定了基础。Thermatool提供的热影响区（HAZ）控制技术，就是以变频为基础技术，为焊管在焊接过程中得到合适的热影响区（HAZ）而研制的最新控制技术。

（三）Micro-Power

Thermatool提供的Micro-Power控制技术，为焊管制造商提供了一种新的设备。该设备在TTOOL/CFE逆变器技术基础上，通过再次设计后，能够进一步有效减小体积，减少输出损耗，在更紧凑的环境使用。该产品的最大特点就是在限定的空间范围内，产品体积小型化，同时能得到最大的设备输出功率与频率。

三、企业产品

应达集团色玛图尔60余年致力于研发全系列固态高频焊机（固态高频感应焊机、固态高频接触焊机、固态高频感应焊/接触焊双功能焊机和固态高频变频焊机）、高频焊接钢管及H型钢生产设备，以及其他相关热处理生产线设计与制造。

公司主要产品包括高频焊机、焊缝退火设备、调质热处理（Q+T）生产线、H型钢生产线、光亮退火生产线、Alpha冲切等。

固态高频焊机功率为50~2000kW，焊接频率最高可达800kHz。变频焊机功率为50~1000kW，变频频率为250~400kHz，分度值1kHz在线连续可调，面对不同的可焊金属材料均能给出先进的工艺方案和设备配置并生产出合格产品。为实现普通焊缝热处理以及正火－淬火－回火和正火－淬火－正火工艺，公司可以提供完整工艺方案及相关设备。对管材及型材（碳钢、不锈钢）可提供在线光亮/暗退火装置、高精度焊管成型机组、高频焊接H型钢生产线、全管体退火/回火设备和其他加热设备。具有先进的工艺技术和丰富的经验，为国内和世界上众多的行业和生产厂家提供了相应的专业化设备，为客户创造了巨大的效益。为适应不同材质和产品的特殊要求，公司近几年开发的热影响区控制工艺及相关设备使客户实现和生产出高质量的高频焊管成为可能。

（一）产品开发：应达集团色玛图尔钢管 / 棒材整体热处理生产线（Q+T）

应达集团色玛图尔针对国内钢管 / 棒材行业，推出了钢管 / 棒材整体中频感应热处理生产线（Q+T），采用中频感应加热原理，所有加热功率由 IHAZ 计算机模型软件进行控制，可以控制每组线圈上的加热功率，确保生产线速度等参数变化时，钢管 / 棒材加热的芯表均匀性。IHAZ 软件系统可保证所有生产工艺参数可重复，钢管 / 棒材质量全面优于传统热处理工艺。同时，热处理生产线可无缝融入工厂自动化生产线，为国内用户采用精益生产的管理模式打开了大门。

钢管 / 棒材整体热处理生产线（Q+T）的特点：

（1）启动快；
（2）加热速度快；
（3）温度容易控制；
（4）加热效率高；
（5）生产成本低；
（6）表面质量好；
（7）产品质量稳定，变形小，甚至可以省去矫直工序；
（8）可控性强；
（9）环保好，无排放。

中频感应热处理生产工艺 (Q+T) 工艺是一种更加经济、环保、快速和高质量满足热处理加热要求的优质、低成本的方法。

鉴于国内面临日益严重的排放（如碳排放、PM2.5 等）问题，中频感应加热可以完全替代采用天然气、煤制气等传统加热方法的钢管 / 棒材热处理（Q+T）生产线，为中国钢管 / 棒材工业的绿色可持续发展开辟了一条全新的道路。

（二）产品应用

目前，我国钢管镀锌生产线一直沿用传统的工艺路线，特别是钢管预加热及锌锅工艺，钢管出锅以及钢管出锅后的工艺控制始终没有大的突破，对环境和生产线工人健康带来了伤害，使得目前生产线的立项困难，生产条件恶劣。即使大家知道是一个好项目，但获批也困难。同时，现有工艺不可避免地缺点是随着生产的连续进行，大量高温锌与钢制锌锅锅壳反应形成锌渣沉积在锌锅锅底，每个月必须进行一到两次的除锌渣工作，每次锌渣量 20~30t，造成高价锌的浪费。尤其严重的问题是钢制锌锅由于外部加热不均匀形成的局部融穿，造成穿锅。穿锅是目前制约和造成镀锌钢管成本居高不下的另一个主要成因。每次穿锅漏锌给生产商造成的损失少则几十万元，多则上百万元，并且由于这种现象的存在，锌锅使用寿命少则几十天，稍好的几个月，较好的也就一年或一年半左右，给工厂造成巨大损失和均摊钢管成本上升。

目前色玛图尔公司针对这一情况，联合 LongProduct 部门重新开发整合钢管镀锌生产线，将对生产线工艺进行改革，将原有的钢管预热、锌锅加热从传统的天然气加热、人工煤气加热、重油加热等污染严重的加热方式改变为清洁高效的电感应加热，无芯锌锅的应用使生产线工艺变得清晰，基本上无污染。锌锅使用寿命提高到 5~10 年，无明显的锌渣产生现象，长期使用，综合成本将低于现有的生产线。

生产线头道工序酸洗、清洗、助镀剂涂覆将予以保留，钢管预加热采用中频感应加热方式，效率高，即开即用。钢管镀锌锌锅则采用感应加热的方式对锌进行直接加热，锅内形成锌的对流流动，熔锌温度均衡，保温功率大幅下降。

目前该项目已完成先期的设计阶段，正在进行加工制造。这一采取新工艺的钢管镀锌生产线必将成为应达工业（上海）公司今后几年主要的、稳定的利润增长点之一。

四、成长历程

1. 1986年，推出了全球第一台150kW依托于高频半导体器件MOSFET。

2. 1995年，全球第一台1000kW固态高频焊机推出并安装在芬兰的Rautaruukki工厂。

3. 1998年，第一台200kW变频焊机问世，并被安装到德国Benteler工厂，生产汽车用专用管。

4. 1999年，第一台450kW感应/接触双功能焊机问世并被安装到日本Maruichi Kokan工厂，同年年底900kW感应/接触双功能焊机被安装到同一厂家。

5. 2004年，第一台600kW变频焊机被安装到美国Allied Tube Conduit工厂。

6. 2005年，两台1200kW感应/接触双功能焊机被分别安装到中国中油天宝钢管公司和金州钢管公司。

7. 2011年4月，全球第一台800kW变频焊机安装到中国宝鸡石油钢管有限责任公司热张力减径生产线上。

五、工程实例

1. 中油天宝集团项目；
2. 鞍山德龙钢管有限公司项目；
3. 天津立业建工轻钢有限公司项目；
4. 滁州南钢盛达有限公司项目；
5. 广州日铁住金有限公司项目；
6. 江西布兰森热传输新材有限公司项目。

企业名称：应达工业（上海）有限公司
法人代表：陈　鹰
地　　址：上海市浦东新区张江高科技园区郭守敬路50号
邮　　编：201203
联 系 人：张　庆
电　　话：021-38953220

易孚迪感应设备（上海）有限公司

一、企业简介

易孚迪感应设备（上海）有限公司（ECH），是易孚迪（EFD）集团于2001年在上海兴建的一家独资工厂，是EFD集团重要的生产基地之一。EFD在上海工厂设有销售及售后服务部，负责EFD产品的销售，并可提供快速、优质的售后服务。设有备件仓库，可为用户随时供应零件、配件，极大地方便了用户。在北京和广州，亦设有分公司，负责EFD的产品的生产、销售及服务。

EFD集团成立于1996年1月，由当时世界上感应加热领域内的两大著名感应设备制造商挪威ELVA公司和德国FDF公司合并而成。1998年，法国著名感应设备制造企业CFEI公司也加盟该集团，由此，EFD集团成为世界上最大的供应感应加热设备的跨国性股份制集团企业之一。

德国EFD Induction GmbH（原名FDF）公司，成立于1950年，是欧洲中高频感应表面淬火设备的最著名的供应商，其在感应淬火设备的研制和制造方面始终走在世界的前列。

挪威EFD Induction a.s.（原名ELVA）公司，成立于1981年，前身是20世纪70年

代中期挪威特隆赫姆市技术大学，是晶体管感应加热电源的先锋，在高频固态感应电源的研制与发展方面始终处于世界的领导者地位。

法国 EFD Induction S.A.（原名 CFEI）公司，成立于 1944 年，是法国汽车及核工业感应热处理设备最大的供货商。

二、企业产品

（1）感应电源系统：应用 IGBT 晶体管技术，带有柔性输出电缆与手持变压器，可根据不同需要安装不同规格的感应线圈，系统可自动根据负载的不同进行匹配。采用微处理技术，显示多个功能菜单，可选择各种操作模式以及对各个参数进行监控。可实现感应钎焊、感应淬火、焊前加热、热校直以及感应黏结固化等工艺。

▲ 感应焊管机

（2）固态感应焊管机：应用先进的 IGBT 晶体管技术，在设计负载范围内，功率正常输出不受限制，功率因素可达到 0.95，具有接触式焊接和感应式焊接两种模式。

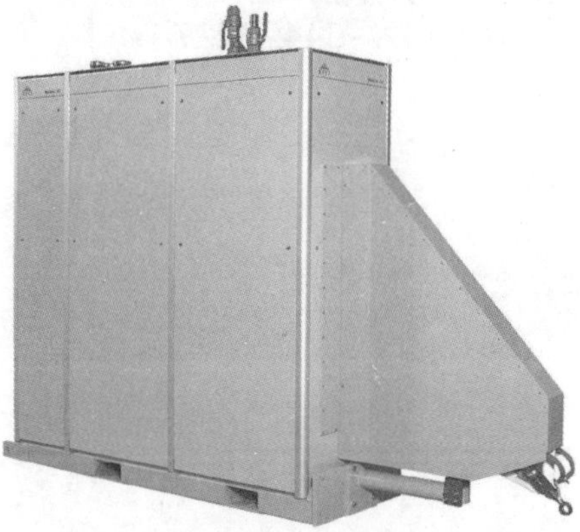

▲ 固态高频感应焊管机

（3）感应加热机床：用于不同类型的机械零件的表面固化，主要应用于各种轴类工件以及一些典型工件，例如曲轴、凸轮轴、万向节、缸体、轴瓦、减振器、齿轮齿条以及扭力杆等。

（4）商业热处理：主要从事热处理工艺的外协加工和设备出租。

▲ 焊缝感应退火机

三、成长历程

1. 2001 年，易孚迪感应设备（上海）有限公司在上海成立，开始生产成套感应淬火机床；

2. 2008 年，易孚迪感应设备（上海）

有限公司在上海工厂开始组装高频焊管机。

四、工程实例

1. 2004 年，向宝钢钢管提供有关设备；
2. 2007 年，向泰丰钢管提供有关设备；
3. 2008 年，向天津大无缝钢管提供有关设备；
4. 2011 年，向番禺珠江钢管提供有关设备；
5. 2011 年，向济钢集团提供有关设备；
6. 2012 年，向中钢集团提供有关设备。

企业名称：易孚迪感应设备（上海）有限公司
法人代表：EIVIN JORGENSEN
地　　址：上海市莘庄工业区颛兴路 1688 号 H 栋
邮　　编：201108
联 系 人：苏仕桓
电　　话：021-54420227

唐山冶金锯片有限公司

一、企业简介

唐山冶金锯片有限公司建于1963年，位于河北省唐山市区，是中国第一家金属圆锯片生产厂家，原冶金工业部定点的金属圆锯片供应商。原为唐山市市属企业，2000年改制为股份制企业。公司作为中国冶金锯片的龙头企业，国家高新技术企业，2014年公司的“野牛”商标获得了中国驰名商标称号。同时公司还是国家冶金圆锯片行业标准的制定者。

经过50多年的不断开拓，公司拥有一支专业的制锯团队；形成了较为完善的技术研发管理体系和强大的研发能力；拥有国内一流的生产设备，建立起了反应迅速的生产和供货机制；拥有经验丰富的销售和服务队伍，具备了为客户提供及时、快速、专业的现场和异地服务能力；能够为客户提供金属热切圆锯片、金属冷切圆锯片、硬质合金齿圆锯片、镶片圆锯片和金刚石基体等五大系列、千余种规格产品。

建厂50多年来，公司的质量体系不断完善，形成了全方位的质量管理体系。公司在行业最早获得ISO9001质量管理体系认证、并获得ISO14000环境管理体系认证。从2014年开始公司自主研发了质量管理信息系统。真正实现了每一种锯片从产品下料到产品使用终结的全过程质量信息跟踪，以及各类质量信息的追踪及自动化分析。

公司已经形成了非常完善的销售管理团队及完善的全球化销售网络。在国内建有上海修复中心、成都修复中心、衡阳修复中心、迁西修复中心、包头修复中心，基本上形成了覆盖全国的销售服务网络。公司在海外拥有美国分公司、德国东部生产中心、德国西部生产中心、法国分公司等遍布欧美的生产及售后服务中心。国内的主要客户包括宝钢、包钢、鞍钢、河北钢铁、武钢、冶钢、首钢、沙钢、莱钢、马钢、津西钢铁、建龙钢铁、攀成钢、柳钢、天津大无缝、华菱锡钢、衡阳钢管、南京钢铁、兴澄特钢、京华制管、东北特钢、日照钢铁、苏钢、西宁特钢等400多家钢铁企业；国外客户包括瓦卢瑞克、泰纳瑞斯、TMK等世界高端无缝钢管生产企业。

为了进一步扩大销售额度，增加全球市场份额，公司于2010年在德国设立了德国创新锯业有限公司，专门从事新产品的研发与制造。为了快速进入欧洲市场，公司于2014年收购了具有80年历史的德国林德曼锯片公司，于2015年收购了具有222年

▲ 公司荣誉和质量认证证书

历史的欧洲第二的安茨锯片公司的圆锯片业务。在美洲市场公司于2013年收购了美国ASKO公司的锯片业务。通过这些兼并重组使公司掌握了世界最先进的锯片生产技术，锯片生产质量达到了世界较高水平，市场份额得到了快速提升，成为了在全球冶金锯片行业备受尊重、具有一定影响力的专业锯片生产企业。

二、企业产品

（一）金属热切圆锯片

金属热切圆锯片选用优质弹簧钢板经热处理、机加工制造而成。板体具备良好的综合力学性能，齿尖部具有高硬度、高耐磨性，从而保证其能在高速旋转状态下安全、快速地完成钢材锯切，成为现代轧钢企业中不可缺少的高效切断工具。公司生产金属热切锯片直径范围为800~2500mm。金属热切圆锯片适用于普碳钢、合金钢、轴承钢、高工钢等各种材质的型材、棒材，锯切温度一般在750℃以上，高合金钢应在800℃以上。

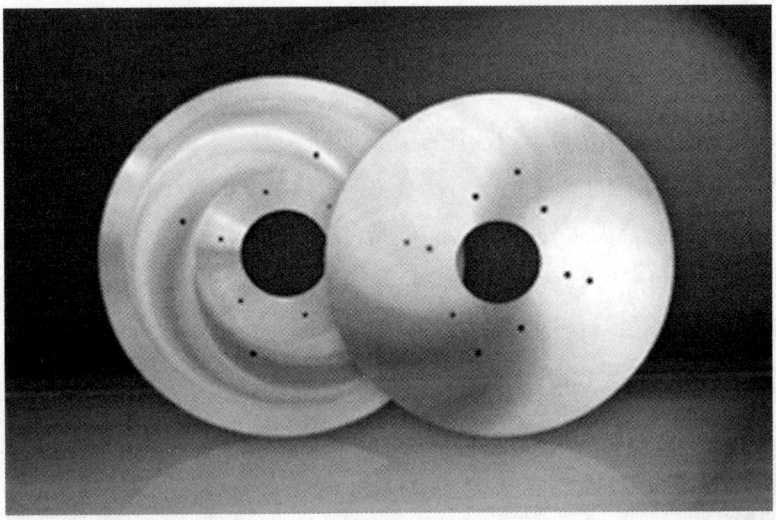

▲ 金属热切圆锯片

（二）金属冷切圆锯片

金属冷切圆锯片选用优质弹簧钢、低合金工具钢板材，经热处理、机加工制造而成。具有刚性好、强度高、使用方便等特点。主要配套于高频焊管、冷弯型钢机组中的冷切锯机，用于工件的在线定尺切断。此外，也可配套于小型钢材的轧钢机组，用于冷切槽钢、角钢等，但需要配套锯机稳定性好，工件夹持可靠。对于大规格工件，应配置一定压力的冷却水对锯片进行冲齿和冷却，以提高锯切效果。

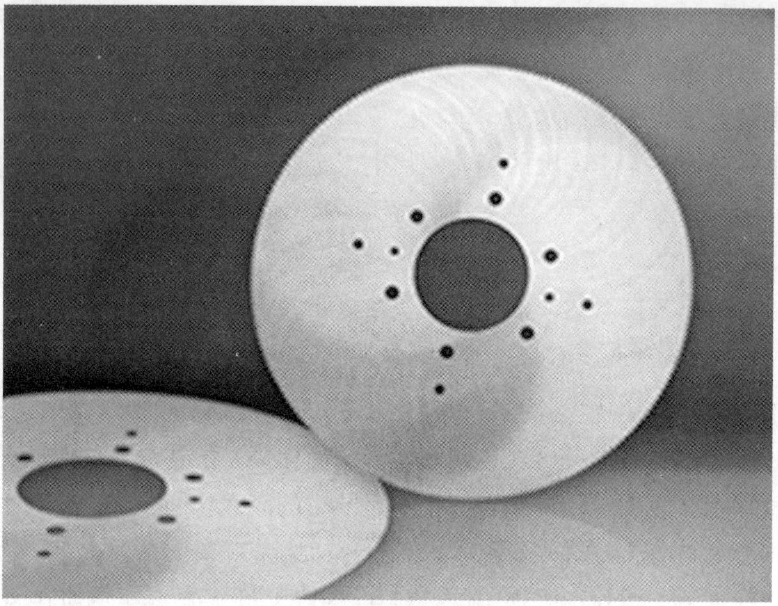

▲ 金属冷切圆锯片

（三）镶片圆锯片

镶片圆锯片是与专用锯机配套使用的金属切断工具。该圆锯是一种组合形式的切断工具，它由若干带有凹槽的高速钢刀片，镶嵌在用合金工具钢制造的带凸肩的圆盘上，并用铆机热压铆合而成。为了使刀片之间保持相对稳定，在两个刀片之间用骑缝铆钉结合，其各组成部分之间配合牢固。该产品适于在常温下锯切各种断面形状的碳钢、合金钢、铸铁及铜铝等坯料和型材。

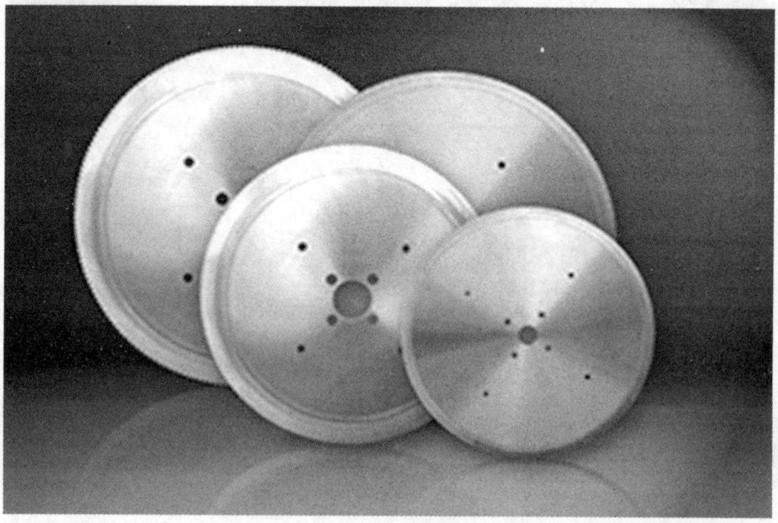

▲ 镶片圆锯片

（四）钢材用硬质合金齿圆锯片

钢材用硬质合金齿圆锯片是与专用锯机配套使用的一种金属切断刃具，是一种组合形式的刃具。它由若干个硬质合金刀头焊接在磨有齿座的用合金工具钢制造的圆盘上，再通过刃磨机床磨削出各种齿形，通过应力检测设备使锯片具有最佳的初始应力状态，在切削黑色金属时其加工效率是镶片圆锯片的 5~10 倍。公司生产钢材用硬质合金齿圆锯片直径范围为 320~2200mm。产品适合于在常温下锯切各种断面形状的碳钢、合金钢、铸铁以及铜铝等坯料和管型材，适合钢铁厂、钢管厂、轨梁厂、机械制造厂等用户使用。

▲ 钢材用硬质合金齿圆锯片

1. 圆坯用硬质合金齿圆锯片

它主要用于无缝钢管厂和车轮轮箍厂定尺锯切冷态圆形连铸坯料，为后续轧制工序提供原料，最大锯切直径可以达到 ϕ450mm，同时还可用于轨梁厂锯切常温钢轨，可与国内外各种锯机配套使用。

2. 无缝钢管用硬质合金齿圆锯片

它也称排管锯，主要用于无缝钢管厂定尺锯切热轧后冷却、校直的各种管材，最大锯切直径可以达到 ϕ460mm，每次可以同时锯切一排多根钢管，加工效率高，锯切效果好，可与国内外各种锯机配套使用。

3. 钢管数控仿形锯锯片

它采用特殊材料及工艺制造而成，可用于锯切各种钢种的大直径 ERW 高频直缝焊管、无缝钢管，最大锯切直径可达 ϕ630mm，最大壁厚可达 50mm，具有锯切质量好、加工效率高、节能、降噪、安全等优点，是新一代先进的钢管锯切工具，能够与国内外各种钢管仿形锯机配套使用。

4. 超薄型硬质合金齿快速下料圆锯片

它是与专用金属圆锯机配套使用的一种金属切断刃具。采用特殊材料及工艺制造而成。适用于锯切各种锻造用金属毛坯料、管件等，具有优良的力学性能及耐磨性能，锯切质量好、加工效率高、节能、节材、降噪、安全，是新一代先进的坯料及管件锯切工具。

5. 机卡式硬质合金齿圆锯片

它采取刀块自定位、螺丝紧固的新型的锯齿刀块装夹方式，可设计出多种锯齿形状、提高自身强度、适应不同品种高钢级工件的锯切要求。同时，省掉了锯齿的焊接工序，节省了比较昂贵的焊齿设备，减少了产生焊烟污染的焊接工序，从而也降低了生产成本，片体重复利用次数大大增加。

（五）工业铝材用硬质合金齿圆锯片

工业铝材用硬质合金齿圆锯片采用优质低合金工具钢为基体，用 K 系列硬质合金钢作为切削刃，两者用高频银焊连为一体，使用德国 Vollmer 公司的数控硬质合金锯片刃磨机床精细刃磨出各种适用的齿形角度，是一种高效率的铝加工工具。

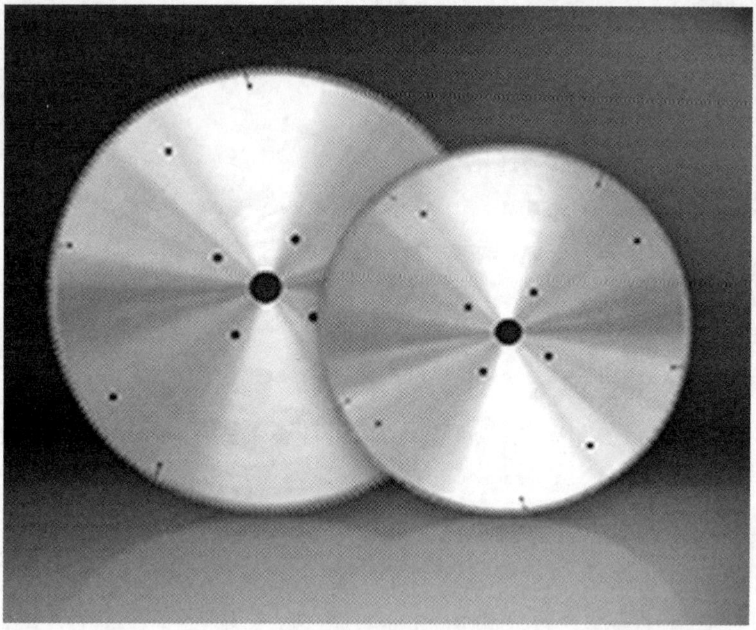

▲ 工业铝材用硬质合金齿圆锯片

1. 坯料用硬质合金齿圆锯片

主要用于大型电解铝厂、铝加工厂，对连铸生产的圆形、矩形、异形断面的铝锭进行分段锯切，为后续的热轧、热挤压提供合格坯料，锯切最大圆锭直径可达 ϕ700mm，最大扁锭厚度可达 700mm。

2. 铝型材用硬质合金齿圆锯片

主要适用于各种铝型材生产厂，对工业铝型材和建筑铝型材进行定尺锯切，可配套于1.25万吨以下各种挤压生产线，可锯切型材的最大外接圆直径达ϕ700mm。

（六）金刚石锯片基体

金刚石圆锯片基体采用专用优质钢板及国际最新加工工艺精制而成，主要用于各类石材的加工切割。产品有单片锯基体、组锯基体和复合组锯基体等多品种和规格。

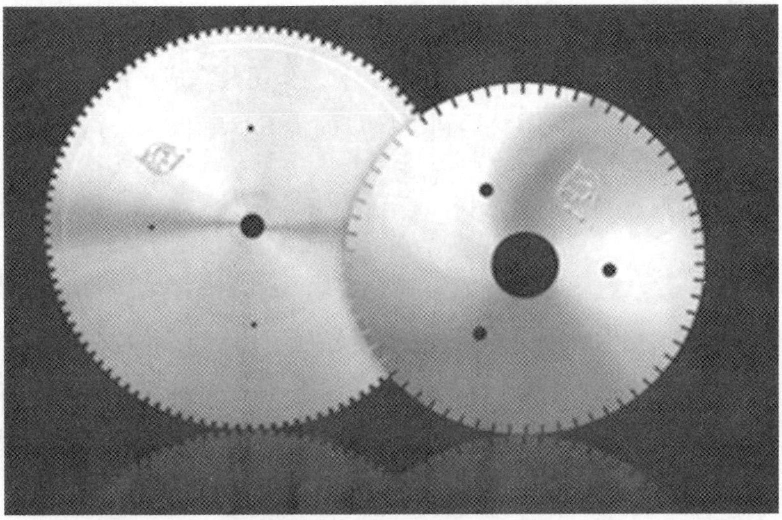

▲ 金刚石锯片基体

三、企业技术

公司的技术研发有着非常深厚的传统，和山东大学等国内著名的科研机构和院校合作，不断地对产品进行研发和技术创新，现已成为山东大学的教学科研试验基地，并连续被认定为国家高新技术企业。

唐山科技局批准的唐山市金属圆锯片生产及应用技术研发中心是依托于公司的一个专业研究部门。研发中心结合公司的研发部单独建立，共配备了中高级研发人员50多名，其中博士3人、硕士7人，其他人员均为大学本科以上学历；专业包括金属材料及热处理、机械设计和制造、工业自动化等，针对金属圆锯片的研究、生产建立了完善的专业技术队伍。

（一）专利

共申报国家专利49项，其中发明专利4项、外观专利2项、实用新型专利43项。在国内技术期刊发表论文十几篇。

(二)新产品

"钢管数控仿形锯锯片"、"节能型平推式钢管铣切圆锯片"、"超薄型硬质合金齿快速下料圆锯片"、"机卡式硬质合金齿圆锯片"等新产品均属国内首创、替代进口同类产品，并得到了国家科技部、省科技厅、唐山市科技局的专项资金资助。2013年获得省科技进步二等奖、市科技进步一等奖。

公司成立有产品研发及技术改进推进领导小组。年初根据公司现有状况制定年度新产品研发、技术改进项目，并确定具体项目负责人及项目所需经费、课题时间、项目奖励等，每个项目责任人与公司领导签立责任状，以确保项目研发改进顺利实施。年底组织项目委员会对各个项目进行验收。近五年来，公司共完成产品研发及技术改进项目60余项，通过项目推进使产品质量得到了稳步的提升，确保了公司产品质量在国内处于领先地位，充分地满足了广大客户的需求。

四、企业装备

目前，公司拥有各类生产设备200多台(套)，从下料到成品实现了全流程自主生产。生产部现有生产工段13个，各类工序156道。建厂50多年来的生产经验，使各类产品形成了一个非常完善的生产工序；各道生产工艺达到最佳状态；有效地保证了产品质量的稳定性。

公司主要关键工序生产设备全部使用进口设备，热处理设备选择的是日本全自动热处理生产线；全自动热处理设备的引进为公司产品质量的稳定提供了最基础的保障；合金锯片全部使用德国格林及孚尔默设备。公司设20人的设备管理部，专门负责设备的全面维修、保养，确保设备精度和产品质量的稳定性。

▲ 企业装备及生产线

五、成长历程及工程实例

1. 1963年，生产出第一代国产热切圆锯片。

2. 1972年，率先研发生产国产冷切圆锯片。

3. 1984年，研制出镶片圆锯片产品，替代进口的同类产品。

4. 1984年，在国内率先生产金刚石圆锯片基体。

5. 1991年，生产大规格硬质合金齿圆锯片，成为国内第一家生产大直径钢材用硬质合金齿圆锯片的厂家。

6. 1992年，成套引进锯片专用设备，代表国际先进水平。

7. 1998年，开始生产大直径金属高速冷切圆锯片。

8. 2000年，通过ISO9001质量管理体系认证。

9. 2002年，研发生产大直径超薄型金刚石锯片基体。

10. 2004年，研发生产工业铝材用硬质合金齿圆锯片。

11. 2005年，研发生产钢管数控仿形锯锯片。

12. 2007年，研发生产节能型金属冷热切圆锯片。

13. 2008年，通过国家高新技术企业认定。

14. 2009年，通过ISO14000环境管理体系认证；公司在德国建立了分公司。

15. 2010年，"野牛"锯片获河北省名牌产品证书；公司负责起草的《冶金用金属冷切圆锯片》、《冶金用硬质合金齿圆锯片》两项国家行业标准颁布实施；

16. 2012年，研发生产冶金用金属陶瓷齿圆锯片；研发生产新型节能降噪型金刚石锯片基体；研发生产节能型平推式钢管铣切圆锯片。

17. 2013年，公司负责起草的《金属热切圆锯片》、《冶金用金属陶瓷齿圆锯片》两项国家行业标准颁布实施；研发生产机卡式硬质合金齿圆锯片；公司通过河北省创新技术企业认定；公司在美国建立了分公司；公司成功收购美国ASKO公司。

18. 2014年，公司"野牛"商标通过中国驰名商标认定；自主开发APS自动化排产系统，实现对多品种、小批量订单的自动化排产；公司成功收购德国林德曼锯片有限公司；公司成功收购德国安茨公司圆锯片业务。

企业名称：唐山冶金锯片有限公司
法人代表：杨东清
地　　址：河北省唐山市路北区河西路6号
邮　　编：063020
联 系 人：汪晓川
电　　话：0315-2053220

济南金品轧辊模具有限公司

一、企业简介

济南金品轧辊模具有限公司是专业研究、开发和生产焊管轧辊、冷弯成型模具、高频焊管磁棒、钢管热镀锌线磁力辊的民营科技企业。拥有国家实用新型发明专利（专利号：ZL 10013326.8）。公司是中国冷弯型钢协会理事、山东省模具行业协会常务理事单位。荣膺中国钢结构协会冷弯型钢分会“中国冷弯型钢先进单位”。

公司质量管理体系于2006年通过ISO 9001:2008国际质量管理体系认证至今。

公司下设两个分厂和一个研究所。

（一）模具厂

它是国内著名焊管轧辊、冷弯成型专业生产基地，年产轧辊模具1500t以上。产品行销于国内市场，并出口到法国、美国、西班牙、意大利、俄罗斯、韩国、印尼、印度、越南、智利、埃及、中亚等数十个国家和地区。产品荣获济南市名牌评审委员会、济南市质量技术监督局“济南名牌”称号。公司根据用户需求，承接GCr15、Cr12、Cr12MoV Cr12Mo1V1、SKD11、D2、3Cr2W8V、H13、9Cr2Mo，稀土高铬铸铁等材质的各种圆管、冷弯成型、圆变方、直接成方、双曲面矫直辊及双渐开线模具等。圆管模具涵盖ϕ8~711mm的各种尺寸；方管模具边长可达600mm；U型模具已达630mm×432mm×6mm，还可制作成U型、T型、V型钢板桩模具；公司还自行设计、加工制造各种异型模具。为适用和满足轧辊市场对高性价比产品的需求，由驻济高校山东工业大学材料学院姜江教授与公司高级工程师和模具专家联合研发了适用于轧辊模具升级换代新材料——稀土高铬铸铁（专利号：ZL 20071001 3326.8），经用户在线使用，效果良好。获得用户一致好评。

（二）高频焊管磁棒厂

它是国内生产规模最大、规格品种最全、产品性能最好的磁棒生产基地。产品国内市场占有率达55%以上，同时远销俄罗斯、乌兹别克斯坦、哈萨克斯坦、越南、斯里兰卡、印尼、阿富汗等国家和中国香港地区。产品荣膺中国钢结构协会冷弯型钢分会“优质产品奖”、荣获济南市名牌评审委员会、济南市质量技术监督局“济南名牌”称号。产品

▲ 对公司出口到印度的ϕ406 轧辊模具进行现场调试

具有起火高、焊速快、力学性能好，使用寿命长的特点。即使在较高的工作温度下仍能保持较高焊速。产品焊接 G1/2" 管创 140m/min 国内纪录。产品饱和磁通密度、居里温度、产品材料起始磁导率和比损耗等技术指标均领先于国内同类产品。

（三）磁学应用技术研究所

它是从事研究、开发和生产磁应用器件的专业机构，所研制和生产的钢管热镀锌线磁力辊磁路先进、吸力强。几乎国内所有的镀锌线都在使用公司的磁力辊。

二、企业产品

公司主导产品有焊管轧辊、冷弯成型模具；高频焊管磁棒；钢管热镀锌线磁力辊。

（一）焊管轧辊、冷弯成型模具

产品包括圆管模具（涵盖 ϕ8~711mm）；方管模具边长可达 600mm；U 型模具已达

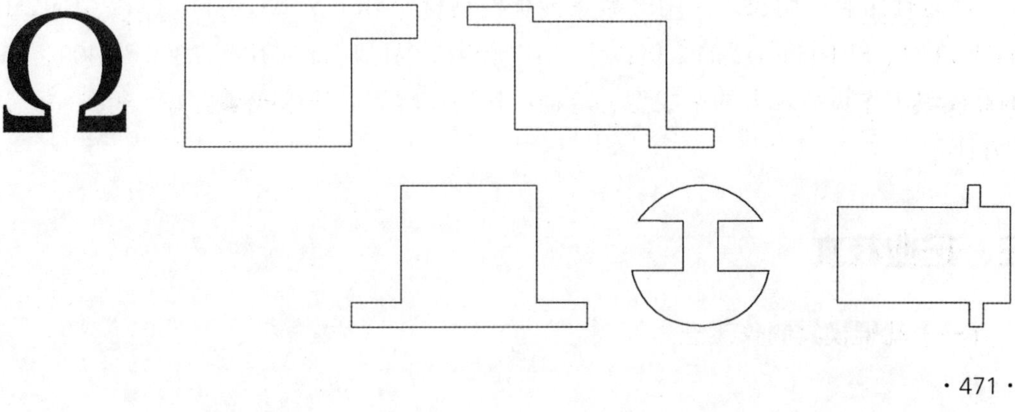

到 630×432×6，还可制作 U 型、T 型、Z 型、V 型钢板桩模具；公司还自行设计、加工、制作各种异型模具。

（二）高频焊管磁棒

产品有实心磁棒、空心磁棒、黏结磁环等。磁棒产品和黏结磁环产品的规格分别见表 1 和表 2。

表 1　磁棒产品

70mm 长磁棒		100mm 长磁棒		120mm 长磁棒		140mm 长磁棒		200mm 长磁棒	
实心	空心	实心	空心	实心	空心	实心	空心	实心	空心
ϕ10~ϕ14	ϕ10~ϕ14	ϕ5~ϕ30	ϕ10~ϕ30	ϕ8~ϕ12	ϕ10~ϕ12	ϕ7~ϕ38	ϕ10~ϕ38	ϕ8~ϕ38	ϕ10~ϕ38

注：空心磁棒内孔直径理论参考值为外径的 1/3。

表 2　黏结磁环产品

规格（外径 × 厚度）/ mm × mm	说　明
ϕ(40~100) × 25	磁环内径除 ϕ40 环内径为 ϕ13、ϕ45 环内径为 ϕ18 外，其他磁环内径约为外径的 1/2

（三）钢管热镀锌线磁力辊可传钢管 G1/2"~ϕ508mm

磁力辊由单管传输到同时 4 只钢管传输。传输升角达 15°~18°; 根据用户需求可满足生产传输 ϕ630-700mm 钢管的磁力辊。

（四）公司专利产品稀土高铬铸铁（专利号：ZL 2007 10013326.8）

它是由驻济高校山东工业大学材料学院姜江教授与公司高级工程师和模具专家联合研发的一种轧辊模具升级换代新型材料。该材料具有良好的耐磨性、热强性、热硬性及韧性。适用于冷作模具，亦适用于热作模具。材料所具有的独特配方使轧辊工作表面具有自修复性。服役期长，使用寿命是传统模具材料 GCr15、9Cr2Mo、Cr12、Cr12MoV、Cr12Mo1V1、SKD11、D2 的 2 倍以上。该材料轧辊已广泛应用于 F300、F400、F500、F600 模具工作负荷较大的精成型、定径、热挤压辊等。使用效果良好，得到一致认可和好评。

三、企业技术

（一）轧辊模具制作工艺

材料→预先处理（正火、球化退火、调质）→粗加工→淬火（加回火）→精加工。

（二）高频焊管磁棒制作工艺

购进成品粉料→颗粒制备→压型→烧结。

（三）磁力辊制作工艺

壳体加工→高频淬火→抛光→磁体组装。

（四）工艺是实现用户产品产出过程的技术保证

为确保满足用户对产品质量的需求，公司对高频焊管磁棒产品配方合理、科学优化，适宜调整有关配方点，同时对高频焊管磁棒烧结工艺进行改革，采用热回流技术使磁棒在高温固相反应区获得平稳、均匀的热量，材料固相反应充分，性能得到充分释放。产品的磁通密度、居里温度、材料的起始磁导率和比损耗指标均领先于国内同类产品水平。产品于2010年获中国钢结构协会冷弯型钢分会“优质产品奖”，2011年被济南市名牌产品评审委员会、济南市质量技术监督局评为“济南名牌”。

四、企业装备

（1）轧辊模具设计全部配置德国COPRA 2007软件，使模具设计更加准确、合理。

（2）检验部配置Q4 TASMAN台式只读光谱分析仪1台、MV 6000金相显微镜1台、MODEL 600便携式X－射线荧光分析仪1台、欧能达3600S数字超声波探伤仪1台，使材料的化学成分、金相组织、材料基体质量得到有效控制，确保用户产品对材料品质的要求。

（3）轧辊模具涉及设备114台。其中法那克系统数控机床41台。数控机床最大加工回转直径*D*2250mm。可对直径2200mm工件精确加工。完全满足用户对大型轧辊的加工要求。

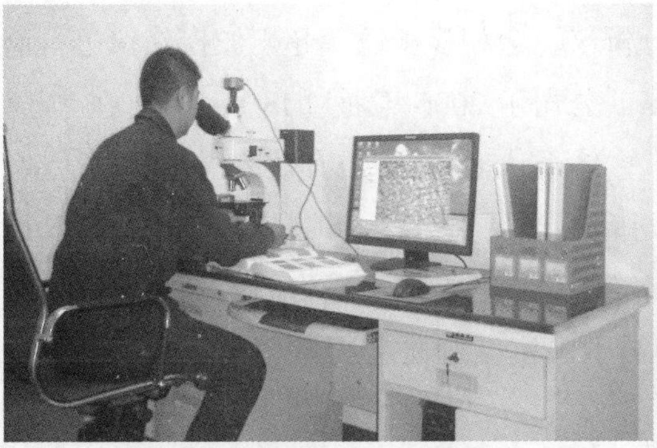

▲ 对材料做金相组织分析

▲ 对材料做成分光谱分析

▲ 对材料基体做超声波探伤

五、产品开发及应用

公司研发国家实用新型专利产品（专利号：ZL 2007 10013326.8）稀土高铬铸铁，应用于轧辊，取得满意效果，产品成功应用于F300、F400、F500、F600轧辊模具，得到用户的一致好评。其优良的耐磨性、热强性 、热硬性及韧性，与传统材质Cr12、Cr12MoV、Cr12Mo1V1、SKD11、D2轧辊相比，使用寿命提高2倍以上。

六、成长历程

公司于2005年从事轧辊模具生产，至今已有10年。由最初的23台设备发展到今天，已拥有各类设备114台。由最初的月生产能力不足20t到今天已能年产轧辊模具1500t以上。产品除行销国内外，还出口到意大利、俄罗斯、韩国、印尼、印度、越南、智利、埃及、中亚等国家和地区。现在公司轧辊模具设计全部由德国COPRA 2007软件实现，产品设计快捷、准确、合理。产品加工产出全部由高精度法那克系统数控机床实现。购进材料由先进的光谱分析仪、X射线荧火分析仪、金相显微镜、超声波探伤仪进行监控。用户产品对材质品质需求得到最大的满足。公司于2006年通过ISO 9001:2008国际质量管理体系认证。至今已通过三次换证复审，“体系认证”和积极有效的质量管理活动，使用户产品对质量的需求得到切实保证。公司轧辊产品于2011年被济南市名牌产品评审委员会、济南市质量技术监督局评为“济南名牌”。由于公司严格的质量管理和始终以用户需求为关注焦点的质量意识，2010年被中国钢结构协会冷弯型钢分会评为“中国冷弯型钢先进企业”。

济南金品轧辊模具有限公司在轧辊生产上取得了一些成绩，但与国内一些生产相同产品的先进企业相比，我们还有差距。我们要虚心地向他们学习，努力为中国成为焊管生产强国做出更大的贡献。

七、工程实例

1. 2003~2004 年，对高频焊管磁棒软磁烧结窑炉 RY25、RY28、RY33 进行热流回流技术改造，目前是在传统隧道窑上少有的成功技术改造。它使产品在高温固相反应区内热气氛平稳、均衡，同时对产品材料中有关配方点进行合理、适宜调整，使产品烧结质量稳定、技术指标得到显著提升，技术水平领先于国内同类产品。

2. 2008~2014 年，公司轧辊模具设计实现德国 COPRA 2007 软件操作。产品设计快捷、准确；公司拥有德国法那克系统数控机床 41 台，最大加工直径达 2200mm。可满足用户对大型轧辊的加工需求；公司购进先进的光谱分析仪、X 射线荧光分析仪、金相显微镜、超声波探伤仪，对轧辊材料进行有效监控。用户产品对材料品质的需求得到充分保证。

企业名称：济南金品轧辊模具有限公司
法人代表：成　祥
地　　址：山东省济南市市中区腊山路 18 号工业园内 25 号
邮　　编：250022
联 系 人：宋卫香
电　　话：87563662

山西创奇实业有限公司

一、公司简介

山西创奇实业有限公司成立于 1999 年，注册太原高新区，是从事技术装备的研发、设计、制造、销售、售后服务的专业公司，具备进出口业务资质。现注册资本 1210.71 万元，拥有员工 100 余人。2006 年通过 ISO9001 质量体系认证，2009 年被认定为“高新技术企业”，2011 年获“山西省著名商标”。2013 年获“山西省民营科技企业”认定。2014 年获省中小企业局“山西省专精特新中小企业”认定。近年来公司被评为“全国民营科技发展贡献奖优秀科技企业”、“山西省纳税信用 A 级单位”、“山西省优秀企业”、“太原市诚信企业”，荣获太原市“五一劳动奖状”等。

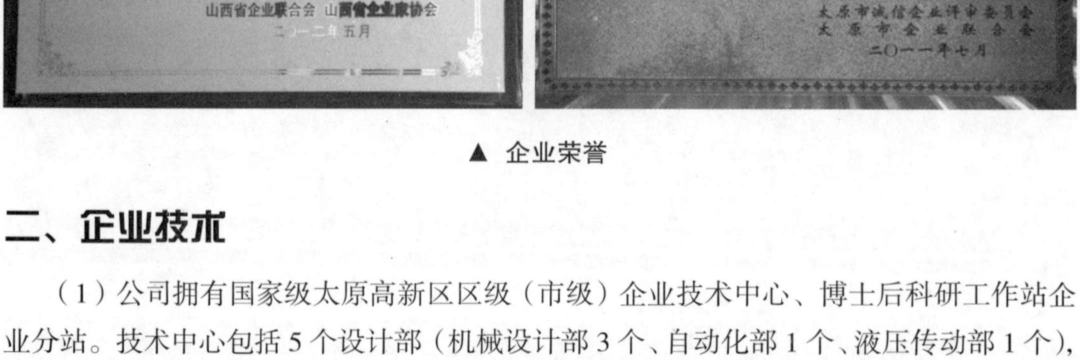

▲ 企业荣誉

二、企业技术

（1）公司拥有国家级太原高新区区级（市级）企业技术中心、博士后科研工作站企业分站。技术中心包括 5 个设计部（机械设计部 3 个、自动化部 1 个、液压传动部 1 个），有高级职称人员 14 人，中级职称人员 16 人，具有较强的自主研发和设计能力。

（2）公司与清华大学、煤炭科学研究总院、太原科技大学等科研院校建立了战略合作伙伴关系，他们成为公司技术创新的有力支撑。

（3）近年来，公司研发成功煤矿安全项目 3 项，其中，抗冲击自动复位式防爆门技术达到国际领先水平，并于 2015 年获得国家安监总局第六届安全生产科技成果二等奖。研发成功有色金属压力加工设备项目 1 项。在研煤矿安全项目 2 项，在研轧钢设备项目 1 项。研发的项目分别列入了国家安监总局“安全科技‘四个一批’项目”、省科技重大专项、省科技创新项目计划、市自主创新一流基地重点项目计划。今年研发情况见表 1。

表 1　近年研发项目情况

<table>
<tr><th>序　号</th><th>项 目 名 称</th><th>合作单位</th><th>备　注</th></tr>
<tr><td>1</td><td>抗冲击自动复位式风井防爆门</td><td>煤炭科学研究总院</td><td rowspan="4">研发成功</td></tr>
<tr><td>2</td><td>矿用 SCZ 系列水射流除尘装置</td><td>自主研发</td></tr>
<tr><td>3</td><td>抽采瓦斯管路负压自动排水器</td><td>自主研发</td></tr>
<tr><td>4</td><td>宽幅高精度铜板冷轧、热轧生产线</td><td>自主研发</td></tr>
<tr><td>5</td><td>基于 MEMS 技术的矿用瓦斯 / 一氧化碳检测仪</td><td>清华大学</td><td rowspan="3">正在研发</td></tr>
<tr><td>6</td><td>矿井通风系统智能决策和自动控制风门、风窗</td><td>煤炭科学研究总院</td></tr>
<tr><td>7</td><td>小口径无缝钢管热连轧生产线</td><td>太原科技大学</td></tr>
</table>

（4）公司近年来申报专利 52 项，其中已获授权专利 44 项（发明专利 4 项），已受理待授权发明专利 8 项。已获授权 44 项专利中包括：已取得专利证书的轧钢设备产品 17 项；已取得专利证书的民用产品 2 项；已取得专利证书的防爆门产品 21 项；已取得专利证书的煤矿其他产品专利 4 项。

▲ 高新企业与技术中心

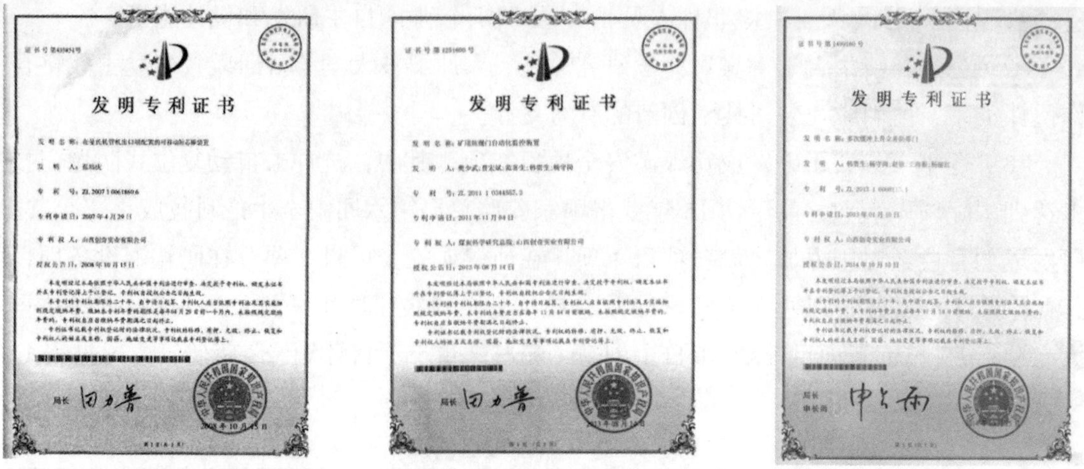

▲ 发明专利证书

三、企业装备及规模

公司直属和下设子公司拥有 3 个分厂，包括金属结构分厂、机加工分厂、装配分厂，厂房面积 9000 余平方米，均配备有高精度、大型数控加工设备，具有一定的生产规模和新产品试制开发能力。

四、产品开发及应用

（1）15 年来公司致力于冶金轧钢设备的研发、设计、制造，拥有线材、板材、管材、冷弯型钢等生产设备产品 60 余个品种、近百余种型号规格，产品已获得“山西省著名商标”，已有 200 余家用户。新开发的“小口径无缝钢管热连轧机组”和“宽幅高精度铜板冷轧、热轧生产线设备”具有国内领先水平。

（2）煤矿安全设备的研发与制造为公司开辟了新的市场，公司新开发的设备具有技术先进、安全实用的显著特点，符合国家产业和技术发展方向，已经列入各级研发、推广计划。具有国际领先水平的抗冲击自动复位式风井防爆门已在山西、陕西、内蒙古的多个煤炭集团逐步推广。

（3）公司产品出口情况：高线生产线精整设备，包括风冷线、集卷站、卸卷车等，曾出口到巴西、土耳其、乌兹别克斯坦等国家；无缝钢管冷拔生产线机组，包括穿孔机、冷拔机、缩头机、矫直机等，曾出口到印度、日本；宽厚钢板圆盘切割机组是亚洲最大的宽厚钢板在线纵剪机组，曾出口到印度；冷弯型钢机组，包括冲切机、成型矫正机、冲孔机、递送机、冲铆机等，曾出口到法国。

目前，公司集产品研发、生产、销售、技术服务于一体，以“立足山西，放眼全国，走向国际 ”为市场布局理念，建立覆盖全国的销售渠道。

▲ 部分设备产品

▲ 板材类生产设备及生产线

▲ 无缝钢管类设备及生产线

▲ 焊管类设备及生产线

▲ 冷弯成型机组

企业名称：山西创奇实业有限公司
法人代表：李亚奇
地　　址：山西省太原市迎泽区文源巷 26 号文源公务中心
邮　　编：030001
联 系 人：杨守岗
电　　话：0351-4043212

沈阳新瑞特机电设备有限公司

一、企业简介

沈阳新瑞特机电设备有限公司，是集科、工、贸于一体的高新技术企业，具有独立的法人资格。公司是中国钢结构协会冷弯型钢分会团体会员单位，国际管业协会成员单位。

公司位于沈阳市浑南新区“新加坡工业园”内。公司现有正式员工50余人，正高职3人，副高职5人，本科、专科以上学历的员工占95%以上。公司具有较强的高新技术产品研发能力，其核心团队由高校的教授、高级工程师、焊管设备行业的专业技术人才组成。

公司依靠技术人员深厚的理论功底和20多年焊管行业设备制造的经验，成功研发出了多种具有全部自主知识产权、填补国内空白的高科技产品，给企业和行业带来了可观的经济效益和社会效益。

二、企业产品

公司的主导产品为高频焊管、冷弯型钢生产线上的专用设备。共有五十几个设备品种、型号，涵盖从$\phi32$~$\phi710$生产线上的所有辅机。其中XFJ系列数控仿形铣切飞锯机是与国际最先进技术同步的高科技成果，是公司的龙头产品。现已研发出多种规格型号，已有近百台不同规格的XFJ系列数控仿形铣切飞锯机，销往国内外，深受用户欢迎。

另外，公司可提供多种规格与型号的“开卷机”、“矫平机”、“铣头机”、“水压机”、“高频焊管、冷弯型钢生产线控制系统”等，可以满足用户的广泛需求。

◄ FJ 系列数控电脑飞锯机

► WLHT 系列卧式螺旋活套

◄ JH 系列自动剪切对焊机

企业名称：沈阳新瑞特机电设备有限公司
法人代表：万宏天
地　　址：辽宁省沈阳市浑南新区文溯街 17 号 -11-2-2
邮　　编：110171
联 系 人：孟丽荣
电　　话：024-24696114

石家庄富瑞沃机电设备有限公司

一、企业简介

石家庄富瑞沃机电设备有限公司是石家庄市开发区注册的高新技术企业，专门从事高频直缝焊管机、建筑桥梁汽车等专用开闭口冷弯型钢设备、输送气管用API高钢级焊管设备的科技开发、生产制造及相关的技术服务。

公司采用国际先进的企业经营模式，汇集了一批高水平的专业技术人才，以科技开发为龙头，从零部件加工到整机装配精确检测、层层把关，确保产品质量。企业产品涵盖了高频焊管机组、纵剪机组、冷弯成型机组、钢塑复合管机组、轧钢机械、铝管管机、机组配套设备等，广泛用于冶金、环保及其他行业的机电一体化设备，其主导产品之一的冷弯焊管设备系列产品700多套，已遍销全国二十几个省市。并出口到美国、加拿大、墨西哥、泰国、马来西亚、南非、埃及、越南等几十个国家，可与国际一流产品相媲美，受到国内外客户的一致好评。

近几年公司专门研制高精度、高速度、高钢级、超厚壁、大口径圆、方管多功能冷弯成型机组，由于采用了组合成型、全自动轧辊调整等先进工艺及技术，大大减少了轧辊消耗和换辊时间，提高了产品质量及工作效率。目前，富瑞沃公司生产的小机组是国内最快的，速度可达130m/min以上；超厚壁机组达到了ϕ168mm × 12.7mm（钢级N80）；冷弯型钢的大口径方、矩形管机组已经达到了□ 200mm × 14mm，□ 300mm × 14mm，□ 400mm × 16mm，□ 500mm × 16mm，范围最宽可达□ 150mm × 150mm ～□ 600mm × 600mm。

▲ 南非219机组

▲ 阿联酋325机组

二、企业技术

公司采用国际先进的企业经营模式，汇集了一批高水平的专业技术人才，以科技开发为龙头，从零部件加工到整机装配精确检测、层层把关，确保产品质量。

三、产品开发及应用

公司从事高频直缝焊管机、建筑桥梁汽车等专用开闭口冷弯型钢设备、输送气管用API高钢级焊管设备的科技开发、生产制造及相关的技术服务。

（1）LW2400×25直接成方冷弯高频焊管机组，最大边长600mm，最大壁厚25mm；

（2）LW1600×20直接成方冷弯高频焊管机组，整线不换辊生产所有规格产品；

（3）高精度焊管机组ϕ25~165；

（4）不锈钢焊管机组。

▲ 云南400方机组

▲ 常熟600方机组

▲ 高精度成型定径机

企业名称：石家庄富瑞沃机电设备有限公司
法人代表：王建英
地　　址：河北省石家庄市新石北路380号卓达院士大厦
邮　　编：050091
联 系 人：常永利
电　　话：13931991492

厦门鑫宏华机械有限公司

一、公司简介

厦门鑫宏华机械有限公司 (福建鑫宏华机械有限公司) 成立于 2004 年，是集设计研发、生产制造、安装调试、上岗培训于一体的专业性企业。作为厦门较早从事制造金属板冷轧(冷弯辊压)成型成套设备的企业，经过了 10 余年的发展，依靠现代化的管理方式、先进的技术和生产工艺、完善的服务体系，现已发展成为辊压机械制造行业中具有影响力的企业之一。

公司产品种类较多，性能稳定，由于结构轻巧，设计合理，不断更新而备受钢结构行业的青睐。产品除销售全国各地外，还远销到东南亚、欧洲、非洲及澳洲等 40 多个国家和地区。产品主要应用于机场、火车站、体育馆、钢构工程等多个领域，并多次被应用于国家重点工程建设。

目前，公司位于漳州九龙大道，占地面积达 50000 平方米的新工厂即将投入使用，期待再创辉煌！

二、企业产品

公司主要生产专用成型机械设备，有7大系列：

（1）数控智能化轻钢结构建筑专用构件成型设备；

（2）数控智能化金属屋面瓦成型设备；

（3）数控自动化金属墙面板成型设备；

（4）数控自动化钢结构C/Z檩条成型设备；

（5）汽车行业专用成型设备；

（6）各类新型建筑体系相配套的连接杆构件成型设备；

（7）各类货架杆构件成型设备。

其中，轻钢结构建筑专用构件成型设备有两大系列：

（1）C+U截面单一型号的专用设备，C型腹板外径宽度（mm）：75、90、100、120、140、150、180、200、235、254、305，U型截面内径宽度分别大于C型截面3mm；

（2）C+U截面多型号专业多功能型设备，包括：

1）C+U90–254型，它是一条生产多种规格C+U截面的专业多功能型设备，C型腹板外径宽度为90~254mm，自动无级调整，U型截面内径宽度分别大于C型截面3mm，自动无级调整。

2）C+U90–305型，它也是一条生产多种规格C+U截面的专业多功能型设备，C型腹板外径宽度为90~305mm，自动无级调整，U型截面内径宽度分别大于C型截面3mm，自动无级调整。

公司主推的轻钢结构建筑专用构件成型设备为：CU组合成型机、YX65–400/425矩扇一体机、YX65–250–600自动弯弧机、FT1.0×1200直斜分条机、C型钢成型机 、屋面彩板成型机等设备。

（1）铝镁锰YX65–400/425矩扇屋面板一体机，电脑系统控制，全自动生产，操作人员少，可生产直板、大小头板、双公母扣直板、双公母扣大小头板，设备外形小，可直接安装在6m集装箱内操作，不占用机台摆设空间，携带方便，同时减少了运输费用，成本低，生产效率高。

（2）铝镁锰YX65–250–600自动正、反弯弧机，电脑系统控制，全自动生产，可正弯、反弯，正弯3m，反弯6m，同片板最多可弯弧20组，弧度清晰美观，设备外形小，可安装在3m集装箱内操作，携带方便，不占用施工空间，节约运输成本，生产效率高。

（3）FT1.0×1200直斜分条机，可以直线分条，斜线分条，分条刀可以按M字形移动，自带修边功能，减少不必要的废料，可加工的原材料规格为材质Q235~Q345，厚度

0.5~1.0mm；铝镁锰 3003~3004，厚度 0.7~1.2mm；分条速度为 8~12m/min。

（4）C 型钢成型机，电脑系统控制，全自动换型，无须人工调换，C60–300 型钢机只需 1min 就可以轻松任意换型，达到所需要的产品换型规格，进料口自动对中调整，定长剪切，精度精准，压型速度快，可节约人工成本，提高生产效率。

（5）YX840/900 屋面双层彩板成型机，电脑系统控制，一机两用，节省机台摆放空间，携带方便，进料口特别设计手拉剪切刀，减少废料，全自动生产，节约人工成本，生产效率高。

公司产品多用于钢结构建筑主体受力结构，如厂房、仓库、别墅、展览厅、机场、体育馆、汽车站、火车站等屋面承重荷载的支撑。

▲ 机加工车间

▲ YX65–400/425 矩扇一体机

▲ ZDGW65LB 自动正、反弯弧机

▲ 全自动 C 型钢成型机

▲ CU 成型机

三、工程实例

公司参与的重大工程项目有：

1. 云南昆明星耀机场、郑州新郑国际机场、昆明长水国际机场、长沙黄花国际机场、三亚凤凰机场贵宾楼、斯里兰卡汉班托塔机场、土耳其伊斯坦布尔国际机场、意大利那不勒斯机场。

2. 长春站、贵阳站、宁波站、济南西站、合肥南站、厦门北站、杭州东站、贵阳北站、哈尔滨西站、长春西站、长沙新火车站、京沪高铁上海虹桥站。

3. 广州体育馆、赤峰体育中心、海安体育中心、铜陵体育中心、南京奥林匹克体育中心、深圳坪山体育中心、南京青奥体育公园、福州海峡奥体中心，以及越南岘港体育中心。

4. 徐州音乐厅、青岛财富中心。无锡徐霞客博物馆、苏州太湖古雅北园、漳州碧湖生态园、青岛海鲜国家实验室、泰山会展中心、北京园博会主展馆、湖南荆州会展中心、包头国际会展中心、重庆国际会展中心、法国马赛游泳馆、西班牙巴塞罗那市酒店。

企业名称：厦门鑫宏华机械有限公司
法人代表：洪重阳
地　　址：福建省厦门市同安区潘涂村红墩里100号
邮　　编：361000
联 系 人：洪重阳
电　　话：0592-6385080

宁波市镇海万力高强度紧固件有限公司

一、企业简介

宁波市镇海万力高强度紧固件有限公司于1988年3月成立，是生产紧固件产品专业企业，注册资金350万元，固定资产800多万元。1993年对高压高强度螺栓的技术研究，更新了热处理设备，注重材质。公司主要生产钢结构用高强度螺栓、六角螺栓、螺母、螺杆及其他非标螺栓等，年产高强度螺栓800多万套。采用标准有：美国标准ANSI、德国标准DIN、英国标准BS，中国国家标准GB，国际标准ISO，日本标准JIS等。规格M12以上，长度不限。产品级别有：4.8级、6.8级、8.8级、10.9级、12.9级，使用材质有35号钢、45号钢、40Cr、35CrMoA、42CrMo、25Cr2MoV、20MnTiB和各种牌号的不锈钢材料。产品主要用于机械、建筑、桥梁等，用户遍及全国各地。

2002年3月，公司被浙江省机械产品质检中心认定为省优质产品；2002年12月成为上海钢结构协会会员；公司是宁波标准件工业（集团）公司成员单位。

二、企业产品

公司主要生产钢结构用高强度螺栓、六角螺栓、螺母、螺杆及其他非标螺栓（可以根据图纸生产）等，采用标准有：美国标准ANSI、德国标准DIN、英国标准BS，中国国家标准GB，国际标准ISO，日本标准JIS等。规格M12以上，长度不限。产品级别有：4.8级、6.8级、8.8级、10.9级、12.9级，使用材质有35号钢、45号钢、40Cr、35CrMoA、42CrMo、25Cr2MoV、20MnTiB和各种牌号的不锈钢材料。

万力高强度螺栓广泛用于机械设备、建筑钢设备、风力发电、石油管道、船舶、桥梁、道路、铁路、机场等领域。

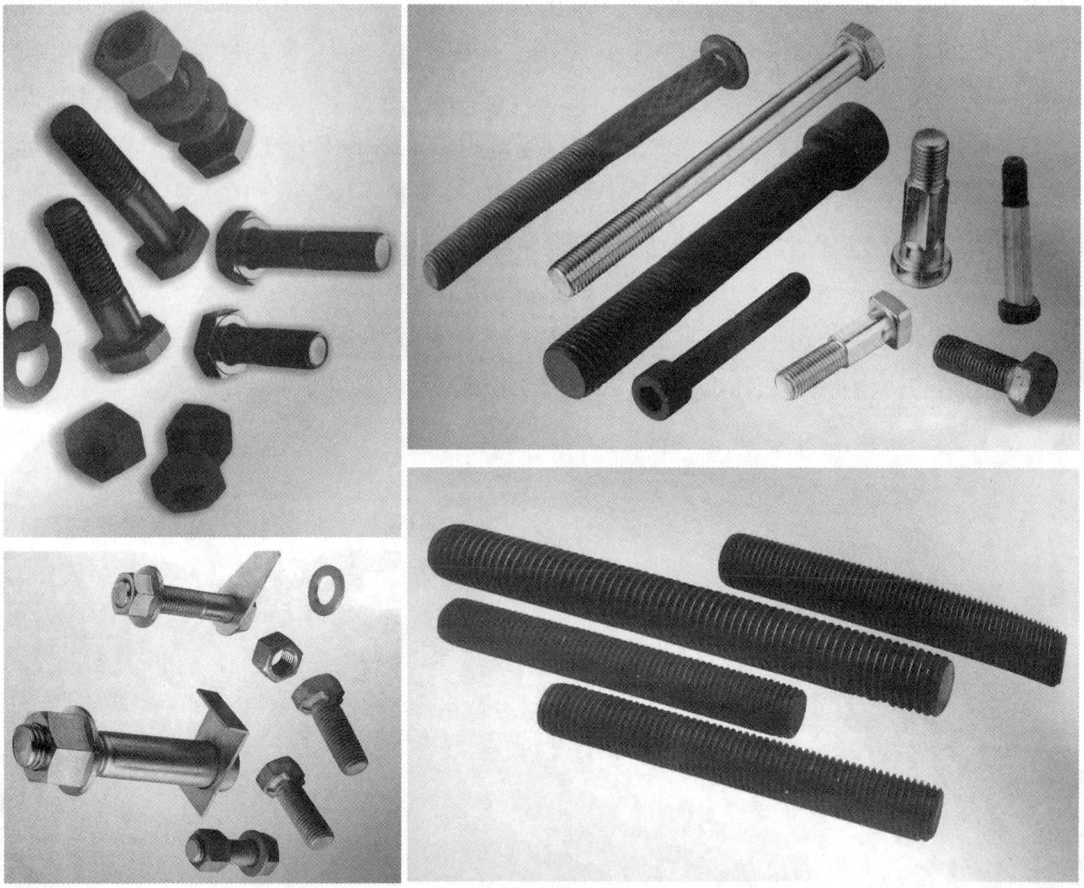

▲ 企业部分产品

三、企业装备

公司近几年购入自动化一体设备，全自动冷镦螺母机，全自动冷镦螺栓机，在保质保量的基础上，节省了人力，提高了产出效率。

▲ 设备之一

企业名称：宁波市镇海万力高强度紧固件有限公司
法人代表：张能甫
地　　址：浙江省宁波市镇海区九龙湖镇西经堂
邮　　编：315205
联 系 人：杨行亲
电　　话：15924304160

卓思建筑应用科技顾问（珠海）有限公司

一、企业简介

卓思建筑应用科技顾问(珠海)有限公司是2010年6月经珠海市工商行政管理局批准成立，拥有完善的实验室检测场地和一批高素质技术操作人员。公司于2012年2月7日获得中国合格评定国家认可委员会（CNAS）的实验室资质认可，是具有第三方公正地位的建筑围护系统检测机构。公司获CNAS认可的检测能力范围包括：建筑金属屋面系统空气渗透性能、抗风承载力性能检测，建筑材料燃烧性能检测，常规金属材料力学性能检测等。

公司目前还是中国建筑金属结构协会与港澳金属结构协会指定的检测鉴定实验室，国内相关金属结构协会认可的检测实验室，承担着行业建筑金属围护系统综合性能相关

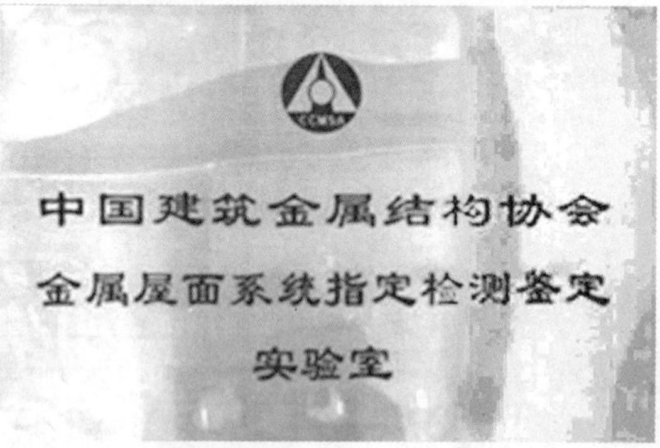

的检测与研发工作。

公司同时开展的检测及服务专案包括涂料涂层性能检测、压型钢板——混凝土组合楼板结构性能检测以及建筑金属围护系统设计、建造、维护阶段的工程咨询服务。公司坚持严格执行国内外检测标准，坚持“科学、公正、优质、诚信、改进”的品质方针，致力确保能为客户出具科学、准确、公正的检测资料。

二、企业产品

公司依据国内外发布的相关行业现行标准，为金属围护系统进行质量检测，从产品到系统一站式检测；同时参与国家标准的编制工作。

三、企业技术

（一）实验室静压箱负压检测法

公司采用风箱模拟风压检测方法以验证系统的抗风揭性能。这种方式比传统的沙袋、水袋、气囊、磁吸等加载方式更为符合真实的自然风压。当台风来临时，金属维护系统外部的空气流速很大，而内部空气是接近静止的，根据伯努利效应，当金属屋面处于台风环境时，其内部气压要比外部气压大，从而产生一种由内向外的压力作用于金属屋面，这就是负压的模拟原理。通过实际检测工作也证明了，这种方式确实有效的模拟金属围护系统的实际受风情况，更好的反映了系统的抗风揭能力。

（二）金属围护系统动态抗风揭检测

公司除了采用静态风压检测外，还采用动态风压检测方式来验证围护系统的抗风揭性能。实际建筑受风的情况是波动的，而且长期的实践研究证明，一次阵风所持续的时间是2~3s，一次波动时间约为8~10s。一次真正的台风持续时间为13~14h，约50000s，一次波动时间为10s，即波动风荷载检测的基础数值5000次仅为一个台风周期的模拟。这种方式进一步验证了系统的抗风揭能力，而且大大的提高了系统面对台风的抗风性能，有利于提高建筑的可靠性。

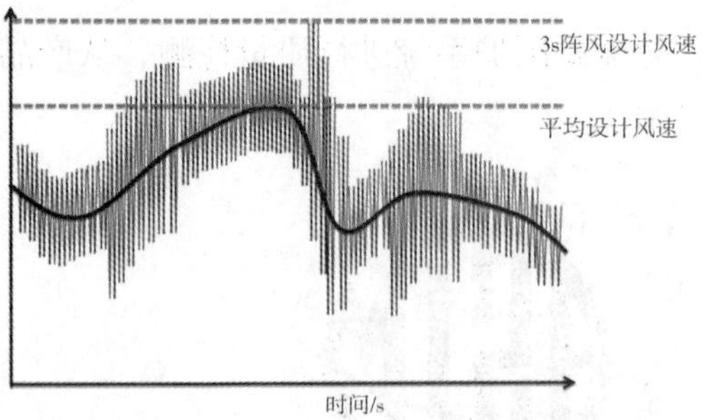

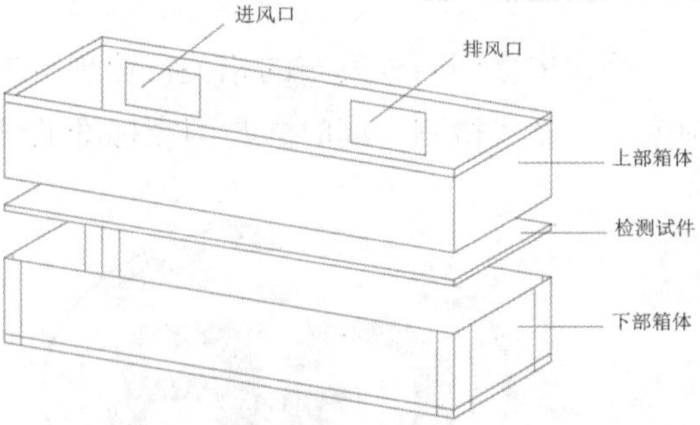

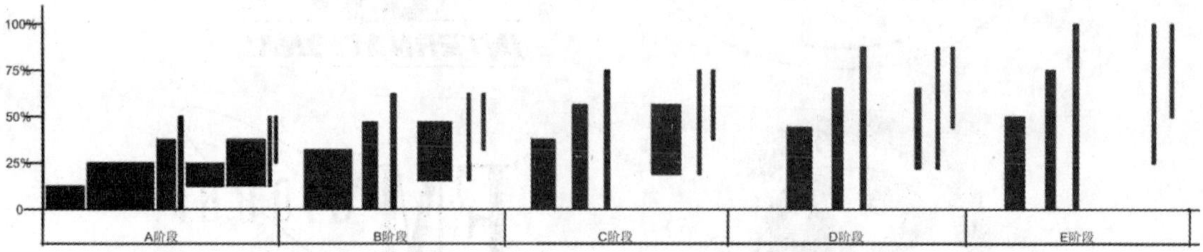

四、企业装备

公司现有实验室面积达900平方米，拥有检测设备仪器65台，全方位涵盖金属围护系统检测项目。检测对象涉及金属建筑构件、金属建筑材料，项目包括风雨、结构、力学、耐候等。

▲ 风雨实验室

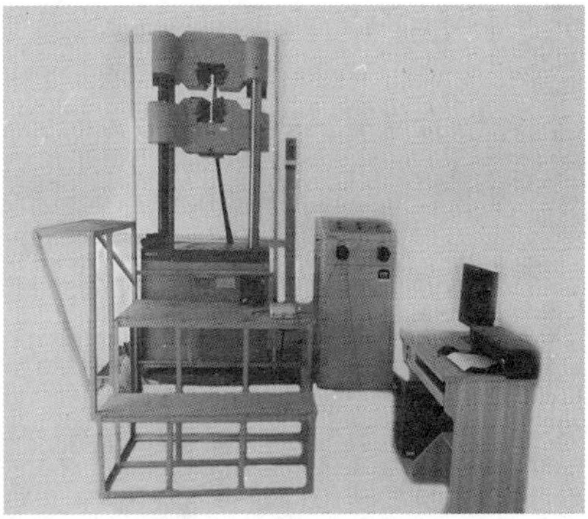

▲ 力学实验室

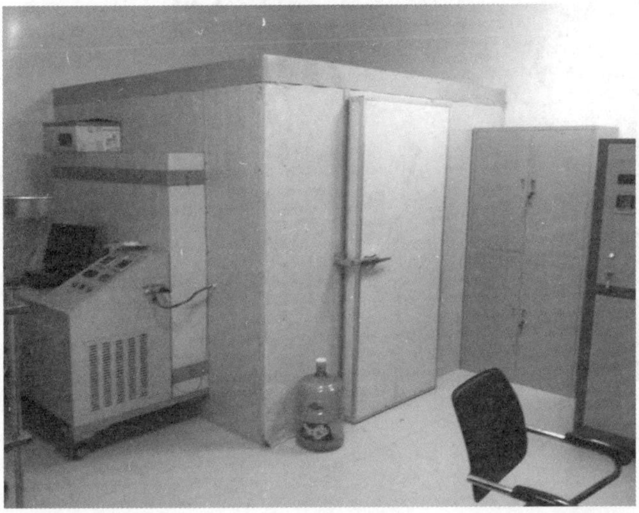

▲ 热工实验室

▲ 综合实验室

五、产品开发及应用

(一)金属围护系统的抗疲劳研究

为越来越复杂的金属围护系统进行抗疲劳检测，确保系统的可靠性。

(二)金属围护系统——1m抗风揭检测箱体研发

优化围护系统抗风揭检测工序，先从系统连接性能出发验证抗风揭能力。

六、成长历程

1. 2010年6月成立。

2. 2012年2月通过CNAS检测实验室认证。

3. 2014年12月获授“中国钢结构协会冷弯型钢分会金属屋面系统检测鉴定认可实验室”。

4. 2015年1月获授“中国建筑金属结构协会金属屋面系统指定检测鉴定实验室”。

5. 2015年1月获授“中国钢结构协会房屋建筑钢结构分会金属屋面系统检测鉴定认可实验室”与“中国建筑防水协会金属屋面技术分会金属屋面系统检测鉴定认可实验室”。

七、工程实例

1. 2012年7月 ~ 2014年4月为各大轻轨站进行金属屋面抗风揭性能检测。

2. 2013 年 8~12 月参与澳门东亚运动会体育馆金属围护系统抗飓风效能与提升方案研究，提供研究检测数据。

3. 2014 年 3~4 月进行广州白云机场抗风揭性能检测。

企业名称：卓思建筑应用科技顾问（珠海）有限公司
法人代表：黄燕珍
地　　址：广东省珠海市金湾区三灶镇卓越路 7 号
邮　　编：519000
联 系 人：林坤坚
电　　话：18163205536

秦皇岛东洋特殊钢业有限公司

一、企业简介

秦皇岛东洋特殊钢业有限公司（TTQ）是日本东洋特殊钢业株式会社（TTK）在秦皇岛开发区投资设立的独资企业，注册资金 417.4 万美元，占地面积 12180 平方米。公司成立于 1997 年 1 月，并于 1998 年 3 月正式投产。现有员工 32 名，使用从日本引进的大型冷弯辊压成形机组，以圆管做母材采用挤压成形方式，目前已有 5 条生产线，现已开发了 1000 多种方矩型和复杂断面的异型管，年生产能力 18000 吨。产品广泛应用于建筑、机械、汽车、船舶、铁路、核电站等行业，可对应的材质有普碳钢、不锈钢、钛合金及复合金属材料等。公司已通过 ISO9001:2001、ISO14001:2004 质量环境管理体系认证。

二、企业产品

公司生产销售普碳钢、不锈钢、合金钢的精密方矩型、异型钢管及新型管材，方形尺寸为30mm×30mm～400mm×400mm；矩形尺寸为19mm×10mm～600mm×200mm；壁厚为1.0～22.0mm及在该尺寸范围内的异型断面钢管。

▲ 产品及断面形状

三、企业技术

公司采用多道次辊弯成形工艺，对复杂断面的异型管及特殊要求的产品尺寸进行加工。

四、企业装备

（1）公司拥有辊挤压成形，可实现大口径，厚壁圆管推挤成方、矩、异型管的成形装备。

（2）公司拥有辊弯成形，可实现多道次主驱动，实现复杂断面，高精度，无划伤的方型、矩型、异型管的成形加工装备。

▲ 1998年1月进口日本辊式挤压弯成型机组1号机

▲ 2002年4月进口日本辊式自转成型机组2号机

▲ 2008 年 1 月中国制造辊式自转成型机组 3 号机

▲ 2012 年 12 月进口日本辊式自转成型机组 4 号机

▲ 2013 年 8 月自行设计制造辊式自转成型机组 5 号机（异型管专用）

五、产品开发及应用

公司产品主要应用于农业机械、工程机械、特种车辆、物流装备、汽车工业等。

▲ 特种车（结构用矩管）

▲ 推土机（推铲臂用矩管）

▲ 挖掘机（驾驶室用方矩管 / 异型管）

▲ 物流用堆垛机（立柱）

六、成长历程

1. 1997 年 1 月，公司成立。

2. 1998 年 1 月，辊式挤压成型机组（日本制造）试运转，3 月举行开工仪式。

3. 2002 年 4 月，增设辊式自转成型机组 2 号机组（日本制造）。

4. 2005 年 12 月，取得 ISO9001 认证（2008、2011、2014 取得更新。）

5. 2006 年 1 月，取得 ISO14001 认证（2009、2011、2014 取得更新）。

6. 2008 年 1 月，增设辊式自转成型机组 3 号机组（中国制造）。

7. 2012 年 12 月，增设辊式自转成型机组 4 号机组（小、极小口径日本制造）。

8. 2013 年 8 月，增设辊式自转成型机组 5 号机组（异型管专用本公司设计制造）。

▲ 管理体系认证书

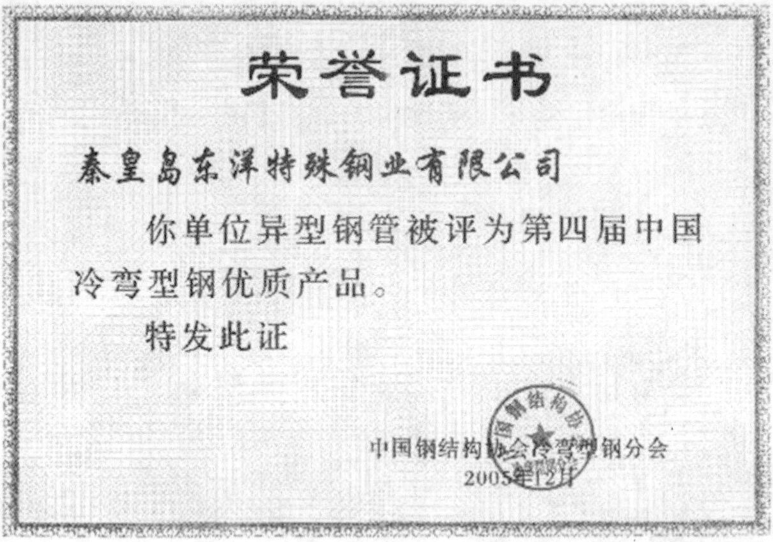

荣誉证书

秦皇岛东洋特殊钢业有限公司

你单位异型钢管被评为第四届中国冷弯型钢优质产品。

特发此证

中国钢结构协会冷弯型钢分会

2005年12月

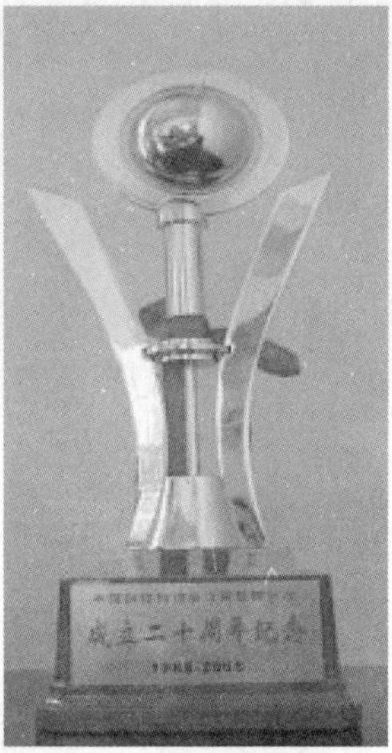

▲ 荣誉证书及奖杯

七、工程实例

1. 2003年，广州新白云机场 。
2. 2004年，青藏铁路拉萨河铁路特大桥；国家大剧院升降舞台。
3. 2007年，北京新机场扩建。
4. 2014年，上海迪斯尼乐园。

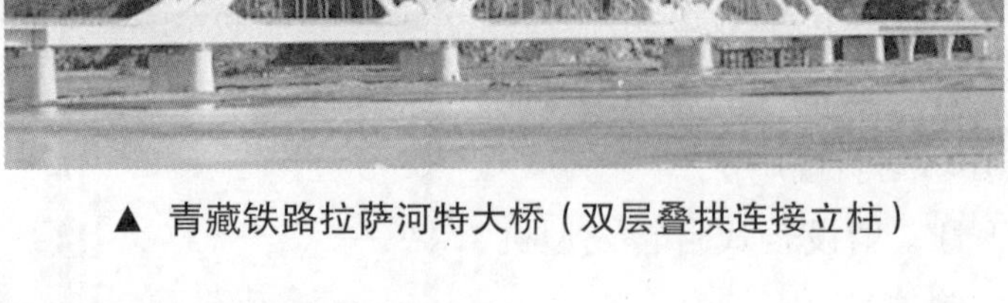

▲ 青藏铁路拉萨河特大桥（双层叠拱连接立柱）

企业名称：秦皇岛东洋特殊钢业有限公司
法人代表：武藤贤一
地　　址：河北省秦皇岛市经济技术开发区泰山路287号
邮　　编：066004
联 系 人：杜凤文
电　　话：0335-8508202

第4篇

冷弯型钢行业大事记

LENGWAN XINGGANG HANGYE
DA SHI JI

1985～1995年冷弯型钢行业大事记

1985年

1～7月，吴路菁、邓恩诚、吕日升同志负责筹备和组建冷弯型钢协会，先后主持召开了十余次有冶金部有关司局、院所和企业领导同志参加的座谈会，就筹备成立协会，起草了有关文件，上报中国钢结构协会。

8月10日，中国钢结构协会批复冷弯型钢协会筹备组的报告，同意在中国钢结构协会下组建冷弯型钢协会。该协会为二级专业协会，挂靠冶金部钢铁研究总院。

10月4～7日，冶金部会同有关部门，在北京召开冷弯型钢协会（以下简称冷弯协会）成立大会。参加大会的有从事冷弯型钢生产、科研、设计、大专院校、用户等39个单位79名代表。冶金部周传典副部长出席会议并作了重要讲话，冶金部钢铁司邱宣凯副司长，中国钢结构协会副会长、冶金部建筑研究总院院长刘鹤年，冶金部钢铁研究总院徐志雄副院长也到会讲话。

10月21日，冷弯协会在北京召开部分理事参加的会议，会议讨论了编辑出版冷弯型钢技术书籍以及分工组稿等问题。

11月19日，冷弯协会在北京召集部分理事及有关部门的同志，讨论了协会技术发展规划提纲。

1986年

7月2日，冷弯协会召集在京部分理事会议，研究组织冷弯型钢调研力量问题。会上决定，组织调研组从冷弯企业抽调人员协助开展工作，并制定了调研提纲。国家计委练荣荃处长出席了会议。

7月27～30日，冷弯协会在北京召开有各冷弯厂厂长和部分在京理事参加的会议，出席会议的共30余人。由理事长吴路菁主持会议。

8月22日，国家标准局发布了七个冷弯型钢国家标准，定于1987年7月1日实施。

（1）GB 6723—1986 通用冷弯开口型钢尺寸、外形、重量及允许偏差。

（2）GB 6724—1986 冷弯波形钢板。

（3）GB 6725—1986 冷弯型钢技术条件。

（4）GB 6726—1986 货运汽车用冷弯型钢尺寸、外形、重量及允许偏差。

（5）GB 6727—1986 客运汽车用冷弯型钢尺寸、外形、重量及允许偏差。

（6）GB 6728—1986 结构用冷弯空心型钢尺寸、外形、重量及允许偏差。

（7）GB 6729—1986 卷帘门及钢窗用冷弯型钢尺寸、外形、重量及允许偏差。

11月13～17日，由冶金部轧钢情报网冷弯型钢专业组与中国钢结构协会冷弯型钢分会共同组织，在北京召开第四届全国冷弯型钢技术交流会。

1987 年

2 月 28 日，冷弯协会办公会议研究确定编辑出版《冷弯型钢产品目录》，由副理事长、副秘书长单位南京轧钢总厂负责，组织了 11 家冷弯厂的同志成立了《冷弯型钢产品目录》编辑组。

5 月 9 ~ 12 日，冷弯协会在南京召开第一届第二次全体理事大会。冶金部副部长周传典同志对此次会议很重视，给大会来函表示关注和支持。

6 月 23 ~ 24 日，冷弯协会在北京召开第一届理事长会议。

9 月 25 ~ 27 日，冷弯协会在武汉召开秘书长联席会议。会议讨论了秘书长的分工；讨论了编辑出版《冷弯型钢通讯》事宜。

11 月 28 日，冷弯协会组织冷弯厂参加京津塘高速公路护栏投标，由上海佳艺冷弯厂承包了北京六里桥段高速公路护栏供应。

12 月，由冷弯协会副理事长、副秘书长单位武汉钢铁设计研究院负责编辑《冷弯型钢通讯》创刊号，作为内部刊物发行。冶金部总工程师周传典为创刊号撰写了发刊词。

1988 年

3 月 9 ~ 11 日，冷弯协会在长春市召开冷弯型钢科研技术工作研讨会。会议就冷弯型钢科研工作设想、产品开发应用、冷弯成型基础理论等进行了研讨。撰写出了我国冷弯型钢科研技术工作要点（草案），提交协会常务理事会讨论并组织实施。

5 月 16 日，冷弯协会在南京召开冷弯型钢价格讨论会。会议重点协调和理顺冷弯型钢价格体系。

6 月 7 ~ 8 日，冷弯型钢协会和武汉钢铁设计研究院共同举办“冷弯型钢技术报告会”。

6 月 9 ~ 13 日，工商行全国冷弯信息网与冷弯型钢协会联合，在鞍山召开 1988 年冷弯信息网年会。

7 月 19 ~ 20 日，冷弯协会在北京召开《冷弯型钢产品目录》审稿会议。

8 月 27 ~ 29 日，冷弯协会与铁道部机车车辆工业总公司、物资总公司联合，在长春召开铁道车辆应用冷弯型钢产品研讨会。

10 月 8 ~ 12 日，冷弯协会在上海召开第一届第二次理事长扩大会议暨第二次经济分析讨论会。

10 月，《冷弯型钢产品目录》出版发行。共印制一万册，发放到用户和设计研究部门，很受欢迎，对推动冷弯型钢产品的应用，宣传冷弯型钢产品的种类规格，起了积极作用。

1989 年

3 月 27 日，冷弯型钢协会和交通部公路科学研究所联合组织的“京津塘高速公路波形梁护栏技术交流会”在北京召开。

7 月上旬，冷弯型钢协会在北京召开部分在京理事座谈会。

7 月 24 ~ 25 日，冷弯企业经营厂长、财务科长第三次经营座谈会在宁波召开。

8 月 9 ~ 10 日，冷弯协会在鞍山召开冷弯通讯员座谈会。

12 月 14 ~ 18 日，冷弯型钢协会第一届第三次全体理事大会在广州番禺召开。

1990 年

4 月 7 日，国家计委资源节约综合利用司召集建设部、机械部、冶金部、中国汽车工业总公司等有关部门开会，协调研究推广应用冷弯型钢问题。

10 月 16 ~ 19 日，冷弯协会在武汉召开第二届第一次全体理事大会。会议期间湖北省冶金工业总公司、武汉市经委、武钢厂区办等单位的领导同志到会祝贺。

12 月 6 ~ 8 日，为贯彻国务院关于在全国范围内开展“质量、品种、效益年”活动和冶金部关于“提高产品实物质量的方针”，在南京轧钢总厂召开“冷弯产品质量工作经验交流会”。

1991 年

1 月 21 ~ 23 日，冷弯协会受冶金部科技司的委托，在北京召开技术委员会议。冶金部科技司轧钢处李士俊、南振卿处长在会上提出了关于制定冷弯行业“八五”技术进步规划要与冶金产品品种发展、科研项目相结合的具体要求。

3 月 10 ~ 12 日，冷弯协会在广州召开第二届第一次理事长扩大会议。会议期间，冶金部副部长殷瑞钰到会，就冷弯行业产品质量、工艺装备、队伍素质等问题和与会代表进行了座谈。

9 月下旬，在烟台，冷弯协会在全国调坯轧材会议期间，邀请了 14 个冷弯生产企业的负责同志，进行座谈。

11 月 20 ~ 25 日，在长沙，冷弯协会在全国钢材订货会议期间，举办了冷弯型钢产品小型展销会。

1992 年

3 月 21 ~ 30 日，在苏州，冷弯协会在全国调坯轧材会议期间，举行了第二届第二次理事长扩大会议。

5 月，冷弯协会根据理事长扩大会议通过的年度工作任务，派人与十几个出版社及设计部门联系。将冷弯型钢产品纳入《机械设计手册》（化学工业出版社，1993 年 1 月出版）和《冷弯薄壁型钢结构设计手册》（建筑工业出版社，1995 年出版）。

1992 年 5 月，从奥钢联引进当时国内最大、技术最先进的 P/R1200 × 12.7 冷弯型钢机组。

5 月 10 ~ 12 日，冷弯协会在武钢汉口轧钢厂召开汽车吊臂产品开发现场协调会，着重研究了 8t 汽车起重吊伸缩臂开发使用冷弯型钢技术条件，经过双方认真磋商达成协议，由武钢汉口轧钢厂进行试制 8t 汽车吊臂用大型矩管。

5月18～23日，在南昌，冷弯协会在全国钢材订货会议期间，再次展销冷弯型钢。参展的冷弯厂有20家，参观和洽谈约3000多人次。

10月12～14日，冷弯协会在武汉召开第二次技术委员会议。

11月13～16日，在上海，冷弯协会在全国钢材订货会议期间，第三次组织冷弯厂家进入订货会会场，展销冷弯产品。

1993年

3月30～31日，冷弯协会与中国铁路工业总公司、中国铁路物资总公司联合，在北京“二七”机车车辆厂召开“铁路造车用冷弯型钢开发研讨会”。会上供需双方就进一步开发铁路造车用15种冷弯型钢新品种的技术条件，达成了协议。

7月12～14日，冷弯协会在宁波召开第二届二次全体理事大会。

1994年

1月24～25日，冷弯协会在上海召开重点冷弯企业财务科长会议。

7月18～26日，应日本塑性加工学会理事长木内学的邀请，冷弯协会组织武钢汉口轧钢厂、宝钢集团南京轧钢总厂、宁波钢铁总厂，派王忠权、陈继银、钱晓东等三人组成的代表团赴日本东京，参加日本第十三届辊式成型学术讨论会。

11月1～3日，冷弯协会在北京召开第二届第二次常务理事会议。

12月6～9日，冷弯协会与北京科技大学联合，邀请新西兰奥克兰大学潘敦博士来北京科技大学讲学和进行学术交流。

12月26日，“铁路用冷弯型钢需用情况研讨会”在武汉召开。

1995年

10月，中国钢结构协会冷弯型钢分会第三届一次理事会议暨第三届一次理事长会议在北京召开。

会员企业

武汉钢铁江北集团冷弯型钢有限公司（原武钢集团汉口轧钢厂）

（1）被冶金部确立为8家冷弯型钢生产重点企业之一；

（2）自行设计安装的LW600×8.0冷弯机组建成投产；

（3）产业结构调整，淘汰叠轧薄板生产，全面投产冷弯型钢制造；

（4）自主研发的尖角管产品获武汉市科技进步三等奖；

（5）从奥钢联引进当时国内最大、技术最先进的P/R1200×12.7冷弯型钢机组；

（6）开发铁路货车制造用冷弯型钢并成功应用于铁路造车。

沈阳东洋异型管有限公司

（1）东北大学与日本东洋特钢株式会社合资设立沈阳东洋异型管有限公司；

（2）从日本引进1号机组生产线正式投产运行。

南京中轻机械设备制造有限责任公司

设计开发出ZXQ1和ZXQ2型$\phi32$和$\phi50$悬臂式高频焊管机组。

1996~2005年冷弯型钢行业大事记

1996年

4月，中国钢结构协会冷弯型钢分会第三届二次理事长会议在安徽黄山召开。

4月，冷弯型钢协会、中国建筑金属结构协会和北京科技大学联合召开“冷弯型钢技术研讨会”。

7月，“中国冷弯型钢应用及发展研讨会”在西安召开。

8月，由北方工业大学机电研究所牵头，邀请日本东京工业大学小奈弘教授在北京为冷弯型钢分会20多家会员企业负责人和工程技术人员介绍日本冷弯型钢发展情况。

10~12月，冷弯型钢行业“在设计工程项目中使用冷弯型钢情况”调研课题组走访在京的六家建筑设计院和研究所。

1999年

7月8日，中国钢结构协会冷弯型钢分会第三届二次理事会议在南京召开。

11月8~11日，冷弯型钢行业部分冷弯型钢企业经营工作会议在无锡召开。

2001年

3月20~22日，中国钢结构协会冷弯型钢分会第三届三次暨四届一次全体理事大会在南京召开。

5月15~16日，“华东区冷弯型钢生产经营和市场开发专题会议”在南京召开。

5月29~30日，中国钢结构协会冷弯型钢分会标准修订会议在武汉召开。

6月27~28日，中国钢结构协会冷弯型钢分会技术委员会筹备会议在北京召开。

7月12日，由冷弯型钢协会、上海市金属学会及上海钢管协会联合举办的“冷弯成型技术研讨会”召开。

8月20~23日，中国钢结构协会冷弯型钢分会第四届二次理事长会议在九江召开。

10月31日，丁国良理事长出席“2001年中国钢铁年会”并作《冷弯型钢在房屋建筑中的应用与发展》的报告。

11月5日，冷弯型钢协会在沈阳东洋异型管有限公司举办“东北地区冷弯型钢行业厂家座谈会”。

12月8~24日，冷弯型钢协会专家组对广州钢管厂有限公司、上海佳艺冷弯型钢厂、武钢集团汉口轧钢厂、天津淮海冷弯型钢有限公司四家企业进行行业质量管理奖评审工作，这四家企业通过检查，8种产品被列为优质产品。

2002年

1月8～10日，“冷弯钢板桩产品技术标准研讨会”在广州召开。

3月14～15日，“铁路车辆用钢专题研讨会”在武汉召开，明确和细化铁路车辆用冷弯型钢的研究和开发任务。

3月18～19日，中国钢结构协会冷弯型钢分会与塔桅分会联合举办的“冷弯型钢在输电铁塔中应用专题研讨会”在广州召开。

4月10～12日，中国钢结构协会冷弯型钢分会第四届二次理事大会暨四届三次理事长会议在南京召开。

4月17～22日，冷弯型钢协会代表团赴日本访问并与日本塑性加工协会达成友好合作协议。

4月27～29日，《冷弯钢板桩行业标准》初审会在上海嘉定召开。

5月10～30日，中国冷弯型钢行业代表团赴西欧九国进行专业考察，其中走访了两家冷弯型钢生产企业和两家设备制造企业以及两家冷弯孔型设计软件公司。

6月19～20日，“全国冷弯型钢配送中心第一次会议”在南京召开。

7月8～9日，“铁道车辆用钢第三次会议”在天津召开。

8月2日，中国钢结构协会冷弯型钢分会技术委员会第二次会议在山西五台召开。

8月8日，由中国钢结构协会冷弯型钢分会和塔桅分会共同举办的“第二次输电铁塔用冷弯型钢研讨会”在昆明召开。

10月25日，中国钢结构协会冷弯型钢分会第四届四次理事长会议在天津召开。

10月26日，冷弯型钢协会组织会员企业参加在天津召开的“参与北京奥运工程及钢结构材料供应工作动员大会”。

12月，“奥运工程冷弯型钢配送会议”在无锡召开。

12月24日，“第二次冷弯设备制造会议”在南京召开。

2003年

3月20～23日，中国钢结构协会冷弯型钢分会第四届五次理事长扩大会议在安徽屯溪召开。

4月20日，“全国冷弯型钢配送中心筹备会议”在北京召开。

4月21日，丁国良理事长出席在北京召开的“铁道车辆钢结构用新型钢材专家研讨会”。

6月，“国际冷弯型钢会议及全体会员大会”在北京召开。

7月15日，“冷弯型钢行业标准会议”在南京召开。

8月，上海宝钢型钢有限公司“高强度高抗震高耐火耐候超大规格方矩形管及连接件研究”课题列入国家“863”计划。

8月21日，“东北地区（华北部分）冷弯型钢会议”在鞍山召开。

8月26日，冷弯型钢协会组织的“槽钢对焊方矩管技术研讨会”在北京首钢召开。

8月26~29日，丁国良理事长陪同日本东洋木村贞男先生、新日铁钢管会社渡边先生和凡一钢管筱崎先生参观天津利达钢管公司和石家庄轴承设备有限公司。

12月8~10日，“中国国际冷弯型钢技术设备研讨会”、“中国国际冷弯型钢产品及设备展”在北京举行。

2004年

6月，应日本塑性与加工学会轧辊分科会的邀请，丁国良理事长及汉口轧钢厂三位同志参加日本第72次辊成型会议。

7月13~20日，冷弯型钢协会组织日本新日铁、美国YODER公司专家来华进行技术交流。

7月24日，中国钢结构协会冷弯型钢分会第四届六次理事长会议在南京召开。

7月27日~8月10日，冷弯型钢协会与铁道部联合考察团前往美国、加拿大考察铁道车辆结构用新材料。

9月20~21日，中国钢结构协会冷弯型钢分会第四届四次理事大会暨国际焊管技术交流会在南京召开。

11月，应日本塑性与加工学会邀请，丁国良理事长带领代表团前往日本考察槽钢对焊方矩管生产工艺及大中型冷弯机组生产先进技术，并参加日本焊管及冷弯型钢生产技术交流会。

2005年

12月11~14日，在北京全国政协礼堂举行中国钢结构协会冷弯型钢分会成立20周年庆典活动暨冷弯型钢分会第四届五次理事大会换届选举。

会员企业

武汉钢铁江北集团冷弯型钢有限公司（原武钢集团汉口轧钢厂）

（1）单月产销量超万吨；

（2）成立中国冷弯型钢行业研发中心；

（3）尖角管、帽型钢产品获国家专利；

（4）国内首创汽车制造用大梁等汽车制造用冷弯型钢；

（5）成功研制开发冷弯中梁用于铁路货车制造并获国家专利；

（6）国内首创辊式冷弯成型生产桥梁钢箱梁用闭口肋；

（7）企业荣获冷弯型钢行业的优秀企业称号；

（8）冷弯方矩管荣获冷弯行业优质产品称号。

上海宝钢型钢有限公司（原上海钢铁工艺技术研究所）

（1）经上海市企业技术中心认定办公室批准，在上海市90家转制科研院所中第一家获准成立市级企业技术中心；

（2）获上海市科委授予的“高新技术企业”称号；

（3）宝钢型钢公司“高强度高抗震高耐火耐候超大规格方矩形管及连接件研究”课题列入国家“863”计划。

沈阳东洋异型管有限公司

（1）自主研发的2号机组生产线正式投产，产销量稳步提高；

（2）产销售量突破6000t；

（3）首次被认定为辽宁省高新技术企业；

（4）实施ERP信息化管理，产销量超亿元，创历史纪录。

青海路拓工程设施制造有限公司（原青海路拓波纹管制造有限公司）

（1）公司被国家统计局青海企业调查队、青海商业联合会、青海省商业名牌评选委员会评为“青海省商品质量用户满意知名企业”；

（2）公司被西宁市工商行政管理局城中分局评为“重合同，守信用”单位。

南京中轻机械设备制造有限责任公司

设计制造出精密冷弯成型设备。

大连三高集团有限公司（原大连三高重工设备有限公司）

（1）公司中标位于中国唐山的中国第一条大口径（1422mm）直缝埋弧焊管生产线（UOE成型）项目；

（2）公司设计生产的ERW焊管精整线设备应用于天津钢管集团管加工生产线，相继应用于宝钢股份ERW610生产线、天津双街ERW610生产线、武钢集团ERW660生产线；

（3）公司成功设计制造出中国第一条直径为660mm的高频直缝焊管（ERW）生产线，产品规格为$OD=219\sim660$mm、$t=6.0\sim22.0$mm、$L=18.3$mm，钢级为X80（max），年产量30万吨；

（4）公司设计制造出中国首台可一次切割多根最大直径$\phi345$mm钢管的钢管排锯机——SG1600钢管排锯机。

衡水益通金属制品有限责任公司

（1）开展整装钢波纹涵管的应用研究；

（2）研制生产大孔径钢波纹板圆形通道；

（3）获得河北省高新技术企业产品证书；

（4）开展异型截面钢波纹涵管、波纹板通道的研究与应用。

新乡天丰机械制造有限公司

开始将牌坊机组应用于冷弯设备的制造研发，首次将这种配置的设备应用于汽车行业。

石家庄中泰制管技术开发有限公司

（1）公司为无锡市恒发彩钢板有限公司设计制造的150方生产线，首创国内第一台直接成方的直缝焊管生产线；

（2）公司为云南昆明钢铁公司设计制造的LW1200多功能冷弯焊管生产线，首创国内第一台多功能焊管生产线；

（3）公司为天津大邱庄众顺钢管厂设计制造的HG273生产线，首创国内第一台ZTF成型工艺生产线；

（4）公司为江苏无锡苏嘉法斯特钢管有限公司设计制造的ERW426生产线，首创国内第一台高钢级API管生产线。

2006～2015年冷弯型钢行业大事记

2006年

12月12日，中国钢结构协会冷弯型钢分会第五届二次理事长会议在南京召开。

2007年

5月，冷弯型钢协会组织“中国上海国际钢管展览会”在上海举办。

6月，冷弯型钢协会组织骨干会员企业代表赴日本参加“2007年名古屋国际管材技术交流大会”，并考察相关日本企业。

7月，冷弯型钢协会组织会员企业参加在上海召开的“进出口贸易会议”。

8月，冷弯型钢协会组织的“冷弯型钢技术专家会”在山东泰安召开。

9月，“2007现代冷弯型钢工艺、装备与产品学术研讨会”在北京召开。

10月28日，丁国良理事长参加铁道部召开的铁路用钢研讨会并作主旨报告。

11月20～22日，中国钢结构协会冷弯型钢分会第五届三次全体会员大会在桂林召开。

2008年

2月28～29日，冷弯型钢协会在南京召开“技术设备会议”，确定建立我国冷弯焊管设备标准。

3月10～14日，丁国良理事长出席在泰国召开的“国际管协亚太会议”，研究2009年在中国召开国际管材技术研讨会事宜。

4月10～12日，中国钢结构协会冷弯型钢分会与钢管分会联合举办“第四届上海国际钢管工业展览会”。

4月19～22日，“中国钢结构协会冷弯型钢分会第五届四次理事长会议”在三亚召开。

5月29日，“中日双方行业专家技术交流会”在山东泰安科诺举行，主要讨论中口径厚壁钢管生产线方案。

7月8日，与德国三星公司技术交流会在大连召开，邀请三星公司重点介绍冷弯型钢在汽车与钢结构中的应用技术。

9月1～2日，冷弯型钢协会主办的“输电铁塔用冷弯型钢产品标准研讨会”在山东泰安召开。

9月23～26日，冷弯型钢协会与国际管材协会德国杜塞尔多夫会展中心联合举办的“国际管材展”在上海开展。

10月7~8日，“双刀片铣切锯鉴定会”在沈阳新瑞特机电设备有限公司召开。

11月25日，冷弯型钢协会“输电铁塔用冷弯型钢产品标准审定会”在海口召开。

11月26日，中国钢结构协会冷弯型钢分会第五届四次全体会员大会在海口召开。

12月2日，冷弯型钢协会组织与日本东洋、山阳精机两公司联合举办“冷弯异型管生产研讨会”在山东泰安召开。

2009年

3月2日，冷弯型钢协会主办的“冷弯钢板桩专题开发研究会”在南京召开。

3月18日，“北方工业大学冷弯科研成果鉴定会”在北京举行。

4月12日，冷弯型钢协会与中钢联交流。

4月20~22日，中国钢结构协会冷弯型钢分会冷弯设备标准会议在南京召开。

5月11~17日，冷弯型钢行业代表团赴莫斯科参加国际管材协会国际展览会。

6月13~16日，冷弯型钢协会组织开办“第一期冷弯型钢技术培训班”。

7月10~11日，中国钢结构协会冷弯型钢分会第五届五次理事长会议在浙江萧山召开。

8月11~12日，冷弯型钢协会主办的“中国冷弯型钢市场研讨会”在北京召开。

9月22~23日，冷弯型钢协会“冷弯型钢设备标准审定会”在大连召开。

10月28日~11月5日，中国冷弯型钢代表团参加日本冷弯型钢技术交流会并考察日本企业。

11月30日，中国钢结构协会冷弯型钢分会第五届五次全体理事会员大会在昆明召开。

2010年

3月，冷弯型钢协会主办的“冷弯型钢压型板标准初审会”在绍兴召开。

4月，冷弯型钢协会组织开办“第二期冷弯型钢技术培训班”。

7月，中国钢结构协会冷弯型钢分会第五届六次理事长会议在满洲里召开。

11月1日，中国钢结构协会冷弯型钢分会第六届会员大会在北京科技大学召开，第五届、六届理事会换届，韩静涛当选冷弯型钢分会第六届理事长。同时举办冷弯型钢分会成立25周年庆典活动和国际冷弯型钢、焊管大型展览会。

2011年

3月1日，冷弯型钢协会主办的“中国冷弯型钢网”正式建立并上线。

4月17日，冷弯型钢协会主办的中国冷弯型钢行业“十二五”规划编制会议在北京召开。

11月1~3日，冷弯型钢协会主办的“冷弯型钢与建筑业高峰论坛”暨第六届一次理事扩大会议召开。

2012年

5月30日，冷弯型钢协会主办的《冷弯型钢》杂志创刊。

6月27日，“冷弯型钢与汽车制造”高峰论坛暨第六届三次（理事）扩大会议在厦门召开。

10月27日，韩静涛理事长出席“2012中国钢结构行业大会暨中国钢结构协会第六届二次理事会扩大会议”。

11月8日，韩静涛理事长应邀出席“第七届中国钢铁流通促进大会”并在大会分会场“钢材加工配送发展中的新问题与新思路——2012中国钢材加工配送与应用技术论坛”作“冷弯型钢及其应用”的主旨报告。

12月1日，《冷弯型钢》杂志第一次编辑会议在邯郸召开。

12月2日，“2012中国钢管产业发展战略高峰论坛及中国钢结构协会冷弯型钢分会年会”在邯郸召开。

2013年

1月1日，冷弯型钢协会会员单位重新登记工作启动。

1月19日，冷弯型钢协会“2013迎新春在京专家联谊会”由北京科技大学举办。

1月29日，韩静涛理事长在北京会见欧洲冷弯型钢协会主席、德国Tillmann冷弯型钢公司董事长Melanie Brüss先生，双方就中国冷弯型钢协会和欧洲冷弯型钢协会开展全面合作与交流事宜进行了会谈，并就《中欧双边冷弯型钢协会合作备忘录》的主要条款初步达成一致意见。

3月25日，冷弯型钢协会第六届三次理事长工作会议在扬州举行。

3月27日，中国钢结构协会冷弯型钢分会工作总部人员赴上海同济大学参访，并专门拜访了钢结构领域泰斗沈祖炎院士。

5月6日，冷弯型钢协会秘书处一行赴河北地区会员企业调研。

5月15日，冷弯型钢协会市场调研部一行参加“2013苏州国际金属板材加工技术展”。

6月19日，“冷弯型钢与轨道交通”高峰论坛暨第六届五次理事（扩大）会议在北京科技大学召开。

7月21~23日，“冷弯钢板桩生产与应用协调会暨冷弯钢板桩生产与应用协调组第一次工作会议”在北京召开。

8月21~23日，“2013冷弯波纹钢生产与应用技术研讨会”在北京召开。

9月2日，韩静涛理事长代表冷弯型钢协会出席“第八届国际不锈钢大会”并作报告。

9月15~27日，中国冷弯型钢行业代表团赴欧洲考察冷弯型钢产品开发及新技术应用、冷弯型钢制造装备等。

10月16~19日，冷弯型钢协会组织的“2013中国冷弯型钢行业年会”在嘉峪关酒钢召开。

11月9日，冷弯型钢协会第六届四次理事长（扩大）工作会议在南京召开。

12月6~15日，“2013冷弯型钢生产技术初级培训班”由北京科技大学举办。

2014年

1月14～15日，冷弯型钢协会派员参加在广州召开的“2013年钢铁工业综合统计年报业务培训会”。

4月6日，冷弯型钢协会第六届六次理事（扩大）会议在上海召开。

4月7～9日，“2014国际先进冷弯成型技术与汽车轻量化高峰论坛”在上海隆重举行。

4月14～16日，冷弯型钢协会组织部分冷弯型钢企业专家参加在杭州召开的“锅炉钢结构分会2014年度专家委员会”会议。

4月17日，“中国钢结构协会冷弯型钢分会金属波纹钢板管涵专业委员会成立大会”在无锡召开。

6月20日，“冷弯型钢协会第六届一次常务理事会议暨金属波纹钢板管涵专业委员会第一次工作会议”在厦门召开。

8月15～25日，冷弯型钢协会组织的考察代表团赴北美进行金属波纹钢板管涵的生产及应用技术交流与考察。

8月23～31日，“2014冷弯型钢生产技术中级培训班”在济南开班。

9月20～24日，冷弯型钢协会组织的考察代表团赴韩国进行金属波纹钢板管涵的生产及应用技术交流与考察。

10月12～22日，冷弯型钢协会组织的考察代表团赴西欧诸国进行先进冷弯成型生产及应用技术交流与考察。

10月25～28日，冷弯型钢协会组织部分会员单位参加中国钢结构协会成立30周年特装展，冷弯型钢行业有四家代表企业参展。

11月9～10日，2014年中国冷弯型钢行业年会暨冷弯型钢分会第六届七次理事（扩大）会议在长沙召开。

10月26日～12月5日，中国冷弯型钢行业首批次15家生产性质会员企业资质评审现场考评工作开展。

2015年

3月24日，中国钢结构协会冷弯型钢分会第六届二次常务理事会议在杭州召开。

4月9日，中国钢结构协会冷弯型钢分会理事长韩静涛一行拜访中国钢铁工业协会，受到中国钢铁工业协会党委书记兼秘书长刘振江的热烈欢迎。

4月27日，《冷弯金属波纹管》标准编制第一次工作会议在北京科技大学会议中心召开。

5月28日，由中国钢结构协会冷弯型钢分会主办，江苏顺力冷弯型钢实业有限公司承办的“中国钢结构协会冷弯型钢分会冷弯钢板桩专业委员成立大会”在南京召开。

会员企业

武汉钢铁江北集团冷弯型钢有限公司（原武钢集团汉口轧钢厂）

（1）从德国西马克-梅尔公司全套引进国内最大的API管生产线——HFW660；

（2）完成阳逻整体搬迁改造工程，年生产能力扩展到71万吨；

（3）国内首家完成冷弯钢板桩产品试制生产销售；

（4）汽车制造用冷弯型钢实现高强度、零件化供货；

（5）与中煤科工集团合作研制煤浆管线用耐磨钢管并成功应用于国内首条煤浆输送管线——神渭线项目；

（6）成功中标珠港澳跨海大桥配套工程23000t超厚桩管并成功供货；

（7）获中国钢铁协会冶金产品实物质量“金杯奖”；

（8）获中国钢结构制造冷弯型钢生产专项资质（一级）证书。

上海宝钢型钢有限公司

（1）客车用高强钢方矩形管专用生产线“LW360”投产并向宇通客车等用户提供高质量高强钢方矩管产品；

（2）引入欧洲先进的三辊辊弯设备，用于弯制高强钢精密方矩形弯管。

沈阳东洋异型管有限公司

（1）建立国际化网络平台，实施国际化战略；

（2）自主研发超大型5号机组投入运营，生产规格上居中国首位；

（3）新增中大型辊弯7号机组，通过ABS船级社认证。

哈尔滨金阳光管业有限责任公司

（1）公司波纹管应用于省级排水项目；

（2）公司波纹管应用于省级公路涵洞项目；

（3）自主研发镀锌螺旋波纹钢管成套机组。

青海路拓工程设施制造有限公司

（1）公司被青海商业联合会评为“青海省商业名牌企业”；

（2）经青海省正平公路桥梁工程集团有限公司董事会研究决定，西藏天拓交通工程设施制造有限责任公司和青海路拓波纹管制造有限公司并入青海路拓工程设施制造有限公司；

（3）经青海省整顿和规范市场经济秩序领导小组办公室调查核实，公司资信合格，并颁发了“资信调查合格证”；

（4）公司被青海省整规办（信用办）评为“中国青海信用企业AA级”；

（5）公司被青海省企业信用协会评为“2008年度青海省信用知名品牌单位”；

（6）开工建设特种钢材项目。

南京中轻机械设备制造有限责任公司

成功设计制造出FFX成型ERW焊管生产线，114～711系列产品；300方（LW1200mm×19mm）冷弯型钢生产线。

大连三高集团有限公司（原大连三高重工设备有限公司）

（1）公司设计制造了可更换轧辊的720mm四辊式热定减径机组，改变了无缝钢管热定减径机通常为三辊式的传统方法，并获得德国专利；

（2）公司荣获大连市经委授予的“企业管理进步成果”二等奖；被大连市知识产权局认定为“大连市知识产权试点单位”；“SG/ERW660大口径高压高强直缝焊输送生产

线”被大连市科技局、大连市总工会、大连市发明协会评为2006～2008年度大连市优秀创新项目和2006～2008年度大连市优秀发明单位；被辽宁省政府评为“1000户成长型中小企业”；被辽宁省委认定为“全省民营百强企业”；

（3）公司冷弯型钢技术装备研发中心有限公司成立，注册资金300万元人民币；

（4）公司研制出世界第一条直径为711mm的直缝焊管生产线；

（5）公司研制出世界第一条展开带宽2100mm的高强度钢冷成型生产线。

衡水益通金属制品有限责任公司

（1）参与交通部西部课题研究并参与制定交通部部颁标准《公路桥涵用波形钢板》（JT/T 710—2008）；

（2）与河北省公路局、中交一勘院、承德公路管理处联合承担的“公路大孔径波纹钢管涵技术研究”项目成果通过专家评审，并荣获河北科学技术厅颁发的《河北省科学技术成果——国际领先水平》证书；

（3）参与交通部部颁2010行业标准《公路涵洞通道用波纹钢管（板）》（JT/T 791—2010）的起草编制工作；

（4）公司“公路钢波纹管涵洞成套技术”项目荣获中国公路学会颁发的《科学技术奖二等奖》证书；

（5）2010年投资1000万元引进具有国际领先水平的加拿大螺旋管成套设备生产线并于当年试车成功，形成生产能力；

（6）公司与多家科研单位合作的“钢波纹管涵在不同地形情况下的应用研究”课题取得重大突破；

（7）公司钢波纹管涵系列产品取得本行业第一个《交通产品认证证书》（CCPC）；

（8）公司与内蒙古交通设计研究院有限责任公司、北京交通大学、湖南众益管业有限公司联合承担的“波纹管结构在小桥与涵洞上的应用技术研究”课题项目获得内蒙古自治区颁发的《科学技术进步奖三等奖》证书；

（9）担任中国钢结构协会冷弯型钢分会金属波纹钢板管涵专业委员会副主任单位；

（10）获“中国钢结构制造冷弯型钢生产专项（一级）资质”。

石家庄中泰制管技术开发有限公司

（1）公司为山西钢铁集团设计制造的200方铁路专用不锈钢尖角型钢生产线，首创国内第一台铁路专用不锈钢生产线；

（2）公司为南京万汇钢板桩设计制造的LW1500钢板桩生产线，首创国内第一台宽幅钢板桩生产线；

（3）参与编写《钢板桩冷弯型钢机组技术要求》行业标准；《汽车传动轴冷弯型钢机组技术要求》行业标准、《输电铁塔冷弯型钢机组技术要求》行业标准。

邯郸市正大制管有限公司

（1）荣获“河北省著名商标”、“河北省优质产品”荣誉称号；

（2）新建年产60万吨异型方管项目，同年荣登“中国制造业500强”第459位；

（3）公司“天虹”商标被国家工商总局商标局认定为“中国驰名商标”；

（4）获“邯郸市企业文化示范单位”荣誉称号、“国家级高新技术企业”荣誉称号、荣登“中国民营企业制造业500强”第319位；

（5）新建2条热镀锌管生产线、8条高频焊管生产线、废酸治理生产线和氯化锌生产线，同年获“国家守合同重信用企业”荣誉称号、获邯郸市“民营企业纳税大户”荣誉称号、荣登“中国民营企业制造业500强”第261位。

泰安科诺型钢股份有限公司

（1）公司自主研发的“大型结构用冷弯空心型钢”被列入国家火炬计划项目，并通过山东省科技厅成果鉴定，鉴定结论认为达到国内领先水平；

（2）公司自主开发的“数控仿形铣切系统在大型方矩形冷弯空心型钢生产中的应用”被列入国家火炬计划项目，并通过省级科技成果鉴定，处于国内领先水平，公司自主研发的“550结构用冷弯空心型钢生产技术”，提高了调整精度和生产效率，被列入山东省科学技术发展计划项目；

（3）公司与武汉科技大学、山东省冷弯型钢工程技术研究中心合作研究“大型厚壁冷弯方矩形管焊接质量控制关键技术”、“厚壁冷弯型钢冷作硬化效应”，达到预期的目标，经济效益及社会效益显著；

（4）公司承担国家火炬计划“输电铁塔用耐候冷弯型钢”项目，将以高技术含量、高附加值产品带动整个行业的发展；

（5）公司“输电铁塔用耐候冷弯型钢”项目通过山东省科技厅鉴定，达到国际水平；

（6）公司自主研发的“高强精密冷弯型钢开发”、“船级高强耐候冷弯型钢”、“Q235BH优质冷弯型钢的开发应用”项目通过山东省科技厅鉴定，一项达到国际先进水平，两项达到国内先进水平。

第 5 篇

冷弯型钢行业
重点企业产量统计及分析

LENGWAN XINGGANG HANGYE
ZHONGDIAN QIYE CHANLIANG TONGJI JI FENXI

2012年重点企业产量统计及分析

（中国钢结构协会冷弯型钢分会信息中心）

2012年，据不完全统计，我国冷弯型钢（包括焊管、压型板、异型材）总产能为1亿吨，产量为9000万吨，其中仅焊管2012年产能就达5000多万吨，各种规格的焊管占总产量的70%；压型板目前国内没有准确的统计，但根据国内钢铁行业对镀锌板、彩涂板等的产能及流向推断，彩钢的产量在3800万吨左右，异型材在2100万吨左右。1～12月（图1，表1），参加中国冷弯型钢行业主要产品产量统计的40家重点统计冷弯型钢生产企业，共生产冷弯型钢3028493.2t，比去年同期减少82192.75t，同比降低26.42%；其中生产闭口冷弯型钢2429726.8t、开口冷弯型钢199368.03t、宽幅冷弯型钢27433.9t。其他型材371964.47t。

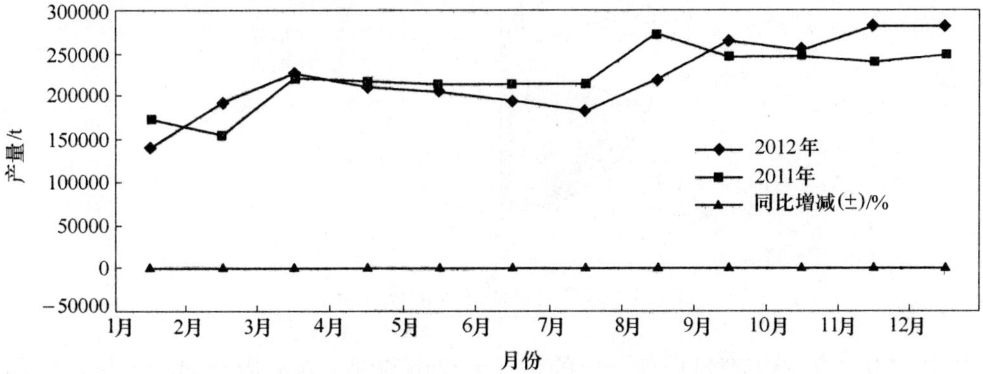

图1　2011年与2012年冷弯型钢总产量逐月对比情况

表1　2012年1～12月参加冷弯型钢分月统计的40家会员企业各月总产量

月　份	2012年的月产量/t	2011年的月产量/t	同比增减(±)/%
1	140539.92	172411.23	-18.49
2	193217.63	154214.92	25.29
3	225492.37	221684.53	1.72
4	211926.23	217077.93	-2.37
5	204693.56	213526.94	-4.44
6	194166.24	212209.27	-8.50
7	182604.99	215597.88	-15.30
8	219870.08	274532.44	-19.91

续表1

月　份	2012年的月产量/t	2011年的月产量/t	同比增减(±)/%
9	265389.44	245632.73	8.04
10	253183.36	247833.85	2.16
11	281505.13	239030.41	17.77
12	282395.91	247791	13.97

一、基本情况

重点统计冷弯型钢生产企业中，东北地区3家，占地区比7.5%；华北地区11家，占地区比27.5%；华东地区20家，占地区比50%；华南地区4家，占地区比10%；华中地区1家，占地区比2.5%；西南地区1家，占地区比2.5%（图2）。

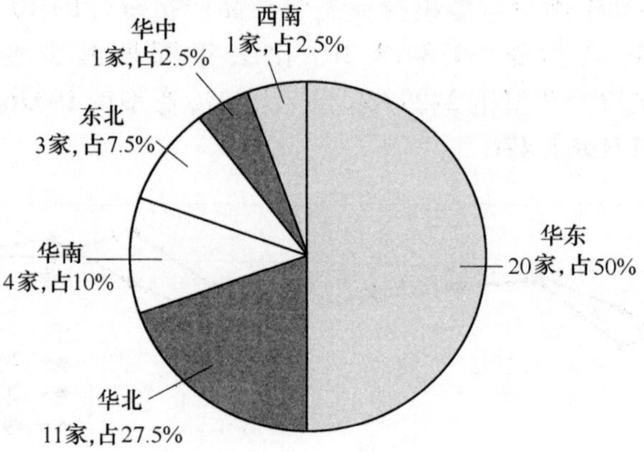

图2　参加统计会员企业地域分布情况

其中，2012年全年产量居前十位的是：天津市源泰工贸有限公司、天津市保利成工贸有限公司、泰安科诺型钢股份有限公司、上海佳艺冷弯型钢厂、上海宝钢型钢有限公司、武钢集团汉口轧钢厂、唐山市丰南顺捷冷弯型钢有限公司、江苏玉龙钢管股份有限公司、山东御鼎冷弯型钢有限公司、江苏国强镀锌实业有限公司，排名居前十位的企业共生产冷弯型钢2444241.99t，占重点统计单位生产总量的80.7%。产量和生产情况分别见表2和图3。

表2　2012年参加冷弯型钢统计产量前十位企业的生产情况

序　号	单　位	2012年产量/t	2011年产量/t	同比增减(±)/%
1	天津市源泰工贸有限公司	692270	744485	-7.01
2	天津市保利成工贸有限公司	348923.6	400280.12	-12.83
3	泰安科诺型钢股份有限公司	312767.34	321659.36	-2.76
4	上海佳艺冷弯型钢厂	250308.36	228233.74	9.67

续表2

序　号	单　位	2012年产量/t	2011年产量/t	同比增减(±)/%
5	上海宝钢型钢有限公司	223962.31	279256.34	-19.8
6	武钢集团汉口轧钢厂	215033	237645.83	-9.51
7	唐山市丰南顺捷冷弯型钢有限公司	144887.94	157651.23	-8.06
8	江苏玉龙钢管股份有限公司	97908	117205	-16.46
9	山东御鼎冷弯型钢有限公司	83869.62	72201.45	16.16
10	江苏国强镀锌实业有限公司	74311.82	17561.82	323.14
	合　计	2444241.99	2576179.89	-5.12

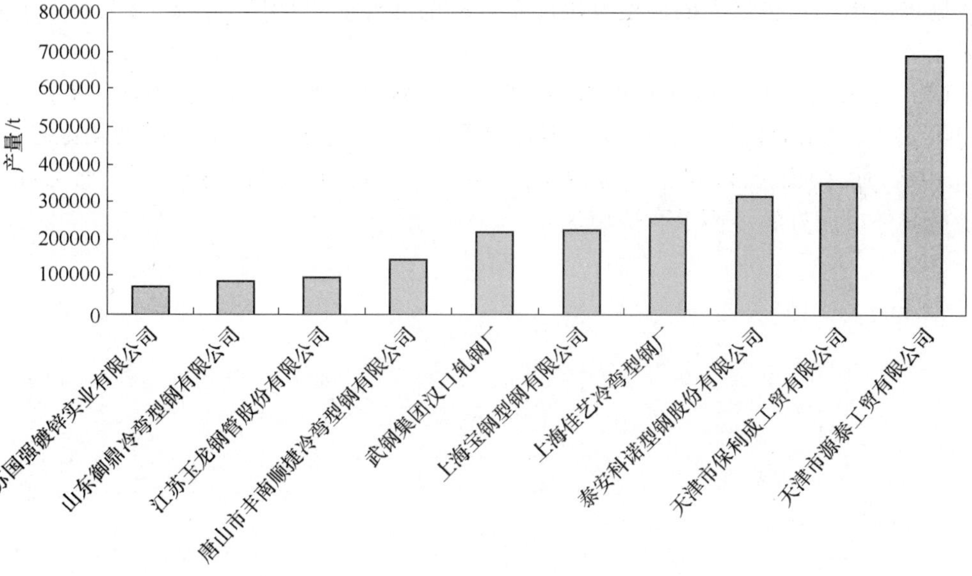

图3　2012年参加冷弯型钢统计产量排名前十位企业的产量

相比去年同期全年产量，冷弯型钢产量增加最多的三家企业是江苏国强镀锌实业有限公司、山东御鼎冷弯型钢有限公司、上海佳艺冷弯型钢厂，分别比去年同期增加56750t、11668.17t、22074.62t；相比去年同期全年产量，冷弯型钢产量增幅最大的三家企业是山西鼎荣冷弯型钢有限公司、天津市万森钢品制造有限公司、潍坊锦汇钢材有限公司，分别比去年同期增长229.04%、47.7%、24.47%；相比去年同期全年产量，冷弯型钢产量减少最多的三家企业是上海宝钢型钢有限公司、天津市源泰工贸有限公司、天津市保利成工贸有限公司，分别比去年同期减少55294.03t、52215t、51356.52t；相比去年同期全年产量，冷弯型钢产量减幅最大的三家企业是河北河山工贸有限公司、河北新中联钢管有限公司、沈阳东洋异型管有限公司，分别比去年同期降低65.75%、40.75%、39.27%。

二、2012年全年特点分析

（1）参加本年统计的企业涵盖全国大部分区域，40家生产企业来自14个省、自治区、直辖市。从企业地域分布情况（图2）可以看出，冷弯型钢生产企业数量最多的地域是华东地区的山东和江苏，分别占此次统计总数的17.5%，企业数量较少的省份有福建、浙江、吉林、山西、广西、四川等。

（2）参加本年统计的40家企业中，与去年同期1～12月相比，其中产量增加的企业有10家、占企业总数的25%，产量减少的企业有16家、占企业总数的40%，4家企业没有上报去年同期产量，3家企业今年刚投产。

（3）从所统计的40家生产企业的数据来看，排名前十位企业产量所占比重较大，占总产量的80.7%，说明冷弯型钢行业大部分企业还处于小规模生产水平；从分品种产量数据可看出，产量最大的还是方矩形管，占全部总量的80%，产品档次还处于低水平发展。

（4）受市场竞争及检修复产等因素影响，部分企业生产波动较大。从整体预计，2012年冷弯型钢行业总产量比2011年有所下降，月均总产量与去年同期相比趋于平稳；2012年产量受国内经济影响，小幅波动；2012年后部分产量比2011年有所增加，这说明经济总体已向好转，需求有所增加。

2013年重点企业产量统计及分析

（中国钢结构协会冷弯型钢分会信息中心）

2013年，据不完全统计，我国冷弯型钢（包括焊管、压型板、异型材）总产能为1.1亿吨，产量为1亿吨，其中仅焊管2013年产能就达5500多万吨，各种规格的焊管占总产量的70%；根据国内钢铁行业对镀锌板、彩涂板等的产能及流向推断，彩钢的产量在4000万吨左右，异型材在2200万吨左右。1~12月（图1，表1），参加中国冷弯型钢行业主要产品产量统计的重点统计冷弯型钢生产企业，共生产冷弯型钢3595455.6t，比去年同期增加324892.24t，增加9.93%；其中生产闭口冷弯型钢3166359.86t、开口冷弯型钢369001.06t、宽幅冷弯型钢60094.68t。

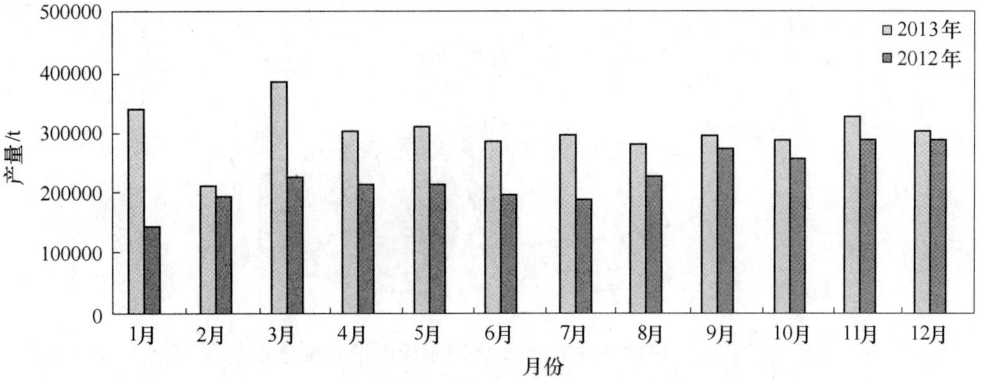

图1　2012年与2013年参加冷弯型钢统计总产量的各月对比情况

表1　2013年度参加冷弯型钢统计的各月统计产量

月　份	2013年的月产量/t	2012年的月产量/t	同比增减(±)/%
1	337728.02	140539.92	140.3
2	205171.2	193217.63	6.19
3	384867.03	225492.37	70.68
4	299179.59	211926.23	41.17
5	309291.72	204693.56	51.1
6	284711.15	194166.24	46.43
7	291339.52	182604.99	59.55

续表1

月　份	2013年的月产量/t	2012年的月产量/t	同比增减(±)/%
8	277848.13	219870.08	26.37
9	294981.71	265389.44	11.15
10	285524.21	253183.36	12.77
11	321418.54	281505.13	14.18
12	303394.79	282395.91	7.44

一、基本概况

重点统计冷弯型钢生产企业中，东北地区4家，占地区比11.1%，产量48531t，占全部的1.35%；华北地区10家，占地区比27.8%，产量1711252.4t，占全部的47.6%；华东地区18家，占地区比47.2%，产量1594674.59t，占全部的44.35%；华南地区3家，占地区比8.3%，产量40795t，占全部的1.13%；华中地区1家，占地区比2.8%，产量199786.58t，占全部的5.56%；西南地区1家，占地区比2.8%，产量416.03t，占全部的0.01%。2013年全国冷弯型钢累计产量区域分布如图2所示。

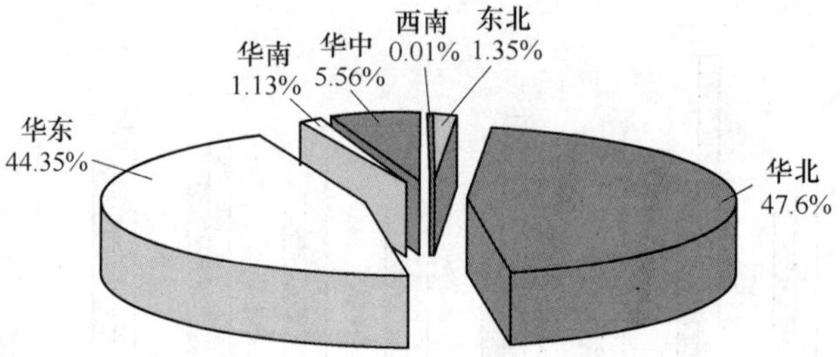

图2　2013年全国冷弯型钢累计产量区域分布

1～12月份我国各类焊管产能达6800万吨，焊管实际产量累计4900万吨，比去年同期同比增加12%。其中直缝埋弧焊管425万吨，螺旋缝埋弧焊管650万吨，高频直缝电阻焊管3825万吨。1～12月份，焊管进口累计20.42万吨，比去年同期减少10%，出口400万吨，比去年同期增加3.5%。1～12月份，冷弯普通型材累计进口18263吨，比去年同期减少17%，累计出口89462吨，比去年同期减少1.1%。其累计产量区域分布见图3。

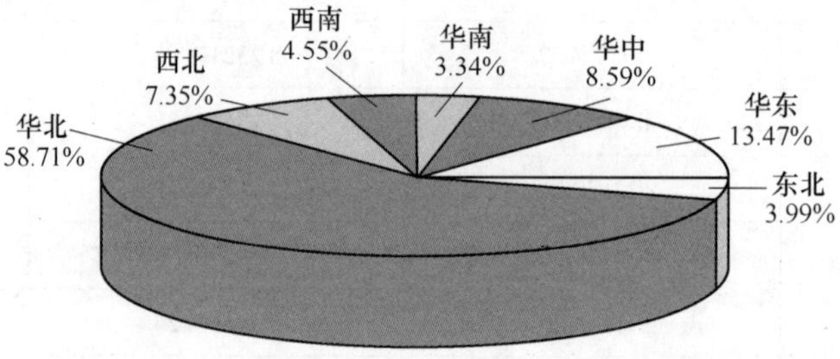

图3　2013年全国焊管累计产量区域分布

10月份以来，焊管国内平均销售价格5732元/t，随着传统淡季的到来，市场表现陷入长期低迷，焊管市场实际剩余空间较为有限。焊管市场始终未能摆脱阴霾，价格在供需失衡的局面下负重前行。冷弯型材国内平均销售价格4678元/t，冷弯型钢价格弱势运行，华北市场下行在先，波澜不断；华东市场紧随其后，想要上涨也力不从心。市场内的人士反映，总体来看，冷弯市场成交偏弱，避峰填谷，也将市场心态拖累得极为疲惫。前期已经持续了两月有余的调整浪潮，在11月、12月仍然延续，加之需求低迷，供应压力不减。

二、分企业统计情况

2013年全年产量居前十位的企业(图4,表2)是邯郸正大制管集团有限公司、泰安科诺型钢股份有限公司、天津市保利成工贸有限公司、上海佳艺冷弯型钢厂、天津市源泰工贸有限公司、江苏顺力冷弯型钢实业有限公司、上海宝钢型钢有限公司、武钢集团汉口轧钢厂、唐山市丰南顺捷冷弯型钢有限公司、江苏玉龙钢管股份有限公司。排名居前十位企业共生产冷弯型钢2874197.9t，占重点统计单位生产总量的79.94%。

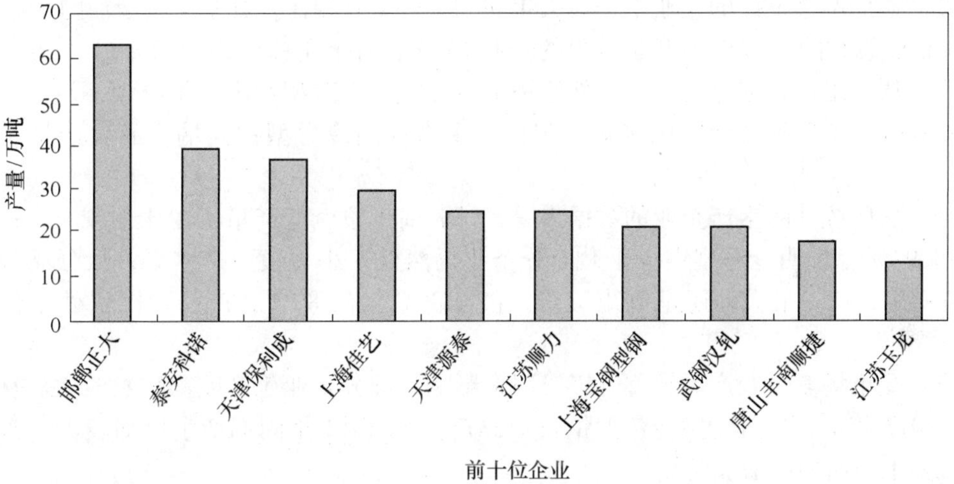

图4　2013年参加冷弯型钢统计产量排名前十位企业产量

表2　2013年参加冷弯型钢统计产量前十位企业的生产情况

序　号	单　位	2013年产量/t	2012年产量/t	同比增减(±)/%
1	邯郸正大制管集团有限公司	628684.4	310565.73	102.43
2	泰安科诺型钢股份有限公司	389932.76	314528.21	23.97
3	天津市保利成工贸有限公司	365802.97	348924	4.84
4	上海佳艺冷弯型钢厂	294279.74	247046.55	19.12
5	天津市源泰工贸有限公司	247001	589683	-58.11

续表2

序 号	单 位	2013年产量/t	2012年产量/t	同比增减(±)/%
6	江苏顺力冷弯型钢实业有限公司	246114	236194	4.2
7	上海宝钢型钢有限公司	205862.88	223961.76	-8.08
8	武钢集团汉口轧钢厂	199786.58	215033	-7.09
9	唐山市丰南顺捷冷弯型钢有限公司	174724.57	147701.57	18.30
10	江苏玉龙钢管股份有限公司	122009	98515	23.85
	合 计	2874197.9	2732152.82	5.2

相比去年同期产量，1～12月冷弯型钢总产量增幅最大的三家企业是河北河山工贸有限公司、泰丰侨金属制品有限公司、邯郸正大制管集团有限公司，分别比去年同期总产量增加了107.19%、104.54%、102.43%。

三、生产特点分析

（1）从焊管生产企业的情况分析来看，我国焊管产能过剩还将继续存在，企业效益下滑。因此，焊管生产企业调整产品结构，创新驱动，转型发展是总的趋势。

（2）参加本年统计的企业中，与去年同期1～12月相比，其中产量增加的企业有21家、占企业总数的55.3%，产量减少的企业13家、占企业总数的34.2%。

（3）从进出口数据分析，受国外经济下滑影响，冷弯型钢出口量继续下滑。多家国外冷弯型钢制造企业已到中国来投资建厂，未来我国冷弯型钢高端产品生产量将有所增加。

（4）从所统计的生产企业的数据来看，排名前十位企业产量所占比重较大，占总产量的79.94%，说明冷弯型钢行业大部分企业仍然处于小规模生产水平；从分品种产量数据可看出，产量最大的还是方矩形管，占全部总量的80%，产品档次仍处于低水平发展。

（5）受市场竞争及产品转型升级等因素影响，部分企业生产波动仍然较大。从整体上看，2013年1～12月全国冷弯型钢行业总产量比2012年同期产量增加较大，月均总产量与去年同期相比增加明显。

2014年重点企业产量统计及分析

（中国钢结构协会冷弯型钢分会信息中心）

2014年，据不完全统计，我国冷弯型钢（包括焊管、压型板、异型材）总产能为1.2亿吨，产量为1.1亿吨，其中仅焊管2014年产能达6000多万吨，各种规格的焊管占总产量的70%；根据国内钢铁行业对镀锌板、彩涂板等的产能及流向推断，彩钢的产量在4500万吨左右，异型材在2500万吨左右。1～12月（图1，表1），参加中国冷弯型钢行业主要产品产量统计的重点统计冷弯型钢生产企业，共生产冷弯型钢2952779.6t，比去年同期减少642676t，减少17.87%；其中生产闭口冷弯型钢2523572t、开口冷弯型钢196805.2t、宽幅冷弯型钢40236.55t。其他型材192165.85t。

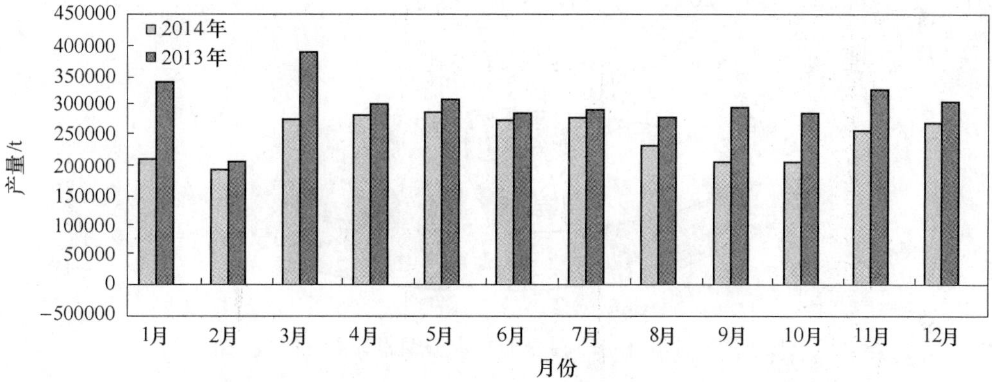

图1　2013年与2014年参加冷弯型钢统计总产量的各月对比情况

表1　2014年1月～7月冷弯型钢的各月统计产量

月　份	2014年的月产量/t	2013年的月产量/t	同比增减(±)/%
1	207469.64	337728.02	−38.57
2	191334.3	205171.2	−6.74
3	274129.25	384867.03	−28.77
4	283555.32	299179.59	−5.22
5	286890.97	309291.72	−7.24
6	273777.38	284711.15	−3.84
7	276219.83	291339.52	−5.19

续表1

月　份	2014年的月产量/t	2013年的月产量/t	同比增减(±)/%
8	228848.93	277848.13	-17.64
9	203677.05	294981.71	-30.95
10	205044.93	285524.21	-28.19
11	254376.6	321418.54	-20.86
12	267455.4	303394.79	-11.85

一、基本概况

重点统计冷弯型钢生产企业中，东北地区4家，占地区比11.1%，产量46028t，占全部的1.56%；华北地区10家，占地区比27.8%，产量1403254.02t，占全部的47.52%；华东地区18家，占地区比47.2%，产量1241701.3t，占全部的42.05%；华南地区3家，占地区比8.3%，产量34571.11t，占全部的1.17%；华中地区1家，占地区比2.8%，产量197664.17t，占全部的6.69%；西南地区1家，占地区比2.8%，产量29561t，占全部的1.01%。2014年1~12月全国冷弯型钢累计产量区域分布如图2所示。

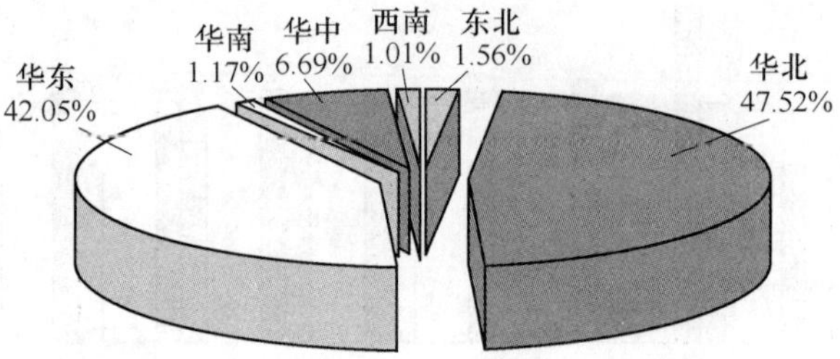

图2　2014年1~12月全国冷弯型钢累计产量区域分布

1~12月份全国焊管产量累计5760.99万吨，比去年同期同比增加8.54%。1~12月份，焊管进口累计199208t，比去年同期增加2.02%，出口4071626t，比去年同期增加4.8%。1~12月份，冷弯普通型材累计进口18799t，比去年同期减少11.84%，累计出口125036t，比去年同期增加21.84%。2014年1~12月全国焊管累计产量区域分布如图3所示。

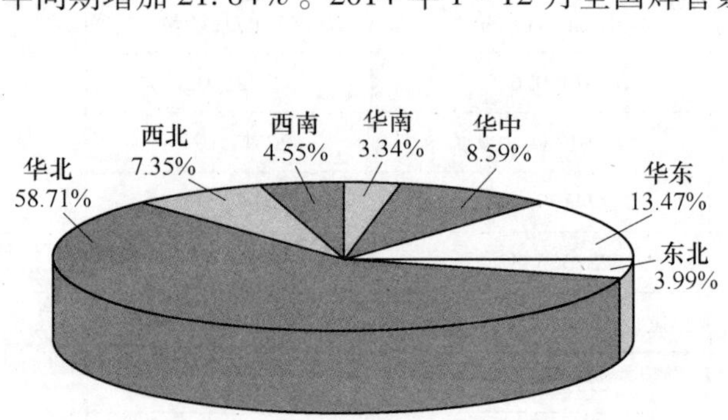

图3　2014年1~12月全国焊管累计产量区域分布

7 月份以来，国内焊管市场价格涨跌互现，幅度为 10 ~ 50 元/t，总的来看，截至 7 月末，陷入微跌，ϕ114mm 焊管全国均价 3320 元/t，市场实际剩余空间较为有限。冷弯型材国内平均销售价格 4568 元/t，冷弯型钢价格弱势平稳运行。市场内的人士反映，总体来看，冷弯市场现已进入消费淡季。不管是汽车、房地产还是基建，都是需求释放受阻，从而制约着冷弯型钢市场的需求释放。

二、分企业统计情况

2014 年 1 ~ 12 月产量居前十位的企业（图 4）是邯郸正大制管集团有限公司、泰安科诺型钢股份有限公司、天津市保利成工贸有限公司、天津市源泰工贸有限公司、上海佳艺型钢有限公司、江苏顺力冷弯型钢实业有限公司、上海宝钢型钢有限公司、武汉钢铁江北集团冷弯型钢有限公司、唐山市丰南顺捷冷弯型钢有限公司、江苏玉龙钢管股份有限公司，排名居前十位企业共生产冷弯型钢 1718200. 5t，占重点统计单位生产总量的 80%。

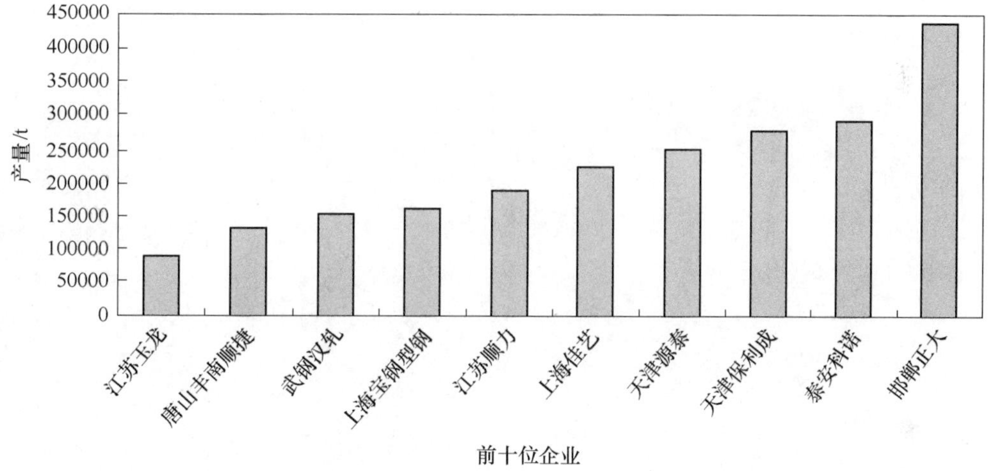

图 4　2014 年参加冷弯型钢统计产量排名前十位企业产量

相比去年同期产量，1 ~ 12 月冷弯型钢总产量增幅最大的三家企业是泰丰侨金属制品有限公司、河北河山工贸有限公司、邯郸正大制管集团有限公司，分别比去年同期总产量增加了 143. 25%、199. 68%、109. 08%；相比去年同期产量，1 ~ 7 月冷弯型钢总产量减幅最大的三家企业是江苏国强镀锌实业有限公司、攀钢集团北海钢管有限公司、上海宝钢型钢有限公司，分别比去年同期降低 29. 95%、24. 08%、16. 27%。

三、生产特点分析

（1）参加本年统计的企业中，与去年同期 1 ~ 12 月相比，其中产量增加的企业有 21 家、占企业总数的 55. 3%，产量减少的企业 13 家、占企业总数的 34. 2%。

（2）从进出口数据分析，受国外经济复苏影响，冷弯型钢出口量有所增长。多家国内冷弯型钢制造企业正在进行技术升级和产品结构调整，未来我国冷弯型钢高端产品生产量将继续有所增加。

（3）从所统计的生产企业的数据来看，排名前十位企业产量所占比重较大，占总产量的80%，说明冷弯型钢行业大部分企业仍然处于小规模生产水平；从分品种产量数据可看出，产量最大的还是焊管类产品，占全部总量的89%，说明我国冷弯型钢产品结构受前期发展影响还是较大，仍需下大力气调整产品结构，开发新型冷弯型材，继续扩大冷弯型钢使用领域。

（4）受市场竞争及产品转型升级等因素影响，部分企业生产波动还是较大。许多企业正积极转型升级，逐步减少产能过剩的普通冷弯型钢产品生产。从整体来看，2014年1～12月全国冷弯型钢行业总产量比2013年同期产量有小幅减少，月均总产量与去年同期相比减少明显。

第6篇

冷弯型钢产品
主要应用行业现状与分析

LENGWAN XINGGANG CHANPIN
ZHUYAO YINGYONG HANGYE XIANZHUANG YU FENXI

经过30年的高速发展，我国已经成为全球第二大经济体、第一大贸易国、第一大工业品制造国。2000~2013年我国经济年均增长10%以上，约是全球经济增速的3倍。然而，靠高投入、低要素成本拉动经济增长的模式已经难以为继，国民经济的转型发展和产业结构的调整是大势所趋。

近年来，由于国际经济大环境的不景气，我国经济总体受到影响。2014年冷弯型钢下游主要用户行业生产经营情况，由于受到经济下行压力的拖累，普遍表现孱弱，冷弯型钢行业的总体运行弱于2013年。2015年国民经济仍将保持一定的增长速度，但增长的重心在转型升级和调整结构上。从调研情况看，冷弯型钢下游主要行业仍将保持一定的增长速度，但增速普遍放缓，一些与房地产投资关系密切的行业可能出现负增长，基础设施建设以及与改善民生、环境保护和清洁能源相关的行业仍然会有较好的表现。随着下游用户行业企业迫于总体经济压力而积极转型升级的步伐的加快，未来冷弯型钢的应用量将有显著提升。

由于结构轻量化和高强钢技术的发展，冷弯型钢产品的优势得到了充分的发挥，受到了钢铁行业的重视和用户行业的青睐。近年来，冷弯型钢在建筑业、汽车工业、轨道交通业等国民经济各领域获得了快速的发展，产品应用已经涉及到整个国民经济的95个门类。基于此，我们先后对冷弯型钢下游用户行业企业生产运行情况进行了调研，并参与部分行业协会座谈，选取了建筑及房地产、汽车、铁路、机械、船舶、集装箱、家电、油气管线、输电铁塔等九个行业的现状与发展趋势进行简要分析，以供行业企业参考。

建筑及房地产行业运行情况及发展趋势

如今，房地产行业的发展对于国民经济的稳步发展作用极大。在房地产行业积极推广钢结构绿色建筑与建设生态文明国家的大政方针高度契合，发展空间巨大。发展钢结构建筑对于化解产能过剩矛盾，扩大内需，提升建筑行业升级换代具有重要意义。

2014 年我国房地产市场下行调整，中央政策以“稳”为主，地方政策则因时因地制宜，灵活调整，房地产市场化转型加速。商品住宅库存量处于历史高位，商品房均价持续回落，对市场预期的转变导致房地产投资增速明显下滑，房屋新开工面积下降。预计 2015 年，房地产市场将继续小幅调整，投资增速同比增长 9.5% ~11%，继续放缓，房屋新开工面积降幅缩小至 0% ~2%。

一、2014 年房地产行业运行情况

（一）房地产开发投资增速下降，新开工面积负增长，用钢需求下降

（1）房地产开发投资增速明显下降，增速西高东低。2014 年 1 ~11 月，全国房地产开发投资 86601 亿元，同比增长 11.9%，增速比上年同期回落 7.6 个百分点。对钢材需求拉动较大的扣除土地购置费部分投资为 70525 亿元，同比仅增长 7.8%，增速比上年同期回落 14.4 个百分点，低于房地产开发投资整体增速（图 1）。

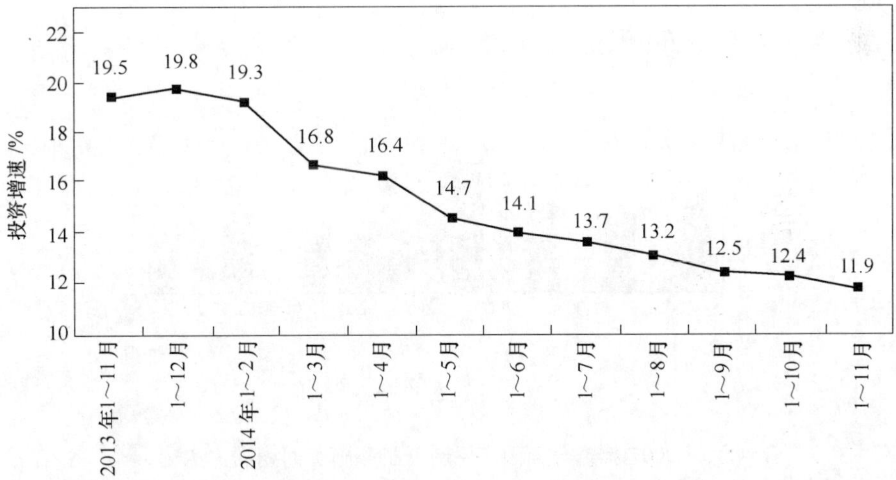

图 1　全国房地产开发投资增速

分地区投资结构表现为西部快于中部快于东部。1 ~11 月，东部地区房地产开发投

资48238亿元，同比增长12.0%，中部地区投资18650亿元，增长9.2%，西部地区投资19713亿元，增长14.2%（图2）。

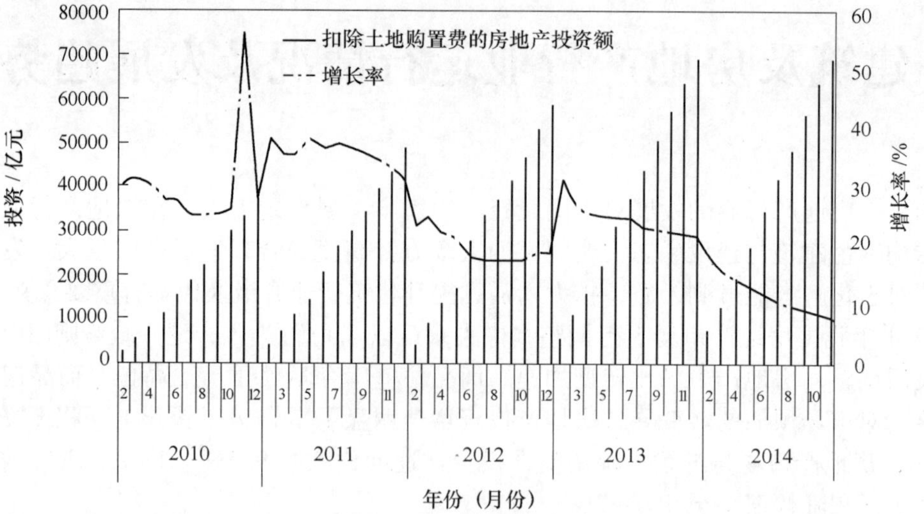

图2　近年来扣除土地购置费的全国房地产开发投资

（2）房地产开发企业房屋施工面积增速回落，新开工面积、土地购置面积同比下降。2014年1～11月，房地产开发企业房屋施工面积711307万平方米，同比增长10.1%，增速比上年同期回落6.0个百分点；其中，住宅施工面积504915万平方米，增长6.8%。房屋新开工面积164705万平方米，同比减少16349万平方米，下降9.0%，上年同期为增长11.5%；其中，住宅新开工面积114637万平方米，下降13.1%。2007年以来全国房屋新开工和施工面积同比增速见图3。

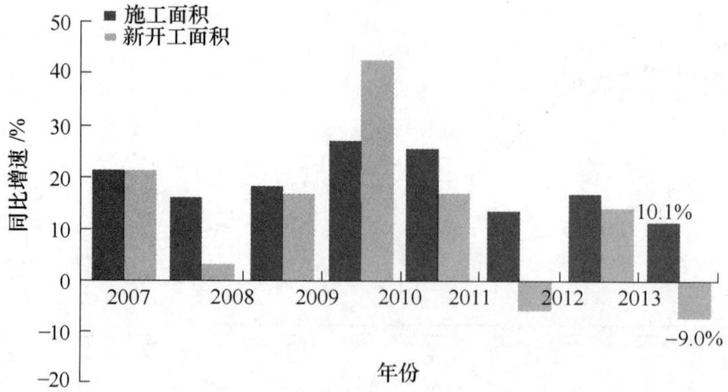

图3　2007年至今全国房屋新开工和施工面积同比增速

房屋竣工面积75063万平方米，增长8.1%，增速同比提高5.6个百分点；其中，住宅竣工面积57236万平方米，增长5.5%。1～11月，房地产开发企业土地购置面积（图4）29736万平方米，同比下降14.5%，1～10月为增长1.2%，上年同期为增长

9.9%。目前房地产行业商品房高库存、价格下跌的态势影响了市场信心，这对后期房地产用钢需求也会产生一定的消极影响。

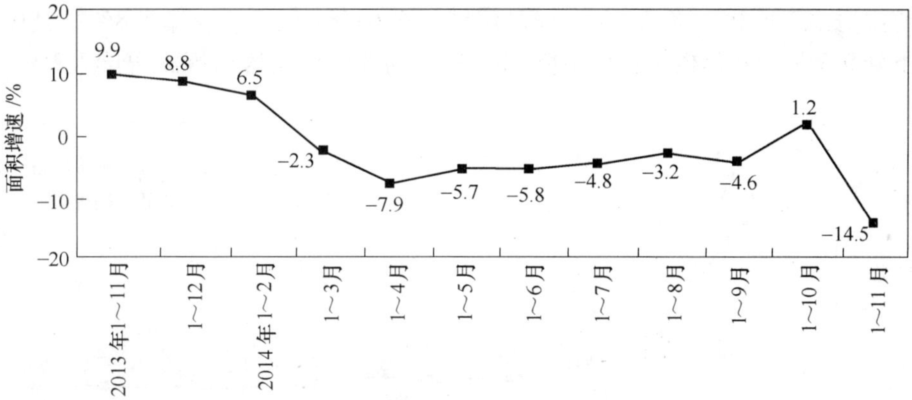

图4　房地产开发企业土地购置面积增速情况

（3）保障性安居工程推进顺利。2014年，全国计划新开工城镇保障性安居工程700万套，基本建成480万套。截至9月底，已开工720万套，基本建成480万套，已提前完成年度目标任务，完成投资9600亿元。

（4）2014年房地产开发景气指数低于2013年，处于历史低点附近。2014年全年房地产开发景气指数基本呈下行走势，11月份为94.30，比10月回落0.46点，见图5。

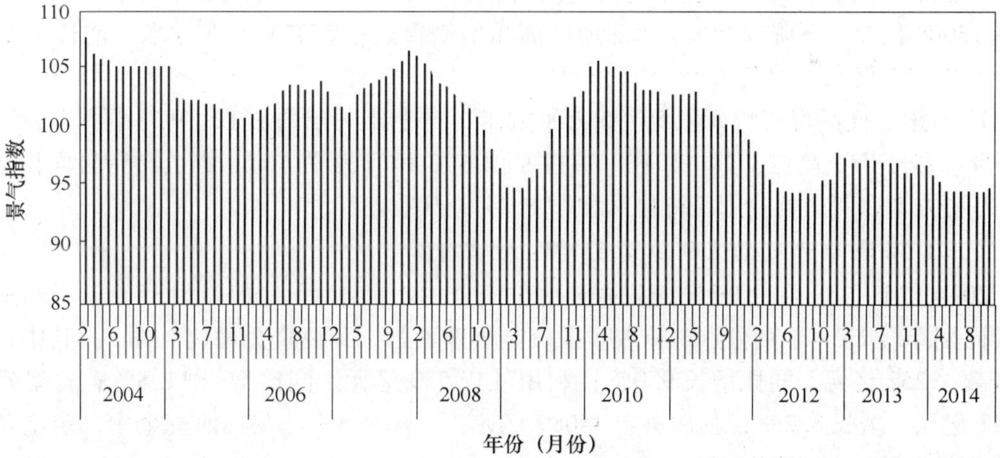

图5　全国房地产开发景气指数

总的来说，2014年房地产开发企业土地购置面积、新开工面积均出现同比下降，房地产投资增速、房地产开发景气指数处于历史低点，说明房地产开发企业对后期市场信心降低，同时房地产建设对钢材消费的拉动作用较上年减弱。

（二）商品房销售量同比下降、市场库存处于高位

2014年1～11月，商品房销售面积（图6）101717万平方米，同比下降8.2%，上年同期为增长20.8%。其中，住宅销售面积下降10.0%，办公楼销售面积下降9.2%，商业营业用房销售面积下降7.1%。商品房销售额64481亿元，下降7.8%，其中，住宅销售额下降9.7%，办公楼销售额下降20.9%，商业营业用房销售额增长7.2%。

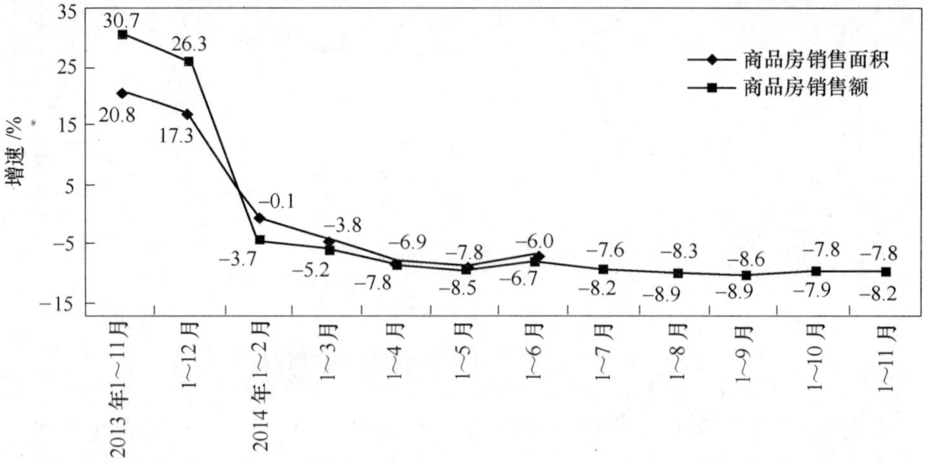

图6　全国商品房销售面积及销售额增速

1～11月，东部地区商品房销售面积46514万平方米，同比下降15.0%，销售额37021亿元，下降13.7%。中部地区商品房销售面积27432万平方米，下降4.3%，销售额13508亿元，下降0.9%。西部地区商品房销售面积27771万平方米，增长1.2%，销售额13952亿元，增长4.1%。

11月末，商品房待售面积59795万平方米，比上年同期增加12989万平方米，增长27.8%，处于历史高位。其中，住宅待售面积增加8625万平方米，办公楼待售面积增加626万平方米，商业营业用房待售面积增加2413万平方米。

（三）房地产开发企业到位资金增速大幅回落

2014年1～11月，房地产开发企业到位资金110115亿元，同比增长0.6%，增速比上年同期降低27.0个百分点，造成企业资金极度紧张，到位资金增速见图7。其中，国内贷款19252亿元，同比增长9.0%；利用外资530亿元，同比增长11.8%；自筹资金46243亿元，增长8.2%；其他资金44089亿元，下降9.3%。在其他资金中，定金及预收款26810亿元，下降12.2%。

二、2015年房地产走势预测

2014年以来，限购、限贷等调控手段已经逐渐退出，包括保障房建设、不动产统一登记、房地产税立法、土地制度改革等在内的长效调控机制正逐步建立，房地产市场化水平进一步提升。

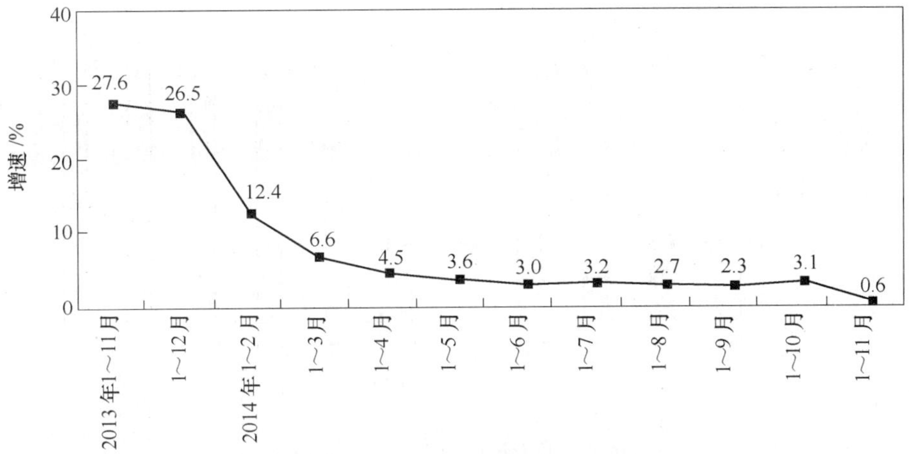

图7　全国房地产开发企业本年到位资金增速

展望2015年乃至更长时期，中国房地产市场已经告别过去高速增长的“黄金时代”，经过市场调整后逐步进入平稳理性增长的新常态，销售规模年增速将放缓至2%～5%。同时，目前中国房地产市场住房需求以刚需为主，随着新增人口速度放缓，住宅存量规模不断扩大，未来住房需求将逐步实现“刚需”→“刚需+改善”→“改善”的过渡。

（一）需求方面

2015年商品房销售面积有望小幅回升。2015年降息降准成为大概率事件，货币政策支持力度有望进一步加大，购房需求或将有序释放。此外，公积金贷款的保障性作用也愈加明显，自住型住房的资金需求得到保障。总的来说，2015年在经历去库存后，有效需求入市将推动全年销售面积小幅回升。

（二）供应方面

2015年房屋新开工面积同比继续下降，但降幅收窄，开发投资增速趋缓。受销售面积、土地成交等先行指标的影响，新开工面积仍将同比下降，但销售逐渐回升，带动新开工同比降幅缩小。2014年受全国房地产市场下行的影响，土地市场成交持续下降且降幅显著扩大，同时2014年商品房销售面积持续同比下降，考虑到拿地与新开工的时间差（一般为6～12个月）及销售面积与新开工的时间差（一般为6个月），预计2015年新开工面积仍然同比下降。另外，政策叠加效应显现，2014年年末销售回款加快，房企资金链压力或将得到缓解。资金面与预期向好将推动企业加快开工，促使新开工面积同比降幅显著缩小。

根据中国指数研究院的模型，预计2015年全国房地产开发投资为10.6～10.7万亿元，同比增长9.5%～11%；商品房销售面积为12.4～12.7亿平方米，同比止降回升，同比增长0.5%～2.5%；房屋新开工面积（图8）为17.8～18.2亿平方米，较2014年微幅下降0%～2%。

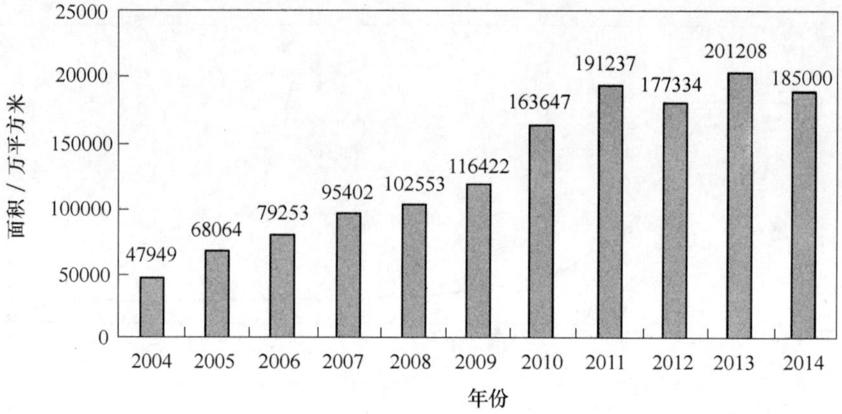

图 8　近十年房地产新开工面积

三、房地产行业钢材需求趋势

在我国，建筑行业是钢材消费量最大的行业，大约占钢材消费量的50%左右，其中房地产建设用钢占整个建筑用钢量的50%以上。近年来，钢结构在房地产领域的应用带动板材需求量的增长。因此用钢量受新开工面积影响较大。

（一）发展节能省地型住宅将加快建筑钢材升级

为缓解我国能源、土地资源紧张与经济社会矛盾，国家大力发展节能省地型住宅和建筑，与此相适应，建筑钢材必须提高钢材强度、减少钢材使用量、高效、节能和环保，这是未来钢材的使用方向。

（二）房地产用钢材质量将得到提升，用途将更加广泛

近年来，以网架和网壳为代表的空间结构迅速发展，高层住宅、展览中心、大剧院、城市综合体等设施大量采用这种结构。钢结构产品用量提升将加大中厚板的需求量，同时要求钢材具有抗震、耐火和抗脆性断裂的性能。未来住宅“工厂化”的生产趋势，将提高对钢材的使用要求，改变传统的供应模式，应当引起关注。

传统建筑技术已不能适应发展潮流，未来应通过现代化生产方式替代传统的建筑技术，使建筑工人成为工厂的工人，提升建造技术和水平。随着我国从高层建筑钢结构“大国”向“强国”的转变，高性能钢材应用前景广阔。

汽车行业运行情况及发展趋势

2014年，我国汽车工业总体发展水平好于其他机械子行业，汽车产销量及实现利润呈持续增长态势，但受国内外经济发展大环境的影响，汽车工业的产销增速出现减缓趋势。预计2014全年汽车产销量2400万辆左右，增长率约为8%。预计2015年汽车行业整体情况略好于2014年，汽车制造业增加值增长11%，继续高于工业整体增速，汽车产量增长10%，汽车销售增长8.5%，增速略高于2014年。

一、2014年我国汽车行业运行情况

（一）汽车行业增加值增速高于工业平均值，产量稳定增长，增速放缓

1~11月汽车行业增加值增长12.1%，高于工业平均增速3.8个百分点，增速在主要行业中居第四位，但与去年同期相比增速有所减缓。

2014年1~11月，从汽车产量看，乘用车增长较快，商用车增速出现下降态势。1~11月，汽车产量达2143.1万辆，同比增长7.2%。比上年同期降低7.1个百分点，其中乘用车产量1797.8万辆，增长10.3%，特别是SUV和MPV车型大幅增长，分别增长36.2%和50.8%。受经济增速放缓特别是固定资产投资增速大幅回落的影响，商用车增速出现下降，1~11月商用车产量，同比下降6.4%，其中货车产量同比下降8.6%，降幅比前10个月进一步扩大。见表1。

表1　2014年11月汽车分车型生产汇总表

指标名称	本月完成	本期止累计	同期止累计	比上月增长/%	比同期增长/%	比同期累计增长/%
汽车总计/辆	2160713	21430503	19989255	5.70	1.24	7.21
其中：国内制造	2145671	21163689	19703132	6.09	2.55	7.41
CKD	15042	266814	286123	-30.32	-64.10	-6.75
总计中：乘用车	1834635	17978282	16301877	4.37	2.88	10.28
其中：柴油汽车	6698	61636	65478	28.17	-8.92	-5.87
汽油汽车	1819178	17841350	16204889	4.34	2.62	10.10
其他燃料汽车	8759	75296	31510	-3.60	174.84	138.96
其中：基本型乘用车（轿车）	1084552	11328607	10933755	-0.26	-7.71	3.61
多功能乘用车（MPV）	215913	1753224	1162807	15.91	39.92	50.78
运动型多用途乘用车（SUV）	440342	3682574	2704458	10.71	39.09	36.17
交叉型乘用车	93828	1213877	1500857	8.64	-31.63	-19.12

续表1

指 标 名 称	本月完成	本期止累计	同期止累计	比上月增长/%	比同期增长/%	比同期累计增长/%
总计中：商用车	326078	3452221	3687378	13.86	-7.10	-6.38
其中：柴油汽车	227141	2562192	2885258	13.92	-16.77	-11.20
汽油汽车	90790	817324	746541	14.57	26.85	9.48
其他燃料汽车	8147	72705	55579	5.05	24.95	30.81
其中：客车	57615	539690	502002	13.22	8.01	7.51
其中：客车非完整车辆	6591	70711	71876	14.81	-3.20	-1.62
货车	268463	2912531	3185376	14.00	-9.81	-8.57
其中：半挂牵引车	27372	261906	236175	13.99	-2.37	10.89
货车非完整车辆	33819	442440	454182	10.07	-27.97	-2.59

（二）汽车出口继续呈现下降趋势，进口增长迅速

2014年1～11月汽车累计出口81万辆，比上年同期下降9.3%，其中乘用车出口47.8万辆，比上年同期下降12.8%；商用车出口33.2万辆，比上年同期下降3.8%。2012～2014年汽车出口情况见图1。

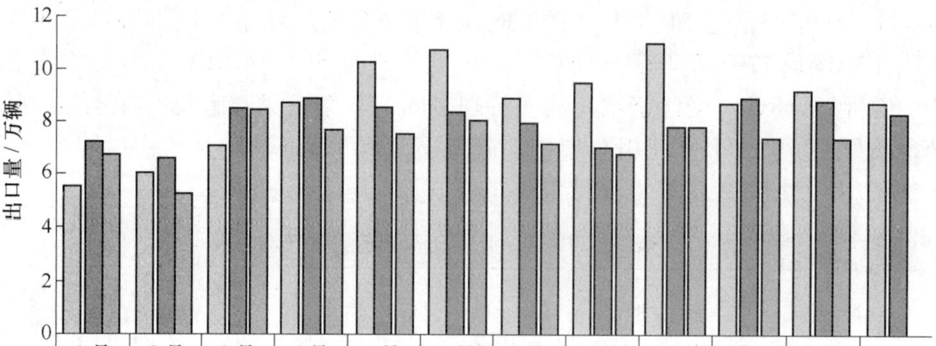

	1月	2月	3月	4月	5月	6月	7月	8月	9月	10月	11月	12月
2012年	5.63	6.12	7.21	8.74	10.34	10.74	8.93	9.54	10.98	8.67	9.17	8.68
2013年	7.37	6.7	8.6	8.94	8.64	8.44	7.99	7.06	7.81	8.95	8.77	8.26
2014年	6.85	5.37	8.55	7.81	7.63	8.1	7.17	6.81	7.81	7.35	7.4	

图1　2012～2014年汽车月度出口情况

与汽车出口不景气形成鲜明对比的是，汽车进口迅猛增长。随着居民收入和消费水平的提高，也由于限购、摇号等措施提高了私家车购买成本，目前私人购车者普遍选择价位较高、舒适性强、功能齐全的进口车型，外资品牌车销售良好，导致汽车进口增势迅猛。1～10月汽车整车累计进口118.8万辆，同比增长24.5%，一改去年负增长的局面，增幅比去年同期大幅提高26.2个百分点。

（三）汽车销售稳步增长，但增速呈现减缓趋势

2014年前11个月汽车销售增长平稳，呈现同比增速逐季减缓的态势。1～11月我国汽车销售完成2107万辆，同比增长6.1%，增幅比上年同期回落7.4个百分点。从各季度看，一季度汽车销售增长9.2%，上半年增长8.4%，1～3季度增长7%，1～11月增长6.1%，增速不断下滑。销售增长减缓导致库存增加，1～11月汽车企业库存增加35.14万辆。2012～2014年汽车销售情况见图2。

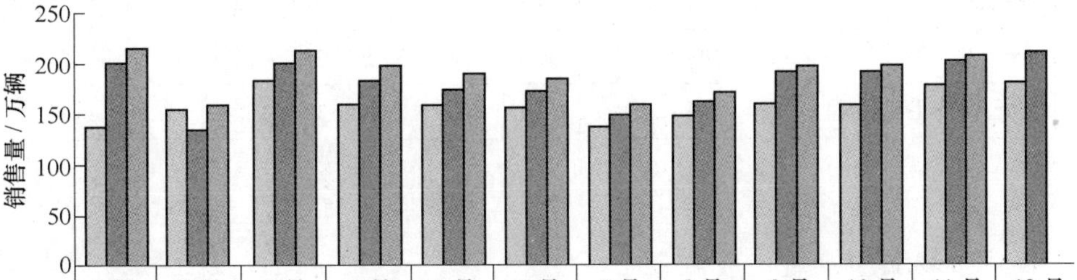

	1月	2月	3月	4月	5月	6月	7月	8月	9月	10月	11月	12月
2012年	138.9	156.7	183.8	162.4	160.7	157.7	137.9	149.5	161.7	160.6	179.1	180.9
2013年	203.4	135.4	203.5	184.1	176.1	175.4	151.6	164.8	193.5	193.2	204.3	213.4
2014年	215.6	159.6	216.9	200.4	191.1	184.5	161.8	171.5	198.3	198.7	209.0	

图2　2012～2014年我国汽车销量增长率

（四）企业实现利润较快增长

2014年在工业增速不断下探、工业品价格持续走低、行业转型升级的情况下，汽车工业实现利润仍保持了良好势头。1～10月，规模以上工业企业实现利润49446.8亿元，增长6.7%；机械工业实现利润总额11900.0亿元，同比增长13.3%，其中汽车制造业实现利润总额4726.9亿元，利润总额高居各子行业榜首，占机械行业利润总额的比重接近40%；实现利润同比增长19.6%，高于机械行业利润平均增速6.3个百分点，利润增速位居各子行业第二位。1～11月汽车行业主营业务收入和主营活动利润分别增长13.3%和18.8%，增速明显高于其他行业。

（五）自主品牌市场份额下降，外资品牌市场占有率提高

经济全球化使国内汽车市场的竞争趋势不断加剧，特别是进口车和外资品牌汽车价格的下降更使缺乏核心技术的自主品牌汽车的市场占有份额不断下降。2014年1～11月，自主品牌乘用车共销售672.5万辆，同比增长3.7%，占乘用车销售总量的38.1%，占有率比上年同期下降2.02个百分点。1～11月自主品牌轿车销售244.5万辆，同比下降17.3%，占轿车销售总量的22%，占有率比上年同期下降5.3个百分点。

与此相反，外资品牌市场占有率不断提升。1～11月，外资品牌乘用车销量达到1095.5万辆，同比增长13.4%，增速高于乘用车市场整体水平，其市场占有率为66.5%，比去年同期提高0.6个百分点（见图3）。

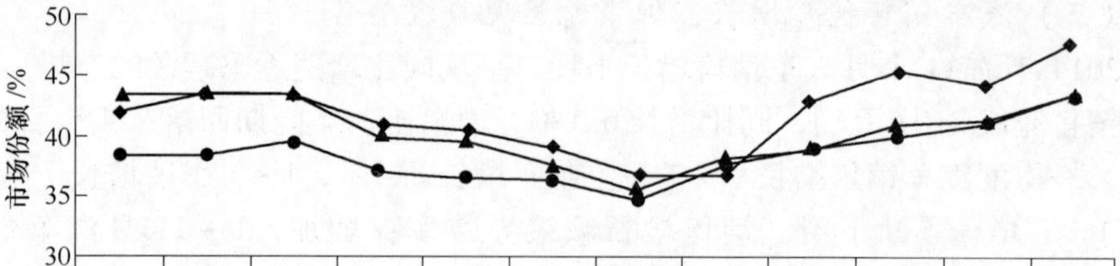

	1月	2月	3月	4月	5月	6月	7月	8月	9月	10月	11月	12月
—◆— 2012年	42.1	43.3	43.1	40.8	40.3	38.9	36.7	36.4	42.7	45.1	43.7	47.1
—▲— 2013年	43.3	43.2	43.4	39.6	39.4	37.5	35.2	38	38.3	40.5	40.5	42.8
—●— 2014年	38.4	38.4	39.3	37.1	36.5	36.2	34.6	37.1	38.5	39.5	40.9	

图3 中国品牌乘用车市场份额变化趋势

（六）市场集中度进一步提高

2014年1～11月，汽车销量排名前十位的企业集团销量合计为1895.11万辆，比上年同期增长8.2%，高于全行业增速2.1个百分点，占汽车销售总量的89.9%，比上年同期提高1.7个百分点。具体情况见表2和图4。

表2 2014年1～11月我国汽车行业市场集中度

企业排位	销售量		集中度	
	万辆	同比/%	占比/%	同比/%
前十位	1895.11	8.2	89.9	1.7
前五位	1575.54	9.8	74.7	2.5
前三位	1129.05	7.9	53.6	0.9

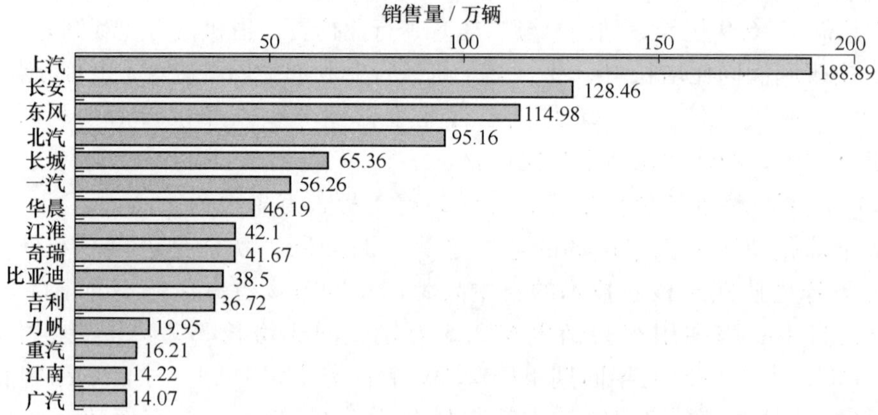

图4 我国汽车行业重点企业销售量情况

（七）新能源汽车产销增长近5倍，政策扶持效应凸显

从2014年1月1日起，国家实施了新一轮的新能源汽车补贴政策，多地政府陆续公

布了新能源补贴车型目录，以及牌照单独摇号、地方性补贴等细则，特别是9月份开始实施免征购置税的政策，新能源汽车购车成本大幅降低。此外，各地联手布局新能源汽车基础设施配套建设，主要路段和居民小区充电设施明显增加。多重因素推动新能源汽车产销增速逐季抬高、直线上升。

1～11月新能源汽车生产57125辆，销售52944辆，其中纯电动汽车产销分别完成32494辆和29060辆，插电式混合动力汽车产销分别完成24631辆和23884辆。从增速看，1～11月新能源汽车同比增长5倍，11月份同比增长10倍。从品种看，1～11月纯电动乘用车生产2.58万辆，同比增长近7倍，插电式混合动力乘用车生产1.36万辆，同比增长近25倍；纯电动商用车生产7363辆，同比增长188%，插电式混合动力商用车生产9949辆，同比增长245%。

二、2015年我国汽车行业展望

预计2015年，受益于市场消费不断升级和细分化、新能源汽车增势迅猛以及行业技术进步快、过剩产能压力较小等优势发展条件，汽车工业有望呈现速度、效益双提升的良性格局。

2015年我国经济仍然将保持一定的增长速度，保就业和增加居民收入等将成为考量经济速度和质量是否合理的首要指标。在居民就业和收入较快增长的条件下，城市家庭对MPV、SUV等私家车需求将持续快速增长，节能和新能源汽车公用和民用需求方兴未艾，潜力巨大，物流业规范发展也将促使商用车销售扩增。此外，2014年下半年以来，国际油价持续下跌，目前已跌至每桶60美元以下，国内成品油价格随之不断下调，目前汽油价格已降至四年来的最低水平，许多城市油价回归5元水平，汽车耗油成本降低，有助于汽车消费需求增加。上述因素将促使汽车生产和销售持续增长，预计2015年汽车制造业增加值增长11%，继续高于工业整体增速，汽车产量增长10%，汽车销售增长8.5%，增速略高于2014年。

三、我国汽车行业用钢发展趋势

汽车行业用钢发展方向之一是开发和生产高强钢。经过30多年的发展，发达国家轿车主流车型高强钢的使用比例基本在60%以上，最高达到80%以上，最高强度达到1500MPa。欧洲指定的新的减重标准是，到2020年，以2010年车重为基数将减重25%。到“十二五”末期，我国汽车轻量化减重目标是以2005年车型为基数，减重20%左右。为此，到“十二五”末期，我国汽车用高强钢平均比例要达到30%，其中超过980MPa的高强钢数量将达到或超过50万吨。为适应汽车轻量化的要求，汽车用钢向高强韧化发展。重点发展700MPa及以上高强度汽车大梁板，780～1500MPa高强度汽车板，高强、超高强帘线钢等产品。目前商用车中货车使用的高强钢品种主要有大梁板、车桥钢和车厢板材等；客车使用的高强钢品种主要有大梁板、车桥钢、车框架用冷弯型钢等。轿车因使用高强钢、激光拼焊、热成型及液压成型等材料和技术，所用的高强钢品种主要有：白车身的框架和安全件用超高强冷轧板及热镀锌板，底盘及内板使用的高强度深冲冷轧板及热镀锌板，覆盖板使用的高强吸能冷轧板及镀锌板。

在提高汽车用钢产品质量稳定性的同时，进一步开发延性、拉伸凸缘性、焊接性优良的高强度薄钢板，冷锻性优良的中、高碳钢棒，高强度钢的成型新技术、焊接接头性能提高技术，以焊接区为重点的耐腐蚀技术、超高强度钢氢脆抑制技术。由于汽车是钢材和铝材、钛材、塑料等多种材料复合构成的结构体，所以还需进一步开发与其相关的各种技术（如成型技术、接合技术、耐腐蚀技术等）。

汽车与钢铁产业的同步发展需要构建良好的产业发展平台，推动技术的协同发展。从产业链的角度考虑，平台的搭建需要从三个层次考虑：一是企业层面，要不断探索上、下游产业在技术领域的关联性和互补性，加强企业创新人才培养，强化企业技术交流；二是国家层面，要建立相应的汽车用钢开发与应用技术创新体系，包括国家重点实验室、工程技术研究中心等；三是行业层面，通过构建汽车轻量化技术创新战略联盟，促进上、下游的联合技术研发。

铁路行业运行情况及发展趋势

在 2013 年我国铁路营运里程突破 10 万公里，高速铁路突破 1 万公里的基础上，2014 年我国继续加大铁路建设投资，新开通线路将在 7000 公里以上，预计未来几年我国铁路建设还将保持在较高水平。同时，我国铁路加快了“走出去”的步伐，高铁已成为中国在国际上的一张闪亮名片。

一、铁路运输业建设情况

“十一五”以来，我国铁路建设取得了快速发展，铁路固定资产投资额呈不断上升的趋势，2010 年达到 8427 亿元的峰值。尽管 2011 年后投资额大幅下滑，降至 5897 亿元，但“十二五”期间铁路固定资产投资逐渐回升。根据铁路总公司统计，2013 年全国铁路完成固定资产投资(含基本建设、更新改造和机车车辆购置)6638 亿元，见图 1。2014 年铁路固定资产计划投资目标经历了三次调整，2014 年初中国铁路总公司安排 2014 年固定资产投资为 6300 亿元，后第一次调整增加到 7000 亿元，4 月初调整增加到 7200 亿元，4 月底再次调整至 8000 亿元以上。同时，还确定开工项目在此前 44 项增至 48 项的基础上，再增至 64 项；今年新投入运营的线路要达到 7000 公里以上。2014 年设备投资额由 1200 亿元增至 1430 亿元以上。2014 年 1 ~ 11 月铁路固定资产投资为 6163 亿元，同比增加 1049 亿元，增幅 20.5%，其中基本建设投资 4716 亿元，同比增加 249 亿元，增幅 5.6%。从全年的情况来看，2014 年计划的 64 个新开工项目已全部批复，并已全部开工，全年完成 8000 亿元建设任务，新线投产 8000 公里。

2014 年 4 月国务院常务会议提出要加快铁路建设，尤其是中西部铁路建设。按

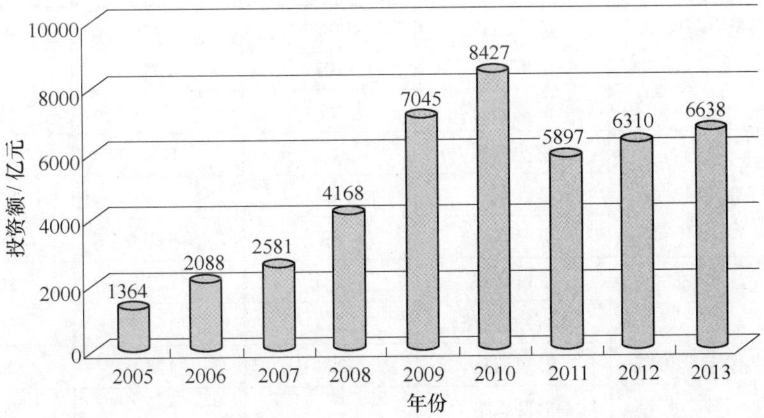

图 1　2005 ~ 2013 年铁路固定资产投资额

照党中央、国务院关于加快中西部地区经济社会发展的战略部署，近年来铁路总公司加大了对中西部铁路建设的投资力度，使铁路建设的重点向中西部地区转移。2014年，中西部铁路安排建设投资和投产新线比例进一步加大，占全国比重分别达到78%、86%。

截至2013年年底，全国铁路营业里程达10.3万公里，突破10万公里大关，高铁运营里程1.1万公里，突破1万公里大关，居世界第一位，成为世界上高速铁路投产运营里程最长、在建规模最大的国家。据最新数据统计，截至2014年年底，全国铁路营业里程达到11.1万公里，其中，高铁运营里程达到1.5万公里。

目前世界上已经有中国、西班牙、日本、德国、法国、瑞典、英国、意大利、俄罗斯、土耳其、韩国、比利时、荷兰、瑞士等16个国家或地区建成运营高速铁路。据国际铁路联盟统计，截至2013年11月，除中国外，世界其他国家和地区高速铁路总营业里程为11605公里，在建高铁规模为4883公里，规划建设高铁12570公里。目前全球正在建设高铁的国家有15个，在建里程达27796公里。其中，中国在建里程居全球首位，为15890公里，占全球在建里程的57.16%。

当前，我国"四纵四横"客运专线建设已经初具雏形，"四纵"中的京沪客运专线、京广客运专线、杭福深客运专线已经基本建成，京哈客运专线中哈大高铁已经建成通车，京沈高铁已经动工建设；"四横"中的沪汉蓉客运专线已基本建成，徐兰客运专线、沪昆客运专线、青太客运专线已建成部分路段，其他部分正在建设之中。表1反映了我国"四纵四横"客运专线建设具体情况。表2、表3反映了我国2014年建成和开工建设的主要铁路线。

表1 截至2014年年底"四纵四横"客运专线建设情况

专线名称			里程/公里	投资额/亿元	通车时间
四纵客运专线	京沪客运专线	京沪高铁	1318	2209	2011年6月
		合蚌客运专线	130	136	2012年12月
	京港客运专线	京石高铁	281	438.7	2012年12月
		石武高铁	840.7	1167.6	2012年12月
		武广高铁	1068.8	1166	2009年12月
		广深高铁	102	205	2011年12月
		深港铁路	26		计划2015年
	京哈客运专线	京沈高铁	698	1258	计划2019年
		哈大高铁	921	923	2012年12月
		盘营高铁	89	120	2013年9月
	杭福深客运专线	杭甬高铁	150	212	2013年7月
		甬台温铁路	282	155	2009年9月
		温福铁路	298	175	2009年9月
		福夏铁路	273	144	2010年4月
		夏深铁路	502	300	2013年12月

续表1

专线名称			里程/公里	投资额/亿元	通车时间
四横客运专线	徐兰客运专线	郑西高铁	505	353.1	2010年2月
		西宝高铁	138	180	2013年12月
		郑徐高铁	362		计划2015年
		宝兰高铁	402	647	计划2017年
	沪昆客运专线	沪杭高铁	160	293	2010年10月
		杭长高铁	883	1292	2014年12月
		长昆高铁	1168	1608	计划2015年
	青太客运专线	胶济客运	363	95.8	2008年7月
		石济高铁	319	436	计划2015年
		石太高铁	225	130	2009年4月
	沪汉蓉客运专线	沪宁高铁	301		2010年7月
		合宁高铁	166	43	2008年4月
		合武高铁	359	168	2009年4月
		汉宜铁路	291	237	2012年7月
		宜万铁路	377	225	2010年12月
		渝利高铁	264	268	2013年12月
		遂渝铁路二线	130		2012年12月
		遂成铁路	146		2009年7月

表2　2014年建成通车的主要铁路线

铁路线名称	里程/公里	投资额/亿元	运营时速/$km \cdot h^{-1}$	开工时间	通车时间
柳南客专	226	211	250	2009年10月	2013年12月
太西高铁	567		250	2009年12月	2014年7月
拉日铁路	253	108	120	2010年9月	2014年8月
赣韶铁路	182		160	2009年8月	2014年9月
南广高铁	577	410	250	2008年11月	2014年12月
贵广高铁	857	900	300	2008年10月	2014年12月
沪昆高铁（长新段）	420		300		2014年12月
兰新高新	1777	1700	250	2009年11月	2014年12月
蒙河铁路	141	83	120	2009年7月	2014年12月

表3 2014年开工建设的主要铁路线

铁路线名称	里程/公里	投资额/亿元	运营时速/km·h⁻¹	开工时间	通车时间
武九客专（黄石—九江）	112	142	250	2013年12月	2016年
成贵高铁	632	780	250	2013年12月	2019年
京沈高铁	709	1245	350	2014年3月	2019年
额哈铁路	630	98.7		2014年6月	2017年
哈佳铁路	343	347	200	2014年6月	2018年
怀邵衡铁路	318	324	200	2014年6月	2018年
杭黄高铁	287	357	250	2014年7月	2018年
丽香铁路	139	103	120	2014年7月	2020年
青连铁路	197	210	200	2014年11月	2018年
哈牡铁路	293	356	250	2014年12月	2019年
黔张常铁路	340	384	200	2014年12月	2020年
昌吉赣客专	419	532	250	2014年12月	2019年

2014年我国铁路固定资产投资额预计将超过8000亿元，按照每亿元铁路投资拉动钢材需求0.333万吨计算，2014年铁路行业钢材需求预计在2700万吨左右。按照《铁路“十二五”发展规划》目标，到2015年，全国铁路营业里程达12万公里左右，其中西部地区铁路5万公里左右，复线率和电化率分别达到50%和60%左右。为达到规划目标，预计2015年我国铁路建设里程将达到9000公里左右，按此推算，铁路投资仍将保持在8000亿元以上，拉动钢材需求2700万吨以上。

二、高铁“走出去”战略

随着世界经济的复苏和发展，全球正在掀起高铁建设热潮，中国高铁迎来“走出去”的大好时机。目前全球规划建设高铁的国家增加到20个以上，规划建设里程超过5万公里，在建里程超过2万公里，年均投资超过1万亿元。但大部分尚处于规划前期，潜力巨大。其中，中国规划线路里程仍居世界第一位，为14233公里。从全球范围来看，欧亚是规划建设高铁里程最多的地区，分别达到15384公里和25094公里。

近几年，我国高铁技术快速发展，成为全球市场最具竞争力的一员。据了解，中国高铁的加权平均成本为：时速350公里项目为1.29亿元/公里；时速250公里项目为0.87亿元/公里。中国高铁建设造价只有海外同行的1/3到1/2，与国外同行相比，中国高铁及相关设备制造业的优势还体现在低成本和高效率上。从2013年开始，国家领导人在全球开展“高铁外交”，向泰国、澳大利亚、中东欧、非洲、英国、美国、拉美等地推介中国高铁，商谈合作事项。在“高铁外交”的持续攻势下，全球已有28个国家与中国洽谈引进高铁技术或进行合作开发。中国参与或有意参与的国家近期项目总里程达到 5448 公里，投资额 9364 亿元。随着我国“一带一路”战略的推进，将大幅提升中国轨道交通在海外市场的拓展力度。近期“南北车”的合并将更有助于中国高铁走向世界。

铁路是用钢大户，大量铁路项目的启动对消化部分过剩的钢铁产能和拉动冷弯型钢产品消费将起到一定的积极作用。业内人士表示，在未来一段时间内，我国铁路建设投资仍然保持较高水平。

目前，我国铁路行业用钢种类大部分产品已经实现国产化，但对于部分高速铁路用钢来说，还需要进口，并且在未来还需要重点解决用钢的高强度、高耐腐蚀性、高焊接性能和轻量化等问题。

机械行业运行情况及发展趋势

2014年机械工业运行总体保持了“稳中有进”的基本态势。主要经济指标保持了适度增长，且增幅高于全国工业平均水平。但行业分化明显，与房地产、钢铁、煤炭等投资相关的行业产品增势低迷，需求趋缓，增速逐月下行。面对困难，行业积极应对，结构调整和产品升级出现新的变化。综合分析，2014年全年行业主营业务收入增幅可保持在10%左右，利润增幅可达12%左右，出口增长将在8%左右。预计2015年机械工业增加值和主营收入增长速度将在8%左右，利润增长速度在10%左右，出口创汇增幅在6%左右。

一、机械工业运行的主要特点

（一）多数产品产量保持增长，不同类型产品间分化有所加剧

在国家统计局公布的64种机械工业主要产品产量中，1～11月产量实现同比增长的有45种，占比为70.3%，产量同比下降的产品有19种，占比为29.7%。具体从子行业来看：汽车产量同比小幅增长，其中乘用车保持增长，商用车产量回落；发电设备产量同比有所增长，风力和光伏发电设备产量增幅均明显回升，交流电动机、工业电炉、电焊机等保持小幅增长；2013年回落幅度较大的机床行业因基数低，2014年产量已转降为升，1～11月金属切削机床同比增长6.3%，其中数控机床增长16.9%，高于金属切削机床增速10.6个百分点。

一些量大面广或与国家产业政策、环境保护、改善民生等相关的产品继续保持增长。例如：压实机械、仪器仪表、风机、气体分离及液化设备、环保设备、电动叉车、包装专用设备、风电设备、海上石油装备、分析仪器等产量保持增长，但总体增速不高。与房地产、钢铁、煤炭等相关的行业产品增势仍低迷，1～11月工程机械的代表性产品（挖掘机和装载机）产量均同比下降；农业机械中，多年持续快速增长的大中型拖拉机，虽然年初形势尚可，但受市场需求放缓的影响，产量逐月下滑。玉米收获机械大幅增长40.9%，其他收获机械、农产品初加工机械、收获后处理机械保持了两位数增长。增长较快和负增长的产品分别见表1、表2。

表1 2014年1～11月产量同比增长超过8%的主要产品

产品名称	单位	2014年1～11月		同比增减(±)/%	
		当月	累计	当月	累计
多功能乘用车（MPV）	辆	228159	1851978	41.6	44.9
运动型多用途乘用车（SUV）	辆	446957	3835126	31.6	39.0
电动车辆（电动叉车）	台	21651	198380	50.4	27.2

续表1

产品名称	单位	2014年1~11月		同比增减(±)/%	
		当月	累计	当月	累计
金属集装箱	m^3	10527901	118600777	39.5	20.5
收获机械	台	71995	843404	19.9	17.3
数控金属切削机床	台	22087	235016	11.5	16.9
金属切削工具	万件	88728	861277	18.5	16.8
电站用汽轮机	kW	8558366	73887144	22.9	16.4
锻　件	t	1099479	11193173	10.2	15.0
齿　轮	t	365765	2705269	8.7	14.9
输送机械（输送机和提升机）	t	215192	2254962	6.1	14.9
汽轮发电机组	kW	8194300	83280960	13.2	13.7
压实机械	台	5150	48375	9.4	12.8
风力发电机组	kW	2325534	19737635	-20.2	12.0
大气污染防治设备	台	26175	279388	8.6	11.6
风　机	台	1354836	16634542	4.1	10.0
包装专用设备	台	10254	92867	5.3	9.6
电力电缆	km	5126581	50944305	16.6	9.2
发电机组（发电设备）	kW	13073354	137222839	0.2	9.2
汽　车	辆	2325184	23015864	2.5	8.4
起重机	t	870618	10065364	-9.6	8.1

表2　2014年1~11月产量同比下降的主要产品

产品名称	单位	2014年1~11月		同比增减(±)/%	
		当月	累计	当月	累计
燃气轮机	kW	324000	3925200	-11.5	-30.8
客　车	辆	120236	1475772	-25.3	-15.4
工业锅炉	t（蒸发量）	45100	512633	-9.3	-13.8
小型拖拉机	台	140453	1537376	-14.1	-13.5
金属轧制设备	t	57568	556982	0.7	-13.2
装载机	台	13516	147213	-31.5	-12.3
挖掘机	台	7998	116392	-37.9	-11.9
水轮发电机组	kW	1281705	20989230	-31.8	-9.9
中型拖拉机	台	46624	528703	-5.7	-7.9
载货汽车	辆	283075	3002757	-7.5	-6.7

（二）工业增加值及其增速

2014 年 1～11 月，机械工业增加值同比增长 10.3%，低于上年同期 0.4 个百分点，高出全国工业平均增幅 2 个百分点。近年来机械工业增加值及其增速见图 1。

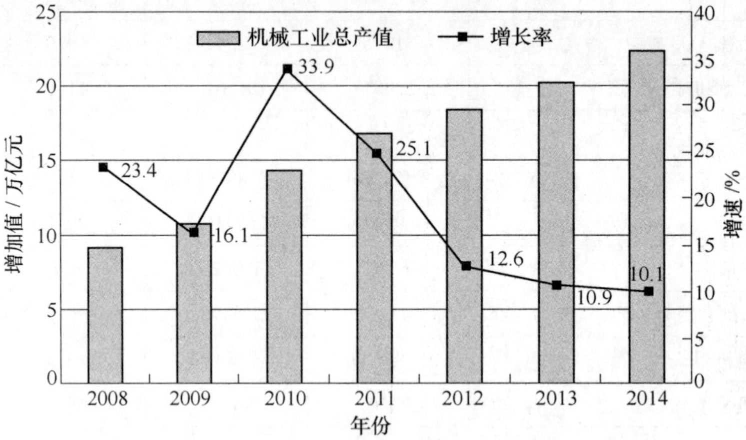

图 1　近年来机械工业增加值及其增速

1～10 月，机械工业实现主营业务收入 17.9 万亿元，同比增长 10.3%，低于上年同期 2.7 个百分点；高于全国工业平均水平 2.6 个百分点。实现利润总额 1.2 万亿元，同比增长 13.3%，低于上年同期 1.9 个百分点；高于全国工业平均水平 6.5 个百分点，月度累计值见表 3。各子行业主营业务收入除工程机械与文化办公设备外，大都保持了 10% 左右的增长（见图 2）。

表 3　2014 年机械工业主营业务收入与利润增长情况

月　份	主营业务收入同比增速/%	利润同比增速/%
1～3	12.68	22.81
1～4	12.41	20.49
1～5	11.58	19.35
1～6	11.52	19.58
1～7	11.70	18.90
1～8	11.82	16.17
1～9	10.65	15.00
1～10	10.31	13.25

2014 年 1～10 月，机械工业实现税金总额 6367 亿元，同比增长 10.3%，低于上年同期 8.2 个百分点；高于全国工业平均水平 2.6 个百分点。实现利润总额 1398 亿元，同比增长 13.3%，低于上年同期 1.9 个百分点；高于全国工业平均水平 6.5 个百分点。从子行业看，1～10 月机械工业 13 个大行业中，除工程机械和农业机械行业利润总额同比下降外，其余 11 个行业同比增长，其中同比增长最快的是内燃机行业，同比增速达到 22.9%，其次是汽车行业，为 19.5%，第三位是电工电气行业，为 13.8%。

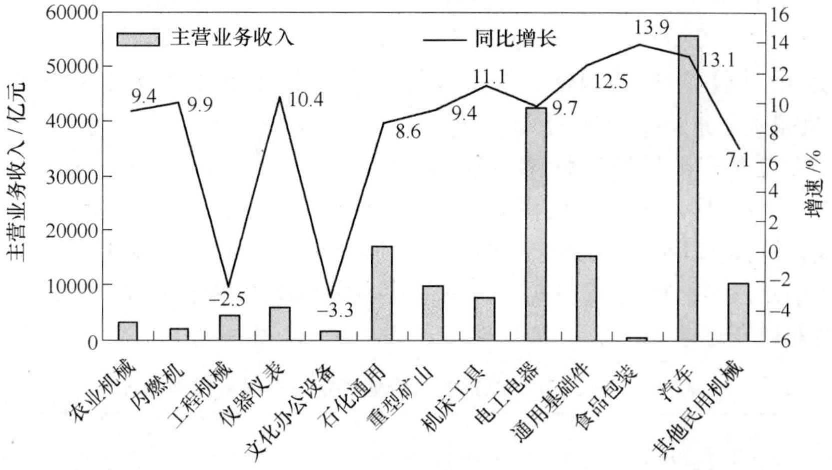

图2　2014年1～10月机械各子行业主营业务收入及增长情况

（三）产成品库存持续增加，达到历史高点

2014年以来，机械工业产品存货一直处于较高水平，且呈逐月走高的趋势。1～10月，机械工业存货23799.4亿元，同比增长9.7%，高于上年同期3.1个百分点，其中产成品存货9007.1亿元，同比增长17.5%，高于上年同期12.0个百分点，见图3。

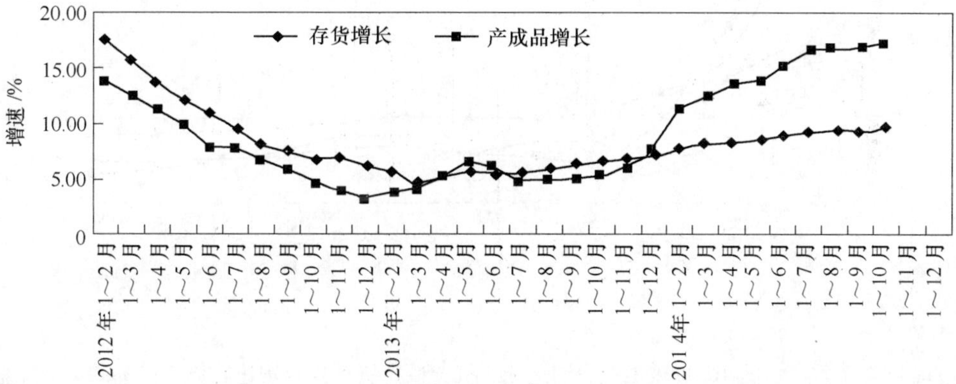

图3　机械工业存货及产品资金占用增速情况

（四）进出口增速明显回升

2014年1～10月，机械工业实现外贸进出口总额35984亿美元，同比增长8.8%，比上年同期提高6.9个百分点，高于全国外贸5个百分点，其中进口26854亿美元，同比增长9.5%，比上年同期提高10.8个百分点，高于全国外贸7.9个百分点；出口3299亿美元，同比增长8.3%，比上年同期增速提高3.7个百分点，高于全国外贸2.5个百分点，实现贸易顺差614亿美元。

1~10月，机械工业一般贸易累计进出口总额3767.0亿美元，同比增长11.6%，占机械工业进出口总额的63.0%。其中进口1818.6亿美元，同比增长12.1%；出口1948.5亿美元，同比增长11.1%，加工贸易累计进出口总额1527.8亿美元，同比增长2.3%，占机械工业进出口总额的25.5%。

（五）固定资产投资增速持续回落

2014年1~11月，全国完成固定资产投资额（不含农户）451067.5亿元，其中，制造业完成投资额151460.7亿元，同比增长13.5%。机械工业累计完成固定资产投资额41034.0亿元，同比提高12.4%，占制造业投资额比重减小到27.1%，增速分别低于全国和制造业投资增速3.4个和1.1个百分点（表4，图4）。

表4 "十二五"以来机械行业固定资产投资增速情况 （%）

行业＼年份	2011	2012	2013	2014.1~3	1~4	1~5	1~6	1~7	1~8	1~9	1~10	1~11
机械	37.5	24.9	17.2	13.1	14.1	14.3	15.7	15.7	14.5	13.8	12.9	12.4
制造业	31.8	22	18.5	15.2	15.2	14.2	14.8	14.6	14.1	13.8	13.5	13.5
全社会	23.8	20.6	19.6	17.6	17.3	17.2	17.3	17.0	16.5	16.1	15.9	15.8

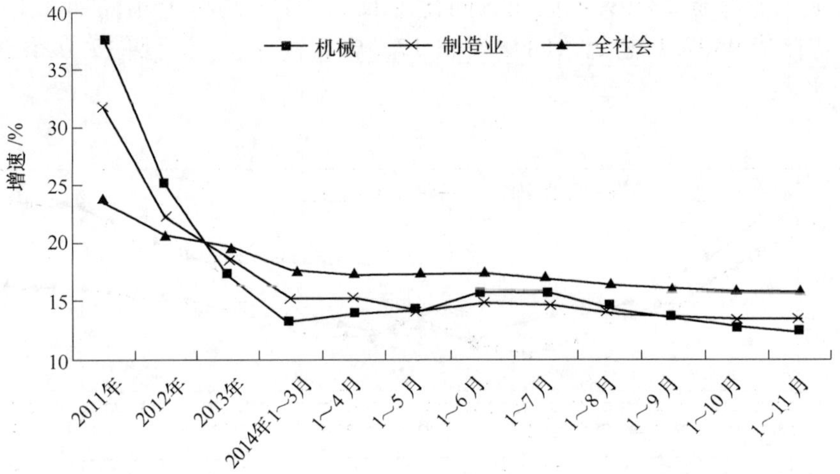

图4 机械工业、制造业、社会固定资产投资增速趋势

（六）产品价格指数逐步回升，但仍处于100点以下

受需求不足的影响，机械产品市场竞争更加激烈，总体价格水平延续了2013年的低迷态势，截至10月，机械产品价格指数已连续34个月低于100。但2014年以来，价格指数持续下降的趋势有所改善，1月价格指数为98.7，10月累计价格指数上升到99.06，但总体而言增长缓慢（见图5）。

二、行业运行中存在的主要问题

2014年机械工业运行遇到较大困难，主要表现在：一是财务费量尤其是利息支出同

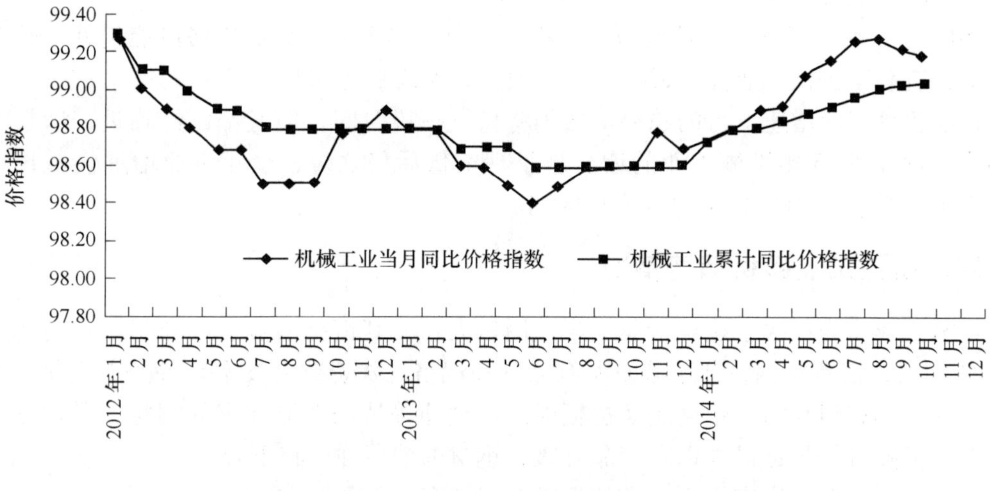

图5　机械产品月度价格指数

比增幅呈现升势；二是应收账款同比增幅仍处于高位，货款回收困难；三是产成品库存同比增幅逐月攀升；四是订单同比增幅逐月下降，1～10月同比增幅已降至4.8%的低点；五是机械产品价格指数仍低于100，表明机械产品需求仍较低迷；六是固定资产投资增幅大幅下滑，投资需求不容乐观。尽管机械工业目前增长速度仍在10%左右，但逐月持续回落，2014年8月以后当月增速已低于10%，这一下行惯性无疑将对2015年增长产生不利影响。

三、2015年行业发展趋势预测

根据中国机械工业联合会预测，2015年机械工业增加值和主营收入增长率将在8%左右，利润增长率在10%左右，出口创汇增长率在6%左右。主要依据如下。

（一）宏观经济及基础设施建设支持机械工业的增长

根据各方面预计，2015年GDP的增长速度将在7.0%左右，因此工业增加值也将保持一定的增长速度。根据历史经验，机械工业的增长速度通常都高于工业平均增长速度，因此机械工业增幅继续下行的空间有限。2014年第4季度，国发改委连续8次集中批复公路、机场、铁路、水利、输电工程等基础设施建设项目，累计投资额度逾1.1万亿元，利好于2015年的投资类机械产品，对机械工业的增长也有支撑作用。

（二）机械工业内生动力、应变能力强，可以保证一定的增长速度

在主要工业部门中，机械行业的市场化改革起步较早，改革力度大，内生动力比较强，对市场的变化反应更为灵敏。机械加工行业具有较大柔性，因此化解产能过剩的空间较大，推进结构调整的机会较多，保持一定的增长速度比较容易做到。

（三）更新改造的巨大需求有利于行业的稳定发展

经过多年高速发展，机械装备的社会保有量已经很大，更新维护的需求也随之越来越大。机械工业的市场需求正在由增量主导向存量主导转变，从而市场的稳定性也在逐渐增强，这也将有利于机械工业的稳定运行。

（四）低价的大宗原燃材料有利于机械工业降本增效

2015年石油、天然气、铁矿石、钢铁、有色金属等大宗物资价格可能仍处于较低水平，这将有利于机械工业控制成本，提高效益，实现稳定增长。

目前机械工业增速下行的趋势虽然仍将持续一段时间，但底部已经临近，增长将逐渐趋稳，预计2015年机械工业的增长将呈现前低后稳之势，全年工业增加值增长率比2014年略有降低，但仍处于中速增长区间。

四、机械工业钢材消费情况

机械工业作为仅次于建筑行业的第二用钢大户，其钢材消费量占全部钢材消费总量的20%左右，消费的钢材几乎涉及所有品种和规格。随着重大技术装备的大型化、参数的极限化，具有耐高温、耐高压及抗辐射、抗腐蚀等特殊性能要求的钢材，尽管需求总量上升，但随着轻量化设计以及产品升级，钢材的消费强度将下降。

用户对钢铁企业供应方面提出的问题及建议有以下几个方面：

（1）高强钢质量稳定性需要提高，部分特殊品种钢材需要进口。工程机械行业产品发展趋势是节能减排、轻量化，因此未来对高强钢板的需求量还会增加，目前国内1000MPa以上的高强钢还没有具体标准，还需要依靠进口。用户反映国产钢材存在钢材质量不稳定、热处理后性能不达标、不同批次的钢材质量差别大等问题。重型机械行业产品设计轻量化，工艺上以焊代铸，需要高质量的高强钢。

（2）希望采用多品种、小批量的供应模式。机械行业包含产品种类繁多，而单一产品使用钢材种类较多、数量较小，希望钢厂可以采取多品种、多规格、小批量的供应模式，采购钢材时用户接受优质优价政策。希望与钢厂合作建立稳定的供货渠道和战略合作关系。

（3）希望钢厂缩短供货周期，完善产品包装。希望国内钢厂可以像国外钢厂那样，完善钢材防锈包装，使产品到厂不需要重新处理就可使用，制造企业可以接受300~500元的加价。希望钢厂可以缩短供货周期，提供符合制造方要求的产品。

（4）共同开发国外市场。目前，很多欠发达国家基础设施建设和资源开发建设处于起步阶段，市场潜力巨大。重型机械行业希望与钢铁行业上、下游携手“走出去”到国外建厂，联手共同开发国外市场。

船舶行业运行情况及发展趋势

2014年，全球航运市场低位徘徊，船舶市场形势依然严峻。2014年我国造船完工量约为3800万载重吨，同比下降16.2%；新承接船舶订单6000万载重吨左右，同比下降14.1%；手持船舶订单1.53亿载重吨左右，同比增长16.8%。但受全球经济增长趋缓，新船价格上涨受阻的影响，重点监测企业经济效益下降，船舶市场中期形势依旧不容乐观。未来几年我国的造船完工量和新开工船量将保持在4500～5000万载重吨，造船用钢消费量将保持在1300～1400万吨。

一、2014年船舶及海工行业运行总体情况

（一）世界船舶市场

（1）三大指标情况：2014年1～11月，世界造船三大指标两升一降，其中造船完工8554万载重吨，同比下降15.3%，新承接订单10212万载重吨，同比增长15.5%，手持订单31587万载重吨，同比增长17.5%，中国居三大指标的首位（见表1）。

表1　2014年1～11月世界主要造船国家的三大指标

指标 \ 国家		世界	中国	韩国	日本
造船完工量	万载重吨	8554	3383	2404	2204
	比重/%	100	39.6	28.1	25.8
新承接订单量	万载重吨	10212	4868	2850	1997
	比重/%	100	47.7	27.9	19.6
手持订单量	万载重吨	31587	15034	8183	5899
	比重/%	100	40.3	25.9	18.7

注：数据来源于英国克拉克松研究公司。

（2）新造船价格小幅反弹，后劲不足：2013年下半年以来，新船价格指数基本以每月1点的增速从2013年5月的126点上涨到2014年5月的140点，6月与其持平，7月、8月连续下跌1点，9月回到139点。但后期成交量逐渐萎缩，新船价格反弹，后劲明显乏力。海工装备市场短期景气度下降，总体呈下行态势。

海工装备运营市场主要指钻井平台的运营市场，其装备利用率和租金水平与油气公司勘探开发投资增速有较强的相关性。短期内，随着油气公司海洋油气勘探开发投资增速的回落，钻井平台利用率和租金可能出现明显下滑。从长期看，海洋油气勘探开发投资将持续旺盛，海工装备运营市场也将持续活跃。

2014年1～8月，全球海工市场延续2013年下半年的下行态势，投资进一步放缓，成交合同金额约为305亿美元，同比下降38%。市场竞争激烈，订单投资放缓，年初以来主要装备价格开始掉头下行。

（3）航运市场两极分化严重，原油航运市场持续走强：2014年国际航运市场持续低位运行，世界经济和中国经济增长预期减缓，大宗商品价格持续下跌。受此影响，反映干散货航运市场走势的BDI指数全年平均值仅为1120点，11月更是低至794点，远远低于航运企业盈亏平衡点。另外，随着原油价格暴跌，中国等国家加大了原油进口量，带动了原油船运价指数的持续走强，推动克拉克松综合运费指数大涨，11月底，涨至15436美元/天，环比大涨24%。

（4）三大主流船型成交疲软，液化气船市场持续活跃。2014年1～11月，散货船、油船和集装箱船三大主流船型合计成交8853万载重吨，同比下滑33.6%。其中11月合计仅成交227万载重吨，占比76.1%，远低于前10个月90%以上的份额。与此同时，液化气船市场成交持续活跃，11月当月，LNG船成交8艘，108.4万方；LPG船成交3艘，16万方，环比分别增加50%和264%。

（二）中国船舶市场

（1）三大指标月度数据同比一降两升（图1～图3）：中国船舶工业协会数据显示，2014年1～11月，全国造船完工3265万载重吨，同比下降16.0%，降幅环比有所

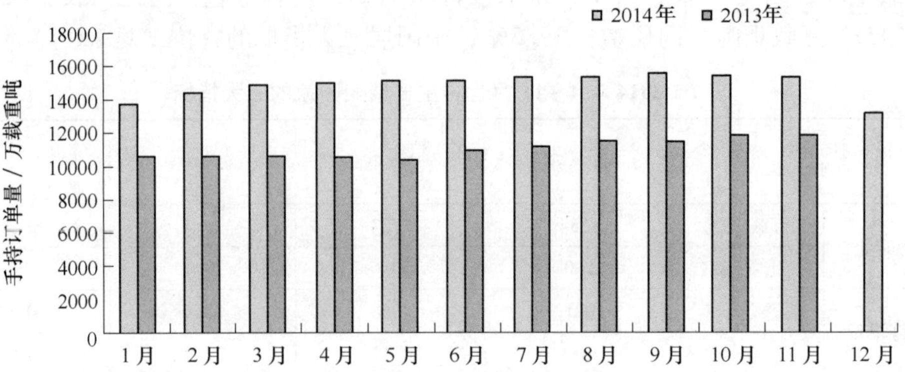

图1　2014年手持订单月度数据

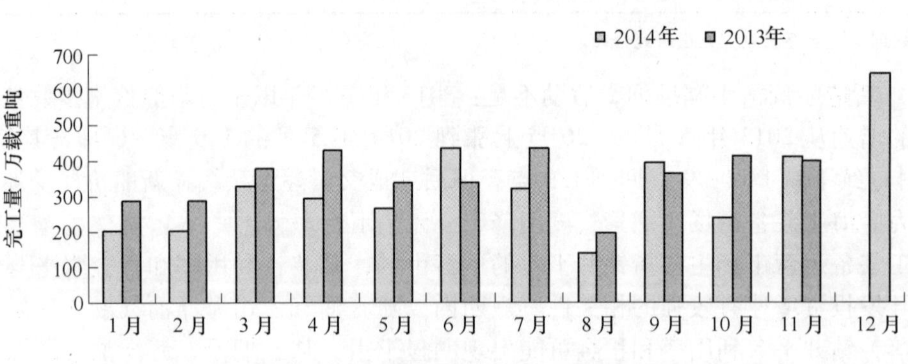

图2　2014年造船完工量月度数据

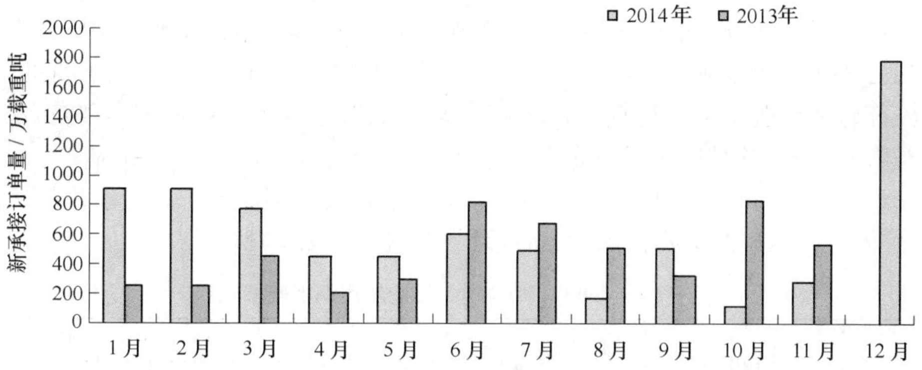

图3　2014年新承接订单月度数据

减小，完工量比历史最高年份2011年减少了2912万载重吨；承接新船订单5676万载重吨，同比增长9.4%；11月底，手持船舶订单15233万载重吨，同比增长27.8%，比2008年历史最高手持订单量减少了4527万载重吨。

1～11月，全国完工出口船2804万载重吨，同比下降13.5%；承接出口船订单5324万载重吨，同比增长10.8%；11月底，手持出口船订单14548万载重吨，同比增长38.9%。出口船舶分别占全国造船完工量、新接订单量、手持订单量的85.9%、93.8%和95.5%。

（2）工业总产值同比增长：2014年1～11月，船舶行业87家重点监测企业完成工业总产值3650亿元，同比增长10.2%。其中，船舶制造产值1775亿元，同比增长6.1%；船舶配套产值290亿元，增长15.3%；船舶修理产值119亿元，增长10.8%。

（3）船舶出口持续增长：2014年1～11月，船舶行业87家重点监测企业完成出口交货值1580亿元，同比增长6.1%，其中，船舶制造企业1344亿元，同比增长3.5%；船舶配套企业51亿元，增长2.4%；船舶修理企业47亿元，增长13.4%。

（4）企业经济效益同比下降：2014年1～11月，船舶行业87家重点监测企业实现主营业务收入2720亿元，同比增长13.6%；利润总额47亿元，同比下降7.5%。

（5）国际油价低迷，海工市场风险逐步增大：11月，布伦特原油跌破60美元大关，受此影响，海工装备建造市场下跌幅度进一步扩大。1～11月全球共成交各类海工装备381艘（座），总计389.1亿美元，同比大幅下滑37%，跌幅比上月扩大4个百分点。国际原油价格的持续下跌还影响到了海工装备运营市场，不少钻井承包商采取降低租金的策略来维系获得的租约，导致钻井平台和海工辅助船平均日租金均有不同程度下降。专家预计国际油价（平均水平）在2015年恢复到90美元/桶的可能性不大。因此，未来海工市场风险持续增加，尤其是中国新转型海工产业的企业面临的风险更加严峻，需引起我们的高度重视。

二、2014年造船用钢市场特点

由于2013年度船舶新接订单的大幅增长，2014年我国船舶企业新开工船舶增多，船舶用钢量出现一定增长。大连船舶重工集团年初采购50万吨钢材，其临时采购量超过往年平均水平；渤海船舶重工采购20万吨钢材，其中高强度船舶占70%；上海船厂船舶有限公司采购21万吨钢材，其中海工用钢6万吨；长航集团金陵船厂采购钢材20万吨；江苏新世纪造船集团用钢量比上年大幅增加，全年预计用钢35万吨；江苏扬子江船业有限公司采购钢材70万吨等。

预计2014年，我国船用钢材消耗量比2013年有较大幅度增长，造船用钢需求预计约为1300万吨，其中造船板需求为1000万吨左右（见表2）。

表2 2008～2014年中国造船用钢消耗量 （万吨）

年 份	船用钢材消耗量	比上年增减(±)/%	其中		
			板材	型材	其他品种
2008	1200	27.7	984	120	76
2009	1330	10.8	1170	120	40
2010	1700	27.8	1450	130	120
2011	1700	0.0	1430	150	120
2012	1200	-29.4	1055	105	40
2013	1100	-8.3	900	110	90
2014	1300	18.2	1050	145	105

三、未来船舶行业发展及用钢需求预测

（一）2015年造船用钢消费量将保持稳定

中国船舶行业协会根据2014年9月底手持订单统计，我国未来几年的造船完工量和开工船量将保持在4500万～5000万载重吨，因此船用钢消耗量保持在1300万～1400万吨的低位水平，并将保持常态，如图4所示。

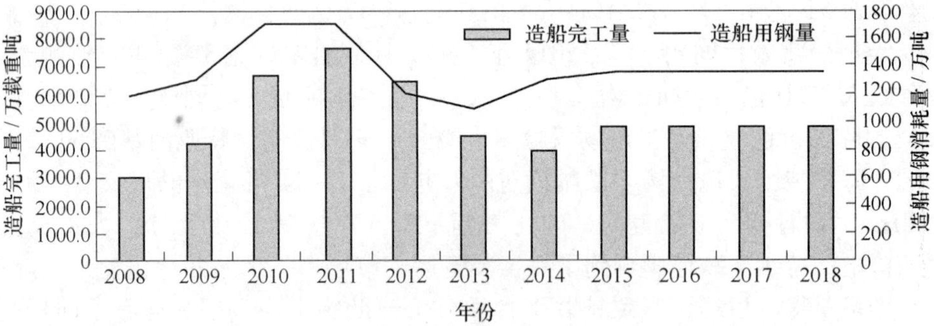

图4 中国造船完工量及用钢消耗量预测

（二）骨干造船企业仍将是钢材消费的主体

2013年、2014年新船市场企稳反弹，一批注重新船型开发、建造技术先进、管理到位、市场定位准确、建造质量好的骨干船舶企业承接了大量订单。统计显示，重点监

测船舶企业新接船舶订单占全部订单量的90%以上。其中CSSC和CSIC两大造船集团在稳定生产、加大接单力度方面表现突出，新接订单超过总订单量的45%。此外，上海外高桥、大连船舶重工、江苏扬子江、金陵船厂、南通中远川崎、扬州大洋、江苏新时代等骨干企业承接的订单多数将在2015年、2016年开工建造，骨干造船企业仍将是钢材消费的主体。2015年各企业造船用钢量预测见表3。

表3　我国主要造船企业2015年造船用钢量预测表

序　号	造 船 企 业	预计用钢量/万吨
1	上海外高桥造船有限公司	90
2	金海重工股份有限公司	80
3	江苏熔盛重工集团有限公司	80
4	江苏扬子江船业（控股）有限公司	70
5	大连船舶重工集团有限公司	60
6	广州广船国际股份有限公司	60
7	江苏新时代造船有限公司	40
8	沪东中华造船（集团）有限公司	35
9	中国长江航运集团金陵船厂	20
10	中船澄西船舶修造有限公司	20
11	南通中远川崎船舶工程有限公司	20
12	中海工业（江苏）有限公司	20
13	扬州大洋造船有限公司	20
14	泰州口岸船舶有限公司	20
15	渤海船舶重工有限责任公司	20
16	青岛北海船舶重工有限责任公司	20
17	江苏韩通船舶重工有限公司	20
18	江苏东方造船有限公司	20
19	威海三进船业有限公司	20
20	浙江欧华造船有限公司	20

从地域分布来看，这些骨干企业主要集中在长三角地区（见图5），江浙沪一带仍将是钢材消耗的集中地。

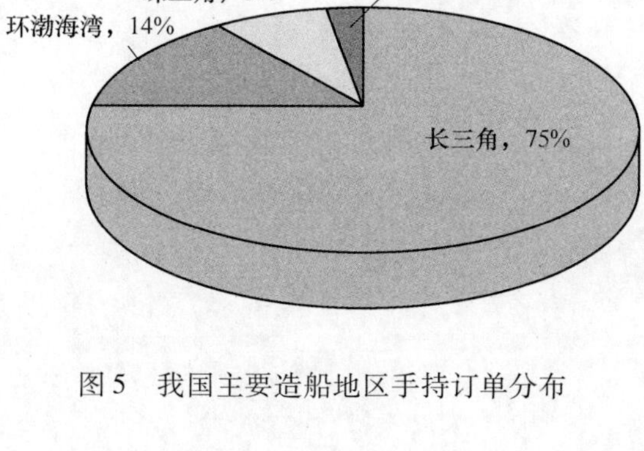

图5　我国主要造船地区手持订单分布

（三）三大主流船型的钢材消费量仍然占主导地位

根据手持订单的统计，未来几年完工船舶中，三大主流船型占比仍将保持在85%以上，其中散货船占比将在60%左右，因此主流船型的钢材消费量占比仍然较高。与此同时，2015年、2016年我国将交付12艘液化天然气(LNG)船、8艘液化石油气(LPG)船、10艘双相不锈钢化学品船；多艘10000TEU、16000TEU等超大型集装箱船也将陆续交付。因此，耐蚀钢、双相不锈钢、超大型集装箱船的舱口围板等部位用的47kg级高强度钢会有所增长，此外海工平台用高强度、超高强度钢需求也都会有较大的增长。

集装箱行业运行情况及发展趋势

一、2014年我国集装箱行业运行情况

（一）我国集装箱港口吞吐量增幅小幅放缓

2014年1~11月，规模以上港口完成集装箱吞吐量18422.07万TEU，同比增长6.1%，增速比上年同期放慢1.3个百分点。其中，沿海港口完成16570.83万TEU，增长6.9%；内河港口完成1851.24万TEU，与上年同期基本持平（见表1）。

表1　2014年1~11月我国港口集装箱吞吐量

排　名	港　名	2014年1~11月吞吐量/万TEU	累计同比增减(±)/%
全　国	总　计	18422.07	6.1
沿　海	合　计	16570.83	6.9
1	上海港	3236.72	4.7
2	深圳港	2187.91	2.7
3	宁波—舟山港	1797.73	12.4
4	青岛港	1523.90	6.0
5	广州港	1484.58	6.6
6	天津港	1297.22	8.4
7	大连港	927.05	2.3
8	厦门港	782.51	7.4
9	营口港	528.75	6.1
10	连云港	460.00	-8.5
内　河	合　计	1851.24	0
1	苏州港	403.3	-17.5
2	佛山港	262.37	5.6

2009年以来，我国港口集装箱吞吐量逐年稳步增长，这也反映出我国外贸进出口情况。2013年我国港口集装箱吞吐量达到19021万TEU，2014年前11个月达到18422万TEU，预计全年有可能突破2亿TEU。从沿海港口占全国比重来看，近几年一直保持在90%左右（见图1）。

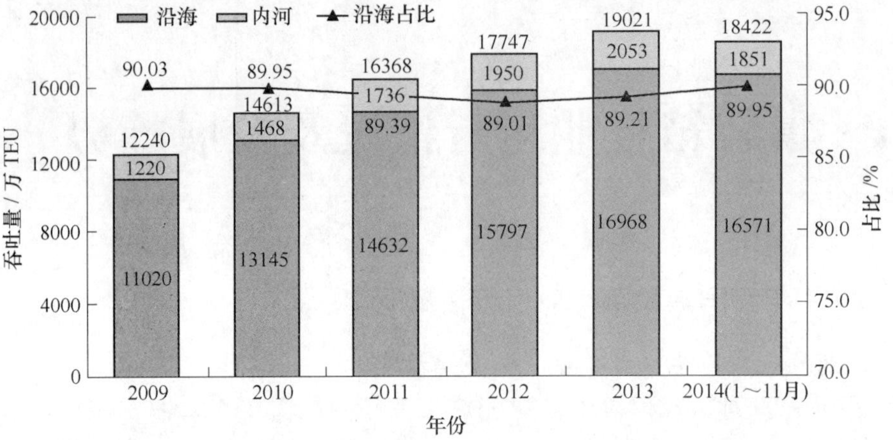

图1　2009～2014年全国港口集装箱吞吐量

（二）2014年我国集装箱行业运行情况

我国集装箱产量与出口量大体相当，出口的变化情况基本反映了集装箱的产销特点。

（1）我国集装箱出口量概况：据海关统计，2014年10月我国集装箱出口24万只，环比下降14.8%，实现出口额6.56亿美元，环比下降19.43%。1～10月累计出口集装箱241万只，同比上升8.86%，1～10月累计出口额72亿美元，同比上升11.12%。

图2所示为2004～2014年我国集装箱出口情况。可以看出，集装箱市场在2012年后触底回升，近三年均保持平稳增长，但绝对值仍未达到金融危机前的水平。

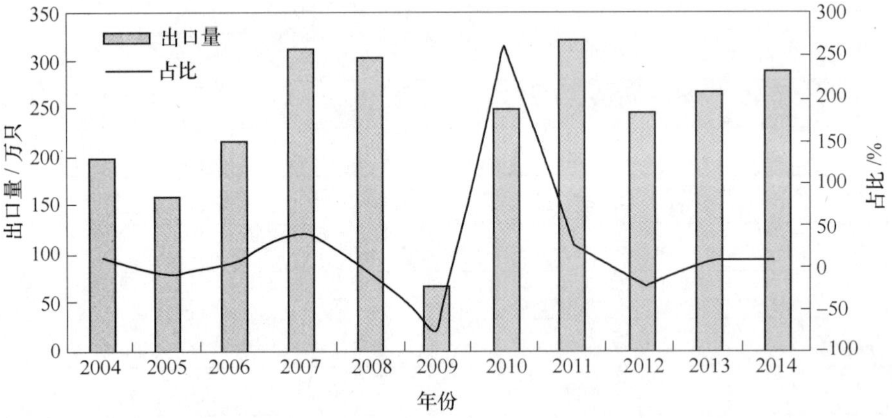

图2　2004～2014年我国集装箱出口量及增长率

（2）2014年集装箱主要出口市场：我国集装箱出口市场主要集中在亚洲、美国和欧盟等国家和地区。2014年上半年集装箱出口排名前10位的国家和地区（其中欧盟按一个地区统计）依次是美国、中国香港、日本、欧盟、新加坡、印度尼西亚、韩国、中国台湾、科威特、泰国。这10个国家和地区的集装箱出口量之和占我国集装箱总出口数量的94%，同比基本持平，金额占90.2%，同比下降了1个百分点，仍为我国集装箱出口的主要市场。

（3）集装箱价格变化情况：受国际市场整体需求不旺，原材料成本下跌等因素影响，集装箱价格总体呈下降趋势，导致其主要生产企业利润下降。

二、2014年集装箱行业钢材需求情况

（一）我国集装箱行业用钢情况分析

据中国集装箱行业协会统计，2014年集装箱的产量将比上年有所增加，因此集装箱板的需求量比上年出现回升。2014年集装箱板消费量约340万吨，集装箱用钢材市场总体呈现温和回升格局。

（二）集装箱行业对钢铁企业及产品的需求和提出的建议

（1）鉴于集装箱市场的大幅波动，集装箱生产企业希望与钢铁企业携手，提高市场应变能力，共同应对市场变化。

（2）希望钢铁企业缩短钢材交货期，对集装箱厂的需求做出快速反应。同时也希望钢铁企业技术、销售部门人员能深入企业，进一步了解集装箱制造的特点和材料需求，及时解决生产过程中遇到的材料问题。

（3）国内某些钢铁企业生产的集装箱板在内在质量、尺寸规格上与用户的要求还存在一定差距，特别是尺寸（厚度、宽度）精度还不能完全满足用户需求。高强钢板的使用是集装箱用钢的发展方向，目前很多钢厂不能生产冷轧高强钢，对热轧高强钢的起订量、规格范围也有一定的限制，希望钢铁企业能按用户要求接受订货，同时尽快生产出满足要求的集装箱钢板。

三、2015年集装箱行业发展趋势预测

（一）2015年集装箱市场将温和回升

综合分析，2015年我国集装箱市场有望温和回升，用钢量也将保持小幅增长。具体分析如下：

（1）世界经济因素。国际货币基金组织预计，2015年世界经济增速将达到3.8%，增速比2014年提高0.4个百分点。全球贸易量有所回升，跨国投资缓慢企稳。

（2）中国经济因素。2015年中国经济将继续保持平稳增长，我国GDP增速预计将在7.0%左右，对外贸易将保持小幅增长。

（3）航运因素。展望2015年，基于航运行业地位有所提升，且补贴、税收改革等有望逐步到位，燃油成本大幅下降，预计行业有望延续复苏态势，但受运力增速提升明显的影响，预计复苏进度放缓，同时行业整体竞争加剧，预计行业整体财务表现或将基本与2014年持平。集装箱运输需求有望微弱提升，但基于新订单投放压力明显加大，供需失衡格局将再度加剧，运价存在下行压力。同时，受班轮公司加大联盟力度，且频繁采取减班涨价等短期行为，集运市场运价波动幅度和频率都将加大。

（二）集装箱行业未来发展趋势及钢材需求的新变化

（1）集装箱行业未来发展趋势。随着现代物流业的快速发展以及降低物流成本的需

求，除集装箱的需求量会不断增加外，对于集装箱的智能化、标准化、轻量化和节能环保的要求越来越高，集装箱船舶的大型化、集装箱多式联运，集装箱的低碳、节能、环保、绿色生产运输等成为未来发展趋势。

1）轻量化：集装箱产品的轻量化是未来发展的重要趋势之一。根据国际贸易需求的不断变化，要求集装箱自重更轻、更坚固耐用。集装箱的轻量化在减轻集装箱产品自重的同时，满足集装箱的刚度、强度等使用需求，从而有效降低非载荷负重，达到降低生产和运输成本的目的。

2）低碳、节能、环保、绿色生产运输：集装箱生产用钢材、木材和涂料三大材料，为保证集装箱生产的绿色环保，对材料的环保要求更高，如加强水性涂料的研制并应用。对集装箱的生产过程，提出了更高的排放标准和能耗标准，以中集公司的梦工厂为例，它已经做到污水零排放，VOC排放量也只有国家标准规定的5%。新型特种箱、模块化建造、以旧换新业务等也是绿色制造的重要实践之一。材料使用和设计的轻量化、智能化也减少了运输过程中的能耗和排放。

（2）集装箱行业未来钢材需求趋势。集装箱的使用环境对集装箱用钢材有较高的要求。首先，为提高集装箱的使用年限，降低使用成本，集装箱用钢材必须耐大气以及海水的腐蚀；其次，为增强箱体抗冲击性，降低损坏程度，钢材要有很高的强度和较好的韧性；再次，为提高集装箱生产中钢材的整体利用率，集装箱用钢板的板形、平整度要求提高；最后，为降低生产成本，同时减轻集装箱自重，集装箱板的厚度减薄趋势越来越明显，集装箱用钢材朝高强化、轻量化方向发展。

家电行业运行情况及发展趋势

家电行业作为国民经济增长的支柱性行业，已经成为我国经济实现可持续、健康发展的中坚力量。随着家电产品的升级换代，家电用钢体现出轻量化、美观、环保化的新特点。

2014 年中国家电行业总体表现平稳，整体呈生产、内销回升，出口小幅增长的趋势，效益创历史最高水平，产业的转型升级已初见成效，产业竞争力和盈利能力显著改善。2014 年是家电行业稳定增长的一年，家电业销售收入增长率在 10% 左右，家电产品出口额增长率保持在 5% 左右，但与用钢量密切相关的大家电产量增幅较小或负增长。预计 2015 年家电行业销售收入增长率有望继续保持在 10% 左右，出口增速有望提高到 8% 左右，但大家电产量已进入“零增长”时期。

一、2014 年我国家电行业生产经营情况

（一）家电产品总体产量保持高位，部分产品产量下降

2014 年 1 ~ 10 月主要家电产品中大家电产量增减互现，其中，电冰箱 1 ~ 10 月产量为 8029. 46 万台，同比增长 0. 75%；洗衣机 1 ~ 10 月产量 5722. 12 万台，同比下降 3. 19%；空调器 1 ~ 10 月产量 13397. 77 万台，同比增长 8. 29%。小家电中，电饭锅 1 ~ 10 月产量 19552. 63 万台，同比增长 14. 94%；家用微波炉产量 6286. 58 万台，同比增长 7. 48%；电热水器产量 2775. 39 万台，同比增长 0. 68%；家用吸排油烟机产量 2348. 28 万台，同比增长 12. 52%。

（二）行业运行质量明显提高

2014 年家电行业的效益水平明显上升，1 ~ 8 月（图 1），家电行业主营业务收入 8976 亿元，同比增长 10. 4%；利税总额 761 亿元，同比增长 22. 2%；利润总额 518 亿元，同比增长 22%，销售利润率 5. 77%，预计 2014 年全行业主营业务收入增幅 13% ~ 14%；实现利税总额增幅超过 25%。

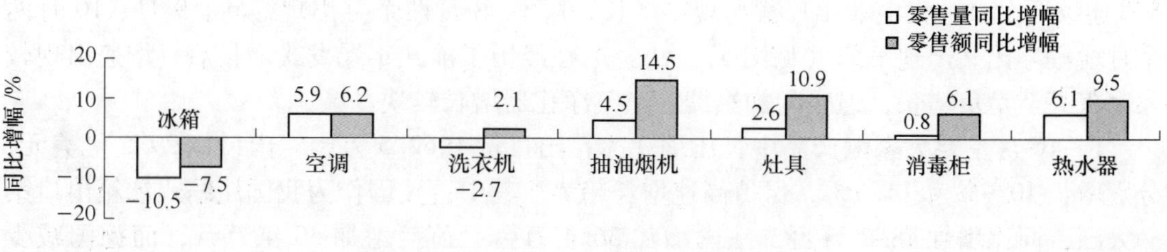

图 1　2014 年 1 ~ 8 月家电市场零售情况

（三）受透支消费与商品住宅市场低迷影响，产品内需出现下降，企业库存高企

受到透支消费与商品住宅市场低迷影响，大家电内销市场整体表现低迷。1～8月冰箱、洗衣机市场销量降幅分别为10.5%和2.7%，空调器增幅5.9%。从销售额看，冰箱同比降幅7.5%，低于产量的降幅，而洗衣机产量同比下降2.7%，但销售额同比增长2.1%，空调器销售额的增幅也高于产量增幅，说明大家电产品的附加值在提高，家电市场产品结构升级力度超过以往任何时期。

由于终端消费减缓，家电企业库存增加较多。8月家电企业空调器产成品资金占用同比增长24%，家用制冷、清洁电器、厨房电器的库存均达历史高点，见图2。

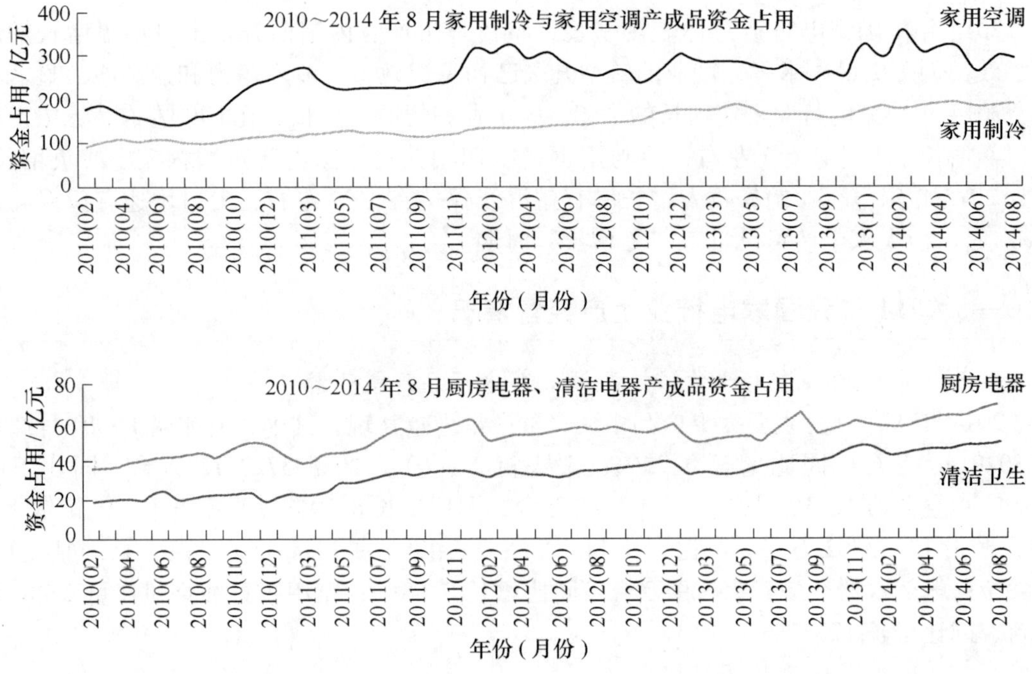

图2　家电产品产成品资金占用情况

（四）出口总体保持增长，但波动较大，小家电出口增速大幅回落

2013年1～10月，家电行业完成累计出口额489.1亿美元，增幅4.9%，其中上半年出口不尽如人意。1～6月，我国家电行业出口额为289.5亿美元，增长3.1%，5月、6月连续两个月，家电业出口额出现零增长，7月、8月两个月出现好转，9月、10月两个月增幅环比又出现下降（见图3）。小家电在经历了前几年爆发式增长后，增速出现较大回落甚至是负增长，但空间加热器、空气净化器增长较快。

1～10月主要大家电产品中，压缩式冰箱出口量1962.5万台、出口额29.5亿美元，分别增长10.9%和11.5%，保持高速增长趋势。其中：美国作为我国压缩式冰箱出口第一大国，同比增加48.7万台，法国增加36.4万台、荷兰增加30.4万台，而德国减少49.1万台，减少量最大。

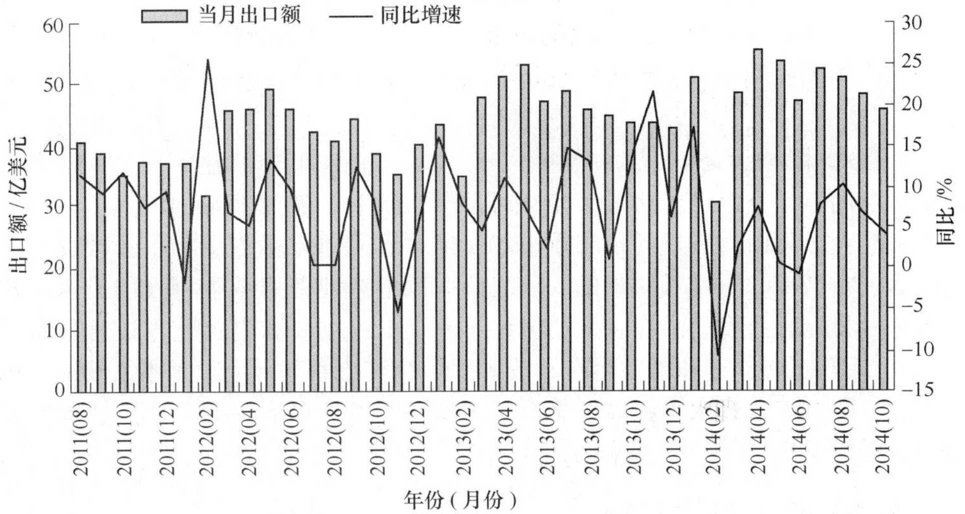

图3　家电行业当月出口额及其同比增速

洗衣机出口量1826.3万台、出口额31.1亿美元，分别增长4.5%和9.2%，增长主要来自两个国家：日本增加30.8万台，美国增加40.3万台。乌克兰减少19.7万台，印度尼西亚和俄罗斯分别减少16.4万台和14.6万台。

空调器的出口量3828.6万台、出口额86.5亿美元，同比持续下降趋势，降幅分别为5.1%和5.0%，降幅有所放缓。美国同期减少113.8万台，阿尔及利亚减少55万台，利比亚减少53.5万台，沙特阿拉伯减少18.6万台和印度减少18.9万台。而增加的国家中，巴西同比增加56.1万台，阿联酋增加23.4万台。从总体看，空调出口情况依旧低迷。

1～10月小家电产品中厨房电器的出口量同比下降5.3%，出口额同比增长2.2%。其中电饭锅出口量减少920.3万只，出口额减少2.1亿美元，分别下降19.0%和26.8%。室内舒适电器出口量增长8.1%，出口额小幅增长4.0%。增长主要来自于空间加热器，出口量8438.5万台、出口额15.5亿美元，同比分别增长23.4%和16.0%。气体净化器出口量784.9万台，出口额3.7亿美元，同比分别增长13.3%和减少9.1%。电风扇与去年同比小幅下降，出口量1.1亿台和出口额17.6亿美元，同比分别减少1.3%和2.0%。

个人护理电器出口量和出口额继续保持增长，出口量增长8.6%，出口额增长10.5%。

二、2014年家电行业运行的突出特点

（一）产品升级引领消费、产品创新创造需求

在激烈的市场竞争中，家电企业从工业设计、制造工艺、用户体验、节能环保等方面为用户提供可信赖的产品，靠产品的品牌，靠产品的创新，打开市场、扩大市场，引领消费，创造需求，消费市场形成了朝中高端方向发展的趋势。变频空调器、滚筒洗衣

机、对开门、多门高端冰箱、大尺寸平板电视、精品厨电产品的占比越来越高。大家电呈大容积、节能化、变频化、高端化的发展趋势，小家电创新技术与时尚设计相结合，全自动面条机、智能沏茶机、智能清洗机器人等一大批新产品不断涌现，并被市场认可和接受。

（二）产业升级成行业发展主旋律

家电行业的转型升级已经跨过“空谈理念”的时期，脚踏实地，进入了开拓进取的阶段。龙头企业已经由过去重规模、重市场份额，转到重技术创新、重管理提升、重设计、重质量、重效率、重增长质量的发展之路。家电企业普遍重视科技的投入，建立了比较好的激励机制，研发人员在企业的地位不断提升。主要家电企业重视管理水平的提升，通过实施IE工业工程和精益生产，改善了工序物流管理，消除了不必要的厂内物流与动力能耗，达到了管理水平提高、制造工艺水平与生产效率提高、生产成本降低、减员增效的良好效果。

三、家电行业2015年展望

（一）家电行业2015年发展环境分析

（1）利好因素：我国消费升级态势明显，将成为拉动家电行业稳健提升的主导力量。未来，我国大家电的产量或将有所下降，小家电将更具活力，中高端产品占比将继续增加，创新性的新产品将不断问世。

为应对制造成本上升与全球布局的需要，我国家电业“走出去”的步伐将逐步加快。虽然我国家电业成本优势有所减弱，但我国家电产业链的整体竞争优势仍然明显。欧美经济复苏将继续拉动家电产品出口，出口的增长将更多依赖于市场的开拓与出口产品结构的提升。

随着人民币汇率形成机制市场化不断推进，人民币汇率将实行双向调节并逐步稳定在合理的均衡水平，对出口的负面影响将逐步缩小，同时将有利于逐步降低出口汇率风险，这也将对今后的出口产生积极影响。

（2）利空因素：住宅市场的影响短期内不会发生根本性变化，消费透支的影响将持续数年，制约了大家电市场需求的释放。

出口量上升空间有限。随着多年出口持续高速增长，我国家电产品在全球出口市场的比重已达到37%，继续上升的空间已经不大。近年来，我国小家电的出口量进入相对稳定状态，大家电出口量增幅减小到个位数（见图4）。局部战争和世界政局动荡对新兴

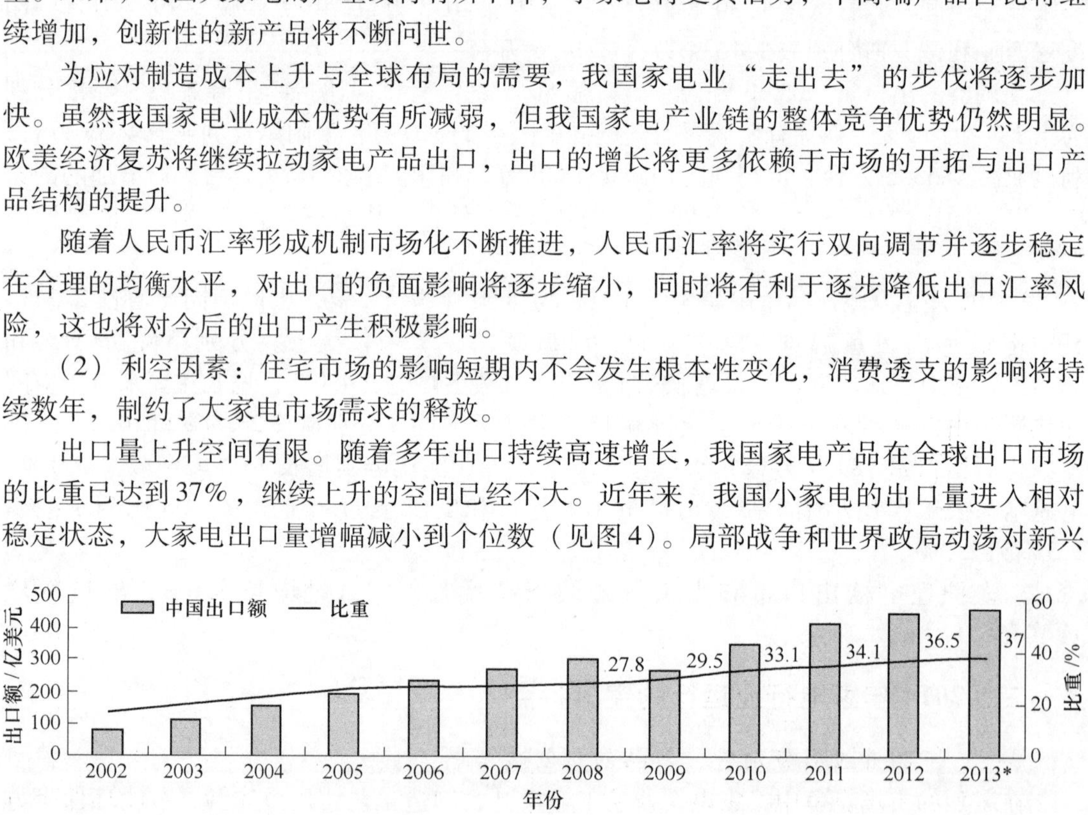

图4 中国家电产品出口额占全球出口市场的比重

经济体的经济发展将继续产生负面影响，家电业对部分新兴经济体国家与地区的出口仍存在下行风险。

（二）2015 年家电行业形势预测

（1）大家电产量（图5）或将出现零增长，因为大家电更新带来的下一个消费周期将出现在2016～2018 年。

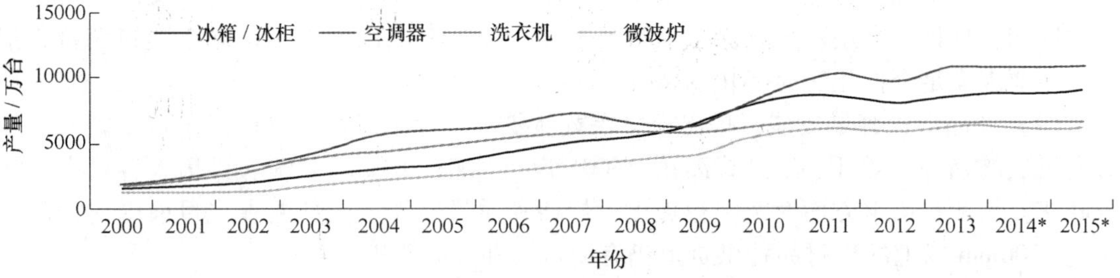

图5　中国家电行业大家电产量预测

（2）2015 年空调出口回升，出口额增幅有望达到8%。由于中国空调在全球出口市场的比重已经很高，继续上升的空间不大。“十三五”期间，伴随企业“走出去”步伐的加快，部分产品转为境外生产，出口规模将逐步趋于稳定。

（3）拉动产业增长的主要力量是产品结构提升。

1）电冰箱：2015 年容量大于 300L 的多门与对开门冰箱比重分别提升到 6% 和 10%；大于250L 的无霜冰箱比重为20%，2020 年将超过40%；2015 年冰箱能效水平提高30%，2020 年将再提高20%。

2）洗衣机：2015 年主流产品额定容量达到8kg，2020 年将达到10kg；2015 年 80%以上的洗衣机能耗标准达到2 级，2020 年将有80%以上达到1 级。

3）空调器：2015 年整机减重10%，能效水平提高10%，2020 年将再提高20%。

四、家电行业钢材需求趋势

（一）需求量基本稳定

家电行业钢材需求量主要决定于家电产品的生产规模，尤其是大家电产品。2011 年家电行业产量大幅增长，达到历史高点，2012 年钢材的消费量比上年下降，2013 年家电产量稳定增长带动钢材需求量回升，家电业钢材消费增长9%，预计2014 年、2015 年难以延续这种走势，家电用钢量也将基本稳定在950 万吨左右的水平。

（二）产业升级对家电用钢的新要求

（1）产品高档化，提出结构性能新要求。家电产品的高档化趋势使得其对钢材的品种结构和性能质量上也提出了新需求。具体来说，电冰箱侧板、门板及大家电箱体方面对材料的力学性能、加工性能、表面质量、平整度等提出更高要求；洗衣机内筒、热水器内胆方面对不锈钢的成型性能、焊接性能、耐蚀性能提出了更高的要求；对高性能铁素体不锈钢彩色预涂板与覆膜板需求上升。

（2）能效升级，拉动高品质电工钢需求。节能补贴政策的实施和国家能耗新标准的出台，引发对超高效压缩机的抢购，直流变频机型、高效压缩机、永磁无刷电机批量上升，超高效冰箱压缩机和高性能直流无刷电机需求增长。对高性能、高号电工钢的需求也随之上升，要求电工钢具有更好的电磁性能和力学性能，400系列、300系列、200系列电工钢的需求将继续上升。

（3）淘汰落后生产工艺，预涂板需求上升。越来越多的家电生产线淘汰了磷化喷粉工艺，一体成型加工工艺得到进一步普及，冰箱门板一度盛行的彩钢玻璃又出现向预涂板的回归，预计家电用彩色预涂板项目将明显增加。家电用预涂板不同于建筑用板，批量小，要求满足个性化、时尚化的特殊要求。

（4）产品向大容量发展，提出板材幅宽新要求。近年来大家电产品出现了朝大容量方向发展的趋势，对开、三开式冰箱，300L以上冰箱，8kg以上洗衣机等大容量产品需求旺盛。因此在用钢方面对宽幅板提出了规格和质量性能上的新要求。目前国内钢厂在幅宽1500mm以上的板材品种供货上仍有缺口，部分需要进口。

（5）细化减量设计，带来高强薄板需求增长。目前，家电领域普遍推广精细化减量设计，大家电产品的箱体板材厚度普遍出现减薄趋势；小型高效制冷压缩机需求旺盛，且有机重不断减轻。预计家电行业对高强度减薄板的需求将继续增长，特别是0.3mm、0.4mm、0.5mm的薄板产品。

（6）“十三五”期间材料研究与应用发展趋势。无刷电机应用日益普及，导致高牌号硅钢的消费量可能出现下降；高档洗衣机内筒，厨房小家电等对高性能不锈钢的需求增加，高档酒柜采用不锈钢复合材料等；彩色覆膜板和预涂板等新型外观材料研究，主要以面板的立体化、质感差异化为主要方向，以达到光洁、层次、纹理多重表现效果；还有新型钢板纹理质感研究及应用等。

油气管线行业运行情况及发展趋势

随着我国经济的快速发展，对油气的需求量也快速增加。2013 年我国石油表观消费量为 4.98 亿吨，对外依存度达到 58.1%，比 2010 年提高 4.3 个百分点；2013 年天然气表观消费量为 1676 亿立方米，对外依存度达到 31.6%，比 2010 年提高一倍。由于我国油气资源主要分布在西北、西南、东北等距离东部发达地区较远的区域，加之我国加大从中亚地区的油气进口量，因此管道建设对于我国经济发展至关重要。

一、我国管线建设情况

（一）2000 年以前的建设情况

我国石油天然气管道工业的发展是随着石油工业的创建而发展起来的。我国在 1958 年建设了克拉玛依—独山子炼油厂双线输油管道，全长 300 公里，管径 159mm，这是我国建设的第一条长输管道。20 世纪 60 年代，大庆油田的开发，使我国原油生产有了一个突破性的发展，原油产量大幅提高，到 1970 年，原油的运输已成为制约经济发展的重要环节。1970 年 8 月 3 日开始的“八三”会战，先后建成了大庆—铁岭—大连和大庆—铁岭—秦皇岛两条原油输油管道，并且采用外径 720mm、16Mn 材质的双面埋弧焊螺旋焊管，使我国的原油管道输送水平上了一个新台阶，同时也促进了我国螺旋焊管制造水平的提高。60 年代，随着四川天然气的勘探开发，在四川省和重庆的输气管网已具有相当规模。70 年代和 80 年代，东部地区的石油勘探开发有了一个突飞猛进的发展，相继建设了许多油气田，输油和输气管道得到了较大发展。尽管如此，到 1994 年，我国石油天然气管道还不足 2 万公里，与国外先进国家相比差距较大，管道建设落后于国民经济的发展。2000 年以前，尽管我国已开发出 X65 管线钢，但在工程实用过程中仍大量进口管线钢或直接进口管线管。

（二）西气东输项目

（1）西气东输一线。

西气东输一线工程于 2002 年 7 月 4 日开工建设，2004 年 12 月 30 日全线供气，西起新疆轮南，途经 9 个省、自治区、直辖市，最后到达上海，全长约 4000 公里。西气东输一线是我国管道史上具有里程碑意义的大型输气管道工程，使我国快速融入了目前高压、大口径和长距离输送的发展潮流，也开创了我国高强度、高韧性管线钢研发和生产的序幕。

西气东输一线管径为 1016mm，壁厚 14.6 ~ 26.2mm（其中 14.6mm 壁厚为螺旋缝埋弧焊管，17.5mm、21.0mm、26.4mm 为直缝焊埋弧焊管），管道压力为 10MPa，全长 4000 公里。焊管用量 156.7 万吨，主要为 X70 级别，其中螺旋缝埋弧焊管 60.7 万吨，卷板由宝钢、武钢、鞍钢提供；直缝焊埋弧焊管用量96万吨，其中14.7万吨为国产，由舞钢提供钢板，其余为进口。

2000年西气东输工程立项后，中国钢铁工业协会联合中石油组织开展了X70管线钢的研究开发。管线钢的主要研制单位为宝钢、武钢、鞍钢和舞钢。其中以宝钢为代表，成功开发出针状铁素体组织类型X70管线钢，并实现供货。

（2）西气东输二线。

西气东输二线于2008年2月正式开工建设，二线工程西起新疆霍尔果斯，东达上海，南抵广州、香港，横跨我国15个省、自治区、直辖市及特别行政区，干线全长接近4900公里，加上支线全长超过9000公里，于2012年12月全面建成投产，与中国—中亚天然气管道衔接，是我国第一条引进境外天然气资源的大型管道工程。

二线工程设计管道压力为12MPa、10MPa，设计输气量为300亿m^3/a，主干线钢材全部选用高钢级X80管线钢，即大口径ϕ1219mm、壁厚18.4mm螺旋焊管和ϕ1219mm。壁厚22mm直缝埋弧焊管，其中霍尔果斯至中卫段输送压力为12MPa，中卫至广州段输送压力为10MPa。支干线及联络线采用X70钢级，ϕ1016mm钢管，输送压力为10MPa。整个工程建设用管线管416万吨，其中X80管线钢278万吨，占总用钢量的67%；螺旋埋弧焊管279万吨，占总量的67%，直缝埋弧焊管137万吨，占总量的33%（表1）。

表1　西气东输二线用钢情况

项目	焊管类型	钢管外径×厚度/mm×mm	钢种	焊管用量/万吨
干线	螺旋	ϕ1219×15.3	X80	4.5
	螺旋	ϕ1219×18.4	X80	194.5
	直缝	ϕ1219×22	X80	65.5
	直缝	ϕ1219×26.4	X80	8.4
	直缝	ϕ1219×27.5	X80	2.9
	直缝	ϕ1219×33	X80	2.0
	小计	X80用量277.9万吨：其中螺旋焊管199.1万吨，直缝焊管78.8万吨		
支干线	螺旋	ϕ1016×14.6	X70	18.0
	螺旋	ϕ1016×17.5	X70	36.2
	直缝	ϕ1016×21.0	X70	30.8
	直缝	ϕ1016×26.2	X70	7.5
	螺旋	ϕ813×14.0	X70	15.2
	直缝	ϕ813×16.8	X70	9.9
	小计	X70用量117.6万吨：其中螺旋焊管69.4万吨，直缝焊管48.2万吨		
联络线	螺旋	ϕ1016×14.6	X70	8.5
	螺旋	ϕ1016×17.5	X70	1.6
	直缝	ϕ1016×21.0	X70	3.7
	直缝	ϕ660×14.3	X70	6.2
	小计	X70用量20万吨：其中螺旋焊管10.1万吨，直缝焊管9.9万吨		

为推动西气东输二线用钢国产化，2007 年中国钢铁工业协会与中国石油天然气集团公司共同组织宝钢、武钢、鞍钢、南钢、舞阳钢板、太钢、首钢、马钢、沙钢等钢铁企业和华北石油钢管厂、宝鸡石油钢管厂等制管企业，对西气东输二线用 X80 管线钢开展技术攻关，在较短时间内研发成功并批量供应，满足了工程建设的需要，实现了西气东输二线管道建设用钢的国产化。

（3）西气东输三线。

西气东输三线工程于 2012 年 10 月 16 日开工，全长 7378 公里，包括 1 条干线和 8 条支线，西起新疆霍尔果斯，东至福建福州，主要供应中亚天然气。干线全长 5220 公里，管径 1016 ~ 1219mm，设计压力 10 ~ 12MPa，设计输气能力 300 亿立方米/年，工程分西段、中段和东段三部分建设。目前西段已于 2014 年 8 月份全线贯通，东段预计在 2015 年投产，中段预计 2016 年建成投产。全线主要使用 X80 管线钢，预计总需求量接近 500 万吨，基本上由国内企业提供。

（三）2014 年建设情况

2014 年我国油气管道建设基本陷入停工阶段，特别是西气东输三线等主干线项目等，只有少数地方管线项目在建及部分管线更新，因此 2014 年管线钢需求量大幅下滑。

二、未来管线建设前景

根据《天然气发展“十二五”规划》，“十二五”期间，我国新建天然气管道（含支线）4.4 万公里，到“十二五”末，初步形成以西气东输、川气东送、陕京线和沿海主干道为大动脉，连接四大进口战略通道、主要生产区、消费区和储气库的全国主干管网，形成多气源供应，多方式调峰，平稳安全的供气格局。截至 2013 年年底，我国油气管道长度已超过 10 万公里，其中天然气管线接近 6 万公里，原油管道 2.5 万公里，成品油管道 2 万公里。

尽管 2014 年开工建设的管线项目较少，但 2015 年国内在建及拟建的主要天然气管道干线包括新粤浙、陕京四线、中俄天然气东线和西气东输四线，四条管线总长度约 1.6 万公里，预计将于 2015 年陆续开工建设。2015 年管线钢需求量将有大幅回升。今后，还将有中俄天然气西线、西气东输五线等干线项目开工，再度拉动钢材需求。预计到 2020 年，我国长输油气管道总里程将超过 15 万公里，这意味着 2020 年前我国还将建设约 5 万公里左右的管道，每年需建设约 8000 公里支干线和管网。

输电铁塔行业运行情况及发展趋势

受宏观经济的影响，近年来我国电力行业逐渐进入了缓慢的调整期，虽然电力需求增速放缓，但长期发展态势向好，未来我国电力市场的发展潜力依然巨大。

一、电力行业发展现状

2013年我国国内生产总值增长7.7%，增速放慢1.5个百分点，经济结构调整力度加大。发电量增速由国内生产总值增速和反映用电结构变化的电力弹性系数综合决定。受节电降耗作用等因素的综合影响，电力弹性系数大幅减小；全国发电设备累计平均利用小时数显著减少。

近年来，我国电力建设取得了令人瞩目的新成就，世界最大的三峡水电站全部建成投产，向家坝、锦屏二级、官地、糯札渡等一批大型水电站投产发电。核电方面，批准了国家核安全规划和核电中长期发展规划，5万千瓦快中子增殖反应堆正式投产，荣城石岛高温气冷堆和田湾核电站3号、4号机组开工。此外，风电继续快速发展，光伏发电起步良好，天然气发电比重提高，供电煤耗标煤326g/kW·h，下降3g/kW·h。全国发电供热用煤约13亿吨标煤。

二、输电铁塔用钢消费现状

电力行业用钢包括电力装备用钢和电力工程用钢两大类。输电铁塔用钢属于电力工程用钢。

我国输电塔一般采用角钢塔（塔高约20～70m），而输电高塔（一般在100m以上）多采用组合角钢塔或钢管塔。每年用于110～500kV输电线路上的铁塔钢材总量为50万～60万吨，其中各种钢材比例为：型材占84%左右，板材占12.9%左右，棒、线材占3%左右，铁塔用型材为等边角钢，板材为Q235、Q345的中厚板，棒线材主要是E级带肋螺纹钢筋、W级高强碳素钢丝等，国产钢材基本上能够满足，少量有特殊要求的杆塔，采用进口钢材。

特高压输电线路将成为我国电网建设的重点，特高压输电塔在载荷上远大于现有的输电塔，将对输电塔的结构设计、钢材强度提出更高的要求。电网建设步伐加快和电网向特高压升级为输电塔钢结构营造了巨大的需求市场，同时也对输电塔用钢材的品种、规格、性能提出了更高的要求。

三、未来发展趋势

冷弯薄壁型钢的使用在国外已有几十年的历史。输电铁塔应用冷弯薄壁型钢的国家有意大利、美国、加拿大、英国、前苏联和墨西哥等国。据统计，采用冷弯薄壁型钢比传统热轧角钢可节省钢材10%～18%。美国《输电铁塔设计导则》中有针对等肢卷边角钢及角钢以外其他型钢的承载力计算的描述，说明美国早已注意到冷弯型钢的构件在铁塔上的应用。

与传统轧制型材相比，冷弯薄壁型钢不像热轧型钢那样以增加材料截面来提高其承载力，而是通过变化型钢断面形状，来达到提高承载力和节约钢材的目的。所以冷弯薄壁型钢具有强度高、断面材料分布合理、回转半径大、抗弯、抗扭性能好、重量轻、材料利用率高以及施工方便等优点。

目前我国输电线路铁塔用材主要以热轧角钢型材为主，辅以少量钢管。使用钢材的品种以Q235和Q345两种为主；塔材采用热镀锌防腐，设计使用年限约为50年。与发达国家相比，材料强度偏低，可选择余地小。

当杆塔荷载较大时，只能采用组合截面的方法来弥补材料强度的不足，就导致塔材数量及规格多，节点构造复杂，安装工作量大。既增加了工程投资，也降低了在国际市场上的竞争力。随着750kV、1000kV交流特高压、±800kV直流特高压的大截面、多分支导线输电线路的建设步伐加快，杆塔设计荷载不断增大与钢材强度低所产生的矛盾越来越突出。

国外已经采用了比我国强度高得多的钢材。日本在1992～1999年建成四段同塔双回路共425km的1000kV线路，主材采用屈服强度392MPa的钢管；迄今，设计规范又将钢材屈服强度提高到440MPa。欧美国家大多采用屈服强度为450MPa的钢材。欧美、日本等国家的500kV及以上电压等级输电线路铁塔基本用高强钢，特别是新建线路铁塔。俄罗斯的《钢结构设计规范》中所列钢材的强度等级已达到578MPa。

我国《钢结构设计规范》中的最高强度等级为420MPa（Q420钢材），《架空送电线路杆塔结构设计规定》中的最高强度等级只有390MPa（Q390钢材）。输电线路铁塔应用高强度钢条件已成熟。

（一）高强度钢的需求

我国电力的大容量、长距离、高电压的输电线路越来越多，杆塔的荷载越来越大。由于土地资源紧缺和环保要求严格，线路走廊、拆迁问题日趋严重，不得不使用同塔多回和大坡度铁塔，杆塔结构越来越大型化，塔材规格也越来越大，常用的低强度热轧型钢已难以满足要求。而采用组合构件和节点特殊处理，又会使得设计、加工、施工等的工作量和投资增大。而且组合构件荷载传递复杂，增加了安全隐患。因此，有必要探求一种适合大型输电铁塔的新的型钢。

（二）采用高强度钢的可能性

在我国钢铁工业高度发展的今天，国内大多数钢铁公司的高强钢的生产已具备技术能力，可生产的钢材的强度达到或超过Q420和Q460等级。这主要集中在板材的生产。而Q420和Q460等级的高强度角钢，由于过去需求极小，因此没有形成规模，用户要求的规格和用量都要预定生产，这也是我国输电铁塔一直只使用Q235、Q345等级钢材的原因。

（三）配套技术基本成熟

在我国750kV输电线路的前期科研项目中，国家电力公司电建所对高强钢使用的节点连接构造、构件设计参数取值、配套螺栓以及经济效益等的研究结果表明，目前高强钢已完全具备在输电铁塔中使用的条件，并证明使用高强钢可降低铁塔重量10% ~20%。

在输电铁塔上推广使用高强耐候冷弯型钢，不仅可减少铁塔耗钢，还能降低加工成本，避免环境污染，是一项有显著经济效益和环保意义的工作。所以应及时开展高强冷弯型钢，尤其是高强耐候冷弯薄壁型钢在输电铁塔上的应用研究。

在输电线路铁塔中应用高强钢是提高我国输电线路建设水平的一大突破，对特高压电网的建设具有重要意义。更为重要的是，高强钢的应用对全社会提高钢材利用率、降低工程造价、提升加工安装工艺水平等具有积极的作用。同时也有利于社会的技术进步和节约型社会的建设。深信，高强钢材在输变电建设领域推广使用，一定会推动我国钢材材质朝高品质方向转化，带动我国钢材质量的更大提升，从而推动我国钢铁工业的技术进步。

第7篇

附　录

FU LU

钢铁工业“十二五”发展规划

钢铁工业是国民经济的重要基础产业，包括采矿、选矿、烧结（球团）、焦化、炼铁、炼钢、轧钢、金属制品及辅料等生产工序。经过改革开放以来特别是近10年的发展，市场配置资源的作用不断加强，各种所有制形式的钢铁企业协同发展，产品结构、组织结构、技术装备不断优化，有效支撑了国民经济平稳较快发展。

“十二五”时期是深入推进科学发展、加快转变发展方式的攻坚阶段。钢铁工业“十二五”发展规划，根据《国民经济和社会发展第十二个五年规划纲要》和《工业转型升级规划（2011～2015年）》编制，主要阐明钢铁行业发展战略和目标，明确发展重点，引导市场优化配置资源，对钢铁工业转型升级进行部署，作为“十二五”期间我国钢铁工业发展的指导性文件。

一、发展现状

“十一五”时期是我国钢铁工业发展速度最快、节能减排成效显著的五年，钢铁工业有效满足了经济社会发展需要。但与此同时，行业发展的资源、环境等制约因素逐步增大，结构性矛盾依然突出。

（一）“十一五”主要成就

1. 支撑了国民经济平稳较快发展

“十一五”时期，我国粗钢产量由3.5亿吨增加到6.3亿吨，年均增长12.2%。钢材国内市场占有率由92%提高到97%。2010年，钢铁工业实现工业总产值7万亿元，占全国工业总产值的10%；资产总计6.2万亿元，占全国规模以上工业企业资产总值的10.4%，为建筑、机械、汽车、家电、造船等行业以及国民经济的快速发展提供了重要的原材料保障。

2. 品种质量明显改善

“十一五”时期，我国钢铁产品结构进一步优化，钢材品种齐全，产品质量不断提高，大部分品种自给率达到100%。关键钢材品种开发取得长足进步，高强建筑用钢板、抗震建筑用高强螺纹钢筋、航天器用合金材料、高性能管线钢、大型水电站用钢、高磁感取向硅钢、高速铁路用钢轨等高性能钢铁材料有力支撑了相关领域的发展，保障了北京奥运会场馆、上海世博会场馆、灾后重建、载人航天、探月工程等国家重大工程建设以及西气东输、三峡工程、京沪高铁等国家重点项目的顺利实施。

3. 技术装备水平大幅度提高

“十一五”时期，重点统计钢铁企业1000立方米及以上高炉生产能力所占比例由48.3%提高到60.9%，100吨及以上炼钢转炉生产能力所占比例由44.9%提高到

56.7%，大部分企业已配备铁水预处理、钢水二次精炼设施，精炼比达到70%。轧钢系统基本实现全连轧，长期短缺的热连轧、冷连轧宽带钢轧机分别由26套和16套增加到72套和50套。宝钢、鞍钢、武钢、首钢京唐、马钢、太钢、沙钢、兴澄特钢、东特大连基地等大型钢铁企业技术装备达到国际先进水平。

4. 节能减排成效显著

"十一五"期间，共淘汰落后炼铁产能12272万吨、炼钢产能7224万吨，高炉炉顶压差发电、煤气回收利用及蓄热式燃烧等节能减排技术得到广泛应用，部分大型企业建立了能源管理中心，促进了钢铁工业节能减排。2010年，重点统计钢铁企业各项节能减排指标全面改善，吨钢综合能耗降至605千克标准煤、耗新水量4.1立方米、二氧化硫排放量1.63千克，与2005年相比，分别下降12.8%、52.3%和42.4%。固体废弃物综合利用率由90%提高到94%。

5. 联合重组步伐加快

跨地区重组不断推进，宝钢重组新疆八一钢铁、韶钢和宁波钢铁，武钢重组鄂钢、柳钢和昆钢股份，鞍钢联合重组攀钢，首钢重组水钢、长治钢铁、贵阳钢铁和通化钢铁，沙钢重组河南永钢，华菱钢铁重组无锡钢厂等基本完成。区域联合重组取得新进展，相继组建了河北钢铁集团、山东钢铁集团、渤海钢铁集团、新武安钢铁集团，河北钢铁集团还探索以渐进式股权融合方式重组了区域内12家钢铁企业。

6. 布局优化取得进展

建成了曹妃甸、鲅鱼圈、宁波等现代化沿海钢铁基地，宝钢、武钢、沙钢、马钢等沿江钢厂的影响力进一步增强。宝钢湛江和武钢防城港沿海钢铁精品基地已完成前期筹备，首钢、重钢、大连钢厂等城市钢厂搬迁工程基本完成。以国内资源为主导的钢铁工业布局逐步向国际、国内资源并举和贴近市场的战略布局转变。

7. 两化融合水平不断提升

钢铁行业工业化和信息化相互促进，融合程度不断加深。钢铁企业在工艺装备、流程优化、企业管理、市场营销和节能减排等方面的信息化水平大幅提升，并加速向集成应用转变。基础自动化在全行业普及应用，重点统计钢铁企业已全面实施生产制造执行系统，主要钢铁企业实现了企业管理信息化，逐步形成了多层次、多角度的信息化整体解决方案。

8. 铁矿资源勘探开采迈出新步伐

"十一五"期间，我国新增查明铁矿石资源储量151亿吨，平均每年增加30.2亿吨，国内铁矿石年产量从4.2亿吨增加到10.7亿吨，年均增长20.6%，增强了我国钢铁工业发展的资源基础。

（二）面临的主要问题

1. 品种质量亟待升级

我国钢材产品实物质量整体水平仍然不高，只有约30%可以达到国际先进水平。量大面广的热轧螺纹钢筋等品种升级换代缓慢，规范和标准不能适应减量化用钢的要求。产品质量不稳定，下游行业尚不能高效科学使用钢材。少数关键品种钢材仍依赖进口，高强度、耐腐蚀、长寿命、减量化等高性能产品研发和生产技术水平有待进一步提高。

钢铁行业尚未形成为下游产业提供完整材料解决方案的服务体系。

2. 布局调整进展缓慢

钢铁工业“北重南轻”的布局长期未能改善，东南沿海经济发展迅速，钢材需求量大，长期供给不足。环渤海地区钢铁产能近4亿吨，50%以上产品外销。部分地区钢铁工业布局不符合全国主体功能区规划和制造业转移的要求。16个直辖市和省会城市建有大型钢铁企业，已越来越不适应城市的总体发展要求。

3. 能源、环境、原料约束增强

重点统计钢铁企业烧结、炼铁、炼钢等工序能耗与国际先进水平相比还有一定差距，二次能源回收利用效率有待进一步提高，企业节能减排管理有待完善，成熟的节能减排技术有待进一步系统优化。高炉、转炉煤气干法除尘普及率较低。烧结脱硫尚未普及，绿色低碳工艺技术开发还处于起步阶段，二氧化硫、二氧化碳减排任务艰巨。铁矿石价格大幅上涨极大地挤压了钢铁行业的盈利空间，严重制约了钢铁行业的健康发展。

4. 自主创新能力不强

重点统计钢铁企业研发投入只占主营业务收入的1.1%，远低于发达国家3%的水平。多数钢铁企业技术创新体系尚未完全形成，自主创新基础薄弱，缺乏高水平专家带头人才，工艺技术装备和关键品种自主创新成果不多。轧钢过程控制自动化技术和部分关键装备仍然主要依靠引进，非高炉炼铁、近终形连铸轧等前沿技术研发投入不足。

二、市场消费预测

“十二五”期间，我国发展仍处于可以大有作为的重要战略机遇期，钢铁工业将步入转变发展方式的关键阶段，既面临结构调整、转型升级的发展机遇，又面临资源价格高涨，需求增速趋缓、环境压力增大的严峻挑战，产品同质化竞争加剧，行业总体上将呈现低增速、低盈利的运行态势。

（一）发展环境

从国际环境看，世界经济复苏与增长有利于拉动全球钢铁工业发展，发展中国家特别是新兴经济体国家经济持续快速增长为钢铁工业提供了新的市场空间，同时也将加剧各国钢铁企业间的竞争。经济全球化深入发展将有利于我国钢铁企业广泛参与国际合作与竞争。同时，国际金融危机影响深远，国际钢铁市场各种形式的贸易保护主义抬头，围绕市场、资源、标准等方面的竞争更加激烈。全球铁矿石等原燃料供应及价格波动将对我国钢铁工业运行继续产生重大影响。应对气候变化和环境保护等因素对钢铁工业发展提出了更高的要求。我国钢铁工业发展的国际环境更趋复杂。

国内环境方面，我国在“十二五”期间将以内需拉动为主，经济发展仍将保持平稳较快势头，但国内生产总值增长速度比“十一五”期间将有所降低，固定资产投资增速将减缓，消费及第三产业对经济增长的拉动作用将逐渐增强。我国经济发展对钢铁消费需求还将继续增长，但增速减缓。转变经济发展方式将降低单位国内生产总值钢铁消费强度，新型材料将取代一部分钢铁产品，下游行业转型升级和战略性新兴产业发展将对钢材品种质量提出更高和更新的要求，钢铁工业与其他产业之间的融合发展将进一步加强。资源环境约束趋紧，节能减排将继续抑制钢铁产能释放。受进口大宗原燃料价格不断提高和其他要素成本上升的影响，钢铁生产成本压力继续增大，经营风险进一步增加。

（二）2015年粗钢消费量预测

钢材消费量主要受经济总量和经济结构、发展阶段、固定资产投资规模等因素影响。“十二五”时期，工业化、城镇化不断深入，保障性安居工程、水利设施、交通设施等大规模建设将拉动钢材消费。同时，我国将加快转变发展方式，推动工业转型升级，培育发展战略性新兴产业，钢材“减量化”和材料替代等因素将对钢材消费量和消费结构产生重大影响。综合考虑以上因素，规划采用以下三种方法对2015年国内粗钢消费量进行了预测。

1. 行业消费调研法

调查分析建筑、机械、汽车、交通、矿山、石油化工等13个主要下游行业的“十二五”用钢需求，预测2015年消费量为7.5亿吨左右。

2. 地区消费平衡法

根据各省市公布的“十二五”国内生产总值发展目标，结合各地区现有钢材消费水平和发展趋势，预测2015年消费量为8.2亿吨。

3. 消费系数和回归分析法

根据《国民经济和社会发展第十二个五年规划纲要》提出的目标，设定了“十二五”期间国民经济快速、较快和适度等三种不同发展情景，综合采用国内生产总值钢材消费系数法、固定资产投资钢材消费系数法和回归分析法，预测2015年消费量分别为8.1亿吨、7.5亿吨和7.1亿吨。

综合预测，2015年国内粗钢导向性消费量约为7.5亿吨。

（三）中远期粗钢消费量预测

参考美、德、日等国钢铁工业发展规律，考虑我国地域广阔，各地区经济发展不平衡，对钢材消费总量和持续时间都将产生较大影响。综合各种因素，采用国内生产总值消费系数法和人均粗钢法，预测我国粗钢需求量可能在“十二五”期间进入峰值弧顶区，最高峰可能出现在2015~2020年期间，峰值约7.7~8.2亿吨，此后峰值弧顶区仍将持续一个时期。随着工业化、城镇化不断深入发展，以及经济发展方式转变和产业升级，城乡基础设施投资规模增速放缓，我国钢铁需求增速将呈逐年下降趋势，进入平稳发展期。

（四）关键钢材品种需求预测

根据各行业用钢需求，预测了2015年关键钢材品种消费量。

三、指导思想、基本原则和主要目标

（一）指导思想

以邓小平理论和“三个代表”重要思想为指导，深入贯彻落实科学发展观，坚持走中国特色新型工业化道路，满足下游行业转型升级和战略性新兴产业发展的要求，以钢铁工业结构调整、转型升级为主攻方向，以自主创新和技术改造为支撑，提高质量，扩大高性能钢材品种，实现减量化用钢，推进节能降耗，优化区域布局，引导兼并重组，强化资源保障，提高资本开放程度和国际化经营能力，加快实现由注重规模扩张发展向注重品种质量效益转变。

（二）基本原则

1. 坚持结构调整

把扩大品种、提高质量、增进服务和推进钢材减量化以及加快节能减排、淘汰落后、优化布局作为结构调整的重点，严格控制产能扩张，加快发展钢铁新材料和生产性服务业，继续推进兼并重组，进一步提高产业集中度。

2. 坚持绿色发展

积极开发、推广使用高效能钢材，推进两化深度融合，加快资源节约型、环境友好型的钢铁企业建设，大力发展清洁生产和循环经济，积极研发和推广使用节能减排和低碳技术，加强废弃物的资源化综合利用。

3. 坚持自主创新

把自主创新作为钢铁工业可持续发展的重要支撑，强化钢铁企业技术创新主体地位，加快原始创新、集成创新和引进消化吸收再创新，完善技术创新体系，培育自主知识产权核心技术和品牌产品。

4. 坚持区域协调

落实国家区域发展总体战略和主体功能区战略，根据资源能源条件、市场需求、环境容量、产业基础和物流配套能力，统筹沿海沿边与内陆、上下游产业及区域经济发展，优化产业布局，满足各地区经济社会发展需求。

5. 强化资源保障

把提高资源保障能力提升到行业发展安全的战略高度。充分利用国内外两种资源、两个市场，加大境外矿产资源合作开发，整合国内铁矿资源开发，规范国内铁矿石市场秩序，建立健全铁矿石资源战略保障体系。

（三）主要目标

“十二五”末，钢铁工业结构调整取得明显进展，基本形成比较合理的生产力布局，资源保障程度显著提高，钢铁总量和品种质量基本满足国民经济发展需求，重点统计钢铁企业节能环保达到国际先进水平，部分企业具备较强的国际市场竞争力和影响力，初步实现钢铁工业由大到强的转变。

1. 品种质量

产品质量明显提高，稳定性增强，满足重点领域和重大工程需求，支撑下游行业转型升级和战略性新兴产业发展。进口量较大的高强高韧汽车用钢、硅钢片等品种实现规模化生产，国内市场占有率达到90%以上；船用耐蚀钢、低温压力容器板、高速铁路车轮及车轴钢、高压锅炉管等高端品种自给率达80%。400兆帕及以上高强度螺纹钢筋比例超过80%。

2. 节能减排

淘汰400立方米及以下高炉（不含铸造铁）、30吨及以下转炉和电炉。重点统计钢铁企业焦炉干熄焦率达到95%以上。单位工业增加值能耗和二氧化碳排放分别下降18%，重点统计钢铁企业平均吨钢综合能耗低于580千克标准煤，吨钢耗新水量低于4.0立方米，吨钢二氧化硫排放下降39%，吨钢化学需氧量下降7%，固体废弃物综合利用率97%以上。

3. 产业布局

产能过剩地区的盲目扩张得到抑制，建成湛江、防城港钢铁精品基地，从根本上解决“北钢南运”问题。

4. 资源保障

基本建立利益共享的铁矿石、煤炭等钢铁工业原燃料保障体系，新增境外铁矿石产能1亿吨以上。

5. 技术创新

重点统计钢铁企业建立起完善的技术创新体系，研发投入占主营业务收入达到1.5%以上。绿色低碳冶炼和资源综合利用等自主创新工艺技术取得进展，高效生产和节能减排等共性关键技术得到广泛应用。

6. 产业集中度

大幅度减少钢铁企业数量，国内排名前10位的钢铁企业集团钢产量占全国总量的比例由48.6%提高到60%左右。

四、重点领域和任务

（一）加快产品升级

1. 全面推进钢材品种、质量和标准的提升

为适应国家产业转型升级需要，钢铁企业要将产品升级放在首位，将提高量大面广的钢材产品质量、档次和稳定性作为产品结构调整的重中之重，全面提高钢铁产品性能和实物质量，加快标准升级，有效降低生产成本。进一步提高铁水预处理、炉外精炼比例，注重铁合金等辅料对产品质量的影响，以洁净钢平台建设为重点，理顺工艺流程，推广使用新一代控轧控冷等工艺技术。从生产和使用两方面开展工作，加强钢铁产品标准与下游建设、制造标准规范的衔接，建立健全产品质量检测体系，进一步提升建筑、机械、轻工、造船等行业用钢材的产品质量，增强质量稳定性。

2. 加大高强钢筋的推广应用

支持钢铁企业围绕高强度螺纹钢筋生产和品种开发实施技术改造，提高产品质量，保障供应能力，完善高强度螺纹钢筋生产及市场配送体系。修订钢筋混凝土用钢标准，研究开发高强度螺纹钢筋连接技术，满足高强度螺纹钢筋生产要求。结合国家城乡基础设施建设重大工程、保障性安居工程和重点水利工程建设项目，在抓好江苏、河北、云南等地应用高强度螺纹钢筋试点工作基础上，在全国大中城市全面推广使用400兆帕、500兆帕高强度螺纹钢筋，促进建筑钢材升级换代和减量应用。

3. 发展关键钢材品种

鼓励有实力的钢铁企业开发高端钢材品种，同时防止产品高档次同质化发展，避免投资浪费和高端产品的无序竞争。

4. 促进特钢品质全面升级

支持特钢企业兼并重组，增强太钢、中信泰富、东北特钢、宝钢特钢等特钢龙头企业的引领作用，鼓励特钢企业走“专、精、特、新”的发展道路，大力推进特钢企业技术进

步和产品升级换代，开发绿色低碳节能环保型钢材以及装备制造业、航空航天业所需的高性能特钢材料。着重提高轴承钢、齿轮钢、工模具钢、不锈钢、高温合金等特钢产品的质量和性能，特别是延长使用寿命。支持大力发展特钢废钢回收体系等特钢配套产业。

（二）深入推进节能减排

按照国家节能减排总体要求和地区分解任务指标，降低钢铁企业单位增加值能源消耗、二氧化碳排放和用水量，减少二氧化硫排放总量。烧结机全部加装烟气脱硫和余热回收装置，鼓励实施脱硝改造，钢铁企业焦炉基本采用干法熄焦，高炉全部配备高效喷煤和余热余压回收装置，提升转炉负能炼钢水平，进一步推广普及应用干法除尘、蓄热式燃烧等节能技术。加强冶金渣、尘泥等固体废弃物的综合利用，加快钢铁行业资源能源回收利用产业发展。促进钢铁与其他产业的融合，发展循环经济。健全能源计量管理制度，完善能源管理体系，依法开展能源审计、清洁生产审核和清洁生产方案的实施。

（三）强化技术创新和技术改造

1. 推进企业技术创新，提高钢铁工业自主创新能力

鼓励开发应用新一代可循环钢铁流程技术，低品位、难选冶、共伴生矿资源开发与尾矿综合利用技术，非高炉炼铁技术，高效低成本洁净钢生产技术，近终形连铸轧成套装备技术，高强、长寿、耐腐蚀产品制造技术，以及烧结脱硝脱二噁英等节能减排前沿技术。支持企业围绕战略性新兴产业开发钢铁新材料。

2. 加快建立以企业为主体、市场为导向、产学研用相结合的技术创新体制和机制

增强冶金科研院所、高校和工程设计单位创新动力，鼓励大型钢铁企业加大研发投入，推动建立企业、科研院所、高校、工程设计单位和下游用户共同参与的创新战略联盟。完善钢铁工业国家工程实验室、重点实验室、工程技术（研究）中心、企业技术中心、技术创新示范企业、高新技术产业化基地和高效钢材应用示范等技术创新平台。

3. 加快技术改造，促进钢铁工业优化升级

围绕品种质量、节能降耗、清洁生产、“两化”融合和安全生产等重点，加快应用新技术、新工艺、新装备，对企业现有生产设施、装备、生产工艺条件进行改造，不断优化生产流程，升级企业技术装备，提高资源综合利用水平，增强新产品开发能力，加快产品升级换代，加强安全生产保障。

（四）淘汰落后生产能力

“十二五”时期是淘汰落后的攻坚期，继续严格执行节能、土地、环保等法律法规，综合运用差别电价、财政奖励、考核问责等法律手段、经济手段和必要的行政手段，加大淘汰落后产能力度，公告淘汰落后产能企业名单，切实落实淘汰落后年度计划，严禁落后产能转移。要将上大与压小相结合，淘汰落后与新上项目相结合，根据各地区淘汰落后产能情况，优先核准淘汰落后任务完成较好地区和企业的技术改造项目。

（五）优化产业布局

结合兼并重组和淘汰落后，在不增加生产能力的前提下，围绕提高产品质量和降低物流成本，统筹考虑市场需求、交通运输、环境容量和铁矿、煤炭、供水、电力等资源能源保障条件，有保有压，优化产业布局。重大布局调整项目要进行能耗、水耗、环境

容量、运输等综合平衡，把完成能耗和环保约束性指标作为项目核准的必要条件。

1. 环渤海、长三角地区原则上不再布局新建钢铁基地

河北、山东、江苏、辽宁、山西等钢铁规模较大的地区通过兼并重组、淘汰落后，减量调整区域内产业布局。湖南、湖北、河南、安徽、江西等中部地区省份在不增加钢铁产能总量条件下，积极推进结构调整和产业升级。西部地区部分市场相对独立区域，立足资源优势，承接产业转移，结合区域差别化政策，适度发展钢铁工业。

2. 继续推进东南沿海钢铁基地建设

“十二五”期间，加快建设湛江、防城港沿海钢铁精品基地，彻底改变东南沿海钢材供需矛盾，推进福建宁德钢铁基地建设，促进海峡西岸经济发展。通过上述重大布局项目的建设，抑制过剩地区钢铁产能盲目扩张。

3. 西部地区已有钢铁企业要加快产业升级，结合能源、铁矿、水资源、环境和市场容量适度发展

新疆、云南、黑龙江等沿边地区，积极探索利用周边境外矿产、能源和市场，发展钢铁产业。充分发挥攀西钒钛资源和包头稀土资源优势，发展具有资源综合利用特色的钢铁工业。

4. 有序推进与城市发展不协调的钢厂转型或搬迁

对于经济支撑作用下降和资源环境矛盾突出的钢铁企业，实施转型或搬迁改造。综合实力弱、技术水平低的企业应实行转型，发展钢铁服务业或其他产业。有实力、有技术、有特色的城市钢厂，要结合区域钢铁企业兼并重组、淘汰落后和产业升级，综合考虑城市总体发展规划、企业承受能力，特别是人员安置等因素，有序实施环保搬迁，严禁借搬迁之名扩大钢铁生产能力。“十二五”期间根据条件成熟情况，支持广州、青岛、昆明、合肥、唐山（丰南）、杭州、芜湖等城市钢厂搬迁改造或转型发展，科学论证西宁、抚顺、石家庄、贵阳等城市钢厂发展定位。

（六）增强资源保障能力

1. 强化铁矿石资源保障体系建设

积极优化铁矿资源全球配置，鼓励钢铁企业建立与资源所在国利益共享的对外资源开发机制，实施投资区域多元化，在具有资源优势国家和地区以及周边国家，有序建立稳定、可靠的铁矿石、铬矿、锰矿、焦煤等原燃料供应基地和运输保障体系。规范国内铁矿石市场秩序，加大国内铁矿资源的勘探力度，提高尾矿回收综合利用水平。对闭坑矿山的生态恢复和复垦给予必要的支持。鼓励国内现有矿山资源的整合，提高产业集中度，保证有序开发，严禁大矿小开，乱采滥挖。

2. 加快建立适应我国钢铁工业发展要求的废钢循环利用体系

依托符合环保要求的国内废钢加工配送企业，重点建设一批废钢加工示范基地，完善加工回收配送产业链，提高废钢加工技术装备水平和废钢产品质量。积极研究制定进口废钢的优惠政策措施，鼓励在海外建立废钢回收加工配送基地。

（七）加快兼并重组

按照市场化运作、企业为主体、政府引导的原则，以符合国家钢铁产业政策和《钢铁行业生产经营规范条件》的企业为兼并重组主体，结合淘汰落后、技术改造和优化布

局，加快钢铁企业兼并重组步伐。鼓励社会资本参与国有钢铁企业兼并重组。

1. 重点支持优势大型钢铁企业开展跨地区、跨所有制兼并重组

充分发挥宝钢、鞍钢、武钢、首钢等大型钢铁企业集团的带动作用，形成3~5家具有核心竞争力和较强国际影响的企业集团。重点推进完善鞍钢与攀钢、本钢、三钢等企业，宝钢与广东钢铁企业，武钢与云南、广西钢铁企业，首钢与吉林、贵州、山西等地钢铁企业兼并重组。

2. 积极支持区域优势钢铁企业兼并重组

大幅减少钢铁企业数量，促进区域钢铁企业加快产业升级，不断提升发展水平，形成6~7家具有较强市场竞争力的企业集团。巩固河北钢铁、山东钢铁重组成果，积极推进唐山渤海钢铁、太原钢铁开展兼并重组，引导河北、江苏、山东、山西、河南、云南等省内钢铁企业兼并重组。

3. 加强兼并重组协调管理

保持各钢铁企业间的和谐健康发展，避免形成恶性竞争。重组企业要发挥协同效应，注重体制和机制创新，在战略管理、规划发展、技术创新、人财物、产供销等方面进行实质性整合，再造业务流程。重组企业要加大淘汰落后和节能减排力度，切实保障职工合法权益。

（八）加强钢铁产业链延伸和协同

转变服务理念、增强服务意识，建立钢铁企业与下游用户战略合作机制，发展钢材深加工，完善物流配送体系，提升产品价值和企业服务功能，促进由钢铁生产商向服务商转变。加强政府引导，推进产业结合，推广钢材新产品应用。鼓励钢铁企业建立钢材服务中心，联合下游行业开发钢铁新材料和下游产品，为用户提供全方位钢铁材料解决方案，实现钢铁工业与下游行业互利共赢。积极发展咨询服务、技术中介、工业设计、电子商务等钢铁服务业。积极开展维修、仓储、物流等服务外包，以及制氧、石灰、渣处理、废钢分类加工等辅助工序外包。

（九）进一步提高国际化水平

充分利用两个市场、两种资源，统筹“引进来”与“走出去”，加强国际化经营，深化经济技术合作。进一步扩大钢铁工业对外开放程度，鼓励国外先进知名钢铁企业参股和投资国内钢铁企业和项目，在钢材产品深加工领域投资设立企业和研发中心，提升我国钢铁企业的创新能力和管理水平。

将在国外投资建设钢铁厂作为我国钢铁工业实施“走出去”的重大战略，研究适合钢铁产业转移的境外地区和国家，制定鼓励政策措施，支持国内钢铁企业及其他企业在境外投资建设钢铁厂及经贸合作区，参与国外钢铁企业的兼并重组，开拓市场营销网络等，提高国内钢铁企业参与国际竞争的能力和水平，打造具有较强国际竞争力水平的国际化企业集团。支持部分沿边地区发展市场、原料及能源在外的钢铁产业。

五、政策措施

（一）完善行业管理体系

建立健全钢铁工业运行监测网络和预警体系，强化行业信息统计和信息发布。加强

行业管理，及时协调解决行业发展中出现的重大问题，减轻企业负担，严格安全生产管理，促进行业平稳运行发展。发挥协会等中介组织在加强信息交流、行业自律、企业维权等方面的积极作用。

（二）营造公平竞争的市场环境

充分发挥市场配置资源的基础性作用，加强和改善宏观调控。规范钢铁行业生产经营秩序，完善钢铁工业市场进入和退出机制，营造各种所有制钢铁企业依法平等使用生产要素、公平参与市场竞争的市场环境，坚决制止偷税漏税、生产假冒伪劣产品、严重污染环境等违法行为。

（三）加强行业标准化工作

强化标准化在产品质量、企业管理、生产经营、市场开拓中的作用。抓紧修改完善落后于发展实际的标准。加强钢铁企业与下游用钢企业的合作，共同促进钢铁行业标准化体系建设。加强标准化工作的组织管理和监督，发挥企业在标准化中的主体作用。

（四）加强政策宏观引导

加强财税、金融、贸易、土地、节能、环保、安全生产等各项政策与钢铁产业政策的衔接。适时发布钢铁工业先进技术、产品和装备指导目录，引领钢铁工业先进生产力发展方向。加强现有钢铁企业生产经营规范管理，强化产品质量、节能减排、环境保护、装备水平、合理规模、安全生产和社会责任对企业的约束和引导作用，分批公告符合生产经营规范条件的企业名单。制定钢铁工业兼并重组指导意见，指导地方和企业开展兼并重组工作。

（五）促进国际交流合作

完善中外钢铁交流机制，促进各方在信息、技术、管理等方面的沟通。适时调整产品进出口贸易政策，积极应对国际贸易摩擦。建立高效协调机制，支持企业有序开发境外资源。引导具有国际竞争力的境外钢铁企业集团参与国内兼并重组和合资合作。支持大型优势企业围绕低碳制造技术开展国际合作。

（六）推动“两化”深度融合

推动钢铁行业“两化”融合发展水平评估，建立和完善钢铁工业信息化标准规范工作体系。推进企业建设产供销一体、管控衔接、三流同步（信息流、资金流、物质流）的信息化集成系统，支持跨地区企业集团建立完善异地分布的信息系统，提高管控效率。加强信息安全和系统安全的保障体系建设，提高信息化系统安全性和稳定保障能力。

（七）健全规划实施机制

各地区行业主管部门要将推进钢铁工业发展与本地区的兼并重组、淘汰落后、上大压小、能耗和环境容量等项工作结合起来，要联系本地区发展实际，落实规划提出的任务和政策措施。有关企业要制订与本规划相衔接的规划方案，做好与本规划提出的主要目标和重点任务的协调。中国钢铁工业协会等行业组织要发挥桥梁和纽带作用，及时反映钢铁行业贯彻落实规划的新情况、新问题，提出政策建议。

中国冷弯型钢行业“十二五”发展规划

（2011～2015年）

“十二五”是国家加快转变经济发展方式，调整产业结构的重要时期，也是冷弯型钢行业走向快速发展的战略机遇期。根据国家产业政策和中国钢铁工业“十二五”发展规划要求，为了使冷弯型钢行业持续、健康、快速和稳定发展，中国钢结构协会冷弯型钢分会组织行业内主要冷弯型钢生产企业和有关专家编制了中国冷弯型钢行业“十二五”发展规划纲要，目的是对行业的发展起到规范、指导和促进作用。本规划已在中国钢结构协会冷弯型钢分会六届二次理事会议上通过并对外公布。

一、国内外经济形势

（一）国际经济形势

1. 发达经济体增长较迟缓，而新兴市场和发展中经济体增长迅速

“十二五”期间，世界多极化、经济全球化深入发展，和平、发展、合作和竞争仍是时代潮流。世界经济不稳定、不确定、不平衡和不可持续因素仍然较多，国际金融危机深层次影响尚未消除，世界经济复苏进程曲折多变，可能步入低速增长期。发达经济体经济增长乏力，欧美发达国家经济缓慢增长，新兴经济体将是全球经济复苏的引擎。发展中国家特别是新兴市场国家整体实力步入上升期，加速发展具有自身比较优势的产业和技术，中国、印度、巴西和俄罗斯继续保持较快的增长。

2. 全球通胀影响世界经济复苏

虽然全球经济复苏大局已定，但全球经济有遭遇通货膨胀的风险，并且是属于成本推动型的滞涨。主要发达经济体进一步推行宽松货币政策，全球流动性大量增加，国际大宗商品价格和主要货币汇率加剧波动，新兴市场资产泡沫和通胀压力加大。未来各个新兴经济体国家仍可能继续推行加息等货币紧缩政策，从而抑制本国经济过快增长，将在一定程度上影响全球经济复苏的步伐。

3. 国际钢铁市场各种形式的贸易保护主义抬头

国际贸易环境不容乐观，国际金融危机加剧了贸易保护，世界主要贸易体相继推出刺激出口战略，全球贸易保护主义色彩日渐浓厚，贸易摩擦明显增加，世界贸易环境日趋复杂，国际贸易总量的增长面临下降。随着保护主义继续升温，一些国家和地区对我国许多钢铁产品纷纷采取制裁措施，征收高额反倾销反补贴税，我们也要警惕国际对我国冷弯型钢产品的反倾销。

（二）国内经济形势

1. 我国经济仍将保持平稳较快发展

"十二五"期间，我国发展的有利条件和长期向好的趋势没有改变，工业化、信息化、城镇化、市场化、国际化深入发展，市场需求潜力巨大。预计"十二五"期间我国经济发展的速度为7%～10%。2011年是"十二五"开局之年，我国经济也将真正进入结构调整之年，实体经济增速趋缓，实现平稳发展。我国的宏观经济政策将拉动国内钢材市场的需求，城市建设、高速铁路建设以及能源开发等，将为钢材需求提供广阔市场。同时国家加快产业结构调整，推进经济发展方式转变，给冷弯型钢行业提供了新的机遇和更高的要求。

2. 工业化、城镇化将继续拉动冷弯型钢产品消费需求增长

一是"十二五"经济增速转为"平稳较快"，对冷弯型钢产品的需求还将是增长趋势，但总量的增速放缓。二是我国经济将由主要依靠投资、出口推动增长转变为依靠消费、投资和出口协调拉动增长。三是我国经济将更加强调开发西部和西北部以及地区间的协调发展。长三角、珠三角、环渤海经济圈仍将是我国最重要的冷弯型钢产品消费地区。消费结构将趋向改善民生，工业化和加快城镇化进程。

3. 产业转型升级及居民消费升级等对冷弯型钢品种质量提出更高的要求

当前我国经济发展正处在由回升趋好向稳定增长转变的关键时期。"十二五"期间，城镇化加快发展将形成拉动消费扩大的强大动力。中央将保障和改善民生作为扩大消费的根本出发点和落脚点，推动扩大消费从临时性激励政策转变到常态化政策，建立保障扩大消费需求的长效机制，在国内消费稳定增长的拉动下，建筑钢结构、工程机械、家电、汽车等消费类产品的生产可望维持在一个较高增长水平。各产业的结构调整和快速发展，都对冷弯型钢产品的需求和品种质量提出了更新更高的要求。

4. 国内通胀对经济影响加剧

货币政策由适度宽松转为稳健，将使社会储备钢材资金能力减弱。与此同时，进口大宗原燃材料受需求增长和美元贬值冲击，价格还可能继续上涨而很难有显著回落，原材料价格的持续上涨，冷弯型钢生产成本压力继续增大，盈利空间缩小，经营风险进一步增加。

纵观国内外经济形势，冷弯型钢行业"十二五"发展面临的机遇与挑战并存。国内的冷弯型钢所占比例还远远没有达到发达国家水平，还有很大的发展空间，另外受到国内外经济等环境因素的影响，国内产品同质化竞争也日趋激烈。把握国内、国外两个市场，加快产业技术升级，切实提高企业自主产品研发和增强国际竞争力，加快冷弯型钢行业快速发展，将是我国冷弯型行业"十二五"规划的重点。

二、我国冷弯型钢行业发展现状和存在的主要问题

（一）发展现状

"十一五"时期，是冷弯型钢行业继"十五"高速发展之后又一个快速发展的五年，同时也是冷弯型钢行业为国民经济发展做出重大贡献的五年，随着冷弯型钢下游产业的稳定增长和新应用领域的不断开发，以及冷弯型钢对传统钢材替代程度的不断增加，冷弯型钢需求出现快速增长，这为冷弯型钢行业实现由发展到壮大奠定了基础，目前我国冷弯型钢行业的发展现状如下。

1. 产量快速增长，满足了国民经济建设发展的需要

目前，我国已建成1000多条冷弯型钢生产线，年生产能力达到1500万吨。产品达2000多种，主要有卷边或非卷边C型、Z型钢和角钢、闭口方矩形管和圆管、异型复杂断面型钢、空腹龙骨钢、多种波形、幅宽的压型钢板以及带孔型钢等，最大管径可达ϕ660mm；钢种已从单一的普碳钢向高强、耐火、耐候发展。集中分布在华东、华北和东北地区。主要用于公路建设、钢结构、汽车制造、集装箱、铁道车辆、钢模板与脚手架、桥梁、电器柜、悬挂输送机、电缆桥架、货架、电梯导轨、龙骨钢、蔬菜大棚、农业机械、谷物仓储、家具及防火设备等方面，成为国民经济中的重要产业门类之一。

2. 主要工艺技术装备水平已进入世界先进行列，为实现冷弯型钢行业快速发展奠定了坚实基础

目前，我国冷弯成型机组普遍采用了排辊式，最先进的空弯成型FFX大型机组已在我国建成。新建轧机普遍采用固态高频焊接，大型断面切割已开始采用双刀片铣切锯工艺。我国冷弯型钢行业以崭新的面貌走出了自己的发展之路。近年来，我国最大的方矩管规格已由300mm×300mm、400mm×400mm发展到450mm×450mm，最高达到500mm×500mm，圆管规格最大达到ϕ660mm。上述机组大部分均为“十一五”期间建成，这些机组的建成大大提高了我国冷弯型钢机组的整体技术装备水平。目前，武钢集团汉口轧钢厂、上海宝钢型钢有限公司、山东泰安科诺型钢股份有限公司、上海佳艺冷弯型钢厂、南京万润冷弯型钢有限责任公司、番禺珠江钢管有限公司等已逐渐成为我国大型冷弯型钢企业中的主力军；沈阳东洋异型管有限公司、凌云工业股份有限公司、敏实集团有限公司等已成为我国精密冷弯型钢产品的代表性企业；南京中轻机械设备制造有限责任公司、厦门正黎明冶金机械有限公司等已成为我国冷弯型钢装备制造的主要代表性企业。这些企业的不断壮大代表着我国冷弯型钢行业的发展水平。

（二）存在的主要问题

1. 品种与质量有待进一步开发与提高

我国冷弯型钢产品的品种还不够齐全，不能完全满足市场需要，在产品质量方面，一些要求高强度、高伸长率及综合性能优异的产品有待进一步研究与开发，以满足不同市场的特殊需求。

2. 标准与规范不完善

冷弯型钢在我国应用领域很多，但产品标准、规范很不完善，这极大地制约了冷弯型钢产品的生产和推广应用。如《冷弯薄壁型钢结构技术规范》规定厚度不超过6mm，对于厚度大于6mm的没有相应的设计规范，工程设计中不便于选型。

3. 产品同质化严重

目前，我国冷弯型钢市场产品同质化严重，市场竞争多、合作少，产品价格竞争激烈，这严重地制约了冷弯型钢行业的健康发展。

4. 基础研究、工艺研究相对薄弱、自主创新能力不强

“十一五”期间，冷弯型钢行业在工艺技术、产品开发上已取得很大成就。但是，

应该看到，目前我国技术创新主要还处在吸收、模仿和集成阶段，原始创新、自主创新的东西还很少。对基础研究、工艺研究重视不够，且研究滞后，国产冷弯型钢设备简单，技术装备落后（如成型机、高频焊接设备、焊缝在线热处理，产品锯切锯断设备等），一次性投资小，机组装备不配套。现有的生产装备难以生产高品质和有特殊要求的产品。

5. 产品应用领域开发力度不够

目前，我国冷弯型钢生产企业产品开发和市场开拓力度不够，一些有潜力的应用领域还未被开发出来，如钢结构、钢板桩、输电铁塔等领域。

三、“十二五”期间主要冷弯型钢产品市场需求状况

（一）钢铁行业“十二五”发展规划分析

钢铁行业“十二五”发展规划认为，“十二五”时期，我国经济仍然持续增长，工业化、城市化步伐进一步加快，中西部与东部城市与农村之间的经济社会发展差异逐步缩小，对钢铁工业的需求仍会继续上升。目前世界经济正在缓慢复苏，我国经济也处在上行阶段，充裕的市场流动性和相对较低的资产价格以及产能过剩的压力，给联合重组、调整结构、技术改造提供了契机。

在品种方面，钢铁企业要按照重点用钢领域“十二五”创新发展的要求，选择好自己的产品创新目标和用户对接。重点方向是：城市轨道交通、海洋工程和海上石油开采、大型和特殊性能船舶和舰艇、节能环保汽车、特高压电网等领域。加大特殊钢产品升级开发力度，努力替代进口和满足国内装备制造业提升的新增市场需求。

钢铁行业调整产品结构，将为冷弯型钢行业的发展提供更多的优质原料；钢铁主业向钢铁下游产业链延伸的趋势，又为冷弯型钢行业的壮大提供了更多的人才、信息、资金和原料的支撑。

（二）市场需求分析

1. 铁道车辆行业

综合运输体系的“十二五”专项规划初步提出，“十二五”期间将建成4万公里快速铁路网。目前，已投入运营的高速铁路运营里程已达到7000多公里，同时，还有1万公里高速铁路（时速250公里以上）在建。4万公里快速铁路网的远景，不仅仅是新建快速铁路，还包括既有铁路线提速。

随着我国经济社会的发展，要求铁道车辆提高运行速度，提高单车厢运载能力，由此带动了铁路车辆用冷弯型钢朝高强度、高耐腐性方向发展。为提高运载能力而即将开发的新车型，需要冷弯型钢耐候性要比当前所使用的高50%以上，对应的车厢大梁、侧柱等产品形状都将变得复杂，采用新材料带来的成型和焊接难题，留下了技术攻关的空间。铁路车辆升级改造需要的冷弯型钢，对提高我国运输火车的载重、使用寿命及安全性等方面都具有重要意义，符合我国节能降耗的发展策略。预测铁道车辆制造每年4～5万辆，需求冷弯型钢10万～15万吨。在铁道货车制造方面，目前比较普及的是高强耐候钢Q450NQR1，“十二五”期间，为提高运载能力及车辆的使用寿命，高耐蚀型耐候新钢种将获得广泛的应用。

2. 汽车行业

近年来在汽车用先进高强钢的工艺基础研究与应用技术研究方面十分活跃，超高强钢板的强度已达到1500MPa。“十二五”期间，高强钢将更多地应用于汽车产品方面，最成功的例子就是宇通客车公司于2010年成功将抗拉强度达到700MPa的高强钢QStE700TM应用于整车车架的制造上，车身骨架减重13%，载客能力提高20%，节油5%以上。同时屈服强度550～700MPa级的高强钢因具有良好的成型性能和焊接性能，将更广泛地应用于汽车大梁、车厢等部位。

汽车工业节能降耗的发展目标，要求车身轻量化、载重量最大化、具有抗不同大气环境腐蚀性能，由此推动了高性能冷弯型钢在汽车制造业的应用。未来五年也是电动汽车从研发向产业化过渡的关键时期。电动汽车的充电基桩、新能源客车的充电设备都是冷弯型钢行业将来大有作为的领域。

3. 建筑钢结构

“十二五”期间，我国建筑钢结构发展的指导方针是：深入贯彻科学发展观，以建筑节能减排为重点，通过技术引领、优化设计，建筑钢结构的运用将向能源、基础设施、住宅钢结构等领域倾斜，公路、铁路桥梁建设中钢结构比重将增加，城市地铁和轻轨工程、立交桥、高架桥等城市公共设施都将越来越多地采用钢结构。逐步实现年建筑钢结构用材占到全国钢材总产量的10%左右，钢结构住宅建设占到房屋总建筑面积15%左右。钢结构住宅用冷弯型钢为20～30kg/m²，据中国钢结构协会统计，2010年，中国钢结构产量达2600万吨，其中仅6%为冷弯型钢产品，与15%以上的国际平均水平相比还有很大差距。

4. 电力工业

《电力工业“十二五”规划研究报告》确定了“十二五”期间的发展方向：优先开发水电，优化发展煤电，大力发展核电，积极推进新能源发电，加快智能电网建设。“十二五”期间，全国电力工业投资将达5.3万亿元，比“十一五”增长68%。

按照规划，“十二五”期间电源投资约为2.75万亿元，占全部电力投资的52%。2015年，全国发电装机容量将达到14.37亿千瓦左右，年均增长8.5%。其中，水电为2.84亿千瓦，抽水蓄能4100万千瓦，煤电9.33亿千瓦，核电4300万千瓦，天然气发电3000万千瓦，风电1亿千瓦，太阳能发电200万千瓦，生物质能发电及其他300万千瓦。

“十二五”规划电网投资约2.55万亿元，占电力总投资的48%。2015年全国将形成以华北、华东、华中特高压电网为核心的“三纵三横”主网架。锡盟、蒙西、张北、陕北能源基地通过三个纵向特高压交流通道向华北、华东、华中地区送电，北部煤电、西南水电通过三个横向特高压交流通道向华北、华中和长三角特高压环网送电。因此特高压输电塔用冷弯型钢将有很大的应用空间。

四、冷弯型钢行业“十二五”发展规划指导思想、基本原则及总体目标

（一）指导思想

以科学发展为主题，以“转变发展方式、加快产品升级”为主线，以技术进步和自

主创新作为驱动力，进一步深化企业改革，提高产品质量，降本增效，不断提升企业核心竞争力，努力向冷弯型钢大国迈进。

（二）基本原则

1. 注重提高发展质量和效益的原则

“十二五”期间企业要向质量效益型为主的发展方式转变，正确地处理好发展速度、结构与质量、效益等重大关系。

2. 坚持优化品种结构、提高产品质量的原则

要坚持以市场为导向，树立质量第一、品种优先的理念，充分发掘已有的先进工艺装备的潜力，优化品种、提升质量，确保产品生产稳定、可靠。同时，加快冷弯型钢新材料、新工艺、新产品技术的研发，满足市场和用户对产品的高强度、高韧性、耐腐蚀、个性化、差异化等新的需求，拓宽产业发展空间。

3. 坚持技术进步、自主创新的原则

要大力实施技术进步和自主创新，坚持需求导向和利益驱动，完善“产、学、研、用”相结合的创新体系，做到近期与远期相结合、适用技术和先进技术兼顾、消化引进和自主创新并举。逐步实现从依靠要素消耗向依靠技术进步、创新和劳动力素质提高的转变。

4. 坚持技术吸收、创新的原则

要重视生产工艺的优化，缩短工艺流程，提高生产效率。大型管材轧制速度不得低于15m/min，从结构管采用的工艺来看，中国多数采用的是直接成方，国际普遍采用圆变方。

（三）总体目标

冷弯型钢产业为国家扶持和发展的产业，利用相关政策平台，争取“十二五”末期有一至两家成为上市公司或者国家重点资金支持单位。

五、冷弯型钢行业“十二五”发展规划主要任务

（一）调整产品结构、加快产品升级

“十二五”期间预计焊接圆管增长10%～15%。“十二五”期间应大力开发、推广高精度、高性能的高频直缝焊接圆管。用户对焊接圆管的质量及产品性能要求越来越高（如高强度的钢种，除内毛刺、焊缝热处理、产品精确定尺等），冷弯型钢企业必须认真对待，应在装备、工艺和技术上下功夫。“十二五”期间，全行业应加快产品升级，提高实物质量和服务质量，注重效益的提高，全面推进全行业综合实力的提升。力争将冷弯型钢产业列入国家“十二五”规划中的战略型新兴产业，从而获得国家部委和有关政策的支持。重点突出钢材深加工产业在国民经济建设的成长性，产量、产值比重在行业中地位突出的钢结构、汽车工业、工程机械制造（包括新能源汽车、航空航天、海洋工程钢结构等）的潜在市场和自主创新技术发展，使我国冷弯型产业在国内外占有重要地位，真正成为战略型新兴产业。研究开发高强高性能冷弯型钢，要跟上或超越钢铁、钢结构技术的发展，由冷弯型钢的高强高效，实现轻量化、减量化用钢。

（二）建立冷弯型钢行业统计分析系统

冷弯型钢行业的统计分析，涉及到一个行业在国内的发展现状，关联行业对其影响

程度，产品结构、种类是不足还是过剩，发展是符合国家政策还是偏离，与国际经济大环境是否接轨等一系列问题，都要通过行业统计工作进行分析研究区分。近年来，冷弯型钢行业的迅猛发展，各地民营企业的兴起，加剧了冷弯型钢行业产能过剩的状况。“十二五”期间，如何促进冷弯型钢企业实现良性竞争，规范化发展，将从冷弯行业单位中按照产量、技术、种类等方面统计出前十名单位，重点扶持这些企业，使其做大做强。

（三）加强企业与科技院所的合作交流，提高技术创新能力

冷弯成型技术朝着能耗低、精度高、自动化程度高、辊耗低、换辊容易、非生产占用时间少的方向发展。例如：冷弯型钢用原材料的强度越来越高，给产品的成型和焊接带来了挑战，需解决焊接易错位、塌陷、沙眼，产品尺寸、平面度易超标和产品表面易划伤等问题，总结出一套行之有效的高强度冷弯型钢生产工艺，引导冷弯型钢行业科技进步和科技创新，带动冷弯行业产品与产业升级。针对制约冷弯型钢行业支柱产业提升和亟待攻关的技术难题，以企业为主体，以攻关项目为载体，遵循“平等、互利、双赢”的原则，采取请进来，走出去相结合，引进技术，引进人才相结合，采取引进技术与消化吸收创新相结合的办法，通过多种形式和渠道，做好企业与科技院校、科研机构、国外同行的联盟、交流、对接，组建行业科研平台，在利用高新技术提升支柱、传统产业上下功夫，不断提升企业的经济效益。同时也要组织国内外冷弯型钢技术交流，新产品联合攻关，工程试点推广等工作。

（四）加大对冷弯型钢行业后备人才的培养

产学研合作的开展离不开高素质人才。企业与科技院校联合培养发展冷弯型钢行业领域的技术型人才、骨干，加强对企业技术人员进行技术知识更新再教育，解决知识老化问题，提高企业的技术创新能力。

争取在高校或者技工类学院设立“冷弯型钢专业”，对行业内相关技术理论进行研究，在冷弯型钢生产和应用企业进行实践，培养冷弯型钢后备人才力量。

（五）完善冷弯型钢标准规范

伴随着我国冷弯型钢工业的飞速发展，我国冷弯型钢标准化工作也取得了长足的进步，部分产品标准已达到世界先进水平。但是，从实际市场需求看，标准化工作还有大量艰苦细致的工作要做。因为冷弯型钢在国内很多领域的应用尚处于起步阶段，有关的设计规范和标准还不够完善和全面。现有的冷弯方矩形管生产线工艺和设备相对较落后，产品质量处于较低档次，尽快修订、编制、完善、健全具有针对性的产品标准、应用设计标准、应用规范，在行业内切实重视冷弯型钢的设计水平，提升产品质量档次，扩大中国冷弯型钢应用范围。

努力与国际冷弯型钢标准、规范接轨，让中国冷弯型钢产品参与到国际市场中去。

（六）加强冷弯型钢行业宣传力度及产品应用推广

冷弯型钢是一种经济断面型材，其本身具有断面均匀、产品质量高、能源消耗低和经济效益高等优势。但国内应用还处于起步阶段，应用行业对冷弯型钢的性能特点不了解，认知度不够，在设计思维中没有考虑冷弯型钢优势的意识，还是采用过去的设计材料、标准、规范进行设计，因此我们要加大冷弯型钢的特性和优势的宣传力度，与设计

院、应用单位进行交流沟通，通过冷弯型钢试验研究的实物品质、数据实例、标准规范、工程案例向应用单位灌输冷弯型钢的性能特点，由感知到认知到设计应用。

同时加强协会网站、杂志等核心媒体建设，做好宣传平台，加大宣传力度，把冷弯型钢的优势展现给各应用领域，使网络、杂志等核心媒体成为冷弯型钢生产、应用单位交流的重要平台和窗口，促进行业全面健康发展。

（七）加强同行业间的交流与合作，建立行业内技术共享机制

中国冷弯型钢行业的快速发展，在一定程度上加剧了企业之间的竞争；而竞争的直接后果，一是促进了行业的发展，二是加速了落后企业的退出步伐，为行业的资源重组提供了便利条件。多年的发展、竞争使很多实力相当的企业认识到，竞争不如竞和，闭塞信息不如加强交流共享，国内企业必须联合起来，共同参与世界大市场的竞争。

（八）制定行业自律制度

我国冷弯型钢市场的潜力很大，前景广阔。冷弯型钢企业应将重点放在开发高新技术、高质量、高附加值的新型冷弯型钢以及冷弯生产领域工艺技术的研究，新技术装备的开发、研制或引进、消化工作上，切不可一哄而上，搞低水平的重复建设。制定冷弯型钢行业企业资质标准，按行业协会分会制定的资质标准给予批准或不批准，从而减少低水平恶性竞争和产能空置，提高行业效能水平，引导企业健康有序的发展。

（九）建立首台（套）风险转移补偿机制

改进现有的科技成果产业化推进方法，向政府建议重点建立使用国产首台（套）产品的风险补偿机制。按照风险、责任与利益对等的市场经济法则，在用户方一端引入风险补偿机制，有利于技术发明尽快转化为现实生产力。首台（套）奖励政策的重点是已经有销售、有订单、有用户的首台（套）产品。

建立国产首台（套）产品投保机制，对使用国产首台首套装备的企业给予风险补偿，解决用户的后顾之忧，势必加速国产化进程，有利于鼓励设备制造企业通过自主研发替代进口，鼓励用户企业更多地购买国产创新设备，将在一定程度上分担创新企业的市场风险，鼓励制造企业在首台（套）设备的研发方面进一步加大投入，有利于争取到新的行业领域、新的客户。

（十）加大对冷弯型钢行业财税扶持力度，制定利于发展的财税扶持政策

冷弯型钢产品的分类应归属于机械零件类产品，不属于一般原材料产品，向发改委提出申请。

国家应鼓励技术创新的税收政策。国家需要重点扶持的高新技术企业，减按10%的税率征收企业所得税；企业为开发新技术、新产品、新工艺所发生的研究开发费用，可享受加计扣除或摊销的优惠政策；企业的固定资产由于技术进步等原因确需加速折旧的，可以缩短折旧年限或采取加速折旧的方法。

1. 加大对小型微型企业税收扶持力度

提高小型微型企业增值税和营业税起征点。将小型微利企业减半征收企业所得税政策，延长至2015年年底并扩大范围。将符合条件的国家中小企业公共技术服务示范平台纳入科技开发用品进口税收优惠政策范围。

2. 支持金融机构加强对小型微型企业的金融服务

对金融机构向小型微型企业贷款合同三年内免征印花税。将金融企业中小企业贷款损失准备金税前扣除政策延长至2013年年底。将符合条件的农村金融机构金融保险收入减按3%征收营业税的政策，延长至2015年年底。

3. 扩大中小企业专项资金规模

更多运用间接方式扶持小型微型企业。进一步清理取消和减免部分涉企收费项目。

（十一）加强对高强冷弯型钢产品推广应用

高强钢板钢质纯净，成分离散度小，采用优质板坯轧制，中心偏析很小，各类夹杂量极低，钢板无疏松和内裂，具有优良的焊接、加工等综合性能，表面质量和板形好。高强钢的应用将降低固定结构的总体用钢量，实现结构轻量化。

鉴于高强钢一系列的优点，并借鉴国外经验，建议政府对生产和使用高强冷弯型钢产品的企业给予一定的优惠政策，支持企业不断发展壮大。

（十二）组建冷弯型钢研究开发理事会

我国科研机构企业化改革后，从事冷弯型钢技术与装备的研究机构基本消失，许多重要的基础理论和生产需要的实验数据越来越贫乏。而冷弯型钢行业的企业规模都比较小，难以单独支持开展基础研究及产品、技术装备的前期开发，冷弯型钢行业如果长期缺乏基础理论和应用理论研究成果的支撑，必将严重制约行业的健康发展。

建议借鉴欧美模式，由冷弯型钢分会牵头，组建冷弯型钢研究开发理事会，并在专家委员会的指导下，共同拟定共性研究开发课题，面向国内外招标求解，理事会成员单位共享技术开发成果。同时冷弯型钢分会可与科技部、工信部等国家有关部门探讨建立新型“官、产、学、研”联合体的可行性，争取国家科研基金资助和优惠政策的扶持等。

中国钢结构协会冷弯型钢分会

2012年5月8日

中国钢结构协会冷弯型钢分会《工作条例》

第一章 总 则

第一条 根据中国钢结构协会（以下简称“总会”）有关规定，为加强冷弯型钢行业管理，提高行业自律性，遵照总会《中国钢结构协会分支机构管理办法》，特制订冷弯型钢分会（以下简称“分会”）《工作条例》。

第二条 冷弯型钢分会是中国钢结构协会的分支机构，不具备独立法人资格。分会服从中国钢结构协会领导，自觉遵守国家有关法律法规和相关政策，团结从事本行业的企事业单位，促进我国冷弯型钢行业健康、稳定的发展。

第三条 分会性质是自愿参加的、跨地区、跨部门的经济、技术社会团体，是全国性专业社团组织。

第二章 组织机构及职责

第四条 分会由本行业团体会员和有关专家、企业家组成。分会设理事和常务理事。团体会员单位理事和常务理事均由所在单位的现职主要负责人担任，当其职务变更时，由该单位的主要负责人继任。理事数量原则上不超过团体会员单位数量的三分之一，常务理事不超过理事的三分之一。分会设理事长一人，副理事长若干人，副理事长不得超过常务理事的三分之一，秘书长一人，副秘书长若干人。分会成立统计工作委员会、标准工作委员会、资质工作委员会三个工作委员会。

第五条 冷弯型钢分会的理事由本分会团体会员单位推荐、全体会员大会选举产生，正、副理事长、秘书长、常务理事由分会理事会选举产生，经中国钢结构协会会长联席会议审定通过，并履行登记手续。理事长最高任职年龄不超过65周岁。工作委员会主任单位由理事推荐并在常务理事会或理事会议通过。

第六条 分会挂靠单位原则上应是理事长所在单位，秘书长一般由理事长所在单位推荐出任，在理事长领导下负责日常工作。

第七条 冷弯型钢分会理事会职责

1. 编制分会年度工作计划，并组织实施。每年召开常务理事会议两次，重大活动需通过常务理事会议决定。分会日常工作由理事长主持，秘书处负责执行。会员大会每年召开一次，专题会议根据年度计划另行安排。

2. 调研掌握本行业国内外发展动态，向政府有关部门提供经济、技术、政策方面建议。同时组织引领全行业完成每阶段发展的目标、方针和实施计划。

3. 编写和制定本行业有关技术规范、产品标准。努力做好有关技术刊物，论文集、专业书籍等方面的编辑出版工作。做好企业咨询服务工作。

4. 开展国际交流，及时介绍国外新技术、新产品。

5. 加强行业自律，做好企业资质评定、新产品评优等工作，并向用户推荐。

6. 积极支持开展有益于行业发展的有关活动，如：人才培训、创新发明、新产品开发等。

第三章　机构的终止与变更

第八条　分会由于某种原因需要终止的，由分会秘书处向理事长联席会议或常务理事会提出报告，经理事长联席会议或常务理事会审议通过，作出决议，报送中国钢结构协会。中国钢结构协会向业务主管单位提出注销申请，并经业务主管单位审议同意，按民政部有关规定办理注销手续。

第九条　分会一年内未开展活动，应向分会常务理事会说明情况，由常务理事会讨论是否予以撤销或重组，并报中国钢结构协会，由中国钢结构协会向业务主管登记单位报送，按规定办理注销手续。

第十条　分会机构名称、住所、业务范围、活动地域、主要负责人发生变化，应及时向总会秘书处提出报告，经总会理事会或常务理事会审议并作出决议，向登记机关申请变更有关手续。

第四章　机构管理

第十一条　分会在总会的授权范围内发展会员，其发展的会员均属于中国钢结构协会团体会员，由总会颁发证书。按总会要求：分会机构不是法人组织，不得设立独立账号，财务收支均纳入总会核算，统一管理，收取会费由总会开具财务部监制的《全国性社会团体会费统一收据》。

第十二条　分会下发文件，按照上级格式要求，统一编发文号，加盖公章后生效，由分会工作总部发至会员或有关单位。

第十三条　换届办法

1. 分会按照总会《分支机构管理办法》每四年进行换届工作，如遇特殊情况，需延期或提前，不得超过一年，由总会批准。

2. 分会换届会议提前30天报送换届会议的内容，包括：换届议程、工作报告、《工作条例》修改说明、新一届组成方案、换届会议主要负责人推荐名单。

3. 分会换届会议，须有三分之二以上理事或代表出席方能召开，决议需半数以上理事通过方能生效。

4. 分会换届后15日内向总会报送有关文件。包括：选举结果，理事长、副理事长、监事、秘书长名单及全体理事通讯方式、换届审议通过的工作报告和《工作条例》，会议纪要、工作总结等。

第五章　会员及经费

第十四条　会员条件

分会目前只接受团体会员，凡承认分会《工作条例》，从事冷弯型钢生产、应用单位、设备制造、科研、设计、教育及有关管理部门，均可申请参加冷弯型钢分会，由工作总部办理相关入会手续，由常务理事会或者理事会议通过，即可成为团体会员。

第十五条 会员权利

1. 参加分会各项活动；

2. 优先获得分会提供的市场、技术、管理、信息等资料及服务；

3. 会员对分会工作的意见和要求，由工作总部汇集向常务理事会或者理事会议反映。

第十六条 会员义务

1. 遵守分会《工作条例》；

2. 承担分会委托的工作；

3. 定期缴纳会费；

4. 连续两年不参加分会活动，不缴纳会费，视为自动退会；

5. 对分会工作积极热心，并作出显著成绩的会员，给予表彰。

第十七条 冷弯型钢分会的经费来源

1. 成员单位缴纳的会费；

2. 企事业单位的资助。

经费支出范围：

1. 解决必要的办公条件所需开支；

2. 开展工作所需旅差费及其他费用；

3. 工作总部聘请工作人员所需费用。

第六章 附 则

第十八条 中国钢结构协会冷弯型钢分会常设办事机构为工作总部，工作总部设于北京科技大学。

第十九条 本《工作条例》未尽事宜按有关规定办理；冷弯型钢分会理事会负责解释本《条例》。

中国钢结构协会冷弯型钢分会

2011 年 3 月

中国钢结构协会冷弯型钢分会会员管理办法

第一章　总　　则

第一条　为了加强中国钢结构协会冷弯型钢分会（以下简称本分会）会员管理，强化协会组织建设，维护会员合法权益，根据《中国钢结构协会社会团体条例》和《中国钢结构协会冷弯型钢分会工作条例》，结合本行业的特点，特制定本办法。

第二条　本分会实行单位会员制管理，会员制有利于建立规范科学的会员组织网络和快速传递行业信息系统，及时宣传贯彻行业法律、法规，有效提高本分会为冷弯型钢行业的服务质量，增强本分会的凝聚力，促进冷弯型钢行业健康有序发展。

第三条　本分会会员服务部负责会员的日常管理工作。

第二章　会　　员

第四条　冷弯型钢分会实行单位会员制。本制度所指的会员是经冷弯型钢分会接纳的从事冷弯型钢生产、应用单位、设备制造、科研、设计、教育及有关管理部门等单位。会员单位一般应由法人或二级法人（每个会员单位应指定一人为本单位的会员代表）代表本单位行使权利、参加活动。

第五条　申请加入本会的会员单位，必须具备下列条件：

1. 拥护中国共产党领导，热爱祖国；
2. 遵守本会的《工作条例》；
3. 有加入本会的意愿；
4. 在本团体的业务（行业、学科）领域内具有一定的影响并具有企业法人资格。

第六条　单位会员入会程序

1. 申请单位向本分会提出申请；
2. 填写并提交《中国钢结构协会冷弯型钢分会入会申请表》与《中国钢结构协会冷弯型钢分会会员单位基本情况登记表》以及申请单位的营业执照副本复印件；
3. 经协会工作总部审核后报理事会（或常务理事会）审议、批准并向申请单位发出《申请入会回复函》予以确认；
4. 缴纳当年会费；
5. 经上级主管单位批准后，制作并向新会员单位颁发会员证（牌）；
6. 会员证书妥善保管，如有遗失声明作废，并申请补发证书。

第七条　会员的权利

1. 在协会内有选举权、被选举权和表决权；

2. 对协会工作有建议、批评和监督权；

3. 优先优惠参加协会举办的各种活动（协会举办的会议、杂志及网络平台都优先优惠服务会员）；

4. 享受协会为会员所提供的各项服务；

5. 入会自愿，退会自由。

第八条 会员的义务

1. 遵守协会《工作条例》，执行协会决议；

2. 积极参加协会各种活动，完成协会委托的任务，冷弯型钢生产型企业要求加入中国钢铁工业协会冶金统计系统，及时准确报送相关资料；

3. 维护协会合法权益和职业道德，为发展冷弯型钢行业努力工作；

4. 按时缴纳会费；

5. 向协会反映情况，提供有关资料。

第九条 有下列情形之一者，不予批准入会：

1. 在申请过程中有弄虚作假行为的；

2. 严重违反本分会《工作条例》，被协会除名未逾一年的；

3. 国家法律法规禁止的其他情形。

第十条 会议及民主决策制度

1. 分会召开理事会议，各会员单位的指定代表人应按时参加，指定代表人因特殊原因不能参加会议时，须说明原因并委派本单位副总经理以上职务的负责人参加会议，同时授予其表决权和被表决权，并认可会议作出的任何决议和规定。

2. 会员代表大会四年召开一次，理事会议至少两年召开一次，常务理事会议至少半年召开一次，理事长工作会议根据情况可临时确定召开时间。

3. 理事（常务理事、理事长工作）会议，须有2/3以上理事（常务理事、副理事长）出席方能召开，其决议须经到会理事（常务理事、副理事长）2/3以上表决通过方能生效。

4. 对每次会议的内容要有详细的记录，会后形成会议纪要，经理事长审核签字后印发各有关单位及在网站上公布遵照执行。重要会议要当场形成决议，参会人员在决议上签字。

5. 参会人员自觉遵守会议纪律。

第三章 会 费

第十一条 上级单位中国钢结构协会负责本分会会费的管理工作。

第十二条 会员会费标准

1. 副理事长单位：以承担活动项目费用或捐赠的方式缴纳会费，8000元/年，高校、科研机构减半缴纳；

2. 常务理事单位：6000元/年；

3. 理事单位：4000元/年；

4. 会员单位：2000元/年（新入会会员第一年3000元）；

5. 协会聘请的顾问、专家及其他应免缴会费的，由工作总部提出申请，经分会常务理事会或理事会讨论通过。

第十三条　会费的使用实行严格管理，主要用于

1. 为会员提供信息、宣传材料等开支；

2. 协会办事机构办公经费开支；

3. 举办各种活动的补贴性开支；

4. 召开会员大会或会员代表大会、理事会、常务理事会（理事长）会议的部分开支；

5. 开展行业发展的公益性业务开支；

6. 对有突出贡献的会员单位或个人的奖励；

7. 社团管理条例所规定的其他开支。

第十四条　会费的缴纳办法

1. 每年1月1日~3月1日办理会员资格年度注册手续并缴纳本年度会费；

2. 新批准的会员单位，应于批准入会之日起，一个月内缴纳该年度会费；

3. 会费缴入中国钢结构协会公开账户。

第十五条　会员退会或被除名，不再退还其缴纳的会费、资助和捐赠。

第十六条　本分会的会费管理执行国家规定的财务管理制度，并接受会员大会及相关部门的监督。

第四章　会员管理

第十七条　未按时进行注册者视自动退会，注册截止之日起三个月后在本分会网站和会刊上公布退会名单。

第十八条　年度注册须按照本分会的要求提交注册材料及填报相关表格，采取信函或网上注册方式。

第十九条　本分会对业绩突出的会员单位进行奖励

1. 对遵纪守法，履行遵守本分会《工作条例》等规章制度，积极参加本分会组织的各项活动，工作业绩突出的单位会员，授予本分会先进单位会员荣誉称号。

2. 对遵纪守法，履行遵守本分会《工作条例》等规章制度，为推进本分会和行业发展做出重大贡献的会员单位的个人，本分会授予先进个人荣誉称号。

第二十条　凡违反以下任何一款的会员单位，本分会有权视情节轻重，分别给予通报、警告、批评，直至终止会员单位资格的处分。

1. 未经本会批准，擅自以本会的名义组织各种活动，如：有关培训和信息咨询以及出版刊物等；

2. 擅自以本会的名义从事与经营、商务有关活动的；

3. 擅自以本会名义与境外组织联络，并造成不良影响的；

4. 不按时缴纳会费的；

5. 违反本分会《工作条例》及有关规定，情节严重的；

6. 触犯国家法律、法规，受到刑事或相应处罚的；
7. 被当地工商行政部门吊销营业执照的；
8. 有损于本行业形象，并造成恶劣影响的；
9. 无正当理由连续一年不参加本分会活动的。

第二十一条 受到奖励或处罚的会员单位，本分会在指定媒体和网站进行公示。

第五章 退 会

第二十二条 会员单位要求退会，需以书面形式报告本会会员服务部，并交回会员单位证（牌）。本会理事会批准后，会员资格即被终止，本会会员服务部即以书面通知退会单位。

第二十三条 未按时办理会员年度注册，迟缴年度会费逾期一年的单位，视为自动退会。

第二十四条 会员单位退会一经确认，即取消会员单位资格和享受的一切权利。

第六章 附 则

第二十五条 本办法由中国钢结构协会冷弯型钢分会常务理事会负责解释。

第二十六条 本制度自2013年5月1日起执行。

中国钢结构协会冷弯型钢分会

2013年5月

中国钢结构协会冷弯型钢分会
专家委员会

一、宗旨

冷弯型钢专家是支持中国冷弯型钢事业发展的宝贵资源。为了更好地发挥该资源优势、促进中国钢结构协会冷弯型钢分会在国内外行业技术交流和技术咨询等活动中的社团作用，加强分会为政府主管部门和为协会会员提供技术服务的功能，更好地推动我国冷弯型钢事业的发展，特此成立中国钢结构协会冷弯型钢专家委员会。

二、任务

1. 制订分会专家委员会技术活动工作计划和落实措施。

2. 组织或参与有关冷弯型钢技术政策、技术发展规划等研讨咨询活动，为政府主管部门提供咨询意见。

3. 组织或参与有关行业专业的重大技术交流活动和国内外学术会议。

4. 接受委托承担有关科学技术、生产管理等技术咨询和技术顾问工作。

5. 代表分会承担设计审查、工程评议、工程质量鉴定及工程评标等服务工作。

6. 承担组织或参与编辑规程、规范和其他技术出版物的工作。

三、专家条件及申请受聘程序

（一）基本条件（受聘专家必须具备下列条件）

1. 有10年以上冷弯型钢行业工作（包括冷弯型钢企业、设计院、高校等科研机构）经验，业绩较为突出并有副高级及以上职称。

2. 作风正派，客观公正，治学严谨，身体健康，积极参与专家委员会工作。

（二）专业条件（满足下列条件之一者，可具备专家委员申请资格）

1. 主持过冷弯型钢领域重大科研、设计、施工项目的技术负责人或学科带头人，同时作为主持人或主要参与者获得国家级奖项，或获得2项以上省部级奖项者。

2. 参加编制冷弯型钢领域国家标准，或参编2项以上行业标准者。

3. 获得国家级荣誉称号（如院士、长江学者、劳模等），对冷弯型钢行业有突出贡献者。

（三）专家类别

1. 受聘专家年龄一般不超过70岁。受聘专家每届聘期为四年，到期经本人同意可以连聘连任。

2. 年龄达到或超过70岁的专家为资深专家，聘期为终身。

3. 所有达到或超过80岁的资深专家，荣获中国冷弯型钢领域最高奖项：“中国冷弯型钢终身成就奖”。

（四）申请及受聘程序

1. 同时具备基本条件和专业条件者，经2位现任受聘专家或资深专家推荐，可向冷弯型钢分会专家委员会提出申请。

2. 本人提交入会申请书、填写申请表（附身份证、职称证书、学校毕业证书及与专业条件相关证明材料等）。

3. 经专家委员会主任会议（正、副主任及正、副秘书长）无记名投票，获得2/3以上同意票者，受聘为中国钢结构协会冷弯型钢专家委员会专家委员，颁发专家证书。

四、组织机构

1. 专家委员会由各方面专家委员组成，70岁以下受聘专家约40人左右。下设若干专家组，专家组由各专业专家分别组成。

2. 专家委员会设主任委员（1人）、副主任委员若干名，由分会理事长聘任。

3. 专家委员会正、副秘书长及工作人员，经正、副主任会议商定后聘任。

4. 专家委员会专家委员的组成应充分考虑各分支专业的代表面、年龄层次的合理结构。

5. 为发挥70岁以上资深专家的作用，在充分考虑专家身体健康的前提下，安排专家的工作和参加活动。

五、权利与义务

1. 专家可参加委员会工作计划的制订，提出意见和建议。

2. 专家在聘任期内其本人简况可在协会网站专家网页中登录。

3. 专家可参加协会组织的各项技术咨询、交流、服务等活动。如为有偿技术服务，可获得相应劳动报酬。

4. 专家在聘任期内可免费得到《冷弯型钢》期刊。

5. 专家如以中国钢结构协会冷弯型钢专家委员会专家的名义，参加技术咨询与服务工作，需报专家委员会秘书处备案。

6. 在工作中应遵守中国钢结构协会冷弯型钢分会工作条例及国家有关法律和法规。办事诚信公正、认真负责，切实维护中国钢结构协会冷弯型钢分会和专家委员会的声誉。

7. 专家有推荐新委员的权利（每人每年推荐不超过2人）。

8. 专家委员四年内无正当理由不参加活动，视为自动退出专家委员会。

9. 专家有自行退出专家委员会的权利。

六、其他

1. 专家委员会的技术咨询、服务费用等收入，应专款专用。并制定有关的经费收支办法。

2. 本办法自 2013 年 1 月 1 日起执行。

3. 专家委员会办公地点：

地址：北京市海淀区学院路 30 号主楼 201 室

邮编：100083

电话：010-62332572

传真：010-62397463

中国钢结构协会冷弯型钢分会标准工作委员会规程

目前，企业开展标准化工作的范围不够全面，生产中所需要的各种技术标准不齐全、不配套，有些企业只片面地抓了产品标准，而没有相应的制定原材料标准、工艺操作标准和工装设备标准，因而影响到产品标准的贯彻执行，不利于产品质量的提高。有些企业尽管制定了技术标准，但忽略了抓管理标准和工作标准，结果由于生产管理不善，而妨碍技术标准的贯彻及其作用的发挥，企业产品最终也会出问题。

冷弯型钢行业标准相对较少且滞后，为了更好地为会员企业和行业服务，冷弯型钢分会决定成立“标准工作委员会”。标准工作委员会将在上级协会的指导和冷弯型钢分会的领导下，坚持以党的基本理论和基本路线为指导，遵守宪法、法律、法规和国家政策，遵守社会道德风尚，代表会员利益，维护会员的合法权益，坚持为企业、行业服务，为政府、社会服务，坚持科学发展观，团结和动员广大冷弯型钢行业企业，开展各项标准制定和推广工作，推动我国冷弯型钢行业标准工作的发展，不断提高冷弯型钢产品在国内外市场竞争力，建立和完善行业标准制定机制，努力发挥行业协会在冷弯型钢企业和用户之间的桥梁、纽带作用，促进我国冷弯型钢行业持续、快速、健康、稳定发展。

一、冷弯型钢标准工作委员会工作范围与基本任务

随着科技不断发展，企业创新层出不穷，目前针对冷弯型钢行业现状、企业特点、现阶段协会任务，确定冷弯型钢标准工作委员会工作范围与基本任务。

（1）根据国家有关政策、法规以及中国钢结构协会冷弯型钢分会章程和有关规定，结合本行业特点，制定行业标准制定制度，规范冷弯型钢行业标准管理行为。在协调冷弯型钢企业结构调整、开拓市场、行业健康稳定运行和冷弯型钢产品应用等方面，发挥作用，促进行业标准为会员企业服务职能，维护企业合法权益和行业整体利益。

（2）密切结合我国冷弯型钢行业发展情况，开展各种形式的国内外标准调研和交流活动，捕捉世界冷弯型钢最新标准成果，促进行业科技进步和自主创新。

（3）开展行业标准调查研究，参与拟定行业标准发展规划、产业政策法规的相关工作。为政府加强宏观调控和管理提出咨询建议，每年12月份整理出一份冷弯型钢行业标准发展报告，并向参加的会员企业公布。

（4）积极组织收集、整理发布国内外冷弯型钢行业标准情况等信息。对会员单位标准诉求，组织专家进行专门分析、评价，提供咨询服务；总结、宣传、推广先进标准、规范制定管理经验，并在协会网站和刊物上进行宣传和推广。

（5）开展企业标准咨询、服务工作，帮助会员企业组织开展专项标准评定。

（6）定期举办冷弯型钢行业标准工作会议，促进新标准的制定、推广与应用；每年召开一至二次冷弯型钢标准工作会议。

（7）表彰、奖励在标准工作中取得优异成绩的集体和做出突出成绩的工作人员。

（8）承担分会交办的其他工作和任务。

二、冷弯型钢标准工作委员会组织架构

标准工作委员会组织架构：

主任单位：上海宝钢型钢公司

副主任单位：武汉钢铁江北集团冷弯型钢有限公司

泰安科诺型钢股份有限公司

南京万汇新材料科技有限公司

香港和利钢铁有限公司

主任：周伟钢

副主任：曾祥明　钱占绪　胡兆城　黎锷威

要求：在标准工作委员会的领导下，由重点企业和有特色的企业领衔或承担标准制定工作，其他会员企业参与；为了支持和鼓励企业积极参与标准制定工作，标准工作委员会将制定有关激励措施。

标准工作委员会作为冷弯型钢分会的专门标准工作部门，服从分会领导，由分会秘书协助标准工作委员会开展日常工作。

三、冷弯型钢标准工作委员会工作程序

1. 制订工作计划

标准工作委员会应制订短、中、长期工作计划，每年12月31日前拟定出下一年度工作计划，经主任签字后上报分会理事长，理事长签字后加盖分会公章并存档，并通过协会网站和刊物公布。

2. 冷弯标准制定

冷弯型钢分会计划建立中国冷弯型钢行业标准系统，并将其纳入冶金标准化系统。参加标准制定的各会员单位需统一上报至标准工作委员会，要制定的各项标准，由标准工作委员会统一制定出冷弯型钢标准制定实施规划书，经标准工作委员会主任签字上报分会理事长，由理事长签字后，加盖分会公章后存档，并统一报送冶金标准化研究院，经协调后实施制定工作，并向参加标准制定工作的单位公布进程。

3. 信息发布

标准工作委员会所进行的各类情况收集、分析等资料，经整理加工后，形成各种报告，报告经标准工作委员会主任签字上报分会理事长，由理事长签字后，加盖分会公章后存档，不宜公开的信息只向参加标准制定的单位公布；适宜公开的信息，通过协会网站和刊物进行公布。

4. 发文

标准工作委员会因工作需要发文，按照协会发文规定，由标准工作委员会主任委托

分会秘书处按规定格式起草文件，经主任签字后，报分会理事长签字批准，并加盖分会公章后发文。

5. 会议

标准工作会议，拟每年召开一至两次，具体时间、地点和参加人员由标准工作委员会主任委托分会秘书拟定，按照发文要求起草文件并进行具体联络工作。

四、本规程最终解释权

本规程最终解释权归中国钢结构协会冷弯型钢分会标准工作委员会。

中国钢结构协会冷弯型钢分会统计工作委员会规程

随着冷弯型钢行业的快速发展，统计工作越显重要，为了更好地为会员企业和行业服务，冷弯型钢分会决定成立“统计工作委员会”。统计工作委员会将在上级协会指导和冷弯型钢分会的领导下，坚持以党的基本理论和基本路线为指导，遵守宪法、法律、法规和国家政策，遵守社会道德风尚，代表会员利益，维护会员的合法权益，坚持为企业、行业服务，为政府、社会服务，坚持科学发展观，团结和动员广大冷弯型钢行业企业，开展各项统计工作，推动我国冷弯型钢行业信息统计工作的发展，不断提高冷弯型钢产品在国内外市场竞争力，建立和完善行业信息统计机制，努力发挥行业信息统计工作在冷弯型钢企业和用户之间的桥梁、纽带作用，促进我国冷弯型钢行业持续、快速、健康、稳定发展。

一、冷弯型钢统计工作委员会工作范围与基本任务

冷弯型钢信息统计的范围极其广泛，目前针对冷弯型钢行业现状、企业特点、现阶段协会任务，确定冷弯型钢统计工作委员会工作范围与基本任务。

（1）根据国家有关政策法规以及中国钢结构协会冷弯型钢分会章程和有关规定，结合本行业特点，制定行业的信息统计制度，规范冷弯型钢行业信息统计管理行为。在协调冷弯型钢企业结构调整、开拓市场、行业健康稳定运行和冷弯型钢产品应用等方面，发挥作用，促进行业信息为会员企业服务职能，维护企业合法权益和行业整体利益。

（2）密切结合我国冷弯型钢的发展情况，开展各种形式的国内外信息调研和交流活动，捕捉世界冷弯型钢最新技术及研发成果，促进行业科技进步和自主创新。

（3）开展行业调查研究，参与拟定行业发展规划、产业政策法规的相关工作。为政府加强宏观调控和管理提出咨询建议，每年12月份整理出一份冷弯型钢行业信息统计发展报告。

（4）积极督促会员单位按时进行信息数据统计上报，组织收集、整理发布国内外冷弯型钢行业市场状况和经营管理、经济技术数据等信息。对会员单位的经营管理、发展战略及经济技术指标进行分析、评价，提供咨询服务，总结、宣传、推广先进技术和科学管理经验，并在协会网站和刊物上进行宣传和推广。

（5）开展企业信息咨询、服务工作，帮助会员企业组织开展专项信息调查。

（6）定期举办冷弯型钢行业信息统计培训和研讨，促进信息成果推广与应用；每年召开一至二次冷弯型钢统计工作和信息员培训会议。

（7）表彰、奖励在信息统计活动中取得优异成绩的集体和做出突出成绩的工作

人员。

（8）承担总会交办的其他工作和任务。

二、冷弯型钢统计工作委员会组织架构

统计工作委员会组织架构：

主任单位：泰安科诺型钢股份有限公司

副主任单位：武汉钢铁江北集团冷弯型钢有限公司

上海宝钢型钢公司

主任：钱占绪

副主任：曾祥明　周伟钢

要求：全体会员企业参与信息统计工作；只有参加信息统计的企业才有资格获得统计委员会整理出的各类信息资料。

统计工作委员会作为冷弯型钢分会的专门信息统计部门，服从分会领导，由分会秘书协助统计工作委员会主任开展日常工作。

三、冷弯型钢统计工作委员会工作程序

1. 制订工作计划

统计工作委员会每年12月31日前拟定出下一年度工作计划，经主任签字上报分会理事长，理事长签字后加盖分会公章并存档，并通过协会网站和刊物公布。

2. 会员单位数据上报

冷弯型钢分会计划建立中国冷弯型钢数据统计体系，并已纳入中国钢铁工业信息统计系统。各会员单位需按要求，如实按时上报数据信息，统计工作委员会每月25日催报各会员企业，并整理出一份统计月报，经统计工作委员会主任签字上报分会理事长，由理事长签字后加盖分会公章后存档，并优先向参加信息统计的会员单位公布。

3. 信息发布

统计工作委员会所进行的各类情况收集、信息数据分析等资料，经整理加工后，形成各种报告，报告经统计工作委员会主任签字上报分会理事长，由理事长签字后加盖分会公章后存档，不宜公开的信息只向参加信息统计的会员单位公布；适宜公开的信息，通过协会网站和刊物进行发布。

4. 发文

统计工作委员会因工作需要发文，按照协会发文规定，由统计工作委员会主任委托驻分会秘书按规定格式起草文件，经主任签字后报分会理事长签字批准，并加盖分会公章发文。

5. 会议

统计工作会议和信息员培训，拟每年一至两次，具体时间、地点和参加人员由统计工作委员会主任委托分会秘书拟定，按照发文要求起草文件并进行具体联络工作。

四、本规程最终解释权

本规程最终解释权归中国钢结构协会冷弯型钢分会统计工作委员会。

中国钢结构协会冷弯型钢分会
资质评审工作委员会规程

目前，冷弯型钢行业在不断扩大，企业日益增多，企业资质认证和管理还是空白，为了规范企业行为，建立公正、公开、公平竞争的行业氛围，更好地为会员企业和行业服务，冷弯型钢分会决定成立“资质认证评审工作委员会”。资质认证评审工作委员会将在上级协会和冷弯型钢分会的领导下，坚持以党的基本理论和基本路线为指导，遵守宪法、法律、法规和国家政策，遵守社会道德风尚，代表会员利益，维护会员的合法权益，坚持为企业、行业服务，为政府、社会服务，坚持科学发展观，团结和动员广大冷弯型钢行业企业，开展各项资质评审和推广工作，推动我国冷弯型钢行业规范化发展，不断提高冷弯型钢产品在国内外市场竞争力，建立和完善行业标准制定机制，努力发挥行业协会在冷弯型钢企业和用户之间的桥梁、纽带作用，促进我国冷弯型钢行业持续、快速、健康、稳定发展。

一、冷弯型钢资质评审工作委员会工作范围与基本任务

目前，针对冷弯型钢行业现状、企业特点、现阶段协会任务，确定冷弯型钢资质评审工作委员会工作范围与基本任务。

（1）根据国家有关政策法规以及中国钢结构协会冷弯型钢分会章程和有关规定，结合本行业特点，制定行业的资质评审制度，规范冷弯型钢行业资质评审工作管理行为。在协调冷弯型钢企业结构调整、开拓市场、行业健康稳定运行和冷弯型钢产品应用等方面，发挥作用，促进行业资质评审为会员企业服务职能，维护企业合法权益和行业整体利益。

（2）密切结合我国冷弯型钢的发展情况，开展各种形式的国内外资质评审调研和交流活动，学习世界冷弯型钢最新资质评审经验，促进行业规范化发展。

（3）开展行业资质调查研究，参与拟定行业资质评审规划等相关工作。为政府加强宏观调控和管理提出咨询建议，每年12月份整理出一份冷弯型钢行业资质报告。

（4）积极组织收集、整理发布国内外冷弯型钢行业资质评审情况等信息。对会员单位资质评审诉求，组织专家进行专门分析、评价，提供咨询服务；总结、宣传、推广企业先进资质评审工作、规范制定资质评审管理经验，并在协会网站和刊物进行展示。

（5）开展企业的资质评审咨询、服务工作，帮助会员企业组织开展专项资质评定。

（6）定期举办冷弯型钢行业资质评审工作会议，促进企业资质的评定与推广；每年召开一至二次冷弯型钢行业资质评审工作会。

（7）表彰、奖励在资质评审工作中取得优异成绩的集体和做出突出成绩的工作

人员。

（8）承担分会交办的其他工作和任务。

二、冷弯型钢资质评审工作委员会组织架构

资质评审工作委员会组织架构：

主任单位：武汉钢铁江北集团冷弯型钢有限公司

副主任单位：上海宝钢型钢公司　泰安科诺型钢股份有限公司

主任：曾祥明

副主任：周伟钢　钱占绪

资质评审工作委员会作为冷弯型钢分会的专门资质评审工作部门，服从分会领导，由分会秘书协助资质评审工作委员会主任开展日常工作。

三、冷弯型钢资质评审工作委员会工作程序

1. 制订工作计划

资质评审工作委员会每年12月31日前拟定出下一年度工作计划，经主任签字上报分会理事长，理事长签字后加盖分会公章并存档，并通过协会网站和刊物公布。

2. 冷弯型钢企业资质评审

冷弯型钢分会计划建立中国冷弯型钢资质评审体系，并纳入中国钢结构协会资质评审系统。参加资质评审的各会员单位需按要求将有关材料统一上报至资质评审工作委员会，由资质评审工作委员会统一组织评审工作，评审结果经资质评审工作委员会主任签字上报分会理事长，由理事长签字后加盖分会公章后存档，并统一报送中国钢结构协会备案，评审工作将及时向参加资质评审的单位公布进程。企业资质评定后，由中国钢结构协会冷弯型钢分会统一授予有关资质证书和牌匾。

3. 信息发布

资质评审工作委员会所进行的各类情况收集、分析等资料，经整理加工后，形成各种报告，报告经资质评审工作委员会主任签字上报分会理事长，由理事长签字后加盖分会公章后存档，不宜公开的信息只向申请资质评审的单位公布；适宜公开的信息，将通过协会网站和刊物进行公布。

4. 发文

资质评审工作委员会因工作需要发文，按照协会发文规定，由资质评审工作委员会主任委托分会秘书按规定格式起草文件，经主任签字后报分会理事长签字批准，并加盖分会公章发文。

5. 会议

资质评审工作会议，拟每年召开一至两次，具体时间、地点和参加人员由资质评审工作委员会主任委托分会秘书拟定，按照发文要求起草文件并进行具体联络工作。

四、本规程最终解释权

本规程最终解释权归中国钢结构协会冷弯型钢分会资质评审工作委员会。

中国钢结构协会冷弯型钢分会第一届至第六届理事会

中国钢结构协会冷弯型钢分会第一届理事会

（1985～1990年）

名誉理事长　邱宣凯　冶金部钢铁司副司长
理　事　长　吴路菁　中国金属学会原副秘书长
副理事长
吕日升　冶金部钢材加工公司经理
徐志雄　冶金部钢铁研究总院副院长
蒋敏才　武汉钢铁设计研究院副院长
丁国良　南京轧钢总厂厂长
陈贤伟　武钢汉口轧钢厂厂长
汪静海　上海钢铁工艺技术研究所所长
李　祥　鞍山冷弯型钢厂厂长
葛传乐　长春冷弯型钢厂厂长
蔡叶峰　广州异型钢材厂厂长
常务副理事长　王砚田　冶金部建筑研究总院钢结构所所长
秘　书　长
赵林春　冶金部钢铁研究总院加工室主任
刘　维　冶金部建筑研究总院钢结构所工程师
陈云波　冶金部建筑研究总院钢结构所所长
副秘书长
姜复生　武汉钢铁设计研究院轧钢室主任
寇永宁　南京轧钢总厂冷弯型钢分厂厂长
常务理事
张乃平　冶金部钢铁司轧钢处处长
陈禄如　冶金部建筑研究总院副院长
姜复生　武汉钢铁设计研究院轧钢室主任
白光润　东北工学院压加系主任
王先进　北京钢铁学院压加系主任

万梦兰　上海钢铁工艺技术研究所副所长
张清林　武汉薄板厂副厂长
屠世康　南京轧钢厂厂长
韩明奎　鞍山冷弯型钢厂副厂长
符史瑶　中国建筑技术开发中心标准所副所长
李厂津　中国汽车工业公司
徐素卿　冶金部钢材加工公司

中国钢结构协会冷弯型钢分会第二届理事会

（1990～1995年）

顾　　问

邱宣恺　冶金部钢铁司副司长
张乃平　冶金部科技司副司长
彭天乾　冶金部自动化院总工程师
毛占元　武钢公司副经理
李　祥　鞍山冷弯型钢厂厂长

名誉理事长

王建英　冶金部生产司副司长
吴路菁　中国金属学会原副秘书长

理 事 长　吕日升　冶金部钢材加工公司经理

副理事长　（括号内人员为本届内被更替人员）

丁国良　南京轧钢总厂厂长、高工
王明久　鞍山冷弯型钢厂厂长
邓荫田　冶金部钢铁研究总院副院长、高工
陈禄如　冶金部建筑研究总院副院长、高工
陈贤伟　武钢汉口轧钢厂厂长、工程师
陈云波　冶金部建筑研究总院钢结构所所长、高工
陆卫平　长春冷弯型钢厂副厂长、高工
何保康　西安冶金建筑学院院长
张铭鼎　上海钢铁工艺技术研究所所长、教授级高工
张锡玖　宝钢集团南京轧钢总厂厂长
蒋敏才　武汉钢铁设计研究院副院长、高工
葛传乐　长春冷弯型钢厂厂长、工程师
何树铭　广州异型钢材厂厂长
（汤顺仁）

秘 书 长

孙爱甄　中国钢铁炉料总公司原处长、高级经济师
（吕日升）　冶金部钢材加工公司经理

副秘书长

姜复生　武汉钢铁设计研究院冷弯型钢技术研究所所长
寇永宁　宝钢集团南京轧钢总厂冷弯型钢分厂厂长、工程师

常务理事（括号内人员为本届内被更替人员）

丁国良　南京轧钢总厂厂长、高工
王书森　首钢带钢厂厂长助理
王先进　北京科技大学压力加工系系主任、教授
王明久　鞍山冷弯型钢厂厂长
邓荫田　冶金部钢铁研究总院副院长、高工
白光润　东北工学院压力加工系系主任、教授
吕日升　冶金部钢材加工公司经理
张忠良　宁波钢铁总厂厂长、经济师
孙爱甄　中国钢铁炉料总公司原处长、高级经济师
陈云波　冶金部建筑研究总院钢结构所所长、高工
陈禄如　冶金部建筑研究总院副院长、高工
陈贤伟　武钢汉口轧钢厂厂长、工程师
何保康　西安冶金建筑学院院长
张国华　宜昌冷弯型钢厂厂长
张铭鼎　上海钢铁工艺技术研究所所长、教授级高工
张锡玖　宝钢集团南京轧钢总厂厂长
练银昌　物资部金属材料司品种处工程师
姜复生　武汉钢铁设计研究院冷弯型钢技术研究所所长
赵林春　冶金部钢铁研究总院十八室原主任、高工
南振卿　冶金部科技司副处长、高工
徐素卿　冶金部钢材加工公司资源部主任、高工
秦国有　哈尔滨钢管厂厂长
黄盼可　冶金部钢铁生产司副处长、高工
梁爱玉　冶金部规划院处长、高工
谢仕柜　冶金部科技司主任工程师、高工
寇永宁　宝钢集团南京轧钢总厂冷弯型钢分厂厂长、工程师
韩奎益　鞍钢异型钢管厂厂长
蒋敏才　武汉钢铁设计研究院副院长、高工
葛传乐　长春冷弯型钢厂厂长、工程师
陆卫平　长春冷弯型钢厂副厂长、高工
何树铭　广州异型钢材厂厂长
（汤顺仁）

中国钢结构协会冷弯型钢分会第三届理事会

（1995～2000年）

名誉理事长	吴路菁	中国金属学会原副秘书长
理事长	吕日升	冶金部钢材加工公司原经理
常务副理事长	丁国良	南京轧钢总厂厂长、高工
秘书长	孙爱甄	中国钢铁炉料总公司原处长、高级经济师
副理事长		
	冯光宏	钢铁研究总院冶金工艺研究所副所长
	万国胜	武钢集团汉口轧钢厂厂长
	何保康	西安建筑科技大学校长
	陈云波	冶金部建筑研究总院钢结构所所长
	李健彰	广州钢管厂副厂长
	宋德道	武汉钢铁设计研究院副院长
	周国成	中国钢铁工贸集团副总经理
	崔　力	长春冷弯型钢总厂厂长
	郁　竑	上海钢铁工艺技术研究所所长
	张锡玖	宝钢集团南京轧钢总厂厂长

中国钢结构协会冷弯型钢分会第四届理事会

（2000～2005年）

顾　　问　南振卿　原冶金部科技司副处长、高工

名誉理事长

吴路菁　中国金属学会原副秘书长

吕日升　原冶金部钢材加工公司经理

理 事 长　丁国良　原南京轧钢总厂厂长、高工

秘 书 长　张瑞林　原南京轧钢总厂厂办主任

副理事长

万国胜　武钢集团汉口轧钢厂厂长

江　岩　天津港星冷弯型钢有限公司总经理

李健彰　广州钢管厂有限公司副总经理

朱继昌　上海佳艺冷弯型钢厂厂长

郁　竑　上海钢铁工艺技术研究所所长

唐永清　江苏玉龙钢管股份有限公司董事长、总经理

陈　昌　番禺珠江钢管有限公司董事局主席

冯光宏　钢铁研究总院冶金工艺研究所副所长

纪　山　石家庄轴承设备股份有限公司总经理

刘继英　北方工业大学机电工程研究所所长

金　镛　沈阳东洋异型管有限公司总经理

陈　清　上海澳源实业有限公司总经理

钱占绪　泰安科诺型钢股份有限公司董事长

陈延春　攀钢集团北海钢管有限公司总工

苏显真　攀钢集团钢城企业总公司冷弯型钢厂厂长

贾和利　哈尔滨市富利钢管有限公司总经理

中国钢结构协会冷弯型钢分会第五届理事会

（2005～2010年）

顾　　问　南振卿　原冶金部科技司副处长、高工

名誉理事长

　　吴路菁　中国金属学会原副秘书长

　　吕日升　原冶金部钢材加工公司经理

理 事 长　丁国良　原南京轧钢总厂厂长、高工

秘 书 长　张瑞林　原南京轧钢总厂厂办主任

副理事长

　　徐　寅　中国钢铁工业协会发展与科技环保部原副主任

　　万国胜　武钢集团汉口轧钢厂厂长

　　周伟钢　上海宝钢型钢有限公司总经理

　　钱占绪　泰安科诺型钢股份有限公司董事长

　　朱继昌　上海佳艺冷弯型钢厂厂长

　　金　镛　沈阳东洋异型管有限公司总经理

　　杨绍峰　攀钢集团眉山中铁冷弯型钢有限责任公司副总经理

　　陈　昌　番禺珠江钢管有限公司董事局主席

　　冯光宏　钢铁研究总院冶金工艺研究所副所长

　　纪　山　石家庄轴承设备股份有限公司总经理

　　黄先军　广州钢管厂有限公司党委书记

　　刘继英　北方工业大学机电工程研究所所长

　　胡兆成　南京万汇新材料科技有限公司董事长

　　韩静涛　北京科技大学材料加工工程学科主任、教授

　　喻　兵　南京中轻机械设备制造有限责任公司总经理

　　黎锷威　香港和利钢铁股份有限公司总经理

　　木村贞男　秦皇岛东洋特殊钢业有限公司贸易部

中国钢结构协会冷弯型钢分会第六届理事会

（2010～2015年）

顾　　　问　南振卿　原冶金部科技司副处长、高工
名誉理事长　丁国良　原南京轧钢总厂厂长、高工
理　事　长　韩静涛　北京科技大学材料加工工程学科主任、教授
秘　书　长　张永军　北京科技大学材料与工程学院副教授
副秘书长　张登科　汪一兰
副理事长　（括号内人员为本届内被更替人员）
王　银　江苏顺力冷弯型钢实业有限公司董事长
冯光宏　钢铁研究总院冶金工艺研究所副所长
司建玺　新乡天丰机械制造有限公司总经理
陈　昌　番禺珠江钢管有限公司董事局主席
周伟钢　上海宝钢型钢有限公司总经理
胡兆成　南京万汇新材料科技有限公司董事长
喻　兵　南京中轻机械设备制造有限责任公司总经理
黎锷威　香港和利钢铁股份有限公司总经理
张洪顺　邯郸市正大制管有限公司总经理
李恒永　衡水益通金属制品有限责任公司总经理
朱一飞　沈阳东洋异型管有限公司总经理
（金　镛）
黄宏江　上海佳冷型钢有限公司总经理
（朱继昌）
钱风国　泰安科诺型钢股份有限公司总经理
（钱占绪）
曾祥明　武汉钢铁江北集团冷弯型钢有限公司总经理
（万国胜）
韩　飞　北方工业大学科技处副处长、副教授
（刘继英）
常务理事　（括号内人员为本届内被更替人员）
王　银　江苏顺力冷弯型钢实业有限公司董事长
史纪忠　石家庄中泰管技术开发有限公司董事长
冯光宏　钢铁研究总院冶金工艺研究所副所长
司建玺　新乡天丰机械制造有限公司总经理

陈传玉 济钢集团冷弯型钢公司总经理
陈　昌 番禺珠江钢管有限公司董事局主席
周伟钢 上海宝钢型钢有限公司总经理
胡兆成 南京万汇新材料科技有限公司董事长
钟国辉 香港理工大学土木及环境工程学系副主任、教授
姜正义 澳大利亚伍伦贡大学教授
高国鸿 大连三高集团有限公司董事长
黄溢忠 厦门正黎明冶金机械有限公司董事长
韩静涛 北京科技大学材料加工工程学科主任、教授
喻　兵 南京中轻机械设备制造有限责任公司总经理
黎锷威 香港和利钢铁股份有限公司总经理
张洪顺 邯郸市正大制管有限公司总经理
李恒永 衡水益通金属制品有限责任公司总经理
朱一飞 沈阳东洋异型管有限公司总经理
(金　镛)
黄宏江 上海佳冷型钢有限公司总经理
(朱继昌)
钱风国 泰安科诺型钢股份有限公司总经理
(钱占绪)
曾祥明 武汉钢铁江北集团冷弯型钢有限公司总经理
(万国胜)
韩　飞 北方工业大学科技处副处长、副教授
(刘继英)

特邀常务理事

王　志 邯郸正大制管有限公司总经理助理
贾国平 中国铁道学会原学术交流处处长
纪　山 石家庄联强机电设备有限公司总经理

中国钢结构协会冷弯型钢分会专业委员会简介

中国钢结构协会冷弯型钢分会金属波纹钢板管涵专业委员会

经中国钢结构协会冷弯型钢分会理事会通过并决定，中国钢结构协会冷弯型钢分会联合了国内大部分金属波纹钢板管涵设计、生产企业成立金属波纹钢板管涵领域唯一的专业机构组织——金属波纹钢板管涵专业委员会，2014年4月18日在江苏无锡正式成立。“专业委员会”将重点推广金属波纹管在城市网管、公路涵洞、城市排水、粮食仓储等领域的应用。

中国钢结构协会冷弯型钢分会金属波纹钢板管涵专业委员会组织机构

职责分工	姓名	所在单位及职务/职称
主任	韩静涛（兼）	中国钢结构协会冷弯型钢分会理事长
副主任	张博	中交第一公路勘察设计研究院院长
副主任	都军民	中船重工集团公司第七一三研究所副总工
副主任	陆文南	无锡市宏达冷弯机械制造有限公司董事长
副主任	邵景辉	哈尔滨金阳光管业有限责任公司总经理
副主任	李恒永	衡水益通管业股份有限责任公司总经理
副主任	武立稳	衡水晟合电力交通工程有限公司董事长
副主任	刘志罡	河北腾是达金属结构有限公司总经理
副主任	郑太勇	青海路拓工程设施制造有限公司总经理
副主任	周孟海	山东中海达金属科技有限公司总经理

联络方式

地址：北京市海淀区学院路30号北京科技大学方兴大厦706室

电话/传真：010-63813263

E-mail：chinacri2011@163.com

中国钢结构协会冷弯型钢分会
金属围护产品委员会

经中国钢结构协会冷弯型钢分会理事会通过并决定，成立中国钢结构协会冷弯型钢分会金属围护产品委员会，以在金属围护领域为行业提供更全面的指导，推动行业更好、更快发展。2014 年 11 月 10 日，中国钢结构协会冷弯型钢分会金属围护产品委员会与中国钢结构协会冷弯型钢分会建筑结构委员会在湖南长沙同期正式成立。该委员会依托厦门黎明机械有限公司开展相关工作。

中国钢结构协会冷弯型钢分会金属围护产品委员会组织机构

职责分工	姓　名	所在单位及职务/职称
主　任、成型设备标准化工作组组长	黄溢忠	厦门正黎明冶金机械有限公司董事长
秘书长、成型设备标准化工作组副组长	黄　永	厦门正黎明冶金机械有限公司行政办主任
生产资质许可管理工作组组长	石永久	清华大学教授
副秘书长、生产资质许可管理工作组副组长	刘晓丹	广东百安力轻钢结构产品有限公司经理
产品标准化工作组组长	苏明周	西安建筑科技大学教授
产品标准化工作组副组长	唐建伟	广东百安力轻钢结构产品有限公司副总经理
资历及教育培训工作组组长	韩　飞	北方工业大学副教授
资历及教育培训工作组副组长	罗衍强	广东百安力轻钢结构产品有限公司厂长

联络方式
地址：广州市花都区镜湖大道 10 号
电话：020-36852233
传真：020-36852100
E-mail：liuxiaodan@ baianli. com. cn

中国钢结构协会冷弯型钢分会
建筑结构委员会

经中国钢结构协会冷弯型钢分会理事会通过并决定，成立中国钢结构协会冷弯型钢分会建筑结构委员会，以在建筑结构领域为行业提供更全面的指导和服务，推动行业更好、更快发展。2014 年 11 月 10 日，中国钢结构协会冷弯型钢分会建筑结构委员会与中国钢结构协会冷弯型钢分会金属围护产品委员会在湖南长沙同期正式成立。该委员会依托香港理工大学开展相关工作。

中国钢结构协会冷弯型钢分会建筑结构委员会组织机构

职责分工	姓 名	所在单位及职务/职称
主 任	钟国辉	香港理工大学教授
副主任	王 隽	香港大学教授
副主任	陈德明	香港理工大学教授
秘书长	何浩祥	香港理工大学博士

联络方式
地址：香港九龙红磡香港理工大学土木及结构工程学系
电话：0852-27666056
传真：0852-23346389
E-mail：cehcho@ polyu. edu. hk

中国钢结构协会冷弯型钢分会
冷弯钢板桩专业委员会

经中国钢结构协会冷弯型钢分会常务理事会通过并决定，成立中国钢结构协会冷弯型钢分会冷弯钢板桩专业委员会，负责全国冷弯钢板桩行业产业发展的研究指导和行业秩序的规范，从标准、资质、宣传推广、技术开发、发展规划等方面开展工作，以促进中国冷弯钢板桩产业健康、有序和快速发展。2015 年 5 月 28 日，中国钢结构协会冷弯型钢分会冷弯钢板桩专业委员会在南京正式成立。并依托江苏顺力冷弯型钢实业有限公司开展相关工作。

中国钢结构协会冷弯型钢分会冷弯钢板桩专业委员会组织机构

职责分工	姓名	所在单位及职务/职称
主任	王银	江苏顺力冷弯型钢实业有限公司董事长
副主任	曾祥明	武汉钢铁江北集团冷弯型钢有限公司总经理
秘书长	肖红	江苏顺力冷弯型钢实业有限公司副总经理

联络方式
地址：江苏省南京市江宁区滨江经济技术开发区顺力路 2 号
电话：025-86106699
传真：025-86106677
E-mail：13905187971@139. com

中国钢结构协会冷弯型钢分会第六届团体会员单位名录

序号	一、华北地区（包括北京、天津、河北、山西、内蒙古）			
	会员单位名称	联系人	会员单位地址	电话
1	北京科技大学	韩静涛	北京市海淀区学院路30号	010－62332572
2	钢铁研究总院	冯光宏	北京市海淀区学院南路76号	010－62182906
3	北方工业大学	韩　飞	北京市石景山区晋元庄路5号	010－88803702
4	中冶京诚工程技术有限公司	陆　波	北京市北京经济技术开发区建安街7号	010－67835863
5	天津市保利成工贸有限公司	马宝哲	天津市静海县大邱庄镇恒泰路	022－68581086
6	天津市福臣机电设备开发有限公司	陈晓更	天津市武清区富明经济区C区三纬路5号	022－293349002－810
7	天津市龙隆五金制品厂	牛鸿麟	天津市北辰区津围公路北辰科技园区环东区华电道42号	022－26993146
8	石家庄市中泰制管技术开发有限公司	袁　芳	河北省石家庄市中山东路322号开元大厦1304号	0311－85956222
9	石家庄富瑞沃机电设备有限公司	常永利	河北省石家庄市新市北路380号卓达院士大厦5楼	0311－83836729
10	保定四方三伊电气有限公司	顾子辉	河北省保定市高新区北三环599号	0312－6271613
11	石家庄联强机电设备有限公司	赵秀芳	河北省石家庄市藁城区市府东路212号	0311－86596008
12	河北河山工贸有限公司	孙三海	河北省石家庄市经济技术开发区清源路8号	0311－89699921
13	唐山冶金锯片有限公司	郭继富	河北省唐山市河西路6号	0315－2053365
14	凌云工业股份有限公司	李彦波	河北省涿州市松林店镇	0312－3676803
15	唐山市丰润区大圆机械加工有限公司	赵庆圆	河北省唐山市丰润区中国动车城（东马庄村东）	0315－5126815
16	霸州市万鑫工贸有限公司	张树万	河北省霸州市112国道汽车站东4公里	0316－7210054
17	石家庄市长城焊管设备有限公司	刘志强	河北省石家庄市合作路286号筑凯大厦401室	0311－87283991

续表

序号	一、华北地区（包括北京、天津、河北、山西、内蒙古）			
	会员单位名称	联系人	会员单位地址	电 话
18	邯郸市正大制管有限公司	王 志	河北省成安县工业区聚良大道9号	0310－5231066
19	秦皇岛东洋特殊钢业有限公司	杜凤文	河北省秦皇岛经济开发区泰山路287号	0335－8508202
20	石家庄市众杰轧辊制造有限公司	冯继哲	河北省石家庄市鹿泉上庄工业园7号华通公司院内	0311－83985270
21	石家庄市东华特种型材厂	王润田	河北省石家庄市栾城县王家屯	0311－88218208
22	石家庄市中汇冷弯焊管设备有限公司	吴 清	河北省石家庄市友谊南大街122号振头大厦802室	0311－83020142
23	衡水益通金属制品有限责任公司	文凤翔	河北省衡水武邑循环经济园区河钢路	0318－7151013
24	衡水中交通达交通设施有限公司	何占洪	河北省衡水市桃城区振华路振华钢材市场院内	0318－2638222
25	河北新中联特种钢管股份有限公司	方 杰	河北省沧州市开发区北海路20号	0317－3096798
26	河北远华钢结构工程有限公司	孙书怀	河北省景县龙华镇龙广路	0318－4433449
27	河北安润防腐管业股份有限公司	杨成柱	河北省衡水市桃城区中华大街与新华路交口泰一尚城2栋16层1616	0318－7606859
28	石家庄红旗轧辊制造有限公司	吴俊枝	河北省石家庄市南二环与石铜路交叉口	0311－83833335
29	太原华欣诚机电设备有限公司	赵慧敏	山西省晋中开发区迎宾西街178号翔龙商务大厦7层	0354－2412859
30	山西创奇实业有限公司	杨守岗	山西省太原市迎泽区文源巷26号文源公务中心	0351－4043212
31	经纬机械（集团）通用机械有限公司	刘利春	山西省晋中市榆次区经纬南路1号	0354－2493210
32	山西华晟重工集团有限公司	刘国强	山西省太原市高新区中心北街三号晨雨大厦8层	0351－2533077
33	山西鼎荣冷弯型钢有限公司	宋宇光	山西省太原市尖草坪区不锈钢工业园区B区	0351－393559
34	包头市正林钢构彩板有限公司	闫 伟	内蒙古自治区包头市高新区希望园区光明路6号	0472－5108822－8015
35	衡水力能新材料工程有限公司	王庆杰	河北省衡水市桃城区彭杜乡南王庄村	0318－2221777
36	衡水奇佳工程材料有限公司	刘婷婷	河北省衡水市桃城区工业大道与橡塑路口西南角	0318－5105302
37	天津源泰德润钢管制造集团有限公司	曹恩硕	天津市静海县大邱庄镇崔家庄开发区	022－68668867

续表

序号	一、华北地区（包括北京、天津、河北、山西、内蒙古）			
	会员单位名称	联 系 人	会员单位地址	电　话
38	衡水光辉橡塑有限公司	祝国瑞	河北省景县工业园区东区	0318－4229802
39	河北腾是达金属结构有限公司	刘志罡	河北省衡水市广川工业区	0318－4433008
40	衡水晟合电力交通工程有限公司	武立稳	河北省衡水市桃城区北方工业园区工业大街16号	0318－7600366
41	河北志辰管业有限公司	綦　艳	河北省固安工业园区南区礼士路	0316－5925703
42	新冶高科技集团有限公司钢管工程事业部	王金飞	北京市海淀区学南路76号	010－62181036
序号	二、东北地区（包括辽宁、吉林、黑龙江）			
	会员单位名称	联 系 人	会员单位地址	电　话
43	沈阳新瑞特机电设备有限公司	矫庆春	辽宁省沈阳市浑南新区文溯街17号－11－2－2	024－24696140
44	沈阳东洋异型管有限公司	朱一飞	辽宁省沈阳市皇姑区崇山东路鸭绿江东街22号	024－86619864
45	大连冶金工具厂有限公司	原春光	辽宁省大连市庄河市青堆镇青海路297号	0411－89300440
46	大连三高集团有限公司	赵　爽	辽宁省大连市金州区有泉路4号	0411－39318000－116
47	大连金诺格工业科技有限公司	佘羡清	辽宁省大连市辛寨子天虹开发区辛萍街91号	0411－66880589
48	大连富地重工机械制造有限公司	高宇笙	辽宁省大连市普兰店市铁西经济技术开发区金马路	0411－83192796－8888
49	吉林大学辊压工艺研究所	刘化民	吉林省长春市人民大街5988号	0431－85094340
50	舒兰市通用机械有限公司	乔国章	吉林省舒兰市舒兰大街1128号	0423－68258859
51	吉林省华信城轨配套有限公司	华志强	吉林省长春市经济技术开发区洋浦大街3877号	0431－84819888
52	艾恩赛德波纹钢管装备（哈尔滨）有限公司	李　峰	黑龙江省哈尔滨市香坊区哈平路147号	0451－87980199
53	哈尔滨金阳光管业有限责任公司	邵景辉	黑龙江省哈尔滨市香坊区和平路76号409	0451－82623088
54	黑龙江大千环保科技有限公司	关迎丽	黑龙江省哈尔滨市道里区城乡路288－5号	0451－84327289
55	黑龙江昕泰管业有限公司	苏有林	黑龙江省双鸭山市尖山区长安路101号	0469－4215100

续表

序号	三、华东地区（包括山东、江苏、安徽、浙江、福建、上海）			
	会员单位名称	联系人	会员单位地址	电话
56	泰安科诺型钢股份有限公司	赵　勇	山东省泰安市长城路北首天龙国际大厦A座22层	0538－8160488
57	济南金品轧辊模具有限公司	刘克辉	山东省济南市市中区腊山工业园（内25号）	0531－87563699
58	潍坊华孚机械科技有限公司	崔衍亮	山东省潍坊市潍城区营子工业园188号	0536－8558586
59	山东省四方技术开发有限公司	牟大立	山东省济南市高新区舜华路750号大学科技园	0531－88881980
60	山东泰丰钢业有限公司	赵纯峰	山东省新泰市经济技术开发区	0538－7513469
61	青岛三恩集团有限公司	黄加亮	山东省青岛市城阳区204国道123号204路	0532－89083586
62	济钢集团冷弯型钢公司	朱传运	山东省济南市机场路冷弯型钢公司	0531－88842039
63	山东鸿民轧辊模具有限公司	梁　培	山东省济南市天桥区二环北路鲁亚工业园二区1号	0531－85760003
64	山东泰豫冷弯型钢有限公司	李红传	山东省莱芜市钢城区里辛开发区	0634－6086888
65	山东舜世高科技实业有限公司	邵长亮	山东省泰安市岱岳区满庄镇泰山钢材市场	0538－8159556
66	山东黑旋风锯业有限公司	张　梁	山东省莱芜市高新技术开发区凤凰路2－9号	0634－63488609－16
67	山东庆丰自动化装备有限公司	郑召民	山东省诸城市人民西路西首	0536－6219142
68	山东宏力异型钢管有限公司	刘　洁	山东省潍坊市昌乐县经济技术开发区	0536－2185222
69	山东衡达有限责任公司	孙广龙	山东省滕州市恒源南路888号	0632－5532027
70	潍坊炜桦冷弯机械制造有限公司	高明年	山东省潍坊市西环路6388号	0536－8301688
71	常州中友机械设备工程有限公司	肖　峯	上海市长宁区定西路1016号银统大厦北楼902室	021－62124127
72	宜兴宝登合金有限公司	蒋志刚	江苏省宜兴市宜城街道南园588号	0510－87449966
73	江苏远大机械科技有限公司	蔡　娟	江苏省无锡市新区坊前镇峰泉路25号	0510－88278888
74	江苏华夏交通工程集团有限公司	沈　伟	江苏省张家港市东莱东电大道	0512－58199667
75	张家港市同力冷弯金属有限公司	曹美萍	江苏省张家港市塘桥镇金村村前巷工业区	0512－58417998

续表

序号	三、华东地区（包括山东、江苏、安徽、浙江、福建、上海）			
	会员单位名称	联系人	会员单位地址	电话
76	奥钢联型材（中国）有限公司	高博	江苏省苏川工业园区兴浦路121号瑞富巷1号	0512－67631296
77	南京中轻机械设备制造有限公司	喻兵	江苏省南京市中山东路532－1号	025－84497725
78	江苏顺力冷弯型钢实业有限公司	王永霞	江苏省南京市江宁区滨江经济技术开发区顺力路2号	025－86106919
79	肯可得切割技术（苏州）有限公司	刘涛	江苏省苏州市工业园区苏虹西路81号苏虹工业坊D2厂房	0512－69368781
80	苏州金凯达机械科技有限公司	周立群	江苏省张家港市经济开发区长兴路19号	0512－58171800
81	江阴建禾钢品有限公司	刘璐	江苏省江阴市新木桥镇西环路169号	0510－86931787
82	先进建筑机械（苏州）有限公司	李娟	江苏省苏州工业园区杏林街108号	0512－69561819
83	江苏国强日铁建材有限公司	潘森奇	江苏省溧阳市上兴镇工业园区	0519－87735198
84	江阴市博世杰科技有限公司	陶勇	江苏省江阴华士镇华西十一村香墩路9号	0510－86062268
85	江苏国强镀锌实业有限公司	朱志会	江苏省溧阳市兴镇工业园区	0519－87736069
86	南京万汇新材料科技有限公司	胡兆诚	江苏省南京市江宁区章村工业园石羊路9号	025－86181448
87	无锡市南方冷弯型钢机械有限公司	朱金兴	江苏省无锡市新区坊前工业园区锡贤路29号	0510－88230545
88	江苏宏伟轧辊有限公司	刘伟	江苏省常州市武进区嘉泽镇成章街	0519－83785882
89	无锡市宏达冷弯机械制造有限公司	陆斌	江苏省无锡市新区梅村新都路25号	0510－88278288
90	江苏玉龙钢管股份有限公司	薛中静	江苏省无锡市惠山区玉祁街道玉龙路15号	0510－83896101
91	苏州市华威电梯部件有限公司	肖国红	江苏省张家港市凤凰镇港口小山开发区小新路	0512－58488088
92	无锡市天琅机械设备制造有限公司	华志强	江苏省无锡市查桥先锋西路9号	0510－88712921
93	南京苏驰冷弯型钢有限公司	王昌春	江苏省南京市建邺区122号9幢1707室	025－86133633
94	浙江精功科技股份有限公司	丁洪伟	浙江省绍兴市柯桥区鉴湖路1809号	0575－84881908
95	杭州重型钢管有限公司	张旭光	浙江省杭州市萧山经济开发区鸿兴路268号	0571－22866868
96	浙江定川机电制造有限公司	黄定川	浙江省杭州市余杭经济开发区临平大道598号	0571－86255977

续表

序号	三、华东地区（包括山东、江苏、安徽、浙江、福建、上海）			
	会员单位名称	联系人	会员单位地址	电话
97	福州开发区宇辉钢铁制品有限公司	钱 吉	福建省福州市马尾区兴业路188号	0591－83976376
98	厦门正黎明冶金机械有限公司	黄 勇	福建省厦门市同安区圳南二路187号	0592－6385811
99	厦门市鑫宏华机械有限公司	李姣艳	福建省厦门市同安潘涂镇西柯美新村	0592－6385080－803
100	欧领特（上海）重型冷轧有限公司	金世平	上海市宝山区金石路213号33	021－312618
101	应达工业（上海）有限公司	夏玉庆	上海市浦东新区张江高科技园区郭守敬路50号	021－38953220
102	上海佳冷型钢有限公司	樊春峰	上海市嘉安公路385号	021－39108550
103	上海博而特型钢有限公司	阙华军	上海市嘉定区马陆镇思义路1688号	021－69156181
104	易孚迪感应设备（上海）有限公司	苏仕桓	上海市莘庄工业区颛兴路1688号H幢	021－65888691
105	上海宝钢型钢有限公司	许建平	上海市闵行区华翔路3801号	021－62211365
106	易仕客板桩钢铁贸易（上海）有限公司	吴永胜	上海市普陀区云岭东路651号东渡国际大厦309	021－31263501
107	上海翰迎工业设备有限公司	李慧敏	上海市嘉定区安智路138号	021－39526115
108	宁波市镇海万力高强度紧固件有限公司	杨行亲	浙江省宁波市镇海区九龙湖镇西经堂	0574－86534699
109	济南铸造锻压机械研究所有限公司	赵加蓉	山东省济南经济开发区长清区凤凰路500号	0531－87979108
110	江苏沙钢集团有限公司	黄正玉	江苏省张家港市锦丰镇	0512－58568976
111	济南英邦冷弯科技有限公司	苗永刚	山东省济南市市中区腊山路18－18号	0531－87990233
112	江阴三丙科技有限公司	承 芳	江苏省江阴市华士镇香墩路9号	0510－86065300
113	第一工程管业（威海）有限公司	朴宰贤	山东省威海市经济区泊于工业园	0631－5570770
114	江苏盛世通交通建设工程有限公司	苏红英	江苏省淮安经济技术开发区鸿海北路	13337952509
115	山东中海达金属科技有限公司	孙书怀	山东省冠县工业园区后小化村	0635－5788666
116	上海宝奉钢结构工程有限公司		上海市奉贤区南桥镇西渡工业区金港路	

续表

序号	会员单位名称	联系人	会员单位地址	电话
	四、华中地区（包括湖北、湖南、河南、江西）			
117	武汉钢铁江北集团冷弯型钢有限公司	叶掀亮	湖北省武汉市阳逻经济开发区滨江大道特1号6	027－8621266
118	武汉建海精密型材发展有限公司	朱　勤	湖北省武汉市江岸区谌家矶平安铺王家屯特2号盛兴工业园1号办公	027－82327166－8005
119	新乡天丰机械制造有限公司	荆红梅	河南省新乡市开发区新一街17号	0373－3536698
120	新乡市凯迪轧辊有限公司	娄　炎	河南省新乡市小店工业园区纬六路经九路交叉口	0373－3672012
121	湖南金迪波纹管业有限公司	符　炼	湖南省长沙市天心区书院南路115号南国新城A栋706室	0731－85138438
122	中船重工集团公司第七一三研究所	都军民	河南省郑州市京广中路126号七一三所	0371－67132073
123	安钢集团华德重工装备有限公司	房志华	河南省安阳市殷都区前皇甫村钢铁精深加工产业园	0372－3917272
序号	五、西北地区（包括宁夏、新疆、青海、陕西、甘肃）			
	会员单位名称	联系人	会员单位地址	电话
124	西安建筑科技大学	苏明周	陕西省西安市雁塔路13号西安建筑科技大学1号信箱	029－82202824
125	中交第一公路勘察设计研究院有限公司	梁养辉	陕西省西安市高新区科技二路63号	029－88853000－8603
126	青海路拓工程设施制造有限公司	王梅娟	青海省西宁市东川工业园区6号	0971－8818624
127	陕西通途交通设施有限公司	马建二	陕西省西安市长安区王寺西街131号	029－89055321
序号	六、西南地区（包括四川、云南、贵州、西藏、重庆）			
	会员单位名称	联系人	会员单位地址	电话
128	四川省宇坤金属制品有限公司	李超林	四川省成都经济技术开发区车城东六路6号	028－88432056
129	四川省青神神力机械有限公司	张峻嘉	四川省眉山市青神城西工业园机械大道9号	028－38818628
130	攀钢集团眉山中铁冷弯型钢有限责任公司	何　健	四川省眉山市东坡区科工园一路	028－38796161
131	四川维尔金属制品有限公司	刘中平	四川省成都市金牛区金府机电城A区3幢31号	0838－5703086
序号	七、华南地区（包括广东、广西、海南）			
	会员单位名称	联系人	会员单位地址	电话
132	攀钢集团北海钢管有限公司	樊登骑	广西壮族自治区北海市工业园区攀钢钢管公司	0779－2083606

续表

序号	会员单位名称	联系人	会员单位地址	电话
	七、华南地区（包括广东、广西、海南）			
133	佛山市南海力丰精密机械有限公司	谭艳琳	广东省佛山市南海里水大石大元阁村	0757－85612858
134	番禺珠江钢管有限公司	曾达潮	广东省广州市番禺区清河东路石基路段	020－84558888－2283
135	普益（江门）管道有限公司	张增秀	广东省江门市新会区知政路21号经信大厦三楼	0750－6632068
136	揭东经济开发试验区泰丰侨金属制品有限公司	王克坚	广东省揭阳市揭东经济开发区	0663－3264579
137	湛江市锦冠汽车零部件有限公司	曾悦胜	广东省湛江市麻章区金川路37号	0759－2700778
138	卓思建筑应用科技顾问（珠海）有限公司	林坤坚	广东省珠海市斗门区白蕉开发区工业三路2号1	0756－889162
139	佛山国铝五金制品有限公司	蒋中成	广东省佛山市三水区西南镇南岸村唐九公路 （进美照明隔壁）	0757－8182175
140	广州川瑞机械设备有限责任公司	华 哲	广东省广州市越秀区环市东路488号东兴大厦西座14AB1	020－8731959
141	广东百安力轻钢结构产品有限公司	留加琴	广东省广州市花都区镜湖大道10号	020－3685188
142	佳保金属材料（珠海）有限公司	金 军	广东省珠海市金湾区三灶镇卓越路7号	0756－5511558
143	广州意太机电科技有限公司	周立群	广东省广州市高新经济开发区科学城神舟路885号A108	020－82019731
序号	八、港澳台地区（包括台湾、香港、澳门）			
	会员单位名称	联系人	会员单位地址	电话
144	香港理工大学	何浩祥	香港九龙红勘香港理工大学土木及结构工程学系	0852－27666056
145	香港和利钢铁有限公司	曾庆龙	香港九龙大角咀通州街81－87号	0852－23930131
146	力丰制造科技有限公司	黄文信	深圳市福田保税区红棉道8号英达利科技数码园A栋1楼	0755－24277991
序号	九、海外地区			
	会员单位名称	联系人	会员单位地址	电话
147	澳大利亚卧龙岗大学	姜正义	澳大利亚新南威尔士州卧龙岗2522	61242213218
148	dataM Sheet Metal Solutions GmbH	Albert	Am Marschallfeld 17	49－080246400
149	菲森 株式会社	裴明俊	韩国全南光阳市光阳邑仁东里262－10 4层	082－617607616

冷弯型钢行业部分企业标志性工程概览

武汉钢铁江北集团冷弯型钢有限公司

（参与的标志性工程）

▲ 澳门回归政权交接大厅工程

▲ 武汉国际博览中心工程

▲ 北京首都国际机场工程

▲ 香港国际会展中心工程

▲ 杭州湾跨海大桥工程

▲ 珠港澳大桥工程

上海宝钢型钢有限公司

（参与的标志性工程）

▲ 上海南站主体工程

▲ 上海中环高架桥工程

▲ 首都博物馆工程

▲ 敦煌机场

▲ 上海会展中心

▲ 天津奥体馆

▲ 首都国际机场航站楼

▲ 南京十运会主会馆（南京奥体中心）

▲ 杭州湾大桥

▲ 上海世博场馆

▲ 青岛湾跨海大桥

▲ 马鞍山长江公路大桥

▲ 嘉绍大桥

▲ 港珠澳大桥

泰安科诺型钢股份有限公司

（参与的标志性工程）

▲ 2008 年奥运会场馆

▲ 北京南站

▲ 广东白云机场

▲ 国家博物馆扩建工程

▲ 城市交通惠民工程

▲ 泰安文化艺术中心

上海佳冷型钢有限公司

（参与的标志性工程）

▲ 上海八万人体育场

▲ 上海大剧院

▲ 上海东海大桥

▲ 上海东方明珠电视塔

▲ 天津港散货物流栈桥工程

▲ 上海国际赛车场

▲ 集装箱

▲ 钢结构

▲ 自动扶梯

▲ 港口机械

▲ 电镀设备

▲ 乳品工程

▲ 水处理设备

▲ 不锈钢压滤机

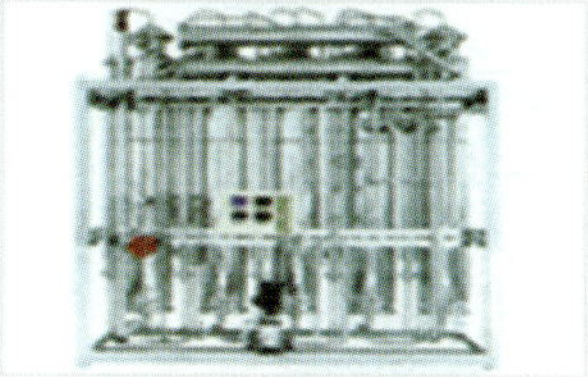

▲ 不锈钢多效蒸馏机

沈阳东洋异型管有限公司

（参与的标志性工程）

▲ 2005 年上海东方艺术中心工程

▲ 2006 年深圳大梅沙愿望塔工程

▲ 2009 年辽宁滨海大道护栏工程

▲ 2013 年香港机场登机通道工程

▲ 2013 年印度孟买机场登机通道工程

▲ 2014 年深圳地铁工程

南京中轻机械设备制造有限责任公司

（承担或参与的标志性工程）

▲ ZXQ1 和 ZXQ2 型 ϕ32 和 ϕ50 悬臂式高频焊管机组

▲ LW1200 冷弯生产线

▲ 660 焊管生产线

▲ 300 方（LW1200mm × 19mm）冷弯型钢生产线

▲ 导柱式精密冷弯成型设备

衡水益通金属制品有限责任公司

（参与的标志性工程）

▲ 呼杀高速直径 3m 多角度三通

▲ 大孔径 9 孔并排

▲ 山东新泰洛沟至马赵公路桥涵工程
（8.0m×5.6m 马蹄形涵管，10 孔并排）

▲ 京石高速渗水井（直径 8m）

▲ 山东新泰洛沟至马赵公路桥涵工程
（直径 4m，3 孔并排）

▲ 山西和顺旧涵加长

▲ 延安禾草沟煤矿

▲ 宜张高速倒虹吸

▲ 云南马关县“三通一平”项目钢波纹管
路基工程（直径 1.25m，填土 19m）

▲ 益通涵管直径 6m 大角度斜口安装

江苏顺力冷弯型钢实业有限公司

（参与的标志性工程）

▲ 北京首都机场航站楼

▲ 马达加斯加图利亚水库项目

▲ 宁波跨海大桥

▲ 海南三亚崖城渔港码头

▲ 意大利巴拉莫港

▲ 温州瓯飞一期
围垦工程

▲ 盘锦二界沟渔港
码头项目

新乡天丰机械制造有限公司

（承担或参与的标志性工程）

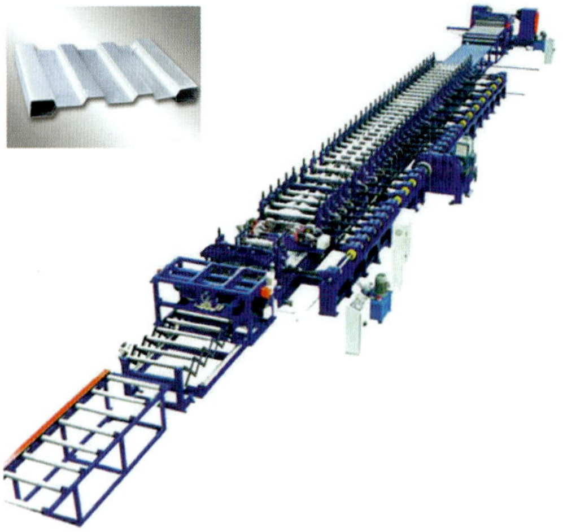

▲ 汽车车厢板生产线

▲ 高速 C/Z 型钢生产线

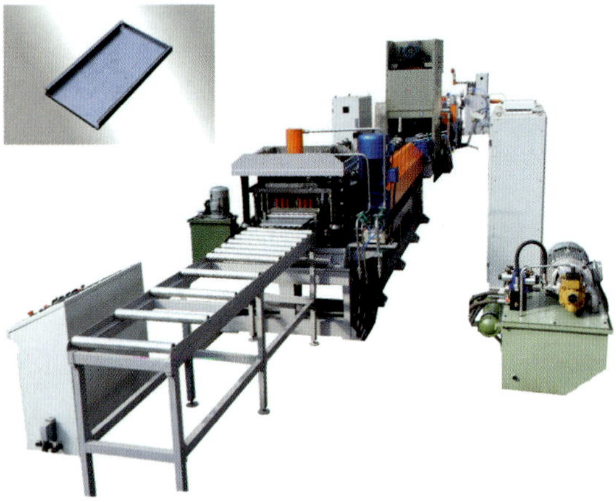

▲ 货架隔板生产线

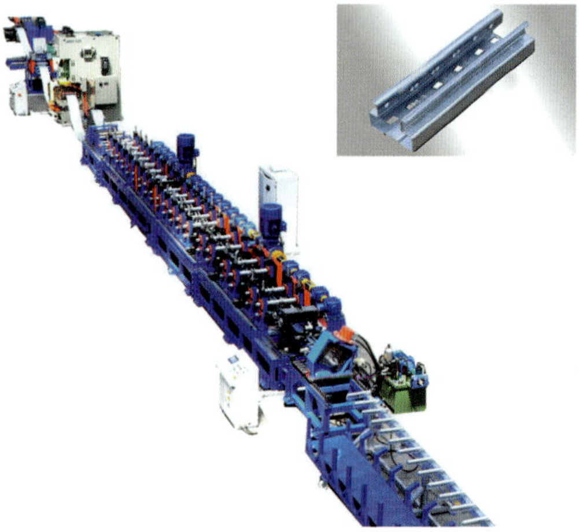

▲ 货架立柱生产线

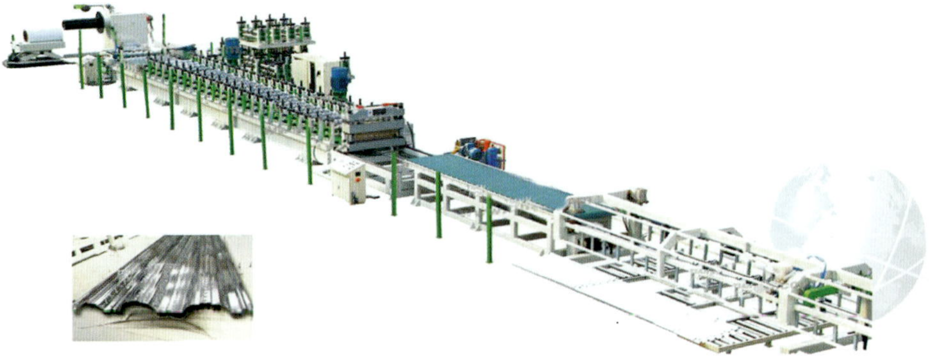

▲ 高速楼承板生产线

▲ 电缆桥架生产线

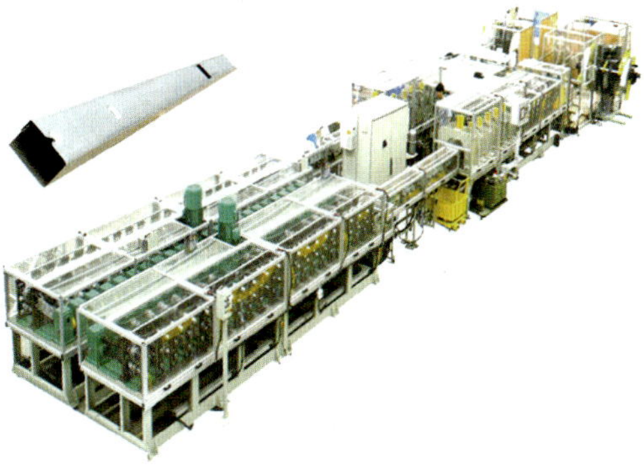

▲ 照明母线外壳生产线

▲ TF815 阳极板生产线

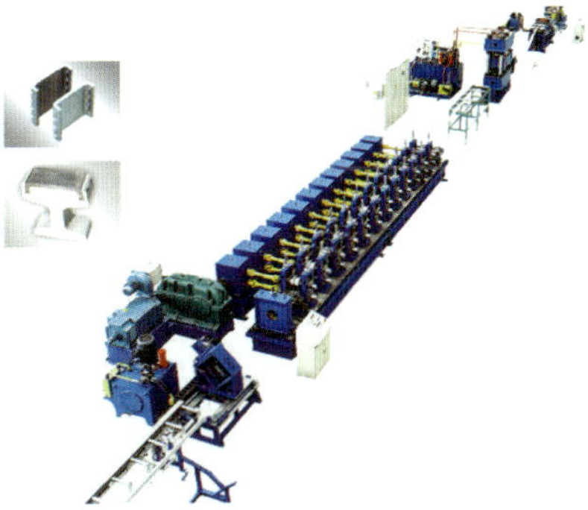

▲ 地铁导轨生产线

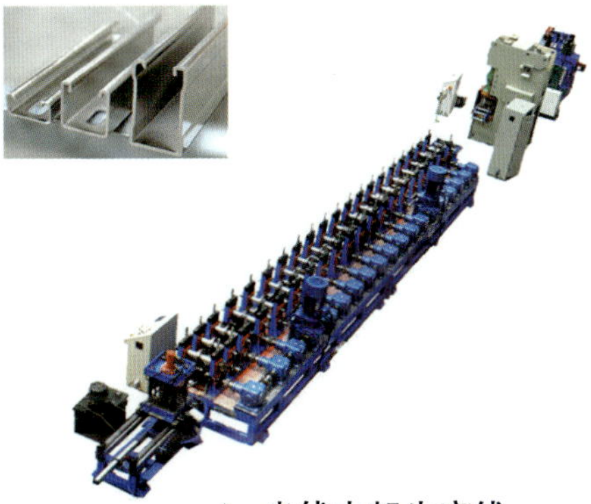

▲ 光伏支架生产线

▲ 立体车库底板生产线

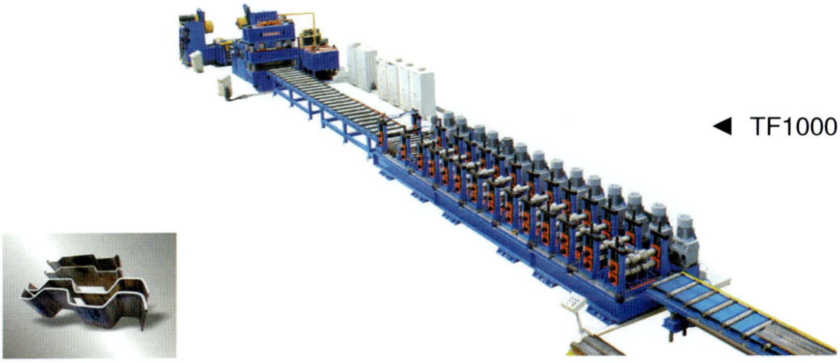

◀ TF1000 钢板桩生产线

石家庄中泰制管技术开发有限公司

（承担或参与的标志性工程）

▲ 天津田丰□ 300×14mm
方矩管生产线

▲ 江苏无锡苏嘉法斯特 ERW426
石油套管生产线

▲ 南京万汇钢板桩 LW1500 生产线

▲ 唐山文丰 ERW355 石油套管生产线

▲ 安徽鸿路钢构 LW800 多功能生产线

▲ 河山工贸 LW1250mm×12mm
冷弯型钢生产线

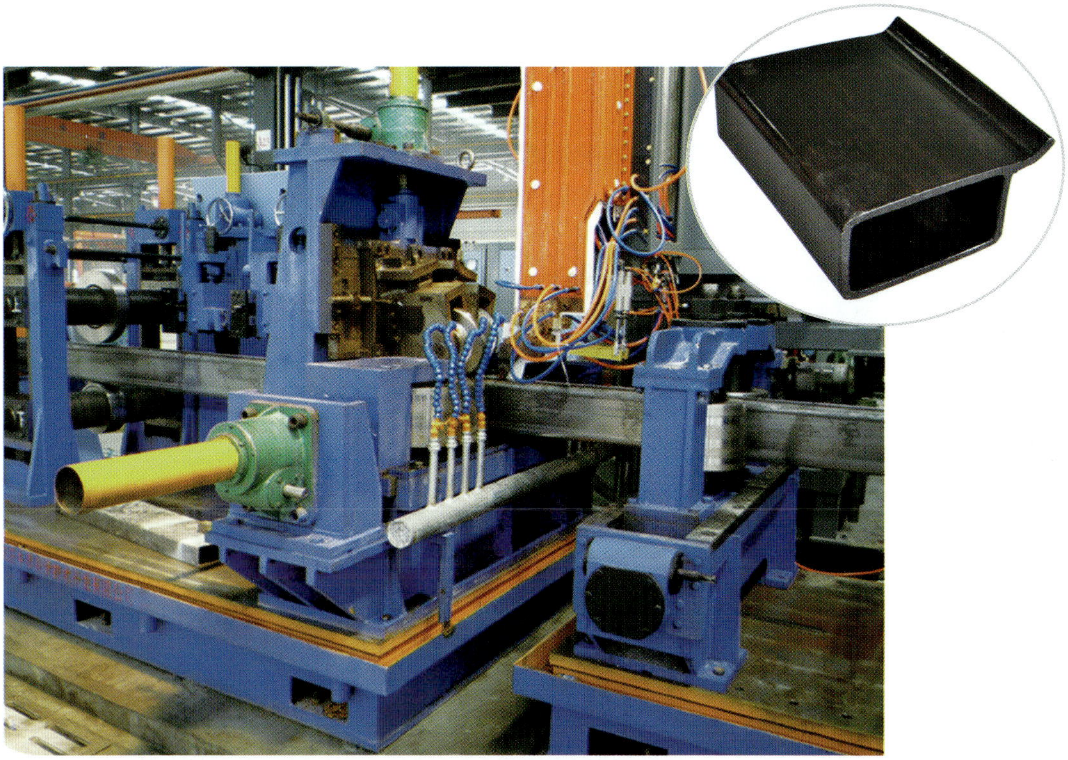

▲ 东风特汽（十堰）专用车有限公司汽车专用“9”字管生产线

▲ 济钢 LW1500mm × 19mm 钢板桩生产线

▲ 小型精密高速机组

邯郸市正大制管有限公司

（参与的标志性工程）

◀ 杭州湾大桥

▶ 河南城际铁路黄河桥工程

▲ 内蒙古煤化工工程

▶ 南水北调工程

▲ 上海世博会

▲ 2008 年北京奥运会水立方

▲ 武汉长江隧道

▲ 引子渡水电站

厦门正黎明冶金机械有限公司

（承担或参与的标志性工程）

▲ 1996 年研制的国内首台 YX76-344-688 型
楼面钢承板辊压成型机

▲ 2005 年研制的闭口式楼承板
的装备成功应用于央视新址

▲ 2006 年开发的 YX51-360 型正反曲面辊压成型机应用于浦东国际机场 T2 航站楼长廊工程

◀ 中国澳门国际机场、澳门北安码头的金属面板成型设备

▲ 开发研制的 YX65-418 型直立缝正反弧板成型机在厦门北站屋顶采用
（“大跨度空间钢桁架双向正交钢管桁架”结构）

青海路拓工程设施制造有限公司

（参与的标志性工程）

▲ 甘肃雷西高速公路（ϕ2.0m 环形波纹管涵）

▲ 内蒙古荣乌高速（ϕ2.0m 环形波纹管）

▲ 民和工业园（ϕ2.5~1.5m 环形波纹管）

▲ 青海花石峡应急便桥（ϕ1.5m 环形波纹管）

▲ 青海察格公路（ ϕ2.5m 板形波纹管）

▲ 广东 X168 线桥梁加固（ϕ6.0m 板形波纹管）

哈尔滨金阳光管业有限责任公司

（参与的标志性工程）

◄ 双鸭山市污水处理厂管网

► 盘锦市政排水管道

◄ 秦皇岛市政排水管网工程

▲ 水利打井管护管

▲ 城市公用管廊

▲ 仓储用通风管道

山东省四方技术开发有限公司

（承担或参与的标志性工程）

▲ 各种轧辊

石家庄市东华特种型材厂

（参与的标志性工程）

▲ 沈阳金杯汽车配件

▲ 江铃皮卡汽车配件

▲ 江铃双排汽车配件

▲ 江铃轻卡汽车配件

▲ 郑州东风汽车配件

▲ 昌河面包汽车配件

▲ 广州标致汽车配件

▲ 上海大众帕萨特汽车配件

▲ 一汽夏利 N5 汽车配件

▲ 陆风 X5 汽车配件

▲ 长安皮卡汽车配件

▲ 河北御捷汽车配件

江阴建禾钢品有限公司

（参与的标志性工程）

▲ 印度锌厂

▲ 海南国际马术俱乐部 1、2 号馆

▲ 海南观光塔

▲ 海南跑马桥

▲ 印度 86m 烟囱直管项目

山西华晟重工集团有限公司

（承担或参与的标志性工程）

▲ 2008 年山东御鼎冷弯型钢 F250mm × 14mm 直缝焊管机组

▲ 2009 年韩国 WELTECH ϕ2032mm × 20mm 螺焊机组

▲ 2010 年山东庆涛 ϕ2540mm × 25.4mm 后摆式螺焊机组

▲ 2010 年印度 MEGHA ϕ3000mm × 25.4mm 预精焊螺焊机组

▲ 2010 年中国台湾烨辉鑫阳钢铁 ϕ340mm × 14mm API–5L 直缝焊管机组

▲ 2010 年热轧 ϕ219mm 无缝管机组

▲ 2011 年新日铁越南 ϕ3500mm × 25.4mm 螺旋焊管机组

▲ 2012 年南钢盛达公司 16mm × 1800mm 纵横剪机组

河北新中联特种钢管股份有限公司

（参与的标志性工程）

▲ 深圳 T3 航站楼

◀ 广州塔部分钢结构

▲ 登机廊桥

▲ 新加坡金沙中心

揭东经济开发区泰丰侨金属制品有限公司

（参与的标志性工程）

▶ 琶洲会展中心

◀ 潮汕机场

▶ 广州亚运综合会馆

◀ 广州地铁 5 号线

青岛三恩金属工业有限公司

（参与的标志性工程）

▲ 集装箱

▲ 立体车库

▲ 物流仓库货架

▲ 光伏产品支架

▲ 蔬菜大棚

▲ 围栏